张秋实 湖北罗田县人。就读于华中师范大学历史系，获学士和硕士学位，现为中共湖北省委党校、湖北省行政学院教授，湖北省政府专项津贴获得者。长期从事中共党史人物研究，尤其是在瞿秋白研究方面较为深入。已经出版《瞿秋白与共产国际》（独著，中共党史出版社2004年版）、《解密档案中的瞿秋白》（独著，东方出版社2011年版）、《解密档案中的鲍罗廷》（独著，人民出版社2014年版）、《风雨危楼：蒋介石在1949》（合著，团结出版社2007年版）、《金陵昙梦：李宗仁在1949》（合著，团结出版社2007年版）等学术著作；主持和完成国家社科基金项目2项；在《光明日报》《学习时报》《中共党史研究》《中共中央党校学报》《江汉论坛》等多家报刊发表论文70余篇，学术成果被《新华文摘》、人大报刊复印资料转载；获省部级优秀科研成果一等奖1项，二等奖3项。

国家社会科学基金项目

QUQIUBAI YU MOSIKE

Eluosi Jiemi Dangan Yanjiu

张秋实　著

瞿秋白与莫斯科

"俄罗斯解密档案"研究

河南人民出版社

图书在版编目（CIP）数据

瞿秋白与莫斯科 ："俄罗斯解密档案"研究 ／ 张秋
实著 . 一郑州 ：河南人民出版社，2022. 7
ISBN 978 - 7 - 215 - 12711 - 1

Ⅰ . ①瞿… Ⅱ . ①张… Ⅲ . ①瞿秋白（1899 - 1935）
- 人物研究 Ⅳ . ①K827 = 6

中国版本图书馆 CIP 数据核字（2021）第 113573 号

河南人民出版社 出版发行

（地址：郑州市郑东新区祥盛街 27 号 编辑邮箱：313137877@ qq. com 电话：65788050）

新华书店经销　　　　　河南瑞之光印刷股份有限公司印刷
开本　710毫米 × 1000毫米　　　1/16　　　印张　35.5
字数　520 千字
2022 年 7 月第 1 版　　　　　2022 年 7 月第 1 次印刷

定价：98. 00 元

目 录

绪　论

瞿秋白是著名中共党史人物,曾担任过党的第二任最高领导人。他很早就去了苏俄,是中共党内与俄共(联共)和共产国际渊源较深的早期领导人。

凡是研究中国革命历史和中共党史的专家、学者以及关心和热爱中国革命历史和中共党史的读者,都知道从 1997 年起,北京图书馆出版社、中央文献出版社、中共党史出版社先后出版了一套《共产国际、联共(布)与中国革命档案资料丛书》,一共有 21 辑(本)。其中北京图书馆出版社 1997—1998 年出版 1—6 辑;中央文献出版社 2002 年出版7—12 辑;中共党史出版社 2007 年出版 13—17 辑,2012 年出版 18—21辑。①

这套历史档案资料具有很高的文献价值。"它的问世,不仅可以使我们更全面地把握联共(布)和共产国际对华政策的重点、目标及其形成和变化的历史脉络,而且还可以更深入地了解联共(布)和共产国际领导人在不同历史时期对中国各军事、政治集团和重要人物的态度和策略,更具体地弄清共产国际驻华代表、苏联驻华使节及顾问在华活动情况以及他们之间的共识和分歧,从而进一步深化中共党史、中国革命史、中国近现代史、中苏关系史、国共关系史、共产国际与中国革命问题以及一些重要历史人物的研究。"②

2012 年立项的国家社会科学基金项目——"瞿秋白与俄罗斯解密档案研究"正是这套历史档案资料问世后催生出的一个研究项目。它依据这套解密的俄罗斯档案资料,对与苏俄和共产国际结有不解之缘的中共早期领袖、著名党史重要人物瞿秋白进行深入研究,以便对他在共产国际、俄共(联共)与中国革命关系中的作用进行再定位,对共产国际、俄共(联共)与中共早期发展关系进行再探讨。

---

① 《共产国际、联共(布)与中国革命档案资料丛书》,统称"俄罗斯解密档案"。本书在引用"俄罗斯解密档案"资料时,为方便阅读,不再标出丛书各分册书名,而是直接标注丛书名及某辑,在此特作说明。

② 见黄修荣为《共产国际、联共(布)与中国革命档案资料丛书》(1—21 辑)撰写的丛书"前言"。

一、本书"俄罗斯解密档案"之所指

　　研究历史不仅要善用好的方法,善于总结、归纳、分析,更不能离开第一手文献档案资料。《中华人民共和国档案法》明确指出:"档案是指过去和现代的国家机构、社会组织以及个人从事政治、军事、经济、科学、技术、文化、宗教等活动直接形成的对国家和社会有保存价值的各种文字、图表、声像等不同形式的历史记录。"本书所要研究和使用的"俄罗斯解密档案"正是这样一些具有多重价值的历史文献记录资料。

　　20世纪90年代初,苏联解体,俄罗斯政治体制发生了巨大变革,与此同时,其国家档案管理机构和管理办法也随之产生了新变化。从1993年开始,俄罗斯国家档案管理机构开始实行《关于俄罗斯联邦档案馆馆藏及档案馆库管理的基本法》,从此大量罕见的档案资料首次被开放并被陆续出版。其中俄罗斯远东研究所和俄罗斯现代历史文献保管与研究中心同德国柏林自由大学东亚研究会联合编辑了一套有关联共(布)、共产国际对华政策的大型系列档案文件——"联共(布)、共产国际与中国(1920—1949)丛书"。这套丛书包含了大量从未公布过的重要档案资料。这些资料非常珍贵,它们对于研究中共党史、中国革命史具有很高的文献和学术研究参考价值。

　　这套"联共(布)、共产国际与中国(1920—1949)"丛书出版后,中共中央党史研究室第一研究部及时与俄方有关部门谈判并签订出版协议,组织专家学者对其进行翻译和编辑;同时,又将历年来在我国各种报纸、杂志、图书上发表的其他相关的重要中文文献资料收集整理到一起,使其互相印证,共同编译出版成多卷本《共产国际、联共(布)与中国革命档案资料丛书》，共21辑。本书所指的"俄罗斯解密档案"就是这套21卷本的档案资料丛书。

这套21卷本的档案资料丛书名叫《共产国际、联共（布）与中国革命档案资料丛书》，而构成丛书的各分卷本名称则各不相同。如第1辑名为《联共（布）、共产国际与中国国民革命运动（1920—1925）》，第2辑名为《共产国际、联共（布）与中国革命文献资料选辑（1917—1925）》，第3、4辑分别名为《联共（布）、共产国际与中国国民革命运动（1926—1927）》上、下，第5、6辑分别名为《共产国际、联共（布）与中国革命文献资料选辑（1926—1927）》上、下，第7、8、9、10辑均名为《联共（布）、共产国际与中国苏维埃运动（1927—1931）》，第11、12辑分别名为《共产国际、联共（布）与中国革命文献资料选辑（1927—1931）》上、下，第13、14、15辑均名为《联共（布）、共产国际与中国苏维埃运动（1931—1937）》，第16、17辑均名为《共产国际、联共（布）与中国革命文献资料选辑（1931—1937）》，第18、19辑均名为《联共（布）、共产国际与抗日战争时期的中国共产党（1937—1943.5）》，第20、21辑均名为《共产国际、联共（布）与中国革命文献资料选辑（1938—1943）》。整套丛书，有译有编，分类分册出版。

由于瞿秋白个人的特殊经历，因此他成为中国共产党早期领袖中与这套"俄罗斯解密档案"资料，特别是第1—12辑部分有着深度联系的历史人物。本书主要是想借助这部分档案资料来深化对瞿秋白这个著名党史人物的研究，同时通过这一研究展示俄共（联共）、共产国际与中国共产党早期发展的关系。

二、"俄罗斯解密档案"反映瞿秋白内容知多少

　　这里需要说明的是,回答"知多少"不可能是一个完全确切的数字,而只能是一个接近实际的大概数字。

　　作为我们党的早期领袖,瞿秋白在中共一大召开之前就去了苏俄,并在莫斯科加入了共产党。这一特殊经历,使他与"俄罗斯解密档案"内容有很深的联系。而根据瞿秋白的政治生平以及他在党内地位的变化,本书主要涉及解密档案资料丛书中的第1—12辑,时间跨度为1920—1931年。这段时间刚好与瞿秋白在苏俄、共产国际直接影响下从一个先进知识分子成长为一名党的重要领导人的政治生涯的绝大部分相吻合,因而解密档案涉及很多他个人的政治活动内容。

　　瞿秋白的这些活动内容大多散见于"俄罗斯解密档案"第1—12辑收录和公开的各种档案文献资料中,它们包括共产国际、俄共(联共)中央政治局及其两者的驻华机构和中共中央的各种会议记录、报告、决议、指示信、电报等,以及莫斯科驻华代表、共产国际在中国的工作人员的报告、个人书信、笔记、札记、汇报材料等,还有涉及历史过程中的当事人留下的回忆录、论文和最初的党史著作等。根据笔者的不完全统计,"俄罗斯解密档案"(1—12辑)中直接和间接涉及瞿秋白的资料,有340多条。

　　这些"俄罗斯解密档案"资料,涉及瞿秋白在1921年至1931年的主要政治活动,包括他参加和参与的各种重要会议、重要决策、重大事件,他与共产国际、俄共(联共)中央及其驻华机构和代表之间的关系,以及他与同时期其他中共领导人的关系,包括他本人起草和撰写的中

央文件、决议、报告和个人论文、重要著作及代表共产国际起草的给中共中央的指示信等,还包括他与土地革命的兴起、与武装斗争的发展、与土地革命战争时期红色根据地的建设、与中国苏维埃运动的开展,以及他与中国革命道路的探索、与新民主主义革命理论的形成、与盲动错误的产生、与党的自身建设和党的干部教育问题等内容。

这些"俄罗斯解密档案"反映了瞿秋白与国共两党、与共产国际和俄共(联共)中央政治局、与共产国际驻华代表和苏联政府驻华顾问的复杂关系;反映了瞿秋白与马列主义中国化进程(传播、指导及与中国革命结合的发展历程),与第一次国共合作的决策、实践、发展、终结过程,与中共驻共产国际代表团,与共产国际执委会,与列宁、斯大林、季洛维也夫、布哈林等人的关系;反映了瞿秋白对共产国际、俄共(联共)中央指示的不同回应及其在中共中央与共产国际、俄共(联共)之间的"中介环节"作用。

"俄罗斯解密档案"不仅勾勒出了瞿秋白的政治生平状貌,而且还明确地反映了瞿秋白在中国共产党内政治地位的变化轨迹以及他与莫斯科之间的曲折关系。

三、"俄罗斯解密档案"记录了瞿秋白与莫斯科的曲折关系

瞿秋白一生只有 36 年,其中有 15 年是在世界革命和中国革命的洪流中度过的。在这 15 年中,瞿秋白由一个江南才俊成长为一名国际共产主义运动的战士和领导人,成为中国共产党的早期领袖,成为无产阶级的革命家、理论家和宣传家。这一切应该说得益于他与俄共(联共)结缘、与共产国际结缘,因而,与其他中共早期领导人不同的是,在

瞿秋白的革命生涯中,无论是被推上政治舞台的巅峰,还是被打入政治命运的低谷,他都脱不开俄共(联共)中央及共产国际决策对他的影响。也就是说,瞿秋白15年革命人生的不同政治境遇,与他和莫斯科15年时顺时逆的关系紧紧相连。

作为中共早期重要领导人之一,瞿秋白短暂的一生与莫斯科结下了不解之缘:1921—1922年旅俄期间,他与俄共(联共)中央、共产国际的领导人列宁、斯大林、布哈林有过重要的接触;1923年1月,他随到莫斯科参加共产国际四大的中共中央执行委员会委员长陈独秀回国以后,成为多个莫斯科驻华代表的翻译兼助手,在中共的早期领导人中,没有一个人像他那样持续不断地、紧密地与共产国际历任驻华代表交往、合作,相互了解,甚至荣辱与共;1927年大革命失败后,他又在莫斯科及其驻华代表的支持下,在八七会议上成为中共临时中央政治局总负责人;1928年中共六大以后,他被共产国际安排担任中国共产党驻共产国际代表团首任团长;1930年8月,共产国际派遣他回国,主持召开中共六届三中全会,纠正李立三的"左"倾冒险错误;但是,1931年1月,共产国际执行委员会召开会议明确决定将他赶出中共中央领导机关,并明令在上海的共产国际执委会远东局负责人米夫,通过召开党的六届四中全会来实施这一决定。中共六届四中全会以后,瞿秋白至牺牲前虽然离开了中国共产党的决策层,但是他的政治生活依然处在莫斯科对华政策的影响之中。

由此可见,瞿秋白既受到过俄共(联共)中央、共产国际的重用,也受到过它错误的打击。与莫斯科的关系不仅构成了他本人许多重大政治活动和重要政治论著的历史大背景,形成他个人人生跌宕起伏的命运,而且从宏观上也折射出了共产国际与早期中共的关系。"俄罗斯解密档案"真实记录了瞿秋白与莫斯科的这种曲折复杂的关系。

同时,瞿秋白革命思想中的重要内容,不仅在"俄罗斯解密档案"中有明确的记载,而且它们也是中共党史和瞿秋白个人历史研究的重要课题。

四、"俄罗斯解密档案"反映了瞿秋白在中共与莫斯科间的"中介环节"作用

需要说明一下,本书在提到"莫斯科"时,并不仅仅是单纯地指苏俄的首都城市这样一个地理概念,它更主要地是指"共产国际、俄共(联共)中央及其驻华机构和代表"。

由于与共产国际和苏俄的渊源关系,瞿秋白在中共中央与莫斯科之间的作用和存在的意义不同于中共其他早期领导人。可以说,他在中共中央与共产国际、俄共(联共)中央及其驻华机构和代表之间起着一种"中介环节"作用,在其间的地位类似于"特殊使者",这些在"俄罗斯解密档案"中都得到了反映。

在早期的中共政治舞台上,瞿秋白充当过多位莫斯科驻华代表的翻译兼助手,在各位莫斯科驻华代表与中共中央及其领导人之间起着"二传手"的作用,往往是莫斯科下指示给各位代表,各位代表则通过他传到中共中央,形成了莫斯科——驻华代表——瞿秋白——中共中央之间的热线传输。八七会议后,他既是共产国际代表罗米纳兹的政治搭档,又担任中共临时中央政治局的主要负责人,在莫斯科与中共中央之间更是直接地起着上传下达的作用。中共六大以后,瞿秋白根据共产国际的决定,担任中共驻共产国际代表团团长,在这期间,他更是一手"牵"着共产国际、联共(布)中央,一手"牵"着中共中央,他经常代表共产国际起草给中共中央的指示信,起草莫斯科关于中国革命运动的决议(如解密档案中收录的1929年共产国际给中共中央的3封指示信,瞿秋白都参与了起草和定稿工作),他又代表中共中央向共产国

际请示、汇报等,密切关注国内斗争形势,指导中共党内重要决策。1930 年 8 月,瞿秋白奉共产国际命令,回国主持召开六届三中全会及其后的中央工作,他一心维护共产国际及驻华代表机构远东局与中共中央三者的权威,却又面临党内无法调和的各种意见分歧,他以自己有限的力量,在莫斯科与中共中央之间充当"中介环节",希望维持健康正常的革命斗争局面,但最终却落得了一个"猪八戒照镜子——里外不是人"的结局。

通过解密档案可知,在瞿秋白与莫斯科之间的双向能动流程中,他对莫斯科既有盲从也有独立思考。他的这种既盲从又独立的特点反映了早期中共中央及其领导人与莫斯科之间的关系。

五、瞿秋白与"俄罗斯解密档案"研究的思路及意义

瞿秋白与"俄罗斯解密档案"研究,涉及档案记载中的瞿秋白参与经历过的诸多政治活动,涉及瞿秋白亲历其间的共产国际、俄共(联共)与中国共产党早期发展的关系,涉及瞿秋白在这一关系中的作用,因此,本书的总体研究思路是遵循纵向研究、定位分析、深层思考的定向进行。

纵向研究主要是按照时间顺序,梳理和研究解密档案中记载的有关瞿秋白的政治活动,对他的政治生活历程从纵向上开展研究和探讨,并总结其阶段性特征。这是本书逻辑框架构建的最基本思路。

定位分析主要是将瞿秋白与"俄罗斯解密档案"之关系的研究,放置于共产国际、俄共(联共)与中国革命和中共早期党的发展的宏大背景之中,以解密档案为主线,确定瞿秋白在其间的历史坐标,从而对他

在莫斯科与中国革命关系中的历史作用进行定位分析。"俄罗斯解密档案"揭示了共产国际、俄共(联共)中央关于中国革命战略、策略的复杂性和多变性,而其驻华机构和代表在贯彻落实这些不断变化的战略和策略的过程中,事实上存在着主观意图之间的差异及其主观意图与客观实践的非耦合性,由此导致的意见分歧和摩擦对早期中共决策主体造成了多种影响,致使中国革命进程和中共早期的发展充满了曲折多变。瞿秋白就是在这样的曲折多变中,从事着领导中国革命的斗争,走完自己辉煌、坎坷的政治人生,并为中国革命作出了多种多样的贡献。

深层思考主要是对复杂多变的共产国际、俄共(联共)关于中国革命的战略、策略,在华不同组织和代表所发出的不同声音对瞿秋白等中共决策主体的影响进行深层思考,探讨中共中央、瞿秋白等领导人与共产国际、俄共(联共)中央及莫斯科驻华代表之间的互动关系,揭示莫斯科与早期中国共产党之建设和发展的动态历程,以及由此产生的经验教训,找出瞿秋白及早期中国共产党领导人对莫斯科的盲从之点和创新之处,从中获得历史的启示。

但是,由于本书研究所要涉及的范围,笔者感到有两个明显的问题需要妥善处理:一是本书研究框架及写作内容的取舍与笔者已经出版的相关著作如《瞿秋白与共产国际》《解密档案中的瞿秋白》等书的关系;二是瞿秋白政治人生的完整性与"俄罗斯解密档案"所披露的资料的非完整性之间的矛盾。

自20世纪90年代后期,随着苏联大量档案解密,《共产国际、联共(布)与中国革命档案资料丛书》开始出版,有关瞿秋白与共产国际、联共(布)的大量档案资料被披露,给瞿秋白研究带来了新的思维、新的视野、新的角度。笔者借这个有利时机,对瞿秋白与莫斯科的关系展开了深入研究,并于2004年在中共党史出版社出版了专著《瞿秋白与共产国际》,2011年在东方出版社出版了专著《解密档案中的瞿秋白》,同时发表数十篇相关论文。这些研究成果正是笔者现在完成国家社科基金项目——"瞿秋白与俄罗斯解密档案研究"的前提和基础条件。瞿秋白从 1921 年在莫斯科加入共产党(先是俄共党籍,之后转为中国共产党党籍),到 1935 年 6 月在福建长汀被国民党枪杀,成为继李大钊之后又一位牺牲在国民党反动派刑场上的中共早期重要领导人。他整个 15 年的政治人生完整壮丽。但是,"俄罗斯解密档案"资料由于其多种局限性,不可能对瞿秋白所有政治活动都有完整记录,需要运用大量解密档案以外的文件、当事人的著作和书信、当时人的回忆和论文等文献资料,对本书的研究进行补充和完善。

因而,笔者在此书的写作和研究过程中,除了遵循上述纵向研究、定位分析、深层思考的总体研究思路外,还要采取若干有利于解决前述两个问题的做法。这就是为了尽量展现瞿秋白政治生平的完整性,一方面要采用解密档案中没有提到但实际已经存在的大量其他资料,另一方面有些章节不能避免与笔者已经出版的相关著作内容的重复。在此特作如此说明。

选取与"俄罗斯解密档案"有深度联系的中共早期领导人之一瞿秋白作为个案,在探讨和研究瞿秋白政治生平和历史贡献的同时,揭示共产国际、俄共(联共)与中国共产党早期发展关系的面貌,具有显而易见的学术意义和历史意义。

就学术意义而言,简单地说有下列方面:

一是本书的撰写对于开发由我国众多党史专家学者翻译、编辑、出版的多卷本《共产国际、联共(布)与中国革命档案资料丛书》(1—12辑)的学术价值、历史价值、文献价值具有积极意义。第一手文献档案资料是研究历史的基础,俄罗斯国家档案管理机构首次开放的这些大量反映莫斯科与中国革命的罕见的档案资料,是研究中共党史、中国革命史、中共著名党史人物等的很有学术价值的文献资料。本书的研究有利于这些档案资料的整理、开发和利用,从而实现学界和出版界不惜花费人力、物力、财力协同作战共同出版这套解密档案资料的初衷。

二是本课题的研究及本书的撰写有助于深化瞿秋白个案研究。自从 1935 年 6 月以后,可以说对瞿秋白的研究一直是一个热点。首先,国内出版的关于他的传记、专著、年谱和公开发表的论文、纪念文章非常之多。其次,国外或境外也有关于他的传记和纪念文章。这些成果具有如下特征:一是研究时间早,自他牺牲起就开始了对他的研究和怀念;二是持续时间长,从 20 世纪 30 年代中期至今,研究从未中断;三是研究范围广,涉及政治、理论、教育、伦理、新闻、编辑、文化、文学、性格、家谱、婚恋等多方面。

这些研究成果既是本书继续深入研究瞿秋白的基础,也是本书要在研究过程中极力规避瞿秋白研究领域中已经存在的不足和风险的参照,如资料的缺失、视野的局限、结论的偏颇、观点的误导、意识形态的偏差等等,从而丰富和完善瞿秋白作为无产阶级革命政党早期政治领袖的地位和形象,避免在瞿秋白研究中将瞿秋白"文人化",以此推动瞿秋白研究的进一步深化。

三是本课题的研究及本书的撰写还有助于丰富中国革命史研究、中共党史研究、莫斯科与中国革命关系史研究。由于瞿秋白在中共党内的早期领袖地位以及他与中共中央、与同时代其他早期党的领袖、与莫斯科、与共产国际代表之间的复杂关系,导致他在解密档案中涉及的政治活动内容有很多是直接反映共产国际、俄共(联共)与中国革命、中国共产党早期发展关系的文献资料,具有复杂的历史内涵,因此,以共产国际、俄共(联共)与中国共产党早期发展关系为视角,深入开展瞿秋白与"俄罗斯解密档案"的研究,能够更加充分认清中国革命发展的历史进程及其规律性,总结共产国际、俄共(联共)中央政治局在当时历史条件下指导中国革命的经验和教训,从而深化对中共早期发展和马列主义中国化、中国革命道路形成历程的认识。另外,本书通过对瞿秋白在莫斯科与中共中央之间的"中介环节"作用的深入探讨与细节研究,将为早期中共的发展与共产国际、俄共(联共)关系的延伸研究提供新的视角和研究思路。

就历史意义而言,笔者认为应该到瞿秋白本身所涵盖的历史含义中去寻找。瞿秋白是 20 世纪初期中国先进知识分子的杰出代表之一,他短暂而光辉的一生,他所走过的革命道路,代表了中国革命历史发展的方向,代表了中国社会前进的方向。他为了探求一种"社会问题的政治解决"办法,"为大家辟一条光明的路","担一份中国再生时代思想发展的责任",而勇于投身中国革命,坚定地选择以马克思主义、共产主义作为自己的人生信仰,终身致力于将马克思主义与中国革命实际相结合、走中国革命道路的伟大事业,终生致力于实现解放中国人民、拯救中国社会、复兴中华民族的伟大中国梦想。瞿秋白虽然过早地牺牲了,但是,他在中国革命历史、中国共产党历史上具有重要地位,他对中国革命实践的贡献和对中国革命理论的贡献,是中国革命历史的宝贵财富,是中国共产党理论建设和思想建设的宝贵财富。研究瞿秋白的历史,宣传瞿秋白的历史,学习瞿秋白的革命意志和牺牲奉献精神,对于引导远离瞿秋白深深参与其中的那一段中国革命历史的当今中国年轻人勤奋学习、努力进取、树立正确的世界观人生观价值观,对于总结我们党的历史经验和理论成果,推进党的理论建设和理论创新,对于弘扬民族精神和革命传统,发展社会主义先进文化,都是一件具有重要现实意义和深远历史意义的事情。

第一章

进入"俄罗斯解密档案":与莫斯科关系的缘起

与中共其他早期领导人加入共产党、正式投身无产阶级革命运动的起点(地点)有所不同的是,瞿秋白是在新俄国的首都莫斯科开始的。在1919—1921年的中国共产党创建时期,最初一批党的重要领导人正式迈入革命人生的起点(地点)因各自人生际遇的差异而有所不同。比如陈独秀、李大钊、张国焘、毛泽东、张太雷等人是在中国各自生活、工作的城市开展建党、入党活动的,而蔡和森、周恩来、李维汉、邓小平等人则是在勤工俭学的欧洲开始组党并与国内建党活动相呼应,最终走上革命道路的。瞿秋白与他们不同,他是在世界上第一个社会主义国家苏俄开始革命人生的。这一"不同"所隐含的诸多内容便构成了瞿秋白与"俄罗斯解密档案"的缘起,即他进入"俄罗斯解密档案"的历史大背景。

一、瞿秋白旅莫,与苏俄和共产国际结缘

瞿秋白旅居莫斯科,与苏俄和共产国际结缘的一个重要契机,是1920年秋天他应聘北京《晨报》和上海《时事新报》的驻俄记者。20世纪20年代不像信息爆炸的当今世界,各国的记者站和通讯社遍布全球各地。那时,特别是在中国,就如北京《晨报》和上海《时事新报》在共同刊登的招聘启事中所说的一样:"吾国报纸,向无特派员在外、探取各国真情者,是以关于欧美新闻殊多简略之处,国人对于世界大势,亦每因研究困难,愈趋隔阂淡漠,此诚我报界一大缺点也。"为此,《晨报》和《时事新报》"特合筹经费遴派专员,分赴欧美各国,担任调查通讯事宜,冀稍尽吾侪之天职,以开新闻界之一新纪元焉"。这份启事刊登于1920年11月27、28日的两报上,启事还联合公布了已派出和即将派

出的特派员名单。其中,瞿秋白、俞颂华和李宗武被列为派驻俄国的特派员。这样瞿秋白就成了我国第一批驻外记者中的一员。

无疑,担任驻俄新闻记者开启了瞿秋白与莫斯科的政治情缘,是他此后不久被记入"俄罗斯解密档案"的起点。这看起来有些偶然,实际上促使瞿秋白走向赤俄,进而成为中国共产党早期领袖,成为无产阶级革命家、理论家、宣传家,还有其更重要更个性化的原因。也就是说,瞿秋白能够进入"俄罗斯解密档案"、与莫斯科结缘,是与他的家庭裂变以及由此产生于他心中冲决罗网、追求真理的"内的要求"分不开的。

1899 年 1 月 29 日傍晚,江苏省常州府阳湖县青果巷 86 号八桂堂天香楼迎来了一个新生命,他就是瞿秋白。常人头顶通常只有一个发旋,而他却有两个,于是喜欢咬文嚼字的其父瞿世玮给他取了一个奶名"阿双"。长大后,他依据"双"字音,自己改名为"瞿爽""瞿霜"。而"爽""霜"都与秋天相连,由此衍义,他又给自己取了笔名"秋白"。辛亥革命后,阳湖并入武进县,1949 年 4 月江苏解放后,武进城区划入常州市。因此,瞿秋白与同样诞生于江苏常州的张太雷以及祖籍为江苏武进的恽代英同为中共早期著名的优秀青年领导人,并被今人并称为"常州三杰"。

瞿秋白出生于一个世代读书、世代做官的封建大家庭。瞿氏在常州是大户人家,鼎盛时期号称"瞿半城"。瞿秋白的诞生地八桂堂是一栋豪宅。据考证,大约在明朝万历年以前,常州抗倭名将唐荆川在青果巷内建造易书、筠星、四并、复始、松健、礼和、八桂、贞和八堂。其中八桂堂是这"唐氏八宅"中的一宅。在明清交替之际,因唐荆川的后裔抗清,这"唐氏八宅"遂被清朝官府查抄没收,有的贱价出售给他人。沧桑数百年后,长期在湖北做官且与张之洞关系非同一般的瞿秋白的叔祖父——瞿赓甫,在 1890 年前后购得八桂堂旧宅,并进行改造扩建,使之成为瞿氏豪华住宅。[①] 宦财丰厚的瞿赓甫购建八桂堂豪宅之后,又

---

① 钱听涛:《瞿秋白少年时代事迹考》,《瞿秋白研究　6》,学林出版社 1994 年版,第 305 页。

在觅渡桥大兴土木,建造瞿氏宗祠,以备他告老还乡颐养天年。

由此可见,真正维持瞿氏封建大家族地位的是瞿秋白的叔祖父瞿廷昭。而瞿秋白的祖父瞿贞甫一生官场不得志,一直是弟弟瞿赓甫的幕僚,其子瞿世玮(瞿秋白的父亲)更是"终身未仕"。由于瞿秋白祖父离世过早,瞿秋白父亲又不能独立撑持门庭,因此,秋白一家实际上是靠叔祖父瞿赓甫的官俸供给为生。八桂堂建成后,瞿秋白祖母携子女由武昌瞿赓甫的官邸返回常州,住进八桂堂。之后,瞿秋白的父亲瞿世玮在这里结婚生子,依靠叔父瞿赓甫的接济,一家人勉强地过着士阶层的生活。因而,瞿秋白出世后也"靠着叔祖伯父的官俸过了好几年十足的少爷生活"①。

然而好景不长。依靠封建王朝俸禄而生存的"士的阶级",是寄生于封建专制政治基础上的产物。因而,随着封建王朝的终结,处在风雨飘摇中的"士的阶级"便面临着树倒猢狲散的命运。与此相应的是,常州瞿家大族也开始日落西山了。尽管,在瞿秋白诞生的前一年,他的叔祖父瞿赓甫升任湖北按察使,1900 年冬又任湖北布政使,但依然改变不了瞿家大族迅速滑向分裂、潦倒的总趋势。1903 年 7 月,瞿赓甫在湖北任上病故,同年 12 月灵柩运回常州安葬。接着遗属开始瓜分遗产。不久,瞿秋白一家被"劝出"八桂堂,当时他 5 岁左右。

离开八桂堂后,瞿秋白一家主要租住其祖母娘家庄氏的星聚堂,每月租金 7 元。没有独立经济来源的瞿秋白一家,靠着瞿世玮兄弟姐妹和亲戚的接济,在星聚堂住了近 10 年。星聚堂虽不及八桂堂豪华气派,但还算是体面的住处。这期间虽然不断添丁进口,日子越过越紧,可依靠着多处接济日常生活开支还能勉强维持。

在家庭地位一天天坠入社会底层的过程中,瞿秋白一天天长大,并接受了传统文化教育、自然科学教育和社会革命教育。这些教育对他后来勇于赴俄、走上革命道路非常重要。入住星聚堂后,瞿秋白进庄氏塾馆读书。值得一提的是,塾师庄怡亭年轻而开明,相对于其他保守的

---

① 《瞿秋白文集·政治理论编》第 7 卷,人民出版社 1987 年版,第 701 页。

老年塾师,他的教学比较开放。除了死记硬背书本外,学生还可以在天井空场和花朵草木之间游戏玩耍,这对幼年秋白身心健康成长无疑有益。两年后,瞿秋白入冠英小学就读。冠英小学是一所新式学堂,其创始人是瞿秋白祖母的堂弟庄苕甫,他主张维新,曾列名公车上书,晚年在家乡办新学。在他的主持下,冠英学堂成为最早聘请"洋教习"全面施行新式教育的学堂。冠英小学是常州教育史和瞿秋白接受教育期间的一个亮点。1910年春,瞿秋白进入常州府中学堂。常州府中是在清末废科举兴新学的热潮中焕发青春的。其校长是老同盟会会员、留日学生屠元博,教员中有不少是倾向革命的进步人士,学校设有秘密的革命机关。因而学生中弥漫着革命的情绪,剪辫子、反抗学校顽固分子之事时有发生。尽管如此,学校还是开设了很多课程,有修身、读经、国文、外语、历史、地理、算学、博物、图画、体操、兵操等内容。学校仿日本明治维新的"军国民教育",注重体操尤其是推行军事训练,学生一律着制服,崇尚"斯巴达精神"。瞿秋白在常州府中的学习生活是丰富多彩的。在这里,他认识了后来在莫斯科介绍他加入中国共产党的张太雷,他们是同学。在这里,他阅读了很多文史哲类书籍,如《庄子集释》《老子道德经》《资治通鉴》《太平天国野史》等经史书籍及《西游记》《三国演义》《红楼梦》《水浒传》《牡丹亭》等古代优秀作品,还有当时风行的谭嗣同的《仁学》、梁启超的《饮冰室文集》及其主编的《新民丛报》和严复译述的西方名著等。在这里,他曾因叛逆反抗之举受到过校方记过处分。在这里,他曾因身体状况不佳而几次休学,所以从1910年春到1915年夏,瞿秋白在常州府中时断时续地读了五年半却没有得到中学文凭。总之,从庄氏塾馆到冠英学堂到常州府中,处于成长期的瞿秋白经历了视野开阔的学习生活,新式的近现代科学文化教育和社会革命教育,培育了他新型的知识结构。西方社会伦理观念和价值取向、近现代政治思想观念以及自然科学原理等在他心灵、精神和知识构成中的培育与生长,逐渐造就了他适应时代发展要求的开放性思维。这对他后来人生的发展具有极其重要的良性影响。

　　与学堂教育相得益彰的是,常州的人文环境对瞿秋白的成长也起到了重要的滋润和培育作用。江南常州是一个有着丰厚人文资源的历史文化名城。"江山代有才人出,各领风骚数百年"的著名诗句,就是清代常州诗人赵翼之作。自幼生长于常州的瞿秋白,不仅有江南山水风物怡悦性情,寄托奇思遐想,而且还受到了很好的传统文化熏陶。曾经生活和成就于这块热土的历代政治家、文学家、诗人、画家和学者,用他们的智慧和精神遗产滋育着这位后代才俊。同时,瞿秋白的母亲擅诗词,爱文艺,教他诗词文学,而他的父亲擅长绘画和书法,教他旧式文人所必备的诸般艺事知识。瞿秋白从小就爱好文学,楚辞、汉赋、乐府、唐诗、宋词、元曲,以及近代人的诗作,他都诵读。此外,古代文史哲书籍,他也读了不少。正如他在《多余的话》里所说的一样,"中国的旧书,十三经、二十四史、子书、笔记、丛书、诗词曲等,我都看过一些"①。因此他有很好的旧学根底和国文基础,这为他后来成为中国第一批驻外新闻记者,成为翻译家、文学家、理论家,提供了很好的人文素质条件。

也许促成瞿秋白1920年旅莫的关键因素在1913年就种下了。这一年发生的事情令他难忘。先是因他伯父瞿世琥仕途生变,失去官位,不得不中断长期以来对他家的接济,继而其他多处亲戚也因各种各样的原因不能继续以赠送柴米油盐等方式进行援助,瞿家的生活迅速陷入贫困。这年秋天,他家因付不起每月7元的房租而不得不搬出星聚堂,极不体面地住进了不需付房租的瞿氏宗祠。同时,辛亥革命后的社会现状使瞿秋白极度失望和悲愤。当时常州发生了一件影响极大的事,为人刚直的革命有功之人、常州府中老师陈士辛惨遭其政敌赵不党秘密枪杀,瞿秋白参加了常州府中为陈士辛召开的隆重的追悼大会。后赵不党虽然被黄兴正法,但是生性耿直的陈士辛竟惨遭杀害,这使瞿秋白受到很大震动。而北京的临时大总统袁世凯这一年操纵宪法会议,强行通过《大总统选举法》,然后派军警包围国会,强迫国会议员选举他为正式大总统,并于10月就任,下令全国庆祝。联想到常州学堂

20

① 《瞿秋白文集·政治理论编》第7卷,人民出版社1987年版,第713页。

发生的事,瞿秋白内心充满愤懑,失望极了。于是就在常州市各机关、学校、商店、百姓住宅门前张灯结彩,庆祝袁大总统"当选"时,他却在瞿氏宗祠门口挂上一个写着"国丧"二字的白色灯笼,以表示对现状的不满。作为一个在内忧外患中成长的中学生,瞿秋白被社会悲剧和家庭悲剧双重痛苦冲击着心灵。1913 年无疑是令他痛苦和早熟的重要一年。

1915 年夏,债台高筑的瞿家又发生了一件令瞿母金衡玉感到绝望的事:在困顿中"破落户子弟"瞿秋白被迫辍学,到无锡郊外杨氏小学当教师,以维持全家生计。这对他母亲来说是莫大的打击,因为她指望家中长子接受良好教育、将来出人头地、撑持门庭的美梦彻底破灭了。希望没有了,贫穷和困窘却日甚一日;同时还要面对蜂拥而至的债主言辞冷峻的催逼,以及势利亲友故旧的百般责难。金衡玉终于撑不下去了,1916 年正月初五,她支开懂事的长子,深夜在家吞火柴头自尽。于是瞿家"母亲去世,家庭消灭",悲剧到达顶点。从此瞿秋白"一家星散、东漂西零":父亲瞿世玮远走济南,瞿秋白和三个弟弟一个妹妹分别到杭州、武昌、北京等地,寄居在愿意接济的亲戚家,依人为生。

瞿秋白所经历的家庭悲剧在一般破落世家中也是少见的。从养尊处优的少爷到寄人篱下的谋生者,他亲身经历了"士的阶层"的破产。这一过程在他心中堆积了无数个疑问,使小小年纪的他就开始对封建制度和"士的阶层"在封建王朝没落和衰亡过程中的挣扎、裂变进行分析和批判,并由此开始思索人生和社会。首先,他由家贫问题联想到时代的改变,较早地意识到家庭悲剧与社会变化的关系,并把家庭问题放在社会问题的大框架中进行思考。他指出:"穷"不是偶然的,自己面临的家贫是社会发展的结果,是封建制度和"士的阶层"的真正破产。① 其次,"人与人的关系"成了他心中不断思考和探求的问题。他描述道:封建的大家族制度垂死过程"先则震颤动摇,后则渐就模糊渐灭","好的呢,人人过一种枯寂无生意的生活。坏的呢,人人——家族中分

---

① 《瞿秋白文集·文学编》第 1 卷,人民文学出版社 1985 年版,第 14 页。

子,兄弟,父子,姑嫂,叔伯,——因经济利益的冲突,家庭维系——夫妻情爱关系——的不牢固,都面面相觑戴着孔教的假面具,背地里嫉恨怨悱诅咒毒害,无所不至"。① 而他呢,由于一时找不到答案而"心灵里虽有和谐的弦",却"弹不出和谐的调"。正因为如此,"人与人的关系"这类既是哲学的又是现实的问题,便成为他心中的绝大问题,促使他在人生道路上不断地探索着、思索着。

一方面是大家族的破灭导致人与人之间关系的紧张和变异,另一方面所受的古代近代文化和思想教育又使瞿秋白产生了冲决罗网、发展个性的"内的要求"。1916 年年底,瞿秋白辞去无锡乡村小学的教职,带着无数究问离开了家乡常州。他在黑暗中挣扎,"内的要求"引导着他努力向前迈进,去探求解决社会问题和人生问题的办法。这种探索开始是盲目的,后来慢慢有了目标和方向。这从他离开常州后的武汉黄陂之行以及旅居北京时期的思想发展脉络可以窥见。

瞿秋白先是"由吴而鄂",离开常州到武汉投奔堂兄瞿纯白(世琥之子)。在纯白的资助下,他进了武昌外国语专科学校学习英语。不久,他又到黄陂表兄周均量家住了一段时间。在周家,一是其藏书给瞿秋白留下了很深的印象;二是他在与学富五车的表兄周均量切磋学问、品诗论画、谈经议政的过程中,学问大有长进,不仅对诗词的研究更深入一层,而且政治问题也渐入话题,社会问题要由政治解决的观点开始进入瞿秋白的脑海。

1917 年春,瞿秋白又"由鄂而燕"。因为瞿纯白的工作由武汉调到北京,他便辞别周均量,随堂兄一家到北京寄居。作为"民国"的首都,北京令他失望。新官旧僚,府院之争,张勋复辟,段祺瑞执政,军阀混战,国家乌烟瘴气,让他"更发见了无量无数的'?'"。心中装着一系列的人生问题、孔教问题、佛学问题、东西方文化问题、妇女问题、劳动问题、社会改造问题、国家问题等等,瞿秋白冥思苦想,寻找解决的办法。他想从研究和整理国故中使"文学再生","做以文化救国的功夫",但

① 《瞿秋白文集·文学编》第 1 卷,人民文学出版社 1985 年版,第 14—15 页。

在国故和旧学中又发现了许多不可克服的矛盾；他想以"研究佛学试解人生问题"，也找不到答案；他想到过"社会问题的政治解决"办法，但如何才是"政治解决"，没有人回答他。正如他在《饿乡纪程》中所言："惨酷的社会，好象严厉的算术教授给了我一极难的天文学算题，闷闷的不能解决；我牢锁在心灵的监狱里。"①这是瞿秋白住在堂兄家里经历的一段非常枯寂的生涯。

到北京后，瞿秋白本想进北大读书，但因堂兄无力负担学费而作罢。但他曾到北大文学院当旁听生。1917 年 9 月，他考入俄文专修馆。这是为北洋政府外交部训练外语人才的学校，同类的还有法文专修馆。既有"出身"又不要学费，对于依靠堂兄供养的瞿秋白来说，这无疑是一个理想而又现实的选择。就读俄文专修馆期间，他学习刻苦，成绩优秀，特别是作文，在每周上全校作文课时总是被油印传观，以至誉满全校。除上课外，他还自修英文、法文，研究社会科学和哲学，阅读俄国文学著作，也十分关心时政。

在瞿秋白刻苦、努力地学习时，从未受到过当时有志于改造中国的知识分子重视的俄国，突然爆发了人类第一场社会主义革命。俄罗斯发生的十月革命既改变了世界的发展方向，也改变了瞿秋白的人生轨迹。十月革命后第三天——上海《民国日报》《申报》，北京《晨钟报》（《晨报》前身）等大报竞相发表消息。"俄国布尔什维克的赤色革命在政治上、经济上、社会上生出极大的变动，掀天动地，使全世界的思想都受他的影响"。在中国这样黑暗悲惨的社会里，人们都想在生活的现状里开辟一条新道路，听着俄国旧社会崩裂的声浪，真是空谷足音，不由得不动心。于是，瞿秋白像所有有志于改造中国的知识分子一样，将期待的目光投向了北方的俄国。可以说，在十月革命影响下，中华民族的一代优秀知识分子把自己的人生奉献给无产阶级革命事业，因此瞿秋白旅莫并与苏俄和共产国际结缘，不是命运的安排，而是历史的锁定。

---

① 《瞿秋白文集·文学编》第 1 卷，人民文学出版社 1985 年版，第 15 页。

　　1919 年震撼中国的五四运动打破了瞿秋白的孤寂生活,把他从书斋引向改造社会的活动实践,引向对社会主义的探究。瞿秋白满怀爱国激情投身五四运动的行列,并成为中坚分子。他参加学生游行示威、《上大总统书》签名活动、营救被捕同学总罢课斗争等,参与北京学生联合会活动,不仅成为俄文专修馆的"政治领袖",而且以其阅历深、学识博、见解新而成为俄文专修馆、汇文大学、铁路管理学校三校组成的活动小组的"谋主",显示出了他的政治才干和领导才能。特别是在运动后期,北京政府拒绝在和约上签字,并罢免了曹汝霖、章宗祥、陆宗舆,学生运动取得了完全胜利,达到了"外争主权,内除国贼"的目的,一些人因此而感到振奋、满足,失去斗争积极性时,瞿秋白却以犀利的目光和政治智慧于 7 月 17 日在北京《晨报》上发表《不签字后之办法》,指出政府、国民、学生三方各自应当做的工作和恪守的信条,文中具有要政府牢记民众威慑力量的冷峻,也有令人信服又切实可行的办法。这是瞿秋白生平发表的第一篇政论文,足见他既能投入轰轰烈烈的运动,也能冷静下来思考问题。

　　人生的剧烈变更,每每使心理向一方面特别发展。五四运动以后,瞿秋白的思想和行动走向证明了这一点。当时,知识分子由于受新文化运动和十月革命的熏陶,加上学生运动的一番历练,他们痛恨旧社会、旧制度和一切不合理的东西,热衷于探讨、研究中国的出路和社会改造问题。于是,瞿秋白像其他的先进知识青年一样,创办进步期刊,传播新思想。1919 年 11 月,他与好友郑振铎、耿济之、许地山、叔父瞿菊农(瞿世英)共同创办《新社会》旬刊。这是一个五四时期与《新青年》《新潮》《国民》《曙光》等并列为全国有较大影响的进步刊物之一,每期文章都发出改造社会的时代强音,在四川、广西、广东、辽宁、吉林和黑龙江等边陲地区,都拥有它热心的读者。正因为如此,《新社会》为当时的反动社会势力所不容,1920 年 5 月 1 日,当它出到第 19 期时,就被反动政府查禁停刊。

　　瞿秋白在《新社会》旬刊一篇接一篇地发表文章,阐述他改造社会的思想和观点:

其一，他揭露和批判旧社会的种种丑恶现象，指出革新社会的时机到了。他说，旧社会用制度、法律、宗教、道德等无上权威，造成广大人民群众"精神上身体上的牢狱"；而那些专横的军阀、贪污的官僚、玩弄阴谋的政客以及愚弄人们的"圣人"，横行社会，造成无量数的罪恶，把国家败坏得不成样子；与此同时，帝国主义列强的侵略和蚕食，更使中国岌岌可危。瞿秋白敏锐地观察到当时的中国社会正处在新旧时代交替之际，他满怀信心地大声疾呼："中国人若是多能够趁着这个时机，极力奋斗一下，非但中国自身有无穷的希望，就是对于世界也要有极大的贡献。"①

其二，他告诫中国国民要彻底觉醒，不要对帝国主义操纵的国际社会抱有幻想。他撰文指出："国际联盟——没有用处；国际劳工会——没有用处；威尔逊所新发明的方程式 $14 = 0$②，早已证明了。"因此他要人们放弃幻想，快快觉悟起来。他强调中国人"要想生存在世界上，那就不能不赶快觉悟——真正的觉悟——去改造现在的社会，重建现在的国家"③。

其三，他指出改造社会就要在思想领域除旧布新，即要改造旧思想普及新思想。他指出，改造社会就"非创造新的信仰、新的人生观、改革旧制度、打破旧习惯不可"④；为了改造社会，我们国民"要有坚毅的志向，明敏的智能，打起精神，往前干去，方才有万一成功的希望"；不仅如此，改造社会还要有历史的眼光，要有世界的眼光，要适应世界的潮流，迎合世界的现势。⑤

其四，他认为社会改造者在改造社会过程中要能够忍受挫折和苦难，要有牺牲精神。当时，有一个北大学生叫林德扬，因对社会现实感到极度悲观而自杀。林君曾是五四爱国运动的积极参与者，一贯热心

---

① 《瞿秋白文集·政治理论编》第 1 卷，人民出版社 1987 年版，第 20 页。
② 指美国总统威尔逊的 14 条和平宣言。
③ 《瞿秋白文集·政治理论编》第 1 卷，人民出版社 1987 年版，第 7 页。
④ 《瞿秋白文集·政治理论编》第 1 卷，人民出版社 1987 年版，第 52 页。
⑤ 《瞿秋白文集·政治理论编》第 1 卷，人民出版社 1987 年版，第 6、8 页。

于国事,因此他的自杀成为轰动知识界的一件大事。瞿秋白接连在《新社会》旬刊发表《林德扬君为什么要自杀?》《自杀》《社会运动的牺牲者》等政论文章。他认为,在改造社会的运动中,许多青年竭力往前奋斗,难免发现种种恶现象,并经受几次几番的挫折,于是有人要自杀,有人却能彻底觉悟;自杀的人是因为他们把社会改造事业看得太容易,一遇挫折,便悲观、失望、颓废,以至走向自杀之路。他对自杀者虽然表示理解和同情,但认为采取毁灭自己肉体的行为不可取,应该把这种牺牲的决心和勇气拿来供改革社会,创造新的信仰、人生观,改革旧的制度和习惯之用。他指出,革新社会就要牺牲"旧习惯所生出来的"弱点和缺点,"旧制度所生出来的"的利益。只有抱定为社会新生而牺牲一切的人,才能做到这一点。因此他指出,觉醒了的青年,对社会除有积极的怀疑、热烈的感情外,还要有沉静的研究心和强固坚决的毅力,激愤忧时,要预备受痛苦、历困难,在奋斗中去锻炼、经受考验。他向青年朋友呼吁:不要叫社会杀你,不要叫你杀了社会,不要叫社会自杀;你要在旧宗派、旧制度、旧思想的旧社会里杀出一条血路,在这暮气沉沉的旧世界里放出万丈光焰。

由此可见,经过五四新文化运动洗礼的瞿秋白,探寻"社会问题的政治解决"办法正日益深化。对社会现状的不满,对社会改造的激情,对真理的追求,正在一步一步地将觉醒了的他引向赤俄,引向共产国际。

在瞿秋白一篇接一篇地通过《新社会》发表文章,揭露社会问题,抨击时政,鼓吹改造和革新社会过程中,他对社会主义的最终理想发生了好奇心和研究兴趣。于是1919年下半年他参加了张西曼与李大钊、陈独秀等人创立的"社会主义研究会"。该会的活动主要在李大钊任馆长的北大图书馆内进行,瞿秋白认真地参与研讨。由于参加者主张不一致,该会只存在了半年。1920年3月,瞿秋白又参加了由李大钊组织指导,北京大学学生邓中夏、张国焘、刘仁静等人发起和建立的"马克思学说研究会"。这是李大钊为团结和教育赞成马克思主义的革命青年知识分子而创立的,主要是帮助革命青年学习马克思主义,为创建中国共产党做思想和干部准备。这些活动表明，瞿秋白的思想不仅活跃，而且正处在向社会主义和马克思主义转变的途中。

瞿秋白思想活跃来源于当时中国思想界的异常活跃。五四运动以后中国思想界出现了百家争鸣、异说竞起的格局，文化学术界更是呈现空前的群星灿烂、万木争荣的盛况。一是形形色色的社团、学会、报刊如雨后春笋，竞相创立；二是各种各样的思潮、流派、学说纷纷登台，交锋激荡；三是外国思潮大量涌入，在极短暂的时间内，中国思想界以兼容并包、来者不拒的气势，接纳了从18、19世纪的欧洲民主主义到当时西方帝国主义鼓吹的新康德主义、新实证主义、杜威的实用主义、柏格森的创造进化论，也接纳了包括科学社会主义即马克思主义在内的各种社会主义思潮，如蒲鲁东的社会无政府主义、克鲁泡特金的无政府主义、托尔斯泰的泛劳动主义、基尔特社会主义以及日本武者小路笃实的新村主义等等。面对名目繁多的新思潮，包括瞿秋白在内的众多五四青年，如饥似渴地吸收着，大胆地议论着，并企图从相互冲突、矛盾的各家学说中，寻找振兴国家的思想和经验，兼收并蓄地提取他们认为最合适最理想的思想材料，来构建他们心目中的理想新社会的蓝图。

这就带来了一个问题，虽然由于十月革命和五四运动的影响，那时的青年和学生，差不多人人都注意报刊上关于世界革命运动的消息，个个都想谈几句劳动问题、社会主义，但是对社会主义的概念、思想、内涵以及社会主义具体制度甚至社会主义的实践运动等问题却是非常笼统模糊不清的。瞿秋白对此体会很深，他形象地描述道："社会主义的讨论，常常引起我们无限的兴味。然而究竟如俄国十九世纪四十年代的青年思想似的，模糊影响，隔着纱窗看晓雾，社会主义流派、社会主义意义都是纷乱，不十分清晰的。正如久雍的水闸，一旦开放，旁流杂出，虽是喷沫鸣溅，究不曾自定出流的方向。"①也就是说，社会主义仿佛是隔着纱窗的晓雾，朦朦胧胧看不清楚。这对一向有探本求源精神的瞿秋白来说，是一件很痛苦的事情。同时，随着《新社会》旬刊的创办，瞿秋

---

① 《瞿秋白文集·文学编》第1卷，人民文学出版社1985年版，第26页。

第一章　进入『俄罗斯解密档案』：与莫斯科关系的缘起

白的思想第一次与社会生活有了实实在在的接触,他产生了强烈的改造社会的愿望,而社会主义是改造社会的思想方法之一,可是他对这种思想方法却总是处在模糊的感觉之中。思想上的紊乱和模糊不定使瞿秋白犹如漂流震荡于狂涛骇浪之中。他内心里要求自己不能这样紊乱下去。在他心中,俄国是列宁按照社会主义思想方法进行社会革命、改造社会而建立起来的赤色国家,因此他渴望到那里去实地考察、研究。

机会说来就来。1920 年秋天,北京《晨报》和上海《时事新报》要招聘三位懂俄语的记者赴苏俄考察。瞿秋白懂俄语,国文基础好,又对苏俄心向往之,于是他很顺利地应聘成功。当瞿秋白决定要去俄国时,立刻遭到亲友们的反对,认为他这是"自趋绝地"。因为革命后的苏俄一直被中国老百姓看作是"饿乡"。在亲友们看来,瞿秋白读着有"出身"的俄文专修馆,虽是粗茶淡饭,但有堂兄照顾吃穿不愁,住在北京,京津两地的亲人、亲戚、朋友、同学都在身边,时有往来,等到完成学业后,像堂兄瞿纯白一样步入仕途,维持小康生活,应该没有问题。但瞿秋白却是一个有思想有抱负且对社会问题有强烈感受、对马克思主义有浓厚兴趣的先进青年知识分子,他有志于救国救民,他要"拨开重障","为大家辟一条光明的路","担一分中国再生时代思想发展的责任"。① 强烈的"内的要求"驱策着他走向赤俄,因此俄国不管怎样没有吃、没有穿,他都要去考察、研究。

1920 年 10 月 16 日早晨,瞿秋白同李宗武、俞颂华一起,在亲友们的佩服、羡慕和送别的目光中,登上北去的列车。当晚车到天津,他到北洋大学张太雷处与其抵足长谈。两个从常州出来的觉悟青年,这时谁也没有想到不久以后,他们竟是一个战壕的战友!10 月 18 日午夜,瞿秋白登上京奉列车离开天津,19 日傍晚车抵奉天(现在的沈阳,当时给瞿秋白的印象仿佛进入日本国境),当晚换车,20 日一早到达长春,接着换车北上,当晚八九点抵达通向俄国的大门哈尔滨。这一路行程使瞿秋白深切地感受到殖民地的况味,"从天津到哈尔滨,走过三国的

---

① 《瞿秋白文集·文学编》第 1 卷,人民文学出版社 1985 年版,第 31 页。

铁路,似乎经过了三国的边界:奉天是中日相混,长春、哈尔滨又是中俄日三国的复版彩画。哈尔滨简直一大半是俄国化的生活了"①。

在哈尔滨,由于苏俄红军正与谢苗诺夫的匪军打仗,通往俄国的道路暂时中断。瞿秋白一行在这儿耽搁了50多天。11月7日是俄国十月革命三周年纪念日,瞿秋白等3位中国记者得一友人介绍,参加了俄侨组织哈尔滨工党联合会举行的庆祝会。在拥挤的会场,他倾听了关于苏维埃政府、俄国共产党、第三国际和世界革命的演说,第一次听到声调雄壮的《国际歌》,看到全体到会者高呼"万岁"的沸腾场面,瞿秋白被深深地震惊和激动。这种场面除了哈尔滨,在当时的全中国是无法想象和见到的。因此,他在《饿乡纪程》里有3处提到在哈尔滨得"空气",得什么空气呢? 当然是得共产党的空气,得苏俄社会主义革命的空气。庆祝会结束后,瞿秋白等人又应邀参加俄国友人家庭晚宴,当时"屋子里放着盛筵,电灯上包着红绸,满屋都是红光,红光里是马克思,列宁,杜洛次基(指托洛茨基——引者注)的肖像"②。这红光给了瞿秋白深刻的启示和希望,所以当12月10日瞿秋白一行即将离开哈尔滨乘车前往俄国去时,他激动地说:"启程了,启程了,向着红光里去。"③1921年1月25日,瞿秋白一行终于抵达莫斯科。

从此,瞿秋白便与马克思主义、共产主义、俄共(联共)、共产国际结下了不解之缘,他的人生始终脱不开莫斯科对他的影响,并在"俄罗斯解密档案"里留下曲折的轨迹。正因为如此,一些对瞿秋白充满同情的史家,认为他与苏俄和共产国际结缘,是因家贫、读俄专、懂俄文、喜欢俄国文学、应聘驻俄记者等偶然因素促成的,似乎是命运的安排。其实,瞿秋白旅莫,与苏俄和共产国际结缘,除了上述这些偶然的促成因素外,真正使他义无反顾地走向赤俄并最终与苏俄和共产国际结缘的因素,主要是来自他个性化的"内的要求",来自他对社会主义的兴趣,来自他对中国旧社会旧制度的绝望,来自他改造社会、救国救民的

①　《瞿秋白文集·文学编》第1卷,人民文学出版社1985年版,第43页。
②　《瞿秋白文集·文学编》第1卷,人民文学出版社1985年版,第61页。
③　《瞿秋白文集·文学编》第1卷,人民文学出版社1985年版,第60页。

志向以及对新生苏俄革命经验寄予的厚望。这些才是指引着他走向赤俄、走近和登上国际共产主义政治舞台的更重要原因。否则,就无法解释,一同赴俄的俞颂华和李宗武何以没有走上瞿秋白一样的人生道路。

二、共产国际"东方战略"与中共的建立

瞿秋白到达莫斯科的 1921 年 1 月,十月革命建立的世界上第一个劳农政权——苏维埃政权已经有三年了。无产阶级革命家列宁领导俄国布尔什维克建立的苏维埃政权不仅使俄国历史翻开了新的一页,而且也使人类历史进程发生了改变:从此社会主义不仅仅是一种理想和运动,而且开始成为社会主义国家千百万人的建设实践;从此马克思主义发展到列宁主义阶段。不仅如此,列宁还领导世界各国共产党在第二国际破产以后创立了第三国际,即共产国际,从而把国际共产主义运动推向了一个新的阶段。

第一次世界大战刚刚爆发,列宁就开始为筹建新国际而做准备。

首先,他从思想理论上揭露帝国主义和第二国际的本质,号召建立新的国际无产阶级组织。当时以考茨基为首的"中派"是建立新国际的最大障碍,为了争取群众和建立新国际,必须从思想上给国际机会主义以反击,启发各国无产阶级的思想觉悟,列宁为此从事了艰苦的理论工作。1914—1917 年,他撰写了《战争和社会民主党》《革命社会民主党在欧洲大战中的任务》《第二国际的破产》《社会主义与战争》《欧洲大战和国际社会主义》《四月提纲》等著作,对帝国主义的本质、对以考茨基为首的"中派"、对资产阶级沙文主义、对第二国际的背叛进行了无情揭露和批判,并多次表述他建立新国际的思想。他指出,无产阶级

的国际没有灭亡，也不会灭亡，工人群众定将冲破一切障碍，"发起建立革命的国际，建立反对社会沙文主义者、反对'中派'的国际"①。1917 年他在《论无产阶级在这次革命中的任务》（无产阶级政党的行动纲领草案，即著名的《四月提纲》）一书中指出："正是我们，正是现在，应当毫不迟延地建立起革命的无产阶级的新国际。"②

其次，列宁十分重视参加大战期间各国社会党人召开的国际会议，他将这些会议变成揭露和批判机会主义、加强与各国革命者联系的重要舞台。战时最重要的国际社会主义者代表会议有两次。第一次是1915 年 9 月 5 日至 8 日在瑞士伯尔尼附近的齐美尔瓦尔得村庄召开的"齐美尔瓦尔得会议"。出席会议的有保、德、英、法、荷、意、挪、波、罗、俄、瑞典和瑞士等 12 个国家的 38 名代表，以考茨基为首的中派占居多数，列宁代表的左派占据少数。虽然列宁在会上代表左派提出的宣言和决议草案以及建立新国际的建议被多数票否决，但会议通过的宣言反映了左派的许多要求，并形成了以列宁为首的左派集团。这是列宁在实践中为建立第三国际而斗争的开端。第二次会议是 1916 年4 月 24 日在伯尔尼附近的另一个村庄昆塔尔举行的"昆塔尔会议"，出席会议的 43 名代表中左派只占四分之一。在这次会议上虽然没有通过左派提出的关于和平问题的决议草案，也未采纳布尔什维克提出的"变帝国主义战争为国内战争"的口号，但还是通过了一项批评和平主义和社会主义国际局的机会主义活动的决议，且左派力量比上次会议有了明显的增强，几乎在各国社会党内都形成了固定的左派小组，从而为共产国际的建立在组织上和干部上准备了条件。

再次，十月革命胜利后，列宁将共产国际建立的任务提上议事日程。如果说，十月革命前，列宁从理论和实践上提出建立新国际的想法是基于第二国际破产，需要产生正确领导无产阶级革命运动指挥机关的目的的话，那么，十月革命以后，列宁急于创建共产国际则更多的是

---

① 《列宁选集》第 3 卷，人民出版社 1972 年版，第 16 页。
② 《列宁选集》第 3 卷，人民出版社 1972 年版，第 60 页。

基于他从自己的理论出发,对当时国际革命形势的基本估计。在列宁看来,苏维埃政权由于政治、经济、军事、技术等诸多因素不可能与帝国主义和睦相处,冲突在所难免。因此"俄国革命最大的困难,最大的历史课题就是:必须解决国际任务,必须唤起国际革命,必须从我们仅仅一国的革命转变成世界革命"①。

不仅列宁,当时布尔什维克党的领袖基本上都持这种观点,即苏维埃国家和帝国主义无法和平共处,俄国革命成果的保护依赖于国际革命成功,国际革命不可避免。根据列宁的分析,经过第一次世界大战,世界资本主义进入帝国主义时代,其政治、经济的全部基础不仅全面动摇和趋于瓦解,而且陷入绝境,已经毫无出路。与此相应的是,世界社会主义革命的主观条件由于十月革命后许多共产党的先后建立而成熟起来。革命就要有革命政党的领导,世界社会主义革命就要有各国革命政党的"国际联合组织"的指导。按照列宁和布尔什维克党的领袖们所设计的革命程序,就是在国际联合组织的领导下,各国共产党进行世界革命,达到共同政治目标:建立一个国际苏维埃共和国。

因此,对列宁和布尔什维克党的其他领袖来说,建立共产国际就是要为进行世界革命而创立一个布尔什维克的世界工具,就像布尔什维克党是创立俄国苏维埃政权的革命行动工具一样。正是俄共(布)领导人对世界革命形势的这样一种基本估计,决定了后来成立的共产国际与布尔什维克党之间的关系难以摆正。从理论上看,共产国际应该是独立的集体的国际共产党人的组织,而实际上俄共(联共)却成为共产国际理所当然的监护人,使共产国际从成立一开始就在思想上、政治上、组织上、财政上都处于先是俄共(布)、后是联共(布)中央政治局的严密控制之下。

1918年12月24日,针对第二国际26个国家的社会党代表将于次年2月3日在伯尔尼召开会议的情况,列宁和托洛茨基为了制止左翼分子参加第二国际,并通过俄国的运动来实行对左翼分子的领导,便以

① 《列宁全集》第34卷,人民出版社1985年版,第6页。

俄共(布)中央委员会名义向各国社会革命党发出召开成立第三国际代表大会的邀请信,并在《真理报》上公开刊登,时间定于1919年2月15日召开。但由于苏俄处于内战和被封锁的环境中,造成各国与会代表旅行困难,会议遂延期到3月。

1919年3月2日至6日,代表着欧、亚、北美21个国家的35个政党和组织的52名代表,齐集莫斯科的克里姆林宫,召开共产国际(又称第三国际)成立大会。52名代表中只有19个政党和组织有表决权,其余的如中国、朝鲜、波斯等东方国家都是以观察员身份出席大会,中国代表为旅俄华工联合会负责人刘绍周和张永奎。列宁、托洛茨基、季诺维也夫、布哈林、契切林代表俄共(布)参加并主持代表大会的工作。

大会讨论通过了由布哈林起草的《共产国际纲领》、托洛茨基起草的《共产国际宣言——告全世界无产者》以及其他一系列文件。大会决定成立共产国际执行委员会和由它选出5人组成执行局作为共产国际的领导机构设在莫斯科。执行委员会由"最重要的国家的共产党"——俄、德、奥、匈以及巴尔干和斯堪的纳维亚等地区的共产党各派代表一名组成。根据列宁的提议,执行委员会选举了列宁、拉柯夫斯基、季诺维也夫、托洛茨基和帕拉吞为执行局成员,季诺维也夫当选为共产国际主席。从1921年8月开始,执行局改称主席团。按照章程规定,共产国际主席既是执行委员会主席,又是主席团主席。因此季诺维也夫既是执行委员会主席,又是主席团主席。

共产国际是在一阵新的《共产党宣言》的军号声中宣告诞生的。由托洛茨基起草、为共产国际第一次代表大会所通过的《共产国际宣言》宣称:"我们,聚集在苏维埃莫斯科的共产主义者们,欧洲、美洲和亚洲各国革命无产阶级的代表,感到并意识到自己是72年以前就已公布了纲领的那一事业的继承者和实现者。"①大会通过的《共产国际章程(草案)》声称,共产国际是各国共产党的联合组织,是真正和事实上

---

① 中共中央党史研究室第一研究部编:《共产国际、联共(布)与中国革命档案资料丛书》第2辑,北京图书馆出版社1997年版,第64页。

的统一的世界性的共产党,参加共产国际的各政党只是它的支部;章程规定共产国际的结构以俄共为榜样,强调高度集中的领导和严格的组织纪律,"没有这种铁的纪律和一个集中制的组织,共产国际就不能指望进行无产阶级专政";章程还赋予共产国际执行委员会以不受限制的权力,执行委员会"指导共产国际的全部工作",它的指示是"对所有参加共产国际的政党都具有约束力的方针",它完全有权将个人、团体甚至政党开除出国际,并且有权要求各政党"开除团体或个人",有权罢免经党员选举产生的领袖,而代之以由它自己选定的领袖。① 总之,各国支部对共产国际的决议和指示,必须服从和执行。

到 1920 年苏俄的战争状态基本结束了,新生的革命政权得到巩固。在国内战争期间,俄共(布)领导人的注意力主要集中在粉碎国内外反革命武装力量干涉、捍卫新生革命政权方面,对外政策是第二位的问题。但是,随着国内战争结束,俄共(布)由革命党变成执政党,它面临着管理巨大国家和处理国际关系的艰巨任务。为此,调整在内战时期中断的同资本主义国家的政治经济联系以及协调同邻国的关系,制定新的外交政策,成为越来越迫切的问题。在战争期间,俄共(布)实行的是进行世界革命时期的"革命外交",即是在"世界苏维埃社会主义共和国"范围内建立各国人民团结一致的外交关系,这种外交理念体现了俄共(布)和共产国际对欧洲革命的支持和期盼上。但俄国战争结束后,"未能将布尔什维主义扼杀在萌芽状态中"的欧洲帝国主义国家将枪口转向本国人民,欧洲革命形势开始退潮。欧洲一系列起义、革命尝试的失败使布尔什维克党立即在西方国家首先在欧洲开展社会主义革命的希望破灭。于是,俄共(布)高层决策除了在经济上由战时共产主义转变到新经济政策外,在外交政策和共产国际指导各国革命的方针上发生了两个重要转化:一是由指望进行世界革命时期的"革命外交"转变到谋求与各国政府建立正常的外交关系;二是将注意力

---

① [奥地利]尤利乌斯·布劳恩塔尔著:《国际史》第 2 卷,上海译文出版社 1985 年版,第 201、202 页。

从西方转到东方,开始积极在东方各国(包括中国)寻找伙伴和盟友。

在这种背景下,共产国际召开了第二次代表大会。时间是 1920 年 7 月 19 日至 8 月 7 日,地点先是在彼得格勒,后从 7 月 23 日移至莫斯科举行。参加这次代表大会的代表共有 217 名,分别来自 41 个国家的 67 个组织。东方各殖民地国家,如中国、印度、朝鲜、伊朗、土耳其等国的代表也出席了大会。217 名大会代表中只有 169 名享有表决权,其中俄共(布)代表团占了 65 名,是参加大会各党代表团中能参加投票表决人数最多的代表团。

共产国际二大的任务是,在各国共产党力量迅速增长、革命战线进一步加强的情况下,研究如何克服国际工人运动中的右倾和"左"倾机会主义危险,确定世界共产主义运动的组织原则、行动纲领和战略策略。因此,共产国际二大讨论了很多问题,其中最主要和最核心的问题有两个:一是关于加入共产国际的条件问题;二是关于民族和殖民地问题。

关于加入共产国际的条件问题是根据当时世界革命形势背景而提出来的。共产国际成立以后,由俄国十月革命"引爆"的欧美革命浪潮继续发展,一大批新的共产党,如南斯拉夫、保加利亚、美国、墨西哥、丹麦、西班牙、印度尼西亚、英国等国的共产党相继建立。大好的革命形势使第二国际的一些党开始转向,要求加入共产国际。但是它们中间有很多并未同第二国际在思想上彻底决裂,也没有真正接受共产国际的政治路线和纲领;有些党的机会主义首脑们企图混入共产国际,从内部夺取领导权,改变共产国际的性质。为此,列宁及时指出:"第三国际有被那些还没有摆脱第二国际思想体系的、动摇的、不彻底的集团削弱的危险。"[①]为了预防危险,列宁和季诺维也夫亲自起草了加入共产国际的著名"二十一条"规定。要求:凡是参加共产国际的党必须同第二国际机会主义彻底决裂,必须服从共产国际的集中统一领导,必须在政治上和宣传中坚持无产阶级专政的原则、同资产阶级作坚决斗争,必

---

① 《列宁选集》第 4 卷,人民出版社 1972 年版,第 308 页。

须遵循民主集中制。季诺维也夫声称,为了共产国际的"纯洁",必须使中派分子就像骆驼难以通过针眼一样难以通过"二十一条"①。在讨论"二十一条"时,意见纷纭,争论激烈,有不少代表团反对,当然,最后以多数票通过。

共产国际二大的另一项重要议题是关于民族殖民地问题的决议。大会专门成立了民族和殖民地委员会。列宁在开会之前就为大会草拟了《民族和殖民地问题提纲初稿》,在大会讨论他的提纲初稿时,他又作了关于《民族和殖民地问题委员会的报告》。通过初稿和报告,列宁提出了他的一系列关于民族殖民地问题的重要思想,主要有:一是强调被压迫民族和压迫民族之间的区别;二是在帝国主义战争以后,各民族的相互关系、全世界国家体系,将取决于少数帝国主义国家反对苏维埃运动和以苏维埃俄国为首的各个苏维埃国家的斗争(这种分析显然与列宁对国际革命形势的基本估计相一致),因此必须坚决实行无产阶级国际主义原则;三是无产阶级要支持具有革命倾向的资产阶级运动,即民族民主革命运动,共产国际应当同殖民地和落后国家的资产阶级民主派结成暂时联盟,但是不要同他们融合,要绝对保持无产阶级运动的独立性,即使这一运动还处在最初的萌芽状态也应如此;四是无产阶级在民族殖民地革命斗争中必须援助反对封建主义的农民运动。在此基础上,共产国际二大制定和通过了《关于民族和殖民地问题的决议》。

可以说共产国际二大的决议勾画出了俄共(布)和共产国际对东方国家政策的总体轮廓:一是努力在东方国家组建共产主义组织,使其将来能够成为共产国际政策传播者、马克思主义思想宣传者和共产主义运动与民族解放运动组织者的共产党;二是鉴于在东方国家共产主义思想的影响在很长时间内将是有限的,民族解放革命在目前阶段按其性质是资产阶级民主革命,决议提出了共产党支持资产阶级民主运

---

① [奥地利]尤利乌斯·布劳恩塔尔著:《国际史》第2卷,上海译文出版社1985年版,第207页。

动而首先是民族革命运动的任务。可见,实际上共产国际二大主要内容就是号召、组织和领导东方革命。而在东方,中国又是首当其冲。

到 1920 年,一方面共产国际二大召开,莫斯科"东方战略"的最初构想形成;另一方面,随着反动的高尔察克政权垮台,美、英、法干涉军撤退,西伯利亚形势好转,俄共(布)中央在广袤的西伯利亚地区建立了"缓冲国"——远东共和国。于是,苏俄有了影响中国北京政府对外政策的重要基地,共产国际有了与中国革命建立联系的中转站。随着远东共和国与北京政府开始实施互派外交使团,中俄交通被打开,莫斯科与北京政府和中国革命力量建立联系的通道也随之被打开。

当时莫斯科(俄共中央和共产国际执行委员会)为了实施"东方战略",从组织上分三条战线进行推行:一是通过俄共(布)中央西伯利亚局(1918—1924 年)1920 年 8 月在伊尔库茨克成立的东方民族处(下设中国科、朝鲜科、蒙藏科、日本科)和俄共(布)中央远东局(1920—1925 年)海参崴分局外国处派遣工作人员到远东各国如日本、朝鲜,特别是到中国进行活动,宣传马克思主义和十月革命,寻找革命力量。二是通过苏俄政府外交人民委员部远东司和远东共和国政府派遣外交官到东方各国,特别是到中国,寻求建立国与国之间的外交关系。三是通过共产国际执行委员会远东书记处派遣使者到东方各国,帮助建立共产党组织,聚集革命力量。但由于同时有几条途径派出的人员在东方各国活动,致使人员安排、组织结构、资金分配、信息沟通、政策取向等方面产生了诸多问题,所以 1920 年 9 月,苏俄外交人民委员部远东事务全权代表维连斯基－西比里亚科夫给共产国际执委会专门写了一个报告,就到东亚人员的工作问题提出建议说:为能够在东亚(中国、朝鲜和日本)直接进行实际活动,要求在中国的上海成立一个组织中心——"共产国际东亚书记处,下设三个科,即中国科、朝鲜科、日本科","在伊尔库茨克设立中转站,转达莫斯科的指示,转送书报、工作人员和经费"。维连斯基－西比里亚科夫认为,帮助东亚各国人民只能通过东亚书记处来进行,这样各条战线在远东服务的机关工作就有一个中心机构来协调。① 由此说明,东方各国特别是中国的确处在俄共中央和共产国际执行委员会的注意中心。

莫斯科实施"东方战略"的一个重要成果就是将先进的中国知识分子组织起来,帮助组建中国共产党。1920 年 4 月,在中国共产党创建史上不应忘记的一个人物——维经斯基,受俄共(布)中央远东局海参崴分局外国处派遣来到中国。"俄罗斯解密档案"告诉我们:早在 1919 年 8 月,俄共(布)和共产国际就开始考虑派员前往中国开展革命工作。当时在莫斯科的维连斯基－西比里亚科夫和在西伯利亚的加蓬分别向俄共(布)中央政治局建议在东亚民族中开展共产主义工作。他们的建议书立即得到批准。之后维连斯基－西比里亚科夫被任命为外交人民委员部远东事务全权代表,加蓬则被任命为副全权代表。俄共(布)中央政治局给他们的任务有四点,其中之一是支援东亚各国人民的革命运动,加强宣传鼓动工作,并同日本、中国和朝鲜的革命组织建立牢固的联系。根据这一指示,维连斯基－西比里亚科夫当年 9 月即从莫斯科来到伊尔库茨克俄共(布)中央西伯利亚局,之后又于 1920 年 2 月前往海参崴俄共(布)中央远东局,担负起具体指导俄共(布)和共产国际与东亚各国特别是中国革命者建立联系、开展革命宣传的工作。② 1920 年初,根据维连斯基－西比里亚科夫的提议,在俄共(布)中央远东局下设一个外国处,主要负责人为东方学院毕业、懂中文的阿布拉姆松,其工作人员有我们所熟知的维经斯基,以及马马也夫、季托夫、谢列布里亚科夫等。于是,阿布拉姆松派维经斯基等人到中国开展工作。因此,维经斯基到中国并不是像过去所说的那样是由共产国际派来的,而是由俄共(布)中央远东局海参崴分局外国处决定的。

维经斯基,1893 年 4 月出生于俄国一个小城,14 岁便离开学校走向社会,当过工人,做过会计。1913 年 20 岁时,移居美国,开始从事政

---

① 中共中央党史研究室第一研究部译:《共产国际、联共(布)与中国革命档案资料丛书》第 1 辑,北京图书馆出版社 1997 年版,第 36 页。

② 中共中央党史研究室第一研究部译:《共产国际、联共(布)与中国革命档案资料丛书》第 1 辑,北京图书馆出版社 1997 年版,第 38—39 页。

治活动。1918 年回俄国,在海参崴加入俄共。5 年的美国生活,使维经斯基练就了一口流利的英语。这为他 27 岁来中国并在此后的中国革命中开展工作提供了极大的方便。维经斯基并不是独自到中国的,他与助手季托夫和谢列布里亚科夫,以及其夫人库兹涅佐娃、翻译杨明斋(俄籍华人,俄共党员,到中国后转为中共党员)等人组成一个团队,在中国开展宣传马克思主义和组建共产党的活动,他化名为吴廷康。

维经斯基一行到达北京后,一方面通过远东共和国的优林使团结识柏烈伟(又译鲍立维,俄籍汉学家,生长于海参崴,同情十月革命,受远东俄共党组织派遣来华,侨居天津,以各种方式与北京、天津、上海等许多进步文化人士保持联络),然后通过柏烈伟又结识李大钊,通过李大钊结识陈独秀和以"南陈北李"为代表的中国先进知识分子、进步人士,与他们举行座谈会,报告苏俄十月革命及其后的实际情况和内外政策,并与陈独秀、李大钊交换组建中国共产党的问题,向他们介绍共产国际和俄国共产党(布尔什维克),讲解它们的革命纲领和组织原则,交换有关中国革命状况的看法,探讨在中国建立共产党的问题。维经斯基的访问、座谈、宣传,无疑对中国共产党早期组织的形成及其外围组织——中国社会主义青年团的创立起了重要的促进作用。从 1920 年 8 月到 1921 年 6 月,上海、北京、武汉、长沙、济南、广州以及东京和巴黎等地分别组建起了中国共产党早期组织。

另一方面为了加强对中国革命力量的领导,维经斯基等人在上海成立了由 4 名中国革命者(包括陈独秀)和他组成的革命局,下设 3 个部:一是出版部;二是宣传报道部;三是组织部。出版部在上海有自己的印刷厂,主要出版印刷宣传马克思主义和共产主义的书籍,如《共产党宣言》《共产党员是些什么人?》《论俄国共产主义青年运动》《士兵须知》等。报道部在上海创办了华俄通讯社,在北京设分社,该社为 31 家报纸提供消息。组织部在学生中间开展工作,想方设法引导学生去同工人和士兵建立联系并把他们组织起来。① 为了培养中国革命领导人才,组织部还在上海创办"外国语学社",召集进步青年学习革命理论,学习俄语,然后选送到苏俄,进东方劳动者共产主义大学学习,如刘少奇、任弼时、罗亦农、萧劲光等人就是较早经"外国语学社"送到东方大学学习的。维经斯基不仅在上海建立革命局,而且还在中国主要大工业城市如北京、天津、广州等地筹划和建立革命局。

充满革命热情的维经斯基,在中国以不分国别人种的"平等待我"之民族精神的言行,与中国共产主义者建立起了亲密的关系,成了俄国革命和中国革命运动之间的最初桥梁。1921 年年初,他回到伊尔库茨克汇报中国情况,并留在那里参加刚刚成立不久的共产国际远东书记处工作。以后共产国际开始与中国革命力量建立起了强有力的联系。一方面是共产国际派出正式驻华代表,现场指导中国革命,第一任驻华代表是共产国际执行委员会委员和殖民地问题委员会秘书、著名政治活动家马林;另一方面邀请中国共产党早期组织派代表参加共产国际的活动,第一个被邀请参加共产国际活动的中共早期党组织代表是张太雷。

1921 年 6 月,共产国际执委会从莫斯科派出正式驻华代表,他就是荷兰人马林。马林在共产国际二大上得到列宁的赏识,被选为共产国际执行委员会委员和殖民地问题委员会秘书,会后经列宁提议,担任首任驻华代表。与马林一起被派驻中国工作的还有赤色职工国际代表尼柯尔斯基。他们到达上海后,建议立即召开中共一大。7 月 23 日,各地共产党组织代表在上海共产党组织的邀请下汇集上海,召开第一次全国代表大会,中国共产党作为全国性的无产阶级政党正式诞生。

中国共产党是在俄国十月革命和五四运动的影响下,由以陈独秀、李大钊、毛泽东等为代表的有初步共产主义思想的先进知识分子,把马克思主义与中国工人运动相结合的产物。但是,共产国际与俄(共)布

---

① 中共中央党史研究室第一研究部译:《共产国际、联共(布)与中国革命档案资料丛书》第 1 辑,北京图书馆出版社 1997 年版,第 31—32 页。

对"东方战略"的实施，是中国共产党诞生的有利外部条件。而俄共（布）和共产国际派来的专人（维经斯基和马林）对中国共产党的创建给予了具体帮助和指导。从党的建设角度看，这对中国共产党后来的发展不可避免地产生一些积极和消极的影响。

其一，它使中国能够在20世纪20年代初建立起真正的布尔什维克党，为中国共产党后来完成推翻帝、官、封三座大山，建立社会主义新中国的任务奠定了良好的组织基础。当时马克思主义传入中国的时间较短，而早期共产主义者对马克思主义的基本理论，特别是对建党学说知之甚少。他们中有不少人还分辨不清马克思主义同其他各种社会主义流派之间的界限，有的甚至认为马克思派社会主义包括"正统派社会主义"（以考茨基为代表）、"修正派社会主义"（以伯恩斯坦为代表）、"工团主义""组合社会主义"（基尔特社会主义）和"多数派主义"（布尔什维主义）等五派，他们"都是主张将生产机关归社会公有的"，所不同的是"所采手段"。[①] 显然，要是按照这种思想建党，势必要经过相当一段时间的摸索，甚至走曲折的路。由于俄共和共产国际在中国共产主义者心目中有很高的威望，所以经他们帮助和指导，很快就统一了认识，并按照布尔什维克党的模式，一开始就按照列宁主义原则筹建中国共产党，使中国共产党避免了欧洲共产主义运动中那种改良主义的影响。

其二，俄共（布）与共产国际的直接帮助对中国共产党的成熟以及莫斯科与中国共产党的关系带来了不利影响：一方面中国共产党自身理论准备不足，没有建立政党、从事共产主义运动的经验，不免对莫斯科及其驻华代表抱有依赖思想；另一方面，莫斯科驻华代表像一个接生婆那样把中国共产党"接生"出来，面对自己手中的婴儿，代表们事事过问，以致包办代替，把中国共产党视为自己掌中之物，这给中国共产党未来的发展带来了极大的隐患。

其三，共产国际与俄共的关系导致中共和中国革命利益将受到损

---

① 李达著：《马克思派社会主义》，见《新青年》第9卷，第2号，1921年6月。

害。共产国际是由列宁和俄共中央一手创办起来的,这就使共产国际和俄共(布)中央的关系难以摆正。从理论上讲,列宁领导的俄共(布)应该是共产国际属下的一个成员党,俄共与其他国家的共产党一样,接受共产国际的领导。但是事实上并非如此。布哈林曾言,一个无产阶级国家的外交政策应从"整个无产阶级的战略需要"出发,但是,苏俄政府并不给共产国际(按照理论,共产国际的"历史意义"就在于它代表整个无产阶级)以决定"整个无产阶级战略"的权力,而是把这个权力牢牢地掌握在自己的手里。当然,列宁健在时,苏俄的利益是服从于整个无产阶级和世界革命利益的,但是随着1922年年底列宁中风、病重、卧床不起,到1924年1月逝世,苏俄的领导权逐渐过渡到斯大林手中,随之苏俄与共产国际的关系也发生了转化。此后,不再是苏俄的外交政策适应共产国际,而是共产国际的政策反过来适应苏俄的外交政策了。共产国际逐步成为俄共(布)领导下的实施苏俄外交政策的一个有力工具和机构。因此维经斯基和马林等在中国的活动,从总体上来说是俄共(布)和共产国际实施"东方战略"的一个重要组成部分。他们在中国不仅联络革命力量,帮助建立中国共产党,而且还与吴佩孚、陈炯明、孙中山等各界各派人士进行广泛而多方面的接触。也就是说,帮助中国建立共产党,只是苏俄对华政策所追求的国家利益的一部分。苏俄作为第一个社会主义国家,被帝国主义和各国反动派包围、封锁,处境十分困难,它要在中国广泛结盟交友是可以理解的。问题是,俄共(布)和共产国际此后在领导和支援中国革命的过程中,始终将中国革命利益置于服从苏俄国家利益的地位,使中国共产党成为为苏俄外交人民委员部服务的党。这在一定时期和一定程度上必然要损害中国共产党和中国革命的利益。

上述一切都与1921年年初开始驻俄的瞿秋白此后的革命生涯和个人政治命运有着密切的关系。

三、在莫斯科的赤潮中加入中国共产党

十月革命后,莫斯科成了世界革命的中心。1921 年 6 月,四个国际性的大会在莫斯科召开。共产国际第三次代表大会、共产国际妇女部第二次代表大会、青年共产国际第二次代表大会、赤色职工国际第一次代表大会,这四个世界无产阶级革命者的盛会如波涛汹涌的赤潮,给初夏时节的莫斯科带来了政治上的勃勃生机。

6 月 17 日,俄共中央和苏俄政府在红场举行盛大阅兵式,隆重欢迎来自世界各地的"各会各国代表"。赤潮狂涛震撼着瞿秋白的心灵,他激动地将目击到的情景告诉国人、留给后代,"广大的旷场,几千赤军,步马炮队,工人军事组织,共产党军事训练部,男工,女工,儿童,少年都列队操演。杜洛茨基(托洛茨基——引者注)洪亮的声音,震颤赤场对面的高云,回音响亮,好象声声都想传遍宇宙似的"①。这场面,这情景,这如火如荼的赤潮,使瞿秋白感受到了世界无产阶级革命的伟大力量。

6 月 22 日,共产国际第三次代表大会在莫斯科大剧院举行开幕式。瞿秋白以中国新闻记者的身份参加了大会并满腔热情报道盛况。开幕式后,共产国际代表大会在克里姆林宫安德莱厅进行。

7 月 6 日,对瞿秋白来说,是一个永远难忘的日子。他在安德莱厅荣幸地见到了列宁。当日他激动地向亿万中国人民描绘了列宁的形象:"列宁出席发言三四次,德法语非常流利,谈吐沉着果断,演说时绝

① 《瞿秋白文集·文学编》第 1 卷,人民文学出版社 1985 年版,第 159 页。

没有大学教授的态度,而一种诚挚果毅的政治家态度流露于自然之中。"①休会期间,他在走廊上遇见了列宁。看到这位举世景仰的革命伟人,他兴奋不已。遗憾的是列宁太忙,他亲切地指给瞿秋白几篇有关东方问题的材料,简略地谈了几句便匆匆离去。这是瞿秋白在旅俄期间第一次见到列宁。不久,他第二次见到了列宁。那是这年的 11 月 7 日,俄国十月革命四周年纪念日。他到莫斯科第三电力劳工工厂参加工人的纪念集会。在兴高采烈的人群中,他"无意之中,忽然见列宁立登演坛。全会场都拥挤簇动。几分钟间,好象是奇愕不胜,寂然一晌,后来,突然'万岁'声,鼓掌声,震天动地"。"工人群众的眼光,万箭一心,都注射在列宁身上。大家用心尽力听着演说,一字不肯放过。"②

瞿秋白在共产国际三大召开期间,一方面,亲耳聆听了列宁的教诲,亲眼看到了俄国工人群众对自己领袖的尊敬和爱戴之情,他深受教育和鼓舞;另一方面,在这期间他还有一个很大的收获,就是与中国共产党人正式接上了关系。因此具有浓厚政治生活气氛的莫斯科第一次给瞿秋白以深切的感想。

在莫斯科连续召开的四个国际性会议期间,尚未召开"一大"的中国共产党早期组织也派出了自己的代表。他们是张太雷、杨好德(有时译成杨厚德,即杨明斋)、俞秀松(他在 1920 年 11 月成立的中国社会主义青年团大会上被选为临时中央局书记)等人。正在莫斯科的瞿秋白怎么也想不到他的常州同乡同学张太雷竟是共产国际与中共党组织之间的重要活动分子,而且作为中国共产党的代表来到莫斯科。

比瞿秋白年长一岁的张太雷,原名张曾让,乳名泰来。上小学时,校长给他取名张复,取义于"复兴中华"。后来他改名太雷,取"泰来"的谐音。由于父亲早逝,张太雷靠母亲给人打零工和亲戚接济在常州读完小学和中学。中学毕业后,特别喜欢英语的张太雷辗转入读天津北洋大学法科。在校期间,他一边读书,一边参加学生救国会,秘密研

---

① 《瞿秋白文集·文学编》第 1 卷,人民文学出版社 1985 年版,第 162 页。
② 《瞿秋白文集·文学编》第 1 卷,人民文学出版社 1985 年版,第 203 页。

究社会主义文献,同时,在《华北明星报》兼做英文翻译。在做这份英语兼职工作过程中,张太雷通过该报主编福克斯的介绍,认识了柏烈伟。柏烈伟除了为《华北明星报》提供反映苏俄情况的"独家新闻"外,还经常拿出一些有关苏俄革命内容的材料,让张太雷翻译成英文,这对张太雷较早"服膺社会主义"有极大关系。① 五四运动期间,张太雷积极参加天津爱国学生活动,与李大钊有过接触,开始从一般进步青年转向马克思主义者。在柏烈伟与李大钊建立关系的过程中,张太雷往返于京津之间,他们三人存在着不寻常的关系。维经斯基来华后,由于柏烈伟和李大钊的推荐,张太雷以其优秀的英语口语能力成为他的翻译。因有这一层关系,1921 年年初回到伊尔库茨克参加共产国际远东书记处工作的维经斯基提议,经与李大钊商定,张太雷作为中共党组织的代表,赴伊尔库茨克参加共产国际远东书记处②工作。与他共同承担任务的还有另一个代表杨和德(音译,实际是杨好德,即杨明斋),他们奉命组建"共产国际远东书记处的中国支部(即远东书记处中国科——引者注)",按规定"由两个书记负责这个支部:一个是中国共产党中央委员会派出任此工作的代表,另一个代表由远东书记处派出"。中国支部的主要任务是:"关照解决涉及中共中央和共产国际关系的问题,给中国共产党和苏俄提供情况,并向中国共产党传达共产国际执行委员会的指示。"③按照各个国家的共产党都要成为第三国际属下支部的常例,中国支部及其书记本身隶属于共产国际远东书记处。

张太雷正是由远东书记处派到莫斯科参会的,以中国共产党代表身份出席在莫斯科召开的共产国际第三次代表大会。一到莫斯科,张太雷就见到了分别半年多的同窗好友瞿秋白。在 1921 年初夏的莫斯科,瞿秋白与张太雷在共产国际三大筹备和召开期间进行了密切往来

---

① 丁言模著:《张太雷传》,上海辞书出版社 2011 年版,第 39—40 页。
② 此机构仅存在一年左右,1922 年远东代表大会召开后,作为"辅助机构"的共产国际远东书记处完成预期任务后被撤销。
③ 中共中央党史研究室第一研究部编:《共产国际、联共(布)与中国革命档案资料丛书》第 2 辑,北京图书馆出版社 1997 年版,第 98—99 页。

和交流。作为中国共产党组织成员又是共产国际远东书记处中国科的负责人,张太雷向瞿秋白通报了上海及其他主要工业城市成立中国共产党早期组织的情况,而已在莫斯科生活、学习、工作了半年的瞿秋白,其政治觉悟和马克思主义修养也有了很大进步,具备了作一个共产党员的条件。于是,在莫斯科的赤潮狂涛中,瞿秋白在张太雷的帮助和介绍下,加入了共产党组织。按照共产党的国际主义原则,如果这个党员的原籍国有共产国际认可的无产阶级政党,那么这个党员就具有双重党籍身份。由于当时中国全国性的共产党组织尚未成立,所以此时瞿秋白加入的是俄共(布)党组织,并且是预备党员,当年9月才转为正式党员。据萧劲光回忆,7月中国共产党一大召开以后,东方大学中国班建立了旅俄支部,党员发的虽是俄共(布)党证,但具有双重党籍身份,既是俄共(布)党员,又是中共党员。瞿秋白9月到东大中国班任教时,他"入党(转正)我们都举了手"①。

瞿秋白在临牺牲前写的《多余的话》及其附录《记忆中的日期》中两次提到张太雷介绍他入党一事。在《多余的话》中说:"(一九二二年底),陈独秀代表中国共产党到莫斯科(那时我已经是共产党员,还是张太雷介绍我进党的),我就当他的翻译。"②在《记忆中的日期》中又具体地说:"一九二一年五月,张太雷抵莫介绍入共产党;九月任东大翻译始正式入党。"③

通过张太雷,瞿秋白了解了国内共产党创建情况。我们从解密档案和《瞿秋白文集》的内容可以看出这一点。1921年5月,张太雷与共产国际驻远东全权代表舒米亚茨基共同起草了中国共产党早期组织致共产国际三大的报告,6月10日他们撰写的长篇报告完成。这篇长达15000多字的书面报告,是中共党史上第一次向共产国际作的介绍中国国内全面情况的报告。报告共分中国的政治形势、经济状况、知识分子、社会主义运动、妇女运动、中国工人和农民的状况、中国的工人运

---

① 《"一大"前后》(三),人民出版社1984年版,第113—114页。
② 《瞿秋白文集·政治理论编》第7卷,人民出版社1987年版,第697页。
③ 《瞿秋白文集·政治理论编》第7卷,人民出版社1987年版,第724页。

动、中国的共产主义运动、我们的前景九个部分。① 报告的第八部分"中国的共产主义运动"有这样一段话："1921 年 3 月以前还没有一个统一的共产主义组织。在各地我们不得不同无政府主义者共事，……后来我们确信，继续同这些无政府主义者共事是不可能的，因为他们开始以共产主义组织的名义发表关于他们的目标和原则的宣言，而他们的目标和原则同我们对共产主义的基本概念是背道而驰的……为了说明我们的目标、原则和策略，为了把无政府主义分子从组织中清除出去，我们认为有必要在 1921 年 3 月召开各组织代表会议。我们以这次会议的名义发表了我们的目标和原则宣言，在这次会议上制定了临时纲领。"②

张太雷的这份报告加上当时帮助中共建党的其他俄共（布）和共产国际代表留下的已被解密的几个文件，如 1920 年 6 月维经斯基致某同志的信、1920 年 8 月 17 日维经斯基给俄共（布）中央西伯利亚局东方民族处的信、1920 年 9 月 1 日维连斯基－西比里亚科夫给共产国际执委会的信、1920 年 9 月 1 日维连斯基－西比里亚科夫给共产国际执委会的报告、1920 年 12 月 21 日 M. 布龙斯泰因和 M. 阿布拉姆松关于俄共（布）中央西伯利亚局东方民族处的机构和工作问题给共产国际执委会的报告等，我们大致可以明确中国共产党在一大召开之前的一些历史情形：

其一，至少到 1921 年 3 月以前，中国共产党早期组织并不是纯而又纯的共产主义组织，而是绝大多数中国革命者甚至包括日本和朝鲜的社会主义者与无政府主义者共同组成的社会主义者联盟性质的组织。

其二，1920 年 7 月 4 日苏俄外交人民委员部远东事务全权代表维连斯基－西比里亚科夫亲自从海参崴来到北京，于 5—7 日主持召集包

---

① 中共中央党史研究室第一研究部编：《共产国际、联共（布）与中国革命档案资料丛书》第 2 辑，北京图书馆出版社 1997 年版，第 159—179 页。

② 中共中央党史研究室第一研究部编：《共产国际、联共（布）与中国革命档案资料丛书》第 2 辑，北京图书馆出版社 1997 年版，第 175 页。

括维经斯基、鲍立维、斯托扬诺维奇等十余名在中国北京、天津和上海等地从事宣传组织工作的俄共党员开会,讨论"即将举行的中国共产主义组织代表大会和中国共产党的成立"问题。① 根据这次会议精神,7 月 19 日在上海陈独秀的家中,正式召开了社会主义者和无政府主义者代表大会,组成了一个包容并蓄的社会主义者同盟②。这次会议派生出了上海"革命局"这一由维经斯基和陈独秀负责的核心领导机构。③

其三,联系到早期俄国社会民主工党的组成也是鱼龙混杂的情形,联系到俄共(布)同本国的无政府主义派别直到十月革命以后相当长的时间里仍旧保持着某种合作关系,联系到维经斯基曾是美国社会党党员的个人经历,可以推测像维连斯基－西比里亚科夫和维经斯基等人关于组织中国共产党的提议,极有可能是建立在相信各派社会主义者可以结成统一战线并兼容于共产党的设想之上的。

其四,由于维连斯基－西比里亚科夫及其俄共(布)远东地区领导人更倾向于在中国直接建立纯粹的共产党,受到这种倾向的影响,维经斯基领导的上海"革命局"在 1920 年秋天迅速打出了"共产党"的旗帜,于是各地社会主义者联盟的组织发生分裂,开始向纯粹的共产主义组织转变。据张太雷的报告,1921 年 3 月中国共产主义组织召开会议,宣布共产党的目标和原则,制定临时纲领,将无政府主义者清除出去。此后纯粹的共产党组织开始出现。

可见从 1920 年夏的社会主义者同盟到 1921 年春共产党早期组织的出现其间的转变有一个明显的过程。在这个过程中,瞿秋白虽然在莫斯科,但是张太雷的报告让他对国内的共产主义运动动态有了一定程度的了解。因为《瞿秋白文集·政治理论编》第 1 卷中的《社会主义

---

① 中共中央党史研究室第一研究部译:《共产国际、联共(布)与中国革命档案资料丛书》第 1 辑,北京图书馆出版社 1997 年版,第 41—42 页。

② 中共中央党史研究室第一研究部译:《共产国际、联共(布)与中国革命档案资料丛书》第 1 辑,北京图书馆出版社 1997 年版,第 28 页。

③ 中共中央党史研究室第一研究部译:《共产国际、联共(布)与中国革命档案资料丛书》第 1 辑,北京图书馆出版社 1997 年版,第 31 页。

运动在中国》（写于 1921 年）一文,正是反映 1920 年至 1921 年 5 月以前国内共产主义运动发展情况的。但是值得研究的是,这篇文章与张太雷给共产国际三大的书面报告中的"四、社会主义运动""七、中国的工人运动""八、中国的共产主义运动"的前一半,除个别词句外内容完全相同,加上开头和结尾的修改和整理,便构成了一篇完整的文章。编者的脚注是:这篇文章是为出席共产国际三大的中共代表写的材料,原件是俄文打印稿,署名瞿秋白、李宗武,收入共产国际中共代表团档案。而张太雷的报告俄译稿是存于苏共中央马列主义研究院中央党务档案馆的。

瞿秋白的这篇《社会主义运动在中国》显然不是他通过有关材料自己撰写出来,而是对张太雷书面报告删改而成的。为什么要写这篇删改文? 分析起来,有下列几种可能:其一,说它是删改文,是因为其文章的内容按理说,有些史实是瞿秋白不可能知道的,特别是 1920 年 5 月以后在上海及其他主要工业城市成立中国共产党组织的情况,他不在国内,根本不可能知道;其二,说明瞿秋白与张太雷在共产国际三大筹备和召开期间有过密切往来和合作,张太雷向瞿秋白通报了国内组织共产党的情况,这与在此期间,他被张太雷介绍加入中国共产党是吻合的;其三,这篇文章也有可能是瞿秋白受张太雷所托,为他准备在大会上发言而根据书面报告删改而成的讲话稿,但后来大会没有为张太雷安排长篇讲话的机会,而只是在第 23 次会议上安排他作 5 分钟的发言,并且对发言的内容作了限定[①];其四,还有一种情况就是,瞿秋白和李宗武作为记者,将中国的社会主义运动情况作为新闻向世界各国报道,这篇删改文实际上是一篇报道稿。

不管怎样,瞿秋白通过这篇删改文的撰写,了解了国内中国共产党组织的创建情况,弥补了在莫斯科赤潮中加入共产党的他对国内共产主义运动实践情况知之不多的缺憾。

---

① 中共中央党史研究室第一研究部编:《共产国际、联共(布)与中国革命档案资料丛书》第 2 辑,北京图书馆出版社 1997 年版,第 182—183 页。

四、宣传报道新俄国的驻莫记者

瞿秋白一行刚到莫斯科时,他们就通过苏俄《消息报》对俄国工人和新闻工作者旗帜鲜明地表态说:"你们社会制度的全部内容,你们的经济和政治的总方向是国际主义的",我们一定要向中国人民"如实报道俄国人民的真实情况,以便日益加深和巩固两国友好人民之间的相互了解",希望"中国人民不再受那些有关俄国情况的虚伪报道的欺骗",并且在"不久的将来我国人民也将能掌握和实现马克思主义的伟大原则"。[①] 旅俄期间,瞿秋白从这个基本立场出发,向中国人民传达他的见闻,他以一个"初醒的社会科学研究者"的没有恶意的眼睛观察和分析身边的一切,以一种良好的主观愿望接受苏俄的现实,哪怕这个"现实"有不尽如人意的地方。

瞿秋白到达苏俄的时候正是俄国社会政治、经济、文化处于急剧转型时期。从文化角度讲,具有悠久历史的俄罗斯传统文化和革命以后崭新的苏维埃俄罗斯文化,正处于更替交错的时期;从社会制度和生活方式上看,虽然旧俄贵族遗风还喘息于乡野,但新的苏维埃社会主义制度和生活方式正在取代旧的封建制度和生活风俗;从经济政策角度上说,苏维埃俄国正面临着从战时共产主义政策过渡到新经济政策。就是在这样转型和变化的重要时刻,瞿秋白、李宗武、俞颂华开始了他们对一国文化转型的调查考察,对人类历史上的一种崭新社会制度的调查考察,对世界上第一次进行的社会改造事业的调查考察。还在赴俄

[①] 《瞿秋白文集·政治理论编》第 1 卷,人民出版社 1987 年版,第 176—177 页。

途中,瞿秋白就与俞颂华作了相对分工:俞颂华负责通讯工作,他自己则作有系统的理论和实际两方面的研究,研究共产主义,研究俄国共产党,研究俄罗斯文化。显然,这种分工对瞿秋白在不久以后成为国际共产主义战士有促成作用。

由于瞿秋白一行是新闻记者,所以他们受到《真理报》主笔美史赤略夸夫的接待。此后在他的安排下,瞿秋白一行参观考察了莫斯科特列嘉柯夫美术馆、几处幼儿园和学校、托尔斯泰在莫斯科和在雅斯纳亚波梁纳(清田村)的故居陈列馆、托尔斯泰主义者创办的公社,采访了著名诗人马雅可夫斯基、苏俄教育人民委员会委员长卢那察尔斯基,出席苏俄文艺团体举办的音乐会或诗歌文艺晚会。瞿秋白被苏俄的种种新兴的事物所振奋,所激荡。他体会到了苏维埃制度的优越性和俄罗斯"文化"的真价值,认为"俄罗斯文化的伟大,丰富,国民性的醇厚,孕育破天荒的奇才,诞生裂地轴的奇变",所以"俄罗斯革命的价值不是偶然的呵"。①

瞿秋白是一个真挚热情地追求真理的青年新闻工作者,他以一种严肃的科学态度去研究和考察革命后的俄罗斯。他向往俄国无产阶级革命,但决不先入为主地把苏俄社会描绘成一片极乐世界。新俄有新俄的社会问题。他在宣传报道苏俄令人激动和振奋人心一面的同时,也反映新俄社会存在的阴暗面。

首先,他如实报道国家机关中依然存在着相当严重的官僚主义和腐败问题。一个小学女教师因为配给的口粮不够吃,在学校停课时去兼任临时教席,以求多得一点口粮。由于"违法",这位女教师不得不接受审判。但是参与审判的官员们每人竟至少超额领取了 7 份口粮,因为他们是官。还有一件事涉及贪污,有一个营官作弊贪污五百万苏维埃卢布,营长和委员长起初假装不知。营官以地毯贿赂营长夫人,并骗过了委员长。不料委员长夫人得知此事,便揭发出来,营官被判处死刑。这些阴暗面,使瞿秋白感到改造社会的任务艰巨繁重。

---

① 《瞿秋白文集·文学编》第 1 卷,人民文学出版社 1985 年版,第 104 页。

其次,他如实反映苏俄社会中存在的宗教信仰问题。1921 年 4 月 23 日是复活节,恰巧是五一国际劳动节的前一天。瞿秋白应翻译兼友人郭质生的邀请,参观了希腊教的复活节礼拜仪式。他发现这一天,居民家家都插"瘦柳",教堂中举行盛大的礼拜活动。入夜,莫斯科人几乎倾城出动,城中 1500 多个教堂的钟声响彻云霄,莫斯科最大的教堂——基督教主庙里人山人海。红场上虽有无产阶级的文化歌舞演出,并有加里宁演说,但不如复活节活动隆重盛大。

再次,瞿秋白如实报道苏俄政府遇到的各种困难。当时,东俄大旱,灾情严重。瞿秋白转述俄国中央及各省报纸上的灾区通信,将苏俄人民的困难景象告诉国人,"一堆一堆饥疲不堪的老人幼童倒卧道旁,呻吟转侧","啮草根烂泥","吃死人肉","竟有饥饿难堪的农家,宁可举室自焚"。当时有不少外国新闻记者据此百般渲染,把苏俄描绘成人间地狱。但瞿秋白不是这样看的,他在报道灾情的同时,也告诉国人因"革命战祸连年"造成"饥寒交迫","俄国无产阶级创业艰辛",而"劳农政府设着种种方法力图救济"[①],并详细反映苏俄政府救灾的对策。

由此可见,瞿秋白并不把共产主义看作是天上的乐园,而是把它看作是人间的社会。不仅如此,他还试图探索和分析产生于新俄社会中官僚问题、宗教迷信问题等阴暗社会现象的历史根源。他指出,官僚作弊是东方式专制政体及封建遗毒造成的;而宗教迷信则是旧俄这个经济落后国家的守旧性和小资产阶级心理的反映,因有这些社会经济的根源,所以革命的巨潮也只能使其有所改变,而不能完全消灭。他力图证明,这些阴暗现象不是苏维埃新社会自身的痼疾,它们将不断地受到新兴力量的冲击,逐步被消灭。

在这里,我们把张国焘第一次到苏俄(1921 年年底到 1922 年年初参加远东劳动人民代表大会)的感想与瞿秋白第一次到苏俄留下的文字和思想作一个比较,或许能说明一些问题。张国焘回忆说:"未到俄

---

① 《瞿秋白文集·文学编》第 1 卷,人民文学出版社 1985 年版,第 171 页。

国以前,对俄国革命都有一种美妙的幻想,而实际观察之后,就都觉得事实远不如理想了。"①显然,张国焘在理想和信仰的坚定方面更现实,所站的角度和认识层次也远没有瞿秋白高。正是这种信仰程度上的区别从根本上导致了他们两个中共早期领导人后来政治人生道路的完全不同:一个是革命烈士,无产阶级革命家、理论家;另一个却是无产阶级革命事业的叛徒。信仰的力量就是这样伟大,它决定了人们生活道路的方向。

在瞿秋白所有宣传和报道苏俄的文章中,《共产主义之人间化——第十次全俄共产党大会》是最长的一篇。瞿秋白到俄国不久,新俄爆发了喀琅施塔得叛乱事件,再加上战时共产主义政策在战争结束后的继续推行所引起的诸种矛盾十分激烈,不仅如此,战争给俄国人民留下的创伤还在流血,俄国需要医治战争创伤,需要休养生息、恢复经济。因此俄共(布)第十次代表大会就是在这一背景下于1921年3月在莫斯科举行。列宁就政治工作、以实物税代替余粮收集、党的统一、工会问题等做了报告;斯大林及加米涅夫、季诺维也夫等就民族、外交、第三国际等问题作了报告;会议就这些问题进行了讨论。这次大会对党的经济政策进行了重大调整。瞿秋白满腔热情地报道了大会的情况。他根据会议的文件及其他材料,写成了一篇长篇通讯。文章共分五节:一、《民族问题》;二、《外交问题》;三、《共产党组织问题》;四、《第三国际会》;五、《小结》。全文约3万字,从6月22日起到9月23日,在北京《晨报》上时断时续地连载了18次。瞿秋白在报道中指出,共产主义已经不是社会主义丛书中的一个目录,而是在苏俄开始"人间化"了。他盛赞苏俄共产党人和苏俄的社会制度,他说"共产党人办事热心努力,其中有能力有觉悟的领袖,那种忠于所事的态度,真可佩服","共产党严戒党员利用自己的地位作威作福",他称赞苏俄政治"不失为一种贤人政治"。他希望"中国人亦应当用一用心",走什么样的路才能使国家强盛起来呢? 他意味深长地写道:"俄国革命史是一

---

① 张国焘著:《我的回忆》第1册,东方出版社1980年版,第205页。

部很好的参考书呵!"

在写《共产主义之人间化》的同时和稍后一段时间,瞿秋白还写了《俄罗斯之工人协作社问题》和《苏维埃俄罗斯之经济问题》两组几乎与《共产主义之人间化》同样篇幅的长篇报道。在这些报道和分析研究中,瞿秋白通过围绕着战时共产主义政策向新经济政策过渡这个特定的历史背景,以报道俄共十大为中轴,把列宁关于从社会主义革命向经济建设过渡的某些最重要的理论观念,传达到关心苏俄建设的进步知识界和正在建党中的中国共产党人。由于瞿秋白是记者,有机会接触苏俄上层人物,所以他对苏俄政治和经济形势的分析就能够与苏俄领导层"同步"。因而瞿秋白所撰写的这些具有文献价值的新闻报道,显示了他的政治才干,为我们提供了解开他从苏俄归国后不久便成为中国共产党领导人之谜的钥匙。

在驻俄两年多的时间里,瞿秋白深入采访工厂、农村、机关、学校和社会各界人士,参加苏俄共产党和共产国际的会议和活动,夜以继日地撰写了多篇通讯和《饿乡纪程》《赤都心史》两本报告文学集,生动具体地介绍了苏俄政治、经济、外交、文化、教育等方面的现实情况,成为"最早有系统地向中国人民报道苏俄情况的新闻界先驱"。

现在,大家都知道李大钊因写过《庶民的胜利》以及《我的马克思主义观》《物质变动与道德变动》等论文,成为最早弘扬十月革命和研究马克思主义的中共早期领袖。但李大钊的文章仅止于理论分析和号召性质,而真正把十月革命及战时共产主义、新经济政策,俄共(布)的立国政策、民族政策、外交政策,列宁晚年的政治活动和他的东方殖民地问题研究,还有共产国际的历史和纲领,一国建成社会主义时代的政党理论政策策略介绍传播到中国来,让关心苏俄建设的国内进步知识界和正在建党过程中的中国共产党人认识苏俄,了解苏俄的,当首推瞿秋白,他是向国内传播列宁和列宁主义的先驱。

十月革命的炮声是如何传入中国并被融化进中国革命实践的?从媒介学的角度说,靠的是翻译!中国共产主义运动,如果没有那些精通外文又甘心情愿献身工人运动的"赤色知识分子"把马克思的、恩格斯的、列宁的、早期斯大林的，以及诠释经典理论的书籍如布哈林的《共产主义 ABC》等，还有共产国际的指令、文件翻译成中文并以此来指导，是不可能产生的，马克思主义靠"悟"是悟不出来的。瞿秋白因为精通俄语，粗通英语和法语，又到了莫斯科，在这之前的生活阅历又促使他产生了强烈的反潮流反传统的济世救国思想，加上他的努力和十月革命本土的红色感染，这个"东方稚儿"才成功地成为中共早期领袖人物。

瞿秋白在以记者身份活动于莫斯科的各个领域时，他给自己取了一个俄文名字，叫"维克多尔·斯特拉霍夫"。这个名字译成汉语就是"战胜恐惧、克服困难"的意思。在"俄罗斯解密档案"里提到瞿秋白时，有很多时候是以"斯特拉霍夫"的名字出现的。

五、投身国际共产主义运动行列

瞿秋白到莫斯科后，很快就成为一个受到俄共（布）和共产国际欢迎的中国人。因为，作为一名驻外记者，他具有很强的职业敏感和敏锐性；作为一个热血青年，他对苏俄正在进行的伟大社会主义改造事业有强烈的兴趣和爱好；作为一个准备为共产主义奋斗终身的共产党员，他具有较高的马克思主义理论水平和知识修养；作为曾经读过俄文专修馆的学生，他在莫斯科有良好的语言条件。正是这些使他在苏俄的心脏如鱼得水，很自然地投身到了国际共产主义运动行列。

赴俄初始，瞿秋白就与俄共在远东的重要负责人舒米亚茨基建立了良好的关系，并成为随后不久创办的共产国际远东书记处机关刊物的撰稿人。紧接着，远东书记处推荐瞿秋白以客人的身份参加共产国际第三次代表大会。"客人身份"实际上就是记者身份。随着瞿秋白与共产国际和中国共产党人的联系加强,他投身共产国际的活动也日益深入。经过1921年莫斯科赤潮的6月,瞿秋白在苏俄整整两年有了一个分界线:此前,他身份单一,是《晨报》和《时事新报》记者;此后,他的身份除了是驻赤俄的中国记者,还是俄共(布)党员、中共党员。

在瞿秋白向国内大量报道和宣传新俄国政治、经济、文化等情况的同时,他很自然地投身到了国际共产主义运动行列,体现在两个方面:一方面开始从理论上研究和宣传共产国际;另一方面开始参与国际共运中的中国无产阶级解放事业的实践活动。

首先,瞿秋白在向国内介绍和宣传共产国际基本情况的基础上开始从理论上对其进行研究。

在中共党史上较早宣传和介绍共产国际(第三国际)的有李汉俊、李达等人,他们在共产国际成立不久就开始撰写文章,通过《星期评论》等进步刊物,向中国的先进知识青年介绍有关情况。相对于他们,瞿秋白对共产国际的宣传和介绍,要显得更全面、集中和系统一些。到莫斯科不久,他就与俞颂华、李宗武一起采访了共产国际事务局。接着他在报道俄共十大的《共产主义之人间化——第十次全俄共产党大会》一文中,专门写了"第三国际会"一节。参加共产国际三大后,他的视野更是拓展到整个国际共产主义运动,他以《莫斯科之赤潮》为题,报道了1921年6月在莫斯科召开的四个国际性会议。此后他接连写了《世界劳工之统一战线与莫斯科》《反对社会革命的革命党》《世界的社会改造与共产国际——共产国际之党纲问题》《现代劳资战争与革命——共产国际之策略问题》《世界社会运动中共产主义派之发展史——世界共产党与世界总工会》《少年共产国际》等介绍和研究共产国际的文章。由于瞿秋白身处共产国际的诞生地,对共产国际这一革命组织可以就近观察、思考,而且使用的是俄语,不像李汉俊、李达他们是通过日语、英文等转译,因此他对共产国际的宣传、介绍比较全面系统,甚至有较深入的研究。瞿秋白主要从下列方面展开介绍和研究:

一是共产国际创立的历史。瞿秋白按照季诺维也夫的报告,将共产国际成立的经过分为三个时期:1919 年 3 月以前是预备时期;1919 年 3 月以后是宣传时期;1921 年是组织时期。组织完成之后是第四时期"直接行动时期"。他还从理论上论述了第三国际(共产国际)产生的必然性,第三国际何时成立的,论述了第三国际与第二国际争论的焦点,第二国际第二半国际如何分裂,错在何处。此外,当时欧洲各国共产党产生的历史及其发展过程,以及领导人的主张、特点等,他也一一向中国人民介绍。

二是共产国际的性质、组织、纲领和策略。瞿秋白准确地论述了共产国际的性质,即"共产国际是世界各地方共产党联合的总党,——以代表无产阶级的利益为改造社会事业之先锋",也就是说,共产国际是世界政治与革命的中心力量和领导者;但它有自己的外围组织,如青年共产国际、赤色职工国际、妇女书记处等;他认为共产国际的党纲是改造社会之计划,改造社会之步骤,改造社会的总原则,无产阶级改造社会之党纲,是进攻资产阶级社会之方针,进而求发展生产力,发展无产阶级自身,亦即整顿世界经济的总规划;瞿秋白认为,党纲是对于改造现实社会的制度上的要求,而策略则为引进现实社会中之各阶级以行此制度改革之手段。假使有党纲而无策略,等于有"坐言"的理想制度,而无"立行"的具体办法,因此他认为,如果有对于旧制度的批评及新制度的规划,而无破坏旧制度的斗争中对待各阶级之态度及建设新制度的事业中利用各阶级之手段,则一切都成纸上空文。为此他介绍了共产国际二大关于殖民地与半殖民地革命的理论,指出无产阶级用暴力革命手段推翻资产阶级国家机器,要经过从军事革命到政治革命再到经济革命的三个阶段。

三是共产国际与俄共(布)的关系。我们从共产国际成立的过程来看,它实际上是由俄共(布)中央及领导人决定召开成立大会并由俄共(布)一手操办创立起来的。它的机构的组成,它的活动经费,它的主要领导人,都是由俄国共产党部署和承担的。正是这多种因素,使共产国际在事实上从一开始就成为俄共(布)中央领导的一个机构。但是从理论上讲,共产国际应是世界各国无产阶级政党的总部,而不是某一个政党属下的组织机构。对此,瞿秋白以敏锐的眼光观察到了这一点。他认为,从组织原则上讲,共产国际是要建立一个全世界统一的政党,也就是说它是世界各国无产阶级革命政党的总部,并非专属于俄国共产党,但由于俄国十月革命后,各国及俄国右派社会党不但不援助俄共而且积极反对新生的劳农政权,俄共为了在国际上取得自己的地位,奋力起而组织第三国际,并不得不以自身为中心,所以实际上共产国际执委会的实权掌握在俄共(布)的手里。瞿秋白接受了列宁关于世界革命的思想,他说:"俄罗斯是社会主义的国家,而在资本主义的围困之中,既因本国工业发达程度的浅,又受各资本主义国家的封锁,窘急的状况已到极点,实行社会主义(共产主义)的障碍,非常之多,所以唯一的'出路'只有世界革命,——何况俄罗斯十月革命本含有世界的国际之性质呢?"①因此,在瞿秋白看来,世界革命的理论导致俄苏维埃共和国存在着两种外交的区别:一种是苏俄政府的外交,其机构是苏俄外交人民委员部;一种是俄国共产党的外交,其机构是以联络各国左派的社会党运动、全世界的社会革命为职志的第三国际。②

瞿秋白在此虽然没有详细论述两种外交的区别,但是他的确抓到了问题的实质。把第三国际看成是"俄国共产党的外交机关",是瞿秋白对共产国际最本质的认识,最真实的表述。实际上上述两种外交最后都统一到了俄共(布)中央,苏俄外交人民委员部和共产国际不过是俄共(布)中央实施其外交政策的两个"技术职能"部门而已。但是两个外交"技术"部门因其性质不同而存在着矛盾。作为苏俄政府的外交机构,苏俄外交人民委员部的主要职能是追求建立国与国之间的正常关系,实现俄国的最高国家利益;作为全世界无产阶级革命政党的总部,共产国际的主要任务是将俄国的十月革命输送到世界各地,使俄国迅速摆脱资本主义国家的包围,从而最终实现其国家利益。也就是说,共产国际的任务是在苏俄政府竭力与之要建立正常外交关系的国家

---

① 《瞿秋白文集·政治理论编》第 1 卷,人民出版社 1987 年版,第 210 页。
② 《瞿秋白文集·政治理论编》第 1 卷,人民出版社 1987 年版,第 210—211 页。

（共产国际二大以后主要是远东各国），发动无产阶级和广大群众起来进行推翻现政权的民族民主革命。一方面要结交他国的上层政权，另一方面又要发动他国下层人民起来推翻上层政权。这显然是难以解决的一对矛盾，正是这一矛盾导致中国大革命时期莫斯科指导革命的策略前后冲突，以至失误。

其次，瞿秋白开始参与国际共运中的中国无产阶级解放事业的革命实践活动。

一是受党组织派遣到东方大学中国班担任教学翻译，教授来东大学习的中国学员的俄语。十月革命后，俄共（布）为了给世界无产阶级革命培养急需的干部，并通过这些干部把苏式共产主义革命推广到世界各地，以使其与苏俄十月革命遥相呼应，形成世界革命大势，俄共领导人决定把 1918 年以斯维尔德洛夫之姓氏命名的大学扩编，将其培养对象，从俄国一国的党政干部中招生改变为面向全世界招生，学校定名为东方劳动者共产主义大学，由原直属苏俄教育人民委员会领导改为直属俄共（布）中央领导。第一任东大校长是拉狄克。东方大学于 1921 年夏天正式开学，从诞生之日起它就是一所国际性学校。东大不但招收苏联东部的劳动群众，而且招收中国、朝鲜、日本、印度、伊朗等国旅居俄国的侨民及来自这些国家的进步青年。东大中国班的第一批学员就是前面提到的维经斯基等人在上海创办的外国语学社的学员，他们是刘少奇、任弼时、罗亦农、萧劲光、胡士廉、梁柏台、廖化平、卜士奇、任岳、柯庆施、王一飞、李启汉、任作民、汪寿华、蒋光慈、曹靖华、韦素园、彭述之、许之桢、华林、马哲民、周昭秋、吴葆萼、庄文慕等。这些人在上海外国语学社学了不到一年的俄语就匆匆被派到东大中国班学习。他们在中国还同时学习英文、日文、法文，因此俄语掌握的程度大都比较低，但一到东大就开始听教师用俄语讲授政治常识、国际工人运动、《共产党宣言》等马恩著作，正如后来成为文学家、俄文翻译家的曹靖华所形容的那样，"那简直像没有牙齿的人啃钢条"。东大中国班学员的语言障碍，使瞿秋白的俄语能力开始在另一个领域发挥作用。瞿秋白以他的细心和耐心、真诚和热情、才华和学识在学生中赢得了极高的声誉。而学生们在他的帮助和辅导下,俄语水平和能力有了极大的提高。不仅如此,在他的带动和感染下,有一部分学生爱上俄罗斯文学,如蒋光慈、曹靖华、韦素园等人后来成为著名的文学家和翻译家。

二是带病为远东劳动大会的中国代表服务。1921 年 12 月中旬,由于过度劳累,加上物质生活水平有限,瞿秋白早年患上的肺病病情加重,不得已被送到莫斯科郊外高山疗养院休养。1922 年 1 月 29 日是瞿秋白 23 岁生日。就在这一天,身体刚有好转的他便接到任务,离开疗养院去参加共产国际召集的又一次重要大会——远东各国劳动大会。他既是代表又担任翻译。远东各国共产党和民族革命团体第一次代表大会(又称"远东劳动人民代表大会",简称"远东大会"),是俄共(布)中央和共产国际为了推动和促进远东各国人民的民族解放事业,抵制和对抗帝国主义瓜分远东的华盛顿会议而发起和指导召开的。大会于 1921 年 12 月 21 日至 2 月 2 日在莫斯科和列宁格勒举行,中国、日本、朝鲜及当时的外蒙古政权等都派出了代表团。在共产国际远东书记处的组织和帮助下,中共中央组织了一个由全国各政党社会团体组成的庞大的代表团参加大会,中共中央局委员张国焘担任团长。代表团中共产党人有张国焘、王尽美、邓恩铭、高君宇、邓培(工会代表)、王俊、于树德、俞秀松、瞿秋白、罗亦农、彭述之、卜世畸、林育南、柯庆施(团员)14 人,此外在莫斯科的萧劲光、任弼时作为工作人员参加,还有国民党人张秋白、中国社会党人江亢虎、无政府主义者黄凌霜、妇女爱国团体王丽魂、社会团体王乐平等"民族革命团体"代表。瞿秋白在会议期间既当口语翻译又作书面翻译。在当时刚刚成立的中国共产党内,能够熟练地进行俄—中文翻译的人才实在不多。所以瞿秋白的工作量相当大,会议的主要文件即共产国际东方部主任萨发洛夫的报告《共产党人在民族殖民地问题上的立场及其与民族革命政党的合作》,就是由瞿秋白译成中文后打印分发给中国代表阅读的。这个报告后来以《第三国际与远东民族问题》为标题,分三期发表在《向导》周报上。2 月 2 日,远东劳动大会代表抵达彼得堡,在那里举行闭幕式,瞿秋白抱病随去。结果开罢闭幕式,他病倒,吐血,昏迷在旅馆里,待到醒来时,他已被送回莫斯科,又住进高山疗养院,一直到 4 月中旬才出院。在这期间他一边治病,一边工作,写了近十篇文章。

远东大会后,为了加强对远东地区的领导,共产国际撤销了设在伊尔库茨克的远东书记处,而在莫斯科成立共产国际执委会远东部,以维经斯基为主任、斯列帕克为副主任,直接领导远东各国革命。

三是为参加共产国际四大的中国代表团担任翻译工作。1922 年 11 月 5 日到 12 月 5 日,共产国际四大先后在彼得格勒和莫斯科举行,中国共产党派出由陈独秀、刘仁静等组成的代表团出席了大会。这次大会主要是为进一步实施东方战略而召开的,会议通过了《东方问题(提纲)》。为了促使中共尽快建立国共合作的统一战线,大会还专门制定了《共产国际执行委员会关于中国共产党和国民党的关系问题的决议》。大会期间,瞿秋白作为中共代表团的翻译,一直随同陈独秀口译会议讲话和笔译文件、大会简报。由于朝夕相处,配合密切,瞿秋白在工作中表现出来的理论素养和个人能力,以及精熟的俄语翻译程度等,使陈独秀对瞿秋白产生了很好的印象。陈独秀见瞿秋白已是共产党员,熟悉马克思主义和十月革命,认识苏共领袖人物,也非常熟悉共产国际方面的事务,就动员他回国。瞿秋白欣然遵命,决定告别驻俄特派记者生涯,跟随陈独秀回国工作。

共产国际四大结束后,根据陈独秀的意见,瞿秋白于 1922 年 12 月 21 日,告别生活和工作过两年的莫斯科,与陈独秀一起登程返国,投身中国革命斗争。

两年旅俄生活从根本上改变了瞿秋白的世界观、人生观、价值观,他从此开始笃信马克思主义和共产主义理想。两年中,他由一个向往和热爱苏俄的"东方稚儿"变成一个对祖国满怀感情、对未来充满信心和希望的中国共产党党员;他从一个立志改造社会、对社会主义有强烈兴趣并执着寻找社会改造方案的青年知识分子变成一个具有共产主义觉悟和较高政治理论水平的马克思主义者;他从一个尽职尽责的驻外中国记者变成一个国际共产主义战士。1920 年秋一起赴俄的三位青年记者,到此各自所走的道路开始有所不同。三人中,只有瞿秋白彻底走上了马克思主义革命道路,并拥有了此后的完全的政治革命人生。正因为如此,瞿秋白才成为"俄罗斯解密档案"中记录内容较多的中共早期领袖。

第二章

"斯内夫利特战略"的坚定支持者

1923 年 1 月 13 日,瞿秋白在基本上破解了"俄罗斯的万世疑谜"之后,带着一身的旅途风尘终于回到北京,走进堂兄瞿纯白在东城大羊宜宾胡同的新居。他以新闻记者身份出使苏俄,却以青年革命者的形象回到祖国。此后,他在中国政治大革命的时空里,经受锻炼,日益成熟,直至成为中国共产党的领导人。瞿秋白回到国内之时,正是国共两党在莫斯科主导之下进行的党内合作由理论层面上的倡导、论证进入实践层面的决策和具体操作阶段。在这个关键过程中,瞿秋白以他极高的政治悟性和较高的马克思主义、列宁主义理论修养和水平,全力支持和理解莫斯科驻华代表马林关于国共合作战略(又称"斯内夫利特战略")的推行,为中国共产党历史上第一次国共合作的实施作出了应有的贡献。因此,瞿秋白得到了马林对他的极高评价,"俄罗斯解密档案"记录了不少这方面的内容,反映了莫斯科驻华代表对他的称赞和信任。应该说,这是瞿秋白在中国共产党内迅速脱颖而出的一个重要原因。

"俄罗斯解密档案"告诉我们:在中国共产党的早期发展历程中,继维经斯基之后,又有一个外国人的名字很难被我们忘记,他就是共产国际首任驻华代表马林。马林在 1921 年 6 月至 1923 年 9 月,作为共产国际的驻华代表三次到中国,对中国共产党早期的发展,对第一次国共合作战略的提出和推行起了重要作用。第一次来华时,马林催促和帮助中共召开一大,使中国共产党由各地分散的共产党早期组织变成全国性的统一的无产阶级政党组织,同时他到南方考察,与孙中山会谈,然后提出"斯内夫利特战略",即共产党加入国民党,进行党内合作的主张。第二次来华时,马林主持召开西湖特别会议,统一中共党内领导人对国共合作意义的认识。第三次来华时,马林成功地使中共第三次全国代表大会通过了关于建立国共合作的统一战线的决定。之所以说是"成功地",是因为在这个过程中,马林遇到了很多很大的障碍。但是,他在 1923 年得到了回国不久的瞿秋白自始至终的理解和支持。

一、"斯内夫利特战略"的提出

为什么国共合作的主张最先是由马林提出的？为什么这一设想被称为"斯内夫利特战略"？它与马林的身世和人生经历有什么内在的联系？要回答这些问题,首先我们要了解马林这个人。

马林是共产国际著名的政治活动家,原名为亨德里克斯·斯内夫利特,1883 年出生于荷兰鹿特丹一个工人家庭。在 19 世纪中叶开始的欧洲蓬勃发展的无产阶级革命运动中,荷兰作为一个资本主义发达国家,并没有置身事外。这种社会环境使成年后的马林很快接受了社会主义思想和理论的影响,并积极投身于工人运动。1902 年,马林加入荷兰社会民主工党,1907 年成为荷兰社民党首位市议员。1913 年,他以一个社会主义者的身份来到荷属殖民地印度尼西亚,领导了印尼人民反抗荷兰殖民当局的反殖民主义斗争。在第一次世界大战期间,他积极参加印尼人民的革命斗争,致力于印尼革命党的创建和统一工作。由此他深刻地领悟到欧洲资本主义国家无产阶级革命与殖民地附属国反帝民族解放斗争休戚与共的关系。在这期间,马林成功地创造了被称为"爪哇经验"的斗争方式。第一次世界大战爆发的这一年(1914 年),马林在爪哇创立了印地社会民主同盟(印尼共产党前身之一)。当时,在印尼还有一个叫"伊斯兰教联盟"的群众组织,它成立于1911 年,是一个集经济、社会和宗教于一体的混合性群众团体,其斗争锋芒直指欧洲糖厂主对爪哇人的剥削。1916 年,马林提议两个组织的成员在保留原来身份的情况下互相加入其中,从而促成印地社会民主同盟和伊斯兰教联盟两个组织联合,使印尼民族革命运动得到迅速发展。

十月革命之后的 1918 年,荷兰殖民当局担心马林在当地居民中的声望及其怀揣的激进思想会引发社会革命,于是强迫他离开印尼。1919 年 1 月,马林回到荷兰,并加入荷兰共产党。次年,共产国际召开第二次代表大会,他以荷属东印度共产党代表的名义到莫斯科参会。会上,马林介绍了在印尼工作的经验,特别是他建议共产国际要以几种东方语言来发表有关民族和殖民地问题的提纲、报告和决议,尤其是要专门散发给中国和印度革命者。他的意见引起了列宁和共产国际的重视。他被选为共产国际执行委员会委员,并担任民族和殖民地委员会的秘书。由于共产国际二大"东方战略"的确立以及地缘政治的原因,此时中国处在了俄共(布)和共产国际领导人注意的中心。所以,会后受到列宁赏识的马林被正式任命为共产国际首任驻华代表。

1921 年 3 月,马林衔命动身,在遭遇从欧洲到上海旅途中的"许多麻烦"后于 6 月到达上海。据张国焘回忆,马林是一个"体格强健的荷兰人,一眼望去有点像个普鲁士军人。说起话来往往表现出他那议员型的雄辩家的天才,有时声色俱厉,目光逼人。他坚持自己主张的那股倔强劲儿,有时好像要与他的反对者决斗"①。

马林到达上海的同时,设在伊尔库茨克的共产国际远东书记处派出接替维经斯基工作的尼科尔斯基(同时他还兼任赤色职工国际的代表)也到达中国。在此期间,还有来自远东共和国首都——赤塔的工会国际代表弗莱姆贝格也在中国工作。在马林与尼科尔斯基和弗莱姆贝格等人的筹划和帮助下,中国共产党于 1921 年 7 月 23 日至 31 日在上海召开了第一次全国代表大会。应当说,中共一大是在十分匆忙、仓促以及组织准备和理论准备都不充分的情况下召开的,它制定的党纲和规定的党的任务过高过远,脱离了当时的中国国情和实际,使整个党的组织"悬在半空中",脚不着地。这表明党的先进分子对中国社会性质、社会主要矛盾以及由此规定的革命性质、对象、动力等问题还没有

---

① 张国焘著:《我的回忆》第 1 册,东方出版社 1980 年版,第 134 页。

形成成熟的认识。同时,党纲在强调组织纪律时,忽视了党内民主。后来,马林在给共产国际的报告中,多次提出中国共产党是个"早产儿",这也是他为什么要提出以共产党员加入国民党为核心内容的"斯内夫利特战略"的重要原因。但是,尽管只有十几个代表、代表全国五十几个党员,中共一大的召开毕竟是具有划时代意义的历史大事,它如喷薄而出的一轮红日,宣告了中国共产党的正式成立,使中国产生了一个在中华民族历史上唯一代表无产阶级利益的政党。从此,中国历史揭开了新的一页。

中共一大后,马林一方面着力完善中共中央局的领导机构,修复与陈独秀等中共领导人之间因工作而产生的矛盾关系,另一方面,他对苏俄外交人民委员部、共产国际远东局以及远东共和国一直致力于接近吴佩孚并与北京政府建交的政策和努力反其道,而行之以与孙中山接触、走近国民党的政策。从 1920 年年初起直到 1923 年前,无论是苏俄外交人民委员部、共产国际远东局,还是远东共和国,都全力从事于对北京政府的外交,把注意力主要放在吴佩孚的身上。时任俄罗斯联邦驻远东全权代表的维连斯基－西比里亚科夫,在苏俄《消息报》上发表文章,盛赞吴佩孚,说他是中国"最好的军阀",是"资产阶级民主主义者"。但是,接近吴佩孚的政策到 1921 年下半年便遇到了困难。一方面,吴佩孚毕竟不是革命民主主义者,而是背靠英美的直系军阀;另一方面,由于中东路权益问题和外蒙古问题,中国北京政府与苏俄关系由缓和趋于恶化。1921 年年底,就在苏俄接近吴佩孚的政策难有成效时,马林以其逆向思维,开始重点关注南方的孙中山及其国民党,从而为苏俄和共产国际带来了由联合吴佩孚到联合孙中山的根本改变。

根据共产国际二大"东方战略"的精神,1921 年下半年,马林决定利用在中国的机会,广泛了解中国社会各阶级和各派政治力量,尤其是当时影响最大的革命政党——国民党,以寻求在中国建立反帝联合战线的可能性。同时也是根据共产国际关于组织参加远东劳动大会代表团的要求,马林在上海与孙中山的代表张继建立起了联系,由此"斯内夫利特战略"的序幕被拉开。首先,马林说服张继派国民党人与共产党人一起组织代表团参加远东各国共产党和各革命团体代表大会,这样,国民党便站到了反对帝国主义分赃会议——华盛顿会议的立场上。接着,12 月 10 日,他由张继介绍和安排,带着张太雷做译员,开始了途经上海—武汉—长沙—桂林—广州的南方之行。主要是想"到孙中山设于桂林的大本营去,并同国民党在广州的领袖建立进一步的联系"①。在桂林,马林在孙中山督师北伐的总部逗留了 9 天,他向孙中山领导下的军官作了有关俄国革命的报告,与孙中山进行了 3 次长谈,"谈到承认俄国与联俄的可能性"。之后,马林又到广州停留了 10 天。当时国民党在香港海员大罢工中的表现和所起的作用给马林留下了很深的印象。结束南方之行后,马林向莫斯科起草了两份报告:一份给共产国际执行委员会,主要谈国共合作;另一份给苏俄外交人民委员部,建议苏俄政府向孙中山南方政府派出外交使团。

他在给共产国际执行委员会的报告中说:"我认为,这次南方之行是我在中国最重要的时期。关于中国的运动及其前途,上海给了我一个悲观的印象。到了南方我体验到,有可能进行有益的工作,而且工作定会卓有成效的。"②为此,他分析了国民党的阶级基础和社会性质。他认为国民党不是一个组织严明的纯资产阶级政党,而是由知识分子、侨民、士兵、工人 4 种人群组成的阶级联盟。其中知识分子是"起领导作用的",他们中有不少人接触过社会主义,或自称社会主义者,孙中山则自认为是"布尔什维克"。马林分析了孙中山在国民党中的地位,提出要注意孙中山的态度及其在国民党内的权威性。马林在报告中对国民党的"领导人在广州支持工会组织,在罢工中总是站在工人一边"尤其感兴趣,他说:"今年 1 月海员大罢工(指 1922 年 1 月香港海员大罢工——引者注)期间,我清楚地看到工人同国民党之间的联系情况。这个政治组织的领导人指导着罢工的全过程。"在他看来,"国民党与

---

① 中共中央党史研究室第一研究部编:《共产国际、联共(布)与中国革命档案资料丛书》第 2 辑,北京图书馆出版社 1997 年版,第 227 页。

② 中共中央党史研究室第一研究部编:《共产国际、联共(布)与中国革命档案资料丛书》第 2 辑,北京图书馆出版社 1997 年版,第 234 页。

罢工者之间的联系非常紧密,在广州、香港和汕头大约有 12000 名海员加入了国民党"①。相比之下,中国共产党全国成员不超过 50—80 人,而且广州的共产主义小组完全置身于南方工人运动之外。由此他感到:这些共产主义小组若不在组织上同国民党结合,那他们的宣传前景暗淡。② 同时,马林指出国民党的纲领"其性质是民族主义的,奉行的是以反对外来统治、主张民主,让国民的人格受到尊重,过上幸福生活为内容的三民主义",因此其纲领也"为各不同派别的人入党提供了可能性"③。

于是,马林很自然地想到了他在印尼实行过并已形成的"爪哇经验"。他在报告中提出了他的"斯内夫利特战略":"我建议我们的同志,改变对国民党的排斥态度并在国民党内部开展工作,因为通过国民党同南方的工人和士兵取得联系要容易得多。同时,共产主义小组必须不放弃自己的独立性,同志们必须共同商定在国民党内应该遵循的策略。"④马林在这篇报告中所要阐明的重要思想就是:让共产党人加入国民党,在国民党内实现国共合作,并将党的领导机关——中共中央局迁到广州。为此,他还向共产国际执行委员会建议:以办事处的形式,在广州建立一个共产国际与红色工会国际的代表机构。

这一新思维,可谓石破天惊! 它破解了苏俄对华外交遇到的棘手难题,无疑为苏俄对华政策的改变提供了新思路。

苏俄和共产国际领导人列宁等人,立即看出马林报告的不同寻常之处,对他的这一提案十分感兴趣。而在此前被苏俄政府派遣到中国从事地下工作的索科洛夫 - 斯特拉霍夫"关于广州政府的报告"也为马林的这份报告提供了佐证和支持。索科洛夫 - 斯特拉霍夫 1919 年

---

① 中共中央党史研究室第一研究部编:《共产国际、联共(布)与中国革命档案资料丛书》第 2 辑,北京图书馆出版社 1997 年版,第 235 页。

② 中共中央党史研究室第一研究部编:《共产国际、联共(布)与中国革命档案资料丛书》第 2 辑,北京图书馆出版社 1997 年版,第 239 页。

③ 中共中央党史研究室第一研究部编:《共产国际、联共(布)与中国革命档案资料丛书》第 2 辑,北京图书馆出版社 1997 年版,第 235 页。

④ 中共中央党史研究室第一研究部编:《共产国际、联共(布)与中国革命档案资料丛书》第 2 辑,北京图书馆出版社 1997 年版,第 239 页。

至 1921 年为了在中国寻找革命力量,到中国各地进行秘密调查和观察。1921 年 4 月 21 日,他给苏俄政府起草了一份秘密报告①,对中国共产党以及国民党和广州政府的情况进行了简明扼要的汇报。索科洛夫－斯特拉霍夫在报告中提出了一些结论性的建议,包括:其一,认为苏俄远东政策中最迫切的任务是同广州政府尽快建立联系;其二,建立这种联系的目的是在居民中和在广州政府中物色一些能够在中国发动全民起义来反对日美资本对整个远东奴役的人物。索科洛夫－斯特拉霍夫的报告虽然与马林的报告所站视角不同,但无疑对马林的报告起了重要的支持作用,使马林的报告对莫斯科首脑人物列宁等人产生了非同一般的影响。1922 年 1 月,在远东劳动大会召开期间,日理万机且抱病在身的列宁接见了出席大会的中国代表张国焘、张秋白(国民党人)、邓培(工人代表)等人。据张国焘回忆,列宁主要是向他和张秋白询问国共合作的可能性问题。②

虽然马林的本意是,通过国共合作将中国共产党推上中国的政治舞台,以发挥更大的作用,但是,他的以共产党人加入国民党的方式实现国共合作的提案,却遭到了刚刚成立不久的中国共产党大多数领导人尤其是陈独秀的反对。陈独秀于 1922 年 4 月 6 日致信共产国际远东局负责人维经斯基,以 6 条理由明确提出反对意见。他说:

(一)共产党与国民党革命之宗旨及所据之基础不同。

(二)国民党联美国、联张作霖、联段祺瑞等政策和共产主义太不相容。

(三)国民党未曾发表党纲,在广东以外各省人民视之,仍是一争权夺利之政党,共产党倘加入该党,则在社会上信仰全失(尤其是青年社会),永无发展之机会。

(四)广东实力派之陈炯明,名为国民党,实则反对孙逸仙派甚烈,我们倘加入国民党,立即受陈派之敌视,即在广东亦不能活动。

---

① 中共中央党史研究室第一研究部译:《共产国际、联共(布)与中国革命档案资料丛书》第 1 辑,北京图书馆出版社 1997 年版,第 58—64 页。
② 张国焘著:《我的回忆》第 1 册,东方出版社 1980 年版,第 198 页。

（五）国民党孙逸仙派向来对于新加入之分子,绝对不能容纳其意见及假以权柄。

（六）广东、北京、上海、长沙、武昌各区同志对于加入国民党一事,均已开会议决绝对不赞成,在事实上亦已无加入之可能。①

由于中共中央不接受马林的提议,4月24日碰壁之后的马林便离开中国回到莫斯科,他要寻求共产国际的支持。

应该说,"斯内夫利特战略"（马林的国共合作建议）,无论是对苏俄、对共产国际,还是对中国共产党、对中国的民族解放运动,都是一个很有价值和意义的战略策划。但是马林对国民党阶级基础和社会性质的分析并不完全符合当时的实情,而是带有很大的主观想象成分。他在报告中勾勒出的关于国民党改组的可能性和理想前景,过于乐观和诱人,掩盖了国民党的主体是资产阶级、小资产阶级及其政治思想的复杂性和软弱性这一事实,给不久后的国共合作运动发展带来了隐患。

二、被马林误记参加西湖会议

不管陈独秀和中共中央愿不愿意,对于1922年的中国共产党人来说,与国民党合作的问题实际上已经提上了议事日程。1922年年初在苏俄召开的远东大会有两件事情对中共党人形成了强烈冲击:一是共产国际东方部主任萨法罗夫在他作的《民族殖民地问题和共产党人的态度》的报告中直截了当地向中共提出了与国民党合作的任务,虽然

---

① 中共中央党史研究室第一研究部编:《共产国际、联共（布）与中国革命档案资料丛书》第2辑,北京图书馆出版社1997年版,第222页。

他指出这种合作必须以国民党不反对无产阶级运动、中共必须不放弃自己的独立性和独立地发展工人运动为前提条件;二是会议期间列宁不顾病重,专门接见国共两党代表,向他们询问国共合作的可能性。列宁亲自过问国共合作问题,显然有着非同一般的意义。

远东各国共产党和各革命团体代表大会之后,共产国际和苏俄政府加快了同孙中山建立革命联盟的步伐。1922 年 4 月,青年共产国际代表、共产国际远东书记处成员达林来到中国,准备前往广州参加中国社会主义青年团第一次全国代表大会的筹备工作和成立大会。动身前,苏俄政府使团在北京向他转达了莫斯科的指示,要他顺便与孙中山建立联系,了解孙中山的态度和国民党的一般情况,还专门发给他苏俄全权代表证书。此后,达林在张太雷的陪同下到达广州。在广州,他多次会晤孙中山,商谈国共合作问题,直到陈炯明发动叛乱才离开。达林也提出了国共合作的建议,但是与马林提出的合作方式不同。马林要求共产党员以个人身份加入国民党,而达林却要求共产党以整个组织加入国民党。马林与达林的提议虽有差别,但都使中共面临着一个共同的问题,这就是与国民党实行党内合作。

莫斯科同孙中山的接近,在客观上使国共合作成为共产国际与孙中山加强联系、苏俄政府同孙中山结成联盟的决定性环节。也就是说,实行国共合作,是打开苏俄在华工作僵局的关键。为此,共产国际便加紧指示中国共产党制定民主革命纲领和国共合作的方针。加之共产国际二大和远东会议的有关精神陆续传到中国,这一切使中国共产党人开始意识到国共合作问题的重要。

1922 年 7 月,中国共产党在上海召开了二大,大会在全中国人民面前破天荒第一次提出了明确的反帝反封建的民主革命纲领,同时对国民党的态度也有了明显的改变。大会作出了《关于"民主的联合战线"的议决案》,它依据党的民主革命纲领,号召联合全国革新党派,组织民主的联合战线,并决定邀请国民党等革命团体举行联席会议,互商具体办法。很显然,这时中共在与国民党合作问题上更愿意采取党外合作方式。中共二大所主张的是国共两党平行的外部联合,而不是由中共党员加入国民党的党内联合。"议决案"认为后一种联合是"投降附属与合并"。这个决议案是契合当时中共领导人对国共合作问题的认识水平的。中共在一大召开时，对国民党的态度是排斥的；到二大时，由于民主革命纲领的制定，中共对国民党的态度由排斥到积极联合，这是一个了不起的进步。但是，中共领导人显然还没有意识到，国共两党合作采取何种形式并不是共产党一厢情愿就能决定的。"俄罗斯解密档案"告诉我们，当时在孙中山的思想意识里，中国只有一个革命政党，那就是国民党，他不承认有共产党的"党"，只许中共及青年团分子加入国民党，服从国民党，而对国共两党的外部联合形式则"严词拒绝"。另外，孙中山此时对军阀和帝国主义势力仍然抱有较大幻想，他希望军阀和平，幻想着帝国主义的帮助，他有联德代表朱和中、联美代表马素、联日代表廖仲恺，唯独没有把联共放在心上。

中共二大还有一项重要决议案，就是《中国共产党加入第三国际决议案》，也就是中共"完全承认第三国际所决议的加入条件二十一条"，成为共产国际的一个支部。从此，作为下级和被领导者，中国共产党要受到国际纪律的约束，对于共产国际的指令性意见必须接受和执行。

中共二大召开以后，马林再次来到中国。马林回到莫斯科后，主要是争取共产国际对他关于国共合作构想的支持。他于7月11日向共产国际提交了一份详细的书面报告，叙述了他在中国南方考察的情况，并提出了关于共产党加入国民党、国共合作进行中国革命的"斯内夫利特战略"。马林的报告和提议自然被共产国际高度重视。7月18日，在得到斯大林和季诺维也夫的同意以后，共产国际远东部负责人维经斯基（吴廷康）起草了给中共中央的命令。命令的内容是："中国共产党中央委员会接短笺后，应据共产国际主席团7月18日决定，立即将驻地迁往广州并与菲力浦同志（斯内夫利特曾用名——引者注）密切配合进行党的一切工作。"①

命令里虽没有明确提"党内合作"一词,但要求中共中央与马林"密切配合",则说明共产国际是支持马林的。为了保密,这个命令用打字机打印在马林的丝绸衬衫上,由马林本人带到中国。当马林穿着这件特殊的丝绸衬衫再次来华时,他还得到了共产国际执行委员会书记库西宁、红色工会国际执行局负责人布兰得勒共同为他签发的一份委任书,内容如下:

兹委任斯内夫利特同志代表共产国际和红色工会国际在中国南方同党中央委员会联系,并代表我们同南方国民革命运动领导人合作。该同志应同荷属印度的共产党、工会和民族革命运动保持经常接触。本委任书于 1923 年 9 月前有效。②

为了完成秘密使命,共产国际还给马林提供了一个公开身份,即聘马林为《共产国际》和《国际新闻通讯》驻远东记者。7 月 24 日卡尔·拉狄克起草了这两份杂志为马林颁发的委任书。③

此外,马林还承担了为苏俄外交服务的职责。这年 7 月 26 日,苏俄政府任命副外交人民委员越飞为苏俄驻华特命全权代表,接替前任派克斯,重续与北京政府陷入困境的外交谈判,并同孙中山接触和建立固定联系。由于孙中山的南方政府没有得到国际承认,苏俄不便以政府名义向他派出正式代表,于是事实上起着苏俄第二外交部作用的共产国际安排马林担任越飞的助手。

这样一来,马林一身三任,成为受共产国际重用的人物。带着共产国际的信任和支持,马林于 1922 年 8 月回到中国。当时中共二大刚刚闭幕,而二大通过的《关于"民主的联合战线"的议决案》显然离共产国际至少是离马林的要求相差很远。为了贯彻共产国际的"最高指示",

---

① 中共中央党史研究室第一研究部编:《共产国际、联共(布)与中国革命档案资料丛书》第2辑,北京图书馆出版社 1997 年版,第 321 页。
② 中共中央党史研究室第一研究部编:《共产国际、联共(布)与中国革命档案资料丛书》第2辑,北京图书馆出版社 1997 年版,第 322 页。
③ 中共中央党史研究室第一研究部编:《共产国际、联共(布)与中国革命档案资料丛书》第2辑,北京图书馆出版社 1997 年版,第 323 页。

马林要求中共中央立即召开特别会议,专门讨论国共两党的合作问题。于是著名的西湖会议在杭州召开。

"俄罗斯解密档案"中"马林工作记录"说:"8 月 28 日至 30 日:杭州会议,讨论与国民党合作问题。"①当时陈独秀、李大钊、张国焘、蔡和森、高君宇、马林和翻译张太雷等人专门租了一条游船,以游山玩水的形式在风景秀丽的杭州西湖召开会议。于是在西湖的游船上,马林传达了共产国际的指示。然后,会议就国民党的性质和加入国民党的问题展开了争论。马林认为国民党不是一个资产阶级的政党,而是一个多阶级的联盟,力量弱小的无产阶级应该加入进去并改造它,以此推动革命。为此,他要求共产党员、共青团员必须加入国民党,到国民党内去工作。马林的发言引起了与会者的强烈反响。据陈独秀回忆,"当时中共中央 5 个委员:李守常、张特立、蔡和森、高君宇及我,都一致反对此提案,其主要的理由是:党内联合乃混合了阶级组织和牵制了我们的独立政策"②。反对最激烈的是蔡和森和张国焘。马林本想说服大家,结果会上的情况对他很不利。陈独秀回忆,是马林在关键时刻抬出共产国际,说这是共产国际已经决定的政策。中共作为共产国际的一个支部,必须遵守国际指示,服从国际纪律。于是陈独秀等中共领导人开始转变态度。但是,陈独秀表示:即使共产党员非加入国民党不可,也必须是有条件地加入。比如,孙中山应该取消打手模和宣誓服从他本人的原有入党办法,并根据民主主义的原则改组国民党,否则,共产党人决不加入。在马林陷入孤立之际,李大钊替他解了围。李大钊在肯定陈独秀、张国焘和蔡和森等人的意见有其合理性的同时,指出党刚刚成立不久,组织规模小,活动范围狭窄,若能参加到国民党内,既实现了与国民党建立联合战线的要求,又能为党的活动找到更加宽阔的领域,所以有条件地加入还是可行的。在李大钊的劝说下,与会人员最终

---

① 中共中央党史研究室第一研究部编:《共产国际、联共(布)与中国革命档案资料丛书》第 2 辑,北京图书馆出版社 1997 年版,第 326 页。

② 中共中央党史研究室第一研究部编:《共产国际、联共(布)与中国革命档案资料丛书》第 2 辑,北京图书馆出版社 1997 年版,第 340—341 页。

接受了马林的要求。

西湖会议是中国共产党对马林关于国共党内合作的主张由反对到口头接受的转折。它虽然没有形成任何正式文件,但著名的共产党员以个人身份加入国民党的国共两党党内合作的方针,就是这次会议决定的。它是中共党内高层不同意见妥协、"和合"的结果。西湖会议的历史意义在于,它孕育了中国共产党后来的重大发展。

从前述来看,陈独秀回忆说,中共在西湖会议上作出国共合作的决定,是由于马林以共产国际的纪律威胁而服从的。但是马林的回忆明显与陈独秀的有出入。马林说:"如果陈独秀的叙述是真实的,那么,第一,杭州会议后的一个时期,这个问题曾有许多机会拿到莫斯科讨论,中国的同志也可以把这个问题提交同年后期来华的越飞,但当时没有此种做法。第二,没有'服从纪律'这个问题,我向来十分反对这种手段。何况,我并没有从共产国际得到什么专门指示,我手头没有任何文件。"①到底谁是谁非呢?从现有的历史资料和事后分析来看,一方面,马林用共产国际纪律来压服中共领导人接受他的意见的可能性是存在的,因为中共二大刚刚召开,会上通过了加入共产国际的决议案,加入共产国际应遵循的 21 条使中共领导人记忆犹新,他们还没有意识到可以将反对国际代表的不同意见提交莫斯科讨论,而马林是一个政治经验和社会阅历极其丰富的人,在他不能及时说服大家而陷入孤立时,他有可能拿共产国际这把尚方宝剑来解决问题;另一方面,当时共产国际在国共如何合作这个问题上的确没有给马林什么具体而详细的指示,莫斯科那个给派驻中国南方代表的指令,只是一个比较粗线条的原则性东西。关于共产党员以个人身份加入国民党,同国民党进行党内合作,在马林看来是适合当时中国具体情况而可以采取的唯一策略。

瞿秋白本来和西湖会议没有什么联系,西湖会议召开时,他还在苏俄。但是"俄罗斯解密档案"丛书中有这样一份资料,即 1935 年 8 月,

① 中共中央党史研究室第一研究部编:《共产国际、联共(布)与中国革命档案资料丛书》第 2 辑,北京图书馆出版社 1997 年版,第 255—256 页。

马林与美国麻省理工学院政治学教授伊罗生，就 1920—1923 年的中国问题进行了一次交谈，他们在谈话中提到了瞿秋白与西湖会议的关系。马林向伊罗生说："1922 年初，我们安排在杭州西湖召开一次会议。主要参加者有陈独秀、李大钊、张国焘，我记得还有瞿秋白，另外还有一个很能干的湖南学生，他的名字我想不起来了。"①

"1922 年初"显然是记忆有误，应为 1922 年 8 月；"能干的湖南学生"可能指蔡和森；"记得还有瞿秋白"肯定是记忆有误，瞿秋白此时正在俄国，不可能参加西湖会议。但是后来有些人写回忆录或写文章，都持与马林一致的这个说法。如包惠僧在回忆录中就十分肯定地说出席西湖会议的有瞿秋白②，还有其他类似情况。

瞿秋白被马林误记参加了西湖会议，分析起来有两个原因：一是如前所述，瞿秋白由于在莫斯科的出色表现，使他成为一个受到俄共（布）和共产国际欢迎的中国人，给与中国有关联的俄共和共产国际工作人员留下了深刻印象；二是因为瞿秋白在马林作为共产国际代表主持召开中共三大期间，非常支持和理解马林的意图，为推动国共合作作出了自己的贡献，给马林留下了深刻印象。这一点将在本章的后面详述。

①　中共中央党史研究室第一研究部编：《共产国际、联共（布）与中国革命档案资料丛书》第 2 辑，北京图书馆出版社 1997 年版，第 254 页。

②　中共中央党史研究室第一研究部编：《共产国际、联共（布）与中国革命档案资料丛书》第 2 辑，北京图书馆出版社 1997 年版，第 267 页。

三、进入维经斯基和马林的视野

马林误记瞿秋白参加西湖会议情有可原。事实上,瞿秋白还在苏俄没有回国的时候就已经进入了马林和维经斯基的视野。

1923 年 1 月初,为了更好地指导和推动中国、日本、朝鲜等远东国家的革命运动,共产国际执行委员会主席团作出决定:"建立共产国际东方部符拉迪沃斯托克局",由"片山潜、马林和维经斯基(吴廷康)三人组成"。由于符拉迪沃斯托克又名海参崴,所以该机构又称为"共产国际海参崴局、共产国际远东局等"①。还在该机构处于酝酿和筹备期间,维经斯基就曾明确提出要请瞿秋白参加共产国际东方部符拉迪沃斯托克局工作,他认为瞿秋白是一位"精通俄语的好同志",希望他加盟该局,一起为中国东北和苏俄沿海省份工作,因为那里有两万多华工。当时瞿秋白还在莫斯科,并且也同意了这个提议。但是后来由于陈独秀到莫斯科参加共产国际四大,认识瞿秋白并很欣赏他,提出要瞿秋白随同他一起回国工作。于是瞿秋白在"共产国际海参崴局"被正式发文决定成立的前夕,离开了莫斯科,随陈独秀回到国内。

而就在这前后的 1923 年 1 月,马林也把注意的目光投向了瞿秋白。当时马林正在莫斯科。原因是中共二大和西湖会议以后,国共合作的推进呈现出表面上向好实际却存在暗流涌动的比较复杂的态势。这期间发生了陈炯明叛变事件,使避居上海的孙中山在失意和挫折之

---

① 中共中央党史研究室第一研究部编:《共产国际、联共(布)与中国革命档案资料丛书》第 2 辑,北京图书馆出版社 1997 年版,第 434 页。

中,表示愿意接受苏俄和共产党的真诚帮助,国民党内反对国共合作的不利因素逐渐消失。正如马林所言:"由于孙中山在广州的失败,迫使他不得不按照发展现代群众运动的路线来考虑问题,其次,考虑从俄国取得援助。"①得知孙中山的意图后,马林再次回到莫斯科。当时正在莫斯科的马林一面争取苏俄对孙中山的支持和援助,一面草拟关于国民党的改组计划。他在该草拟计划中提议,由瞿秋白担任国民党中央联络部部长和国民党上海支部负责人②,准备赋予他重任。

由此可见,瞿秋白还在莫斯科时就已经进入了维经斯基和马林的视野,说明他开始受到莫斯科的关注和重视。

瞿秋白回国时,中共中央机关设在北京,按照陈独秀的安排,他参加中共中央宣传委员会工作,协助蔡和森、高君宇等编辑党中央的机关报《向导》(1922年9月创办的中共中央政治机关报)。其间,李大钊曾介绍他到北京大学俄国文学系教授俄国文学史,但因学校不发聘书而未成;也有人邀请他到北京政府外交部工作,但被他拒绝。"二七"惨案发生后,北方工人运动转入低潮。中共中央在北京召开会议,决定将中央机关秘密迁回上海。瞿秋白随即离京赴沪,受党中央和陈独秀的委派,负责创办和主编中共中央的理论刊物《新青年》和《前锋》。由于《向导》周报原来的编辑高君宇没有南下,所以瞿秋白又同时承担了《向导》的编辑工作。据张国焘回忆,此时,瞿秋白是"中共重要人物中唯一能公开活动的人。他以记者身份回来,共产色彩尚未表露出来"。这时瞿秋白的肺病似乎停止了发展,他的身体状况、精神状况都很好,也很想一显身手。他爱好文学,住在上海闸北区,屋里布置得像一位作家的工作室;出入于他那里的也多是一些青年作家。③

瞿秋白一到上海就投入创办党中央机关刊物工作中。还在中共上

---

① 中共中央党史研究室第一研究部编:《共产国际、联共(布)与中国革命档案资料丛书》第2辑,北京图书馆出版社1997年版,第256—257页。

② 李玉贞、杜魏华著:《马林与第一次国共合作》,光明日报出版社1989年版,第199—202页。

③ 张国焘著:《我的回忆》第1册,东方出版社1980年版,第283页。

海早期组织成立后的 1920 年 9 月,陈独秀等人就决定将《新青年》从第 8 卷第 1 号起改为中共上海党组织的机关刊物。《新青年》,原名《青年杂志》,1915 年创刊于上海,是陈独秀发动新文化运动的主要阵地。俄国十月革命以后,《新青年》开始宣传马克思主义。中国共产党成立后,《新青年》便成为中共中央的理论刊物、党的喉舌,1922 年 7 月休刊。1923 年,党中央决定恢复出版,并改为季刊。在瞿秋白等人的努力下,《新青年》季刊创刊号于 6 月 15 日问世。颇有书法和绘画功底的瞿秋白作为主编,亲自设计了封面,题写了刊名。庄重而又别致的封面设计相当吸睛:上方是秀丽但刚劲的刊名"新青年"三个字;中心部分是根据罗马尼亚画家安努莫斯的一幅宣传画修改而成的图案,即一只有力的手从监狱的铁窗中间伸出,手中握着鲜红、飘展的绸带,铁窗下面写着一句话——"革命党自狱中庆祝革命之声"。整个封面设计给人以新颖、醒目、奋进的感觉。

考虑到《新青年》季刊与原月刊的衔接,对读者有个交代,同时也为了扩大影响,瞿秋白在《向导》周报上刊发了《新青年》复刊启事。为了保护编辑部及工作人员的安全,《新青年》的编辑者写为"广州平民书社",社址为:广州昌兴马路二十八号二楼平民书社。

《新青年》创刊后半个月的 7 月 1 日,瞿秋白创办并主编的中共中央另一理论刊物《前锋》问世。该刊与《新青年》是瞿秋白同时主编的姊妹刊物,都是 16 开本的杂志。《前锋》原定为月刊,实际上未能按期出版,而且出刊时间较短,前后只有 7 个月,共出刊 3 期。《前锋》的封面和装帧,也是瞿秋白精心设计的。封面用简单的线框,框出文章目录,线框四周多为空白,线框的右上方是魏体字套红的刊名"前锋"二字。整个封面看起来舒展、大方、醒目。封底是英文刊名和目录。英文刊名下有一个锤子和镰刀相互交叉的套红图案,底纹为光芒四射的五角星。整个封面设计具有现代装帧艺术的特点,视觉效果很好。为了蒙蔽敌人,刊物假托"广东平民书社"作为版权页上标出的"出版者",实际上《前锋》创刊号由中共中央出版发行机构——上海书店刊行。

尽管瞿秋白同时担任《新青年》和《前锋》两刊的主编,但是根据中共中央的决定,两个刊物的出版定位互不相同,各有特色。

《新青年》以马克思列宁主义作为编辑该刊的指导思想,表现出党的政治理论刊物的鲜明特色。瞿秋白特意把创刊号办成了"共产国际号"专刊,编发的 15 篇著作译文都是关于共产国际理论和实践的内容。其后,瞿秋白还在《新青年》上组织编发了一系列论辩文章,尖锐批判种种唯心主义思潮,尤其是对梁启超、张君劢的不可知论和胡适的实用主义展开论战和批判,澄清思想战线上的混乱,使马克思主义在中国先进知识分子和工人阶级中更加深入人心。他还把党的三大制定的路线、方针和政策,即与国民党合作,改组国民党成为民族民主革命统一战线,以及有关国民革命运动等一系列大政决策作为组稿编刊的一个重点,正确论证和阐释了党的指导思想和政治主张,使后期《新青年》真正成为"中国无产阶级革命的罗针"。

与《新青年》相比,《前锋》刊发的内容不同。当时党中央规定它的主要任务是宣传党的统一战线策略及方针,指导和推进国民革命。因而《前锋》的编辑特色表现在内容上,主要是注重实际,较多地运用调查材料和统计数字剖析各国帝国主义对中国的军事、政治、经济、文化侵略的共同本质和不同手法,揭露军阀政府的独裁统治,论证中国社会革命问题,介绍苏联的建设经验和亚非殖民地情况,对党的建设和工作有一定指导作用。第一次国共合作形成后,《前锋》完成使命而停刊。

在《新青年》和《前锋》两刊创办过程中,编辑部工作人员很少,有时只有瞿秋白一个人,他不仅要组稿编稿写稿,而且还担任美术设计、校对等工作,此外,还要经常跑印刷厂。

就在瞿秋白埋头创办和主编《新青年》和《前锋》的时候,维经斯基和马林之间却因为对他的使用而产生了矛盾。根据"俄罗斯解密档案"资料的记载,具体情况如下。

前面已经说过,维经斯基在 1922 年下半年,曾经提出过希望俄语条件较好的瞿秋白到海参崴,为共产国际东方部符拉迪沃斯托克局工作。但是瞿秋白被陈独秀邀请回了国内。对此,维经斯基心有不甘,1923 年 3 月 9 日他在海参崴给在中国南方的马林写信,要求中国共产党派瞿秋白到苏联远东地区工作。他说:"绝对需要一个同志(瞿秋白)来此在苏联远东地区华工中为中国东北工作。"①

此时,马林也很需要瞿秋白。碰巧的是,在国共合作问题上,马林与维经斯基这时又产生了分歧。马林第二次回到中国后,经他的引荐,越飞与孙中山建立了联系,马林与越飞之间也"开始了关于事态发展的频繁而生动的通信"②。随着越飞和孙中山联系日益紧密,孙中山与苏俄建立起了联系。这种关系反过来又促进了国共合作的发展。所以,1922年下半年,是国民党改组、国共合作、孙中山联俄三个新动向同时并进的酝酿发展时期。1923年1月,《孙越宣言》发表,无异于在中国政局中投下一枚炸弹,因为宣言是由苏俄驻北京的大使与北京政府的反对派领袖所共同发表的。1月4日,俄共(布)中央政治局召开会议,正式"采纳外交人民委员部关于赞同越飞同志的政策的建议","全力支持国民党,并建议外交人民委员部和我们共产国际的代表加强这方面的工作",同时决定"资助国民党的费用从共产国际的后备基金中支付,因为工作是按共产国际的渠道进行的,并建议外交人民委员部同越飞同志协调后向政治局[提出]关于追加拨给必要经费[的建议]"③。

显然马林倡导的国共合作,已发展到孙中山与苏俄的合作。从此,苏俄形成了对华政策的基本方针,即利用由莫斯科(俄共中央政治局、共产国际)指导和支持的中国国民革命力量来推翻北京合法政府,并在中国建立一个有"工农"社会基础的、将发展成为布尔什维克意义上的社会主义国家的亲苏政权。马林的实施国共合作、联合孙中山反对北京政府的"斯内夫利特战略",既符合中国革命的实际,又适合苏俄对华外交政策的需要,因此,得到了俄共(布)中央政治局和共产国际

---

① 中共中央党史研究室第一研究部编:《共产国际、联共(布)与中国革命档案资料丛书》第2辑,北京图书馆出版社1997年版,第439页。

② 中共中央党史研究室第一研究部编:《共产国际、联共(布)与中国革命档案资料丛书》第2辑,北京图书馆出版社1997年版,第257页。

③ 中共中央党史研究室第一研究部译:《共产国际、联共(布)与中国革命档案资料丛书》第1辑,北京图书馆出版社1997年版,第187页。

的支持。

照理说,国共合作到此时应该有一个比较好的发展态势,但事实上并非如此。毕竟国共党的合作只是一个大的战略策划,操作起来,必然会碰到一些非常具体的困难,特别是来自国共两党内部的阻碍显而易见。一是在国民党内有一些元老,对孙中山的联俄、联共政策不以为然,并有部分人情绪激动,坚决反对。二是在共产国际和中共党内有一股力量对国共合作也不以为然。原因是,中共二大以后,党领导的工人运动取得了很大的成功,党处在顺境之中。在 1922 年至 1923 年年初,所有的工人运动十之八九都是胜利的,虽有小部分失败,但没有影响到全国。因此,中共党内有一部分同志,对革命形势的判断过于乐观,认为可以不经过国民革命,不需要联合国民党的力量,单纯依靠无产阶级就能取得革命成功。同这种看法相呼应的是,共产国际执委会东方部的部分领导同志对苏俄面向孙中山和马林倡导的国共党的合作有自己的看法,主要代表人物就是维经斯基。他持不同意见的原因也是客观存在的。首先,在他看来,孙中山当时虽然对苏俄和共产国际示好,但是他统一中国的决心和途径依然体现在依靠军阀打军阀的方式上。孙中山与段祺瑞、张作霖建立"三角反直同盟",与吴佩孚开战,使维经斯基感到"迄今为止国民党还没有成为全国性的政党,而继续在以军阀派系之一的身份活动","国民党由于这一结盟使自己在中国各界自由派人士的眼里威信扫地"。他担心年轻的中共因国共合作而深深陷入军阀的派系斗争之中,因而他反对将中共中央机关迁到广州。① 其次,维经斯基认为随着中国工人运动的发展,它必将成为中国民族解放运动的基本因素,应当把工人运动看作是中国反帝斗争中最现实的因素。② 而孙中山和国民党对军阀之间结盟的热情,使维经斯基"产生了一个关于今后把我党限制在国民党范围内是否适宜的问题。今后必须

---

① 中共中央党史研究室第一研究部译:《共产国际、联共(布)与中国革命档案资料丛书》第 1 辑,北京图书馆出版社 1997 年版,第 228—229 页。
② 中共中央党史研究室第一研究部译:《共产国际、联共(布)与中国革命档案资料丛书》第 1 辑,北京图书馆出版社 1997 年版,第 223—224 页。

坚持采取由共产党领导的独立自主的工人运动的方针"①。显然,矛盾和争论在所难免。

1923 年 1 月 10 日,共产国际执行委员会主席团召开会议,任命参加中共三大的代表。会议对马林的任命作了调整:任命他为共产国际东方部符拉迪沃斯托克局的第三名委员。以前对马林的委任(指共产国际和红色工会国际驻中国代表——引者注)予以撤销。主席团认为,马林和维经斯基同志参加下一次中国共产党代表大会(即中共三大——引者注)是适宜的。②

伴随着组织人事上的变动,马林与维经斯基围绕中国共产党的建设以及如何与国民党合作问题所展开的争论,很自然地带到了中共党内。现在围绕着对瞿秋白的使用,二人又出现了分歧。当时马林并没有看到维经斯基 3 月 9 日的信,而是从其他同志那里听说维经斯基要调瞿秋白到海参崴工作,因此写信给维经斯基询问此事,并且在信中流露出对维经斯基的不满,认为这是维经斯基想从海参崴指导中国共产党的工作。3 月 27 日,维经斯基也很委屈,他在符拉迪沃斯托克(海参崴)给马林回信说:

我很奇怪为什么你会得出我想从海参崴指导中国共产党工作的结论,你的结论依据的理由是完全不合逻辑的。我确实在给斯列帕克(华俄通讯社记者,北京分社社长,曾在共产国际工作,担任维经斯基的助手——引者注)的一封私人信件中提到,在莫斯科时瞿秋白曾同意和我一起到符拉迪沃斯托克工作,陈独秀同志在莫斯科时也曾同意瞿可以去该市。我在给斯列帕克信中提到这件事时,本意是让瞿秋白在党内提出这个问题,并且当然要听从党的决定。这只是问题的形式部分。从本质上说,因为瞿秋白精通俄语,当然希望他能同远东局一起为中国东北和[苏联]沿海省份工作,后一地区大约有两万华工,其中

---

① 中共中央党史研究室第一研究部译:《共产国际、联共(布)与中国革命档案资料丛书》第 1 辑,北京图书馆出版社 1997 年版,第 241 页。

② 中共中央党史研究室第一研究部编:《共产国际、联共(布)与中国革命档案资料丛书》第 2 辑,北京图书馆出版社 1997 年版,第 435 页。

有些已加入工会。我们至少应找到一个通晓俄语的好同志,才有可能从这里沿铁路线做东北的工作。同时,懂俄语在中国境内是完全没有用的。因此,我现在正式提出这个问题,只要党认为有可能,就应立即派瞿秋白到这里来。①

当然,瞿秋白后来没有到海参崴工作,一方面与当时上海的工作忙,走不开有关,另一方面恐怕与马林的反对也有关系。从 1923 年 5 月开始,按照中共中央的安排,瞿秋白一面创办《新青年》和《前锋》,一面从上海到广州,与张太雷等人一起住在"春园",共同参加筹备召开中共三大的工作。

四、在中共三大上力赞国共合作

现在稍有一点党史常识的人都知道:中共三大最重要的成果就是以党中央文件的形式最终确定了国共合作方针,从而载誉党的代表大会史。但是这一历史成果来之不易。"俄罗斯解密档案"反映了这一复杂背景,其中包括年轻的瞿秋白在这一过程中所作的贡献。

首先,共产国际指导召开中共三大的"一·一二决议"是内部不同意见"和合"的结果,但并没有完全消除内部的意见分歧。

自从马林向共产国际执委会提出"斯内夫利特战略"后,共产国际内部围绕国共合作问题形成了两种截然不同的意见。与马林相比,亲身参加过中共早期党组织创建工作的维经斯基更注重于共产党的独立

---

① 中共中央党史研究室第一研究部编:《共产国际、联共(布)与中国革命档案资料丛书》第 2 辑,北京图书馆出版社 1997 年版,第 440—441 页。

发展和工人运动的开展,因此,虽然他于 1922 年 7 月 18 日亲自向马林传达了国际执委会关于支持国共党的合作的决定,但心中却保留了自己的异议,而共产国际东方部主任萨法罗夫也倾向于他的意见。这样,在共产国际东方部内部,以萨法罗夫和维经斯基为代表的一批人,认为中国共产党特别是中国北部和中部的共产党,应该独立自主地开展职工运动,同时应加速将共产党建成国内群众性的政党。1922 年 11 月 5 日至 12 月 5 日,共产国际四大召开时,萨、维的意见占了上风。因此,大会在马林缺席的情况下,通过了由拉狄克起草的《中国共产党的任务》的秘密决议①,作为对大会通过的《关于东方问题的总提纲》的补充。该秘密决议强调共产党的独立发展,要求中国共产党人要以在民主的基础上实现中国统一的倡导者的身份开展活动,将主要注意力放在工人运动方面。

就在共产国际四大通过秘密决议的前后,马林与越飞则共同完成了《关于我们在殖民地和半殖民地尤其是在中国的工作问题——越飞和斯内夫利特的提纲》。② 该提纲可以说是马林对中国政策和策略总体思路的逻辑延伸和发展,其主要内容有:一是在殖民地和半殖民地国家里,绝对不能单纯进行共产国际和党的工作,必须把它与支持民族解放运动结合起来;二是为了帮助中国实现统一,必须立即着手把中国最大的、真正的政党国民党建设成为一个群众性的政党,为此,俄国必须答应给国民党以援助;三是苏俄在中国的政策,一定要以事实表明革命的俄国和帝国主义者之间的区别,证明只有俄国的政策才真正会使殖民地和半殖民地人民免遭剥削。

秘密决议和越马提纲表明共产国际内部对华政策、对国共两党态度及国共党内合作的意向有很大差别。看到秘密决议后,马林认为在共产国际执委会里有一些人存在着一种对中国情况不切实际的看法。

---

① 中共中央党史研究室第一研究部译:《共产国际、联共(布)与中国革命档案资料丛书》第 1 辑,北京图书馆出版社 1997 年版,第 161—163 页。

② 中共中央党史研究室第一研究部编:《共产国际、联共(布)与中国革命档案资料丛书》第 2 辑,北京图书馆出版社 1997 年版,第 404—406 页。

一心陷在自己思路中、总觉得自己比别人更了解中国的马林,认为有必要将这些人拖回到现实中来。在 12 月 29 日共产国际执委会主席团讨论中国问题的会议上,正在莫斯科的马林出席会议并坚决地申明自己的主张和看法。[①] 会上,两种不同意见发生了争论。会后,关于国共合作的问题,在共产国际内部又发生了多次争论。

但是,国共两党的关系在共产国际"东方战略"部署下的中国革命过程中又是一个绕不开的问题。为了统一共产国际内部的意见,也为了给正在准备之中的中共三大一个明确的指导方案,共产国际执委会总书记布哈林起草了一个关于国民党和共产党关系的提纲草案,并责成各持己见的马林和维经斯基对其进行修改,希望制定出一个完善的、符合当时中国革命需要的国共关系决议。布哈林将修改共产国际关于国共关系决议草案的任务交给马林和维经斯基,表明共产国际领导人对他们彼此的意见都很重视。两人接到修改的任务后,对决议草案中每句话的措词、每段条文的含义都进行了认真的推敲和讨论,甚至是争论,他们都想在决议中保留自己的意见,但又不能不向对方作出让步。在争论和妥协中,这份由布哈林起草、经马林和维经斯基修改的提纲,遂成为 1923 年 1 月 12 日共产国际执委会通过的《关于中国共产党与国民党的关系问题的决议》。

共产国际指导中共召开三大的"一·一二决议"吸收了马林和维经斯基双方冲突的意见,既强调了国共党的合作的必要性,又提出共产党必须保持自己的独立性和特殊工作任务。因此它是一个内容全面却隐含冲突的决议,导致此后在"斯内夫利特战略"由决议走向现实层面后的革命斗争实践中存在着难以克服的问题。同时,该决议通过后,马林和维经斯基并没有就此放弃各自主张,其分歧依然存在,这就使得他们在指导中国革命的一些具体问题上存在很多异议。

一是他们在是否要将中共中央驻地迁到广州的问题上各执一端,

---

① 中共中央党史研究室第一研究部译:《共产国际、联共(布)与中国革命档案资料丛书》第 1 辑,北京图书馆出版社 1997 年版,第 179—184 页。

马林按照共产国际在他第二次来华时的要求,从国共合作的角度提出,将中共中央驻地迁往广州;但维经斯基则从共产党独立领导华北和华中地区工人运动的角度出发,反对马林的提议,认为这样"是不妥当的",存在对共产党种种不利的因素。①

二是他们在选择中共三大召开地点上各执一端,马林决定中共三大在广州召开;维经斯基则认为党的代表大会应该在北方召开,至少应在上海召开。②

三是他们在是否支持孙中山国民党方面意见各异,马林要莫斯科以援助孙中山国民党的工作为重点;而维经斯基则怀疑孙中山国民党的政治倾向,认为国民党一直以来在以军阀派系之一的身份活动,其上层领袖只热衷于与著名军阀派系结盟,因此,他提出不要无条件地支持国民党,应在孙中山断绝与张作霖、段祺瑞等军阀的联系之后再提供援助,中国共产党应把主要精力放在建立全国性政党和支持工人、学生运动上。③

四是他们在共产党能否成为群众性政党方面也意见相左,甚至在马林派张国焘到莫斯科汇报工人罢工及"二七"惨案一事上,维经斯基也认为不对,因为向莫斯科报告罢工情况可以用书面形式或发电报,而派张到莫斯科既花钱又使党和工会的一位领导人在关键时刻离开工作岗位。④

在马林和维经斯基的意见冲突中,共产国际执委会东方部主任萨法罗夫是倾向于后者的。1923 年 4 月 4 日,他在向共产国际执委会主席团汇报工作时,全面肯定和赞扬中共的工作,而认为国民党"不是居领导地位的民族资产阶级的政党",孙中山只是"试图依靠个别督军来

---

① 中共中央党史研究室第一研究部译:《共产国际、联共(布)与中国革命档案资料丛书》第 1 辑,北京图书馆出版社 1997 年版,第 227—229 页。

② 中共中央党史研究室第一研究部译:《共产国际、联共(布)与中国革命档案资料丛书》第 1 辑,北京图书馆出版社 1997 年版,第 234 页。

③ 中共中央党史研究室第一研究部译:《共产国际、联共(布)与中国革命档案资料丛书》第 1 辑,北京图书馆出版社 1997 年版,第 238 页。

④ 中共中央党史研究室第一研究部译:《共产国际、联共(布)与中国革命档案资料丛书》第 1 辑,北京图书馆出版社 1997 年版,第 234 页。

实现军事上的计谋"，没有进行真正的群众工作。因此，他在报告中提出"今后把我党限制在国民党范围内是否适宜的问题。今后必须坚持采取由共产党领导的独立自主的工人运动的方针"①。由于维经斯基和萨法罗夫的影响，共产国际领导人对中共在国共合作中的地位和作用的认识有了提高，5月23日共产国际执委会通过了由维经斯基起草、经布哈林修改而成的《共产国际执行委员会给中国共产党第三次代表大会的指示》。②但是，这个指示在中共三大召开之后才传到中国，因而在实际中没有发挥什么作用。

其次，张国焘到莫斯科汇报中国工人运动情况，顺便了解到共产国际东方部内部关于国共合作的不同意见，并把这种分歧带到了党的三大会场。

历史的发展似乎要证明马林提出国共合作战略的正确性。中国共产党成立后，从中央到地方的各级组织都以主要精力从事工人运动，中国工人阶级的觉悟迅速提高，工人罢工斗争蓬勃兴起。在1921年至1923年中国工人运动的第一次高潮中，铁路工人形成了一支主要力量。1923年2月1日，京汉铁路总工会在郑州召开成立大会，但遭到军阀吴佩孚派出的大批武装军警的阻挠和破坏。2月4日，京汉铁路工人举行大罢工。2月7日，罢工遭到武力镇压。"二七"惨案的发生，说明在帝国主义和封建军阀反动统治的中国，工人阶级的力量十分弱小，孤军奋战只能遭到残酷的镇压，只有联合国内一切可以联合的力量共同奋斗，才能推翻帝国主义和封建势力在中国的统治。

"二七"惨案发生后，马林派遣负责领导这次罢工的中共中央执行委员张国焘到莫斯科汇报有关情况。张国焘到莫斯科后，在与共产国际东方部主任萨法罗夫、远东局负责人维经斯基和红色工会国际负责人罗佐夫斯基的接触中，发现共产国际内部对马林提出的国共党的合

① 中共中央党史研究室第一研究部译：《共产国际、联共(布)与中国革命档案资料丛书》第1辑，北京图书馆出版社1997年版，第240—241页。
② 中央档案馆编：《中共中央文件选集》第1册，中共中央党校出版社1989年版，第586—587页。

作建议并非完全一致的赞同。当时,共产国际上上下下正在根据马林的建议,讨论国共合作应当采取的组织形式问题。张国焘在就有关问题同他们交换意见的过程中,了解到共产国际领导人在这个问题上各有不同的态度和倾向。1923 年 5 月中旬,张国焘返回中国。他告诉马林,在中国的工作问题上,拉狄克和萨法罗夫是左派,布哈林是中派,马林是右派。① 这样,共产国际领导层关于国共合作的争论和分歧被张国焘从莫斯科带回了中国,带到了中共党内和中共三大的会场。这种分歧无疑加重了张国焘在中共三大上反对马林关于党内合作主张的心理砝码,进而使张国焘成了马林在三大上难啃的"骨头"。

上述一切使党的三大在解决国共合作的方针和方法时,不可避免地要发生争论。我们从马林当时记下的工作笔记②看,会议代表尤其是高层代表在国共合作问题上的意见分歧是显而易见的。一是会上流露着马林和陈独秀想要解散和搞垮中国共产党的观点;二是张国焘从莫斯科带回来的左中右三派的说法也在会议上流动;三是一些同志主张抛开国民党,把中共建成一个纯粹的工人阶级政党,如张国焘和蔡和森二人就持这种观点。

1923 年 6 月 10 日至 19 日,中共三大在广州召开。这时,对于大多数中共党员来说,服从国际决议,赞成共产党员加入国民党已是共识。但是由于有了前述的背景,于是在中共党内产生了支配一些同志倾向于尽可能疏远国民党的历史因素。同时在国共合作的实际操作过程中也的确存在一个如何将"合作"与"独立"平衡在最佳程度的问题,如从莫斯科回来后的张国焘就对马林说:"没有人反对我们的人加入国民党,然而问题是:我们在多大程度上能保持我们的独立自主? 为国民党的发展,我们合作到何种程度? 应在哪些问题上批评国民党等等。"③

---

① 中共中央党史研究室第一研究部编:《共产国际、联共(布)与中国革命档案资料丛书》第 2 辑,北京图书馆出版社 1997 年版,第 449、459 页。
② 中共中央党史研究室第一研究部编:《共产国际、联共(布)与中国革命档案资料丛书》第 2 辑,北京图书馆出版社 1997 年版,第 461—467 页。
③ 中共中央党史研究室第一研究部编:《共产国际、联共(布)与中国革命档案资料丛书》第 2 辑,北京图书馆出版社 1997 年版,第 449 页。

这些问题不能不影响到制定决策的中共中央领导人。

中共三大的中心议题是国共合作问题。中共虽然经过西湖会议与马林在是否与国民党实行党内合作问题上取得了共识，却并没有在全体党员必须参加国民党、工人运动也在国民党内发展等问题上达成一致。因此，6月12日，大会一开始，陈独秀的报告一结束，大会的争论就开始了。其实，对于大会出现的分歧和争论，马林是有思想准备的。他对国共合作的决议能否在大会上顺利通过心存疑虑。为此，一方面，他找各地代表谈话，解释国共合作的必要性和共产国际的政策，以便消除异见，排除障碍；另一方面，他把从苏俄回国不久的瞿秋白作为倚重的力量，向他征求意见，以使中共三大顺利通过有关国共合作的决议。

瞿秋白到广州后，除了主编《新青年》和《前锋》创刊号外，主要就是参与中共三大的筹备工作。在这个过程中，他负责起草三大的党纲草案，并参加党章的修改工作，还与张太雷一起将共产国际有关决议翻译成中文，以印发给大会代表讨论。6月12日，瞿秋白以苏俄归国代表身份参加了中共三大的开幕式。

虽然与瞿秋白接触时间不长，但马林很欣赏也很倚重他的才华和能力。为了了解出席中共三大的代表们的想法，马林对瞿秋白说："请告诉我，我应该怎样阐述共产国际提纲（指1923年1月12日共产国际执行委员会作出的关于国共关系问题的决议——引者注）中的观点和我在会上对提纲的解释？我是否需要对中国形势做一番分析并将其与其他东方国家加以对比？"

瞿秋白回答马林："不用这个办法。必须很具体。一些同志倾向于尽可能疏远国民党，必须看到支配他们思想的细微论据。"①

马林表示，尽管他不准备做深入的理论分析，但一定接受瞿秋白的意见，在大会发言时尽可能注意那些较细微的论据。马林在会上的发言，一方面对有些人流露出的他与陈独秀想解散党的观点表示了强烈

---

① 中共中央党史研究室第一研究部编：《共产国际、联共（布）与中国革命档案资料丛书》第2辑，北京图书馆出版社1997年版，第461页。

的反对,同时对于美化和崇拜国民党的倾向也进行了批评,认为那是"绝对错误的";另一方面他在会上还"严肃警告了那种把同志们划分为左派和右派的做法"。

马林对张国焘和蔡和森在大会上的发言极为不满。他说:"共产国际执行委员会发出的指示应是党必须遵循的命令。而张国焘和蔡(和森)在讨论时的发言证明他们把这些指示忘得一干二净。"①

马林在大会上指出:"一些同志想稳操胜券,某些十分谨慎的人则要等待国民党变好了我们才给予帮助。这些同志从而放弃了完成我们首要任务的可能性。革命者既不能采取这样的做法,也绝不能据推测做出决定。"②马林表示,"作为一个有严明纪律的集中组织,共产党有责任向共产国际表示,党凭其精神力量能够发展起一场有强大的国民党参加的气势磅礴的国民运动"③。

在大会讨论中,瞿秋白坚持国共合作的正确主张,非常注意从理论上揭示那些支配反对国共合作同志言论的思想依据,他懂得用马克思主义的观点和方法来分析国共合作的可能性和必要性,他的发言对大会顺利通过国共合作方针起了积极作用。"俄罗斯解密档案"中的"斯内夫利特笔记"记下了他的发言要点。④ 根据这份档案记录,归纳瞿秋白在三大关于国共合作问题讨论中的发言,其主要观点如下:

(一)尽管现在小资产阶级和大资产阶级是不革命的,但为了自身利益,他们将会革命。没有无产阶级参加,任何资产阶级革命都不会成功。(二)不要害怕资产阶级的壮大,因为与此同时无产阶级也在壮大。我们不能采取与他们分离的办法阻止他们的发展。(三)国民党从一个没有纲领的政党成长为一个有纲领的政党,现在已接近于一支

---

① 中共中央党史研究室第一研究部编:《共产国际、联共(布)与中国革命档案资料丛书》第2辑,北京图书馆出版社1997年版,第462页。

② 中共中央党史研究室第一研究部编:《共产国际、联共(布)与中国革命档案资料丛书》第2辑,北京图书馆出版社1997年版,第466页。

③ 中共中央党史研究室第一研究部编:《共产国际、联共(布)与中国革命档案资料丛书》第2辑,北京图书馆出版社1997年版,第467页。

④ 中共中央党史研究室第一研究部编:《共产国际、联共(布)与中国革命档案资料丛书》第2辑,北京图书馆出版社1997年版,第468—469页。

真正的社会力量。我们的职责是领导无产阶级推动国民党,使其摆脱资产阶级的妥协政策。要么我们不许工人参加国民党,让国民党得到资产阶级、军阀等给予的帮助从而日趋反动,要么我们领导无产阶级加入国民党,使后者具有革命性,哪种办法更好?(四)国民党的发展,并不意味着牺牲共产党。相反,共产党也得到了自身发展的机会。假如我们希望壮大力量,假如我们有明确的目标,我们会有充分的机会在国民运动中壮大自己,走俄国十月革命的路。

瞿秋白的发言既不同于那些否定国民党、否定国共合作的观点,又有别于少数同志片面夸大资产阶级和国民党的力量、轻视无产阶级和共产党作用的倾向,这是基于他开始运用马克思主义、列宁主义的观点和方法对中国社会性质和各个阶级的正确分析而得出的结论。因而他的发言很有说服力,赢得了不少与会人员的点头赞成。瞿秋白在主持起草三大党纲草案时,正是以此为基点,力图摆脱来自"左"、右方面的影响,以正式文件的形式把有关国共合作的正确思想和立场表述出来,使它变成指导中国共产党的行动纲领。

中共三大经过激烈的争论,大多数同志的意见慢慢趋向赞成国共合作。在持不同意见者"保留意见"的情况下,中共三大通过了《关于国民运动及国民党问题的决议案》,正式以党中央文件的形式确立了国共党内合作建立联合战线的方针。

尽管党的三大确立了国共合作战略,但瞿秋白对于中国共产党内的形势和整个国共合作的进程有非常清醒的估计,他知道在国共合作这件事上来自"左"面的种种议论背景很深。为了使国共合作能够顺利发展,他本着对革命运动负责的精神,在中共三大结束后的第二天,即 6 月 21 日以一个"中国共产党员"的名义致信共产国际执行委员会主席季诺维也夫,秉笔直书自己的看法。他说:

共产国际执行委员会决议认为,中国无产阶级还"不是一支完全独立的社会力量",这十分正确。在这样的情况下,还弱小的中国共产党的任务无疑在于,一方面组织和教育劳动群众,一方面扩大和推动民族革命向前发展。我们,马克思主义者,对中国革命的资产阶级性质深信不疑,但是,如果我们能在民族运动中组成强有力的劳动群众的左翼,保持党的独立性,我们就不用害怕会在"资产阶级民主中溶化"。因为无产阶级自然是唯一彻底的革命力量,只有它才能将革命进行到底。他们将集中和积蓄自己的力量,这种力量将保证他们达到最后目的——共产主义的胜利,只有通过积极参加民族革命斗争,才能保证他们取得这一胜利;他们从这一斗争中才能变得更坚强、更自觉和更有战斗力。

然而大家都明白,在目前的中国,仅仅靠如此薄弱的无产阶级,尤其是靠上几十名共产党员,是无法完成民族革命的。需要一个坚强的群众性的民族政党。中国唯一重大的政治集团是国民党。这个政党也是从宗法制环境中产生的,因此可以理解,它成立之初就由对革命抱有浪漫主义理解的知识分子组成,过去采取过,现在有时还采取带有冒险性质的军事行动。它是脱离人民群众的。但是,它适应中国的实际,还是逐渐为自己争得了威望和人民的同情。因此,它吸引了不少的小资产阶级革命分子,甚至工人,至今仍保持着自己的革命纲领。它现在开始寻找人民的支持,并试图较接近群众。不能忽视这个党,反对它的斗争是没有意义的,而让对它听之任之也就等于有意识地削弱民族革命运动。因此中国共产党第三次代表大会(6月10日至19日)通过的提纲指出,共产党有必要担负起改组国民党的任务,以补充劳动人民成分,来扩充国民党,巩固它的革命立场,并以此加强共产党对它的影响。所有这一切应当与工会的和我们党的组织工作同时进行。

但是,在代表大会上发现,所谓的"左派共产党员"反对这个策略。这些同志本身动摇得很厉害,他们忽而担心被"资产阶级民主溶化",主张只有国民党有影响的地方才可以支持它,而没有影响的地方,不必帮助它发展;忽而又认为,在目前中国的情况下,在"纯粹"共产主义的旗号下党不能发展成为群众性的政党,建议将共产党改称为"工人党"。幸好这一错误的方针被代表大会大多数人否决了。

中国共产党还很年轻,不能正确地估计客观情况,这是不可避免的。希望共产国际执行委员会能给它指出更正确的道路,希望苏俄给予中国民族运动以更大的关注。①

瞿秋白这封信从理论上论述了国共合作的必要性和可能性,对马林的主张是极大的支持。瞿秋白对国共合作的积极态度和坚定立场无疑有利于国共两党刚刚形成的合作关系。从后来的发展事实看,党的三大实际上成了国共合作、改组国民党、迎接第一次大革命高潮的历史性转折点。

五、共产国际代表书信中的肯定与赞扬

党的三大召开前后,瞿秋白与马林、张太雷等同住"春园",共同为筹备三大而工作。才华横溢而又身患重病的瞿秋白,在这期间不分昼夜地忘我工作,不仅为大会起草党纲并就这个党纲草案向大会作报告,参与党章的修改工作,还向大会作关于共产国际四大情况的报告,积极参加大会讨论,反对错误倾向,努力促成党内的策略方针的历史转变。这一切马林不仅亲眼看到,还深为感动。瞿秋白对马林的理解和支持,对共产国际理论和指示的宣传、重视和贯彻执行的积极态度,赢得了马林的极高评价。

1923 年 6 月 20 日,马林在给共产国际执行委员会的季诺维也夫、布哈林、拉狄克、萨法罗夫等领导人写信时对瞿秋白大加赞扬。他说:"布哈林的决议(指"一·一二决议"——引者注)自然地引起了争论,……占主导地位的看法是愿大力支持国民党,党的领导人陈独秀就持这个看法。李大钊教授和他们最好的助手年青的瞿秋白同志与他看法

---

① 《瞿秋白文集·政治理论编》第 2 卷,人民出版社 1988 年版,第 123—125 页。

相同。瞿秋白曾在俄国学习两年,他是唯一真正懂得马克思主义理论的人,回国后他发表了一本关于我国的书(指《赤都心史》——引者注),该书起初获陈独秀的极好评价(陈独秀为该书向胡适写信,请他帮忙在商务印书馆出版——引者注)。瞿的确是唯一能按马克思主义的方法分析实际情况的同志。"①

在这封信的最后,马林写道:"瞿秋白同志写的有关中国形势的俄文信一并附上。"这封俄文信应该就是前面提到的 6 月 21 日那封收入《瞿秋白文集·政治理论编》第 2 卷的写给季诺维也夫的信。

同一天,马林在致越飞和达夫谦的信中说:"感谢上帝,中国的领导同志陈独秀、李大钊在年轻的瞿秋白同志的帮助下,在代表大会上取得了一致意见,大家想在国民党内引导这个政党去执行国民革命的政策。瞿秋白曾在俄国学习过两年,他是这里最优秀的马克思主义者。"②

随后,马林在致斯大林的副手勃罗伊多(民族人民委员兼东方劳动者共产主义大学教师)的信中进一步肯定瞿秋白,可以说这封信是专门为评价瞿秋白而写的。马林以为瞿秋白是东方大学培养出来的学生,他在信中给勃罗伊多写道:"真可谓若见其果,便知其树。瞿秋白其人已证明,你们的大学办得相当出色。我希望在不久的将来,你能再送几个像瞿秋白这样的人到中国来。"马林在信中说,"瞿的表现在很大程度上已显示出他是中国共产党最优秀的马克思主义者。是这个组织里唯一能用马克思主义分析问题并想以此给中国共产党奠定巩固基础的人"。他动情地对勃罗伊多说:"瞿秋白在最近这一次代表大会期间做的工作太多了……现在他已精疲力竭,在一个较长的时间内绝对不能从事繁重的工作。可惜他的健康这么糟。"

1923 年 7 月 15 日,马林在向共产国际执行委员会的报告中,又一

---

① 中共中央党史研究室第一研究部编:《共产国际、联共(布)与中国革命档案资料丛书》第 2 辑,北京图书馆出版社 1997 年版,第 480 页。

② 中共中央党史研究室第一研究部编:《共产国际、联共(布)与中国革命档案资料丛书》第 2 辑,北京图书馆出版社 1997 年版,第 419 页。

次专门提到瞿秋白。他说:"《前锋》第一期由瞿秋白同志主编,其中有一篇关于共产国际第四次代表大会发言情况的总结,着重谈了东方问题。"①1923 年 7 月 1 日,在《前锋》创刊号上,瞿秋白以"屈维它"的笔名发表《中国之资产阶级的发展》和《帝国主义侵略中国之各种方式》。在中共三大召开期间,瞿秋白主编的《新青年》季刊和《前锋》月刊联袂问世。在这两刊的创刊号上,瞿秋白共发表论文 9 篇、短文 3 篇以及《国际歌》译词、《赤潮曲》等。因此,瞿秋白的勤奋、才气给马林留下了很深的印象。

其实,马林在中国工作期间,瞿秋白真正与他共事的时间比较短,但是我们从前面马林无论是给共产国际执行委员会的信,还是给苏俄外交官的信中可以看出,他对瞿秋白极为欣赏,并给予了很高的评价,比如说瞿秋白"是这里最优秀的马克思主义者","是这个组织里唯一真正懂得马克思主义的人","是中国共产党最优秀的马克思主义者","的确是唯一能按马克思主义的方法分析实际情况的同志",等等。由此可见,马林对瞿秋白的评价不可谓不高。分析起来,这时的瞿秋白在党内确实有其自身的过人之处。

首先,他是当时党内马克思主义理论修养比较高的年轻同志。瞿秋白接触马克思主义并不比中国共产党其他早期领导人在时间上更早些。但是在俄国两年的学习和考察,使瞿秋白比其他中共早期领导人有了更多和更难得的深化对马克思主义认识的机会。在苏俄的两年中,瞿秋白一方面进行广泛的社会调研和考察,深入苏俄的社会生活,参观工厂、农村、学校、党政机关,接触处于社会大变动中的苏俄各阶层人民,如普通工人、农民、红军战士、苏维埃工作人员等,深切感受世界上第一个以马克思主义理论为指导建立起来的社会主义国家的实际状况;另一方面,他通过俄文阅读了大量马列主义关于无产阶级世界革命的经典著作,从理论上认识马克思列宁主义与俄国革命的意义,建立起

---

① 中共中央党史研究室第一研究部编:《共产国际、联共(布)与中国革命档案资料丛书》第 2 辑,北京图书馆出版社 1997 年版,第 499—500 页。

了马克思主义的唯物主义世界观。因此,与其他的中共早期领导人相比,瞿秋白对马克思主义理论的理解和掌握无疑要系统、全面一些。

其次,他比较早地认识到用马克思主义方法分析和解决中国问题的重要性,并且能够努力这样去做。马克思主义是无产阶级的宇宙观和社会革命论。马克思主义之所以有力量,就是因为它是从革命实践中产生出来并且又经过革命实践检验的真理。马克思主义的根本特点是理论联系实际,从客观实际出发,解决革命实践中的问题。从苏俄回来以后,自称是马克思主义小学生的瞿秋白,实际上是站在辩证唯物主义和历史唯物主义的高度,开始重新观察和认识中国社会的。他在一系列论著中,运用马克思主义观点,开始全面研究中国的社会状况和中国近代历史,即中国国情,分析帝国主义对中国的侵略和军阀官僚地主买办阶级的统治,以及中国社会的经济状况和阶级关系。在 1923 年的中国,瞿秋白的确是中共早期领导人中能够按马克思主义的方法分析中国实际情况的同志,虽然不能如马林所言他是"唯一"的一个,但像瞿秋白这样有深度地研究、传播马克思主义理论以及运用马克思主义理论和方法分析、解决中国实际问题的马克思主义理论工作者在当时的中共党内的确不多见,并不是完全没有这样的同志,主要是还没有达到他那种层次。

再次,瞿秋白会俄语的条件使他在语言方面具有与共产国际代表自由交流和沟通的优势。语言是人类交流和沟通的工具。共产国际的代表一般来自俄国或欧洲其他国家,他们长期生活在完全不同于中国的语言环境里,所使用的语言属于完全不同于中国汉语的语系。这就使得中共早期领导人与共产国际代表在语言的交流和沟通上存在着障碍。但是瞿秋白与其他中共早期领导人相比,在这方面却有着得天独厚的优势。他从 1917 年进入俄文专修馆就开始学习俄语,并且因他爱好俄罗斯文学,所以在做俄专学生时,就开始大量阅读俄国文学作品,还同朋友们一起尝试着翻译它们。俄专快要毕业时,瞿秋白以记者身份被派驻俄国。在俄国的两年,他进行广泛的采访和社会调查,参加大大小小的国际性会议,为中国代表担任口头和书面翻译,还担任东方大学的教学翻译。这一切使瞿秋白的俄语水平和读、听、写能力有了极大提高。正是因为瞿秋白有了这样的语言条件，加上他汉语功底很好，天赋极高，文才出众，且马克思主义理论修养比较高，因此，他与共产国际代表交流和沟通起来就比其他中共早期领导人要容易和顺畅得多。不仅如此，瞿秋白还非常善于理解马林的策略和共产国际的指示，并且加以"中国化"的解释。

正是上述这些有利条件，加上瞿秋白理解并坚决支持"斯内夫利特战略"，在中共三大前后力赞国共合作政策，表现不凡，因而深获马林赞赏，为中共三大最终确立国共合作战略作出了重要贡献。

第三章

协助鲍罗廷打开国民党改组良局

中共三大通过了《关于国民运动及国民党问题的决议案》,决定共产党员以个人身份加入国民党,实现国共党的合作。共产国际的决议和马林的主张终于在中共党内以文件的形式得到肯定和落实。但是怎样将文件的原则精神在具体实践中操作和运用,则有一大段的路程要走。本来马林是想接着走下去的,谁知莫斯科中途走马换将,召回马林,派鲍罗廷使华,致使马林带着遗憾离开中国。鲍罗廷一到中国,便点名将瞿秋白调到"鲍公馆",并很快打破了国民党改组僵局。这些都记入了"俄罗斯解密档案"。

在中国革命历史进程中,与维经斯基和马林相比,鲍罗廷的名字更响亮。他于1923年8月来华后,便以自己的特殊使者身份和过人的政治智慧,在中国的广州、武汉等地度过了他政治生涯中最引人注目的四年,从而把"鲍罗廷"的名字同震惊世界的中国大革命写在一起。在这个过程中,瞿秋白为他担任了一段时间的翻译兼助手,并获得了他的欣赏和信任。瞿鲍之间因此产生了不同寻常的友谊,这种友谊在他们去世后由其亲属一直持续到中华人民共和国成立以后。

一、马走鲍来,被点名调到"鲍公馆"

马林在中国推行的"斯内夫利特战略",从提出到共产国际和中国共产党接受并形成正式文件的过程并非一帆风顺。虽然他的主张为苏俄在中国打破外交僵局提供了重要的新思维,但在共产国际有维经斯基等人的异见,在中国共产党内先是陈独秀不理解,后是张国焘和蔡和森激烈反对。"俄罗斯解密档案"告诉我们,在"斯内夫利特战略"由提出到被中共三大正式接受并作出决定贯彻执行的过程中,马林却逐渐失去了莫斯科的信任和支持,并最终被结束了在中国的使命。根据"俄罗斯解密档案"留下的资料,分析起来,主要有下列原因。

第一,马林在提出和施行"斯内夫利特战略"过程中一直与中共中央的多数领导人存在着争论和分歧。1922 年,马林刚提出共产党人加入国民党、实行国共党内合作建议时,有 5 个中央委员一致表示反对。4 月 6 日和 30 日,陈独秀两次写信给维经斯基,陈述反对理由,表明不同意马林的主张。西湖会议也因思想分歧较大而发生激烈争论。到党的第三次全国代表大会时,张国焘和蔡和森更是激烈反对。虽然最后大家接受了马林的意见,但在内心总是有些想法。由于马林是共产国际代表,他的背后站着一个巨大的共产国际,中国共产党不过是共产国际的一个支部,因此,即使有什么不同意见也只能自己消化。但是,这样一来马林与中共党人就难以和谐相处,在推行国共合作过程中,必然会增加他与中共领导人合作的困难。也许莫斯科中途走马换将有这样一种考虑。

第二,中共三大以后,马林在推动孙中山改组国民党方面收效甚微,且力不从心。一是自从 1923 年 1 月《孙越宣言》发表以后,越飞先是生病,接着去了日本,他的继任者达夫谦外交才能并不突出,因此,马林有不少时候承担了苏俄政府外交人员所应承担的责任,这无疑要分散他作为共产国际代表实行国共合作战略方面的精力。张国焘回忆说:"我们只看见他(指马林——引者注)时而北京,时而上海,跑个不停。我们还曾讥笑他,不免放弃了共产国际给予他与中共联系的任务,专做上层政治活动。事实上,当时他对于中共日常工作的注意力,确也渐渐减少。"①但是马林对此有自己的看法。他表示,"我看不出,我的工作由于与越飞的共事而受到了损失","我一有机会将在俄国重新为我的观点辩护,并把因我与越飞共事而对这里党的工作究竟造成什么损失调查清楚"。② 马林认为,他致力于苏俄政府与孙中山南方政府的

---

① 张国焘著:《我的回忆》第 1 册,东方出版社 1980 年版,第 254 页。
② 中共中央党史研究室第一研究部编:《共产国际、联共(布)与中国革命档案资料丛书》第 2 辑,北京图书馆出版社 1997 年版,第 484 页。

外交活动,同样也是在履行共产国际代表的职责,但是共产国际和中共党内对此看法并不完全一致。二是中共党内一直存在着反对"斯内夫利特战略"的力量,因此,马林也只有把精力主要放在动员共产党员加入国民党的工作上,这必然要影响其他方面的工作。三是马林在推动孙中山改组国民党方面缺乏成效。孙中山只对苏俄的援助和军事战争感兴趣,对改组国民党的积极性则不高。他拒绝共产党对国民党的批评。孙中山屡次向国际代表说:"共产党既加入国民党,便应服从党纪,不应该公开的批评国民党。共产党若不服从国民党,我便要开除他们;苏俄若袒护中国共产党,我便要反对苏俄。"①马林未能改变这种状况。当时孙中山全神贯注的是"能不能征服陈炯明并保住地盘"这个问题,因此,总是把马林提出的改组和宣传国民党问题置于一边。马林给越飞和达夫谦写信说:"我向孙谈了改组国民党和政治宣传的必要性问题。这次的回答是:在解决广东问题之后,我们就能着手进行。我建议他尽快派代表到莫斯科,他未置可否。相反,他声明,现在南方迫切需要财政援助。显然,他最感兴趣的是这一点。"②在稍后马林不无悲观地说:"现在,我对他(指孙中山——引者注)毫无办法。你们随时可以通过上海找到他。我们的中央委员会感到,不能寄希望于通过健忘的孙中山改变态度去把国民党的宣传推上新的轨道。"③"不可能期望国民党的领袖们很快采取主动,把国民党变成一个现代的政党。"④

第三,在对张作霖的评价和中东铁路权益归属方面,马林同苏俄领导人存在着不同看法。东北三省在19世纪末20世纪初期是日、俄的势力范围。贯穿东北三省的铁路以长春为界,以南是南满铁路,归日本管理;以北是中东铁路,归旧俄管理。中东铁路在当时国际上名声显

① 中共中央党史研究室第一研究部编:《共产国际、联共(布)与中国革命档案资料丛书》第6辑,北京图书馆出版社1998年版,第351页。
② 中共中央党史研究室第一研究部编:《共产国际、联共(布)与中国革命档案资料丛书》第2辑,北京图书馆出版社1997年版,第418页。
③ 中共中央党史研究室第一研究部编:《共产国际、联共(布)与中国革命档案资料丛书》第2辑,北京图书馆出版社1997年版,第424页。
④ 中共中央党史研究室第一研究部编:《共产国际、联共(布)与中国革命档案资料丛书》第2辑,北京图书馆出版社1997年版,第499页。

赫,其气势不凡的总局机关——中东铁路局设在哈尔滨。十月革命后的 1919 年 7 月 25 日,苏俄发表第一次对华宣言①指出,苏维埃政府宣布废除沙皇政府与日本、中国和以前各协约国所缔结的一切秘密条约;把沙皇政府独自从中国人民那里掠夺的或与日本人、协约国共同掠夺的一切交还中国人民以后,立即建议中国政府就废除 1896 年条约、1901 年北京协议、1907 年至 1916 年与日本签订的一切协定进行谈判;放弃沙皇从中国攫取的满洲和其他地区;拒绝接受中国因 1900 年义和团起义所付的赔款;废弃俄国商人在中国境内的一切特权;等等。这其中自然包括中东铁路的权益。但是,随着形势的发展,特别是在张作霖对从西伯利亚败退至东北三省的白俄匪军提供保护以后,关于中东铁路的权益问题便成为苏俄与北京政府谈判过程中一个绕不开的礁石。苏俄关于中东铁路的谈判方案是,主权归中国,管理为中苏混合形式。1921 年 12 月 7 日,苏俄外交人民委员契切林在给俄罗斯联邦驻华特命全权代表、使团团长派克斯的电报中说:"我们讲中国管理,让中国全面管理铁路,条件是在目前的混乱局面下,这种管理能为我们提供必要的保障。所以这里讲的只是在法律上承认中国管理情况下的混合管理。"②当然,中国政府不接受这种解决问题的方式。1923 年 1 月,苏俄驻华特命全权代表达夫谦(越飞的继任者)派马林"到奉天拜访张作霖将军,讨论中东铁路问题以及他与东北地区白俄的关系"③。

马林带着孙中山的介绍信,以柏林《国际新闻通讯》记者身份前往。经过调查和观察,马林认为张作霖在东北推行的是自己的中国政策,只不过在涉及日本人的问题上很谨慎,因而把他看成是日本人的工具或走狗是完全错误的;张作霖不仅很精明,而且有收纳贤达、剔除庸碌之辈的本领,奉天省绝对是中国所有省份中最有秩序的省份,张作霖

---

① 中共中央党史研究室第一研究部编:《共产国际、联共(布)与中国革命档案资料丛书》第 2 辑,北京图书馆出版社 1997 年版,第 79—81 页。

② 中共中央党史研究室第一研究部译:《共产国际、联共(布)与中国革命档案资料丛书》第 1 辑,北京图书馆出版社 1997 年版,第 69 页。

③ 中共中央党史研究室第一研究部编:《共产国际、联共(布)与中国革命档案资料丛书》第 2 辑,北京图书馆出版社 1997 年版,第 410 页。

在东北的地位很稳固;谈到中东铁路问题,张作霖表示情况十分复杂,不仅俄亚银行,还有列强也在插手,是件十分棘手的事,他愿意同俄国政府的代表就这个问题在奉天展开讨论;至于对苏俄认为他支持东北白俄从事反俄运动一事,张作霖表示,对俄国难民救济费每个月要花掉15000元,尽管他不能容忍俄国人在他的辖地进行活动,但是如果把这些人赶回俄国就会被枪毙的话,他反对把他们驱逐到俄国境内。这次奉天之行使马林得出了与俄共和共产国际领导人完全不同的结论。另外,在中东铁路的权益归属问题上,马林也有自己的看法。他认为,中东铁路权益应当归属中国,不应该由中俄共管。在他看来,中俄共管会给人不好的印象。马林认为"俄国对这些国家(指殖民地和半殖民地国家——引者注)的外交政策必须毫不含糊,在民族问题上友好,而且是反对帝国主义的,即使在外表上,也绝不允许与帝国主义国家有丝毫相似之处"。因此,他认为苏俄"在自己的政策中,不仅要批判帝国主义者,揭露他们的欺骗行径,而且丝毫不可做出任何不当的事,以免使人产生我们实行伪装的帝国主义政策的印象。这样做特别必要,因为俄国的敌人现在正指挥着他们的整个宣传机器,妄图证明俄国也象其他国家一样,推行同样的帝国主义政策"。他说,"帝国主义娓娓动听地对东方各国人民表示广泛的让步,在这种形势下,革命思想的吸引力再也不能仅仅停留在思想上,必须有事实作为证明"[1]。显然,马林对张作霖和中东铁路权益问题的看法与俄共及其领导人的对华政策存在着分歧,莫斯科不高兴。

1923年,莫斯科实际掌控俄共(布)中央和共产国际的领导人是斯大林。在中国问题上,他想起了鲍罗廷。7月31日,斯大林通过电话征询俄共(布)中央政治局委员们的意见,提出任命鲍罗廷为孙逸仙政治顾问的建议。将拥有丰富的革命经历、富于组织能力和精于宣传技巧的鲍罗廷派到中国,表明莫斯科对中国问题的高度重视。8月2日,

---

[1] 中共中央党史研究室第一研究部编:《共产国际、联共(布)与中国革命档案资料丛书》第2辑,北京图书馆出版社1997年版,第404—405页。

俄共（布）中央政治局召开会议，出席会议的有：加米涅夫、斯大林、李可夫、鲁祖塔克、拉狄克、皮达可夫、奥尔忠尼启泽、古比雪夫、雅罗斯拉夫斯基等人。会议作出了四条决定，提出"三个责成"①：

（1）任命鲍罗廷同志为孙逸仙的政治顾问，建议他星期四与加拉罕同志一起赴任。

（2）责成鲍罗廷同志在孙逸仙的工作中遵循中国民族解放运动的利益，决不要迷恋于在中国培植共产主义的目的。

（3）责成鲍罗廷同志与苏联驻北京的全权代表协调自己的工作，并通过后者同莫斯科进行书信往来。

（4）责成鲍罗廷同志定期向莫斯科送交工作报告（尽可能每月一次）。

上述四条决议中，有"三个责成"为鲍罗廷在中国的言行牢牢编织了一个不能逾越的藩篱：既规定了鲍罗廷的工作必须与加拉罕协商并在俄共（布）中央领导之下，配合苏俄的外交方针政策，符合苏俄的国家利益；又规定了鲍罗廷的工作重心必须以国民党为中心，以开展国民革命为目的。它们实际上是俄共（布）对鲍罗廷到中国后的全部活动画出的三个大框框，对鲍罗廷在中国的言行准则和义务作出的严格规定。

为什么莫斯科选中了鲍罗廷？这与鲍罗廷的经历、能力和阅历是分不开的。鲍罗廷多次在危险的环境中成功执行了莫斯科交给他的微妙而艰险的任务，使他在布尔什维克高层卓有成效地建立起了自己的声望；他能够很好地行使独立自主的权力，在同非俄国人打交道的过程中表现出了高超的组织才能，在莫斯科看来，中国的南部正需要这种本领；他还具有英语会话的能力，可以同孙中山及其他身边的追随者们直接用英语交谈；他还特别具有善于捕捉陌生对象的心理而及时表达自己思想的演说才能，对于劝说别人改变信仰，打动人心，具有特别的熟

---

① 中共中央党史研究室第一研究部译：《共产国际、联共（布）与中国革命档案资料丛书》第 1 辑，北京图书馆出版社 1997 年版，第 265—266 页。

练技能。

1923 年 8 月,准备返回苏俄的马林与秘密潜入中国的鲍罗廷意外地在哈尔滨相遇①,这个历史的巧合便成为莫斯科高层决策马走鲍来的历史性"交替"的标志。

鲍罗廷,原名米哈伊尔·马尔科维奇·格鲁森伯格,是一位著名的国际共产主义运动的活动家,1884 年 7 月 9 日出生于沙俄帝国一个贫苦的犹太人家庭。青年时代开始参加革命活动。1903 年在俄国社会民主工党第二次代表大会上,他全力支持列宁,成为布尔什维克。1904 年,鲍罗廷被派往瑞士会见列宁,亲眼看到了列宁侨居国外办《火星报》的情况。1906 年 4 月,鲍罗廷以万纽申的名字参加了俄国社会民主工党第四次代表大会。在这次大会上,鲍罗廷遇见了斯大林、加里宁、伏龙芝、伏罗希洛夫、布勃诺夫等一批后来成为布尔什维克的高级领导人,特别是他不仅与斯大林并排就座,而且多次投票赞成斯大林的意见。这为他 1923 年能够成为"走进中国的鲍顾问"埋下了伏笔。参加完 1906 年的这次俄国社会民主工党第四次代表大会后,鲍罗廷回到俄国就被斯托雷平政府逮捕,接着被流放到国外。此后,鲍罗廷到了大西洋彼岸的美国,在波士顿、印第安纳州和芝加哥等地度过了十余年的移民生活。这期间,他上大学、创业、建立家庭,学会说一口漂亮的不带苏俄腔调的英语,也参加一些革命活动。特别是他和朋友一起创办出版了一本名叫《美国工人》的杂志,在芝加哥为俄侨创办了一所"进步预备学校",又叫"米哈伊尔·伯格进步预备学校",他自任校长。在美国,他还参加了美国社会党,并担任"援助俄国政治犯委员会"主席。十月革命后,他听从列宁的召唤,毅然放弃在美国的优裕生活和已经拥有的社会地位,于 1918 年举家回到莫斯科,实现了与列宁的重逢。之后在苏俄新政府的外交人民委员会工作。共产国际成立大会后,为了加强世界各国共产党和革命党之间的联络,鲍罗廷奉命到欧美两个大

---

① 中共中央党史研究室第一研究部编:《共产国际、联共(布)与中国革命档案资料丛书》第 2 辑,北京图书馆出版社 1997 年版,第 258 页。

陆 12 个国家从事国际联络工作。他出使的主要目的是尽可能广泛、迅速地把共产国际的宣传和指示传到国外。作为莫斯科世界革命战略的积极践行者,鲍罗廷一年以后返回莫斯科时,其声望在党内迅速上升。在人们看来,他是一个了不起的人,因为他潜入不可穿越的国家边界时容易得就如同从莫斯科红场的一头走到另一头;每到一个地方,他都能拉起一个党的组织,团结一批追随者。列宁对他大加赞许。共产国际二大以后,鲍罗廷同上次一样,被派去欧美各国贯彻大会的意图。他不知疲倦地工作,奔走、传达指示、出席会议,传播无产阶级革命火种。1922 年 8 月,在英国他被伦敦警察厅逮捕并被判 6 个月的监禁。1923 年 2 月下旬,鲍罗廷从英国的巴林内监狱获释,辗转返回俄国。不久后的 7 月底 8 月初,他被克里姆林宫决策层办公室安排执行一项赴华特殊使命。

中共三大结束后,中央机关从广州迁回上海。瞿秋白被分配在中央宣传部工作,一面编党刊,一面执教于上海大学。6 月下旬,瞿秋白在离开广州前往上海的途中,到了风景秀丽的杭州。在这里,他一方面组织召开了浙江省党团会议,传达党的三大决议和精神,到会的有徐梅坤、于树德、金佛庄、徐白民等人。另一方面,他抽空到了已罢官闲居在杭州的四伯父瞿世琥家,探望居住在这里的妹妹瞿轶群、弟弟瞿景白和瞿坚白以及四伯父家人,他们已有六七年没有见过面了。这次团聚,大家非常高兴。尽管四伯父家境日艰,但他仍然尽力照顾瞿秋白的弟弟妹妹,这让瞿秋白既感动又感谢;而瞿秋白的不凡经历和表现,也让四伯父十分看重。在杭州,瞿秋白遇上了执教于上海大学又与他同为文学研究会成员的俞平伯。在他的陪同下,瞿秋白还拜访了正在烟霞洞疗养的胡适。胡适很希望瞿秋白在学术方面有所作为,因此特向商务印书馆负责人推荐瞿秋白去当编辑,做一些学问。商务印书馆方面表示:可安排瞿秋白为各杂志约稿,兼编辑小百科丛书和译著。离开杭州回到上海的瞿秋白,致信胡适说:"假使为我个人生活,那正可以借此静心研究翻译,一则养了身体,二则事专而做供献于社会的东西可以精密谨慎些。"但是,他谢绝了胡适的好意,表示要去新创办的上海大学就职,尽管其"薪俸是极薄的"①。

此时,瞿秋白已经根据党中央的安排在上海大学担任教职。上海大学前身是东南高等专科师范学校,1922 年春创办,校舍仅有一幢老式石库门的二层楼房子,位于上海狭窄的青岛路(今青云路)309 号至317 里弄处,弄堂门即校门,被人戏称为"弄堂大学"。学校规模很小,设备简陋,师资力量薄弱。由于创办人王理堂管理不善,且贪污学生的学膳费,被激怒的学生于 10 月中旬发动学潮,决定驱逐前任校长,并力邀国民党元老于右任接管。出于为国民党培养革命干部人才的目的,于右任在多方劝说下接管了该校,并将学校改名为"上海大学"。为了迅速改变上海大学的面貌,从 1923 年 4 月起,于右任邀请国共两党要人、社会名流到校演讲,其中有李大钊、汪精卫、胡汉民等。他们在一起商谈如何办好上海大学。李大钊向于右任推荐他的学生邓中夏前来协助办学。4 月,邓中夏出任上海大学总务长。随后瞿秋白也受党组织派遣,到上海大学担任学务长,后任社会学系主任。此后,中共中央、中共上海地委和青年团中央的成员或领导人,如蔡和森、张太雷、任弼时、萧楚女、恽代英、沈雁冰、高语罕、蒋光慈、郑超麟、彭述之等在党组织的派遣下,相继到上海大学讲课。新的上海大学遂成为国共两党培养革命人才的学校。

这年 8 月,鲍罗廷带着俄共(布)中央和共产国际的命令,紧随加拉罕来到中国。加拉罕不是一般的外交人员,他是以苏俄政府副外交人民委员这样重要人物的身份而被任命为驻华全权代表的,到中国来与北京政府谈判。穿着考究、有着一头蓬松发亮头发的他这年 34 岁,而蓄着斯大林式的威严胡子的鲍罗廷 39 岁。不久,他们在中国成为一北一南的新闻热点人物。所不同的是,加拉罕有一个公开的外交官身份,而鲍罗廷虽然是加拉罕外交使团的正式成员,但是他在南方的任务和使命则是秘密的。②

---

① 《瞿秋白文集·文学编》第 2 卷,人民文学出版社 1985 年版,第 413—414 页。
② 中共中央党史研究室第一研究部译:《共产国际、联共(布)与中国革命档案资料丛书》第 1 辑,北京图书馆出版社 1997 年版,第 386—388 页。

鲍罗廷到中国后,先在北京同加拉罕一起对中国情况进行了研究和分析,以增加对中国政治局势的了解和把握。经过与加拉罕商谈,在北京约见了中共北方地区的负责人李大钊,并通过他召见了何孟雄、张昆弟、刘仁静、安体诚、包惠僧等北方地区的中共党人,主要是了解北京地区共产党人对国共合作问题的看法。鲍罗廷还通过华俄通讯社北京分社社长斯列帕克的邀约,与张国焘进行了"一度晤谈"。接着他于9月下旬绕道上海,与中共中央陈独秀和中共上海区委成员进行了秘密会晤。

就在鲍罗廷来上海之前的7月9日,中共上海地方兼区执行委员会召开第一次会议,将全市党员分别编为上海大学、商务印务馆、西门、虹口4个党小组,瞿秋白与邓中夏、施存统、王一知、贺昌等11人被编为第一党小组(上海大学党小组)。这次会议还特设"劳动委员会"及其"劳动夜校",瞿秋白与邓中夏、张国焘等人一起被指定到夜校当教员,讲授关于共产主义的一些基本常识。随后在9月2日举行的中共上海区委党员大会上,进行改选,瞿秋白与向警予等人被选为上海区委候补委员。因此可以推断,鲍罗廷在上海与陈独秀和中共上海区执行委员会成员秘密会晤时,通晓俄语、此时正执教于上海大学的瞿秋白有可能作为翻译在上海第一次结识了鲍罗廷。支持这一推测的还有另一个因素,就是英语说得极漂亮的张太雷此时刚好不在上海,而是作为孙逸仙博士代表团成员正陪同蒋介石在苏俄考察(到代表团回国时,张太雷仍然留在苏俄,直到1924年8月才回到中国)。当时能够给派驻中国的共产国际代表当翻译的早期中共领导人主要有两个:一是张太雷,他主要讲英语;一是瞿秋白,他主要讲俄语。鲍罗廷来到中国,尽管他与孙中山可能不存在语言障碍(他们可以直接用英语交谈),但是他在中国毕竟不仅仅只与孙中山来往,因此他急切需要助手和翻译。由于瞿秋白在俄语方面的特长以及在苏俄的经历,鲍罗廷一见瞿秋白便相中了他,甚至没有与中共中央认真商量就点名将瞿秋白调到广州"鲍公馆"工作。

对此,蔡和森很不以为然,他在《关于中国共产党的组织和党内生活向共产国际的报告》(1926 年 2 月 10 日)中写道,鲍罗廷当时对陈独秀说"希望瞿秋白做翻译,甚至没有取得中央的同意,就把他调走了"。从这里可以看出,鲍罗廷希望瞿秋白担任自己的翻译,但还没有等陈独秀从组织上作出决定和答复,他就将瞿秋白要走了。这在蔡和森看来,是不符合组织程序的。这件事预示了瞿秋白此后在鲍罗廷与中共中央之间处境微妙。

1923 年 10 月 6 日,鲍罗廷终于完成了从莫斯科到广州的旅程,置身于陌生的城市和异域文化环境中的他,立刻感觉到肩头担负的来华使命是一种挑战。但鲍罗廷很快打开了局面。他受到了孙中山等人的热烈欢迎,10 月 18 日就被孙中山任命为"改组国民党的顾问和组织教练员"①。孙中山的广州政府在广东省议会大楼对面的大东路 31 号处给鲍罗廷置办了一栋两层洋房,供其工作、生活、起居之用。这栋两层洋房也就成了广州的"鲍公馆"。与鲍罗廷一起组成工作专班的其他人(切列潘诺夫、波里亚克、格尔曼、斯莫连采夫)也同他住在一起,还有鲍罗廷的家人、秘书、翻译、机关工作人员,以及苏俄塔斯社办事处的工作人员也都住在鲍公馆。就是在广州大东路 31 号的这栋小洋楼里,瞿秋白协助鲍罗廷拉开了改组国民党的序幕。

二、助推鲍罗廷打开国民党改组新局面

在广州工作的鲍罗廷和瞿秋白很快就发现他们面临的工作环境非

---

① 中共中央党史研究室第一研究部译:《共产国际、联共(布)与中国革命档案资料丛书》第 1 辑,北京图书馆出版社 1997 年版,第 373 页。

常艰苦,可谓困难重重。

首先,国民党的情况很糟糕,完全不具备领导国民革命的力量。从意识形态方面来说,构成孙中山扈从的那些军阀、官僚和商人们实际上把鲍罗廷所代表的苏俄和共产主义看成是威胁,而对他抱有敌意。另外,在组织建设方面,孙中山的国民党是一个纪律涣散、党员成分复杂、缺乏群众基础、党内充斥着异己分子和野心家的松散型的政党组织。正如鲍罗廷所指出的:这个所谓的政党"现在它既没有纲领,也没有章程,没有任何组织机构"[①];"党和党员没有任何联系,没有在他们当中散发书刊,没有举行会议,没有说明孙在各个战线上的斗争目标,特别是同陈炯明的斗争目标。国民党作为一支有组织的力量已经完全不存在"[②]。这种状况,一方面导致许多出身小资产阶级的国民党党员逐步演变成利用"国民党"这块曾经受到欢迎的招牌大捞个人好处的自私鬼,另一方面导致那些忠诚于国民革命的优秀国民党人,没有政治目标地完全投入军事工作,以至于他们逐步变得更像所谓的军阀。因此,要使国民党担负起领导中国国民革命运动的作用,最大的当务之急是必须对它进行改组。

其次,广州的政权没有得到广东人民的拥护。1923 年年初成立的孙逸仙新政府,是孙中山在其他军阀帮助下,打败 1922 年 6 月对他发动突然袭击的陈炯明之后建立起来的。广州政权自成立后,一直处于资金匮乏、被雇佣将军们独断专行、营私舞弊盛行、到处一片混乱的状态之中。借助其他军阀之力打败陈炯明、重新回到广州的孙中山,只不过当了新政权的挂名领袖。那些拥戴他的军阀大多来自广东以外,他们只不过想借助孙中山的政治名望,盘踞广州,掠夺财富,对孙中山心心念念想要实行的北伐和统一全国的政治理想根本不感兴趣。另外,被赶出广州的陈炯明,则跃跃欲试,意图收复广州。他对广州一次又一

---

① 中共中央党史研究室第一研究部译:《共产国际、联共(布)与中国革命档案资料丛书》第 1 辑,北京图书馆出版社 1997 年版,第 370 页。
② 中共中央党史研究室第一研究部译:《共产国际、联共(布)与中国革命档案资料丛书》第 1 辑,北京图书馆出版社 1997 年版,第 367 页。

次地进犯,使孙中山政权的处境雪上加霜。而人民群众对处于内外交困之中的广州政权的命运漠不关心,对孙中山所进行的战争胜败完全不感兴趣。

再次,孙中山不仅在广州的地位极不稳固,而且对国民党的致命弱点也未给予必要的重视。从孙中山 1923 年年初返回广州的那天起,他就不得不像过去那样,既要同敌视他的军队作斗争,又要同与他名义上结盟的军队的滥用权力和无政府状态作斗争。当时表面上孙中山拥有的军队人数不低于 4 万人,但是真正靠得住的只有一支 200 人左右的私人卫队。在广州政府首脑这个位子上,孙中山不仅要在各个军阀及其队伍的控制下生存,还要出钱供养他们。为了满足财政开支的需要,他想方设法,增加名目繁多的税收项目,但他的政府还是背上了越来越多的债务,与此同时,那些一心只想抢占能赚更多钱的地盘的将军们却不支持他。不仅如此,国民党的弱点也是致命的问题。但是他对这一点却没有给予应有的重视,确切地说,他在庞大的或者紧急的军事目标面前,根本无暇顾及党的问题,对国民党改组还没有认识,还没有达到理解有组织的国民党的重要性和必要性的高度。孙中山没有从自己的建党理论缺陷中找原因,而只是悲观地认为"在中国还没有足够的追随他并帮助他实现全国幸福的好学生"①。

最后,广州的共产党和社会主义青年团组织的状况也不好。"状况不好"主要表现在:一是共产党员和共青团员人数少,二是他们的工作和活动远离群众。

在分析了广州方方面面的情况后,鲍罗廷一方面向莫斯科要求给予孙中山援助,另一方面抓住国民党改组这个牛鼻子。他以自己的方式很快取得了孙中山的信任,为打开国民党改组新局面赢得了支持力量。鲍罗廷告诉孙中山:我到这里来是为了献身中国国民革命,在东方特别是在中国,我们的政策是促进国民革命,而不是培植共产主义。让

---

① 中共中央党史研究室第一研究部译:《共产国际、联共(布)与中国革命档案资料丛书》第 1 辑,北京图书馆出版社 1997 年版,第 371 页。

孙中山吃了一颗定心丸。为了实现国民党改组的目的,他充分利用孙中山的左倾、声望及其建党愿望。他小心翼翼地、力所能及地、有分寸有技巧地向孙中山指出,多年来屡战屡败、党务不能发展的主要原因:一是党与军队分离,"革命军起,革命党消";二是"党中缺乏组织";三是党的基础不稳固。因此,鲍罗廷提出要"以党治军"、"武力与民众相结合"、加强对现有军队的政治宣传等意见,孙中山心悦诚服。

鲍罗廷将他的整个思路转化为孙中山要着手完成的三大任务。其一,继续在全国范围内进行业已在广州开始的国民党改组工作。自从《孙越宣言》发表、国共合作的"斯内夫利特战略"实施以来,共产国际代表马林和中国共产党就开始进行国民党改组工作,但由于孙中山一直醉心于自己的军事目标,而马林和中国共产党对国民党以及孙中山开展的批评,使孙中山大为恼火,国民党改组工作因此陷入僵局。鲍罗廷到广州后,在具体工作中比他的前任更加注意协调各方面的关系。他在向孙中山宣传自己的思想和主张时,非常注意维护孙中山的威信,这是他到广州后很快赢得孙中山的信任,并迅速与孙建立起友好关系的重要因素。鲍罗廷在逐步建立起与孙的良好互信关系后,开始将国民党改组工作引入实践层面并向前推进。他告诉孙中山,要在全国各大中心城市创办报纸,宣传国民党的纲领、章程和改组宣言,要将改组工作从广东推向上海,然后推向全国,要搞好各分部的党代表选举工作,为召开全国性的党代会作准备。其二,打破对北京远征的幻想,坚守广东,将其建设成向全国发展和推进国民革命运动的基地。鲍罗廷设法让孙中山明白,他的第二个任务是坚守广东,但坚守的目的不是为了像迄今为止所做的那样,要在某些战线上取得军事的胜利,然后组织一次对北京的远征,而是为了使广东作为向全中国发展和推进国民革命运动的根据地。其三,改组现有的军队,使它完全服从国民党的领导。当时孙中山管辖的全部武装力量都是自称"联军"的地方军阀,他们离心离德,相互猜疑,城府极深,每个人都只关心自己的私利,他们觉得自己在广州就像是在火车站候车的乘客,因而只注意积蓄各自的力量和钱财,并不关心当地经济社会的发展和居民生活的改善,对孙中山的政治目标更不感兴趣。鲍罗廷非常清楚,要让孙政府这些名义上的军队变成国民党的党军,就必须使孙中山意识到政治工作对军队改造的重要意义。因此,在鲍罗廷看来,孙中山不仅要重视改造旧军队、重视培养军队政治工作人员,使军队成为有政治目标、服从国民党领导的党军,而且还必须创立新的军事学校。

关于国民党改组问题,鲍罗廷提出的具体思路如下:一是在国民党改组前修改党纲,并在人民群众中广泛宣传党纲,力求取得必须按照党纲改组党的一致意见;二是制定国民党党章;三是在广州和第二中心上海组织党的坚强团结的核心,然后在全国建立国民党的地方组织;四是尽可能快地召开即便只有南方四省代表参加的党的全国代表大会,以便讨论和通过党纲党章,选举新的执行委员会;五是在召集全国代表大会时,必须使每一个代表懂得,他今后要做的事情是什么,怎样按照新的方式建立基层组织。①

鲍罗廷的建议被采纳了。10 月 11 日,孙中山致电上海国民党本部职员,指示改组本部,各部不设正、副部长,只设主任一名,干事、书记各二人,其余职员听候选用。总理全权代表及总理办公厅一并裁撤。同一天,鲍罗廷出席了中共广东区委召开的会议,他告诉与会者,孙中山已经采纳并且开始实施国民党改组计划。他的报告增强了中共党员对国民党改组工作的信心。

在鲍罗廷被任命为国民党组织教练员的第二天,即 10 月 19 日,孙中山正式任命廖仲恺、李大钊、汪精卫、张继、戴季陶等 5 人为国民党改组委员,并电告国民党上海事务所。10 月 25 日,孙中山召集约 50 位著名的国民党员,讨论党的改组问题。会议由广东省省长廖仲恺主持,鲍罗廷和孙中山围绕国民党改组问题各自都发表了讲话。在会上,孙中山任命胡汉民、邓泽如、林森、廖仲恺、谭平山、陈树人、孙科、吴铁城、杨庶堪 9 人为国民党临时中央执行委员会委员,又以汪精卫、李大钊、

---

① [苏]切列潘诺夫著:《中国国民革命军的北伐——一个驻华军事顾问的札记》,中国社会科学出版社 1981 年版,第 36—37 页。

谢英伯、古应芬、许崇清 5 人为候补委员,共同组成国民党临时中央执行委员会,聘鲍罗廷为国民党临时中执委顾问。

根据这次会议精神,改组开始从下列方面着手进行。其一,由国民党临时中央执行委员会负责,开始起草《中国国民党改组宣言》。11 月 25 日,孙中山发表了国民党改组宣言。于是在广州改组工作开始进入有声有色的"进行时"。其二,由临时中央执行委员会领导开始进行国民党党员登记。其三,建立国民党基层组织。首先,在广州开始划分若干个区,委任各区党部委员,然后举行各区党部委员的联席会议,讨论各区党部情况和建立区分部问题,在此基础上会议决定,在广州总共建立 12 个区和 60 个区分部。其次,在广州以外的上海和其他一些大城市里建立国民党中央执委会执行部。这项工作得到了中国共产党的大力帮助。

在国民党改组工作由僵局重新走向发展的过程中,瞿秋白不仅是鲍罗廷的翻译,而且是鲍罗廷推动国民党改组工作的得力助手。作为鲍罗廷的翻译和助手,他参与了鲍罗廷和孙中山之间的频繁接触,参加了鲍罗廷与国民党主要领导人廖仲恺、胡汉民、汪精卫等就国民党改组问题举行的一次次讨论,还参与了鲍罗廷与中共中央在广州的代表谭平山之间不断进行的意见交换,以及鲍罗廷与中共党团定期举行的联席会议。在所有这些重要活动中,瞿秋白既是翻译又是工作秘书,协助鲍罗廷处理了大量文件的起草和整理工作,充分显示了他的才华和能力,赢得了鲍罗廷的信任和欣赏。于是,鲍罗廷决定让他担任更为重要的工作,即特派瞿秋白前往上海,协助国民党重要领导人汪精卫、胡汉民等人主持上海的国民党改组工作。

三、将国民党改组工作推向上海及全国

经过一个多月的努力,广州的国民党改组工作初见成效。但是广州距离内地较远,交通不便,又与北京政府处于敌对状态,改组的影响难以扩大,而上海四通八达,又是国民党在内地的宣传中心,其《民国日报》长期在那里发行,在全国影响很大。因此,上海工作的好坏,对真正在全国范围内改组国民党,使之成为群众性的政党,实现国共合作,具有举足轻重的作用。但是,上海的共产党和国民党组织都在或明或暗地抵制国共合作,对国民党改组表现得很消极。而国民党自身的状况以及共产党人同它的关系,都是在改组过程中绕不过的必须妥善解决的严重政治斗争问题。瞿秋白作为鲍罗廷的翻译和助手自然要参与到这种复杂形势下的国民党改组过程中。

1923 年 11 月,为了将国民党改组工作推向上海,鲍罗廷特派瞿秋白与国民党重要领导人汪精卫、胡汉民一起前往上海主持上海国民党支部特别是领导《民国日报》的改组工作。鲍罗廷让瞿秋白离开鲍公馆参加上海国民党改组工作,显然是希望通过瞿秋白来贯彻他的改组意图,并加强他与中共中央及内地国民党之间的联系。这充分表明鲍罗廷对瞿秋白的高度信任。

不久,鲍罗廷与廖仲恺怀揣孙中山的指示信,也抵达上海。他们既是考察上海的国民党改组工作,也是推行广东的改组经验,督促上海国民党加快改组,以便为召开国民党的全国代表大会作准备,同时实现在上海出版国民党大型日报的目的。到上海的鲍罗廷对这里的国民党改组工作满不满意呢? 12 月 16 日,鲍罗廷与瞿秋白之间进行了一次较

长时间的谈话。① "俄罗斯解密档案"记录了他们的谈话内容,谈话主要是围绕上海国民党改组工作进行的。当时在座的还有维尔德,其公开身份是全苏消费合作社中央联社驻上海办事处主任会计,实际上是具体负责落实苏俄援华革命秘密款项工作的。

鲍瞿会谈开门见山地进行。鲍罗廷问瞿秋白:"改组情况怎样?"瞿秋白回答说:"改组工作是星期天(12 月 13 日——引者注)开始的。我们举行了党中央、团中央和两个地方委员会组织的四委员会联席会议。谭平山出席了会议,并作了关于在广州改组国民党的报告,然后,指定了在共产党内部同青年团一起帮助国民党改组的常设委员会,由党中央代表、地方党组织代表、青年团代表和上海地方青年团组织代表共 4 人组成。此外,还有 6 个地区各出 1 人,也就是说总计 10 人。"鲍罗廷追问:"至今他们做了什么工作?"瞿秋白如实回答:"他们调查了我们组织还有多少成员未加入国民党,并发出了现在就加入的指示。暂时他们再没有做别的什么工作。"然后,鲍罗廷问:已经成立的常设委员会以及地区组织中把国民党的宣言、纲领和章程搞清楚了没有?瞿秋白作了否定的回答。鲍罗廷有点不高兴地问:这就是说,那儿也没有讨论,为什么?瞿秋白作了一些解释。鲍罗廷继续严肃地说:"关于国民党改组问题,中央向上海以外各党组织发出了什么指示或什么通知、通告没有?在北京,什么也没有收到,甚至连宣言和纲领他们都没有。应该提出这个问题。对于国民党的改组,党在做什么工作,省里什么都不知道。国民党在改组,这个情况知道,但党在做什么工作,他们不知道。关于国民党改组问题,需要起草一个通告,散发给各级组织。"接着,鲍罗廷还询问了上海的国民党地方组织开始改组了没有、情况如何等问题,瞿秋白回答说:"好像还没有开始。这几天我们的一些同志加入了国民党,他们得到的印象是,国民党内没有中心。一些人说,要按老章程接受新党员,另一些人则主张按新章程接收。"鲍罗廷

---

① 中共中央党史研究室第一研究部译:《共产国际、联共(布)与中国革命档案资料丛书》第 1 辑,北京图书馆出版社 1997 年版,第 378—385 页。

则表示,国民党的中心还没有起作用,只是在组建过程中。

此外,鲍罗廷还向瞿秋白询问了蒋介石访苏俄、《民国日报》的报道内容、浙江地区国民党改组情况,以及全国报纸对国民党改组问题的反响等等,凡能涉及的内容,鲍罗廷基本上都问到了。

在以档案形式保存的这场鲍瞿的谈话中,我们可以看到,他们之间没有虚与委蛇,没有应付和塞责。鲍罗廷问得直截了当,内含着明显的对中共中央没有积极推动上海地区乃至全国国共合作进程的批评和不满;瞿秋白回答得客观实在,他既为党内推动改组国民党工作进展缓慢而焦虑,又在代替陈独秀等人接受鲍罗廷的批评。

由于鲍罗廷的督导,还由于瞿秋白将鲍瞿谈话的内容迅速汇报给了陈独秀等人,上海陈独秀领导的中共中央加快了推动改组国民党的工作。11 月下旬,中共中央在上海召开了三届一中全会,通过了《国民运动进行计划决议案》(简称《决议案》)。《决议案》指出,"国民运动,当以扩大国民党之组织及矫正其政治观念为首要工作";在扩大组织方面,凡国民党有组织的地方,同志们一并加入,国民党无组织的地方,同志们为之创设;要求共产党员在国民党中须"努力做到站在国民党中心地位",这实际上体现了在国民党内争取领导地位的指导思想。12 月 19 日,《向导》第 49 期上刊登了瞿秋白写的《国民党改造与中国革命运动》①一文,号召"亲爱的同胞们,快加入国民党罢"。12 月 25日,陈独秀以中共中央委员长名义与秘书罗章龙根据三届一中全会精神,共同签署了《中共中央第十三号通告》(简称《通告》),要求各地党组织认真贯彻执行中共三大决议。《通告》指出,中共三大之后,本党同志参加国民党的工作"以种种障碍未能见诸实行",现在"中局方进行复活国民党的工作",望各地方同志切实执行。该《通告》还指示每省选出 6 名代表参加即将在广州举行的国民党代表大会。至于当选者的条件,《通告》要求:"此同志必须政治头脑明晰且有口才者,方能在大会中纠正国民党旧的错误观念。旧国民党员中,我们也应该出力帮

① 《瞿秋白文集·政治理论编》第 2 卷,人民出版社 1988 年版,第 287—289 页。

助其比较的急进分子当选。"①这个通告可以看作是瞿秋白向陈独秀等人汇报了鲍罗廷所说"需要起草一个通告,散发给各级组织"的意见之后的一种"回音"。

在中国共产党的帮助下,上海的国民党改组工作也得到积极推进。12 月 23 日,国民党上海市党部召开全体党员大会,会场悬挂着万国旗帜和国民党党旗,居中是孙中山的照片。有三千多人出席大会,瞿秋白是出席代表之一。大会主席汪精卫主持会议,胡汉民说明国民党改组的理由,廖仲恺介绍广州国民党改组的经过情况。大会第二天选举出席国民党一大的代表。这次大会标志着上海的国民党改组工作初见成效。据苏俄军事顾问切列潘诺夫回忆,事后瞿秋白叙述自己对大会的观感时说:"简直不能设想,在国民党二十年的全部历史中竟从未开过一次全体大会。大家都情绪高昂地怀着过节的心情来开会。有很多海员、手工业者、工人、铁路员工,我们上海大学的学生尤其多。中学教师不多。商人更少。到处都是佩带着国民党徽章的管理人员……他们中大多数是共产党员、学生运动的代表。"②

1924 年 1 月 1 日,新年的第一天,在寒冷的上海,中共中央召集共产党和共青团组织的联席会议③,瞿秋白与鲍罗廷、陈独秀、恽代英、蔡和森等人一起出席了会议。会议主要讨论国民党改组问题,探讨共产党和共青团在国民党改组中的作用。在会上,鲍罗廷直言不讳地说,上海共产党组织不如广州党组织的工作开展得好。对此,陈独秀解释说:"这并不是因为上海党组织本身比广州党组织差,而是因为广州党组织在三大后立即表示赞成大会的决议。但是,在别的一些组织中对这项政策的正确性有过怀疑。"④在这次会议上陈独秀强调,大家要齐心

---

① 转引自《毛泽东年谱(一八九三——一九四九)》上卷,中央文献出版社 1993 年版,第 119 页注释。

② [苏]切列潘诺夫著:《中国国民革命军的北伐——一个驻华军事顾问的札记》,中国社会科学出版社 1981 年版,第 52 页。

③ 中共中央党史研究室第一研究部译:《共产国际、联共(布)与中国革命档案资料丛书》第 1 辑,北京图书馆出版社 1997 年版,第 441—443 页。

④ [苏]切列潘诺夫著:《中国国民革命军的北伐——一个驻华军事顾问的札记》,中国社会科学出版社 1981 年版,第 58 页。

协力贯彻党的第三次代表大会决议,克服党内在对待国民党问题上的歧见,以发挥更大的积极性。这次党团联席会议无疑对贯彻共产国际和中共三大关于国共合作的有关决议及精神是一种有力推动。

上海国民党改组以及国共合作工作在实践层面稍有进展后,瞿秋白又跟随鲍罗廷返回广州,投入筹备召开国民党一大工作中。"俄罗斯解密档案"记载,1 月 10 日,鲍罗廷约见了中共广州党组织负责人谭平山,了解他不在广州期间的国民党发展情况、国民党一大的筹备工作等相关问题。① 这次谈话进行了很长时间,瞿秋白参与了谈话,并担任翻译。从这份档案资料来看,鲍罗廷对国民党改组工作不仅注意掌握宏观情况,而且非常重视了解改组过程中出现的新情况新问题,他与谭平山的交谈十分细致与深入。瞿秋白在担任翻译的过程中,偶尔也提出自己的看法。

在交谈中,谭平山向鲍罗廷报告说,广州的共产党员在国民党各区党部和各基层分部里积极工作,因而加强了自己的影响。他说:随着国民党支部的增加,我们的影响也在扩大,"现在我们在 5 个区委(指国民党的区委——引者注)和 13 个支部中有影响,我们的干部总共才 30多人。也就是说,我们在委员会中有这样的影响:5 人中有 2 个是我们的人,2 个是老国民党员,而第 5 个人既不属于前者,也不属于后者,他看来在我们中间保持平衡"。他还告诉鲍罗廷说:"没有我们的人的地方,就什么也没有,既没有组织,也没有其他,甚至连一般工作也无法进行。"②

谭平山的报告说明,当时在国共合作推动的国民党改组过程中,共产党员起了很大的作用,在国民党新建的基层组织中,共产党员和共青团员是主要力量,有些地方甚至出现了没有共产党员的身影就没有国民党的基层组织的情况。

---

① 中共中央党史研究室第一研究部编:《共产国际、联共(布)与中国革命档案资料丛书》第 2 辑,北京图书馆出版社 1997 年版,第 551—563 页。
② 中共中央党史研究室第一研究部编:《共产国际、联共(布)与中国革命档案资料丛书》第 2 辑,北京图书馆出版社 1997 年版,第 556、557 页。

四、参与起草国民党一大宣言

国民党改组和即将召开的国民党一大,是当时海内外新闻舆论界最关注的敏感问题。各种猜测推论性的快讯不断出现,广州城内各种细微的新变化,都成为新闻舆情的热点。在这种情况下,鲍罗廷尽管十分繁忙,但有两件事情他没有也不敢忽略:一是必须在大会召开之前拿出一大宣言;二是与来广州开会的共产党人商谈如何把握这次大会的统一基调。这两点每一样都少不了瞿秋白的作用。

国民党一大的最重要文件之一是一大宣言。鲍罗廷心里很清楚,召开国民党一大本身就是开始在全国范围内改组国民党的唯一方法。因此,他认为国民党能否真正成为一个中国国民革命运动的政党,它能否通过能使它成为这样一个党的纲领和章程,能否经受住根据以劳动群众为基础的明确纲领和建立在党的纪律之上的章程所进行的彻底改组,能否在国民党内找到使它走上群众性国民革命运动道路的领导人①,这几个问题是保证国民党一大召开成功的关键。在这里,鲍罗廷虽然没有提到宣言的起草和发表,但是要使上述 4 个问题得到肯定的答案,那么一个符合莫斯科"东方战略"要求和共产国际有关决议精神的国民党一大宣言则是其中的灵魂。因此,宣言是国民党一大的最重要文件之一。

按照鲍罗廷的安排,经孙中山同意,成立了一个宣言起草委员会,

---

① 中共中央党史研究室第一研究部译:《共产国际、联共(布)与中国革命档案资料丛书》第 1 辑,北京图书馆出版社 1997 年版,第 435—436 页。

由瞿秋白与鲍罗廷、廖仲恺、胡汉民、汪精卫一起组成。在这些成员中，廖仲恺是筹划国民党改组的孙中山"第一助手"，胡汉民和汪精卫是早年随同孙中山在东京办报的笔杆子。瞿秋白能与他们一起参与国民党一大宣言的起草工作，固然与他是鲍罗廷的翻译兼助手有关，但是他本人所具备的才华、能力和理论素养也使他能够承担这一重任。解密档案记录鲍罗廷在给莫斯科或加拉罕的专题报告中，有较多的地方提到瞿秋白协助鲍罗廷等人起草国民党宣言一事。

首先，瞿秋白将鲍罗廷起草的宣言初稿翻译成中文，以便供孙中山和宣言起草委员会讨论。

1923年12月鲍罗廷还在起草宣言初稿时，他收到了共产国际执委会主席团11月28日通过的《关于中国民族解放运动和国民党问题的决议》。该决议指出，国民党在过去进行的反封建斗争中存在诸如脱离城乡广大劳动群众等问题，说明在民族解放运动中依靠工人阶级和广大人民群众的必要性；决议还对孙中山的民族主义、民权主义、民生主义作出了适应中国革命新形势要求的重新解释和详细阐发。鲍罗廷以该决议为依据，亲自起草了一个宣言初稿。由于该宣言是指导国民党改组和国共两党关系的基本文件，实际上也是莫斯科与广州合作（苏孙合作）的条件，因此，它的起草过程必定充满着争论和斗争。12月末，经瞿秋白翻译，正在上海的鲍罗廷将这份重要宣言的第一稿提交给了国民党临时中央执行委员会上海执行部第一次会议，进行讨论。参加讨论的人员有鲍罗廷、廖仲恺、汪精卫、胡汉民、张秋白等人。大家整整用了一个晚上，围绕宣言展开辩论，发表各自的意见。会后，瞿秋白将大家的意见，综合翻译出来，交给鲍罗廷，由他对宣言进行再修改，然后又交瞿秋白译成中文，再交给汪精卫。因为汪精卫是孙中山指定的在宣言起草委员会中的代言人，负责草案的定稿工作。

汪精卫对宣言的修改稿进行了再加工。当瞿秋白将经过汪精卫修改的草案重新译成俄文交给鲍罗廷时，鲍罗廷为这些著名的国民党人的思想混乱状况感到震惊。为了拿出一个有意义的合格的国民党一大宣言，鲍罗廷和瞿秋白不得不与这种混乱的思想作斗争。

其次,直接参加宣言起草委员会对宣言草案的讨论和定稿工作。

鲍罗廷与瞿秋白回到广州后,组织宣言起草委员会,对宣言草案进行讨论。在讨论中,鲍罗廷坚持必须清楚解释什么是民族主义、民权主义、民生主义,在宣言中不能含糊其词。鲍罗廷在给莫斯科或加拉罕的专题报告中写道:"每当我们在草案中谈到农民群众,谈到工人群众时,汪精卫总是力图用一种含糊不清的、混乱的术语——群众、人民等等来代替这个术语。这种小资产阶级的态度还表现在,我们突然发现这样的说法:'中国工人以其勤劳著称于世……',作为奖赏我们应该改善他们的处境。这是对待工人阶级的一种纯粹小资产阶级的甚至是庸俗的态度。"①鲍罗廷在这里所提到的"我们突然发现"应该是指他与瞿秋白"突然发现",因为从思想信仰的角度看,他与瞿秋白才是一个战壕的战友。

解密档案记录:在 1 月 14 日至 15 日关于宣言内容的讨论会上,鲍罗廷要求宣言应分为三个部分:一是对国民党过去错误的批判和对现有各种救国方案的分析;二是国民党总的立场,它对自己的原则的想法;三是国民党现在能立刻提出的建议。按照鲍的要求,委员会至少花费了 15 个小时的紧张商讨、研究和修改,最后定稿的宣言为三个部分:中国之现状、国民党之主义、国民党之政纲。瞿秋白参加了整个修改和定稿过程的工作。正如鲍罗廷的报告所言:"除了 4 点分歧以外,行动纲领(指宣言——引者注)已由委员会起草好,并有了中文本,瞿秋白同志把它从中文译成俄文和从俄文译成中文做了很多工作。"②

上述引文中的"4 点分歧",就是在"关于少数民族问题、关于土地问题、关于民权主义的来源问题、关于中国工人的勤劳问题"4 点上,鲍罗廷与汪精卫等人存在的不同观点和认识。我们从鲍罗廷在当时留下的笔记和报告中可以看出,在这个过程中,当鲍罗廷同国民党的领导人

---

① 中共中央党史研究室第一研究部译:《共产国际、联共(布)与中国革命档案资料丛书》第 1 辑,北京图书馆出版社 1997 年版,第 464 页。

② 中共中央党史研究室第一研究部译:《共产国际、联共(布)与中国革命档案资料丛书》第 1 辑,北京图书馆出版社 1997 年版,第 466 页。

胡汉民、张继和汪精卫等人的意识形态感觉格格不入而非常恼火又无可奈何的时候,当鲍罗廷觉得与国民党内那些身穿"康德的旧靴子和威尔逊主义破衣烂衫"的人,那些崇尚"罗庇斯俾尔美学"的人几乎无法共事的时候,是瞿秋白充当他强有力的助手,使国民党改组工作得以顺利进行,使国民党一大的筹备工作特别是一大宣言的起草工作如期完成。

为了顺利召开国民党一大,瞿秋白还协助鲍罗廷统一参加国民党一大的中共代表们的思想。在国民党一大召开前夕,李大钊、张国焘离京赴粤途经上海时,与陈独秀举行了会谈,共同讨论到广州参加国民党一大的中共代表所应采取的态度。在会上陈独秀提议,由李大钊、张国焘前去广州同已在那里的谭平山、瞿秋白等组织一个指导小组,"指挥出席国民党大会的共产党员"。显然"指导小组"是为了统一党内思想,"实行内部压力的政策"而临时设立的。

1 月 18 日,在中共出席大会的代表齐聚广州、国民党一大开幕前夕,按照中共中央的安排,鲍罗廷将李大钊、谭平山、瞿秋白、毛泽东、于树德等 20 人召集到一起,举行了一个党团内部会议。这是一次非常重要的会议,用鲍罗廷的话说是"自己人的会"①。

会议由鲍罗廷主持,主要内容有两项:一是讨论参加国民党一大的中共代表们言行一致的问题,实际上就是集体行动的组织纪律问题,以及如何应对有可能出现的国民党右派对中共代表的挑衅,这就涉及中共各地的不同代表团之间的互相联络和信息沟通问题,会议主要讨论在中共参加大会的代表之间,采取何种有效办法及时沟通信息,应对意外情况,又不至于引起国民党右派的猜忌;二是鲍罗廷在会上通报国民党一大宣言的起草过程以及定稿的宣言的主要精神,通过这个报告明确中共在国共合作中的作用和工作方针。

在整个会议进行过程中,瞿秋白把大家讨论的意见翻译给鲍罗廷

---

① 中共中央党史研究室第一研究部译:《共产国际、联共(布)与中国革命档案资料丛书》第 1 辑,北京图书馆出版社 1997 年版,第 453—471 页。

听,又把鲍罗廷的意见翻译给大家。在讨论中共代表的集体行动时,毛泽东向鲍罗廷汇报了这样一个情况,即头天他们共产党人已经开会讨论了代表们的行动问题,会上决定将代表们分成若干个小组活动,不要总是集中在一起召开全体代表的会议。鲍罗廷问:为什么? 毛泽东解释说:以前有过这方面的经验。每次我们作为一个独立的团体在另一个组织中开会的时候,我们的团体都会引起其他团体有组织的反对。因此,他认为不应该让所有的人都知道,我们在讨论每个问题时有特殊的组织形式。

鲍罗廷回答说,他不知道过去中国共产党和国民党之间的关系怎样。但是他认为,推测我们的会议会受到国民党领袖们的敌视不见得有什么根据,因为国民党中存在着各种派别是不需要掩盖的事实。现在有各种各样的会议:湖北人在开会,湖南人、在国外工作的国民党人在开会——一句话,所有大大小小的团体都在开会。所以,鲍罗廷说:我看不出有什么理由,为什么我们不能开会。①

但是鲍罗廷还是尊重大家的意见,他表示:"至于同志们建议不要经常开会的问题,我只能用纯技术性的情况来加以说明。在代表大会期间,不见得每天都能举行会议,必须学会用委员会的方式进行工作。如果能够召开全体会议,那很好。如果不能,那就预先商量好由什么样的委员会来领导代表的工作,同时要强调指出,这样做纯属技术性的原因。……怎么样,同志们同意成立一个代表所有代表团的委员会,以便更容易和更迅速地贯彻决议吗?"②

李大钊、毛泽东、瞿秋白、谭平山、于树德等人纷纷表示同意,同时也提出了完善具体细节的意见。接着,瞿秋白把大家的意见翻译给鲍罗廷,他说:"有些同志说,联席会议是技术性的更合适些,因为委员会本身就是各个代表团的联合会。另一些人说,委员会的所有委员都很

---

① 中共中央党史研究室第一研究部译:《共产国际、联共(布)与中国革命档案资料丛书》第1辑,北京图书馆出版社1997年版,第453页。

② 中共中央党史研究室第一研究部译:《共产国际、联共(布)与中国革命档案资料丛书》第1辑,北京图书馆出版社1997年版,第454页。

忙,不可能跟在每一位代表后面通报其所需要的消息。所以除了这些会议之外,还可以组织专门的联席会议,然后由这些代表向自己的同志通报情况。"最后,鲍罗廷作了总结:"我支持除了委员会之外还要组织各代表团代表的联席会议的建议。现有5个代表团,就是说有5位代表和一个由3—4人组成的委员会。要分组,共分4个小组。"①

1月18日召开的这次党团内部会议,在鲍罗廷的指导和瞿秋白的协助下,明确了中共对国民党代表大会和在国民党中的工作方针,对于顺利召开好国民党一大起了很好的作用。会议决定的措施很有效,结果在国民党一大期间,中共代表都很"遵守纪律"。会议没有因为他们的存在而受到"妨碍"。这是外界舆论下的评语,也是对包括瞿秋白在内的"指导小组"所进行的"指导"工作的一种肯定。

1月20日至30日,国民党一大在广州高等师范礼堂隆重召开。这次会议开辟了中国国民运动的新纪元,是第一次国共合作正式建立的标志。瞿秋白与毛泽东一起当选为国民党候补中央执行委员。

国民党一大闭幕后,北京的加拉罕在写给莫斯科契切林的信中对中共的"良好举止"大加赞扬。他说:"共产党人在代表大会上的表现是十分出色的,他们有高度的纪律性,没有用任何左派共产主义者言论给党(指国民党——引者注)的第一次代表大会的整个组织工作和给党纲、党章的制定制造麻烦。"②

---

① 中共中央党史研究室第一研究部译:《共产国际、联共(布)与中国革命档案资料丛书》第1辑,北京图书馆出版社1997年版,第454—455页。
② 中共中央党史研究室第一研究部译:《共产国际、联共(布)与中国革命档案资料丛书》第1辑,北京图书馆出版社1997年版,第412页。

五、力促《上海民国日报》改组

随着国民党改组工作逐步深入,鲍罗廷向孙中山建议,将在上海出版发行的《民国日报》改版,使其正式成为改组后的国民党中央机关报。《民国日报》是孙中山领导中华革命党进行二次革命时于1916年创办的报纸。1919年中华革命党改组为中国国民党后,《民国日报》遂成为国民党的机关报。该报以拥护共和,发扬民治,唤起国民奋斗精神为办报宗旨。孙中山在广州建立政权后,出版《广州民国日报》作为中央机关报。

还在国民党一大召开前,《上海民国日报》的改组工作就拉开了序幕。1923年11月,鲍罗廷与廖仲恺奉孙中山之命秘密赶赴上海,其任务之一就是"实现在上海出版国民党日报的决议"①。12月17日《广州民国日报》披露了"国民党组织大报新计划"的新闻消息。1924年1月4日,鲍罗廷在写给维经斯基的信中说道:"在上海春节前夕将出版一种在中央局领导之下的有16版的大型日报的创刊号,这份报纸将取代现在的《民国日报》,后者的所有资产、机构等都将转给这家新的报社。"他还告诉维经基斯,"编辑委员会由胡汉民、汪精卫、叶(楚伧)、邵(元冲)和瞿秋白组成,主编由胡汉民出任,副主编是叶(楚伧),秘书是瞿秋白"②。解密档案中的鲍罗廷这封信告诉我们,瞿秋白担任改组后

---

① [苏]切列潘诺夫著:《中国国民革命军的北伐——一个驻华军事顾问的札记》,中国社会科学出版社1981年版,第51页。

② 中共中央党史研究室第一研究部译:《共产国际、联共(布)与中国革命档案资料丛书》第1辑,北京图书馆出版社1997年版,第396页。

的上海《民国日报》编委会秘书。由于鲍罗廷直接领导该报改版等事宜，包括提供资金、安排编辑人员等，因此他在信中所列的新编委名单应是可信的，但名单中的"邵元冲"似乎有误，应该是"邵力子"。

国民党一大以后，瞿秋白受鲍罗廷委派，于1924年2月7日返回上海，在担任国民党上海执行部候补执委工作的同时，主要参与改组上海《民国日报》的工作。由于与鲍罗廷的关系特殊，所以瞿秋白在上海《民国日报》中的职务虽然只是一个"编委"和"秘书"，但他实际上成为一个连接莫斯科代表鲍罗廷、陈独秀为首的中共中央以及国民党上海执行部的"政治枢纽"。

在《民国日报》改版过程中，瞿秋白经常给鲍罗廷写信，就报纸改版发行问题，向他汇报并听取他的具体指示。如1924年2月12日瞿秋白写信①向鲍罗廷报告说："我到《民国日报》编辑部去过几次。但汪精卫和胡汉民尚未到来，因而许多问题无法解决。我们估计，'改组'的第一期大约三月一日才能出刊。而改组的技术工作已大致就绪。大会材料这几天在《民国日报》上刊载。"同时他对鲍罗廷说："叶（指叶楚伧——引者注）和邵（指邵力子——引者注）告诉我说，我们只有先了解到有多少钱可由我们支配以后，才能去订购印报机器、改组编辑部和聘请新的人员。"

在1924年4月5日给鲍罗廷的另一封信中，瞿秋白告诉他："机器已经定妥，一个月以后，报纸将用新机器印刷。"②一个月后的5月6日，他又致信鲍罗廷："购买机器的钱已经收到。但每月的经费（四月份，三千元），因为没有您的命令，还没有发来。廖仲恺给我们写信说，他已经同您谈妥，每月经费今后在上海按时发给，所以编辑部就无需每次向广州查询。编辑部同人期待着您的答复。"③

随着国共合作向前发展，《民国日报》的办报宗旨和舆论导向在编委会内部引起了冲突。主编胡汉民没有到位，副主编叶楚伧的政治倾

---

① 《瞿秋白文集·政治理论编》第2卷，人民出版社1988年版，第388—389页。
② 《瞿秋白文集·政治理论编》第2卷，人民出版社1988年版，第522页。
③ 《瞿秋白文集·政治理论编》第2卷，人民出版社1988年版，第540页。

向日益右倾。因此,瞿秋白给鲍罗廷写信①说:"《民国日报》必须彻底改造。您是否已经同中派及孙(指孙中山——引者注)本人谈过?"另外,瞿秋白对主持《民国日报》改组工作的叶楚伧有看法,担心其政治倾向影响《民国日报》的改组和发展。他告诉鲍罗廷说:叶楚伧心里很明白,共产党人是不喜欢他的。"他说:'为什么国民党中央同《民国日报》并无分歧,而鲍罗廷和中国共产党却对该报啧有烦言?'我回答说,国民党中央不久前有过决议,认为报纸的文章不符合代表大会宣言(指国民党一大宣言——引者注)的精神。他默然无语。这些我都向我党中央作了汇报。中央请您尽快在广州解决问题,请提出新编委名单并取得中派的答复。"

改版后的上海《民国日报》在政治上开始表现出鲜明的革命倾向,为新近通过的国民党一大宣言、全国范围的工人运动、反帝运动、拥护苏联运动积极辩护,因而引起国民党右翼势力的猜测和反对。他们中的一些人开始把矛头指向瞿秋白,声称《民国日报》已成了共产党的报纸。对此,瞿秋白写信告诉鲍罗廷②说:"我们正在《民国日报》上加紧反帝宣传。""《民国日报》稍见'起色'。左派对我们很友善。"

"但另一方面,右派似乎在有组织地活动。上海报纸上登载过一个国民党员致国民党中央的几封信,抗议在代表大会上通过的宣言中增加了几个新的段落。这种说法在新闻报道中也出现过,甚至提到了您的名字,说是'鲍罗廷强迫孙中山把这些东西加进去的'。此外,我们收到了广州的报纸,其中有一张报上说,《民国日报》已经成了共产党的报纸了,因为它在俄中谈判时'维护俄国人的利益'。还说这是由于瞿秋白参加编辑部,同时这张报纸把我叫做'俄国共产党在国民党中的执行委员'。"瞿秋白在此信中还告诉鲍罗廷说:"这些都表明,右派正在进行有计划的煽动,不仅是反对我们,而且也反对国民党左派。"

---

① 《瞿秋白文集·政治理论编》第 2 卷,人民出版社 1988 年版,第 648—649 页。
② 《瞿秋白文集·政治理论编》第 2 卷,人民出版社 1988 年版,第 538—540 页。

　　瞿秋白自被鲍罗廷安排返回上海后,从 1924 年 2 月至 10 月,围绕着国共合作、国民党改组以及《民国日报》改版、国民党内左右派斗争等问题,用俄文给鲍罗廷共写了 9 封信,这些都是研究中共党史、第一次国共合作史、上海《民国日报》史,以及瞿秋白、陈独秀、鲍罗廷等人的思想研究方面的珍贵文献资料。此处根据章节安排只摘引和运用了有关上海《民国日报》改组改版方面的部分内容,其他部分将在后面根据章节的需要进行引用。而当时鲍罗廷通过瞿秋白写的这些信件,及时掌握了上海的国民党改组工作以及《民国日报》编委会内部复杂的政治动向。这些对于推进国共合作健康发展都具有积极意义。

第四章

在国共合作与斗争的旋涡里

合作,就是建立某种关系;而建立关系就要涉及双方的意愿。党派之间的合作更要涉及党章和党规、党员的信仰、党员的工作目标和任务等问题。实际上,国共建立党内合作关系,不仅共产国际和共产党内一直有不同意见,而且国民党内的反对之声从一开始就存在。由此而来的统一战线内部的派别之争、党派之争异常激烈,因此,国共合作的开始,也就是国共合作与斗争的开始。作为鲍罗廷的翻译兼助手,瞿秋白跟随鲍罗廷一起更是站到了国共合作与斗争的风口浪尖上,伴着矛盾和纠结前行。

一、成为鲍罗廷与中共中央的“特殊使者”

国民党一大召开以后,瞿秋白在担任鲍罗廷翻译兼助手的同时,既执教于国共合作培训革命干部的学校——上海大学,又身兼国民党中央执行委员会候补执委和上海执行部候补执委,并参与改组上海《民国日报》的工作。由于精力有限,他于1924年1月辞去中共上海区委候补委员一职。国民党一大后,鲍罗廷或跟随孙中山在广州,或协助加拉罕在北京,而陈独秀领导的中共中央在上海。由于瞿秋白与鲍罗廷之间的特殊关系,他实际上成了鲍罗廷与中共中央之间的“中介环节”,也就是成了两者之间的“特殊使者”。

国民党一大后,在国共合作的统一战线内,国民党右派掀起一轮又一轮反对共产党跨党案、弹劾共产党案的斗争风浪。鲍罗廷一方面关注着各地国民党右派们的动向,另一方面忙于将国民党一大制定的各种决议、纲领、章程付诸贯彻落实的工作。但是没过多久,在广州的鲍罗廷收到了加拉罕发给他的急电,请他北上进京协助中俄谈判事宜。

于是 1924 年 3 月 8 日,鲍罗廷将手中的各项工作匆匆交代给鲍公馆的各位助手后,离开广州,由香港乘船赴京。鲍罗廷进京后不久,中俄谈判僵局被打破。5 月 31 日,中国自鸦片战争以来第一个平等条约——《中俄解决悬案大纲协定》正式在北京签订。

鲍罗廷前往北京参加苏联政府与北京政府关于中苏协定问题的谈判。消息一传开,引起南方国民党人的不解和反感,国民党右派趁机鼓噪。孙中山曾致电鲍罗廷和加拉罕,表示在中国民众和中国革命党取得胜利之前,俄国不应与非法的、未得到民众承认的北京政府来往,因而要求中止谈判。与此同时,陈独秀领导的中共中央认为,目前应该大力促成中苏建交,因为这既有利于中国人民的利益,也有利于苏维埃俄国的利益。在中共的号召下,全国各地掀起了一场"承认苏俄运动"。中共党人在中苏谈判问题上的态度,受到一些国民党人的攻击。而孙中山对中苏谈判的态度不仅影响中俄协定的正式签订,而且可能使"联俄联共"政策的执行出现严重阻碍。

在加拉罕与北京政府进行中俄秘密谈判的过程中,鲍罗廷作为助手参与其中,鲍罗廷的一言一行都对苏俄与孙中山刚刚建立起来的良好关系产生严重影响,甚至可能导致闭幕不久的国民党一大的新成果白纸化。1924 年 3 月下旬,中俄交涉再次由于北京政府缺乏诚意而搁浅,加拉罕一方面派代表与顾维钧等人继续交涉,另一方面则要鲍罗廷致电孙中山,汇报中俄交涉经过,以便澄清事实而取得孙中山的支持。于是,3 月 30 日的《新民国》1 卷 5 号、4 月 1 日的《广州民国日报》上都刊登了鲍罗廷致孙中山的一封电文,内容如下:

> 孙中山先生鉴:英意两国未承认苏俄之前,驻京代表(指加拉罕——引者注)要求首先恢复中俄两国之外交,然后开会讨论解决中俄悬案各种问题。迨此等强国承认苏俄之后,驻京俄代表本可乘时利用本国巩固之机,对北京政府交涉,取不退让之态度,此为意中之事。但事实不然,而该代表反退让一步。其最要之点,以首先解决开会前总纲,以为将来会议时之根据,然后恢复两国外

交。因此加拉罕与北京政府之代表详细讨论,于本月十四日完成两国代表同签之协定。此协定签字后,而北京内阁否决之,且否认其代表之签字为有效。北京内阁所否认之协定,是为何等内容?即包含中国国民党之外交政策,取消前俄与中国所立侵夺中国主权之各种条约,取消租界及领事裁判权,承认中国在蒙古之主权。决定中国同有监管中东铁路之权,至中国有财力能赎回时,则完全归为中国所有,并退回庚子赔款,移作教育之用,主张新条约为将来双方保绝对平等。此种协定,如得诸其他帝国,则中国人须牺牲几许血,若干财方能得之,中国国民党亦须大经营,方能取得此协定所列之权利。此种协定,北京内阁否决之,必不因此协定不利于中国也明甚。然则此种协定,果为伊谁之利而否决之乎?此协定系本诸中国国民党(一月二十三日)在广州大会时决定之外交政策,而为中国民族主义之大胜利也。革命进行中之俄国,已与邻邦之争自由者互相携手,中国得此,可谋脱离半殖民地之第一步,此协约经俄国提出,而北京内阁竟拒绝之。该定原文乃由邮寄呈内阁,任何内阁称为一国之代表机关,有无却受之充分理由,乞明察以判之。先生之民族主义,恐为此种不利于国之行为所阻碍,此为重要之事,尚希贵民党加之意焉。鲍罗廷叩。①

鲍罗廷这封电报内容层次分明,用词谨慎。他首先解释了加拉罕"对北京政府交涉,取不退让之态度"的原因;其次,他概括地叙述了被北京内阁所否定的"协定"内容;再次,他向孙中山特别表明被否决的"协定"与国民党一大决议的关系;最后,他很谨慎地向孙中山说明:协定是要呈给能够代表一国之代表机关——北京内阁的,所以请孙"乞明察以判之",给予支持。尽管鲍罗廷反复推敲电文,结果电文刊发后仍然引起不同的议论。

---

① 《鲍罗廷在中国的有关资料》,中国社会科学出版社1983年版,第9—10页。本处对原文标点依现行规定作了改动。

一时间各种舆论四起,在上海的陈独秀及中共中央和瞿秋白也不清楚其中的具体情况。于是1924年4月5日,瞿秋白致信鲍罗廷[1],向他汇报了鲍给孙的电文引起的各种舆论:"上海报刊一般都说加拉罕不同意从蒙古撤兵,是继续实行沙皇俄国的帝国主义。我们的同志在《民国日报》的'书报评论'栏写了反对这种观点的文章。尔后,在全国学生联合总会工作的国民党员(我们的同志)发表声明支持承认苏俄。恰好此时一则电讯报道了孙中山给鲍罗廷的答复,孙说,在中国民众和中国的革命党取得胜利之前,俄国不应与非法的、未得到民众承认的北京政府来往。张继给执行部写信说,孙对承认苏俄问题的立场就是这样的,而全国学生联合总会和《民国日报》的'书报评论'则承认北京政府,说北京政府应该承认苏俄。"

瞿秋白接着在信中表示了自己的困惑,他说:这样一来,"全国学生联合总会与《民国日报》'书报评论'的观点同'党的'的立场是互相矛盾的"。"您与孙之间发生了什么事?是否确有这样一封电报?目前上海执行部对这一问题的态度是:国民党应该宣传承认苏维埃俄国,但应该由民众和南方政府,而不是由北京政府来承认,我认为这样提出问题是错误的。"

整个中俄谈判过程错综复杂、扑朔迷离,加之别有用心的人乘机兴风作浪,这些又与国民党右派不断提出的"跨党案""弹劾案"搅混在一起,他们的目的就是要推翻国民党一大宣言中提出的联俄联共的基本原则。所幸《中俄解决悬案大纲协定》顺利签订,没有给南方革命形势带来不利的混乱。相反,中俄协定签订后,全国掀起了一个废除不平等条约运动,北京、上海等地组成了反帝运动大同盟,其他各地也都召开了群众大会,进行了广泛的宣传活动。

在鲍罗廷参与中俄谈判的过程中,他的夫人鲍罗廷娜带着两个孩子一起来到了中国。4月5日,瞿秋白在上海给北京的鲍罗廷的那封信中还说道:"您何时到达这里?您的夫人已经来了。"北京的事务处

---

[1] 《瞿秋白文集·政治理论编》第2卷,人民出版社1988年版,第520—522页。

理完后,鲍罗廷从北京赶到上海。在沪逗留期间,他与夫人对上海的国共合作和国民革命运动情况进行了调研和考察,其中为了解上海妇女运动的情况,还提出召见向警予,但因向警予有事离开了上海,于是社会主义青年团上海大学支部就指定杨之华去谈。作为向警予的助手,杨之华接到通知后感到非常紧张。她担心俄语不好而完不成任务。结果在现场,她出乎意料地看到了她在上海大学的老师瞿秋白。而他是专为这次汇报来做翻译的。在瞿秋白的帮助和鼓励下,杨之华的汇报进行得很顺利。瞿秋白先是将鲍罗廷夫妇提出的问题翻译给她听,并且指点她先把问题记下来,想一想再慢慢说。这种场合对杨之华来说本应该是紧张的,但温文尔雅的瞿秋白在她心中激起的温暖,使身材高大、表情严肃、留着八字胡须的鲍罗廷给她带来的不安和拘束消失了。她愈说愈起劲,愈说愈轻松。瞿秋白满意地微笑着,仔细地听她说话,然后翻译给鲍罗廷夫妇听。之后,瞿秋白又把鲍罗廷夫人介绍的苏联妇女生活情况,翻译给杨之华听,使她初步了解了社会主义国家妇女生活的真实情况。此后,瞿秋白和蔼亲切的微笑时时出现在她的脑际,令她拂拭不去。在向警予的帮助下,杨之华进步很快,6 月下旬加入了中国共产党,瞿秋白是她的入党介绍人。

作为上海大学社会学系的主任,瞿秋白以他学贯中西的博学多识,到过赤俄而显出的革命气度,加上雄辩的口才和表达思想的逻辑力量,早就走进了上海大学社会学系学生杨之华的心中,尽管他本人浑然不知。对瞿秋白来说,此时的杨之华只不过是他的众多学生之一。因为瞿秋白已经结婚,而他的爱妻王剑虹正处病重期间。瞿秋白与他第一任妻子王剑虹于 1923 年 8 月相识于南京。当时马林受青年共产国际执委会秘书许鸾的委托,代替不能来华参加中国社会主义青年团第二次代表大会的青年共产国际执行委员会代表达林,结果到 8 月,马林因自己要离开中国,便委托瞿秋白代他作为青年共产国际执行委员会代表,参加 8 月在南京召开的中国社会主义青年团代表大会。于是,8 月 20 日至 25 日,瞿秋白以青年共产国际执行委员会代表的身份从上海到南京参加这次代表大会。这次会议主要讨论如何贯彻落实党的三大关于国共合作的决定。在会议期间,瞿秋白经柯庆施和施存统介绍,认识了后来成为知名女作家的丁玲和不久后成为他妻子的王剑虹。丁玲和王剑虹此时正在南京平民女校读书。瞿秋白风华正茂,年仅24岁,而丁玲和王剑虹也只是20岁左右的女孩子,他们都是才情过人的俊男靓女,互相吸引。受瞿秋白影响,丁玲和王剑虹离开南京平民女校,来到上海,入读上海大学文学系。很快瞿秋白就与王剑虹坠入爱河,并于1924年1月初结婚。因此,可以说共产国际代表马林意外地成了他们爱情的牵线人。

瞿秋白与王剑虹在上海恋爱结婚的过程,正是鲍罗廷从苏联进入中国到上海和广州,推动国民党改组的时期。鲍罗廷一到上海便看中了瞿秋白,点名要他做自己的翻译和助手。这就注定了瞿秋白与王剑虹的恋爱与婚姻生活必然是聚少离多。虽然他们的爱情婚姻充满了非凡和浪漫,但却极其短暂。1924年7月,王剑虹在上海因肺病医治无效而逝世。瞿秋白尽管深感悲痛,但并没有影响革命工作,他奔波于上海和广州之间。在国共合作与斗争的风口浪尖上,来自杨之华温柔的目光使他慢慢走出了情感的失落与伤痛。1924年11月,瞿秋白与杨之华结婚。可以说,是鲍罗廷夫妇无意之中开启了瞿杨的师生之恋,使他们此后拥有长达10年的婚姻生活,直到瞿秋白牺牲。这在革命战争年代是非常难得的。

结束上海的调研后,鲍罗廷夫妇离沪返粤。当时,国民党右派分子抓住中俄谈判问题大做文章,在广州出现了右派分子的组织,对俄中协议表示抗议,此事不能不引起中共中央的高度关注。于是,陈独秀要瞿秋白向鲍罗廷了解相关情况。1924年6月20日,瞿秋白致信鲍罗廷[1],他说:"您大概还记得,叶(指叶楚伧——引者注)曾经问过您,俄中协议中有关宣传的条款是否同国民党的工作有关系。今天,我们在上海报纸上读到,张继和于右任向孙建议,正是根据这一条(协议第六条)同俄国断绝关系。这一切都使我们懂得了,以张继为首的国民党

---

① 《瞿秋白文集·政治理论编》第2卷,人民出版社1988年版,第602—603页。

右派分子正在上海和广州进行一定的准备,以便同共产党人决裂。根据报纸消息,孙(指孙中山——引者注)答复张继说,此问题待您返回广州后解决。"接着,瞿秋白在信中问鲍罗廷:"关于孙本人实际上持何看法,我党中央需要尽快了解,陈同志(指陈独秀——引者注)请您告知。"

随着国民党右翼派别的出现,国共合作的统一战线内部国共关系问题变得微妙而复杂起来。在这个问题上,广州的鲍罗廷与上海的陈独秀及中共中央的意见开始出现分歧。瞿秋白在两者之间承担着沟通和交流的角色。还在鲍罗廷于北京协助加拉罕参与中俄谈判时,瞿秋白1924年5月6日致信鲍罗廷说:"我又有很久没有给您写信了,因为维经斯基同志来了,在他的参加下,我党中央不断地开会。不久要召开党中央全会,我们期待您的到来。全会上将讨论我党对国民党的态度问题。"瞿秋白还告诉鲍罗廷说:"国民党上海执行部的工作很有成效,虽然还不太活跃。我们多次提议组织群众游行,反对帝国主义的进攻。但部分地由于国民党在上海的组织基础不够强,部分地因为领导人害怕群众性的行动,我们的提议没有被采纳。不过我们还是争取到开展'一周运动'(从五月一日到九日)。这次运动表现在:国民党领导人(胡汉民、汪精卫等)五月一日在大会上发表演说;五月四日(学生运动纪念日)组织了纪念大会,成立了上海学生联合会;五月九日还将召开一次规模很大的群众集会。还应该争取在这一天(五月九日)以国民党的名义发表一篇宣言,阐明国民党纲领的对外政策。如果领导人不同意,我们就不经过他们,自己采取行动(当然,不能授他们以口实来责备我们违反纪律)。"①

从内容来看,瞿秋白的这封信是在"一周运动"期间写出的。他向鲍罗廷既报告了中共中央的工作,又报告了国民党上海执行部的工作,以及共产党怎样帮助国民党开创上海革命工作局面的情况。

随着国共合作统一战线内部的左右两派斗争日益激烈和尖锐,中

① 《瞿秋白文集·政治理论编》第2卷,人民出版社1988年版,第538—540页。

共中央密切关注局势的发展和斗争动向。1924 年 6 月 29 日,瞿秋白又致信鲍罗廷说:"根据上海各报的消息,广州出现了一个组织(大概由右派国民党分子组成),它的名称是什么'国家意识宣传组'。它给苏联政府发电报,对俄中协议表示抗议。关于这个组织,您在广州听到什么消息没有? 说真的,我们这里还不知道这个问题的最后决定。我党中央暗示将提出我方'派别'的合法化问题,说得确切些,就是在国民党内形成左翼派别。不过,需要得到您那儿的情报。"①

从 1924 年瞿、鲍的书信往来看,我们得到这样一个印象,即中共中央有什么意见和想法,或者需要从鲍罗廷处知道什么,不是直接去问鲍罗廷,而在大多数时候总是通过瞿秋白转告或转达,而鲍罗廷若有什么需要询问的事情,也总是直接问瞿秋白。这当然与他们在语言上的便利有关。但因此也使作为鲍罗廷翻译和助手的瞿秋白,实际上成为了上海中共中央与广州鲍公馆之间的"中介环节"、特殊联络员。

二、因鲍、陈矛盾而被中共中央红头文件批评

自国民党一大召开以来,反共分子聚集在国民党元老邓泽如、冯自由等人周围,掀起了反对共产党人跨党的逆流大浪,他们举行聚会并煽动侨居国外和殖民地的国民党党员的"过激情绪",以反对共产党人。由于孙中山召集中央委员会会议,对他们进行了严厉训斥,使他们的行为一时有所收敛。但是他们转换破坏方式,隐蔽到全国各地,将敌视共产党人的人串联到一起,"如北京的石瑛,汉口的刘成禺、谭理鸣和张

---

① 《瞿秋白文集·政治理论编》第 2 卷,人民出版社 1988 年版,第 607—608 页。

秋白,上海的谢持、茅祖权、叶楚伧和张继,广东的邓泽如、冯自由、蔡元培、孙科、方瑞麟、吴铁城、蒋翊武和马超俊。他们联合在以孙科为首的集团中,准备向共产党人发动总攻击。他们派出自己的追随者和亲信跟踪共产党人,搜集反对他们的材料"①。

另外,改组后的国民党也并没有像莫斯科和中国共产党所期待的那样,很快就能够成为担负起领导国民革命责任的政党。在国民党内,有一部分人是优秀的,但他们思想认识上很混乱。另一部分人愿意为国民革命努力工作,但他们弄不清中国面临的问题。还有一部分人,他们参加国民党只不过是为了借革命之名而攫取党内肥缺、获取个人私利。正因为如此,国民党内相当一部分人看不惯加入其中的共产党员的真正革命言行,他们对共产党人不是抱着严重的戒备和防范心理,就是横挑鼻子竖挑眼。于是,反对共产党人跨党的"弹劾共产党案"被国民党右派分子乘机提出。

面对国民党内左右两派迅即分化的现实,陈独秀代表中共中央向鲍罗廷提出了使国民党内派别合法化的主张,他通过瞿秋白写信给鲍罗廷,要鲍设法支持中共"在国民党内形成左翼派别"。

随着国民党内纷争的白热化以及各地反对共产党人跨党的国民党右派声浪日益激烈,本来在国共两党之间的组织人事纠纷中采取调和立场的孙中山逐步感觉到要进一步加强中央集权,从而摆脱那些或明或暗的反对他实行新政策的老国民党员的干扰。于是,鲍罗廷建议他不妨仿效俄共(布)中央政治局,在国民党中央执行委员会内设立一个"政治委员会"(鲍罗廷后来在给瞿秋白的信中直接称其为"政治局"),作为国民党内政治指导机关,其职能是辅助孙中山筹划大政方针和重要人事之任免。根据鲍罗廷的建议,1924 年 7 月 11 日,孙中山正式宣布成立国民党中央政治委员会,以他自己为主席,廖仲恺、汪精卫、胡汉民、谭平山、邵元冲、伍朝枢为委员,鲍罗廷被任命为顾问。紧

---

① 中共中央党史研究室第一研究部译:《共产国际、联共(布)与中国革命档案资料丛书》第 1 辑,北京图书馆出版社 1997 年版,第 497—498 页。

接其后通过的组织条例,规定了该委员会在国民党内占有重要地位和享有特殊权利。

谭平山提出因工作忙、时间紧不参加该委员会,于是鲍罗廷向孙中山推荐瞿秋白参加。1924 年 7 月 16 日,孙中山主持召开国民党中央政治委员会第二次会议,批准谭平山辞去政治委员职务,任命瞿秋白递补。7 月 18 日,鲍罗廷在广州给瞿秋白写信说:"广州的情况简述如下:成立了由所谓'左派'组成的政治局(指成立于 1924 年 7 月 11 日的国民党中央执行委员会政治委员会——引者注),谭平山拒绝参加,借口是他没有时间。上海中央是否认为采取这样的步骤是正确的? 是不是他还是参加为好? 而不是做对那里的什么事情都沉默不语的见证人,以便对每个问题都发表意见和提出自己的决议案。如果您认为谭平山不便参加政治局,那么或许应该指派另一个人。在广州,看来没有另一个人可选,我们打算让您去参加,哪怕是在暑假期间,学期开始前您可返回上海(因瞿秋白当时在上海大学执教——引者注),留下某个人当副手。"①

于是,瞿秋白"顶替"谭平山成为新成立的国民党中央政治委员会委员。其实在看到鲍信之前,瞿秋白和中共中央就已知道此事,因此,7 月 14 日,他写信给鲍罗廷②说:"我正准备过几天(过一个星期)到广州去,但是根据中央的决定,我必须等待广州即国民党中央党部发电报来邀请我去广州并正式通知任命以后才能去。"显然,瞿秋白怕因鲍罗廷的信任和重用而引起陈独秀等人的误解,所以他很自觉地遵守组织纪律,按组织程序办事。

8 月 6 日和 13 日,国民党中央政治委员会召开第四次和第五次会议。瞿秋白经陈独秀允许专程从上海赶到广州出席了会议。会议主要是处理 6 月谢持、张继等联名提出的"弹劾共产党案",也就是讨论"国民党内之共产派问题"。其实此时,瞿秋白不仅面临着国共合作统一

---

① 中共中央党史研究室第一研究部译:《共产国际、联共(布)与中国革命档案资料丛书》第 1 辑,北京图书馆出版社 1997 年版,第 510 页。
② 《瞿秋白文集·政治理论编》第 2 卷,人民出版社 1988 年版,第 617 页。

战线内的左右两派冲突问题,而且还直接面对着上海与广州、陈独秀与鲍罗廷之间的矛盾。

自从国民党右派抛出"弹劾共产党案"后,国民党内围绕共产党的问题议论纷纷。对此,"俄罗斯解密档案"披露了当时留下的一份情况通报,指出:

> 右派出版了反对共产党员的专刊,举行了一些会议。他们视共产党员为敌人,要求将共产党员开除出国民党。甚至还出现了右派与共产党员进行"理论"论战的文章,就以下问题进行了辩论:是搞阶级斗争还是在工人运动中搞改良主义?作为革命方法,是搞军事运动还是搞大规模的宣传?在这些辩论文章中,右派不止一次地提出这样的看法:似乎国民党主义就是妥协和"劳资调和";国民党先用武力消灭"北方的篡权者",然后,只从事"提高中国国际地位"的准备工作。至于国民党现在进行的反帝斗争,这是出自于共产党的"计谋",他们想以此来破坏国民党与这些强国的"友谊",等等。

这份情况通报还指出:

> 中派则采取了这样的政策,他们说,我们与共产党员完全一致,那么为什么共产党员还要保守自己的"秘密",如果这些秘密确实有利于国民党,不妨把它们公布于众,这样右派就没有任何理由攻击共产党员了。他们甚至认为共产党员与第三国际联系是企图"垄断中国革命",为此,才需要"保密"。在这一点上,中派与右派是一致的。①

---

① 中共中央党史研究室第一研究部译:《共产国际、联共(布)与中国革命档案资料丛书》第1辑,北京图书馆出版社1997年版,第517—518页。

面对这种情况，1924年7月13日，陈独秀在上海给维经斯基写信说，国民党目前的状况是，只看到反共的右派分子，而一定数量的左派则是我们自己的同志，孙中山和另外几个人是中派。所以现在支持国民党，就只会是支持国民党右派。因此，陈独秀请求维经斯基："紧急给鲍罗廷同志发一份电报，请他提供实际情况的报告。"陈独秀在信中还要求维经斯基根据鲍罗廷提供的报告重新"制订共产国际的新政策"。他在信中提出，"对国民党的支持不能沿用以前的形式，我们应该有选择地采取行动。这就是说，我们不应该没有任何条件和限制地支持国民党，而只支持左派所掌握的某些活动方式，否则，我们就是在帮助我们的敌人，为自己收买反对派"①。可见，中共中央此时已经产生了退出国民党以及改变国共合作方式的想法。

但是，与此同时，广东的共产党组织则采取了与上海中共中央完全不同的态度。1924年7月15日，中共广东支部召开全体会议。鲍罗廷出席会议并在会上作了报告。根据鲍罗廷的报告，中共广东支部作出了不同于中央的决议，认为"鲍罗廷对中国南方政治局势的估计和他拟定的路线是正确的"。"会议还确认鲍罗廷同志就我们中国共产党在国民党队伍中的工作问题作出的实际结论是正确的。会议认为，迄今为止国民党在自己的实际活动中还没有完全放弃第一次代表大会通过的行动纲领。现在还可以利用合法的方式在广大劳动群众中进行工作，以便深化国民革命运动，加强工农潮流，因此共产党人不应该退出国民党。"中共广东支部召开的这次会议，对上海中共中央关于退出国民党以及改变国共合作方式的意见提出了批评，"会议认为，在准备可能退出国民党的问题上，我党实际上走上了一条不正确的道路，没有意识到自己在中国现时条件下应起的作用"。因此，中共广东党组织认为，党在"目前最重要的任务之一"是"坚持把广州作为国民革命运

---

① 中共中央党史研究室第一研究部译：《共产国际、联共（布）与中国革命档案资料丛书》第1辑，北京图书馆出版社1997年版，第507页。

动的基地"①。

由此可见,1924 年 8 月瞿秋白到广州参加国民党一系列有关会议时,他实际上是既站在了国共合作的风口浪尖上,又站在了广州与上海、鲍罗廷与陈独秀冲突的焦点上。

1924 年 8 月 15 日至 30 日,国民党中央执行委员会召开一届二中全会。会上围绕着"共产党弹劾案"展开了激烈的争论。针对张继等人反对国共合作的言论,瞿秋白在会上先后多次发言,对其进行批驳和辩论。在 8 月 20 日召开的全会上,他发言指出:

> 既准跨党,便不能无党团之嫌疑。国民党外既有一共产党存在,则国民党便不能使共产派无一致行动,况既谓之派,思想言论必有相类之处;既有党外之党,则其一致行动更无可疑,何待团刊之发现乎? 故吾人只能问此一致行动是否有利于革命及党,不能以一致行动便为破坏国民党之证据。若其行动有违反宣言及章程之处,则彼辈既然以个人资格加入本党,尽可视为本党党员,不论其仍属共产派与否,概以本党之纪律治之。否则只有取消跨党之决议。②

此时,在处理"弹劾案"问题上,广州的鲍罗廷遇到了"两难选择":一方面要满足陈独秀及中共中央关于在国民党内的"派别合法化"要求;另一方面国民党"一大"通过的章程中有具体的严格的组织纪律条目,而孙中山又特别注重这些条目。此外,对于鲍罗廷来说,处理"弹劾案"还有一个大前提,那就是必须确保中国作为保卫世界革命中心苏联的东方反帝前哨的稳固地位,这是他协调中国国共两党和共产国际三者之间关系的一个基本原则。面对两难处境,鲍罗廷绞尽脑汁,终

---

① 中共中央党史研究室第一研究部译:《共产国际、联共(布)与中国革命档案资料丛书》第 1 辑,北京图书馆出版社 1997 年版,第 508—509 页。
② 杨天石著:《瞿秋白的〈声明〉与国共两党的"分家"风波——读台湾中国国民党党史会藏档》,见《档案与史学》1997 年第 2 期。

于想出了一个自认为是"两全其美"的方案,即在国民党中央执行委员会政治委员会内设一"国际联络委员会",由国共两党和共产国际各出一名代表组成,使国民党与共产国际建立起直接联系,以此办法来解决国民党对共产党不信任的问题。也就是说,"国际联络委员会"主要是处理共产国际与国共两党之间有关事宜的机构。瞿秋白作为鲍罗廷的助手,无疑支持鲍的想法。

8月20日,瞿秋白与孙中山、胡汉民、廖仲恺、伍朝枢、鲍罗廷一起参加了国民党中央政治委员会第六次会议。会议讨论通过了《国民党内之共产派问题》《国民党与世界革命运动之联络问题》两个决议案的草案,并作为政治委员会的意见,向中央执行委员会全会提出。会后,瞿秋白马上给陈独秀等人写信,通报设立"国际联络委员会"等情况,请示应该怎么办。在上海的陈独秀等人得知此信后当即表示反对,并设法制止,但因时间紧迫而未能如愿。

8月23日,国民党中央执行委员会一届二中全会召开会议,通过了《国民党内之共产派问题》等两个决议案。决议同意共产党员对于与中共之关系及其与共产国际之关系,仍"有守秘密之必要",但决定在国民党中央执行委员会政治委员会内设"国际联络委员会",要求共产党人将其所进行的有关国民党之活动通报于该委员会,以便能为国民党人所了解。孙中山主持的国民党一届二中全会就以这种方法暂时平息了"共产党弹劾案"。

但是鲍罗廷处理"弹劾案"的思路和决策遭到了陈独秀及中共中央的强烈反对。陈独秀原本指望国民党一届二中全会能够对国民党右派的反共活动有所抑制,结果会议还决定成立一个"国际联络委员会"来控制共产党,这使他非常气愤,也感到很受伤害。他立即召开紧急会议,并于8月27日直接致电鲍罗廷和瞿秋白,强硬决定:

(一)禁止在国民党会议上进行任何有关共产党问题的辩论,并对此辩论不予承认,禁止瞿秋白以党的名义在国民党的会议上发言;(二)中共中央拒绝承认国民党下属的为解决两党间问题而设立的国际联络委员会;(三)责成我们的同志在全会(即国民党二中全会——引者注)上对反革命分子采取进攻态势,从防御转为进攻的时机已经到来。①

不过,中共中央的决定到达广州时,《关于在国民党内之共产派问题的决议案》已正式通过,而鲍罗廷和瞿秋白在会上对此也没有表示什么异议。这在陈独秀、蔡和森等中共中央领导人看来,他们简直是国民党右派的"帮凶",是在"出卖"共产党的利益。1924 年 9 月 7 日,大为恼火的陈独秀给维经斯基写信说:"这次会议对我们是一个很大的打击。"他认为,这是孙中山等人利用反动派施加的压力和他们的反共宣传来压制共产党,"目的在于把中国共产党置于国民党的领导之下,或至少使中国共产党对它开放"。他说:"我们必须反对这种行为。可是鲍罗廷同志不是站出来反对,而是建议他们成立所谓国际联络委员会,隶属于国民党政治委员会,并且拥有解决(国共)两党问题的全权。中国共产党中央执行委员会绝对不同意这个建议,并指出,鲍罗廷同志上了孙中山等人的圈套。"②

于是,瞿秋白被召回上海,并被中共中央的"红头文件"称为"中共非正式代表"(暗指他是鲍罗廷直接领导的,其言行与中共中央无关)。虽然,瞿秋白和广东的共产党人再三说明国际联络委员会"为哄骗右派之一种方法,事实上该项工作,殊难实现"③,但陈独秀等中央领导人坚持认为,它有可能成为国民党控制和束缚中共的工具,因而瞿秋白和鲍罗廷在国民党一届二中全会上犯了严重错误。

1924 年 10 月 8 日,中共中央执行委员会召开全体委员会议,在"听取了瞿秋白同志的口头报告,并注意到他以前的几次书面报告"

---

① 《中共中央致鲍罗廷、瞿秋白电》(1924 年 8 月 27 日),转引自杨奎松著《国民党的"联共"与"反共"》,社会科学文献出版社 2008 年版,第 50 页。
② 中共中央党史研究室第一研究部译:《共产国际、联共(布)与中国革命档案资料丛书》第 1 辑,北京图书馆出版社 1997 年版,第 528—529 页。
③ 《广东区党、团研究史料(1921—1926)》,广东人民出版社 1983 年版,第 117 页。

后，中共中央觉得"共产国际代表(指鲍罗廷——引者注)和瞿秋白同志在广州在如何在国民党内做工作的问题上犯了一些错误"，会议通过了《中国共产党(中央)执行委员会全体会议就瞿秋白同志关于广东政治路线的报告作出的决议》(简称《决议》)①。《决议》认为鲍瞿二同志落入了中派设置的圈套，使中共遭到两大失败：一是没有提出我们对反动派镇压措施的决议案；二是默认在国民党内成立干涉共产党事务的机构。特别是关于设立"国际联络委员会"，《决议》认为，"鲍罗廷同志和瞿秋白同志在国民党政治局会议上默认了关于国民党内之共产派问题的决议案的第四条，并让它通过了。中共(中央)执委会认为，这等于共产国际和中共承认国民党有权成立调查共产党活动的机构，这一条将被国民党用来作为干涉共产党活动的依据"。

1924 年 10 月 8 日开完会、作出决议后，中共中央便命令瞿秋白给鲍罗廷写信，将中共中央的决议告诉鲍罗廷，并请他到上海"磋商"。瞿秋白在信中写道："寄上中共中央关于国民革命策略的决议及关于国民党中央全会的决议。从中可以看出，在这些问题上您同中共中央之间有某种程度上的原则性分歧。因此中央决定：'召请鲍罗廷同志前来上海进行政治磋商，如果鲍罗廷同志认为这是必须的而且他做得到的话。'中央嘱我将上述决定通知您，请您尽快答复。"②

从现有的材料看，鲍罗廷没有理睬中共中央的决定，或者说他没有时间和精力到上海去与陈独秀"磋商"，因为此后不久，广州的军政形势及中国北方政局发生了急剧变化，鲍罗廷要面对、处理和决策。

显然，1924 年 8 月，围绕国共合作统一战线内的国共关系问题，以陈独秀、蔡和森为代表的中共中央与莫斯科的代表鲍罗廷及其翻译兼助手瞿秋白之间产生了意见分歧。鲍瞿参加的国民党中央政治委员会和国民党中央执行委员会一届二中全会通过的《关于在国民党内之共产派问题的决议案》以及"国际联络委员会"的设立，使上海与广州、陈

---

① 中共中央党史研究室第一研究部译：《共产国际、联共(布)与中国革命档案资料丛书》第 1 辑，北京图书馆出版社 1997 年版，第 532—534 页。

② 《瞿秋白文集·政治理论编》第 2 卷，人民出版社 1988 年版，第 648 页。

独秀与鲍罗廷之间的意见分歧完全表面化了。

其结果是中共中央将瞿秋白从广州召回上海,并不准他再去广州为鲍罗廷工作。同时,中共中央还专门派高尚德赶到广州,传达中共中央拒绝国民党全会决议、贯彻中共中央进攻路线、抵制鲍罗廷的妥协政策的决定,并规定鲍罗廷无权领导广东地区党组织的工作。陈独秀还致信共产国际远东部,要求对鲍罗廷提出警告。① 1924 年 10 月,广州商团事件爆发,争论暂告平息。但是,紧接着北京政变发生。冯玉祥以武力推翻曹锟的独裁统治,将废帝溥仪赶出紫禁城,占领北京后电邀孙中山北上"共商国是"。围绕孙中山要不要北上,冲突再起。鲍罗廷主张孙中山及国民党应积极响应,瞿秋白坚决支持鲍罗廷的意见,而陈独秀、蔡和森等中央领导人主张孙中山不必参与,为此他们批评瞿秋白不该与中央唱反调。这时恰值瞿秋白在上海因"黄仁事件"而遭通缉,被迫避往北京。

鉴于上海与广州、陈独秀与鲍罗廷之间出现了意见分歧,1924 年11 月,共产国际东方部派遣维经斯基再次来华,其任务是消除中共中央与鲍罗廷之间的"误会"。维经斯基到上海后,按照莫斯科的最高指示行事,一方面了解中国政治局势的特点,另一方面与陈独秀等中共领导人进行一系列商谈,取得了预期效果。正像维经斯基在写给中共中央和鲍罗廷的信中所说的那样:"过去的许多误解都已过去","现在在中央的方针与鲍罗廷同志之间我已找不到原则性的分歧。造成你们与鲍罗廷之间产生误解的两个主要的组织上和策略上的原因,现在已经消除"。② 由于维经斯基的调解和处理,陈独秀、蔡和森等中共中央领导人最终放弃了原先的主张,转而赞同鲍罗廷的"工作路线",于是鲍罗廷、瞿秋白与中共中央之间的紧张关系告一段落,广州与上海之间的冲突得到平息。

---

① 中共中央党史研究室第一研究部译:《共产国际、联共(布)与中国革命档案资料丛书》第 1 辑,北京图书馆出版社 1997 年版,第 539 页。
② 中共中央党史研究室第一研究部译:《共产国际、联共(布)与中国革命档案资料丛书》第 1 辑,北京图书馆出版社 1997 年版,第 578—579 页。

到 1924 年 12 月,第二次直奉战争中直隶集团被打败,北京的政治形势变幻莫测,加之孙中山北上等重大事件发生,全国政治舞台中心北移。为了适应政治局势的变化,中共中央决定在北京成立中央北方局。

1924 年 12 月 19 日,维经斯基给莫斯科写信说:"为了更好地在中国北方与满洲开展工作,两周前我们成立了党中央北方局,有 7 名负责同志参加该局工作,其中有张国焘、谭平山和瞿秋白同志。局址设在北京,从东方劳动者共产主义大学归来的同志几乎都担任负责工作,工作完成得不错。"[1]据此推断,中共中央北方局应是写信的"两周前",即 12 月初成立的。

为了总结国共合作的统一战线建立一年来的经验,加强对日益高涨的革命运动的领导,制定出新的工作方针和政策,1925 年 1 月 11 日至 22 日,中国共产党在上海召开了第四次全国代表大会。出席会议的代表 20 人,代表全国 950 名党员。大会是在维经斯基的直接指导下召开的。陈独秀主持会议,并代表第三届中央执行委员会向大会作工作报告。大会对一年来国共合作的经验教训进行了总结,指出:无产阶级在民族运动中既要反对"左"的倾向,也要反对右的倾向,而右的倾向是党内主要危险。大会在党的历史上第一次明确地提出了无产阶级在民主革命中的领导权和工农联盟问题。大会选出了新的中央执行委员会,瞿秋白成为 9 名中央委员之一。

瞿秋白是 1 月 15 日从北京回到上海参加中共四大的。由于有了前面所述的维经斯基的调处,所以瞿秋白到上海后惊奇地发现:政治气氛发生了很大的变化。1 月 26 日,瞿秋白在上海给鲍罗廷写信[2]说:"这里的情况有些变化,有点出乎我的意料。整个'反对军事行动','反对孙中山参加段祺瑞会议'等等的立场被推翻,最后得出结论,政策应该是积极的,'左'派幼稚病和'消极性'似乎已被铲除。"

---

[1] 中共中央党史研究室第一研究部译:《共产国际、联共(布)与中国革命档案资料丛书》第 1 辑,北京图书馆出版社 1997 年版,第 562 页。

[2] 中共中央党史研究室第一研究部译:《共产国际、联共(布)与中国革命档案资料丛书》第 1 辑,北京图书馆出版社 1997 年版,第 572—573 页。

显然,中共四大的决议为鲍瞿与陈蔡之间的矛盾和冲突作了一个结论,实际上是为瞿秋白和鲍罗廷"平了反"。瞿秋白在中共四大上不仅当选为9名中央委员之一,而且在第四届中央执行委员会举行的第一次会议上,被选入五人中央局(陈独秀、彭述之、张国焘、蔡和森、瞿秋白),第一次进入中央决策层,不过他与鲍罗廷的亲密工作关系也随之结束。在1月26日的这封信中,瞿秋白告诉鲍罗廷:"我被选进了中央委员会,根据中央的决定,我要长期在上海工作。要给您派去另一个翻译。中央要求您为我解脱您这里的工作。"不管是出于工作需要,还是其他原因,中共四大以后,瞿秋白与鲍罗廷一年多的合作关系就这样被"中止"了。此后,接替瞿秋白担任鲍罗廷翻译的是张太雷。

三、创办《热血日报》,痛击"戴季陶主义"

1925年注定是个风云激荡的年份。在上海和广州精彩的斗争画卷一幕接一幕地展现。这年春天,由上海和青岛等地的日本纱厂开始的工人罢工斗争浪潮,一浪高过一浪,预示着新的工人运动高潮即将来临。5月1日,为了迎接和组织伟大的斗争,在中国共产党的领导下,广州召开了第二次全国劳动大会,50多万有组织的工人向大会派出了自己的代表277人,代表165个工会,显示了无产阶级的新阵容。与此同时,农民运动风起云涌,彭湃、周其鉴在广东,韦拔群在广西,毛泽东在湖南播下农民革命的火种——建立秘密农会、成立农民党支部、开展农民运动,5月1日,全国第一个省农民协会——广东省农民协会在广州成立,它把农民运动推向了新阶段,成为全国农民运动的先导和中心。

接着,在上海爆发的五卅运动,迅速席卷全国,充分显示了中国无产阶级的伟大力量。1925 年 5 月 15 日,上海日商内外棉纱厂日本大班(即厂长)率领打手残害中国工人、共产党员顾正红,并打伤 10 余名工人。5 月 17 日早晨,顾正红因伤势过重,壮烈牺牲。事件发生后,中共中央发表通告,要求各地党组织全体动员,号召社会各界一致援助上海日商内外棉纱厂工人的罢工斗争,扩大宣传,反对日本帝国主义。

进入四大后的五人中央局分管宣传工作的瞿秋白 1925 年 5 月 18 日撰写《日本对华之屠杀政策——上海—青岛—大连》,并发表于《向导》第 116 期。他强烈谴责日本帝国主义利用亲日派政府的政治力量,不仅竭力向中国进攻,侵略中国,剥削中国的劳动者,而且实行屠杀政策。但是,他愤怒地指出:"中国民众不是这种屠杀政策所吓得住的,中国民众必定要推翻你们派来的中国总督,打倒你们的帝国主义。"①

1925 年 5 月 24 日下午,内外棉纱厂工会在沪西潭子湾工人俱乐部附近的空地上,组织公祭顾正红烈士大会。顾正红烈士遗像两旁挂着一副挽联,上联:先生虽死,精神不死;下联:凶手犹在,公理安在! 横额:工人先锋。参加公祭大会的有工人、学生和各界万余人。恽代英、向警予、项英、杨之华等相继发表慷慨激昂的演讲,呼吁全体工人阶级团结起来,与帝国主义斗争到底。28 日,中共中央与中共上海地委举行联席会议。瞿秋白与陈独秀、蔡和森、恽代英、李立三等人一起参加了会议。与会人员就学生上街宣传和发动各阶层共同开展反帝行动问题进行讨论。会议决定 30 日下午在租界举行大规模的示威演讲活动。但是 30 日的示威演讲活动遭到血腥镇压,酿成震惊中外的"五卅惨案"。

1925 年 5 月 30 日,中共中央在党中央的秘密机关——横滨桥附近宝兴里一幢两层楼房里召开紧急会议,瞿秋白与陈独秀、蔡和森、李立三、恽代英、王一飞、罗亦农等人参加。会议决定:由瞿秋白、蔡和森、

---

① 《瞿秋白文集·政治理论编》第 3 卷,人民出版社 1989 年版,第 182 页。

李立三、刘少奇和刘华组成行动委员会,具体领导开展这次反帝斗争;中央发表告全国民众书,号召建立各阶级的反帝爱国统一战线;立即成立上海总工会,发布总同盟罢工宣言,号召全上海人民起来举行罢工、罢市、罢课的"三罢"斗争。会议还决定出版一张日报,以指导五卅运动,由瞿秋白担任主编。

于是,在上海反帝风暴席卷全国之时,瞿秋白一面指导"三罢"斗争,一面忙着筹备创办中国共产党的第一张日报。1925年6月4日,瞿秋白筹备创办的我党第一张日报,以响亮的《热血日报》为名,正式出版发行。报纸的报头是瞿秋白亲自题写的,字体柔中带刚,属魏碑风格。报纸八开四版,内容丰富,标题醒目,编排新颖。报纸栏目很多,有社论、专论、本埠要闻、紧要消息、国外要闻、舆论之裁判、外人铁蹄下之上海等,还有诗歌、民歌、杂感、小言和读者来信等。报纸一共出版了24期,6月27日被反动政府查封。

《热血日报》编辑部设在闸北中兴路附近弄堂的一幢石库门房子里。这是一间破旧的平房,窗子很低,写字台是几块木板拼成的。编辑部一共有四人,除了瞿秋白,其他三个是郑超麟、沈泽民、何味辛,他们是从中央宣传部、上海《民国日报》社抽调来的。瞿秋白既是报纸的主编,又是主要撰稿人,大量的专论和短论,多出自他之手,尤其是24期的社论大部分是他写的。据不完全统计,在《热血日报》出版期间,他写的社论、评论、新闻、杂感、诗歌等多达80篇。

报纸的社论是这样产生的:瞿秋白每天都仔细阅读当天的新闻报刊,分析和研究各种新动态,认真思考,然后与陈独秀交换意见,商讨并决定社论的内容。因此,这些社论传达的都是中共中央的声音,贯彻的是中共中央的有关精神。

作为五卅运动主要领导人之一,瞿秋白非常忙碌。他要参加中央和地方党频繁召开的会议,起草中央文件,给党刊写文章,给党团员、积极分子作报告等,但他坚持按期编辑和出版《热血日报》;为准确把握五卅运动的发展脉络,他认真听取记者汇报,了解各方动态,布置采访任务。在编辑出版《热血日报》过程中,为使文化水平低的工人大众看得懂、喜欢看，瞿秋白尽可能多地刊登工会和基层群众来信来稿，刊登大众喜闻乐见的民间小调，并注意建立群众通讯员队伍，与基层群众保持密切的联系。

中国共产党领导的五卅运动，席卷全国，势不可挡。策源地上海的反帝斗争日益深入。1925 年 6 月 11 日，上海工商学联合会组织召开市民大会，500 多个团体、近 10 万民众聚集在西门公共体育场，伸出了如林般的手臂，喊出了震天动地的口号。这是五卅运动以来上海最大规模的群众反帝集会。瞿秋白经过一番化装，赶往集会地点。他亲身感受了广大人民群众悲壮激越的反帝情绪。第二天，《热血日报》全面报道了这次反帝集会。不仅如此，瞿秋白还匠心独具，运用"热""血""沸""腾""了"五个字分别作笔名，发表系列杂感短文，字里行间充分表达了他用热血解决问题的豪情。

在瞿秋白的主编下，诞生于五卅反帝怒潮之中的《热血日报》体现了战斗性、鼓动性、通俗性和题材多样性，获得广大读者的喜爱。出版到第 10 期时，销量达到约 3 万份。编辑部每天都要收到来自全国各地的许多稿件和来信，每天要接待亲自上门的投稿者和慕名而来的来访者，有时多达百余人。编辑部成了五卅运动的信息交流中心。尽管《热血日报》只出版了 24 期，但它完成了指导五卅运动、传播正义呼声、鼓舞民众斗志、揭露帝国主义罪行、鞭挞军阀政府害民媚外丑态的历史使命。同时，瞿秋白也出色地完成了党中央交给的任务，为中国现代革命史和新闻报刊史书写了光辉的一页。

五卅运动后期的一天，杨之华前往环龙路 44 号国民党上海执行部妇女部办事。进入办公大楼后，她发现走廊上、办公室里到处堆放着一捆捆小册子，封面上印着《国民革命与中国国民党》，著者戴季陶。杨之华把看到的情况告诉了瞿秋白。瞿秋白明白，孙中山逝世后，国民党右派分裂活动开始形成政治力量。

戴季陶作为国民党的笔杆子，在孙中山逝世以后，其右派嘴脸日益显现，反共活动逐渐公开。五卅运动后，戴季陶闭门谢客，在家潜心著文。他以《民生哲学系统表》为基础，先后撰写《孙文主义之哲学的基础》《国民革命与中国国民党》两本小册子，遂使有系统的戴季陶主义出笼，成为国民党右派反对国共合作、反对共产党的思想理论依据。戴季陶，又名戴传贤，笔名天仇。四川广汉人，早年留学日本，参加同盟会，追随孙中山。自国民党改组以来历任国民党中执委、中常委、宣传部长和黄埔军校政治部主任、大元帅大本营法制委员会委员长。1924年11月陪同孙中山经日本前往北京，孙中山逝世时，他是遗嘱签字证明人之一。戴季陶认为，国民党人在失去自己领袖的情况下，要继续保持它自身的政治凝聚力而不致进一步分裂，必须迅速将孙中山的三民主义确立为党的"思想中心"。他将自己的主张通过上述两文阐扬出来。戴季陶认为，对孙中山思想的解读，实际上处于各说各话的状况中，而"共信不立，互信不生，和衷共济之实不举，革命势力统一无望"。因此，国民党人必须了解孙中山的主张。他在文章中，一方面承认共产党人多是"真为民族的幸福而奋斗的勇士"，他们利用国民党的"目的很纯粹，心情很高尚"，另一方面又公开主张："凡是一个主义，必定具有独占性和排他性，同时也一定具有统一性和支配性。假如这几种性质不具备，这一个主义，一定生不出信仰，生不出力量。"他进一步提出：主义如此，信奉一个主义的团体，更是如此。因而，他认为：像国民党这样一个试图完善自己的组织、理论和策略，自成系统的政党，包着一个很坚固而秘密的，且极具独占性、排他性、统一性和支配性的共产党，其结果自然会使自己变得畸形而危险。他批评共产党人没有实心实意地"把三民主义认为唯一的理论，把国民党认为唯一救国的政党"，"心里想的是共产革命，口里说的是半共产革命，手上做的是国民革命，让一般国民看不出真相，认不清需要"；特别是自改组以来，国民党的机关报从没有对共产党有过中伤、挑拨或发表过使共产党丧失信誉的话，作为国民党的朋友并且身为国民党员，共产党却总是公开批评国民党的政策和国民党的领袖，败坏国民党的信誉。

在国民党面临众多分歧、党内呈分裂之势时，戴季陶以中央执委的身份突然以阐释"孙文主义"，主张共信、互信基础上谋国民党的团结与生存的姿态，发表这种激烈批评共产党的政治见解，无异于在所有怀疑和反对国共合作的国民党员面前扬起了一面政治旗帜。于是，国民党内各种新旧反对国共合作的势力一下子都集聚在"戴季陶主义"的旗帜之下。一时间，戴季陶的文章被印成各种小册子，成为畅销书，在国民党人中间广为流传。翻印数量多达十几万册，并有几种外文译本。

戴季陶主义激起了共产党和国民党左派的强烈不满。他的理论不同于其他国民党右派赤裸裸的反动言论，而是鼓吹所谓"纯正三民主义"，打着孙中山的旗号来歪曲孙中山的革命思想，主要目的是限制和削弱日益活跃的共产党，因而在理论上更具有煽动性、欺骗性。戴季陶反对马克思主义，反对阶级斗争，反对共产党，成为国民党内反共势力集结的旗帜，给国共合作领导推进的国民革命带来了严重危害。因此，批判戴季陶主义，刻不容缓。

但是，当时中共党内对戴季陶主义危害性的认识并不一致。有的人认为戴季陶只是小资产阶级的代表，不是国民党右派的代表，对他的小册子不必太过在意。瞿秋白首先意识到戴季陶主义的危害性，在一次党中央会议上，他提出必须对戴季陶主义迎头痛击。尽管会上意见不一，但瞿秋白与任弼时等人据理力争，最后会议决定反击戴季陶主义，并责成瞿秋白撰文批驳。

据杨之华回忆，瞿秋白接受这个任务后，立即仔细研究戴季陶的小册子，并找一些同志了解各方面对戴季陶主义的反映，收集右派反共活动的材料。他一边凝神思考，一边在家里的小块空地上来回踱步，或者坐到椅子上吸着烟，全神贯注地打着腹稿，忘记了周围的一切。思考成熟后，就开始动笔，衬着复写纸一口气写下去。一写就是两份，字迹整洁，像重新抄过的一样。伏案工作一夜，瞿秋白写成近万字长文，批驳戴季陶主义，其标题是《中国国民革命与戴季陶主义》。

瞿秋白指出，戴季陶主义的实质是：不仅要在思想上摧毁工人的阶级斗争，而且要削弱工人阶级作为国民革命主力军的地位，实际上，也就是要削弱中国的国民革命运动。为了达到上述目的，戴季陶故弄玄虚，大谈孙中山三民主义的哲学基础。但是，瞿秋白指出：戴季陶的思想之根本点，完全是"唯心论的一种道统说"。在他的思想里，"所谓孙中山三民主义的哲学基础,竟只是仁慈忠孝的伟大人格,竟只是继承尧、舜、禹、汤、周、孔的道统——戴季陶又继承孙中山的道统!这算是中国的特别文化。而国民党的三民主义的责任,竟只在'发扬光大这种中国文化'"。

瞿秋白认为,戴季陶"这完全是想把革命当作慈善事业,当作孙中山、戴季陶等一些'君子'爱民的仁政"。接着,瞿秋白指出:"其实三民主义是很简单明了的、中国一般民众——各阶级、小资产阶级、农民、工人等一致要求民族独立、民权政治及所谓民生问题的解决(经济及生活的改善),很明显的是因为帝国主义军阀的压迫和侵略,是因为中国国内资本主义的发展,所以各阶级要求脱离共同的束缚,而有这一联合战线的共同政纲,这是唯物史观对于中国状况明切的解释。现在戴季陶用所谓民生哲学的仁慈主义来解释,便使中国民众联合战线的国民革命,变成了少数知识阶级'伐罪救民'的贵族'革命'。"

因此,瞿秋白一针见血地指出,戴季陶的这种主张,"实际上是只要诱发'资本家仁爱的性能'和知识阶级'智勇兼备以行仁政'的热诚,来替农工民众革命。这不但是纯粹的空想主义,而且是要想暗示工农民众停止自己的斗争,听凭上等阶级的恩命和指使,简单些说,便是上等阶级要利用农工群众的力量来达到他们的目的,却不准农工群众自己有阶级的觉悟"。

瞿秋白运用马克思列宁主义观点,指出戴季陶在理论上的缺陷,他说:戴季陶所想要代表的民族资产阶级"在中国还很幼稚,而且一部分还没有脱离他们的买办出身,所以还说不上是一种革命力量,还没有变成独立而集中的政治势力之可能";戴季陶"想不偏右也不偏左,纯粹站在'民族''国家'(资产阶级)的利益上面,是不可能的事。他一开始攻击左派,右派的买办阶级立刻便利用他行反革命之实。……其结果是为买办阶级的力量所利用,完全到右派及帝国主义一方面去"。因此,瞿秋白明确指出:"对于戴季陶,知识分子,小资产阶级,甚至于真正之民族的资产阶级,都只有一个出路,就是在这两条路中选一条:

或者革命,或者反动。"①

戴季陶及戴季陶主义不仅遭到了瞿秋白的深刻批判,而且也受到了陈独秀、毛泽东、恽代英、萧楚女等为代表的共产党人在理论上的激烈抨击。1925 年 9 月,《向导》周报社将这些批驳戴季陶主义的理论文章整理成册,以《戴季陶的国民革命观》为书名,公开出版发行。瞿秋白撰写的《中国国民革命与戴季陶主义》这篇长文也被收入其中。

四、参与"上海谈判"与被退出国民党二届中执委名单

孙中山逝世后,国民党右派掀起了分裂国民党的狂潮。1925 年 4 月 4 日,中共中央发出第 19 号通告,要求宣传孙中山遗言,发展国民党左派力量。遵照中央的指示,6 月,瞿秋白在《新青年》第 2 期发表《孙中山与中国革命运动》,对孙中山在中国近代、现代史上的历史地位和伟大的一生给予了充分肯定。他指出:"总之,最近六十年的中国是革命的中国,尤其是民族革命的中国,而孙中山的历史使命,便是完成这一民族革命。"②

孙中山逝世后,尽管国民党新老右派分子紧密联合起来,反苏反共,破坏国共合作的统一战线,但南方革命形势和政治运作按照鲍罗廷的设想稳步向前发展。1925 年 8 月 20 日发生的"廖仲恺案"也没有影响到鲍罗廷的整体方案(如巩固革命根据地,建立国民政府,统一军政、财政和民政等)的实施。莫斯科对广东革命形势的发展非常看好,

---

① 《瞿秋白文集·政治理论编》第 3 卷,人民出版社 1989 年版,第 320—337 页。
② 《瞿秋白文集·政治理论编》第 3 卷,人民出版社 1989 年版,第 77 页。

人员、资金、武器、器材等源源不断地运往广州。

1925 年 8 月,在中国由于上海五卅运动和广州省港罢工爆发而掀起了轰轰烈烈的反帝爱国运动后,莫斯科应加拉罕的要求,派维经斯基到中国。由于他在离开莫斯科动身到中国的前一天收到俄共中央政治局"中国委员会"提出的"根据工会的倡议适时停止罢工,以便有秩序地撤退以保存组织的总体意见"①,因此,刚到北京的维经斯基便向莫斯科报告说:"今天我们制订了一个行动纲领,根据这个纲领我们将对上海和香港的罢工运动'刹车'。"②但是,当维经斯基离开北京来到五卅运动的发源地上海时,他似乎忘记了莫斯科的指示和自己在北京制订的"行动纲领",而是认为运动"越来越显露出工人群众和工人运动作为国内独立社会政治力量的日益集中、形成和从组织上巩固下来的发展趋势"③。因而他不是收缩,而是决定把罢工斗争扩大到华中华北地区,通过派出教官和组织者的办法把上海的经验传播到其他大城市。④

维经斯基在上海指导中共中央的工作方针惊动了莫斯科。1925年 9 月 21 日,共产国际执委会东方部政治书记瓦西里耶夫写信给共产国际执委会主席季诺维也夫说,他"从加拉罕同志(给中国委员会)的报告和维经斯基同志最近的信(副本已送给您)中"得出了一个结论,即中国共产党对自己在民族解放运动中的作用和当前任务"缺乏明确的认识"以至"有产生左倾的危险"。因此,他"建议:中共中央应赶紧重新审查同国民党的相互关系的性质。对国民党工作的领导应非常谨慎地进行。党团无论如何不应发号施令。共产党不应当要求一定由自己的党员担任国家和军队的一切领导职位,相反,它应当竭力广泛吸引

① 中共中央党史研究室第一研究部译:《共产国际、联共(布)与中国革命档案资料丛书》第 1 辑,北京图书馆出版社 1997 年版,第 645 页。
② 中共中央党史研究室第一研究部译:《共产国际、联共(布)与中国革命档案资料丛书》第 1 辑,北京图书馆出版社 1997 年版,第 646 页。
③ 中共中央党史研究室第一研究部译:《共产国际、联共(布)与中国革命档案资料丛书》第 1 辑,北京图书馆出版社 1997 年版,第 652 页。
④ 中共中央党史研究室第一研究部译:《共产国际、联共(布)与中国革命档案资料丛书》第 1 辑,北京图书馆出版社 1997 年版,第 652—656 页。

不是共产党员的国民党员参加负责工作"①。

显然,这个建议是以放弃"一切领导职位"为代价,来防止中共的"左"倾危险,维持以国民党为中心所支撑的国共合作。瓦西里耶夫的建议得到了莫斯科决策层的首肯。9月28日,共产国际执委会根据这一建议给中共中央发来了指示草案。②

1925年9月28日至10月2日,中共中央在北京苏联大使馆召开了扩大的四届二中全会,鲍罗廷和维经斯基都参加了这次会议。根据共产国际的指示,会议制定和通过了《中国现时的政局与共产党的职任议决案》《中国共产党与国民党关系议决案》等。决议案除了第一次提出解决农民土地问题外,还对国共两党关系进行了讨论,并提出了所谓新策略,其中有:非必要时,我们的新同志不再加入国民党,不担任国民党的工作,尤其是高级党部;退出国民党内的左右两派斗争,帮助左派但不代替左派;找一个与国民党联盟的好的方式。③ 由于国共合作除了"党内合作"与"党外合作"之外,很难找到第三个"好的方式"合作,所以这次会议对国共合作形式提出了一个含糊的说法;同时,提出共产党退出国民党内的左右派斗争,但当时国民党左派实际上就是共产党,共产党如果退出国民党左右派斗争,就无所谓左派。因此,这次会议实际上形成了"退而不出,办而不包"的错误工作方针,它是一条模糊、退却的工作路线。

瞿秋白参加了这次会议,并为筹备会议,起草和翻译有关文件,确定会议主题等贡献了自己的意见。在会上,他坚决赞成"耕地农有"的主张,反对陈独秀提出的共产党"应该即时退出国民党而独立"的意见。后来他在自己撰写的马克思主义扛鼎之作——《中国革命中之争论问题》的长文中,对这次会议作了尖锐的批评。他说:1925年9月中

---

① 中共中央党史研究室第一研究部译:《共产国际、联共(布)与中国革命档案资料丛书》第1辑,北京图书馆出版社1997年版,第677—678页。

② 中共中央党史研究室第一研究部译:《共产国际、联共(布)与中国革命档案资料丛书》第1辑,北京图书馆出版社1997年版,第694—695页。

③ 中央档案馆编:《中共中央文件选集》第1册,中共中央党校出版社1989年版,第489页。

央扩大会议时,"看见民族资产阶级的戴季陶主义的兴起,不指明积极反对他的职任,而消极的要'找一个与国民党联盟之好的方式';这好的方式是什么?是不束缚无产阶级的。并且只规定'力求我们的党公开',使与国民党并行。而没有讲明白:我们应当怎样在国民党束缚资产阶级"①。瞿秋白这番话说得比较含蓄,虽然没有一针见血地指出当初"退让"的实质是放弃争夺领导权的机会,但弦外有音,文中已经包含了这样的思想。

尽管莫斯科指示维经斯基和鲍罗廷领导中共,以放弃与国民党争夺领导权为代价来寻求国共合作及国民党内的左右派之团结,但是,残酷的政治现实给了莫斯科及其驻华代表鲍罗廷和维经斯基一个辛辣的讽刺,国民党右派不仅不领情,反而在1925年11月形成了西山会议派。他们在北京西山碧云寺,非法召开所谓"国民党一届四中全会",通过了《取消共产派在本党之党籍》《顾问鲍罗廷解雇案》等。西山会议派公开地从国民党中分裂出去,矛头直接指向共产党和鲍罗廷。此事一方面使国共关系面临着困境和险滩,另一方面又不能不激起鲍罗廷的强硬立场,他曾与陈延年、周恩来等中共广东领导人商量决定:准备在国民党二大上采取"进攻"政策,即"打击右派,孤立中派,扩大左派",具体做法是"计划在大会上公开开除戴季陶、孙科等人的党籍,在中央执委中我们党员占三分之一,少选中派,多选左派,使左派占绝对优势"②。

鲍罗廷和广东区委的强硬态度引起了莫斯科方面的不安。莫斯科原先就一直推行巩固国民党内部的政策,同时中国北方局势急剧恶化,奉系郭松龄倒戈失败身亡,奉直联合"反赤",致使莫斯科策划和推行的"反奉倒段"计划落空,"首都革命"和建立联合政府成为泡影,加之西山会议派的分裂行为等因素,促使莫斯科对国民党右派采取退让策略,以缓和国民党内部矛盾,从而维护国共合作。因此1925年12月3

---

① 《瞿秋白文集·政治理论编》第4卷,人民出版社1993年版,第532页。
② 《周恩来选集》上卷,人民出版社1980年版,第118—119页。

日,俄共中央政治局召开会议决定:"建议广州人将自己的精力集中在内部的巩固上。"①第二天,即 12 月 4 日共产国际东方部主任拉斯科尔尼科夫给在中国的维经斯基写信也强调"巩固广州",并告诉他一些"内情"。什么内情呢? 就是莫斯科的联共(布)中央政治局中国委员会和最高领导机关本身在拟定给中国的指示信时,认为维经斯基 1925 年 11 月 11 日给莫斯科的书面报告"在总体上和细节上都考虑欠周",并对此进行了"修正"。拉斯科尔尼科夫在信中告诉维经斯基说:"在委员会里,也有人试图把计划同您个人联系起来。我们坚决反对这种做法,同时指出,从您的报告中根本得不出委员会所谴责的、我们也起劲一致谴责的行动纲领。所以曾加强了对北伐的谴责。从颠覆计划等得出的总的一致的印象是您是否太左了,过高地估计了自己的力量和影响,而过低估计了帝国主义者和国民党以外势力的力量和作用。"②

在苏共党内生活日益走向不正常的情况下,维经斯基接到这封信后,其心情可想而知。与此同时,根据中国的情形,维经斯基也认识到,中国革命正面临着国民党右翼和反动势力"南北呼应,同时并进"的局面,一旦国民党内部发生分裂,广东革命局面将毁于一旦。③ 因此,为了瓦解西山会议派、制止国民党内部分裂的进一步恶化,维经斯基与加拉罕采取了以"分化"反"分裂","联络中派以搅垮西山会议派的组织",从而促进国民党团结的策略。这样便有了在上海苏联领事馆里中共领导人与国民党右派分子谈判的不寻常一幕。

大约在这同时,陈独秀正煞费苦心地要从理论上划分国民党新老右派的界线,他撰写了《什么是国民党左、右派?》《国民党新右派之反动倾向》两篇文章,认为西山会议派已公然反动,我们只能当他们是社会上的一种反动派,不能当他们是国民党右派。而以戴季陶主义为思

---

① 中共中央党史研究室第一研究部译:《共产国际、联共(布)与中国革命档案资料丛书》第 1 辑,北京图书馆出版社 1997 年版,第 742 页。
② 中共中央党史研究室第一研究部译:《共产国际、联共(布)与中国革命档案资料丛书》第 1 辑,北京图书馆出版社 1997 年版,第 743—744 页。
③ 《维经斯基在中国的有关资料》,中国社会科学出版社 1982 年版,第 174 页。

想基础的新右派,只要他们不右倾而至于反动,还算是右派而非反动派,但是新右派一开始就带有反动的倾向,这种反动倾向继续发展下去,便和西山会议派一样成为反动派了。陈独秀强调新老右派组织上之分界线,认为已分裂出去的老右派是反动派,而还留在国民党内的新右派应该与之联合作战,也就是分化新老右派,拉拢新右派反对老右派,以分化反分裂。这样,陈独秀的上述思想便成为"上海谈判"的理论依据。

1925年12月23日晚上,经加拉罕同意,维经斯基邀请孙科、邵元冲、叶楚伧三人(他们是与西山会议派有来往的人)到上海外白渡桥的苏联领事馆会谈。据邵元冲日记,维经斯基问他们,对于孙中山制定的联俄容共政策,是否怀疑或动摇?如没有,则一切枝节皆在可讨论之列。孙、邵、叶三人表示对这两点仍然承认,只是他们与广州方面有一些分歧,如果粤方有相当让步的表示,而共产党方面停止对国民党攻击,那么善后问题可以讨论。

第二天,即12月24日,在维经斯基的安排下,邵元冲、叶楚伧、孙科在作了一番谈判之前的准备后,来到驻沪苏联领事馆,与中共中央领导人进行谈判。瞿秋白作为中共领导人之一,与陈独秀、张国焘一起参加了这次"上海谈判"。他是突然接到通知参加的,并不知道会谈的内容。但是对方邵元冲、孙科,他早就认识,与叶楚伧更是在上海民国日报社共过事。

参加谈判的6个人,围坐在领事馆楼下的大客厅里。领事馆的职员没有出面招呼,更没有人参加会议。谈判双方虽然如平常朋友见面一样,互相寒暄,但每个人心里却都很紧张,言词十分谨慎,尽量避免谈及广东、上海、西山等地最近发生的事情,以免惹起是非,双方主要就党务、宣传、国共关系,以及国民党与苏联、共产国际关系问题进行谈论。

陈独秀首先发言,他表示中共并没有包办国民党事务的企图,而且反对这种企图;中共中央已通知各地党部,多推选国民党人士出席国民党二大;中共亦不希望在改选后的国民党中执委里增加共产党方面的人数。陈独秀表示,中共主张国民党的事应由国民党员来负责。而广东的情形也并不像外间所谣传的那样,要排斥某些人士参加代表大会;广东负责当局希望各位先生能步调一致,担负起国民党中央和国民政府的各项责任。陈独秀是根据莫斯科的意图,希望通过这次谈判,拉拢新右派,反对分裂出去的老右派。

在陈独秀有了明确意见后,孙科、叶楚伧、邵元冲三人相继表示,只要情况许可,他们都愿意回到广州参加国民党二大。但他们三人再次重申了排斥共产党人和鲍罗廷等问题的主张。经过双方恳谈,"上海谈判"最后在"排斥共产党人和攻击鲍罗廷"等问题上,双方达成了若干协议。主要内容有:团结在孙中山的三民主义旗帜之下,遵循国民党改组以来的既定政策;支持广州国民党中央及其所领导的国民政府;中共以国民革命为中心任务,继续与国民党合作,但不包办国民党事务;等等。然后,孙科等人将谈判情况致电汪精卫,维经斯基也"照此意电鲍罗廷",陈独秀则负责通知广州的谭平山。

"上海谈判"是体现广东的鲍罗廷和上海的维经斯基以及陈独秀与中共中央之间对中国革命、国共合作等具体问题上意见不一致的典型事例。"上海谈判"结束后,陈独秀派张国焘代表中共中央到广州,按照会谈达成的协议去指导即将召开的国民党二大中的党团活动,实行政治上的退让策略。

因为"上海谈判"是在违背鲍罗廷意愿的情况下进行的,所以当张国焘离开上海一到达广州后,便首先找鲍罗廷沟通。张国焘对当时的情况作了如下回忆。他说,此时鲍罗廷已经知道了一些上海的消息,对此颇为不满。当张国焘"将中共中央关于广州政策的决定和与国民党中派人物孙科等会谈的经过通知他"时,"鲍罗廷对中共中央的政策表示甚大的反感"。他质问张国焘:"为什么广东方面将那些阴谋破坏革命的国民党右派分子驱逐出去,现在却又要将他们请回来?"[1]

很显然,鲍罗廷对这次"上海谈判"极为不解,也大为恼火。同时,一向追随鲍罗廷工作路线的中共广东区委也对维经斯基和陈独秀主持

---

① 张国焘著:《我的回忆》第 2 册,东方出版社 1980 年版,第 70—71 页。

的"上海谈判"有意见。中共广东区委委员周恩来后来在《关于一九二四至二六年党对国民党的关系》一文中批评说："更可惜的是中央居然在上海与戴季陶大开谈判,请戴季陶等回粤;为了争取右派回粤,还特地拍电报到广州把大会延期一个月,等候他们,对右派采取完全让步的政策。"①

参加"上海谈判"的瞿秋白,也有他自己的想法。他在1927年1—2月写的《中国革命中之争论问题》一文中对这次谈判提出了批评,他说:"谈判条件如何,实在无关重要。单是共产党中央为戴季陶派优容,由我们方面'准许'他们回粤,这件事给广州左派政府一个很大的打击。"②1928年瞿秋白在中共六大的政治报告中又一次提到"上海谈判"。这次他将"上海谈判"放到报告的第二大部分"机会主义"一节里。显然,他认为,"上海谈判"是党的历史上一次犯了机会主义错误的事件。他在报告中说道:"在五卅运动、省港罢工发生之后,廖仲恺被刺时,我们也发生过两种的意见:一种是主张极力的去打击右派;一种是主张不可以太过左倾。其次就是国际代表伍廷康(即维经斯基——引者注)在他回国上船之前,忽召集我们(独秀、国焘、秋白)去和孙科、邵元冲、叶楚伧一次谈话。说我们在第二次全国代表大会(国民党的)上,决不要三分之一以上之中央委员等等。汪精卫是左倾的,而我们偏要把他向右拉,给国民党让步。这是很错误的。"③瞿秋白这样反复谈到"上海谈判",并指出其错误,说明他一开始就对这件事情有自己的看法。而他参加"上海谈判"也有迫不得已的苦衷,因为是莫斯科的旨意,他作为一名共产党员,只能服从安排。

为了讨论张国焘从上海带来的关于国共关系的新精神,鲍罗廷特约张国焘及广东区委负责人陈延年等举行会议。在会上,他对"上海谈判"所表现出来的退让倾向进行了指责,认为这是"要不得的安抚政

---

① 《周恩来选集》上卷,人民出版社1980年版,第119页。
② 《瞿秋白文集·政治理论编》第4卷,人民出版社1993年版,第533页。
③ 《瞿秋白文集·政治理论编》第5卷,人民出版社1995年版,第551—552页。

策"①。他主张"国民党左派与中共仍应向右派势力进攻,以期广东局面获得进一步的巩固"②。其理由是,广东的革命形势令人鼓舞,并不是处于低潮。因此,他要求中共广东区委不应该遵守中央的退让政策,可以根据他们对广东情况的真实了解,而提出修改意见。于是,在国民党二大召开前夕的 1925 年 12 月 27 日,广东区委的同志给中共中央发电报(其副本送共产国际执委会),对中央和共产国际执委会代表通过"上海谈判"而联合形成的指示表示不满。他们在电报中指出,整个广东的革命形势很好,没有必要向国民党右派妥协,不仅不能在国民党中央机关中减少共产党人,而且还应当加强。他们认为在国民党中央和省党部,"由于缺乏共产党人团结一致的核心,我们没有建立起左派来。连汪精卫也完全意识到这一点,他也认为需要建立左派"。为此,他们在电报中提出在国民党二大上准备实行不同于中央的新的两种选举方案,请中央选择并批准。"第一方案:国民党中央增加到 30 人,其中三分之一为共产党人。半数候补委员应是共产党人,以便在省里进行工作。第二方案:国民党中央增加到 40 人,其中半数为共产党人,候补委员与第一方案相同。"③

自然这两个方案都没有得到中共中央和共产国际的支持,不仅如此,它们后来还成为共产国际批评广东同志犯错误的有力证据。尽管鲍罗廷和广东区委同志对"上海谈判"有一百个不理解,但毕竟是维经斯基主持的,实际上也是共产国际支持的政策,也就作罢。

当然,"上海谈判"的目的是为了联络中派以分化西山会议派,因此执行谈判达成的协议,其政治效果也并不尽然都是负能量的。正如"俄罗斯解密档案"所指出的那样:"在国民党第二次代表大会前夕,为了瓦解从上海'国民党中央'那里对广州和共产党人发动进攻的国民党右派,中共中央同部分右派的代表孙科(孙逸仙的儿子)等人举行一

---

① 张国焘著:《我的回忆》第 2 册,东方出版社 1980 年版,第 78 页。
② 张国焘著:《我的回忆》第 2 册,东方出版社 1980 年版,第 77 页。
③ 中共中央党史研究室第一研究部译:《共产国际、联共(布)与中国革命档案资料丛书》第 3 辑,北京图书馆出版社 1998 年版,第 449 页。

次会议,建议他们在谴责右派行为、开除少数右派和公开斥责其他右派的基础上同国民党中央言归于好。孙科派接受了这个建议,在报纸上向国民党中央发表声明,表示他们愿意参加代表大会。这一行动当时在右派人士当中产生了强烈影响,对右派队伍起了一定的瓦解作用。一部分右派同孙科一起参加了代表大会,大会通过了关于谴责右派行为并惩处他们首领的专门决议。"①孙科是孙中山的儿子,他的政治态度的转变,对分化国民党右派也许有积极意义。但是不管怎样,孙文主义学会的反共活动仍然气势汹汹。从这个意义上来说,妥协退让是没有出路的。

1926 年 1 月 1 日至 20 日,国民党二大在广州召开。大会开幕式既隆重又热闹,广州市民在看到威严的阅兵式和盛大的游行庆祝活动同时,也接到了从天空翱翔的飞机上飘散下来的宣传国民党二大的文字材料。整个大会的安排显示了广东日益高涨的革命气势。这正是鲍罗廷和汪精卫所需要的效果。

在共产党人和国民党左派密切合作、共同努力下,国民党二大挫败了右派的种种干扰和破坏,通过了《接受总理遗嘱决议案》《中国国民党第二次全国代表大会宣言》《弹劾西山会议议决案》《处分违反本党纪律的党员决议案》,以及关于工人运动、农民运动、青年运动、妇女运动等一系列重要决议案。大会坚持中共一大基本纲领和孙中山的联俄联共扶助农工政策,取得了积极成果。

但是,在选举国民党中央执行委员和监察委员时,共产党作了让步。在国民党二大选举中央委员会前一天,汪精卫将鲍罗廷和张国焘约到一起,交给他们一份他先前预拟的二届中执委名单,向他们征求意见。名单上面有瞿秋白和张国焘。鲍罗廷看了看名单,什么也没有说就把它交给了张国焘。张国焘手捧名单,仔细看了一遍,发现名单中所谓左派和汪有关系的人占多数。张国焘认为,这份名单并没有尊重中

---

① 中共中央党史研究室第一研究部译:《共产国际、联共(布)与中国革命档案资料丛书》第 3 辑,北京图书馆出版社 1998 年版,第 451—452 页。

共中央争取中派的意向,中派的人除了孙科、叶楚伧、邵元冲等人外均未列入。张国焘到广州参加国民党二大是为了执行"上海谈判"协议的。因此,看到这份名单,他表示,他与瞿秋白没有在国民党内担任职务,不必再当选,其余中共党员也可以斟酌减少几个,以符合中共中央不愿多占国民党中委名额的原旨。汪精卫一听,立即表示反对,说:你和瞿秋白都是总理在世时遴选出来的,应当继续当选。张国焘解释说:现在的这份名单中,有些第一届中委的国民党人名字也未列入,那么中共党员退出几个,也是公平合理的。

汪精卫不明白,中共中央为什么不想让更多的共产党员进入国民党领导层。他迷惑地看了看鲍罗廷,希望从鲍那里得到可以理解的答案。但是,坐在一旁的鲍罗廷一言不发。最后,困惑不解的汪精卫,只好同张国焘一起共同商定了中共党员进入国民党二届中委的名单。瞿秋白的名字由张国焘做主被划掉,于是,瞿秋白是不在场的情况下被退出了国民党第二届中执委名单。

鲍罗廷此时的"沉默"其实是抗议。孙中山逝世后,他在处理广东的各种问题上,遭遇到了各种各样的困难,又被国民党右派所反对,而莫斯科和广东的一些俄国军事顾问,也不完全支持他的做法,更让他大伤脑筋的是,上海的中共中央竟背着他与国民党右派分子谈判,而且把他的去留作为谈判的一项重要内容,这使他深感委屈和不满。国民党二大快要结束时,鲍罗廷找到张国焘,告诉他:汪精卫对于中共中央在这次大会前后的表现颇为不满。汪认为中共中央与孙科、叶楚伧、邵元冲等人的谈判,等于是向反对广州的人讨好;同时,中共在二大上采取消极态度,不愿卷入国民党的斗争,有不支持左派的嫌疑。

执行"上海谈判"达成的协议而导致的国民党二大的选举结果是,不仅孙科、戴季陶等右派分子都当选为国民党中央委员,而且在选出的60个中央委员和候补中央委员中,共产党员只占14人,约为1/4弱;在中央监察委员中,右派势力更大。这正如周恩来说的,这次选举结果形成了右派势力大、中派壮胆、左派孤立的形势。

五、重视马列主义理论传播及对革命运动的指导和运用

历史是一条长河,运用整体性研究方法,可知马克思主义中国化的进程应该包括马克思主义的传播、马克思主义对中国革命的指导、马克思主义与中国实际相结合、中国化马克思主义的形成与发展等阶段。马克思主义在中国的传播是马克思主义中国化进程的开启。五四运动以后,瞿秋白作为时代的先进中国知识分子之一,最早直接报导列宁和社会主义苏俄实况,"改译"列宁和斯大林的经典著作,传播列宁主义;他致力于运用马列主义观点分析国情、指导中国革命,为党的新民主主义革命理论和毛泽东思想的形成作出了先行性贡献,是马列主义中国化进程中的优秀先行者;较早地明确提出"革命理论永不能和革命的实践相离"的命题,是中共党内早期最重视马列主义理论和理论联系实际的马克思主义理论家和革命领袖之一。

首先,瞿秋白是最早"现场传播"列宁和新俄实况的共产党人。

1920 年秋天,他借北京《晨报》和上海《时事新报》招聘记者之机亲赴苏俄考察。在世界第一个社会主义国家苏俄,他除了完成驻俄记者的职责外,给自己规定的明确任务是"研究共产主义"①和"理智的研究侧重于科学的社会主义"②。因此,他一到新俄国,就与同行的俞颂华、李宗武在苏俄《消息报》上联名发表《致俄国工人和新闻工作者呼吁书》,指出:"全世界伟大的社会主义导师卡尔·马克思在其关于社

---

① 《瞿秋白诗文选》,人民文学出版社 1982 年版,第 79 页。
② 《瞿秋白诗文选》,人民文学出版社 1982 年版,第 97 页。

会革命的天才学说里给我们指出了创造人类的无产阶级文化和文明的道路"，俄国无产阶级"正是按照他的学说在建设自己的社会"。他们不仅是"伟大导师马克思的光辉思想的第一批继承者和传播者"，而且"为了全世界人民的利益正在首先实现这光辉的思想"。"我们愿意相信，在不久的将来我国人民也将能掌握和实现马克思主义的伟大原则。中国人民几乎完全不了解你们新的社会建设的进程。我们的责任就在于研究这一建设并把它广泛地介绍给我国人民。"①

瞿秋白在这里所说的马克思学说在苏俄的实践，实际上就是马克思主义发展的新阶段——列宁主义。在旅居苏俄的两年中，瞿秋白发现了"一座革命的宝山"。他不仅认同马列主义，而且积极向中国人民宣传报导马列主义在苏俄的实践。两年中，他写了 10 多万字的通讯发表在北京《晨报》上，对苏俄的政治、经济、文化、外交、党的建设、工人组织、农民问题、民族问题、社会建设等情况，作了系统的报导和介绍。"这是十月革命后，中国人第一次向全国人民所作的关于列宁和这个社会主义国家的直接报导。"②瞿秋白在他撰写的《共产主义人间化》的长篇专题报导中，指出共产主义从此不再是社会主义丛书里的一个目录，而是在苏俄开始"人间化"了，是正在实行的现实。

其次，瞿秋白通过"改译"列宁和斯大林的经典著作创新马列主义传播方式。

旅居苏俄两年的瞿秋白，精心钻研了"社会哲学理论"，初步掌握了马列主义的基本原理，找到了解决中国问题的革命真理，并热切地希望运用它来改变中国社会黑暗的现实。1923 年 1 月，他跟随到莫斯科参加共产国际四大的陈独秀回国。

回国后的瞿秋白参加中共中央宣传委员会工作。当时党中央为了加强马列主义的宣传，决定恢复出版《新青年》、创办《前锋》杂志。陈独秀把筹办、主编这两个党刊的重任交给了瞿秋白，同时还安排他协助

---

① 《瞿秋白文集·政治理论编》第 1 卷，人民出版社 1987 年版，第 176—177 页。
② 丁守和、殷叙彝著：《从五四启蒙运动到马克思主义的传播》，生活、读书、新知三联书店 1979 年版，第 202 页。

蔡和森、高君宇等编辑党中央的机关报《向导》。瞿秋白主编改版后的《新青年》，以马列主义作为办刊的指导思想，表现出党的政治理论刊物的鲜明特色，他特意把创刊号办成"共产国际号"专刊，编发的 15 篇著作译文都是关于共产国际的理论和实践。他还在《新青年》上组织编发一系列论辩文章，尖锐批判种种唯心主义思潮，以及对封建主义的复古思想和帝国主义的奴化思想展开批判，澄清思想战线上的混乱，使马列主义在中国先进知识分子和工人阶级中更加深入人心。

　　1924 年，列宁不幸病逝的消息传到中国，瞿秋白连续发表了《历史的工具——列宁》①、《列宁与社会主义》②两篇纪念文章，向全国人民介绍了列宁主义的战斗精神。他指出列宁是"全世界受压迫的平民一个很好的工具"，是"世界社会革命的总指挥者、总组织者"。他称颂列宁不仅能"坐言"而且能"起行"，"最能综合革命的理论和革命的实践"，"最能监察现实"、根据"社会上政治的变机"灵活运用"革命的原则"；他赞誉列宁有高度的"组织力和训练力"，有为革命胜利、共产主义实现而奋不顾身的革命精神，是一位有"百折不挠的意志和极伟大的自信力"的社会主义者，虽然他死了，但却给人类留下了"伟大的新兴阶级国家，纪律严正、组织巩固的革命的俄国共产党，努力奋斗，猛烈攻击世界资本主义的共产国际"。此后，瞿秋白仍致力于列宁主义在中国的传播和运用。1925 年春天，他主编的《新青年》由季刊改为月刊，在第 1 号月刊的封面扉页上，书写着鲜艳的大红字体：我们的旗帜——列宁、我们的武器——列宁主义、我们的任务——全世界革命，表达了中国人民对列宁的崇敬、怀念及实现列宁主义的决心。在这一期《新青年》上，瞿秋白组织了"纪念列宁逝世一周年专号"，登载了列宁的 3 篇著作和介绍列宁生平及思想的 10 篇论著、1 篇专题报导。其中瞿秋白撰写了《列宁主义和杜洛茨基主义》，改译了斯大林撰写的《论列宁主义基础》的长篇论著，将斯大林原文的 10 个部分，改译为 7

---

① 《瞿秋白文集·政治理论编》第 2 卷，人民出版社 1988 年版，第 486—487 页。
② 《瞿秋白文集·政治理论编》第 2 卷，人民出版社 1988 年版，第 501—509 页。

个部分,共有万余字,高度评价了列宁主义。

瞿秋白对斯大林的《论列宁主义基础》的"改译",实际上就是他按照自己的理解翻译了斯大林的《论列宁主义基础》的长文。所谓"改译"就是瞿秋白翻译介绍马列主义经典著作的一种意译方式,是瞿秋白传播马列主义的一种创新。他是第一个向中国翻译斯大林著作的人。1921年,他还在苏联当记者时,就首次"节译"(采取改译方式)了斯大林的两篇文章,即《论党在民族问题方面的当前任务》和斯大林在苏共十大上作的政治报告。这两篇文章在《斯大林全集》中占有重要地位。因为这是斯大林自十月革命后担任第一届苏维埃新政府的民族委员以来,第一次对苏维埃新政府的民族政策所进行的全面论述。它奠定了苏俄此后解决国内复杂的民族问题的基本原则和总策略。瞿秋白采取能为中国读者理解和接受的改译方式,将这两文"节译"成为一个完整的有机整体,作为《共产主义之人间化》的长篇专题报导中的一个部分"民族问题"介绍给中国读者,意在"提携各幼稚民族越过资本主义时代,而直达于共产主义建设",并认为这是苏俄政府运用马克思主义原理解决各民族发展程度不一的复杂问题的"唯一原则"①。他还注意到苏俄民族政策的国际意义。虽然最初制定共产国际文件中的关于民族和殖民地问题的决策者主要是列宁等人,但斯大林提出的民族问题国际意义则是列宁战略性决策的反映和继续。所以瞿秋白对斯大林关于民族问题两文的改译,实际上是在中共创建时期和共产国际代表来华之前,第一次将组成世界被压迫民族统一战线的重要战略决策传播给中国读者。这也是瞿秋白能够在中共三大上坚决支持马林关于建立国共统一战线的最初认识的来源之一。

瞿秋白以"民族问题"为主题改译斯大林的这两篇文章,表明他并不满足停留在向国内传播马克思主义原著的水平上,而是希望进一步介绍苏俄运用马克思主义原理解决实际问题的方法、途径,启迪中国激进知识分子爱国救亡的新思维和新观念,也就是要将马克思主义中国

---

① 《瞿秋白文集·政治理论编》第1卷,人民出版社1987年版,第184—194页。

化。这个美好的心愿,瞿秋白在 1921 年就产生了。

瞿秋白还比较完整系统地向中国人民介绍和宣传了马克思主义哲学原理。1923 年至 1924 年,瞿秋白在上海大学和上海夏令营讲习会讲授《社会哲学概论》《现代社会学》和《社会科学概论》。瞿秋白通过这三部讲稿,将马克思主义历史唯物论和辩证唯物论作为一个完整的科学体系进行比较系统的阐释和介绍;其后,他发表了《实验主义和革命哲学》《辩证法与逻辑》《马克思辩证法的几个问题》《无产阶级之哲学——唯物论》《唯物论的宇宙观概说》《马克思主义之意义》等译著或论文,又进一步阐释、宣传了马克思主义的历史唯物论和辩证唯物论的基本原理。这些对于缺乏理论准备的中国共产党早年的理论建设无疑具有重大的积极的影响,对于无产阶级和革命的知识分子建立新的世界观和方法论,从而认清和批判各种非马克思主义思潮、错误观点,具有突出的意义。这是瞿秋白重视传播马列主义的又一个突出贡献。

再次,瞿秋白用马列主义观点分析国情、指导中国革命,深化了马列主义传播的现实意义,为党的新民主主义革命理论的形成作出了先行性贡献。

没有抽象的马克思主义,只有具体的马克思主义。所谓具体的马克思主义,就是把马克思主义应用到中国具体环境的具体斗争中去。因此,马克思主义中国化进程的深化,便是要运用传到中国后的马克思主义观点方法分析中国国情,解决中国现实问题,指导中国革命运动。瞿秋白接受马列主义观点后,就开始以马列主义为指导研究中国社会问题。他对中国国情的考察,从系统研究中国社会发展和近代中国现实经济政治状况开始,尤其是创造性地分析了帝国主义入侵后的中国社会各阶级状况及其相互关系,并在此基础上提出了许多深刻而又符合中国实际的重要思想,初步形成了党的新民主主义革命理论。

依据列宁关于帝国主义的理论,瞿秋白回国后发表的一系列论著的一个主要内容就是,"揭发各国帝国主义联合压迫中国的真相"①。

---

① 《瞿秋白文集·政治理论编》第 3 卷,人民出版社 1989 年版,第 250 页。

他指出,帝国主义是怎样压迫侵略中国的呢？一是用兵力战败中国后便强迫割地赔款,二是用经济方法抢夺中国人的"生财之道"(工商业,财政来源)等,三是从政治文化上要求各种特别权利,如租界、治外法权以及传教与开办学校等。在帝国主义的压迫下,一方面中国民族资本主义无从发展,另一方面封建剥削制度又被维持。因而,中国社会在帝国主义统治之下,只能够保存着封建式的土地关系,中国经济在帝国主义统治之下,就只有走殖民地化的道路。所以瞿秋白明确指出:中国现在的地位是半殖民地,现在的中国经济政治制度的确应当规定为半封建制度。这就分析得出了中国半殖民地半封建的社会性质。

瞿秋白进一步撰文指出:由于帝国主义侵略者的扶持,由于中国经济分散落后而造成的割据局面,"因此就造成了军阀统治的政治形势"。帝国主义"以军阀为工具",军阀"借帝国主义作后盾",帝国主义与封建势力结成反动的政治同盟,残暴地压迫中国人民。这是中国近代政治现象的根本特征。①

不仅如此,他还指出,在帝国主义侵入中国以后,中国社会发生了剧烈变动,中国的阶级关系也随之发生变化。他说:由于帝国主义入侵,"中国社会进化过程,进到封建制度崩溃、资本主义的建立、稍稍有一点工业的时期,社会中阶级的对立成为特殊的现象:一方面是工农阶级,一方面是封建的余孽地主,和殖民地半殖民地上畸形的资产阶级,帝国主义的掮客——买办阶级"。他把当时中国社会的阶级区分为工人阶级、农民阶级、小商人和手工业者等构成的小资产阶级以及民族资产阶级,与之对立的是地主阶级、买办阶级或官僚买办阶级,并进一步指出:中国的统治阶级是地主、买办、军阀、帝国主义,中国的革命势力是小商人、工人、农民。② 而由于帝国主义入侵,中国社会"陷入极大的、极复杂的矛盾之中",具体体现在五个方面:一是帝国主义列强之间为争夺在中国的势力范围而引起的帝国主义之间的矛盾;二是帝国

① 《瞿秋白文集·政治理论编》第 2 卷,人民出版社 1988 年版,第 114—115 页。
② 《瞿秋白文集·政治理论编》第 4 卷,人民出版社 1993 年版,第 386 页。

主义列强"与中国极大多数工农民众之间的利益矛盾",这些矛盾"同时含着帝国主义与中国资产阶级之间的矛盾";三是帝国主义列强为了分割中国、划分势力范围,分别支持各派大小军阀的割据而引起的豪绅、军阀之间的矛盾;四是豪绅、地主与资产阶级之间的矛盾;五是农民与地主、劳动与资本的根本矛盾。在这诸多矛盾中,帝国主义与中国人民的矛盾是中国社会最主要的矛盾。瞿秋白指出,中国社会中"这许多矛盾的错综纠葛,并没有得着丝毫妥协改良式的解决,并且更加深入和激厉起来"①,中国革命正是为了彻底解决这些矛盾而产生和发展的。

瞿秋白运用马列主义观点分析认清了中国基本国情后,接着指出了现阶段中国革命的对象、任务、动力、性质和前途。首先,他指出:由于"帝国主义是中国一切反动力量底组织者和支配者",因此"帝国主义是中国革命的主要敌人",是中国革命的主要对象。同时,"反对帝国主义,即要反对军阀、地主、豪绅,因为帝国主义是以军阀、地主、豪绅作为剥削中国的主要基础"。认清了中国革命的对象,瞿秋白接着明确指出中国革命的任务是:"(一)驱逐帝国主义者,完成中国的真正统一;(二)完全取消地主阶级的权利,将土地交给耕田的农民,将乡村里封建制度完全消灭。"②那么革命的动力是什么呢? 就是无产阶级领导下的农民群众和小资产阶级。瞿秋白还在多篇文章中分析了资产阶级在参加革命的同时还具有妥协性的一面。基于对中国国情的具体分析和认识,瞿秋白在阐述中国革命性质时,一方面批评了认为中国革命已经是社会主义革命的观点,另一方面也批评了认为中国的民主革命与西方的资产阶级民主革命是一样的观点。他提出了自己的正确主张,即中国革命必须分两步走,第一步是民主革命,其首要任务是"打倒帝国主义和军阀",使中国"摆脱封建宗法制度束缚和帝国主义的剥削",争得"民权主义的民权和民族经济的解放"③;第二步才能行向或"转

① 《瞿秋白文集·政治理论编》第5卷,人民出版社1995年版,第468页。
② 《瞿秋白文集·政治理论编》第6卷,人民出版社1996年版,第245页。
③ 《瞿秋白文集·政治理论编》第4卷,人民出版社1993年版,第39—40页。

变"为社会主义革命。"所以中国现时革命的职任,还并非推翻资产阶级统治之无产阶级革命,而多分是资产阶级民权主义性的革命"①。但是,"中国革命虽是资产阶级性的,然而他与世界无产阶级联盟而反抗列强帝国主义;他的胜利的前途,不能不超出资产阶级性的范围,而过渡于非资本主义的发展"②。就是说,中国革命前途不是资本主义,而是社会主义。

瞿秋白应用马列主义于中国国情,明确指出现阶段中国革命的对象、任务、动力、性质和前途后,还为中国革命提出了夺取胜利所应采取的基本策略。一是提出无产阶级在资产阶级民主革命中要争夺领导权的思想,他在 1923 年回国后所撰写的一系列理论文章中始终强调这一点;二是对民主革命中的农民问题和土地问题由最初"差不多没有注意"到 1925 年 9 月党的四届二次会议上坚决赞成"耕地农有"的主张,此后一直非常重视农民问题,重视农民在中国革命中的地位和作用,重视土地问题的解决,强调建立农民政权、开展土地革命的重要性;三是既强调无产阶级与资产阶级建立联合战线的重要性,又始终坚决要求无产阶级在联合战线中必须"保持阶级的独立性",争夺革命的领导权;四是重视暴力革命和建立革命军队的问题,他从 1923 年起发表多篇文章论述中国人民必须以武装斗争去反抗残暴的敌人,他说既需要"武装革命",又需要"群众运动",应当把它们结合起来,以此推动中国革命的发展。瞿秋白的理论探索和正确主张对当时中国革命斗争事业具有重要的指导意义。

最后,瞿秋白较早地明确提出了"革命理论永不能和革命的实践相离"的命题,为马列主义中国化指明了方向。

马列主义理论与中国革命实际相结合的进一步发展便是马列主义中国化。如前所述,瞿秋白非常重视马列主义理论的研究和宣传。他一再引用列宁的教导:"没有革命的理论,决不能有革命运动。"③强调

① 《瞿秋白文集·政治理论编》第 4 卷,人民出版社 1993 年版,第 482 页。
② 《瞿秋白文集·政治理论编》第 4 卷,人民出版社 1993 年版,第 486 页。
③ 《瞿秋白文集·政治理论编》第 3 卷,人民出版社 1989 年版,第 29 页。

掌握和宣传马列主义的重要性。但是,瞿秋白更重视理论联系实际,强调运用马列主义研究和指导中国社会革命实际问题的重要性。在中国革命斗争中,瞿秋白较早地明确提出了"革命的理论永不能和革命的实践相离"这一命题,并一再强调中国的马克思主义者必须"应用革命理论于革命实践"。他将自己从 1923 年 1 月至 1926 年 12 月在《新青年》《向导》《前锋》《民国日报》等报刊上发表的重要政治论文及部分文艺杂著,自编成一本《瞿秋白论文集》,并给自己的这本论文集写了自序。他在《自序》的一开头就强调指出:"革命的理论永不能和革命的实践相离。"他说:"中国的有马克思主义理论,自然已经很久;五四运动之际,《新青年》及《星期评论》等杂志,风起云涌的介绍马克思的理论。我们的前辈:陈独秀同志,甚至于李汉俊先生,戴季陶先生,胡汉民先生及朱执信先生,都是中国第一批的马克思主义者。但是,只有陈独秀同志在革命的实践方面,密切的与群众的社会运动相联结,秋白等追随其后,得在日常斗争中间,力求应用马克思主义于中国的所谓国情。"①

瞿秋白在《自序》中指出:中国革命实践的需要,正在很急切地催迫着无产阶级的思想代表,来解决中国革命中之许多复杂繁重的问题。"没有牛时,迫得狗去耕田",这确是中国马克思主义者的情形。秋白是马克思主义的小学生,一直在陈独秀同志指导之下,努力做这种"狗耕田"的工作,自己知道是很不胜任的。然而应用马克思主义于中国国情的工作,断不可一日或缓。②

正是有了这样一种认识的高度,瞿秋白在推动马克思主义中国化方面,做出了很多先行性的贡献,不愧为伟大的马克思主义理论家。

① 《瞿秋白文集·政治理论编》第 4 卷,人民出版社 1993 年版,第 414 页。
② 《瞿秋白文集·政治理论编》第 4 卷,人民出版社 1993 年版,第 415 页。

第五章

共产国际远东局的"常任副代表"

1926 年上半年,鉴于国共合作领导的中国革命局势错综复杂,共产国际执委会决定在上海设立远东局,按照联共(布)中央政治局会议的决定,中国共产党领导人陈独秀与瞿秋白参加远东局工作。在担任远东局"常任副代表"期间,瞿秋白不仅参与了远东局对中国革命的领导工作,而且以其长期积累起来的理论素养和出众的才华,特别是语言方面的优势,在帮助远东局贯彻落实莫斯科关于中国革命的方针政策、全面了解"三二〇事件"后广州政治形势和社会状况、协调维经斯基和鲍罗廷的关系等方面发挥了特殊的作用;同时,在一些对中国革命具有关键性影响的问题上,他也能够摆脱远东局的某些错误指导,提出自己的独立见解。

一、布勃诺夫使团与"三二〇事件"

1925 年 12 月,布尔什维克党十四大决定将俄共(布)改称为全联盟共产党(布尔什维克),简称联共(布)。这时,由于联共(布)党内斗争加剧,莫斯科最高决策层内部形势发生变化,以季诺维也夫、加米涅夫和托洛茨基为首的"新反对派"在许多内外政策上反对斯大林多数派,中国问题渐渐进入他们争论的范围。同时,广东革命根据地出现了使莫斯科备受鼓舞的形势:一是广东清除了敌视广州政府的军队,在政府内和在国民党领导中加强了以汪精卫为首的左派领导人的地位;二是确立了国民党在国民革命军中的政治军事领导,展开了对进行北伐以夺取全国政权的宣传工作和实际准备工作;三是持续数月的省港大罢工和广东对香港的经济封锁仍在进行;四是国民党领导由于关心其军事、政治基础的巩固和群众的支持,表面上越来越向左转。但是在广州政府取得一些实际成就和国民党表面上向左转的同时,国民党内的新老右派势力或公开或暗中加紧活动和联合,共同破坏联俄容共政策。

而此时在中国问题上,驻华苏联工作人员却又存在着严重的意见分歧。首先是加拉罕与鲍罗廷在是否结束省港罢工问题上产生了不同意见。加拉罕与鲍罗廷自从1923年8月一起到中国工作后,两人一直配合默契,成为苏俄在中国一北一南的重要驻华代表人物。加拉罕为苏俄驻华全权代表,负责处理与中国的外交事务,其实也是鲍罗廷的上级领导。但是在省港罢工坚持几个月后,加拉罕从外交角度考虑,觉得应该及时结束省港罢工,而鲍罗廷从省港罢工的政治威力和工人纠察队对维护和巩固广东革命根据地的作用方面考虑,认为要暂缓结束罢工。

其次是在广州的苏俄军事总顾问季山嘉对鲍罗廷不满。从孙中山逝世到国民党二大召开,鲍罗廷成功地探索出了掌握国民党政治倾向的方法和最佳策略,有效地控制了国民党,从而赢得了国民党和国民政府高层人士以及大部分驻广州苏联顾问的支持和钦佩。但是有一个人对鲍罗廷的做法并不满意,他就是代理加伦将军担任苏联军事顾问团团长的季山嘉。1925年秋,加伦因病回国,季山嘉接替了他的职务。季山嘉原名尼古拉·弗拉基米尔洛维奇·古比雪夫,1893年12月出生,毕业于亚历山大军事学院,参加过第一次世界大战。1918年参加红军。1922年至1923年,在喀琅施塔得要塞任司令兼政委。季山嘉到广州后,对鲍罗廷过于依赖汪精卫和蒋介石、经常干涉军事顾问团的工作很反感,对鲍罗廷在广州政坛上行使纵横捭阖的政治手段也看不惯,尤其认为鲍罗廷对共产党人在国民党中的地位问题的认识和态度是错误的。季山嘉担任军事顾问团长后,提出广州国民革命军转型(由先前各自为政转向严格集中)的主张,没有得到鲍罗廷的支持,为此他非常不满。国民党二大后,鲍罗廷因"上海谈判"以及与季山嘉的矛盾而闹得心情郁闷,便以"回国述职"为由,向国民党中央政治委员会请假,于2月3日离开广州。走前,他告诉季山嘉,其工作暂时由季山嘉承担。得知这一情况,季山嘉便写信给在北京的苏联驻华使馆武

181

官叶戈罗夫说:"坦率地说,我很不想为华南的国民运动承担全部责任,如果有谁来取代鲍罗廷,那我是最满意不过的了。但是反对鲍罗廷离开的话我也说不出来。我认为,鲍罗廷工作方法僵化,其危害越来越大。……最近我和鲍罗廷同志很少争吵,因为他在我的强大攻势下认输了,基本上不再干预我的工作。"①

再次是如前所述,维经斯基与鲍罗廷在处理国共关系方面产生了矛盾。维经斯基认为应该用拉拢和分裂国民党右派分子的办法,去分化和打击国民党右派势力,因此,他背着鲍罗廷在上海与同西山会议派有瓜葛的孙科、叶楚伦、邵元冲等右派分子谈判,且以鲍罗廷的去留为话题;而鲍罗廷则认为对国民党右派分子应采取强硬态度,致力于在广州建立一个国民党左派政权,因此对"上海谈判"极为不解,而且非常恼火。

此外,苏联军事顾问们在国民革命军的下一步发展战略上也存在分歧。一派人认为,广东现有的国民革命军能够在两三个月内打败华中的军阀,并进而乘胜向北京进军;另一派人坚持认为,北伐的时机尚未成熟,主张继续在广东开展政治工作,其他省份也要着手进行同样的工作,必须将黄埔训练军队的方式扩大到整个国民革命军,同时也要保证北伐的物资储备。这样在一两年后,北伐的计划方可实行。

复杂的中国革命局势和苏联驻华工作人员之间的矛盾,引起了苏联领导人的严重不安。为了"就地"弄清楚中国究竟发生了什么事情并对事态的发展趋向和前景作出评估,1926 年 1 月 4 日,托洛茨基给联共(布)中央书记处写信,建议向中国派出一个有权威的政治使团。他说:

> 中国日益扩大的事态可能对许多年具有决定性意义,因此我再次提出派遣一个权威的政治使团问题,它可以就地作出必要的

---

① 中共中央党史研究室第一研究部译:《共产国际、联共(布)与中国革命档案资料丛书》第 3 辑,北京图书馆出版社 1998 年版,第 15—16 页。

和刻不容缓的决定。①

经过 10 天的筹备和物色使团成员,1926 年 1 月 14 日,联共(布)中央政治局召开会议决定:向中国派出一个享有广泛权力的政治局检查团,以联共(布)中央书记兼红军总政治部主任布勃诺夫(伊万诺夫斯基)为团长,其成员有库比雅克、列普赛、隆格瓦和加拉罕等 10 余人。这个联共(布)中央政治局检查团,实际上就是莫斯科派到中国来的一个秘密的高级调查委员会,又称"布勃诺夫使团",其任务:

①弄清中国的局势并报告政治局;②同加拉罕同志一起就地采取一切必要的措施,这些措施不需要政治局批准;③整顿派往中国的军事工作人员的工作;④检查向中国正确选派工作人员的保证情况和如何指导他们的工作。②

1926 年 2 月上旬,布勃诺夫使团悄然到达中国,住在北京的苏联驻华使馆。使团接连听取了加拉罕、鲍罗廷关于中国形势的长时间汇报。鲍罗廷在这次汇报中表现得十分自信和乐观。他认为,1925 年虽然孙中山去世、廖仲恺被刺,但是广州的革命形势不仅没有受到影响,而且还形成了一个统一的巩固的政权。在国民革命军"6 个军和 6 个军长当中,可以认为有 4 个是完全可靠的",另外 2 个也是可以争取的。③ 鲍罗廷指的 4 名"可靠的"军长是:第一军军长蒋介石,第二军军长谭延闿,第三军军长朱培德,第六军军长程潜。

在布勃诺夫使团由决定组成到进入中国的这个期间(1925 年年底至 1926 年年初),一面是国民党新老右派掀起反共逆流,一面是中共中

---

① 中共中央党史研究室第一研究部译:《共产国际、联共(布)与中国革命档案资料丛书》第 3 辑,北京图书馆出版社 1998 年版,第 13 页。
② 中共中央党史研究室第一研究部译:《共产国际、联共(布)与中国革命档案资料丛书》第 3 辑,北京图书馆出版社 1998 年版,第 21—22 页。
③ 中共中央党史研究室第一研究部译:《共产国际、联共(布)与中国革命档案资料丛书》第 3 辑,北京图书馆出版社 1998 年版,第 140—141 页。

央按照共产国际的指示,反击与退让,错综交织,但以退让为主。瞿秋白置身其旋涡之中,身心俱疲,肺病加重,以至吐血住进医院。2月下旬,瞿秋白肺病稍有好转,就接到通知,赶到北京,参加21日至24日召开的中共中央特别会议。此前,陈独秀已"失踪"一个多月,实际上因病住院。当时陈的秘书任作民将情况报告给瞿秋白、彭述之、张国焘等,他们派人四处找寻而不得。于是,敌人趁机造谣,蛊惑人心。为此,瞿秋白撰文反驳。北京特别会议刚开始,上海传来消息,说陈独秀能扶病工作了,北京的与会者终于大松一口气。北京特别会议对时局与共产党的主要任务、中央地址问题、国民党工作问题、北方区政治军事工作问题、广东(国共关系)问题、三特区工作问题、河南问题、铁总问题、开办最高党校问题、应付目前北方战争的宣传问题等进行了讨论,并就这些问题形成了有关决议,如"决定在北京及广州各办一长期党校"①。在作出的所有决定中,其中最重要的是支持国民革命军北伐,为此要抓紧农民工作,建立工农联盟的基础。

布勒诺夫使团,在北京听完汇报后,便与加拉罕一起到包头、张家口会见冯玉祥,了解国民革命军与冯玉祥的国民军合作的可能性以及列强(特别是英国)干涉中国革命的可能性问题。3月初,使团到达上海,与陈独秀就当时国民党内部状况和广东形势进行了讨论,分析了北伐的利弊和时间等问题。3月13日,布勒诺夫使团到达广州,会见了广东石油联合会的代表,为解决当时封锁香港造成的广东石油不足的现象,约定继续供给煤油和石油等。但是,一周后使团全体人员在广州被蒋介石软禁。因为他们遭逢了1926年3月20日发生在广州的"中山舰事件",又称"三二〇事件"。

"三二〇事件"使莫斯科大吃一惊。因为1926年2月17日至3月15日共产国际执行委员会在莫斯科举行第六次扩大全会。共产国际执委会主席季诺维也夫在工作报告中说:"有40万党员的国民党,历

---

① 中央档案馆编:《中共中央文件选集(1926)》第2册,中共中央党校出版社1983年版,第38页。

史的'明天'将使它在全中国掌权,而它却在思想上赞同我们,这已经是巨大的成就了。"全会在作出的《关于中国问题的决议》中把广州政府看成是"未来的国内革命民主建设的典范"①。共产国际执委会在这次会议上根据联共(布)中央的建议,批准国民党以"同情党"的名义参加国际,而且推选蒋介石为共产国际主席团的名誉委员。然而谁会料到就在全会闭幕后第5天,即3月20日,这个"名誉委员"在被誉为"典范"的广州政府所在地,制造了"三二〇事件"。这对莫斯科及其所有在华工作人员以及中共和陈独秀来说,当然非常意外。

其实鲍罗廷在向布勃诺夫使团汇报时,对广州的政治形势产生了误判。其误判的原因是他忽视了汪、蒋政局的不稳定性和国民党右派势力对广州政局稳定的破坏性。他对广州政治形势中存在的潜在性危险缺乏足够的估计,而且对孙文主义学会的危险性也没有给予足够的重视。布勃诺夫使团到广州后,从鲍罗廷的翻译兼秘书张太雷那儿听到的汇报与鲍罗廷先前在北京汇报时所表现出来的乐观情形是截然相反的。张太雷向使团汇报广东政治形势时,特别对国民党右派的进攻表示了担忧。他说:"现在的形势与谋杀廖仲恺前夕的形势相仿,到处是谣言和传单。"②张太雷的预感没有错。

"三二〇事件"是蒋介石一手制造的。其事件的导火线是中山舰开动问题。1926年3月18日晚,海军局代理局长、共产党员李之龙接到命令,将中山舰开到黄埔。3月20日,蒋介石以中山舰舰长李之龙"叛乱"、共产党"阴谋颠覆广东政府"等谣言为由,下令在广州实行紧急戒严,收缴工人纠察队枪械,逮捕李之龙,扣押第一军和黄埔军校中的共产党员。同时,包围苏联顾问团总部及顾问们在广州的驻地东山、苏联领事馆和省港罢工委员会,以及汪精卫的住宅,并且限制了刚到广州不久的布勃诺夫使团成员的自由。

---

① 中国社会科学院近代史研究所翻译室编译:《共产国际有关中国革命的文献资料(第一辑)》(1919—1928),中国社会科学出版社1981年版,第117、136页。

② [苏]切列潘诺夫著:《中国国民革命军的北伐———一个驻华军事顾问的札记》,中国社会科学出版社1981年版,第385页。

事件发生时,鲍罗廷不在广州而在北京,维经斯基正在莫斯科出席共产国际执委会第六次全会,中共广东区委书记陈延年到上海参加紧急会议刚回广州,远在上海的中共中央看到报上的消息感到莫名其妙,但又没有自己的电台,无法准确了解事件的真相,更不能及时对事变提出处理意见。

关于广州"三二〇事件"发生的原因,从那时至今没有一个历史定论。国共两党、苏联顾问、当事人都各有说法,有的认为是"误会"是"偶然"因素所致,有的说是国民党新老右派结合、早有准备的必然结果,有的认为是苏联顾问面对中国军人举措失当造成的后果。作为当事人,蒋介石在《中山舰李之龙事件经过详情》①中认为,他的周围有"倒蒋"阴谋。蒋介石叙述道:3 月 18 日那一天夜晚,无缘无故,开两艘兵舰到黄埔来,一艘是中山舰,另外还有一艘是宝璧舰,这两舰是在广东最大的舰。第二天上午,恰逢汪精卫打电话问他去不去黄埔,他说还不能确定。一个小时后,李之龙打电话给他,请示他同意将中山舰开回广州。于是当日下午中山舰回省城(广州),开到省城的时候,已是天黑了。蒋感到奇怪:"为什么既没有我的命令要中山舰开去,而他要开回来,为什么又要来问我? 因为从来开船,并没有来问过我的。"后来问李之龙:"哪个叫你开去的? 他说:是校长的命令;又说:是教育长命令。我要他拿命令来看,他说没有,是打电话来的。这事情模糊极了。等到中山舰回省城之后,应该没有事情,就要熄火。但他升火升了一夜晚,还不熄火,形同戒严。"蒋还说:"至于有人说季山嘉阴谋,预定是日待我由省城乘船回黄埔途中,想要劫我到中山舰上,强逼我去海参崴的话,我也不能完全相信,不过有这样一回事就是了。但是如果真有这事情的话,我想李之龙本人亦不知道他究竟为什么,他不过是执行他人命令而已。"②

---

① 中共中央党史研究室第一研究部编:《共产国际、联共(布)与中国革命档案资料丛书》第 5 辑,北京图书馆出版社 1998 年版,第 141—147 页。

② 中共中央党史研究室第一研究部编:《共产国际、联共(布)与中国革命档案资料丛书》第 5 辑,北京图书馆出版社 1998 年版,第 147 页。

蒋介石说中山舰 3 月 18 日开到黄埔是"无缘无故",其实不然。那天是因为由上海开往广州的商轮安定号遭遇土匪抢劫,有人向黄埔军校求助,军校值班人员当即电请驻省办事处迅速派船来,以备应急。办事处主任随即向海军局请援,海军局当天夜里即令中山舰出动。19 日晨,中山舰遂驶往黄埔。是日上午,恰因布勃诺夫使团提出要参观中山舰,李之龙于是又打电话请示正在广州的蒋介石,告之苏联考察团要参观一事,询问可否将中山舰调回。恰好此前汪精卫几次问他是否回黄埔,蒋正疑心汪的用意,一听说中山舰没有他的命令已开去黄埔,马上怀疑其中有诈。刚好那几天,他的赴俄护照得到批准,于是本来就神经兮兮的蒋介石,铁定地认为有人要强逼他去苏联。可见,所谓汪、季联合要"武装倒蒋",纯粹是蒋介石的个人臆断。不过,蒋介石却因此借机剔除了阻碍他个人前程的汪精卫和共产党人。

事件发生后,有权力表态并提出处理意见的布勃诺夫使团采取了妥协退让的策略。1926 年 3 月 22 日,布勃诺夫和第一军顾问斯切潘诺夫同去访问蒋介石。蒋向布指出苏联顾问的许多错误,布向蒋表示歉意和继续合作的意图。3 月 24 日,布勃诺夫召集在广州的苏联顾问开会,认为"三二〇事件"的发生,是由于军事工作和总的政治领导方面的严重错误引起的。他说,苏俄军事顾问的管理太严格、太集中、太突出,没有考虑到中国军官的心理和习惯。他强调要从事件中吸取教训,克服一切过失行为,否则会吓跑大资产阶级,引起小资产阶级动摇,使尚未根除的中国军阀主义习惯势力又重新复活,加剧国民党左翼同右翼的矛盾,引起反共浪潮,等等。会议决定苏俄顾问团正副团长季山嘉、罗加乔夫离职回国,加伦将军返任。[①]

仿佛是倒塌的多米诺骨牌,此后发生了接二连三的退让,其结果是:中山舰的军权被蒋介石夺取;国民革命军第一军的全体共产党员被驱逐,党代表制度被取消;由黄埔军校革命军人组织的青年军人联合会

---

① 中共中央党史研究室第一研究部编:《共产国际、联共(布)与中国革命档案资料丛书》第 5 辑,北京图书馆出版社 1998 年版,第 192 页。

被解散;国民党左派、国民政府主席汪精卫"失踪"（去了法国）;10 余名苏联顾问被解聘回国。与此同时,蒋介石的地位扶摇直上,一身多任,既是国民党中央执行委员会军事委员会主席、国民党中央组织部长、国民革命军总司令,又是国民党中央执行委员会常务委员会主席,党政军一肩挑,形成了蒋介石就是国民党、国民党就是蒋介石的政治局面。

"三二○事件"发生前后,瞿秋白由于肺病严重复发,经中央安排入院治疗。病情稍有好转后,他便在医院里开始撰写《俄国革命运动史略论》一书,这是他早就想实现的一个心愿。由于生病、远在上海、情况不明,以及埋头撰写俄国革命史,瞿秋白对广州发生的事变没有给予很多的关注,也没有提出比较有影响的意见。当然,以他当时在中央的地位也不可能提出什么有影响的意见。但是瞿秋白在出院后的1926 年 4 月 7 日撰写的《北京屠杀与国民革命之前途》一文中还是谈到了广州事变。他写道:"刚巧在三月十八北京屠杀的时候,广州国民政府之下反动派阴谋也在这时候爆发出来。"①这说明瞿秋白对"三二○事件"的性质看得很清楚:它是反动派制造的一个阴谋。

尽管瞿秋白不在广州,但 1926 年 5 月 15 日在广州召开的国民党二届二中全会还是与瞿秋白扯上了一点关系。这次会上,蒋介石以调整共产党与国民党的关系为由,与其他人联名提出《整理党务案》《选举中央执行委员会主席案》,他自己又单独提出《国民党与共产党协定事项案》和《全体党员重新登记案》。这四个提案后来被统称为"整理党务案"。其中《整理党务案》的内容主要有两大点:一是"确定整理党务之四项原则",二是"组织国民党与共产党之联席会议"。6 月 19 日,国民党中央执行委员会致信中共中央执委会,说是根据《整理党务案》的规定,要组织国共两党联席会议,他们方面已推举张静江、谭延闿、蒋介石、吴稚晖、顾孟余 5 人为国民党参加联席会议的代表,信中要求中共中央推定 3 名代表,使联席会议早日成立。7 月 12 日至 18 日,在上

① 《瞿秋白文集·政治理论编》第 4 卷,人民出版社 1993 年版,第 27 页。

海召开的中共四届三中全会扩大会议决定瞿秋白、谭平山、张国焘为联席会议的代表。维经斯基作为第三国际代表被聘为联席会议顾问。

但是,维经斯基的任命要经过联共(布)中央政治局中国委员会批准。1926 年 7 月 8 日,拉斯科尔尼科夫致便函给联共(布)中央政治局中国委员会说:"广州成立了专门的'联络委员会'来调解国共两党关系问题。委员会将由五名国民党员和三名共产党员组成。维经斯基同志将是参加该委员会的共产国际执委会代表。请中国委员会批准此项任命。"①维经斯基此时被聘为联席会议的顾问,与共产国际执委会在上海设立远东局有关。

二、共产国际远东局在上海设立

共产国际执委会决定在上海设立远东局,从动议到最终落实,其决策过程经历了大约一年的时间。早在 1925 年 5 月 16 日,共产国际执行委员会东方部负责人拉斯科尔尼科夫、维经斯基给共产国际执委会主席团提供了一份书面报告,其中提出了一条建议,即"在中国组建由共产国际、红色工会国际和青年共产国际代表组成的共产国际远东局,以便领导远东国家和太平洋地区的工作"②。

但是这个建议一直没有得到答复。这是因为莫斯科最高决策层对中国的情况还不十分清楚。为了进一步弄清中国的确切情况,明确自

① 中共中央党史研究室第一研究部译:《共产国际、联共(布)与中国革命档案资料丛书》第 3 辑,北京图书馆出版社 1998 年版,第 335—336 页。
② 中共中央党史研究室第一研究部译:《共产国际、联共(布)与中国革命档案资料丛书》第 1 辑,北京图书馆出版社 1997 年版,第 622 页。

己在中国问题上的立场,斯大林除了在 1926 年 1 月初派出布勃诺夫使团到中国外,还于 2 月中旬向刚刚从中国回到莫斯科的维经斯基询问有关中国的问题。2 月 16 日,维经斯基根据要求在莫斯科给斯大林回复了一封信,简要回答了斯大林提出的有关问题。①

布勃诺夫使团对中国情况的调研,特别是 1926 年 3 月 20 日广州发生的出人意料的"三二〇事件",使莫斯科感到有必要对远东地区特别是中国的革命运动加强组织领导。这些促使莫斯科将共产国际执行委员会东方部负责人彼得罗夫(又叫拉斯科尔尼科夫)、维经斯基等人此前提出的必须在中国组建共产国际远东局的建议重新翻检出来。于是 3 月 25 日联共(布)中央政治局召开会议,会议在强调国共破裂"是绝对不能允许的"同时,决定"不反对在上海成立共产国际远东局,组成人员先由中央组织局确定"②。

1926 年 4 月 24 日,还在莫斯科的维经斯基,给陈独秀写了一封信,信中就有关工人运动、农民运动、国民党和联合反帝力量的策略和总的工作等问题给中共提出了一些建议后,他写道:"最后我要对您说,很可能,在中国将成立共产国际远东局。它会给您的整个工作以很大帮助。我不知道,我能否很快到您那里去,因为在执委会改组以后,我需要在这里逗留几个月,安排远东书记处的工作。但不管怎样我希望能在夏天去同您一道工作。"③从这段话中可以看出,维经斯基实际上已经知道自己将要成为在中国上海成立的共产国际远东局的牵头人。4 月 29 日,联共(布)中央政治局召开会议,决定"批准远东局以下组成人员在华工作:维经斯基(主席)、拉菲斯、格列尔、福京和中朝日三国共产党代表同志"④。

---

① 中共中央党史研究室第一研究部译:《共产国际、联共(布)与中国革命档案资料丛书》第 3 辑,北京图书馆出版社 1998 年版,第 93 页。
② 中共中央党史研究室第一研究部译:《共产国际、联共(布)与中国革命档案资料丛书》第 3 辑,北京图书馆出版社 1998 年版,第 182 页。
③ 中共中央党史研究室第一研究部译:《共产国际、联共(布)与中国革命档案资料丛书》第 3 辑,北京图书馆出版社 1998 年版,第 221—222 页。
④ 中共中央党史研究室第一研究部译:《共产国际、联共(布)与中国革命档案资料丛书》第 3 辑,北京图书馆出版社 1998 年版,第 237 页。

至此,经过联共(布)中央政治局的几次会议,共产国际执委会远东局终于完成了它在组织上的组建过程。共产国际执委会在中国上海设立远东局要经过联共(布)中央政治局召开会议决定,这个事实说明了两个问题:一是远东局设立的原因与当时联共(布)中央总体对华政策紧密相关;二是远东局同其他苏联在华机构一样,是执行联共(布)中央对华政策的境外机构之一。

远东局的设立,从某种意义上来说是为了执行莫斯科对华"喘息"政策的。促使莫斯科考虑和批准被搁置了将近一年的彼得罗夫和维经斯基关于在中国设立共产国际执行委员会远东局的提议,是因为中国的政治形势和国共合作的局势此时出现了令莫斯科担忧的因素。

首先,北方政局的发展没有实现莫斯科的预期,使得联共(布)中央不得不采取谨慎的对华政策。在中国建立一个革命的红色政权,一直是莫斯科努力的方向。苏俄和共产国际从看好吴佩孚到援助孙中山,从帮助建立中共到实行国共合作,都是为了实现这个战略目标所作出的努力。1924年北京政变发生后,莫斯科又将援助目光投向冯玉祥及其国民军。但是,冯玉祥的政变只换来一个皖系军阀的"段执政",加之孙中山逝世,北方政局没有发生实质性的改变。特别是1925年年底,由加拉罕一手策划的郭松龄倒戈反奉行动失败,而日本趁机在大沽口炮轰国民军,迫使冯玉祥下野,国民军失败。于是,一向被苏俄视为凶恶敌人的张作霖由东北进入华北。援助冯玉祥以打击张作霖的计划受挫,使苏联与张作霖的矛盾以及与日本的关系都更加紧张。为了保证苏联的安全,莫斯科采取谨慎的对华政策,主张放慢中国革命的速度,由"争取喘息时间"的方针取代1925年的进攻路线,"三二〇事件"后这种方针带有暂时退却策略的性质。①

其次,北方政局不利,使莫斯科更加看重广州国民党的重要性,要求巩固"华南共和国"。但广州在"三二〇事件"后,有两个趋向与莫斯

---

① 中共中央党史研究室第一研究部译:《共产国际、联共(布)与中国革命档案资料丛书》第3辑,北京图书馆出版社1998年版,第7页。

科政策的新变化发生了冲突。一是鲍罗廷和中共广东区委虽然从总的方面接受了布勃诺夫(也是莫斯科)定下的退让策略,但是在逐步接受蒋介石提出的一系列要求,包括"整理党务案"的过程中,产生了"我们不仅不应当容忍三月二十日事变,而且应当进行一个自己的三月二十日事变"的要求,这让莫斯科感到不安。二是蒋介石通过"三二〇事件"、整理党务案等步骤,逐步将国民党的党、政、军大权一肩挑。到6月初,他认为夺权已经成功,脚跟已经站稳,于是决意北伐。而鲍罗廷则期望看到蒋介石及其整个集团在北伐中走向"政治上的灭亡",因而并不加以阻拦。① 这与莫斯科对华政策的新变化相冲突,莫斯科感到应有一种组织力量去广州纠左。

再次,上海中共中央的决策也让莫斯科感到不安。一是1926年2月,中共中央在北京召开特别会议,认为"党在现时政治上的主要职任是从各方面准备广东政府的北伐"。此后会议的精神在共青团、工会以及各级地方组织得到认真贯彻执行,造成一种对北伐积极支持的态势。二是"三二〇事件"以后陈独秀和中共中央提出了退出国民党的要求。得知国民党通过了敌视中共的"整理党务案"后,陈独秀以个人名义给共产国际写信,陈述由党内合作改为党外联盟的主张,认为不这样"势必不能执行自己的独立政策,获得群众的信任"②,希望莫斯科能够改变策略以符合国共关系的实际。结果,共产国际一面在《真理报》上发表布哈林的文章,严厉批评中共关于退出国民党的意见,一面急急忙忙派维经斯基到上海,来矫正中共退出国民党之倾向。可见远东局的设立与当时国共合作的复杂局势密切相关。

1926年6月18日,共产国际执委会远东局正式落脚上海。远东局"俄国代表团"成员是维经斯基、格列尔、拉菲斯、福京,他们分别化名为谢尔盖、教授、马克斯、年轻人。"俄国代表团"是远东局的领导核

---

① 中共中央党史研究室第一研究部译:《共产国际、联共(布)与中国革命档案资料丛书》第3辑,北京图书馆出版社1998年版,第369页。

② 中共中央党史研究室第一研究部编:《共产国际、联共(布)与中国革命档案资料丛书》第6辑,北京图书馆出版社1998年版,第352页。

心。不久,该核心成员中又增加了青年共产国际派到中国工作已近一年的纳索诺夫。远东局的其他成员由中共、朝共和日共中央选派的代表组成。远东局是共产国际执委会为了加强对中国(包括朝鲜、日本)革命和对共产党的领导而设立的。

随着共产国际远东局在中国活动的开始,莫斯科在中国大地上便有三个指挥革命运动的中心:一是以加拉罕为中心在北京形成的领导机构,李大钊、赵世炎、陈乔年参与领导,主要领导北方的革命运动,而加拉罕管理着莫斯科在华的所有其他代表;二是以维经斯基率领的远东局为中心在上海形成的领导机构,陈独秀、彭述之、瞿秋白参与领导,主要精力放在对中共的领导及整个党的活动工作上;三是以鲍罗廷为中心在广州形成的领导机构,谭平山、陈延年、周恩来、张太雷参与领导,主要负责对国民党中央执委会、广东的国民政府和国民革命军,以及广东中共组织的领导。

三、代号为"文学家"的远东局成员

1926 年 6 月 19 日,远东局"俄国代表团"成员召开会议,就远东局的人员构成、远东局的基本工作范围、远东局与中共中央的关系、远东局"俄国代表团"人员的分工等问题进行了讨论,以便制订远东局工作计划,并作出相应的规定。[①] 会议决定远东局由俄国代表团成员及中共中央派出的常任代表和常任副代表、朝鲜和日本共产党中央选派的

① 中共中央党史研究室第一研究部译:《共产国际、联共(布)与中国革命档案资料丛书》第 3 辑,北京图书馆出版社 1998 年版,第 304—306 页。

代表组成。规定远东局以共产国际执委会驻中国、日本和朝鲜代表团身份作为集体机构领导这些国家共产党的政治、工会和组织活动;决定维经斯基作为共产国际执委会代表进入中共中央委员会,参加它的日常工作,而中共中央派驻远东局的代表应定期报告中央的工作,远东局的俄国成员应帮助中共中央工作,必要时还应就主要的政治问题同远东局预先进行协商,拉菲斯参加中共中央机关报——《向导》周报的编辑工作。此外,会议还决定远东局下设一个情报处,负责向共产国际执委会情报部提供有关各国党政治生活和活动的综合通报和报告,并对远东局成员的工作进行了分配。

根据这次会议的决定,中共中央选派陈独秀、瞿秋白作为常任代表和常任副代表参加远东局工作,陈独秀的代号(化名)是"老头子",瞿秋白的代号(化名)是"文学家"。瞿秋白参加共产国际执委会远东局的领导工作,从某种意义上说,改变了他自中共四大以来在中央政治局内的处境。党的四大以后,瞿秋白虽然开始进入中共中央领导核心,成为中央局5名委员之一,但实际上他在党内的地位不高。除了总书记陈独秀以外,他还排在张国焘、彭述之和蔡和森之后,在实际工作中,他处在中宣部部长彭述之领导之下,只是具体负责主编中央机关刊物。现在由于共产国际远东局的设立,他骤然间与陈独秀一起成为远东局的组成人员,全面参与对中国革命的领导工作,这既提高了他在中共中央的地位,同时又使他的政治才能得到进一步锻炼的机会。

根据莫斯科的指示和意图,远东局成立以后,深入地参与了对中国革命的领导,大到决策党的大政方针,小到对派遣两名同志去东方劳动者共产主义大学学习以及东大的学习年限问题都进行了讨论①,它几乎成为中共的"第二个中央"②。这里主要选取远东局在两个大问题上对中共中央工作进行的矫正。瞿秋白都参与了其中。

---

① 中共中央党史研究室第一研究部译:《共产国际、联共(布)与中国革命档案资料丛书》第3辑,北京图书馆出版社1998年版,第316页。

② 中共中央党史研究室第一研究部译:《共产国际、联共(布)与中国革命档案资料丛书》第3辑,北京图书馆出版社1998年版,第350页。

首先,按照莫斯科的指示,远东局打消了中共中央内部存在的退出国民党的意向。在这个过程中,瞿秋白支持了远东局国际代表的意见,也获得了远东局国际代表的支持。

对于中国共产党来说,加入到国民党之中,与国民党实行国共合作,完全是按照共产国际的指令而作出的制度安排。因此,每当国民党内有敌对倾向、反共言行时,中共就很自然而然地产生退出国民党的情绪。"三二〇事件"后,中共党内退出国民党的意向更明显。所以远东局在上海设立后,维经斯基在给联共(布)驻共产国际执行委员会代表团核心小组的电报中报告说"在中央内部隐隐约约有一种要退出国民党的情绪";因此,他提出"坚决同要求退出国民党的情绪作斗争,从内部反对右派,同时逐渐摆脱无条件支持广州政府每个步骤的做法"①。当时中共有退出国民党想法的人,并非一般党员,而是包括中共中央主要负责人陈独秀在内的部分中共中央领导人。1926 年 7 月 12 日至 18日中共中央在上海召开了扩大的四届三中全会。会上,陈独秀和彭述之联合提出了一项提案,即"全体共产党人必须退出国民党,仅实行党外合作,并同左派国民党建立统一战线"。理由是:只有摆脱国民党的控制,实行党外合作,我们才能真正实行独立领导工农运动的政策。参加会议的维经斯基反对这种意见。会上发生了激烈的争论,瞿秋白不同意陈、彭的主张,他与多数同志一起支持维经斯基,维经斯基也支持瞿秋白等人的意见,全会最后通过了《中国共产党与国民党关系问题议决案》(以下简称《议决案》)。该《议决案》严肃批评了党内要求退出国民党的倾向,明确决定"我们留在国民党里",采取的策略是:扩大左派,与左派密切联合,共同应付中派,公开反对右倾。这样,中共四届三中全会基本上结束了有关共产党人退出国民党的争论,并且明确了对国民党中派的政策。

其次,按照莫斯科的要求,远东局要求中共中央降低支持北伐的声

---

① 中共中央党史研究室第一研究部译:《共产国际、联共(布)与中国革命档案资料丛书》第 3 辑,北京图书馆出版社 1998 年版,第 321 页。

调,对广州国民政府的北伐军事行动由积极支持转为谨慎赞同。但瞿秋白保留了自己的不同意见。

怎样认识北伐的意义?对北伐应采取怎样的策略和态度?本来在中共中央的 2 月北京特别会议上已有明确方针。会议认为要冲破直奉军阀组成的"反赤联合战线",根本出路在于广州国民政府北伐的胜利。但由于联共(布)中央政治局认为北伐时机尚不成熟,所以维经斯基到上海后,一个很重要的工作就是劝说陈独秀和中共中央降低支持北伐声调,改变对北伐支持的态度和策略。

1926 年 6 月 30 日,维经斯基召集远东局会议,陈独秀、瞿秋白与会。会议听取了"共产国际执委会关于广州形势和共产党与国民党之间关系的电报草稿",接着就北伐问题长时间地交换了意见。陈独秀和瞿秋白向远东局俄国代表团成员汇报了中共中央在北伐问题上存在的不同意见。会上陈独秀和瞿秋白并没有认同维经斯基关于反对北伐的主张。会议决定拍电报时要"指出现在在中央内部一致主张进行北伐,以使广州摆脱内外威胁"①。可以看出,这时远东局还未能完全改变陈独秀和中共中央对北伐的态度。"在北伐问题上,中央的态度一度摇摆不定。最近几天,随着代表团(指前去广州处理"三二〇事件"的彭述之、张国焘等人——引者注)从广州返回,中央委员总的情绪又主张进行北伐,认为这是使广州摆脱内外威胁的唯一出路。"②

但是到 1926 年 7 月 6 日,中央关于北伐的立场开始转化。由于北方军阀势力向湖南进击,"广州确实受到威胁,出现了保卫它的问题",因此维经斯基给加拉罕写信说:"对于北伐,现在中央采取了广州的防御立场而不是北上以使全国革命化的立场。最近两周来的事实要比我们提出的所有理由更加向我们的同志证明,广州确实受到威胁,出现了保卫它的问题",因此我们"主要的注意力应该放在切实动员群众的问

---

① 中共中央党史研究室第一研究部译:《共产国际、联共(布)与中国革命档案资料丛书》第 3 辑,北京图书馆出版社 1998 年版,第 316—317 页。

② 中共中央党史研究室第一研究部译:《共产国际、联共(布)与中国革命档案资料丛书》第 3 辑,北京图书馆出版社 1998 年版,第 321 页。

题上,而不是提出广州向北方军阀进军的冲锋口号"。①

根据维经斯基暂缓北伐的意见,1926 年 7 月 7 日,在广州北伐军如箭在弦的时刻,陈独秀在《向导》周报上发表了《论国民政府之北伐》一文,提出北伐时机尚未成熟,现在的实际问题不是怎样北伐,而是怎样防御吴佩孚之南伐。他还进一步指出:北伐的意义,是南方的革命势力向北发展,是推翻军阀统治的一种重要方法,但不是独一无二的方法;北伐军之本身必须是真革命的势力向外发展,然后北伐才算是革命的军事行动;若其中夹杂有投机的军人、政客个人权位欲的活动,即有相当的成功,也只是军事投机之胜利,而不是革命的胜利;如若因北伐增筹战费,而搜刮及于平民,因北伐而剥夺人民之自由,那更是牺牲了革命之目的。这篇文章表明:陈独秀现在不赞成立即北伐。

陈独秀这篇《论国民政府之北伐》发表后,既引起了国民党人的不满,因为广州国民政府和国民革命军对于北伐早已是跃跃欲试,此时更是呈如箭在弦、引弓待发之势,又遭到党内特别是广东同志的抱怨,当时鲍罗廷和中共广东区委领导主张,一方面扩大左派的力量,另一方面积极支持北伐,并希望在北伐中削弱蒋介石的力量,使其走向政治上的彻底灭亡。广东的鲍罗廷和中共广东区委与上海的中共中央对北伐的态度完全不同,两者的冲突必然影响中共在北伐过程中具体策略的制定和实施。

但是该文得到了远东局成员维经斯基和拉菲斯等人的支持。维经斯基说:"我们大家一致认为,在陈独秀的文章中所表述的中央的方针在政治上是完全正确的(陈的文章是在与我们的长时间交谈后写成的),这个方针阐述了党对北伐的唯一正确的立场。"②拉菲斯对陈独秀的文章也给予了充分的肯定,他说:"陈独秀的文章对于我党具有重大政治意义,在北伐问题上它使党的注意力转到内部反革命的危险上。

---

① 中共中央党史研究室第一研究部译:《共产国际、联共(布)与中国革命档案资料丛书》第 3 辑,北京图书馆出版社 1998 年版,第 326—327 页。

② 中共中央党史研究室第一研究部译:《共产国际、联共(布)与中国革命档案资料丛书》第 3 辑,北京图书馆出版社 1998 年版,第 392 页。

这样一来,党的方针就纠正过来了。"①

陈独秀的文章发表后的第三天,即 1926 年 7 月 9 日,国民革命军在广东正式誓师北伐。接着,中共中央召开了四届三中全会。与远东局协商而成的全会政治报告指出:北伐战争不可能是向北的进攻战,它"只能是防御反赤军攻入湘粤的防御战,而不是真正革命势力充实的彻底北伐",也就是说,在面临革命大发展的关键时刻,北伐战争的意义仅仅是防御以"自保"。这样一来中共在北伐战争中的任务就无从谈起,也回避了和国民党争夺领导权的重大问题。

1926 年 7 月 15 日,共产国际执行委员会远东局俄国代表团召开会议,维经斯基依据陈独秀、瞿秋白在全会结束后所作的汇报,向代表团作了关于中共中央全会情况的通报,认为会议上"分歧没有暴露,因为大家知道,中央局的方针是同共产国际远东局协商过的"②。分歧没有暴露,并不等于没有分歧。实际上,瞿秋白此时的心情比较复杂。一方面他与陈独秀同为远东局成员,而陈独秀代表中央在四届三中全会上所作的政治报告,是同远东局协商而成的,他必须拥护和支持;但另一方面,在对北伐的基本态度和同国民党争夺领导权的问题上,瞿秋白又有与陈独秀、远东局不同的观点和看法。

瞿秋白认为,陈独秀的文章反对借北伐来增加苛捐杂税,这是对的;然而根本反对北伐则是不对的。四届三中全会后的 1926 年 8 月 7 日,瞿秋白将自己在 7 月至 8 月的几次谈话整理成了《北伐的革命战争之意义》一文,系统地阐明了他的革命的北伐观。

瞿秋白在文中指出:"广州政府的北伐,实在应当是北京屠杀后中国平民反守为攻的革命战争。"可见,他对北伐的性质认定不同于陈独秀,所持态度是积极的肯定的。他说农民的"迫切要求是:(一)乡村政权归农民;(二)武装自卫;(三)极大地减租减税。他们为这些要求而

---

① 中共中央党史研究室第一研究部译:《共产国际、联共(布)与中国革命档案资料丛书》第 3 辑,北京图书馆出版社 1998 年版,第 393 页。

② 中共中央党史研究室第一研究部译:《共产国际、联共(布)与中国革命档案资料丛书》第 3 辑,北京图书馆出版社 1998 年版,第 338 页。

赞助、参加北伐。他们对于民族资产阶级的失望——对于北伐失望,是无足为奇的。这种渴望或'幻想'革命战争的事实,正足以证明无产阶级争取革命及其武装之领导权的万分必要罢了"。这就告诉了人们,如果无产阶级的政党对北伐持消极态度,那么农民在北伐战争中的利益将要落空,因此,为了防止农民幻想破灭,对北伐失望,无产阶级有万分必要去争取革命及武装的领导权,"如此,才能保证无产阶级争取国民革命的领导地位"①。这一思想是非常正确而又十分重要的。

但是,瞿秋白的这篇文章却被"《向导》周报编者拒登",据郑超麟回忆,估计是陈独秀所为。不过,我们从前面所述的背景来看,瞿秋白的《北伐的革命战争之意义》被"拒登",恐怕不能简单地说是"陈独秀所为",应该与远东局领导人维经斯基及参加《向导》周报编辑工作的拉菲斯有关。不管怎样,瞿秋白这篇文章的思想无疑是正确的。1926年12月14日,拉菲斯在《关于共产国际执行委员会远东局工作的报告》中将远东局"在6月至8月间没有正确对待北伐,对中共中央最初在这个问题上所持的积极立场重视不够",作为远东局工作的"重大错误和缺点"之一。② 这应该算是对瞿秋白在北伐问题上所持的积极态度和正确思想的一种肯定。

四、跟随远东局使团到广州调查

1926年8月,基于前一时期莫斯科对鲍罗廷的过左印象,远东局

---

① 《瞿秋白文集·政治理论编》第4卷,人民出版社1993年版,第374—379页。
② 中共中央党史研究室第一研究部译:《共产国际、联共(布)与中国革命档案资料丛书》第4辑,北京图书馆出版社1998年版,第31页。

决定组成以维经斯基、拉菲斯和福京为成员的使团和以瞿秋白、张国焘组成的中共中央代表团一起前往广州,对"三二〇事件"前后广东的政治形势和社会状况进行全面调研。据远东局使团关于对广州政治关系和党派关系调查结果的报告称,维经斯基、瞿秋白等人的此行目的是:弄清"三二〇事件"后广东国民政府权力发生变化的基本原因和造成的社会政治后果;判明当地的政治形势,随着北伐的进行,它将如何发展;审查党在"三二〇事件"前后的政策方针,尤其是国民党与共产党人的关系,并根据中共中央最近一次全会(指四届三中全会)的决议精神修改这个方针;了解农民运动及其在总的形势中的作用;就地研究迅速结束香港抵制罢工的方式方法;了解中共、共青团的组织状况和工会运动情况。这次调查从8月6日开始,到9月2日结束。

此番调查行动的背景是:随着北伐战争正式展开,蒋介石离开广州政治中心,鲍罗廷在广东的影响再度举足轻重,这使他产生了重新夺回领导权的欲望,广州的共产党人也跟着跃跃欲试。"迎汪倒蒋"、打击右派便是具体行动。于是,维经斯基感到有必要亲自到广州去执行莫斯科的纠左意向。

而随行的瞿秋白、张国焘则是按照一个多月前国民党二届二中全会通过的"整理党务案"的规定,受中共中央委派,作为国共联席会议的中共代表,到广州参加国共联席会议(又称党际间会议)。对瞿秋白来说,广州之行还兼有远东局使团的任务。因为他是远东局的常任"副代表"。在远东局使团到达广州之后的8月18日晚,瞿秋白、张国焘抵达广州。

在广州,远东局使团和中共中央代表团与鲍罗廷和中共广东区委负责人陈延年、张太雷、周恩来、苏兆征、黄平以及国民党左派代表人物多次举行联席会议,讨论广州的政治形势、陈独秀等与鲍罗廷及中共广东区委就北伐之间的意见分歧,以及对国共关系作出评估等。"俄罗斯解密档案"告诉我们:在所召开的联席会议上,瞿秋白常常或者担任会议主持人,或者在会议上唱主角,一方面他要回答远东局代表的提问,另一方面又要代表中共中央向共产国际代表甚至有时还要向国民党左派代表,提出中共的工作思路和具体策略。

这里选取解密档案中记录的 1926 年 8 月 19 日在广州召开的一次联席会议作为案例。当时瞿秋白与维经斯基、拉菲斯、张国焘、陈延年、张太雷一起参加了这次共产国际执委会远东局使团和中共中央代表团联席会议。① 会议主要讨论总的军事政治形势、国共联席会议的意义等问题。化名"文学家"的瞿秋白在会上首先发言,涉及三个方面的意见。一是指出中央希望到广州通过调研和收集情报资料,对广州目前的政治形势作出评价,然后在此基础上召开国共两党会议。他说:"中央把如何评价目前政治形势问题作为悬案,希望在广州收集情报,然后讨论国民党内部状况问题和最后一个问题——举行两党会议。"②二是提出应该为北伐军占领武昌做各种准备,但是蒋介石在政治上没有跟进军事胜利的行动。他说:"应当为占领武昌的时刻做好准备;拟定行动纲领、口号。蒋介石和国民党中央在三周前发表一个宣言,其中没有一个革命的口号,连召开国民会议也不提。"③三是从维护国共合作的大局出发,提出要重视开好国共联席会议。

在 8 月 19 日的会议上,维经斯基(化名谢尔盖)通报了前两天他与国民党推出的联席会议代表顾孟余之间的谈话内容。他说,顾孟余表示召开国共联席会议的意义很大,必须加紧准备召开。顾认为,会议应该讨论以下四个问题:(1)国民党内共产党员和非共产党员之间最好的合作方式;(2)占领武昌后的行动计划;(3)对现时广州国民政府的态度;(4)共产党人与国民党之间的某些误会,如关于陈独秀的文章问题(即那篇关于北伐的文章),现在不可避免地要讨论这个问题。顾还认为,这样的会议每年要召开 4 次,紧急情况除外。④ 对此,维经斯

---

① 中共中央党史研究室第一研究部译:《共产国际、联共(布)与中国革命档案资料丛书》第 3 辑,北京图书馆出版社 1998 年版,第 402—407 页。

② 中共中央党史研究室第一研究部译:《共产国际、联共(布)与中国革命档案资料丛书》第 3 辑,北京图书馆出版社 1998 年版,第 402 页。

③ 中共中央党史研究室第一研究部译:《共产国际、联共(布)与中国革命档案资料丛书》第 3 辑,北京图书馆出版社 1998 年版,第 402 页。

④ 中共中央党史研究室第一研究部译:《共产国际、联共(布)与中国革命档案资料丛书》第 3 辑,北京图书馆出版社 1998 年版,第 400 页。

基表示:首先必须解决,我们召开党际间的会议到底具有什么样的意义。他说:"我认为,对我们来说这应当是一种手腕,以便利用时机在群众中扎根。为此需要有时间来处理关于相互关系的第一个问题。"瞿秋白回答说:"我们同意这一点。但是除了正式会议以外,还需要同国民党左派开一些会。而更重要的是要检验一下当地组织的看法。"①

在大家的讨论中,瞿秋白多次发言,通报有关情况,其中也谈到中共中央内部的不同意见。他说:"在中央,在负责人当中,存在着不同意见:彼得罗夫(彭述之——引者注)说,民族资产阶级已经是反革命了,因此我们现在就要同它(即同蒋介石)进行公开的斗争,而老头子(陈独秀——引者注)认为,看来(这个想法尚未完全形成)可以利用这个民族资产阶级,它的军事独裁或许还对发展革命有利。这些问题需要弄清楚。"②

1926 年 8 月 20 日是廖仲恺遇难周年忌日,广州举行隆重的纪念活动。瞿秋白与张国焘到廖仲恺墓前致祭。参加完祭奠活动后,瞿秋白又参加了中共中央执行委员会特别委员会(在"三二〇事件"后成立,由张国焘、谭平山、彭述之和广东区委陈延年、张太雷、周恩来组成,被责成与鲍罗廷一起讨论关于对蒋介石的问题——引者注)、中共中央执行委员会代表团和共产国际执行委员会远东局委员会举行的联席会议。③ 会议主要传达中央通报,讨论国共联席会议问题,以及国民党占领武昌后的策略问题等。张国焘主持会议。瞿秋白首先发言:"我代表中央作正式通报。我们到这里来是为了恢复迄今尚未工作的'特别委员会'。我们在这里要在这个范围内来解决主要政治方针问题和党际间会议问题。我们离开后,'特别委员会'将撤消。它的职权问题

① 中共中央党史研究室第一研究部译:《共产国际、联共(布)与中国革命档案资料丛书》第3辑,北京图书馆出版社1998年版,第403页。
② 中共中央党史研究室第一研究部译:《共产国际、联共(布)与中国革命档案资料丛书》第3辑,北京图书馆出版社1998年版,第404页。
③ 中共中央党史研究室第一研究部译:《共产国际、联共(布)与中国革命档案资料丛书》第3辑,北京图书馆出版社1998年版,第408—414页。

交英国人(指鲍罗廷——引者注)处理。"①

在 1926 年 8 月 20 日的这次联席会议上,瞿秋白作了多次发言,通报与国民党人士交谈等情况。他说:"我们去过张静江那里。他谈了很多(违反常规),说他忠于事业,他想表明他是个首领。他谈到总的目标,可以很快完成革命:2 年内打倒军阀,10 年内达到共产主义,要比苏联还快,主要的障碍是在实现共同目标时存在着两个党。他谈到共产党人必须支持国民党,谈到冯玉祥。我们的印象是:他希望得到我们的支持来反对冯玉祥。"②瞿秋白还根据大家的发言说:"许多人作了通报。总的结论是:中派不希望召开会议(指国共联席会议——引者注)。"③

1926 年 8 月 26 日,中共中央执行委员会特别委员会、中共中央执行委员会代表团、共产国际执委会远东局委员会在广州再次召开联席会议。瞿秋白与鲍罗廷、维经斯基、拉菲斯、福京、张国焘、周恩来等人一起参加。会议主要讨论了关于党际间会议、关于召开国民党非常代表大会、左派和共产党人在国民党代表大会召开前的行动纲领,以及同左派的政治协议等。会议总结历次会议提出的问题,由各方选出代表组成委员会,形成一些决议,并在此基础上确立解决问题的行动纲领。瞿秋白负责行动纲领的起草工作。

关于国共党际间的会议,这次联席会议决定暂不召开,由瞿秋白向大家报告这一决定。他说:"鉴于左派目前在加紧敦促汪精卫回来,这可能引起与现时当局的过早冲突,推迟召开将有助于左派实现当前计划的党际间会议。"因为"目前的形势要求集中一切力量来保卫广州,而不是放在派别之间的内部摩擦上"④。

① 中共中央党史研究室第一研究部译:《共产国际、联共(布)与中国革命档案资料丛书》第 3 辑,北京图书馆出版社 1998 年版,第 408—409 页。
② 中共中央党史研究室第一研究部译:《共产国际、联共(布)与中国革命档案资料丛书》第 3 辑,北京图书馆出版社 1998 年版,第 411—412 页。
③ 中共中央党史研究室第一研究部译:《共产国际、联共(布)与中国革命档案资料丛书》第 3 辑,北京图书馆出版社 1998 年版,第 413 页。
④ 中共中央党史研究室第一研究部译:《共产国际、联共(布)与中国革命档案资料丛书》第 3 辑,北京图书馆出版社 1998 年版,第 415 页。

　　经过近半个月的开会、考察、调研,1926 年 9 月上旬瞿秋白随远东局使团返回上海。9 月 12 日,远东局形成了一篇很长的关于对广州政治关系和党派关系调查结果的报告。该报告是根据莫斯科最新确立的在中国实行"谨慎"政策的角度和需要,在全面调查"三二〇事件"后广州政治形势和社会状况基础上写成的,其中有些结论值得推敲甚至是错误的,如认为广东的共产党人太过"抛头露面"是导致"三二〇事件"发生的重要原因之一,这种结论显然不对。而有些分析则是比较符合当时广东社会政治的实际状况,如报告认为从"三二〇事件"一切后果的对比中得出的第一个总的结论是,没有左派参加的国民党"中派"(浙江派)政权必然会给社会和政治反动开辟道路。①

　　1926 年 9 月 15 日,返回上海的瞿秋白也向中共中央递交了一份调查报告,即《秋白由粤回来报告》(此文被收入《瞿秋白文集》第 4 卷)。报告具体分析了广州国民政府及国民党内派别和"迎汪倒蒋"问题,以及暂不召开联席会议、广东区委工作、鲍罗廷与维经斯基意见分歧等问题。维经斯基在广州调查期间认为,鲍罗廷没有适应"三二〇事件"以后的情况,尤其在对蒋的态度上,完全以倒蒋为目的,其策划的"迎汪倒蒋"做法,不仅违反了共产国际和中共中央的有关决定,而且也严重激化了国民党内部的矛盾冲突。但是,瞿秋白经过这次广州之行,对来自蒋介石的危险有了非常明确的认识。还在 8 月 19 日于广州召开的联席会议上时,他就提醒与会人员"应当为占领武昌的时刻做好准备","因为蒋介石和国民党中央在三周前发表一个宣言,其中没有一个革命的口号,连召开国民会议也不提"。当拉菲斯问能否通过召开原班人马的国民党代表大会来建立对全国有权威的中心时,瞿秋白回答:关于代表大会组成人员的形式问题没有什么意义,因为蒋介石已经名誉扫地,代表大会很容易把他清除,并强调应该抛弃蒋介石和

---

① 中共中央党史研究室第一研究部译:《共产国际、联共(布)与中国革命档案资料丛书》第 3 辑,北京图书馆出版社 1998 年版,第 434—481 页。

他的独裁。① 返回上海后，瞿秋白在他撰写的《秋白由粤回来报告》中指出："社会反蒋空气颇盛，蒋之左右多浙江派包围，纵容贪官污吏，所以农民、工人对于蒋、对于国民党政府态度均不好。"②瞿秋白在报告中还特别指出："对于全国政治，蒋正计划各省设特务委员，把军、政、党事均交给特务委员，实质是取消了各省党部。蒋现时在各方面地位均极危险，我们如果不预备领导左派群众来代替蒋，则将来形势非常危险。"③

瞿秋白的报告表明，他当时已经察觉蒋介石有野心，所以主张联合左派来代替蒋介石，以此警醒党中央及其主要领导人。后来，随着蒋介石的反动面目日益狰狞，连维经斯基也承认："秋白同志对于蒋介石的观察非常明彻。"

五、协调莫斯科驻华代表的关系

在广州调查期间，远东局对鲍罗廷和中共广东区委在"三二〇事件"前后所采取的政策和策略提出了严厉批评，而对中国情况更为了解的鲍罗廷则认为，远东局对他的许多批评都是"误解"，"反映出对我们在中国的政策了解不够"④。鲍罗廷坚持己见的态度，使维经斯基与鲍罗廷及粤区同志的矛盾比较激烈。

---

① 中共中央党史研究室第一研究部译：《共产国际、联共（布）与中国革命档案资料丛书》第3辑，北京图书馆出版社1998年版，第402—407页。

② 《瞿秋白文集·政治理论编》第4卷，人民出版社1993年版，第397页。

③ 《瞿秋白文集·政治理论编》第4卷，人民出版社1993年版，第399页。

④ 中共中央党史研究室第一研究部译：《共产国际、联共（布）与中国革命档案资料丛书》第3辑，北京图书馆出版社1998年版，第372页。

远东局和鲍罗廷之间在一些极其重要的策略问题上存在着明显的意见分歧。正如《秋白由粤回来报告》所指出的：

> 鲍伍（指鲍罗廷和伍廷康即维经斯基——引者注）两同志在对于国民党问题有不同意见，伍意以为蒋未必是新右派，三月二十日前的政府是太左了一点，过去广东政策弄得太左，将来亦不急于拥汪回来致启纠纷，因汪若回时，恐我们又变成半政府党，我们只应站在批评地位。粤区（指中共广东区委——引者注）同志及鲍同志均反对伍之意见。伍问现在是不是要倒蒋，鲍谓我们现时是要一个能解决农民问题的左派政府，如蒋不能如此做到，则广东还要被土豪拿去的，我们须换地工作。因鲍、伍的争执费去时间很长。①

当然，鲍罗廷与远东局的矛盾还不仅仅限于这些。从远东局自广州返回后形成的关于广州政治关系和党派关系的调查报告看，维经斯基等人认为，导致"三二〇事件"的主观原因是广州同志主要是鲍罗廷实行了"左"倾政策，没有及时终止省港罢工，给广州的整个社会经济生活带来了负面影响，阻碍了正常的贸易发展，加重了广州国民政府的财政负担，加剧了广东省社会政治关系的紧张，这些都是鲍的错误所致。"三二〇事件"后的妥协退让也是鲍的错误，而北伐以后鲍罗廷采取的"迎汪倒蒋"策略也不对。

远东局的意见和上海中央对鲍罗廷与广东区委工作的否定性批评，使区委负责人陈延年心生不服。他在与远东局使团的联席会议上，多次表示不同意见。在一次联席会议上谈到组织问题时，陈延年说："在我们这里一般说来工作安排的比北方好。区委受到信赖。虽然我们这里都是东大生（指东方劳动者共产主义大学毕业生——引者注），但这一点没有像北方那样引起摩擦。中央还不理解我们，因此常常骂

① 《瞿秋白文集·政治理论编》第 4 卷，人民出版社 1993 年版，第 400—401 页。

我们。鲍罗廷没有对我们的工作施加压力,总是征求我们的意见。从我们方面说,常有些工作我们没有同他协调一致。中央毫无根据地怀疑,鲍罗廷同志在这里发号施令。"①可见不光是维经斯基与鲍罗廷的矛盾,还有上海中央与广东区委的矛盾。

维经斯基与鲍罗廷都是来自莫斯科的代表,在指导中国革命方面都具有很大的权威性。他们之间的意见分歧必然要影响到中共领导人对革命的路线方针、政策的制定和实行。瞿秋白与维经斯基和鲍罗廷都比较熟悉,而维、鲍二人也比较信任他,这种有利条件使他能够在一定程度上,尽自己所能在协调与缓和维经斯基与鲍罗廷的关系方面发挥特殊作用。

瞿秋白认为维经斯基以前对于广东的实际情形知道甚少,所以他对鲍罗廷的批评不能使粤区的同志满意和心服。于是他利用既懂俄语又了解他们二人的工作策略和思路的条件,在他们二人之间起沟通作用。我们从《共产国际、联共(布)与中国革命档案资料丛书》第3辑中维经斯基与瞿秋白在广州调查时的一次会议上的对话可以看出这一点。②

当时维经斯基问:"是否可以成立纯国民党的政府或是让某某人参加?其次,还有一个问题,由谁来召开成立政府的预备会议,由国民党还是由什么人?"

瞿秋白回答说:"政府不可能是国民党的政府,而必须依靠两支取得胜利的军队。我们应当尽早解决国民党代表大会本身的问题:有多少人参加,等等。一切都取决于由谁在内部领导国民党,其中也包括政府的组成人员。国民党左派中央可以成立有国民党右派和其他人士参加的政府,但要在它的领导之下。"

维经斯基说:"所以你们要提出准备推翻蒋介石政权的问题。但

① 中共中央党史研究室第一研究部译:《共产国际、联共(布)与中国革命档案资料丛书》第3辑,北京图书馆出版社1998年版,第383页。

② 中共中央党史研究室第一研究部译:《共产国际、联共(布)与中国革命档案资料丛书》第3辑,北京图书馆出版社1998年版,第405—406页。

有些同志说,现在甚至都不能批评蒋介石,因为这样做意味着战争和失败。"他接着问:"你们的方针是推翻蒋介石并使国民党左派和国民党内的共产党人在全国范围内取胜。你们不害怕,这可能有危险吗?要知道那时中派会同右派一起依靠冯(冯也可能同蒋介石的心情一样)和孙传芳的支持,来给你们以很大的打击。你们不会因此刺痛国民党吗?不会使左派孤立吗?你们使左派和共产党人处于孤立无援的状态不会加速他们之间的斗争吗?"

瞿秋白在与同志们商量后回答说:"我们不说反对中派,我们不想让他们离开国民党。我们想抛弃蒋介石和他的独裁,他已经把自己孤立起来了。中央(指国民党中央——引者注)应当由左派来领导。中央将多数是左派,也有一些中派和右派,这样才能统一中国。"

在整个广州调查期间,远东局使团负责人维经斯基和鲍罗廷之间的意见分歧是显而易见的。因此,在结束广州的调查回到上海之后,维经斯基等人于 1926 年 9 月 18 日、19 日、21 日连续召开会议,对一系列问题作出了决定,其中关于鲍罗廷的问题,决定"认为有必要请最高领导机构立即将英国人(指鲍罗廷的化名——引者注)从广州召回,并立即派其他重要人物来接替"①。

维经斯基等人在取得中共中央领导的支持后,于 1926 年 9 月 22 日给联共(布)驻共产国际执委会代表团写信②,认为"广州的同志在 1925—1926 年期间在对待国民党和国民政府的政策上犯了严重的政治错误,这些错误导致了同以蒋介石为首的中派的过早的尖锐分裂和他的'三二○'武装示威,随之而来的是将汪精卫排斥在政府权力机关之外和对共产党人和左派的总进攻,这一切削弱了我们在国民党内的地位"。不仅如此,由于他们坚持以往的错误观点,又在过去的错误上增加新的错误,如不同意中共中央最近召开的四届三中全会关于国民

---

① 中共中央党史研究室第一研究部译:《共产国际、联共(布)与中国革命档案资料丛书》第 3 辑,北京图书馆出版社 1998 年版,第 518 页。

② 中共中央党史研究室第一研究部译:《共产国际、联共(布)与中国革命档案资料丛书》第 3 辑,北京图书馆出版社 1998 年版,第 529—530 页。

党的决议,说明他们普遍不理解我们所面临的任务。信中明确表示:"鲍罗廷同志在如何对待我们总的对华政策问题上为自己制定了一整套相当完整的与总的方针相背离的观点。"因此,"在这种情况下,撤换鲍罗廷同志并立即任命一位认真负责的政工人员来接替这个岗位是非常必要的"。

1926年10月15日,莫斯科收到了维经斯基等人9月22日的信并散发给联共(布)中央和共产国际的领导人。10月20—21日,联共(布)中央政治局召开会议,决定"不接受远东局关于召回鲍罗廷同志的建议"①。11月11日,联共(布)中央政治局召开会议,决定:"让鲍罗廷同志直接听命于莫斯科。""责成远东局在就对华总的政策问题、国民党问题和军事政治工作问题作出任何决议和采取任何措施时都必须同鲍罗廷同志协商。如在这些问题上发生意见分歧,则交由莫斯科解决。"还决定"建议中国委员会取得关于远东局活动的全面通报"②。莫斯科的这次会议决定最终给维经斯基和鲍罗廷之间的争论打上了句号。正如远东局成员福京在给朋友的信中所说的那样:"莫斯科支持鲍罗廷。"③从此,鲍罗廷成了联共(布)和共产国际驻华的主要政治代表。

远东局本来是按照莫斯科的指示到广州纠左,以便采取谨慎策略。结果却是莫斯科不支持远东局反而支持鲍罗廷,这是为什么呢?原因是随着中国革命形势由珠江流域向长江流域推进,特别是汉口被北伐军占领,两湖地区革命运动蓬勃高涨,这种形势大大刺激了莫斯科对中国革命前途的估计,还在1926年9月23日斯大林在给莫洛托夫的信中就乐观地说:"汉口将很快成为中国的莫斯科……"④因此,维经斯基

---

① 中共中央党史研究室第一研究部译:《共产国际、联共(布)与中国革命档案资料丛书》第3辑,北京图书馆出版社1998年版,第586页。

② 中共中央党史研究室第一研究部译:《共产国际、联共(布)与中国革命档案资料丛书》第3辑,北京图书馆出版社1998年版,第623—624页。

③ 中共中央党史研究室第一研究部译:《共产国际、联共(布)与中国革命档案资料丛书》第3辑,北京图书馆出版社1998年版,第565页。

④ 中共中央党史研究室第一研究部译:《共产国际、联共(布)与中国革命档案资料丛书》第3辑,北京图书馆出版社1998年版,第537—538页。

显然意识不到,莫斯科的斯大林对鲍罗廷在中国正在采取的某些激进做法又开始给予支持了。

另外,根据"俄罗斯解密档案"资料,瞿秋白的《秋白由粤回来报告》引起了莫斯科对远东局和中共中央的批评。这件事情与瞿秋白本人关系不大,但是与他的报告内容有很大关系。原因是,陈独秀收到瞿秋白关于广东之行的报告后,将报告刊发在 1926 年 9 月 15 日第 3 期的《中央政治通讯》上。而这篇报告部分地谈到维经斯基与鲍罗廷之间关于国民党问题的意见分歧。加拉罕看到这期《中央政治通讯》后,立即给维经斯基发了一封电报,提出严厉批评和处理措施。11 月 6 日,维经斯基在给共产国际执行委员会的信中汇报了这件事的经过。他说:"谈一谈广州争论的记录。出乎我的意料,中央刊登了这场争论的摘要。无法跟踪观察中央刊登的所有东西,因为我们不懂中文。在收到列·米(指加拉罕——引者注)的第一份电报后,我坚决要求把所有通报都收回销毁,只留一份给委员会。陈独秀肯定地说,这些记录中没有什么了不起的东西,即使落到蒋介石的手里,他也没有理由生气,因为那里谈的是共产党人的总的策略,这也是众所周知的。他认为,不让积极分子了解党的策略,就无法在国民党内正确地进行工作。"维经斯基还表态说:"这几天我将收到通报的译文,那时我就能作出判断,陈的意见是否正确。不过从此以后,中央在发表任何秘密材料之前都将先让我知道,因此我可以有把握地说,不会再发生这类事件了。"①但是,11 月 11 日联共(布)中央政治局召开讨论中国问题的会议时,决定"认为用远东局采取的方式复制多份共产党广州委员会会议记录的做法是等于公布这些记录,这在目前条件下是个严重的和不能容忍的错误",因此对远东局所犯的错误"提出警告"②。从某种意义上来说,这件事实际上也成了影响莫斯科最终决定支持鲍罗廷的一个因素。

---

① 中共中央党史研究室第一研究部译:《共产国际、联共(布)与中国革命档案资料丛书》第 3 辑,北京图书馆出版社 1998 年版,第 616 页。

② 中共中央党史研究室第一研究部译:《共产国际、联共(布)与中国革命档案资料丛书》第 3 辑,北京图书馆出版社 1998 年版,第 623 页。

共产国际远东局纠左的态度，持续到 1926 年 10 月基本结束了。远东局在其存在期间，参与中共中央政治局的领导工作相当深入，而身为远东局成员的瞿秋白，也因参与远东局的领导工作而改变了自离开鲍罗廷、进入中共中央政治局工作以来在党内所处的无足轻重的地位。同时，我们从前面所述内容可知，瞿秋白在参与远东局对中国革命的领导，贯彻落实莫斯科方针政策的过程中，并不是被动地参与，而是富有创造性地参与，在一些对中国革命具有关键性影响的问题上，他能够摆脱远东局的某些错误指导，敢于独立思考，勇于提出自己的不同于远东局的意见。但是，瞿秋白的主张和意见即使再正确，也因为不切合此时莫斯科的对华策略思路，因而在实际中难以发挥效用。

第六章

莫斯科驻华代表同情的"孤立者"

随着北伐战争初期的顺利推进,大革命的风暴从广东珠江流域刮到了长江流域。1926 年年底至 1927 年年初,广州国民政府正式迁都武汉,到 1927 年 3、4 月间,中共中央机关也陆陆续续从上海搬到武汉。武汉遂成为新的革命中心。但是革命形势虽好,却又是吉中藏凶。4月中旬,国民党、国民政府和国民革命军由于蒋介石发动四一二反革命政变而从表面上的统一走向实际上的分裂,国民革命阵营分裂成两个互相敌视的中心——南京和武汉。

与此同时,北伐取得的胜利促进了获得解放的各省群众运动蓬勃发展,使莫斯科对华的整个战略方针有了明确的指向,斯大林和布哈林通过共产国际执委会第七次扩大全会宣布了中国走非资本主义发展道路即社会主义发展道路的战略意向。但是,此时中共中央的工作思路却没有跟上莫斯科的步伐。在 1926 年 12 月中旬召开的汉口特别会议上,中共中央制定了拉着国民党向左倾、约束共产党向右倾以便维持国共合作统一战线的政策,体现了妥协退让的右倾意向。1927 年 2 月,中共中央虽然在《中央政治局对于国际第七次扩大会中国问题决议案的解释》中表示,已遵奉共产国际执委会第七次扩大全会的各项决定[①],但实际上这份文件并没有反映中共中央执行委员们的普遍看法。当时在对待共产国际执委会第七次扩大全会关于中国问题的决议案方面,党的领导人中产生了严重的意见分歧,瞿秋白对共产国际这次会议的决议以及关于中国革命的性质、前途、任务、动力等理论问题的理解,与陈独秀、彭述之等人产生了不同的看法。但是,瞿秋白的意见在中央委员会政治局里占少数,他成了中央委员会里的"孤立者",不过他获得了共产国际驻华代表的同情和支持。

---

① 中央档案馆编:《中共中央文件选集》第 3 册,中共中央党校出版社 1983 年版,第 12—15 页。

一、"中央委员会里的孤立者"

随着北伐战争向北的顺利推进和人民革命高潮的兴起,中国共产党人在国共合作框架中面临着一系列严重矛盾问题,党的领导人左右为难。维经斯基在给莫斯科的信中不无感慨地说:"中国的解放斗争是多么的与众不同,在这种斗争中保持真正的革命策略又是多么困难,一方面要冒陷入机会主义的危险,另一方面又要冒过左和破坏必要的民族革命统一战线的危险。……中共需要在何等难以置信的矛盾条件下进行工作。"①从信中可以看出,维经斯基对中共党人在国共合作中的处境深表同情。

那么,这时中共面临的究竟是怎样的"难以置信的矛盾"局面呢?就是按照莫斯科的要求,既要保持与国民党的统一战线,又要发展工农运动,而这却是一个两难的选择:因为工农运动的发展,势必要冲击到国民党员和部分国民革命军军官的既得利益,最终可能导致国共合作破裂。也许中共党人对这种结果并无太大的不安,但是共产国际和斯大林却决不会允许这种结果发生。

北伐军占领武汉三镇后中国革命形势的发展,使莫斯科领导人对中国革命前景充满了信心。这体现在 1926 年 11 月 22 日至 12 月 16 日莫斯科召开的共产国际执委会第七次扩大全会关于中国形势问题的决议案里。当时苏共内部斯大林与托洛茨基、季诺维也夫、加米涅夫联

---

① 中共中央党史研究室第一研究部译:《共产国际、联共(布)与中国革命档案资料丛书》第3辑,北京图书馆出版社 1998 年版,第618—619 页。

合反对派之间的斗争愈演愈烈,并通过这次全会而上演到国际共产主义运动的舞台上。全会撤销了季诺维也夫共产国际执委会主席职务,布哈林成为新建立的政治书记处书记之一,实际领导共产国际的工作。此后,对中国问题的发言权终于掌握在了斯大林派手里。在这次全会上,斯大林和布哈林在会上的发言以及全会通过的《关于中国形势问题的决议》公开宣布了中国走非资本主义发展道路即社会主义发展道路的战略方针。① 全会指出了土地革命的重要意义,也强调了无产阶级的领导权,但反对退出国民党,要求中共保持同国民党的合作。全会对"三二〇事件"只字未提;对处在中国大革命关键时期的中共党人应如何在统一战线中争取领导权、开展土地革命和独立领导武装斗争等问题,缺乏明确而具体的政策和策略;对汪精卫作了不切实际的分析,尤其对新右派蒋介石抱有很大的幻想;等等。这些对于中国革命都将产生不良影响。

大约在莫斯科召开共产国际执委会第七次扩大全会的前后,中共中央于1926年12月13日至18日在汉口召开了特别会议。当时,北伐战争在湖北、江西取得了胜利,但整个国民革命运动却产生了两种相反的政治倾向:一边是民众运动发展日渐向左,一边是国民革命的军事政权恐惧民众运动的发展而日渐向右。这两种政治倾向日益发展的结果必然是国共合作破裂。为了不违背共产国际在中国既发展工农运动又维持国共合作的意愿,在武汉三镇革命重要地位凸显的情况下,12月13日,中共中央在汉口召开特别会议,讨论北伐战争的形势、国共合作统一战线和湘鄂赣三省工农运动等问题。同一天,广州部分北迁的国民党中央执行委员和国民政府委员鲍罗廷、宋庆龄、徐谦、宋子文、孙科等人到汉主持成立临时联席会议,代行广州国民政府职权,标志着国民政府由广州正式迁到武汉。

瞿秋白与陈独秀等中央委员一起,从上海来到武汉参加中央的特

---

① 中国社会科学院近代史研究所翻译室编译:《共产国际有关中国革命的文献资料(1919—1928)》第一辑,中国社会科学出版社1981年版,第155—156页。

别会议。参加这次汉口中央特别会议的还有中共中央军事部汉口办事处主任及中央驻汉口特派员张国焘、中共中央农民运动委员会书记及中央农委驻汉口办事处主任毛泽东、中共湖南区执委会书记李维汉、中共湖北区执委会委员兼组织部主任项英、中共湖北区执委会兼汉口地方执委会委员负责工人运动的李立三等人。莫斯科驻华代表维经斯基和鲍罗廷也参加了中央特别会议。

这次会议的中心议题是根据北伐战争形势，制定党的主要斗争策略。但是，会议完全不提"无产阶级领导权"问题，而把党的工作重点放在维持国共合作统一战线上。正值盛年的陈独秀在会上作政治报告。他认为，当前政治形势发展的特点是联合战线有分裂的危险倾向，造成这一危险倾向的原因有四个方面：一是帝国主义的分离政策；二是在统一战线内部，军事势力有离民众而往右走之倾向；三是大小商人对工人运动恐慌；四是共产党内存在"左"稚病。在指出这些给统一战线造成分裂危险的因素后，陈独秀接着提出了七项挽救破裂危险的策略：一是防止党外右倾的同时反对党内的"左"倾；二是督促国民党与国民政府实行"武力和民众结合"的口号，对内继续反封建势力的争斗，对外继续独立平等的争斗；三是维持国民党首领势力之均衡；四是扩大民主主义的宣传；五是改善我们与国民党的关系，一切群众组织和运动，尽可能与国民党合作；六是扶助左派，建立以汪精卫为领袖的文人派政府；七是确定对于中小商人的政策。①

陈独秀提出的这七项策略的重点就是要中共从各个方面帮助国民党左派，使其形成一个强大的政治力量，以同右派势力作斗争。因此，汉口特别会议在通过的《关于政治报告议决案》中着重强调：共产党只有防止自己的"左"，才能搞好与国民党的关系，才能避免"左"、右倾距离日远的危险。②

---

① 中央档案馆编：《中共中央文件选集》第 2 册，中共中央党校出版社 1983 年版，第 382—388 页。

② 中央档案馆编：《中共中央文件选集》第 2 册，中共中央党校出版社 1983 年版，第 389 页。

汉口特别会议制定的约束共产党向右倾、拉着国民党向左倾以便维持统一战线的"特别"政策出台，表明自"三二〇事件"后共产国际代表和中共中央指导中国革命的思想继续在右倾道路上下滑。但由于共产国际执委会第七次扩大全会关于中国问题的决议随后传到中国，使汉口特别会议精神在 1927 年年初的革命实践中并未造成严重损失。

对于这次汉口特别会议制定的上述"特别"政策，瞿秋白不久后撰文指出，这次会议"决定了一个杂凑的政策：一方面还要造成左派，别方面又认为现在已有'非理想'的左派（伍廷康），总之，没有决定我们挺身领导。并且认为政府（指国共合作建立的国民政府——引者注）右倾，群众左倾，所以主张同时拉住些群众使之略略右倾，又要推动些政府，使之略略左倾。没有下攻打右派之决心"①。

1926 年 12 月中旬，被远东局派回俄国参加共产国际执委会第七次扩大全会的远东局成员拉菲斯，在莫斯科给共产国际和联共（布）中央领导人写了一份关于远东局工作的长篇报告。其中在谈到中共中央的问题时说："从我们到达后的头几天起，我们就发现中央委员会的同志有很大的独立性，后来又发现中央委员会内部一些同志之间存在着各种摩擦。……瞿秋白，由于他不同意右倾方针，在中央委员会内处于孤立状态。"②

汉口特别会议结束后，瞿秋白返回上海。由于肺病复发，1926 年年底至 1927 年 1、2 月间，他一边工作，一边休息。这期间在工作方面，瞿秋白主要是与陈独秀、彭述之等一起多次到苏联驻上海领事馆，与驻华代表维经斯基、纳索诺夫、福金、阿尔布列赫特等讨论中国革命形势和策略、上海武装起义等问题。而当他抱病在家休息时，则开始对自己从 1923 年 1 月至 1926 年 12 月在《向导》《前锋》《民国日报》等报刊上发表的重要政论文章及部分文艺杂著，进行收集整理，拟自编一本《瞿秋白论文集》。恰在此时，共产国际执委会第七次扩大全会通过的《关

---

① 《瞿秋白文集·政治理论编》第 4 卷，人民出版社 1993 年版，第 534 页。
② 中共中央党史研究室第一研究部译：《共产国际、联共（布）与中国革命档案资料丛书》第 4 辑，北京图书馆出版社 1998 年版，第 39 页。

于中国形势问题的决议》传到中国。决议论述了中国革命形势,强调农民和土地问题的重要性,指出中国革命的非资本主义前途,在阐明坚持国共合作方针的同时,对于领导权、军事问题等也作出了一些有益指示和建议。联想到汉口特别会议制定的"特别"政策,瞿秋白感觉到有必要从根本上、从理论上阐述中国革命的一些基本问题。

共产国际关于中国形势问题的决议案到达中国后,中共中央政治局召集了一次会议讨论。陈独秀、彭述之、瞿秋白参加了会议,会上出现了争论。罗易是这样叙述当时争论情况的:"参加讨论的三位同志发表了三种不同看法。陈独秀同志持这样一种看法:提纲为中国共产党展现了新的前景,提出了新的问题和崭新的政治方针。他不完全相信提纲的正确性,但是他还是准备看一下,如何在实践中贯彻执行。彼得罗夫(彭述之——引者注)同志持第二种看法。他认为,在共产国际的提纲中没有任何新的东西。瞿秋白同志持第三种看法。他完全同意提纲。"①

中共中央经过几次讨论后,最终决定接受共产国际的新决议,并作出《中央政治局对于国际第七次扩大会中国问题决议案的解释》。这份没有注明日期的中共中央政治局决议表示:"中央政治局已经过详细讨论与辩难之后,接受国际这个提案;并决定不必俟第五次全国大会之讨论,一切政策及工作计划,即须依据此提案的方针与战略而进行。"同时要求全党同志详细讨论国际的提案,认为"国际此提案之执行,影响到我们党的政治生命非常之大,不在乎盲目的一致接受,而是要全党同志都能懂得此提案的全部意义。与其由盲目一致到实际不一致,不如由意见不一致而得到实际一致"②。中共中央对共产国际的决议不是全盘接受,而是开展讨论。这种情况引起了共产国际驻华代表阿尔布列赫特的不满。他于 1927 年 2 月 25 日在上海给共产国际皮亚

---

① 中共中央党史研究室第一研究部译:《共产国际、联共(布)与中国革命档案资料丛书》第 4 辑,北京图书馆出版社 1998 年版,第 441—442 页。
② 中央档案馆编:《中共中央文件选集》第 3 册,中共中央党校出版社 1983 年版,第 14—15 页。

特尼茨基写信,对共产国际在中国的领导人维经斯基、鲍罗廷还有中共中央提出尖锐批评,他说:

> 为什么要让格里高里(维经斯基——引者注)和鲍罗廷这样不合适的人来领导这一事业。……我们在全会上通过了一个好的决议(指共产国际执委会第七次扩大全会通过的《关于中国形势问题的决议》——引者注)。我们(我现在才发现,我们正确地体会到了中国革命的整个精神)给整个运动提供了它缺少的东西即灵魂。一切都在进入我们手中。但没有人来掌管。万分需要有一个久经考验、经验丰富的老革命家而不是官吏来领导一切。难道伟大的十月革命不能提供这样的人吗?我不相信。我以为可以找到这样的人并立即把他派到这里来。请您好好想一想。连全会的决议至今还没有向各地传达。上海地区代表会议(党的头脑)没有讨论这个决议,尽管这次会议就是在中央和共产国际执委会代表所在的同一城市里举行的。彼得罗夫(彭述之——引者注)代表中央在会上作了报告,他公开指出,他不同意决议。无条件接受决议的瞿秋白实际上被排除在工作之外,而共产国际执委会代表(指维经斯基——引者注)只给上海代表会议写了一封祝贺信就算了事。①

事实上,此时的瞿秋白并没有"被排除在工作之外",或者说,他自己并没有把自己排除在工作之外。他是在运用另一种方式坚持工作和斗争。瞿秋白在生病住院、半工作半休息的状态下,一方面仔细研读了共产国际执委会第七次扩大全会通过的关于中国形势问题的决议,同时认真审视中央召开的汉口特别会议制定的"特别"政策,开始对党内正在形成的右倾错误问题产生了警觉;另一方面,他通过自编《瞿秋白

---

① 中共中央党史研究室第一研究部译:《共产国际、联共(布)与中国革命档案资料丛书》第4辑,北京图书馆出版社1998年版,第130—132页。

论文集》,回顾自己自1923年以来对中国革命一系列基本问题的思考,结合当前与陈独秀和彭述之等在国民革命问题上的种种分歧,有感于"应用马克思主义于中国国情的工作,断不可一日或缓"的重要和急迫①,他决定从理论上梳理中国革命的基本问题。于是他撰写出了《中国革命中之争论问题》的长文②,对陈独秀、彭述之右倾指导思想进行系统的批评,并提出许多正确的革命理论观点。

共产国际执委会第七次全会决议传到中国前后,中国共产党为响应北伐军攻打上海,推翻反动军阀的统治,建立市民政权,领导上海工人举行了三次武装起义。第一次起义是在1926年10月24日发动的,由于起义时机选择不对,加上群众没有被充分发动,武器装备又很差,特别是党的领导人在主观上没有想到"要以自己为主体",而是"依赖钮、虞",跟着资产阶级后面当配角,因而起义当天就失败了。为了尽快提高党员干部的政治思想和文化素质,以便迎接新的战斗,11月中共上海区委在辣斐德路冠华里(今复兴中路239弄)4号创办了第一所党校。瞿秋白与其他党的领导人一起承担了授课任务。根据当时的斗争需要,他主要讲授"中国劳动运动与我党的发展"。

1927年2月17日,孙传芳大败,国民革命军迅速向上海方向挺进。18日,共产国际远东局根据国际执委会第七次全会精神向中共中央提出了关于在上海建立政权的问题。2月19日至23日,上海工人举行总同盟罢工,并由罢工转入武装起义,对军警展开巷战,夺其武装。但由于事先准备不足,以及多种因素,第二次上海工人武装起义又失败了。根据"俄罗斯解密档案"资料,瞿秋白抱病参与了这次武装起义的领导工作。19日夜晚,他与萧子暲(萧三)一起被远东局的曼达良、阿尔布列赫特、纳索诺夫和福京等人找去了解起义情况,瞿秋白表示"一无所知"③。22日,他不顾身体虚弱,赶往辣斐德路冠华里4号上海区

---

① 《瞿秋白文集·政治理论编》第4卷,人民出版社1993年版,第415页。
② 《瞿秋白文集·政治理论编》第4卷,人民出版社1993年版,第434—559页。
③ 中共中央党史研究室第一研究部译:《共产国际、联共(布)与中国革命档案资料丛书》第4辑,北京图书馆出版社1998年版,第139页。

委党校,即第二次工人武装起义指挥部,参与领导起义工作。同日,上海总工会下令复工,第二次武装起义失败。

在停止起义和工人复工的同一天,中共中央和上海区委召开了一次极为重要的联席会议,检讨起义失败的经验教训。瞿秋白在会上对这次起义的教训和下次起义的准备工作等作了系统的发言。会议决定成立由陈独秀、周恩来、罗亦农、赵世炎、汪寿华等组成的中央特别委员会(简称特委会),作为第三次起义的最高决策和指挥机关。

如果说,瞿秋白没有过多参与前两次起义的领导工作,那么第三次武装起义的成功却与他提出的关于起义的正确指导思想分不开。1927年2月24日,瞿秋白根据共产国际七大决议的新精神和23日联席会议上的发言,起草了《上海二月二十二日暴动后之政策及工作计划意见书》,严厉批评了陈独秀等在第二次起义过程中的错误策略,同时对第三次起义提出政治、军事、党团等各种准备计划。他指出党在领导第二次起义工作中的错误是:"将工人群众放在街上(总同盟罢工),整整三天不去取理他们,不领导他们前进。""这种策略是:工人罢了工,等候大资产阶级之援助,撇开小资产阶级,而不加以领导鼓动,只想得了钮铁生(钮惕生——引者注)接洽李宝章部下兵变(军官改变态度),大商肯发命令罢市等种种所谓'暴动之胜利的保障'后,然后再准备暴动。这种策略,简直客观上是卖阶级的策略。"①瞿秋白在意见书中指出,第三次起义的指导思想应当是:"上海市民应以工人阶级为领袖,武装暴动响应北伐军(而非欢迎),自动召集(以市民公会名义)上海市民代表紧急会议,这就是集合一切革命的行动的分子的总机关,在暴动前暴动后,指挥上海革命运动。"工人阶级"夺取参政权之目的",是"征取小资产阶级的同盟军共同执行民权的群众的独裁",使资产阶级代表人物加入市民代表紧急会议,是逼近他们服从"民意","不是使他们来指挥市民会议"。在意见书中,瞿秋白还就组织起义的具体问题,提

① 《瞿秋白文集·政治理论编》第4卷,人民出版社1993年版,第561页。

出了一系列建议。①

　　在 1927 年 2 月 24 日至 28 日、3 月 1 日至 2 日,瞿秋白每晚都参加准备和指挥第三次武装起义的中央特委会会议,尽管他不是特委会委员。在会上,他对起义的宣传工作、市政府民选、工会工作、策反敌军、攻击兵工厂等发表了重要意见。②

　　1927 年 3 月 4 日,共产国际远东局的曼达良、阿尔布列赫特、纳索诺夫和福京联名给共产国际执委会主席团和联共(布)中央写信,汇报上海工人第二次武装起义有关情况。③ 在给莫斯科的书面报告中,他们点名批评了中共中央的部分领导同志,并表示"基本同意"瞿秋白提出的上述建议。同时,将瞿秋白的文章连同他们的报告和信件一起转送给共产国际执委会俄国代表团。他们在书面报告的最后写道:"附上我们的两封信(指他们给中共中央执委会的两封信——引者注)和瞿秋白给中央的信(指他写《上海二月二十二日暴动后之政策及工作计划意见书》——引者注),我们基本上同意瞿秋白这封信提出的建议,还寄上一些其他材料。"④

　　瞿秋白提出的主张和具体策略意见,经中央决策者详细讨论和研究,很多被贯彻到第三次武装起义的过程中。不过按照中央的安排,在上海工人第三次武装起义发动的前夕,瞿秋白奉命前往武汉。启程时,他随身带了一份很重要的文稿:《中国革命中之争论问题——第三国际还是第零国际》。

---

① 《瞿秋白文集·政治理论编》第 4 卷,人民出版社 1993 年版,第 562—567 页。
② 《瞿秋白文集·政治理论编》第 4 卷,人民出版社 1993 年版,第 569—570 页。
③ 中共中央党史研究室第一研究部译:《共产国际、联共(布)与中国革命档案资料丛书》第 4 辑,北京图书馆出版社 1998 年版,第 138—146 页。
④ 中共中央党史研究室第一研究部译:《共产国际、联共(布)与中国革命档案资料丛书》第 4 辑,北京图书馆出版社 1998 年版,第 146 页。

二、在鲍罗廷的影响下孤身支持毛泽东

瞿秋白这次到武汉,是参加中央汉口临时委员会,与张国焘一起主持中央在汉工作的。自从中共四大召开(1925 年 1 月)以后,国共合作共同领导的国民革命形势迅速发展。由于中央机关不够健全,中央领导成员过少,加之各地的革命形势和进度不一致,中共中央就采取在大地区和主要城市成立中央临时委员会的办法,以加强对当地革命运动的指导。如 1925 年 5 月 8 日中共中央决定分别在广州和北京成立中共中央广州临时委员会和中共中央北京临时委员会。1926 年北伐战争开始后,两湖地区的革命运动迅速高涨。特别是北伐军占领汉口以后,武汉成为北伐战争的前沿地区和革命运动的中心。9 月下旬,中共中央派张国焘为中央驻汉口特派员,全权代表中央指导武汉地区的革命工作;接着中央又在汉口成立中共中央军事部汉口办事处,由张国焘负责,直接指导湖北、湖南、江西、河南及四川的军事工作和国民革命军北伐军西路与中路中共党组织及军事工作;同时,中央还在汉口成立中共中央农委办事处,负责指导湖南、湖北、河南、江西及四川五省的农运工作,由毛泽东负责筹办并为主持人。到 1926 年年底,在国民政府和国民党中央党部机关北迁汉口的同时,中共中央决定在汉口成立由张国焘、项英、罗章龙、张太雷等人组成的中共中央汉口临时委员会,负责人为张国焘。瞿秋白奉命到武汉,就是参加中央汉口临委工作,也是为中共中央机关从上海搬迁到武汉做准备。

在武汉,瞿秋白又与鲍罗廷走到了一起。鲍罗廷在担任孙中山顾问不久,便意识到在中国进行土地革命的重要性。因为在中国,农民人

数占全国人口的 80% 以上,是中国经济政治生活的主体。与此同时,在北京的加拉罕也提醒鲍罗廷要注意广东的土地问题。加拉罕在鲍罗廷到广州后不久,给他写信指出:"我把刊登在上海共产党机关报《前锋》(1923 年 7 月 1 日创刊、由瞿秋白主编的中共中央早期机关刊物——引者注)上的一篇文章(齐方:《广东一年》)中的一节译文寄给您。这篇文章很新奇,因为它完全证实了土地改革是可能的,是必要的,并能对国民党起到巨大的作用。""这迫使我们要非常审慎地对待土地法令。我恳请您尽可能经常地给我寄一些详细的材料和土地改革的方案,以便我了解这项工作的进程。""在所有的法令中,土地法也许是国民党手中最强有力的和最重要的杠杆。"①遵照加拉罕的指示,鲍罗廷在广州成立了一个专门研究中国农民状况的专家小组。小组成员有沃林、约尔克、塔尔汉诺夫等人,他们在鲍罗廷的指导下,收集了大量两广地区的有关土地问题等资料。经过一段时间的深入调查研究,鲍罗廷充分认识到解决土地问题,对于巩固广州政权和南方革命形势的发展具有重要意义。北伐出师前夕,鲍罗廷向蒋介石建议发布土地政纲,但蒋介石不赞成;鲍罗廷又提议攻克武汉时发布,蒋介石还是认为为时太早。对待改革土地关系的认识和态度遂成为鲍蒋矛盾的一个重要方面。1926 年北伐战争开始后,鲍罗廷多次在演讲中谈到"土地问题",强调要进行土地革命。

1926 年 11—12 月,共产国际执行委员会第七次扩大全会召开,在中国革命问题上,斯大林和共产国际执行委员会鲜明地提出了"土地革命"的要求,刚到武汉不久的鲍罗廷对土地革命主张仍然很激进。当时,社会上已经出现两湖工农运动"过火"之说,但鲍罗廷认为还不够激烈。他公开告诫武汉国民党人:对以中小地主为代表的中国反革命的社会基础,绝不能取温情主义。他说:因为军阀及其军队阻碍革命,我们从广东到武昌的路上杀了很多,可是对于农村那些剥削农民、

---

① 中共中央党史研究室第一研究部译:《共产国际、联共(布)与中国革命档案资料丛书》第 1 辑,北京图书馆出版社 1997 年版,第 392 页。

同样阻碍革命的大人先生们,我们拿一个指头去碰一碰他们都不敢。"公道与正义何在?"他明确主张:"对于剥削农民的用刺刀去刺死他,刺死反革命的基础,如像刺吴佩孚的军队一样。这样国民党才不至于落后。"为此,他甚至提出:"农民受压迫过久,稳健分子不易起来。是要痞子、流氓做先锋,真正农民才起得来。"①当然,在蒋介石集团叛变、武汉革命形势急剧恶化的局势中,为了维护莫斯科坚决要维持的以国共党的合作为形式的统一战线的框架,鲍罗廷无法继续坚持他对土地革命的设想。

鲍罗廷重视农民问题以及关于土地革命的激进主张,也许对国民党领导人影响不大,但对瞿秋白、毛泽东等年轻的中共领导人无疑产生了影响。当时,国民党右派、党内右倾机会主义者和地主豪绅,明里暗里对正在席卷两湖地区的农民运动集中而猖狂地放射着各种攻击的毒箭。中共中央农民运动委员会书记、中共中央农委汉口办事处负责人毛泽东,于1927年年初深入湖南农村进行一个多月的实地考察,走遍湘潭、湘乡、衡山、醴陵、长沙5个县,在掌握了大量农民运动材料和信息的基础上,写成了《湖南农民运动考察报告》一文。在考察报告中,毛泽东回击对以湖南为中心蓬勃兴起的农民运动的污蔑时,称赞农民运动"好得很"而不是什么"糟得很",是"几千年未曾成就过的奇勋";贫农是革命的"先锋"而不是"痞子";农村根本不存在联合战线,因而农民协会也就根本不存在破坏联合战线的事实;一切革命同志都应该支持农民运动。

瞿秋白到武汉,除了协助张国焘主持汉口的日常工作,更主要的是代中央宣传部部长彭述之主持中央在汉宣传工作。当他读到毛泽东的这份报告时,很是钦佩和赞同。他与毛泽东1923年相识,1924年一起出席国民党一大,并在上海共同为推动国民党改组工作过。1926年年底,汉口特别会议召开时,他们一同参加。这次到武汉,他又与毛泽东

---

① 见1927年1月8日、23日《汉口民国日报》,转引自杨奎松著:《国民党的"联共"与"反共"》,社会科学文献出版社2008年版,第191—192页。

再度相见,共同战斗。《湖南农民运动考察报告》写成后,先是在中共湖南省委机关刊物《战士》周刊连续刊载,后在中共中央机关刊物《向导》上刊发了一部分,接着便被停发。瞿秋白感到很奇怪,一问才知是因为陈独秀、彭述之不准连载下去。

瞿秋白知道:陈独秀、彭述之不敢连载这篇报告,是因为害怕这篇文章发出去,会进一步激起农民的"越轨"行动,以至破坏了国共合作。但是,这样的文章都不敢登,还革什么命? 于是,他利用自己在汉口临时中央委员会分管宣传工作的机会和条件,吩咐秘书羊牧之与党在汉口创办的长江书局联系,准备出版单行本。

针对敌人的污蔑和党内的责难,瞿秋白在百忙之中于 4 月 11 日深夜,专门为这本小册子写下了序言。他在序言中热情洋溢地赞扬农民革命和农民运动,肯定毛泽东所写的考察报告。他说:"中国农民从今以后渐渐的要脱离土匪头儿的利用,他们现在有了新的领袖——工人,这个新的领袖的利益是和他们相同的,是能率领他们革命到底的,不像土匪头儿似的,事成了自己便去做皇帝。请看湖南的农民已经事实上能力争自己的政权。""中国农民要的是政权,是土地。因为他们要这些应得的东西,便说他们是'匪徒'。这种话是什么人说的话! 这不但必定是反革命,甚至于不是人!""中国革命家都要代表三万万九千万农民说话做事,到前线去奋斗,毛泽东不过是个开始罢了。中国的革命者个个都应当读一读毛泽东这本书,和读彭湃的《海丰农民运动》一样。"[1]

在瞿秋白的直接促成下,《湖南农民运动考察报告》这篇重要历史文献的第一个单行本,1927 年 4 月终于由武汉长江书局出版。为了大力宣传农民革命运动,瞿秋白计划要连续出版这方面的著作,所以将书名改为《湖南农民革命(一)》。这是计划出版的第一本,但由于革命形势变化很快,计划之后出版的各本均未实现。

从瞿秋白热情地为毛泽东的《湖南农民运动考察报告》撰写序言,

---

① 《瞿秋白文集·政治理论编》第 4 卷,人民出版社 1993 年版,第 573、574 页。

支持出版单行本,可以看出他是当时坚定支持彭湃、毛泽东从事农民运动的中央领导人。之所以如此,是因为受鲍罗廷影响,瞿秋白也很重视农民问题。还在 1925 年 9 月中共中央于北京召开的第二次中执委扩大会议上,瞿秋白就发言表示:坚决赞成"耕地农有"的主张。进入 1926 年,眼见国共合作的革命阵营分化和右派势力猖獗,瞿秋白清醒地认识到农民问题的重要性。他认为,中国无产阶级只有团结农民,与农民阶级组成同盟军,中国革命的胜利才有希望;而联合农民革命的关键,是解决土地问题,实现耕地农有。为此,1926 年 2 月瞿秋白利用生病、住院之时,撰写了《俄国资产阶级革命与农民问题》一书。他在该书的自序中写道:"资产阶级革命的完成与农民问题的解决,始终是俄国无产阶级所领导的。这的确对于中国现时的革命,有很重要的教训。我希望读者不要把这本书单当做历史读。"[①]1926 年 8 月,他在撰写的《北伐的革命战争之意义》《国民革命中之农民问题》两文中,再次强调解决农民问题的重要性,并提出解决农民问题的具体办法,如明确"耕地农有",武装农民,组织农民自卫军,让农民参加革命政权,让乡村政权归农民,镇压一切买办地主阶级的反革命活动,剥夺其政权。1927 年 2 月,他在撰写的《中国革命中之争论问题》长文中更是明确地指出:"中国革命中的中枢是农民革命。""现时的革命策略,应当竭力吸引农民群众加入革命的一切斗争;但是单有机械的宣传组织是决不够的,必须有进取而非保守的策略和口号。对于一般农民,自然是农民委员会的实际政权。"[②]实际上是提出了建立农民组织和政权的问题。

可见,瞿秋白重视土地和农民问题,很早就深刻认识到农民问题在中国革命中的重要地位,因此,他才能够在毛泽东重视农民运动受阻时,孤身支持毛泽东,支持他重视农民斗争。

---

① 《瞿秋白文集·政治理论编》第 4 卷,人民出版社 1993 年版,第 613 页。
② 《瞿秋白文集·政治理论编》第 4 卷,人民出版社 1993 年版,第 512、513 页。

三、"中央联席会议"主持人

1927 年 3 月以后,随着国民革命的中心北移武汉,莫斯科各路驻华(广州、上海)代表鲍罗廷、维经斯基等人于年初左右相继到达汉口,共产国际派到中国指导和参加中共五大的代表团成员罗易、多里奥等人以及被莫斯科派来"中国组织和指导政治学校的工作"的米夫等人①也先后到达武汉。与此同时,中共中央委员们也陆续集中于武汉三镇。但是直到 4 月 20 日以前,陈独秀和中共中央机关却尚未完全迁到汉口。

为了使中共在汉口有一个过渡性的领导机构,1927 年 4 月 4 日,共产国际代表团(罗易、多里奥、维经斯基三人组成)召集中共中央委员会在汉委员、中共湖北[省]委委员以及[共产主义]青年[团]代表在汉口举行联席会议。出席这次中共汉口联席会议的代表有:共产国际代表团成员罗易、威辛斯基(即维经斯基)、道列沃特(应是多里奥——引者注)和瞿秋白、谭平山、张国焘、罗章龙、蔡和森、张太雷、陈延年、苏兆征、任作民、毛泽东、李立三、贺昌等人,会议主席是瞿秋白。会议决定成立联席会议常务委员会,选举瞿秋白、谭平山和张国焘为常务委员;联席会议制度确立后 10 天之内撤销驻汉口的中共中央临时委员会。

根据这次联席会议的决定,瞿秋白与谭平山、张国焘一起组成中央

---

① 中共中央党史研究室第一研究部译:《共产国际、联共(布)与中国革命档案资料丛书》第 4 辑,北京图书馆出版社 1998 年版,第 103 页。

联席会议常务委员会,负责领导中央联席会议的日常工作。也就是说,瞿秋白成为中央联席会议的组织者和主持者之一。

1927 年 4 月 4 日的联席会议还讨论了关于召开中共中央全会、中国共产党第五次全国代表大会问题,决定于 4 月 20 日召开全会,4 月 25 日召开第五次全国代表大会,并对五大的议程作出了规定:①共产国际代表关于国际形势和[共产国际执委会]全会(指第七次扩大全会——引者注)对中国的总结的报告;②中共中央执行委员会的政治报告;③中央执行委员会的组织报告;④关于中共土地纲领的报告;⑤中共的工人政策;⑥关于青年的报告。为了准备大会文件,这次联席会议还决定必须选出决议起草委员会,负责起草下列决议:①总的政治决议;②关于我们与国民党的关系的决议;③关于组织问题的决议;④关于农民问题的决议;⑤关于工会问题的决议;⑥关于党内学习的决议;⑦关于妇女问题的决议。①

瞿秋白到武汉后不久,便传来了上海工人第三次武装起义的胜利消息。为了配合北伐军进攻上海,以陈独秀为首的中共党人,于 1927 年 3 月 20 日领导上海工人发动武装起义,推翻了军阀的反动统治。于是,蒋介石率领北伐军不费一枪一弹进占上海。但是蒋介石并不感谢共产党人,他用日益反动来报答把上海交到他手里的中共党人和工人兄弟。恰在这时,汪精卫从欧洲经莫斯科回到上海(4 月 1 日)。当时,中共按照莫斯科的指示,通过"迎汪复职",维护国共统一战线。而此时蒋介石为了公开发动政变,迫切要求与一切反动势力联合,对于刚到上海的汪精卫便不遗余力地拉拢。这种背景给汪精卫造成了进行政治投机的绝好时机。4 月 3 日,当陈独秀去见汪精卫时,汪便指责中共要打倒国民党、打倒三民主义,并指使工人冲入租界等,陈独秀表示绝无此事。为了使汪精卫相信中共的诚意,次日,陈独秀亲笔撰写书面宣言以澄清谣言,缓和国共关系。4 月 5 日,《申报》刊登了这份《汪陈联合

---

① 中共中央党史研究室第一研究部译:《共产国际、联共(布)与中国革命档案资料丛书》第 4 辑,北京图书馆出版社 1998 年版,第 170—171 页。

宣言》。宣言郑重声明：共产党决不"主张打倒三民主义的国民党"；国民党也"决无驱逐友党摧残工会之事"；呼吁两党"立即抛弃相互间的怀疑，不听信谣言，相互尊敬，事事协商，开诚进行"。尽管陈独秀并不知道这份宣言到底能起多大积极作用，但他通过发表宣言搞缓和的意愿却是真诚的。

在这种背景下，1927年4月7日，瞿秋白主持召开了中央联席会议，李立三、张太雷、毛泽东等以及共产国际代表福京、鲍里斯、维经斯基、伏洛(罗)夫斯基、汉得、特萨、阿尔布赖特、罗易等参加了会议。由于斗争形势复杂和危急，当时共产国际代表不断地接到要求延期召开中共五大的报告。还有联共(布)中央政治局召开会议讨论派维经斯基"去上海与蒋介石进行联系并防止他采取极端行动，这样做是否合适"①的问题。所以，这次中央联席会议主要讨论五大要不要延期、共产国际代表要不要去上海等问题。

对于中共五大要不要延期的问题，会议经过讨论一致认为，必须按期召开中共第五次党的全国代表大会，决定通知陈独秀和在上海的中央委员速到武汉，并"以中央名义向各地区发电报，要他们派代表来"武汉参加大会；同时会议还接受罗易的提议，成立一些委员会，为大会准备材料，会上成立了由瞿秋白和毛泽东负责准备农民土地问题资料的农业委员会、由李立三负责准备工人运动资料的工会委员会、由张国焘负责准备中共党组织自身建设资料的组织委员会。②

对于共产国际代表要不要去上海会见蒋介石的问题，瞿秋白说：这不是一个去不去上海的问题，而是关系到我们所进行的工作路线是否正确的问题，因此他希望共产国际代表把他们的意见告诉与会代表。罗易表示必须去上海，这个问题不需要争论。特萨说：建议在报告后进行一次讨论，开展一个反对蒋介石的运动。我们必须注意到方法是否

---

① 中共中央党史研究室第一研究部译：《共产国际、联共(布)与中国革命档案资料丛书》第4辑，北京图书馆出版社1998年版，第172页。
② 中共武汉市委党史研究室、中共五大会址纪念馆编著：《中国共产党第五次全国代表大会》，中共党史出版社2007年版，第23—25页。

有效,口号是否足够等问题,这不是一个共产国际代表团离不离开武汉到上海的问题。维经斯基说:除了讨论去不去这个实际问题之外,对方针路线进行一次讨论是应该的。会议经过讨论后,联席会议常务委员会也理解了这一立场并且同意了共产国际代表的决定。

1927 年 4 月 10 日,瞿秋白再次主持召开中共中央执行委员会在汉委员、湖北区委、[共产主义]青年[团]代表和共产国际代表团联席会议,参加会议的有共产国际代表罗易、多里奥、维经斯基、阿尔布赖特、福京、鲍里斯以及瞿秋白、张国焘、谭平山、彼得洛夫(彭述之)、李立三、苏兆征、蔡和森、毛泽东、罗章龙、萧子暲、贺昌、沃罗夫斯基(黄平)、陈延年等人。会议讨论了如何应付蒋介石在上海已经反动的问题。会议通过了由罗易起草的《中央关于沪区工作的决议案》,决定成立中共中央上海特务委员会,会上任命陈延年为上海特委会书记,并决定派陈延年前往上海执行联席会议所决定的政策;会议还决定将中央机关在上海的所有档案转到汉口。①

陈延年是 1927 年 4 月 1 日从广州率领出席中共五大的广东区委代表团到武汉的。从 4 月 4 日起,他多次出席瞿秋白主持召开的联席会议。4 月 10 日,瞿秋白主持的联席会议决定将他这样坚定的革命家派到残酷的环境下去与蒋介石作斗争,不仅是考虑到他有在广东领导全党最大区委的经验,是有能力的区委书记,更考虑到了陈延年对蒋介石一贯的警惕和强硬态度。会后,陈延年和李立三、聂荣臻、维经斯基动身去上海,贯彻执行中央刚通过的《中央关于沪区工作的决议》。大约在同一时间,陈独秀离开上海前来武汉。当他得知陈延年被安排去了上海时,心里"咯噔"一下,他有一种不祥的预感。

陈延年等人在前往上海的路上,蒋介石发动了四一二反革命政变。按照中央联席会议的决定,到上海后的陈延年 1927 年 4 月 16 日正式成立了中共中央上海特务委员会,由李立三、陈延年、维经斯基、赵世

---

① 中共中央党史研究室第一研究部译:《共产国际、联共(布)与中国革命档案资料丛书》第 4 辑,北京图书馆出版社 1998 年版,第 181—182 页。

炎、周恩来、罗亦农等人组成。中央上海特委会在白色恐怖严重的环境中一直坚持斗争,到 4 月下旬该委员会结束。1927 年 6 月 26 日,在北施高塔路恒丰里 104 号(今山阴路 69 弄 90 号)上海区委所在地,因交通员叛变,正在开会的上海区委书记陈延年被捕,7 月 4 日他壮烈牺牲于龙华监狱。陈独秀失去了一个优秀的儿子,中国共产党失去了一名英勇的战士!

蒋介石在上海叛变革命后,中国大革命的形势迅速逆转。1927 年 4 月 18 日,南京国民政府成立,接着发布通缉令,鲍罗廷、陈独秀、瞿秋白、谭平山、周恩来等 197 名共产党首要人物和国民党左派及其他著名活动家成为蒋介石和南京政府通缉的要犯。

1927 年 4 月 20 日,陈独秀在武汉主持召开了中共中央执行委员会中央局会议,瞿秋白与张国焘、蔡和森、彭述之、邓中夏、苏兆征、黄平、张太雷、罗易、鲍罗廷等参加了会议。与此同时,中央联席会议使命结束。

四、受莫斯科驻华代表支持的"抗争者"

对于此时中共中央内部已经存在的右倾错误苗头,瞿秋白在中共五大上以自己的方式进行了抗争。从"俄罗斯解密档案"资料来看,他的抗争或许得到了罗易等共产国际驻华代表的支持。

1927 年 4 月 27 日,中国共产党比中央联席会议规定的时间晚两天召开了第五次全国代表大会。这次党的全国代表大会从提议、筹备到召开,都是在联共(布)中央政治局和共产国际直接指导和组织下完成的。其间经过了整整一年的时间。1926 年 4 月 27 日,共产国际执委会远东书记处召开会议,当时正在莫斯科的蔡和森参加了会议,他在会上提出"中共五大应该立即召开"的建议。① 但是会议没有作出决定。1926 年 9 月,共产国际执委会远东局俄国代表团在上海召开会议,正式作出要筹备召开中共五大的决定,并确定不晚于 1927 年 1 月,会议同时还委托陈独秀起草大会总纲,瞿秋白起草关于资产阶级作用的提纲,托切尔尼亚克起草关于无产阶级运动的提纲。②

　　到 1927 年 1 月,共产国际执委会政治书记处正式任命了出席中共五大的共产国际代表,他们是维经斯基、多里奥和罗易(4 月 7 日又增补鲍罗廷)。他们 4 人共同组成出席中共五大的共产国际代表团。1月 19 日,共产国际执委会为举行中共五大给维经斯基、罗易和多里奥的指示,正式确定了代表大会的日程、遵循的原则和需要讨论的问题。其中,特别明确了两条原则性的指令:一是中共五大的"一切政治决议都完全应以共产国际执委会第七次扩大全会关于中国问题的决议为依据";二是中共五大的组织决定则以共产国际执委会政治书记处当日通过的《关于中国共产党的组织任务》为依据。③

　　瞿秋白主持的 1927 年 4 月 4 日汉口中央联席会议,确定了中共五大召开的具体日期(4 月 25 日),以及大会的议程。陈独秀抵达汉口后,为了筹备召开五大,主持召开中央预备会议,就大会日程、报告和会务机构进行讨论。可是,在讨论大会报告、总结党过去的工作时,会上对广州"三二〇事件"、上海工人武装起义和"四一二政变"等重大事件中党的指导方针问题发生了争论,而且争论相当激烈,没有结果。中共五大是在中国革命危急关头召开的党代会,它需要解决很多问题。如果不能在大会的报告中明确指出党中央在过去的工作方针上存在的错误倾向,那么大会将达不到预期的效果。为此,瞿秋白心情沉重。

---

① 中共中央党史研究室第一研究部译:《共产国际、联共(布)与中国革命档案资料丛书》第 3 辑,北京图书馆出版社 1998 年版,第 230、231 页。

② 中共中央党史研究室第一研究部译:《共产国际、联共(布)与中国革命档案资料丛书》第 3 辑,北京图书馆出版社 1998 年版,第 517 页。

③ 中共中央党史研究室第一研究部译:《共产国际、联共(布)与中国革命档案资料丛书》第 4 辑,北京图书馆出版社 1998 年版,第 91—92 页。

据"俄罗斯解密档案"资料可知,到武汉不久的陈独秀,着实看到了党的五大面临着一大堆棘手难题,所以他并不想急于召开五大,便采取拖延战术。但是,此时参加五大的各路代表已陆续到达武汉。由于情况紧急,共产国际派到中国参加中共五大的代表团不得不进行干预。4月20日,罗易和多里奥在汉口给共产国际执行委员会政治书记处发电报说:"党的领导状况不佳。在陈独秀来到这里之前,中央委员会的多数委员主张立即召开代表大会,以便建立集体领导,并定在25日召开。陈独秀到来后,借口省里的工作需要,要求将代表大会无限期推迟。""我们代表团进行了干预,要求代表大会按原定日期——25日开始。中央委员会同共产国际代表团进行了斗争,但最后还是勉强同意了。"①

在共产国际代表团的干预下,中共五大虽然比预定的时间推迟了两天,但还是及时召开了。1927年4月27日,中国共产党第五次全国代表大会开幕式在武昌都府堤原31号的原湖北省立第一小学(众多回忆文献中谈到的武昌高师附小)礼堂里举行。有80多位正式代表参加大会,他们代表了中共8个区委、6个地委及莫斯科、海参崴、巴黎、日本等党组织的近6万名党员。出席大会开幕式的还有罗易、多里奥、维经斯基、鲍罗廷等共产国际代表,以及苏、美、英、法、德兄弟党的代表和工、农、青、少、妇等群众团体的代表,还有由谭延闿、徐谦、孙科组成的国民党代表团。中共五大不仅是党成立以来规模最大的一次全国代表大会,而且是在半公开状态下召开的。基于代表的安全和方便等原因,从4月29日起,中共五大会场转移到汉口济生三马路(一说自治街31号)黄陂会馆召开,直到5月9日结束。

1927年4月29日,在汉口黄陂会馆的大客厅里,中共五大继续进行。会场比较简陋,正式代表、非正式代表及工作人员100多人,坐在条桌后的长条凳上听会。代表们没有出席证,进门时用"口令"。第一

---

① 中共中央党史研究室第一研究部译:《共产国际、联共(布)与中国革命档案资料丛书》第4辑,北京图书馆出版社1998年版,第209页。

天上午的口令是"冲锋"二字。

这天上午,陈独秀代表第四届中央委员会向五大作关于政治与组织状况的主报告。他的报告系统地叙述了四大以来历次重大的政治运动和党的组织、工农运动的发展状况,全面总结了四大以来的革命实践,涉及的时间是两年零三个月。① 罗易听着很不满意。他认为,陈独秀的报告违背了中央与共产国际代表团联席会议共同讨论并达成的协议,即中共中央的总报告应当明确需要集中讨论以下基本问题:"资产阶级的作用,无产阶级的作用,土地问题,革命的前途,军人的作用,革命的性质,武装革命力量问题,同国民党的关系。"他说:"当陈独秀同志在代表大会作报告的时候,他违背了所有这些协议。他就上述问题阐述了自己的观点。他对所有问题都提出了自己的看法,自然,在他的报告中没有作任何批评。"②

更让罗易不快的是,整个大会沉闷地听完陈独秀长达6个小时的报告后,"大会主席团(整个中央委员会即原中央委员会都参加了主席团)却一致决定:对他的报告不进行任何辩论,而请共产国际代表团在不进行辩论的情况下作报告"③。

当共产国际代表团坚持就陈独秀的报告进行辩论时,大会主席团的一些同志建议共产国际代表团先开始发言。代表团本来是不同意先发言的,但为了引导大会就陈独秀的报告展开辩论,于是作为代表团的首席代表罗易,在陈独秀的报告后,作了一个类似副报告的辩论发言。罗易在报告中批判了党以前所犯的错误,阐述了共产国际的提纲,对联席会议预先讨论过的所有问题逐点阐明共产国际的方针和观点。

解密档案资料记录,在罗易发言之后,五大会场的"坚冰才解冻,辩论才开始,一场很好的辩论展开了。来自各省的许多同志都发了言。

① 中共中央党史研究室第一研究部编:《共产国际、联共(布)与中国革命档案资料丛书》第5辑,北京图书馆出版社1998年版,第338—364页。
② 中共中央党史研究室第一研究部译:《共产国际、联共(布)与中国革命档案资料丛书》第4辑,北京图书馆出版社1998年版,第444、445页。
③ 中共中央党史研究室第一研究部译:《共产国际、联共(布)与中国革命档案资料丛书》第4辑,北京图书馆出版社1998年版,第445页。

很明显,全党都不赞成中央委员会的政策"①。接下来 4 天,大会围绕党过去犯的错误和党最近的任务问题进行了很好的讨论,对中央委员会的政策进行了批评。

在所有的代表中,有一个人从理论上系统地批判了陈独秀和彭述之的错误,他就是瞿秋白。也许是受了共产国际代表团的鼓励,瞿秋白决定挺身而出,对陈独秀、彭述之的右倾错误进行抗争。他抗争的方式是将他写的长文《中国革命中之争论问题》,印成小册子,在每个代表的座位上放一本。这本小册子的副标题是"第三国际还是第零国际?——中国革命中之孟塞维克主义"。

出席大会的代表们都被这醒目而尖锐的标题吸引住了,一边很有兴趣地翻看着,一边发出会意的笑声和议论声。当时,戴着一副白丝边眼镜的恽代英说:"这个标题写得好,写得尖锐。目录上的五个大问题也提得鲜明:中国革命么? 谁革谁的命? 谁能领导革命? 如何去争取领导权? 领导的人怎样? 问得实在好。"②

瞿秋白在小册子里列举了 1923 年至 1927 年党内领导层 17 例右倾错误后说:"我们将这些事实一一胪列起来,自己看一看:真正要出一身冷汗!"③在这个长篇小册子里,瞿秋白矛头直指陈独秀、彭述之,但是他只点了彭述之的名。

陈独秀对瞿秋白的此举颇感意外,一时愣住了。他望了彭述之一眼,后者早已躁动不安,嘴里小声咕噜着"见了鬼了"。这是彭述之的口头禅。然后,他"猛烈攻击瞿秋白,毫不客气地说(这是在第五次代表大会上),他只是找机会逗'英雄',等等"④。

瞿秋白的这本小册子,表达了中国共产党人坚持马克思列宁主义的意愿,反对右倾错误的呼声。小册子的序言标题是:中国革命中之争

---

① 中共中央党史研究室第一研究部译:《共产国际、联共(布)与中国革命档案资料丛书》第 4 辑,北京图书馆出版社 1998 年版,第 445 页。

② 杨之华著:《回忆秋白》,人民出版社 1984 年版,第 79 页。

③ 《瞿秋白文集·政治理论编》第 4 卷,人民出版社 1993 年版,第 536—537 页。

④ 中共中央党史研究室第一研究部编:《共产国际、联共(布)与中国革命档案资料丛书》第 5 辑,北京图书馆出版社 1998 年版,第 506—507 页。

论问题——对于最近共产国际中国革命问题议决案之研究。在小册子的序言部分,瞿秋白写道:

> 最近共产国际对于中国革命问题决定了一个议决案,根本指出中国革命的前途及其共产党的职任,这一议决案不但引起许多中国革命里之根本问题的辩论,不但指示现时及将来的政策,并且也引起对于过去策略的研究;我们如果不详加讨论,而要附会的说,过去策略大致与此次决议相符(瞿秋白在此处主要是针对彭述之在共产国际七大决议传到中国后作报告说:共产国际的指示同中央的政策,一般说来区别不大而言的——引者注),那就等于不能了解这一决议。所以我提出五个根本问题来讨论:(一)中国是否革命——还是从辛亥至"五卅"一直只是军阀强盗混战?借此问题说明中国的经济及各阶级的状况。(二)中国是谁革谁的命——是无产阶级单独革帝国主义、买办阶级的命,还是各种被压迫阶级联合起来革他们的命?借此问题说明中国现时的治者阶级是谁。(三)国民革命的联合战线里谁应当是革命之领袖阶级?并说明无产阶级与资产阶级互争革命之领袖权的意义。(四)无产阶级应如何去争此革命中之领袖权?并说明共产党对于国民党之态度。(五)中国共产党过去是否争过革命之领袖权?这就是审查过去策略的正确及错误。①

上述序言表明,瞿秋白的《中国革命中之争论问题》实际上是系统地论述了中国革命的任务、性质、阶段、前途、动力、领导权、统一战线等根本理论问题,为中国共产党新民主主义革命理论的形成作出了先行性贡献。它通过回顾和研究过去党的政策和策略,对陈独秀、彭述之的右倾错误提出批评。虽然瞿秋白只是点了彭述之的名,但是文稿的内容告诉我们,他在批评一条错误的路线。

---

① 《瞿秋白文集·政治理论编》第4卷,人民出版社1993年版,第434—435页。

瞿秋白在文稿中大声疾呼:"我们党是有病,病的名词叫作彭述之主义,随便称呼也不要紧,他的实质是从我们实际工作和策略,零零碎碎汇合起来,不自觉的形成一个隐隐约约的系统。可以说并非彭述之一人的独创,亦许彭述之自己将要反对彭述之主义了。然而彭述之主义者还是很多;我们必须指出这彭述之主义,实在是孟塞维克主义在中国的化身,因为群众和革命如此教训我们:如果再不明白的公开的揭发出来,群众和革命要抛弃我们了。"①由于陈独秀和彭述之都是瞿秋白的顶头上司,因此他在文稿中写道:"斩首是中国皇帝的东方文化,是中国的家常便饭。""但是我要做一个布尔塞维克,我将服从真正列宁主义的纪律,我可不怕皇帝制度的斩首。我敢说:中国共产党内有派别,有机会主义。"②

瞿秋白的这种抗争方式显然与共产国际驻华代表对他的信任和支持这一背景分不开。而他的这篇文稿也得到了共产国际代表们的首肯。罗易认为:"瞿秋白同志所写的东西……是对以前的中央委员会的政策表示不满和批评的唯一一次有组织的形式。我们认为这是很有希望的征兆。"③

后来回到莫斯科的共产国际代表纳索诺夫、阿尔布列赫特和曼达良等人,向共产国际执行委员会俄国代表团报告说:"中国的彼得罗夫主义(指彭述之主义——引者注)在其基本理论原理和策略结论上与反对派的路线是完全一致的,瞿秋白同志在《中国革命中之争论问题》的小册子中对此作了全面的论证(遗憾的是,可以看出来,了解这个小册子的人很少,其实,这本小册子,尽管有一些缺点,但除了给彼得罗夫主义以毁灭性批判外,它还对中国的阶级力量作了很有价值的分析,提供了很多实际材料)。"④

---

① 《瞿秋白文集·政治理论编》第4卷,人民出版社1993年版,第537页。
② 《瞿秋白文集·政治理论编》第4卷,人民出版社1993年版,第528页。
③ 中共中央党史研究室第一研究部译:《共产国际、联共(布)与中国革命档案资料丛书》第4辑,北京图书馆出版社1998年版,第443页。
④ 中共中央党史研究室第一研究部译:《共产国际、联共(布)与中国革命档案资料丛书》第4辑,北京图书馆出版社1998年版,第271页。

应该说,共产国际代表对瞿秋白这篇文稿的理论价值和历史价值的认定是完全实事求是的,即使在今天看来,他们的评价也站得住脚。

五、与中共五大构成耐人寻味的关系

不管怎样,由于瞿秋白在大会上散发了一份很重要的文稿,算是以自己的方式对顶头上司陈独秀和彭述之进行了一回抗争,因而使这次党代会有了不同寻常的意义。瞿秋白在文稿中大声疾呼"我们党是有病",以此批评陈独秀和彭述之,直接促使中共五大确立了争夺无产阶级领导权的重要原则,从而也构成了瞿秋白与党的五大耐人寻味的关系。

在党的五大上,一种有趣但很能说明问题的历史现象出现了:

一方面陈独秀的右倾思想已经暴露无遗,且没有任何改变。据"俄罗斯解密档案"中罗易的报告说,在五大上"陈独秀同志在自己的总结发言中仍然我行我素。他又阐述了自己在报告中所提出的观点。接连 4 天的辩论对他来说没有任何意义。他又完全按照中国的方式既不参与论战,也不公开反对共产国际的提纲,相当策略地与一两个同志进行论争。但是,他的总结发言基本上是在捍卫自己的观点"①。

另一方面,瞿秋白的正确思想路线也强烈地对比了出来,他在大会上散发的小册子《中国革命中之争论问题》也产生了影响,尤其是他在《中国革命中之争论问题》的第三章《谁能领导革命?》中指出,但中国

---

① 中共中央党史研究室第一研究部译:《共产国际、联共(布)与中国革命档案资料丛书》第 4 辑,北京图书馆出版社 1998 年版,第 446 页。

革命即使是资产阶级性的民权革命,也非由无产阶级取得领袖权不能胜利。革命领袖权是否像彭述之所说"天然"在工人阶级之手呢?当然不是的。工人阶级要去争夺革命的领袖权。瞿秋白这一"争夺领导权"的思想对党的五大有重要影响。大会通过的《政治形势与党的任务议决案》指出:现时的革命阶段的主要特质,就是无产阶级应当在斗争之中取得领导权,无产阶级须有英勇的革命斗争,才能获得光明的政治发展。[①]

一方面,在瞿秋白、任弼时、毛泽东、恽代英等大多数代表坚持下,会议批评了陈独秀等人的右倾错误,大家都知道陈独秀的思想观点相当右倾,不能适应大革命形势的发展,继续担任党的最高领导人必定有害无益。

另一方面,当时全党上下,包括共产国际代表,都认为陈独秀在党内无人可以替代,即使在会前和会中带头同陈独秀、彭述之的右倾错误作斗争的瞿秋白,也绝对"没有取独秀而代之"的念头和想法,为了维护陈独秀的领袖地位,他在小册子中没有点陈独秀的名,而只是批判彭述之。有人说,瞿秋白这是在使用汉代的"清君侧"策略。所谓"清君侧",就是东方专制时代的一种反抗策略,即不敢说皇帝错误,就说是大臣陷皇帝于错误;不敢反对皇帝,就排斥皇帝重用的大臣。像郑超麟就认为,瞿秋白的小册子正是应用了这个策略,他虽然是批评陈独秀,但却拿彭述之做替身。瞿秋白对陈独秀的这种态度在当时共产党内具有很大的代表性。例如,1927 年 4 月 22 日,当罗亦农、李立三等离开上海到武汉参加五大时,分手前周恩来特别请罗亦农带两点意见给大会:一是中央要承认错误,二是彭述之不能进中央委员会。但是,谁都没有认为陈独秀不能做党的最高领导人。

这样,陈独秀一方面在五大上成为众矢之的,另一方面在选举党的最高领导人时,虽然无人喝彩却又无人替代。连罗易也认为:"这次代

---

① 中央档案馆编:《中共中央文件集(1927 年)》第 3 卷,中共中央党校出版社 1983 年版,第 45 页。

表大会表明,尽管对老中央委员会存在着普遍的不满情绪,但是谁都没有表示出要推翻它的丝毫愿望。第一,党没有要求推翻老领导;第二,(共产国际)代表团看到,如果推翻老领导,没有谁能替代它。"①在这种情况下,罗易等共产国际代表只是考虑用扩大中央委员会的规模来增加新中央的力量,于是大会选举了中央委员 31 人、候补中央委员 14 人,接着从中选出政治局委员 8 人,他们是陈独秀、蔡和森、周恩来、李立三、李维汉、瞿秋白、谭平山、张国焘,选出候补政治局委员 2 人,他们是张太雷、苏兆征。又从中央政治局委员中选出 3 人为政治局常委,他们是陈独秀、蔡和森、张国焘。

中共五大连选陈独秀担任总书记,实际上反映了早期中共在组织建设上的一个重大缺陷,即当时无论是中共还是共产国际(包括其驻华代表在内)都还没有认识到,从组织上建立一套科学合理的领导交接班的程序和制度,对于中国共产党来说是非常需要的。可以说,中共五大在选举和确定党的主要负责人时,出席大会的代表包括共产国际的代表在内,主要是凭感情、凭主观印象(甚至想象)来进行的。当时全党上下都认为还没有出现超过陈独秀的出众人物,其根据是什么呢?实际上主要是根据自己的印象。

---

① 中共中央党史研究室第一研究部译:《共产国际、联共(布)与中国革命档案资料丛书》第 4 辑,北京图书馆出版社 1998 年版,第 446—447 页。

第七章

在莫斯科驻华代表之间

1927 年 4 月以后，一方面，根据共产国际执委会第七次扩大全会关于中国走非资本主义发展道路即社会主义发展道路的战略意向，共产国际驻华代表和中共中央的基本斗争策略应是把国民革命统一战线策略同农民土地革命方针结合起来，但是就连共产国际领导人也认为这一策略执行起来"是异常困难的"。另一方面，由于蒋介石的叛变，国民革命的形势迅速恶化，中国共产党面临着一场激烈而严峻的挑战。但云集武汉、身负领导大革命重任的莫斯科驻华代表、共产国际实际工作者和中共中央领导人在指导中国革命的过程中，却分歧密布、矛盾重重，为确定革命决策一再地发生争论。他们之间冲突和纠纷交织，正确与错误相伴，彼此间的分歧和摩擦日趋严重。瞿秋白与其他中央领导人一起，夹在莫斯科驻华代表之间，艰难而摇摆地领导着中国革命走向历史的转折。

一、鲍罗廷开始介入中共中央领导工作

1926 年下半年，随着北伐战争向北的顺利推进，特别是武汉三镇被北伐军攻克以后，中国大革命的形势由珠江流域发展到长江流域。与此相应的是，广州国民政府也启动了"迁都"工程。从 11 月中旬开始，广州国民政府机关及其工作人员分期分批北迁。鲍罗廷及其助手和翻译张太雷、宋庆龄、司法部长徐谦、交通部长孙科、财政部长宋子文、外交部长陈友仁等十余人，属于第一批北上的国民政府工作人员。经过近一个月的行程，他们于 12 月 10 日抵达武汉，并于 12 月 13 日成立"武汉临时联席会议"，代行国民党中央和国民政府职权。

在广州时期，鲍罗廷作为国民党的政治顾问，参与上海中共中央领

导工作的时间和机会不多,但对中共广东区委却行使了实实在在的领导职责。到达武汉后,情势有了很大的改变。一方面由于国民党的最高党政领导机关迁到武汉,另一方面中共中央也加强了对武汉地区及其周边省区的领导,由成立中共中央汉口临委到成立中共中央汉口联席会议,再到中共中央机关最终迁到汉口,武汉遂成为国共两党中央所在地;与此同时,莫斯科对共产国际执委会远东局进行改组,鲍罗廷成为远东局重要组成人员。由于这一系列的变化,鲍罗廷到武汉后开始介入中共中央的领导工作。

鲍罗廷开始介入中共中央领导工作是始于当时湖北地区的中共最高负责人张国焘对他的拜访。1926年年底,在国民政府和国民党中央党部机关北迁到汉口后,中共中央决定在汉口成立临时委员会,以张国焘、项英、罗章龙、张太雷、瞿秋白(1927年2月下旬起)等人为委员,并由张国焘担任主要负责人,共同代表党中央领导中部以及西北、西南地区的革命斗争。此后,中共中央汉口临委与武汉临时联席会议共同领导了武汉及两湖地区反对帝国主义、北洋军阀和国民党新军阀的军事政治斗争运动、工农群众运动、妇女解放运动、青年革命运动、收回租界运动等等,处理了一些重大的内政外交及国计民生问题。

鲍罗廷到达武汉不久,张国焘就拜访了他。作为中共中央在武汉的全权代表和中共湖北区委、汉口地委的主要负责人,他是来向鲍罗廷汇报和请示工作的。他们曾在上海、广州多次碰过面,算是老熟人了。此后,张国焘经常到鲍公馆,就党的工作向鲍罗廷请教。鲍罗廷对张国焘说,中共湖北区委应该立即从武昌搬到汉口,因为国民党的中枢移到了汉口,所以中共湖北区委的工作范围今后已不仅仅是湖北一省的事务,将党的机关搬到汉口,就可以与新来的国民党中枢要人保持经常的接触,这样便于把握整个局势的发展。张国焘深以为然。于是,中共湖北区委机关很快就从武昌迁到了汉口。[①]

鲍罗廷到汉口不久,便与维经斯基一起参加了中共中央于1926年

----

① 张国焘著:《我的回忆》第2册,东方出版社1980年版,第167—169页。

12月中旬在汉口召开的特别会议。此时的鲍罗廷刚刚从广州到武汉，他虽然参加了这次中共中央的汉口特别会议，但他对确定这次会议政策的影响不大。

早在北伐军攻克武昌的1926年9月，中共中央就开始从各地抽调大批干部到汉工作，张国焘被任命为中央驻汉代表，到年底又被任命为中共中央汉口临委负责人兼任湖北区委书记。这期间，中央还相继指示李立三、刘少奇、吴玉章、恽代英、毛泽东、张太雷等到达武汉，以加强中国共产党对北伐军占领地区的工运、农运、上层统战和革命军事政治学校等工作的领导。与此同时，项英、彭泽湘、林育南、罗章龙、陆沉、汪泽楷、聂荣臻、李硕勋等人先后被中央调到湖北区委工作。

1927年1月至4月，中共中央鉴于武汉地区革命形势的发展，决定将中央机关及机关工作人员逐步迁到武汉。3月，瞿秋白到武汉。4月，从莫斯科回国的蔡和森、谭平山抵达武汉；李维汉与彭述之、陈独秀等中央委员以及任弼时、陆定一等共青团中央领导人也相继抵达武汉。此时，9名中央委员，除了李大钊尚在北京没有到武汉之外，其余的8人（陈独秀、蔡和森、张国焘、项英、瞿秋白、彭述之、谭平山、李维汉）都齐聚武汉；而不是中央委员的党内其他重要干部如毛泽东、陈延年、邓中夏、李立三、苏兆征、贺昌等也或前或后地来到了武汉。还有按照中央的通知，各地到武汉参加五大的代表如罗亦农、王若飞、杨之华、陈乔年、王荷波、邓恩铭、方志敏、向警予、蔡畅、羊牧之、郑超麟等，也纷纷抵达武汉。到5月下旬，没有出席第五次代表大会但被大会选为中央委员的周恩来也奉命从上海来到武汉，参加中共中央的核心领导工作。

在中共中央及其机关工作人员和各路党的干部精英云集武汉的同时，共产国际派到中国指导革命工作的各路代表，如鲍罗廷、罗易、维经斯基、多里奥、洛佐夫斯基、阿尔布赖特、福京、米夫等也从广州、北京、上海或莫斯科等地齐集赤都武汉。这些莫斯科各路驻华代表的到来使风云际会的武汉更增添了一层神秘的色彩。"俄罗斯解密档案"资料记载，1926年12月30日，联共（布）中央政治局召开会议，决定鲍罗廷对被派到武汉的苏联工作人员拥有管理责任。联共（布）中央政治局会议第 75 号记录如下:"(2)任命阿拉洛夫同志为苏联政府驻中国国民政府(汉口)的代表;(3)派拉祖莫夫去中国,责成中国委员会确定其工作地点并报政治局批准;(4)责成中央书记处向下次政治局会议再提出一名派往中国工作的工作人员人选;(5)所有派往中国的同志均归鲍罗廷同志领导。"①

鉴于维经斯基和共产国际执行委员会远东局的工作不断地遭到一些共产国际代表的批评②,1927 年 2 月 24 日,联共(布)中央政治局召开会议,决定"责成中央书记处在一周内研究关于以新的有威信的同志取代远东局现有成员的问题"③。很快,莫斯科就决定了新的远东局组成人员。3 月 3 日,联共(布)中央政治局召开会议在听取"关于共产国际执委会远东局人员组成问题"后决定:"批准共产国际执委会远东局由下列人员组成:委员——鲍罗廷、罗森贝格、罗易和中国共产党、朝鲜共产党及日本共产党各派一名代表。拟由列普谢同志任远东局书记,责成库比雅克和莫洛托夫同志在列普谢来莫斯科后同他谈一下。"④

从此,鲍罗廷不仅是国民党和国民政府的高等顾问,而且还是共产国际执委会远东局重要成员。从 1927 年 4 月 7 日起他又参加了由多里奥、维经斯基、罗易组成的共产国际执委会参加中共五大的代表团的工作。这一天,多里奥、维经斯基、罗易联名给共产国际执行委员会政治处发电报说:"代表团通过了增补鲍罗廷的决定(指增补鲍罗廷为共产国际执委会参加中共五大代表团成员——引者注),因为与国民党的领导机关不建立直接联系,就难以具体指导共产党和代表大会(指

---

① 中共中央党史研究室第一研究部译:《共产国际、联共(布)与中国革命档案资料丛书》第 4 辑,北京图书馆出版社 1998 年版,第 56 页。
② 中共中央党史研究室第一研究部译:《共产国际、联共(布)与中国革命档案资料丛书》第 4 辑,北京图书馆出版社 1998 年版,第 26、28、29、130 页。
③ 中共中央党史研究室第一研究部译:《共产国际、联共(布)与中国革命档案资料丛书》第 4 辑,北京图书馆出版社 1998 年版,第 136 页。
④ 中共中央党史研究室第一研究部译:《共产国际、联共(布)与中国革命档案资料丛书》第 4 辑,北京图书馆出版社 1998 年版,第 150—151 页。

中共五大会——引者注）的活动。"①因此，在中共中央机关从上海迁到汉口的整个过程中，鲍罗廷一直参与中共中央的领导，包括筹备中共五大召开的讨论、决策等工作。

作为莫斯科和国共两党重要角色，武汉时期的鲍罗廷，在中国问题上拥有重要发言权，鲍罗廷对中共中央决策的影响力逐步增强，中共五大召开以后，这种影响力更是有增无减。

二、罗易使华、挑战鲍罗廷权威

1927 年 4 月初，赤都武汉迎来了一位年约 40 岁、生长于南亚的外表帅气的共产国际代表，他就是罗易，又被译成鲁易、鲁依，印度人，全名马纳本德拉·纳特·罗易。

罗易与鲍罗廷在武汉的相见应该算是久别重逢。他俩最初相识于墨西哥。罗易很早就参加了印度的地下独立运动，第一次世界大战期间，他奔走于马来西亚、印尼、菲律宾等地，1917 年到了墨西哥。1919年年初，作为宣传共产国际指示和精神的莫斯科密使，鲍罗廷在墨西哥处境困难、走投无路时，获得过罗易的帮助。他们一见如故，时常在一起讨论和研究马克思主义。罗易被具有"非凡的才智和百科全书般的博学"的鲍罗廷深深打动，坚定了他对共产主义的信仰。此后他们并肩战斗，一起创建了墨西哥共产党，并且罗易担任了党的总书记。墨西哥共产党一成立，立即宣布加入共产国际。此后不久，应列宁邀请，罗

---

① 中共中央党史研究室第一研究部译：《共产国际、联共（布）与中国革命档案资料丛书》第 4 辑，北京图书馆出版社 1998 年版，第 177 页。

易前往莫斯科参加共产国际二大。会上,当讨论列宁的《民族和殖民地问题提纲初稿》时,罗易就殖民地国家民主革命中民族资产阶级的作用问题,同列宁展开了一场重要而友好的争论。列宁虚心听取罗易的意见,并建议罗易起草一个关于民族和殖民地问题的《补充提纲》,由他亲自修改后提交大会讨论。结果,会议同时通过了列宁的提纲和罗易的《补充提纲》。这两个提纲此后均成为指导殖民地和半殖民地国家革命运动的纲领性文件。罗易由此闻名于共产国际。

1926 年 11—12 月,罗易在共产国际执委会召开以讨论中国革命问题为中心的第七次扩大全会上,提出了两个关于中国革命的问题:一是帝国主义和大资产阶级问题,二是农民问题。他主张目前阶段的中国革命,首先应该是一场农民革命,现在必须制定新的方针,不应迷恋于同国民党的联盟。据此,共产国际执委会第七次扩大会议通过了罗易起草的《中国形势问题的决议》。会后,罗易被任命为共产国际驻中国代表,负责监督这一决议案的贯彻执行。

"罗易到达汉口时,鲍罗廷热烈地接待了他,然而不出几星期,他们就感到彼此之间存在着尖锐的意见分歧。"①在革命形势高涨而危机四伏的武汉,发生在罗易与鲍罗廷之间的关于中国革命一系列问题的分歧和争论,无疑让双方感到烦恼和痛苦。

4 月 16 日至 18 日,国共两党领导人召开联席会议,主要讨论决定东征还是北伐的问题。国民党方面有汪精卫、谭延闿、孙科、徐谦、顾孟余与会;共产党方面的与会人员是陈独秀、张国焘、瞿秋白,鲍罗廷自然是重要参会人员。但是罗易无权参加这样的会议,因而会场上关于东征还是北伐问题的激烈争论,使会场外关心武汉国民革命成败和走向的罗易焦急万分,忧心如焚。

自从到汉口后,罗易发现,他虽然是共产国际的代表,但实际上却处于与总的政治形势隔绝的孤立之中;中共中央虽然与国民党中央有

---

① [美]罗伯特·诺思、津尼亚·尤丁编著:《罗易赴华使命(一九二七年的国共分裂)》,中国人民大学出版社 1981 年版,第 63 页。

着密切的联系,并有共产党人在武汉国民政府中担任领导职务,但除了鲍罗廷以外,其他共产党人对武汉国民政府的影响力并不大;而他自己却又一直处于无法参与国民党重大决策的境地。罗易还发现,共产党人经常违背自己的意志,受鲍罗廷左右。这使他深深地感到,在国共合作的情况下,不能同国民党有更密切的联系就不能很好地领导共产党;因为涉及革命未来的许多决定都是由国民党作出的,而共产党只能被动地接受国民党的一切决定。在这种情况下,罗易作为共产国际的代表,常常不能做他需要做的事情,而中国共产党也不能认真对待他的意见。因此,罗易觉得,作为共产国际驻华代表,自己应该像鲍罗廷一样,完全有资格与鲍一起来指导国共两党。

早在 1927 年 4 月 7 日,罗易、维经斯基与多里奥就联名致电共产国际执委会政治书记处,提出"鉴于目前局势严重和共产党人担任政府职务后在领导革命工作中所肩负的重大责任,完全有必要让共产国际驻中国共产党的代表兼任共产国际驻国民党的代表并参加国民党的一切领导机关"[①]。但是,共产国际执委会对这一问题没有作出决定。

1927 年 4 月 9 日,罗易与多里奥、维经斯基在汉口召开共产国际驻中国代表团会议,专门讨论了共产国际代表与国民党关系的问题。"俄罗斯解密档案"记录了他们三人关于鲍罗廷、共产国际、国民党三者之间关系的讨论和困惑。

> 罗易:我同鲍罗廷谈过。我认为在国民党同共产国际代表之间建立直接联系有某些困难。也许有必要就这个问题请示莫斯科。但政治形势是这样:共产国际代表团不与领导取得联系是不行的,甚至党代表大会也与目前形势相关。甚至参加党代表大会的共产国际代表团也不能脱离总的政治形势。因此为了立即解决困难,鲍罗廷以顾问身份成了共产国际代表团的成员。这不应大

---

① 中共中央党史研究室第一研究部译:《共产国际、联共(布)与中国革命档案资料丛书》第 4 辑,北京图书馆出版社 1998 年版,第 176 页。

事宣扬。但这样一来他就得对代表团的一切行动负责。如果代表团由于没有得到情报和没有与国民党取得联系而采取了错误行动,那么鲍罗廷就要对此负责。

多里奥同意上述意见。

维经斯基:这是不是说鲍罗廷要参加对党内(指中共中央——引者注)问题的所有讨论?

罗易:不一定。但我个人的意见是他应该参加。

维经斯基:我们可以暂时通过这一点。但我们应正式向莫斯科作出报告。①

如何在国共合作的情况下加强共产国际、中共中央与国民党之间的联系,成为莫斯科驻华代表特别是罗易与鲍罗廷急需解决的问题。因此,鲍罗廷与罗易曾就此商量了一个解决的办法,即鲍罗廷以国民党和国民政府顾问的身份参加共产国际代表团,罗易以国际代表身份参加国民党政治委员会,以便处理共产国际与国民党、国民政府之间的关系。鲍罗廷表示同意罗易提出的"共产国际在国民党内设正式代表"的建议,但他设置了一个很严厉的条件,即为了在国民党内不至于出现共产国际代表与苏联顾问发表互相冲突的意见,他"反对双重代表资格"。鲍罗廷认为,如果共产国际有驻国民党的代表,那他就应当被莫斯科召回。可是,罗易认为客观上共产国际需要在国民党内派驻代表,因此他推荐这个代表就由鲍罗廷来担任(因为鲍已增补为共产国际代表团成员——引者注),但是斯大林不同意。②

罗易对鲍罗廷设置的严厉条件是理解的,但是他又认为自己陷入了两难的处境。他在 1927 年 4 月 9 日共产国际驻中国代表团召开的会议上说:"国民运动处境危急。他们在遵循一定的方针,而这个方针

---

① 中共中央党史研究室第一研究部译:《共产国际、联共(布)与中国革命档案资料丛书》第 4 辑,北京图书馆出版社 1998 年版,第 178—179 页。

② 中共中央党史研究室第一研究部译:《共产国际、联共(布)与中国革命档案资料丛书》第 4 辑,北京图书馆出版社 1998 年版,第 203—204 页。

会导致在国民运动中出现很危险的冲突。他(指鲍罗廷——引者注)要对此承担一切责任。如果这一政策失败,他就不得不对此承担责任。在这个时刻我们不应做任何破坏他的威信的事。不要束缚他的手脚。如果共产国际的代表现在就参加国民党政治委员会的会议,那就可能发生分歧。要么共产国际的代表不得不公开表态并声明鲍罗廷提出的政策是错误的,要么他应该保持沉默,而这样做就更糟糕了。"①

1927 年 4 月 18 日,并不甘心的罗易再次向共产国际发电报,表明自己的想法。他说:"共产国际应当向国民党派驻代表。在目前形势下,同国民党没有更密切的联系就不能领导共产党。涉及革命未来的决定是由国民党作出的。共产党不可能成为反对党,特别是当共产党参政的时候。因此,共产党必须接受国民党的一切决定。这就使共产党成了国民党的附庸,有碍于它的发展。另一方面,国民党对共产国际不向它派出代表也不满意。同时,形势也要求共产国际驻共产党的代表兼任驻国民党的代表,以确保政策的统一。"罗易接着说:否则的话,"在这种情况下要卓有成效地工作是很困难的,几乎是不可能的。如果让我像现在这样呆在国民党之外,那么要迫使共产党理解和真正根据共产国际的提纲行事,那就意味着建立反对派。另一方面,无论如何也不能损害鲍罗廷在国民党内的地位。因此我建议:(1)任命鲍罗廷为共产国际驻国民党代表,条件是他将根据新的提纲行事或者改变提纲;(2)解除我在中国的工作"②。

罗易这封给共产国际执委会的电报表明,在迫不得已的情况下,他向长期以来在中国革命以及国民党问题上一人说了算的鲍罗廷的权威提出了挑战。当然,他之挑战并不是在争谁权大权小,而是担心和在意鲍罗廷是否执行共产国际的路线。

但是,罗易的想法既没有得到共产国际的支持,他又无权取代鲍罗

---

① 中共中央党史研究室第一研究部译:《共产国际、联共(布)与中国革命档案资料丛书》第 4 辑,北京图书馆出版社 1998 年版,第 179 页。

② 中共中央党史研究室第一研究部译:《共产国际、联共(布)与中国革命档案资料丛书》第 4 辑,北京图书馆出版社 1998 年版,第 203—204 页。

廷在国民党内的地位。就这样,在罗易无权参与国共两党联席会议的情况下,包括瞿秋白在内的中共中央领导人大多数时候听命于鲍罗廷的想法,支持国共联席会议的决定。这当然令罗易非常失望和生气。

三、在罗易与鲍罗廷的争论中摇摆不定

据"俄罗斯解密档案"资料,蔡和森说:"新国际代表鲁易同志(指罗易——引者注)一到武汉即与鲍罗廷同志政见冲突。"①罗易自己也说:"在革命的根本问题(即土地问题、工人运动问题、军事行动方向问题、西北方针问题、共产党与国民党的问题、共产国际代表机构问题)上同鲍有分歧。"②而鲍罗廷也说:"随着中央(指中共中央——引者注)的到来就开始了无休止的争论。在4、5月间根本谈不上中央的什么领导。在中央委员会内对每一个问题都有分歧。在有国民党人参加的会议上,共产党员中央委员,彼此进行争论,并且预先不在自己的中央委员会内达成共识就发表不负责的声明。"③可见当时,莫斯科驻华代表之间矛盾重重,中共中央内部也是意见纷呈,因而瞿秋白同其他党中央领导人一样,夹在罗易和鲍罗廷之间摇摆不定。

那么,鲍罗廷与罗易到底在哪些方面争论不休呢? 据"俄罗斯解密档案"资料以及当事人后来的回忆,他们的分歧主要是围绕着倒蒋

---

① 中共中央党史研究室第一研究部编:《共产国际、联共(布)与中国革命档案资料丛书》第5辑,北京图书馆出版社1998年版,第513页。

② 中共中央党史研究室第一研究部译:《共产国际、联共(布)与中国革命档案资料丛书》第4辑,北京图书馆出版社1998年版,第242—243页。

③ 中共中央党史研究室第一研究部译:《共产国际、联共(布)与中国革命档案资料丛书》第4辑,北京图书馆出版社1998年版,第508—509页。

方法和倒蒋时间、应该"深入"还是应该"广出"、二期北伐方向是选择"东征"还是"北伐"、如何没收和分配土地等问题产生的。

一是关于倒蒋时间和方法上的分歧。

可以说,从北伐战争开始,特别是当北伐军打到长江流域后,自"三二〇事件"以来一直处于微妙而复杂关系之中的鲍罗廷与蒋介石的矛盾公开化了。蒋介石的反革命面目日益暴露,尤其是他挑起"迁都之争",擅自决定改都南昌,并命令立即取消武汉"联席会议",改为武汉政治分会,决意与汉口对抗。虽然蒋介石提出改都南昌的理由是,政治发展应与军事发展相配合,党政中央应与北伐军总司令部在一起。但是,鲍罗廷对蒋的真正用意洞悉得一清二楚。他说:蒋介石的目的是,"第一,让中央和国民政府远离武汉这个革命中心。南昌是一个小资产阶级城市,那里没有或者几乎没有什么无产阶级,而武汉(三镇)那里却是一股由数十万工人和组织起来的乡村农民汇集而成的汹涌澎湃的革命洪流。让中央和国民政府远离武汉这个中心——这就是他的第一个目标。第二个目标是争取设在南昌的中央和国民政府同意他向南京和上海进军。第三,利用中央和国民政府设在南昌的机会改组国民党,他在南昌已经开始这样做了,而且在李济深的帮助下在广东也这样做了。第四,由于以他的对手唐生智为首的保定府军事集团驻在湖南和湖北,所以中央和国民政府设在武汉,就可能加强这个军事集团来与他对抗"①。当然,在鲍罗廷看来,蒋介石要求改都南昌的深意更主要的是准备向上海、南京进军,这是让他感到最不安的一点。1927 年 1月 6 日,鲍罗廷向莫斯科发电报,坚持"迁都"汉口,声称在迁都问题上不能对蒋妥协。1 月 9 日,莫斯科复电鲍罗廷,要他"赴南昌说服蒋介石",使蒋相信自己的"建议不恰当","武汉应成为首都"②。

但是,还没有等到鲍罗廷动身前往南昌,又急又恼的蒋介石却带着

---

① 中共中央党史研究室第一研究部译:《共产国际、联共(布)与中国革命档案资料丛书》第 4 辑,北京图书馆出版社 1998 年版,第 493 页。

② 中共中央党史研究室第一研究部译:《共产国际、联共(布)与中国革命档案资料丛书》第 4 辑,北京图书馆出版社 1998 年版,第 66—67 页。

一大批随行人员于 1927 年 1 月 12 日到武汉来探听虚实。蒋介石抵汉的当晚,武汉方面的军队组织和政府代表举行迎蒋宴会。据苏联顾问切列潘诺夫回忆,鲍罗廷在宴会上发表了这样的讲话:不论是谁,如果他认为不执行孙中山的三大主义,就可以统一中国,他就不是孙中山的信徒。鲍罗廷接着指出:"我不是哪个将军的个人顾问,我是中国革命和中国被压迫人民的助手。我一无所有。倘若我明天死了,国民政府得出钱把我埋葬,但我无论何时也不去反对被压迫者。如果这个那个将军不喜欢我,我就走,但我将帮助被压迫人民,而不去帮助某些将军。"[①]鲍罗廷的这些话,让心胸狭窄的蒋介石极为愤怒,被他视为"平生之耻无逾于此"[②]。因此,大为恼火的蒋介石回到南昌后发电报到武汉,要求撤去鲍罗廷的顾问职务。但是武汉没有理会。2 月 21 日,"武汉临时联席会议"鉴于其历史任务已经完成,决定结束其使命,由中央党部和国民政府分别在汉正式办公。会议还否定了蒋介石关于推迟召开中央全会的要求,决定于 3 月 1 日前在汉口召开国民党二届三中全会。可见,鲍罗廷的反蒋态度和决心是很明确的。

但是,狡猾的蒋介石企图给莫斯科造成这样一种印象:南昌与武汉的分歧仅仅是他与鲍罗廷个人之间的冲突。因为,此时的蒋介石还没有与江浙财团和帝国主义建立起联系,他所能控制的军事力量在整个北伐军中也不算强大,所以,他还没有准备好与武汉国民党、中国共产党和共产国际决裂。而莫斯科也不想急于与蒋翻脸,便派维经斯基到九江与蒋介石会谈,以期缓和鲍蒋关系及南昌与武汉的对立。1927 年 2 月下旬,维经斯基根据莫斯科的指示,亲赴九江与蒋介石举行会谈,希望通过此举,平息鲍蒋之间的争执和冲突。但是,"俄罗斯解密档案"为我们提供的 22 日、23 日蒋介石与维经斯基在九江会谈的记录,充分暴露了蒋介石的立场。蒋介石把迁都之争以及南昌与武昌之间对

①　[苏]切列潘诺夫著:《中国国民革命军的北伐——一个驻华军事顾问的札记》,中国社会科学出版社 1981 年版,第 577 页。
②　转引自杨天石著:《蒋氏秘档与蒋介石真相》,社会科学文献出版社 2002 年版,第 191 页。

峙的根本责任全部推给了鲍罗廷与武汉方面。他说:"南昌和武汉之间没有任何冲突。冲突的根子在武昌。""对这一冲突的大部分责任要由鲍来负。"蒋介石知道莫斯科一直对他抱有幻想,所以他竭力向维经斯基表白,鲍罗廷的反蒋不是共产国际的主张,是他鲍罗廷的个人所为。因此,他对维经斯基说:"即使我现在反对鲍,也不等于我反对共产国际。"然后他提出迁都武汉的两个条件:一是迁都武汉可以但鲍罗廷必须离开;二是强调必须在党内确立严格的纪律。① 蒋介石的目的是:既借机赶走鲍罗廷,建立他在国民党内的独裁地位,又不伤害他与共产国际的"感情",可以继续获得莫斯科的政治、经济、军事援助。众所周知,他的目的没有达到。

罗易1927年4月初到武汉后,发现蒋介石与武汉的冲突加剧,正在走向分裂。一方面,他意识到同蒋介石的斗争不可避免,蒋已成为反革命,应当推翻他;另一方面,又认为分裂暂时会使蒋介石在各方面都变得比武汉更强大,所以只要有可能就应同蒋周旋一段时间,以便分化他的力量,孤立他。因此,罗易建议派代表去拜访蒋介石,与蒋讲和,而鲍罗廷则反对这样做。但是,坚持己见的罗易于4月12日给南京的蒋介石发电报,表示想去拜访他,以便讨论弥合分歧的可能性。② 然而事实上正是这一天蒋介石以四一二反革命大屠杀表明了他反动立场。罗易等共产国际代表们的愿望成为泡影。

1927年5月初,在汉口召开的一次会议上,鲍罗廷说:"蒋介石的问题在我们中间引起了一系列的分歧。有三个因素对这个问题产生了影响。共产国际代表、军事部门(俄国军事顾问)和许多国民党左派人士认为,目前同蒋介石决裂不是时候,为了革命还可以保留他。""这种犹豫和分歧使蒋介石得以登上上海舞台,同上海资产阶级建立联系并同帝国主义者勾结起来。蒋介石获得了稳住自己阵脚的机会。""在同

---

① 中共中央党史研究室第一研究部译:《共产国际、联共(布)与中国革命档案资料丛书》第4辑,北京图书馆出版社1998年版,第132—134页。

② 中共中央党史研究室第一研究部译:《共产国际、联共(布)与中国革命档案资料丛书》第4辑,北京图书馆出版社1998年版,第182—183页。

蒋介石斗争方法上的分歧和犹豫造成了对蒋介石的一系列错误做法。我是坚决主张同蒋介石作坚决彻底斗争的。上述因素影响了这种彻底性,延缓了对蒋介石的坚决打击,造成了消极后果。"①

鲍罗廷在此所指的"共产国际代表",即是罗易和维经斯基。在"迁都之争"白热化时,维经斯基跑到九江去会晤蒋介石,这在当时的中共和共产国际代表团中引起了非议。面对责难,维经斯基在中共五大上为自己的九江之行作了辩解。他说:"这里有些同志说,似乎我反对同蒋介石分裂。这就把事情搞乱了。我跟你们大家一样,反对蒋介石这个资产阶级的代表,不过我还反对同他作斗争的策略。"他说:"要么准备同蒋介石作斗争,要么给他这位[国民革命军]总司令以很大的信任。这是小资产阶级的政策。"他认为鲍罗廷的反蒋方法就是这种小资产阶级的倒蒋政策,对此,他表示反对。② 其实,维经斯基的九江之行与莫斯科害怕同蒋决裂有关。当鲍蒋矛盾公开化后,维经斯基自然成为莫斯科所需要的能够修复与蒋之关系的人选,所以他去了九江。就在四一二反革命政变前夕的 4 月 7 日,联共(布)中央政治局还决定"征询国民党中央政治委员会的意见,拟派格里高里(指维经斯基——引者注)同志去上海与蒋介石进行联系并防止他采取极端行动,这样做是否合适"③。如前所述,维经斯基虽然没有去上海,但是罗易的电报去了南京。显而易见,在倒蒋方法上,莫斯科驻华代表之间存在着分歧。

也许瞿秋白对莫斯科驻华代表们在反蒋时间和策略上的分歧并不十分清楚,但是他对蒋介石的态度在"三二〇事件"以后一直很明确。他认为蒋介石有野心,要求对蒋介石提高警觉,积极防范;如果不预备

---

① 中共中央党史研究室第一研究部译:《共产国际、联共(布)与中国革命档案资料丛书》第 4 辑,北京图书馆出版社 1998 年版,第 220—221 页。

② 中共中央党史研究室第一研究部译:《共产国际、联共(布)与中国革命档案资料丛书》第 4 辑,北京图书馆出版社 1998 年版,第 236 页。

③ 中共中央党史研究室第一研究部译:《共产国际、联共(布)与中国革命档案资料丛书》第 4 辑,北京图书馆出版社 1998 年版,第 172 页。

领导左派群众来代替蒋,形势将"非常危险"①。1927 年 4 月初,瞿秋白代表中共中央向武汉地区报纸布置宣传重点时,更明确地指出,蒋介石此人十分阴险,口是心非,言行不一,他已经掌握了军队,又有京沪杭的地盘,完全是个新军阀,为日后一大隐患,要报纸重点揭露蒋的反共和分裂的阴谋。② 显然在反蒋问题上,瞿秋白的思想更接近鲍罗廷。

二是东征还是北伐的选择上的分歧。

广州国民政府迁都武汉及蒋介石叛变后,国民革命的主要打击矛头应当指向何方,在莫斯科驻华代表之间引起了争论和分歧。这时革命阵营内外的局势发生了很大变化。从国民革命阵营内部来看,蒋介石及其所控制和影响的军事力量、组织基础、地域范围变为敌对势力;由此导致全国政局发生改变,原来是南北两个对峙的政权,现在变成了武汉、南京、北京三个政权分庭抗礼。武汉政权虽然还管辖着湘鄂赣三省地区,但却面临着新老军阀势力的四面包围,陷入敌人军事、经济封锁之中。在北有奉系军阀南进、东有蒋介石背叛和对抗的情势下,武汉政权是迅速东征讨蒋打新军阀,还是北伐打张作霖吴佩孚等奉直老军阀? 这是亟待解决的问题。

到底是东征还是北伐? 来自莫斯科的鲍罗廷与罗易意见各异。

鲍罗廷主张立即北伐。还在 1927 年 2 月蒋介石没有公开叛变之前,他就主张国民革命军的作战主攻方向应该是河南。但当时"蒋介石的作战计划规定南方人的主力进攻浙江和上海。鲍罗廷认为这样做是错误的,他建议重视河南方向"③。蒋介石发动反革命政变后,鲍罗廷认为上海和沿海地区更不能去。在 4 月 13 日至 15 日召开的中共中央政治局与共产国际代表团联席会议上,他明确提出:东征讨蒋是下策,而北伐才是武汉政权的出路。其理由是东南各省不适宜建立革命

---

① 《瞿秋白文集·政治理论编》第 4 卷,人民出版社 1993 年版,第 399 页。
② 唐宝林著:《瞿秋白与陈独秀》,载《瞿秋白研究 8》,学林出版社 1996 年版,第 289 页。
③ 中共中央党史研究室第一研究部译:《共产国际、联共(布)与中国革命档案资料丛书》第 4 辑,北京图书馆出版社 1998 年版,第 119 页。

根据地,帝国主义在西北的统治薄弱,那里面积广大,且靠近苏联,革命应向西北发展。① 鲍罗廷认为,与其在进攻上海、江浙等地的冒险中被帝国主义、军阀主义和资本主义联合势力将革命像太平天国起义那样粉碎,不如进行北伐,与冯玉祥会师,牵制已经靠不住的唐生智,还可以壮大武汉政府的声色,给彷徨动摇的小资产阶级以希望和出路。

但是,鲍罗廷的主张遭到了罗易和多里奥的反对。罗易认为"立即出兵北伐充满着严重的危险"。因为"在右翼我们受到十分强大的联合武装力量的威胁,我们的后方没有防守,我们没有基地,却还要向新区推进。在这种情况下进行北伐,只是军事冒险而已"②。鲍罗廷与罗易在会上发生了激烈的冲突。

中共中央领导人的意见也各不相同,据蔡和森回忆:

> 最初参加此讨论的是平山、秋白、国焘。平山、国焘主张南伐取广东,但偏重于军事财政方面;秋白主张先打南京,经由陇海路北伐。后来独秀到了,再开正式会议讨论;独秀、述之、太雷是完全赞成老鲍的;平山、国焘仍主南伐;秋白仍是经过南京北伐。③

刚开始时,"鲍罗廷和共产党中央委员会的多数人都支持北方政策(原文如此,似应指北伐政策——引者注),理由是:不扩大地盘革命就无法深入"④。陈独秀说得更直接:"革命不能在武汉等死。"⑤他支持鲍罗廷立即北伐的意见。

---

① 中共中央党史研究室第一研究部编:《共产国际、联共(布)与中国革命档案资料丛书》第5辑,北京图书馆出版社1998年版,第514页。
② 中共中央党史研究室第一研究部编:《共产国际、联共(布)与中国革命档案资料丛书》第5辑,北京图书馆出版社1998年版,第319、320页。
③ 中共中央党史研究室第一研究部编:《共产国际、联共(布)与中国革命档案资料丛书》第5辑,北京图书馆出版社1998年版,第516页。
④ 中共中央党史研究室第一研究部译:《共产国际、联共(布)与中国革命档案资料丛书》第4辑,北京图书馆出版社1998年版,第202页。
⑤ 中共中央党史研究室第一研究部编:《共产国际、联共(布)与中国革命档案资料丛书》第5辑,北京图书馆出版社1998年版,第327页。

　　但由于共产国际代表罗易和多里奥坚持反对北伐,中共中央最终又接受了罗易的意见。但是,鲍罗廷声称:国民党已经决定北伐,他已经表示同意。如果中共中央会议决定反对北伐,他就马上辞去国民党顾问职务,并电告国际这种意见是错误的。双方意见相持不下。争论的结果,罗易的主张得到了中共中央多数同志的赞同。

　　会后瞿秋白起草了会议的决议。这个决议就是 1927 年 4 月 16 日通过的《中共中央关于继续北伐问题的决议》。这个决议的主要精神是推迟北伐,它认为:"在目前情况下,立即北伐去占领京津等地,不仅不符合革命的需要,而且有害于革命。采取北上扩大领域的军事行动之前,必须将早已在国民党统治下或革命已经部分完成的那些地区的革命基地加以巩固。"为此,必须采取"最终将导致占领陇海路"的防御性军事行动。[①] 这实际上是一个折中的但又更多兼顾罗易主张的决议。

　　但是,罗易很快就发现,他的意见不过是暂时占了上风。在 1927 年 4 月 16 日至 18 日国共两党领导人召开的讨论决定东征还是北伐问题的联席会议上又决定北伐,而中共中央关于推迟北伐的决议也变成了一纸空文。当然,改变自己意见的人包括瞿秋白。当时,国民党方面出席会议的人员是汪精卫、谭延闿、孙科、徐谦、顾孟余、邓演达等;而陈独秀、瞿秋白、张国焘三人作为共产党方面的代表与会,莫斯科派出的顾问鲍罗廷、加伦自然参加了会议。

　　在这次联席会议上,对于如何除掉蒋介石的问题,苏联政治顾问鲍罗廷和军事顾问加伦将军的想法又出现了分歧。鲍罗廷先是主张继续北伐,继而又认为,应先消灭蒋介石,然后再渡江北上,进攻北方军阀;而加伦则主张经河南向北方挺进,认为这样可以一箭双雕:打败张作霖,让冯玉祥进入河南,把反张作霖的前线让给他,而后武汉军队则沿着陇海铁路转为东进,消灭蒋介石。

---

① 中共中央党史研究室第一研究部编:《共产国际、联共(布)与中国革命档案资料丛书》第 5 辑,北京图书馆出版社 1998 年版,第 333 页。

讨论到 4 月 18 日,联席会议上午决定东征打蒋介石,但到了晚上又决定采纳加伦将军的意见,继续北伐。而鲍罗廷和陈独秀、瞿秋白、张国焘等中共领导人也放弃了自己的主张,同意了加伦的意见。这次朝令夕改的决策使武汉最终丧失了消灭蒋介石的最佳时机。

1927 年 4 月 19 日,武汉国民政府在武昌南湖举行了第二次北伐誓师大会。二期北伐开始后武汉的形势进一步恶化。大革命失败后,回到莫斯科的鲍罗廷认为,4 月 18 日的决策错误,是他们在中国所犯的最致命的一个大错误。他说:"这个错误错在什么地方呢? 它错就错在我们追赶着两只兔子。"①

三是"深入"和"广出"之争。

这个争论是与东征和北伐之争交织在一起的。鲍罗廷和罗易在这个问题上各执一端,使以陈独秀为首的中共中央领导人,自然也包括瞿秋白,夹在他们之间,左右为难,摇摆不定,不知如何是好。

所谓"深入"还是"广出"的问题,实际上就是武汉革命政权要不要立即开展土地革命、如何解决土地问题的争论。这种争论是由斯大林和共产国际对中国革命的矛盾指导所导致的。莫斯科既主张北伐,又主张深入开展土地革命。同时,莫斯科盲目相信汪精卫,完全肯定武汉政权,一再指示中国共产党要千方百计保住国共合作统一战线,这就使莫斯科的指示陷于矛盾之中。正是在这种情况下,鲍罗廷和罗易展开了激烈的争论。鲍罗廷在既要执行共产国际关于土地问题决议的有关精神,又要安抚武汉政府管理下的军队将领中的不满情绪,避免国共合作统一战线破裂的情况下,不愿意"深入"而主张"广出";但带着共产国际交给的推动中国土地革命任务来华的罗易,则主张在土地问题上要"深入"。正如蔡和森所指出的:

> 鲍主张立即实行第二期北伐,土地革命待打到北京后再实行。

---

① 中共中央党史研究室第一研究部译:《共产国际、联共(布)与中国革命档案资料丛书》第 4 辑,北京图书馆出版社 1998 年版,第 501 页。

鲁易(即罗易——引者注)反对此主张,以为现在革命应深入,应立即实行土地革命,巩固既得革命之根据地。于是有所谓深入广出之争。鲁易主张先深入然后广出,老鲍主张先广出然后深入。①

鲍罗廷和罗易对土地问题的意见分歧使得中共中央领导人甚为困惑。蔡和森回忆说:

> 我们听了老鲍和鲁易的演说之后,发现两种完全不同的思想和政治路线。在老鲍的演说中,有些动听的办法是可宝贵的,但试拿以与国际决议案相比较则完全是与原则相违背:如国际决议教我们实行土地革命,而老鲍则教我们只做到减租、减息便是顶好的土地革命! 又如把一切罪过通归于农民运动过火,而现在代表土劣、地主、军阀的国民党中央一点不好的倾向也没有,反教我们去拥护他们咒骂民众运动,取消民众运动的法令;这样,还有什么原则? 至于鲁易同志所说的一些原则都是很对的,很可宝贵的,只可惜没有说出办法,每次开会都像上课一般,只空空洞洞地教我们一些原则,这是不够的。②

因此,蔡和森总结说:"老鲍是有办法而无原则,鲁易是有原则而无办法。"

由于罗易与鲍罗廷意见不统一,导致中共党内领导人也是各有主张。在讨论这一问题的过程中,党内的意见不下 6 种之多。

瞿秋白像其他中共领导人一样,夹在鲍罗廷与罗易之间,主张摇摆不定。四一二政变之前,他支持罗易提出的应当就地深入开展工农运动,特别是通过土地革命发动农民、改组军队来建立巩固的革命根据

---

① 中共中央党史研究室第一研究部编:《共产国际、联共(布)与中国革命档案资料丛书》第 5 辑,北京图书馆出版社 1998 年版,第 513—514 页。
② 中共中央党史研究室第一研究部编:《共产国际、联共(布)与中国革命档案资料丛书》第 5 辑,北京图书馆出版社 1998 年版,第 526—527 页。

地,暂时不忙于进一步北伐。但是,四一二政变的消息传到武汉后,瞿秋白又觉得鲍罗廷的主张有道理:在现有地区,守着那些根植于封建土地关系基础上的军事领袖,无法建立起巩固的根据地,只有继续推动武汉政府北伐,尽快向西北方向发展,以便背靠苏联建立巩固的根据地,才能摆脱过于依赖旧式军队的情况,再回过头来巩固占领地并进攻蒋介石。因此,在 4 月 13 日晚召开的中共中央政治局与共产国际代表团联席会议上,他说:今天我得到了很多消息,现在我赞成北伐。但是他又折中了鲍罗廷与罗易两人的意见,主张不要立即北伐,先做一段深入革命和巩固根据地的工作。①

蔡和森说:"后来决议由秋白起草,罗易见之仍不满意。"由此可见,瞿秋白夹在罗易和鲍罗廷之间,进退维谷,起草党的决议时,写了改,改了写,个中的处境微妙及苦涩,只有他自己知道。

在党的第五次代表大会上,尽管鲍罗廷与罗易关于土地问题的意见各异,代表们的立场和主张也各不相同,并进行了激烈的争论,但是瞿秋白作为大会的"农民土地问题委员会"主持人之一,与毛泽东一起共同努力促成五大通过了积极的土地问题决议,确立了"将耕地无条件地转给耕田的农民"的土地革命原则。五大闭幕前,瞿秋白还在《向导》上发表《农民政权与土地革命》②的文章,强调指出:"中国国民革命应以土地革命为中枢。中国没有土地革命,便决不能铲除帝国主义军阀之统治和剥削的根基";主张赶快发动农民群众,"推翻土豪乡绅的政权,建立农民政权,没收大地主的土地",使农民"真正享用土地的权利"。

中共五大结束后,随着国民党军队各级军官爆发的强烈反动态度和层出不穷的军事危机,瞿秋白开始对共产国际关于土地问题的激烈政策表示犹豫和怀疑,尽管马日事变后他明确主张用进攻的手段反击许克祥和右派的反革命暴乱,认为无论如何不能认"过火"的错。但

---

① [美]罗伯特·诺思等编著:《罗易赴华使命》,中国人民大学出版社 1987 年版,第 177 页。

② 《瞿秋白文集·政治理论编》第 4 卷,人民出版社 1993 年版,第 576—585 页。

是,自从 6 月 3 日他被增补为政治局常委,并与毛泽东一起参加中央农民运动委员会的工作之后,对土地问题的态度就显得犹疑起来。这一时期,他代表中共中央给共产国际起草的回复电报,还有经他起草和发出的反对农民运动过火的一些文件,无一不反映出他的这种复杂心情。

当时,绝大多数中共中央政治局致共产国际的电报都是政治局讨论决定后委托瞿秋白起草,再由陈独秀签署后发出。因此,电报中反映的思想和观点既是中共中央的,也同时是瞿秋白的。像著名的中共中央 6 月 15 日电报,就明确认为由于"国民革命军百分之九十是湖南人,整个军队对农民运动的过火行为都抱有敌意。夏斗寅叛变和长沙事变是这种普遍敌意的表现。在这种情况下,不仅是国民党,就是共产党也必须采取让步政策。必须纠正过火行为,节制没收土地的行动"①。

针对蔡和森说在土地问题上鲍罗廷有办法无原则、罗易有原则无办法的说法,瞿秋白提出反驳,他说:

> 其实老鲍与鲁易在根本原则上并无不同,只是对于国民政府内资产阶级的成分是否完全排除的估量上有点不同,在鲁易及莫斯科的同志们以为中国农工小资产阶级联盟业已成功,国民政府内已经完全没有资产阶级的成分,所以认为土地革命可以尽量实行。老鲍则认为工农小资产阶级联盟还未成功,因国民政府内还保留许多资产阶级成分,所以土地革命不能彻底实行。我(秋白自谓)也觉五次大会决议关于这一点没有指明,太把工农小资产阶级联盟说完成了一点,仿佛此联盟完全成功了,没有资产阶级成分在内了,这是一个缺点。②

上述想法,实际上反映了瞿秋白在莫斯科不断加速革命进程的要

---

① 中共中央党史研究室第一研究部编:《共产国际、联共(布)与中国革命档案资料丛书》第 5 辑,北京图书馆出版社 1998 年版,第 467 页。

② 中共中央党史研究室第一研究部编:《共产国际、联共(布)与中国革命档案资料丛书》第 5 辑,北京图书馆出版社 1998 年版,第 527 页。

求与中国革命现实条件之间的差距中感到无所适从的矛盾。

四、中共五大后"跟着鲍罗廷的路线跑了"

武汉国民政府进行的二期北伐本来在河南取得了胜利,但由于冯玉祥政治态度右转,受蒋介石拉拢,在武汉和南京之间搞妥协、调和,因此,进入 1927 年 5 月中旬以后,武汉革命形势日益危急。但在这种情况下,包括瞿秋白在内的大多数中共中央领导人却日益追随鲍罗廷的妥协退让路线。对此,当时中共领导人的文章以及"俄罗斯解密档案"资料都有记述。

李立三是这样记述当时情况的,他在《一九二五年至一九二七年中国大革命的教训》一文中说:"五次大会后的新中央,集合了党内各种不同意见的代表,但是旧的机会主义派,仍然是居于领导的地位,所谓反机会主义的分子,自然是十分软弱,且不久都跟着鲍罗廷的路线跑了,就是五次大会前反机会主义最坚决的秋白同志也是一样。"

罗易于 1927 年 5 月下旬向莫斯科寄出的一份长篇书面报告[①],完全印证了李立三的说法。罗易在报告中写道:鲍罗廷"对共产党影响最大,因为他是莫斯科的代表,对同莫斯科的联系手段拥有垄断权。共产党人经常在正式会议上驳斥他的观点,但最终他总是能把他们置于自己的控制之下"。显然,罗易对鲍罗廷完全控制中共中央表示不满。

反映中共中央(自然包括瞿秋白)追随鲍罗廷妥协让步政策的最

---

① 中共中央党史研究室第一研究部译:《共产国际、联共(布)与中国革命档案资料丛书》第 4 辑,北京图书馆出版社 1998 年版,第 276—295 页。

典型事例,莫过于他们对待莫斯科发出的"五月紧急指示"的态度。

1927 年 5 月底,莫斯科鉴于武汉局势危急,向中国发出了挽救危机的"五月紧急指示"。5 月 18 日至 30 日,共产国际执委会在莫斯科召开了第八次全会。当时由于中国革命形势危急,所以会议的中心议题主要是讨论中国问题。经过激烈争论,会议通过了《关于中国问题的决议》,确立了紧急时期共产国际关于中国革命的方针政策,其基本内容是:要求中国共产党支持国民党左派继续北伐,在武汉国民政府管辖的地区全面开展土地革命,在蒋介石军队内部进行深入细致的宣传和瓦解工作等。会议结束后,5 月 30 日联共(布)中央政治局给鲍罗廷、罗易以及苏联驻汉口总领事柳克斯(又叫普利切)三人发了一封内容激进的电报,通常人们称这封电报为莫斯科"五月紧急指示"①。由于该电报是 6 月 1 日到达武汉的,故又称"六一指示"。其要点是:

> 通过武汉国民政府,没收地主土地,实行土地革命;通过吸收新的工农领导人,改组国民党中央党部;武装党员群众,组建七万革命军队;组织革命军事法庭,惩办反动军官。

这封电报虽然是发给三个人的,但鲍罗廷最先看到。他一看内容,就认为荒唐可笑,无法执行,因此既没让罗易看电报内容,也未同中共中央政治局商量,就指示陈独秀向莫斯科回电说:"命令收到,一旦可行,立即照办。"②

1927 年 6 月 2 日,罗易给联共(布)中央政治局发电报说:"收到你们的电报后,我还没有看,鲍就立即让陈发电报,也未同政治局和我商量。"他将鲍罗廷头一天收到电报却不让他看,也不征求他意见就擅作决定的情形向莫斯科作了汇报。接着,罗易在电报中告诉莫斯科:"长

---

① 中共中央党史研究室第一研究部译:《共产国际、联共(布)与中国革命档案资料丛书》第 4 辑,北京图书馆出版社 1998 年版,第 298—300 页。
② 中共中央党史研究室第一研究部编:《共产国际、联共(布)与中国革命档案资料丛书》第 5 辑,北京图书馆出版社 1998 年版,第 577 页。

沙的叛乱分子有 2000 名士兵,在长沙与武昌之间的半路上表示同情他们的警备部队还有 2000 名士兵。加伦认为,在农民支持下,一个团就可以解决长沙事件(指 5 月 21 日许克祥发动的"马日事变"——引者注)。……国民党采取了取缔农民运动的措施。共产党没有借助群众运动给以抵制。形势对执行你们电报中的指示有利。"①

斯大林和布哈林看到罗易 1927 年 6 月 2 日的电报后,于 6 月 3 日经过征询联共(布)中央政治局委员意见,又给鲍罗廷、罗易和中共中央发来 4 条补充指示②,6 月 6 日,联共(布)中央政治局再次电示鲍罗廷和陈独秀,指出:"阻止进行土地革命是犯罪行为,并会导致革命的毁灭。"③

莫斯科接连给武汉发出 3 封电报后,鲍罗廷、罗易与中共中央领导人不得不于 1927 年 6 月 7 日召开联席会议,专门讨论莫斯科的"紧急指示"和补充指示。自然瞿秋白也参加了讨论。

在讨论会上,陈独秀说:电报表明,莫斯科根本不了解中国的实际情况。其一,关于土地革命问题,多数国民党领导人摇摆不定,他们不想听有关土地革命的任何意见;应当先纠正过火行为,然后采取解决土地革命问题的进攻性措施;共产国际可能不知道,没有过火行为,反动派的统一战线不会这么容易形成。在这种情况下,我们不能谈土地问题。其二,关于改组国民党领导人问题,共产国际建议由工农领导人来加强国民党的领导。国民党的领导是在党的代表大会上选举产生的,现在我们怎么能改变它呢?国民党领导对这种想法已经有反对意见。如果像莫斯科希望的那样撤换老领导人,那么国民党就变成工农党。其三,关于组建新的工农武装问题,陈独秀表示,由工农组成新的军队当然很好,但存在一些困难,我们还得同那些统一战线阵营里的军阀接

---

① 中共中央党史研究室第一研究部译:《共产国际、联共(布)与中国革命档案资料丛书》第 4 辑,北京图书馆出版社 1998 年版,第 300—301 页。

② 中共中央党史研究室第一研究部译:《共产国际、联共(布)与中国革命档案资料丛书》第 4 辑,北京图书馆出版社 1998 年版,第 306—307 页。

③ 中共中央党史研究室第一研究部译:《共产国际、联共(布)与中国革命档案资料丛书》第 4 辑,北京图书馆出版社 1998 年版,第 307 页。

触、谈判,我们不能跟这些将领断绝往来,因为我们没有可能建立自己的武装力量。其四,组建革命法庭实际上是不可行的。其他中央领导人也都发表了类似意见。所以会议讨论的结果是:衷心赞同指示,但未必能够贯彻执行。①

实际上,这不能怪中共中央对"五月紧急指示"的态度消极。其根源在于莫斯科对中国革命的指导方针存在着自相矛盾问题。莫斯科既要求鲍罗廷和中共中央开展土地革命、武装工农、改组国民党中央,又要求这些都应在国共合作的统一战线内、通过国民党和国民政府的领导实行。这就使共产国际代表和中共中央陷于两难的困境:要拉住已经日益右转的汪精卫集团,通过他们领导的武汉政府来进行土地革命、武装工农,显然难以做到;而要撇开武汉政府独立开展土地革命,组建革命武装,又必然会使已经濒临解体的国共统一战线立即破裂。陈独秀的意见表明,在这种两难的情况下,中共不一定有力量单方面改变国民党最高领导层的人员结构,不一定有能力单方面组织起军事法庭来审判夏斗寅、许克祥等反动军官,不一定单方面有足够的武器把勇敢奋斗的工农群众武装起来。因为这些都是在短时期内不可能完满实现的事情。由于"五月紧急指示"的实行与莫斯科的指导方针存在着难以克服的矛盾,所以中共中央大多数领导人,还有鲍罗廷等都认为难以执行。罗易虽然口头上强调应该执行,但实际上也提不出任何有实际意义的主意。

根据"俄罗斯解密档案"资料,瞿秋白受委托成为给莫斯科起草回复"五月紧急指示"电报的人。1927 年 6 月 15 日,他依据中央政治局历次会议讨论莫斯科紧急指示的情况,起草了给共产国际的电报,电文很长,其中指出:"你们的指示是正确而重要的,我们表示完全同意;中国共产党设法要建立民主专政,但在短时期内不可能实现。用改组的办法驱逐汪精卫尤其困难。当我们还不能实现这些任务的时候,必须

---

① 中共中央党史研究室第一研究部译:《共产国际、联共(布)与中国革命档案资料丛书》第 4 辑,北京图书馆出版社 1998 年版,第 308—310 页。

与国民党和国民革命军将领保持良好关系。我们必须吸引住他们的左翼领导人，并达成一个共同的政纲。如果我们同他们分裂，要建立我们自己的军事力量将是很困难，甚至是不可能的。没收大地主和反革命分子土地政策没有废止，也没有禁止农民自己起来没收土地。我们的迫切任务是要纠正'过火'行为，然后没收土地，并揭露言过其实的反动宣传，以中止军官和国民党左派间引起的恐慌，从而克服农民运动道路上的障碍。"①这封电报最后当然是以陈独秀的名义签发的，自然也成为他违背莫斯科指示、承担大革命失败责任的重要证据。

莫斯科的紧急指示遭遇中共中央和鲍罗廷的"软抗"，使罗易大感失望。他想到了汪精卫。在罗易使华期间，他与鲍罗廷、陈独秀等人分歧过多，话不投机，而国民党和武汉国民政府领导人汪精卫便成为罗易倾谈的对象。汪精卫能说会道，懂英、法两国语言，满口革命言词，又长着一副诚恳的面孔，还经常不带翻译与罗易进行长谈，这些都使罗易深受迷惑。罗易寄希望于汪精卫和武汉国民党、国民政府来执行"五月紧急指示"，便把莫斯科的紧急指示私下拿给汪精卫看，并将电报副本送给汪，希望在他身上创造奇迹。但令罗易没有想到的是，他的行为刚好给汪精卫提供了"分共"的一个极好借口。后来毛泽东说："谁促成同国民党的分裂？到头来还是罗易本人。"

罗易将"五月紧急指示"电报副本交给汪精卫一事带来了一连串的政治后果：首先是罗易此举不仅没有拉住日益右转的汪精卫，而且为汪提供了"分共"的重要凭借；其次是汪精卫看到"五月紧急指示"的同一天，武汉国民党中央政治会议作出"解除鲍罗廷顾问合同"的重大决定；再次是加速了汪、冯联合反共反蒋以及冯玉祥倒向蒋介石并策划"宁汉合流"的步伐。

罗易给汪精卫看"五月紧急指示"电文的行为被迅速报告给了莫斯科。鲍罗廷向斯大林发电报，要求撤回罗易。斯大林等人得知情况

---

① 中共中央党史研究室第一研究部编：《共产国际、联共（布）与中国革命档案资料丛书》第5辑，北京图书馆出版社1998年版，第468页。

后,对罗易的"这种行为感到吃惊"①,分别以联共(布)中央政治局和共产国际执委会的名义,多次命令罗易离开中国,返回莫斯科。尽管罗易不断地为自己的行为辩解②,但6月23日,联共(布)中共政治局召开会议,最终还是决定因为罗易违反纪律,将之召回莫斯科。同时,派遣罗米纳兹接替他到中国。③ 此后,回到莫斯科的罗易,为自己的这次莽撞行为尝了不少苦果,包括接受共产国际政治书记处成立的"罗易事件调查委员会"的审查,冒死逃出莫斯科,被作为"叛徒"开除出共产国际,等等。

罗易事件后,指导中共中央的完全是鲍罗廷的路线,而中共中央在行动上甚至比鲍罗廷更右。对此,瞿秋白在他撰写的《中国革命与共产党——关于一九二五年至一九二七年中国革命的报告》中作了清楚的论述,他说:

> 最高政策是谁在执行? 一是国民政府顾问鲍罗廷——他是共产党在国民党中央及政府里的党团之实际领导者;一是国际代表鲁易(罗易——引者注);一是中国共产党中央委员会的政治局(独秀、和森、维汉、秋白、国焘、平山、兆征、立三、恩来⋯⋯)。三个领导之中,鲍罗廷是有一定的路线——退却的路线,和缓土地革命;鲁易亦是有一定的路线——务必同着小资产阶级进攻;中国共产党政治局实际上是没有一定的路线,因为它已经不能指挥群众,又因为它动摇于鲍、鲁之间,又因为它内部有许多模糊的不同的倾向,而不能一致,但是实际上是倾向更右于鲍罗廷的占优势。④

---

① 中共中央党史研究室第一研究部译:《共产国际、联共(布)与中国革命档案资料丛书》第4辑,北京图书馆出版社1998年版,第348页。
② 中共中央党史研究室第一研究部译:《共产国际、联共(布)与中国革命档案资料丛书》第4辑,北京图书馆出版社1998年版,第320—323、323—324页。
③ 中共中央党史研究室第一研究部译:《共产国际、联共(布)与中国革命档案资料丛书》第4辑,北京图书馆出版社1998年版,第345—346页。
④ 《瞿秋白文集·政治理论编》第5卷,人民出版社1995年版,第405页。

五、受鲍陈委托起草"退却提纲"

　　1927 年 6 月,武汉的政治气氛一天比一天紧张,革命形势一天天在恶化。但是,远离中国而遥控指导中国革命的共产国际和联共(布)中央领导人,却要为瞬息万变的中国革命形势把脉。他们幻想着武汉政府能够起死回生,仍然要求中国共产党死守与国民党的联合战线。为此,斯大林既要求鲍罗廷、陈独秀他们执行"五月紧急指示",又要鲍罗廷等人拉住汪精卫和武汉政权向左转。当然,在斯大林看来,这两者是一个问题的两个方面。因此,6 月 20 日,联共(布)中央给鲍罗廷、加伦、罗易、陈独秀发来电报,指出:

　　　　要坚决执行共产国际的决定,首先是关于土地革命、武装工农、建立可靠的武装部队和使国民党结构民主化的决定;答复 6 月15 日中共中央关于五月紧急指示的回电,重申我们的指示,即推迟土地革命是极为有害的;寄去的经费主要用于组建可靠的革命军部队所需要的;同时征讨北京和南京,打乱冯玉祥与蒋介石的联系,把冯与武汉绑在一起,推动武汉军队向左转,以推动各地(无论在武汉地区还是南京地区)进行土地革命。[①]

　　接到莫斯科的电报,作为中共中央和国民党左派的灵魂人物,作为

---

① 中共中央党史研究室第一研究部译:《共产国际、联共(布)与中国革命档案资料丛书》第 4 辑,北京图书馆出版社 1998 年版,第 349 页。

莫斯科最高领导机构在中国国民革命的中心武汉的主要代表人物,鲍罗廷承担着巨大的精神压力和折磨:一边是莫斯科和斯大林接连给他下达的在国共合作框架内无法贯彻执行的急进指示,一边是不以莫斯科和斯大林意志为转移的中国革命现实处境。作为革命激流中的舵手,身心疲惫的鲍罗廷也不知如何是好了。此时,他已正式接到了武汉国民政府外交部长陈友仁关于解除他顾问合同的通知。但他以营救其尚被军阀张宗昌拘押在北京的夫人鲍罗廷娜①为由,对外声明不能立即离开中国,实则是以莫斯科的代表继续留在中国,指导中国共产党应对中国革命日益恶化的局势。

这时的武汉可谓风声鹤唳。丹尼尔·雅各布斯记述道:"一些对蒋介石友好的军队开进了这个城市,占据了某些地区。有人想谋害布留赫尔(指加伦——引者注),他虽然幸免于难,但助手却被杀死了。反革命军队和激进分子当场处决人犯已司空见惯。没有一个官员敢不带保镖在城里走动。中共激烈而没完没了地讨论怎样才能挽救革命,更要紧的是,如果这些步骤失败了该怎么办。"②

6月26日,在冯玉祥已完全倒向蒋介石、武汉的汪精卫、唐生智日益走向反共反苏的情势下,中共中央政治局与共产国际代表召开联席会议,讨论当前的政治形势和中共的任务,以便找出拯救革命的良策。瞿秋白与陈独秀、蔡和森、张国焘、谭平山、周恩来、张太雷、任弼时和鲍罗廷、希塔罗夫等人参加。会后希塔罗夫将这次会议内容整理出一份报告③,寄给了莫斯科。

从"俄罗斯解密档案"中的这份希塔罗夫报告可知:

会议开始后,陈独秀首先发言说,他对局势深表悲观,认为"我们

① 鲍罗廷夫人全名是法尼娅·谢苗诺芙娜·鲍罗廷娜,1927年2月,她悄悄去上海,托人将他们的小儿子诺尔曼送回国去。不料在乘"列宁纪念号"轮船返汉途中,在南京浦口被军阀张宗昌部下所扣留,先是被软禁在济南,5月被押往京师警察厅审讯,7月12日被取保释放。

② [美]丹尼尔·雅各布斯著:《鲍罗廷——斯大林派到中国的人》,世界知识出版社1989年版,第265页。

③ 中共中央党史研究室第一研究部译:《共产国际、联共(布)与中国革命档案资料丛书》第4辑,北京图书馆出版社1998年版,第357—363页。

面前有两条路:右的道路与左的道路。右的道路意味着放弃一切,左的道路意味着采取激进行动。在这两条道路上等待我们的都是灭亡。此外还有一条中间道路,即继续目前的局面,这也是不可能的"。如此看来,无论采取左、中、右的道路,都行不通。怎么办? 陈独秀认为"应该寻找第四条道路",因此他要求在这次会议上"讨论这个问题"。

陈独秀话音刚落,鲍罗廷接着发言。他表示要有条件地接受共产国际的指示。他说:"我们应该先同莫斯科取得一致。"然后他就莫斯科希望的进行土地革命、使国民党民主化、建立革命军、不退出政府和国民党四个方面的要求,谈出了自己一揽子计划。他说:"当我们同莫斯科没有共同立场时,我们连一步也不能前进。因此我提出了自己的行动纲领。"鲍罗廷提出的四个方面的行动纲领,主要就是:土地革命不是没收土地,而是分自治、减租、无地农民专政、武装农民、培训农村工作干部五个步骤进行;武装工农因武汉守不住而实际上不可能;国民党民主化要自下而上地缓慢解决,如果自上而下就会导致与国民党的分裂;不宣布退出政府但实际上并不工作。鲍罗廷提出的这些意见,名义上说是莫斯科的,实际上是他自己的,是他根据莫斯科的紧急指示内容,然后结合中国革命的现实情势而提出的他个人挽救危机的方法。

陈独秀当然明白这一点,所以在听完鲍罗廷的全部想法后说:"莫斯科的指示我弄不明白,我不能同意。莫斯科根本不了解这里发生的事情。鲍罗廷所说的土地革命(不没收土地),不是莫斯科所希望的。因为我们确切地知道,莫斯科的所谓土地革命指的是什么。莫斯科要求没收土地,我们不能这样做。"张国焘发言支持陈独秀,他也认为,莫斯科的指示是不能接受的,应当加以拒绝并通知莫斯科。如果莫斯科还坚持自己的意见,那就应当再次回电反对莫斯科。

谭平山表示支持鲍罗廷的意见,他说:"我不同意陈独秀的意见。我认为,应当接受鲍罗廷的这五点(指关于土地革命的五点——引者注)。应当从这个意义上再次致电莫斯科。不应退出政府。首先我们中国人应该找到自己的立场,然后再通报莫斯科。"

此外,瞿秋白、张太雷、周恩来、任弼时、希塔罗夫等与会者都各自

273

发表了自己的看法,但最终也没有得出一个明确的结论,主宰中共中央最后决定的还是鲍罗廷的意见。

这个联席会议表明,在中国革命的紧急关头,中共中央和共产国际代表之间没有统一的思想和意志,挽救危机的思路混乱,大家意见分歧,完全提不出有助于解决困境的良好主张。鲍罗廷作为激流中的舵手,更是心中无底。

两天后的6月28日,陈独秀在汉口鲍罗廷住宅召开中共中央紧急会议。周恩来、张国焘、张太雷、蔡和森等参加,瞿秋白因故缺席。会议在作出解散工人纠察队决定的同时,还决定中央机关立即搬迁到武昌,同时中共湖北省委机关也一同迁到武昌。会议指定蔡和森立即前往武昌布置新机关,陈独秀和张国焘负责处理中央常委及秘书厅事务,周恩来和张太雷负责处理纠察队及童子团等事务。

根据"俄罗斯解密档案"资料,蔡和森当天(6月28日)就在武昌把中央机关的新驻地布置好了。第二天的黄昏,陈独秀、张国焘从汉口来到武昌新机关。没过多久,瞿秋白与一位俄国顾问也到了新机关。这天(6月29日)晚上,中共中央政治局在武昌新机关召开会议。在会上,张国焘提出要整军经武,注意军事工作,但是他的提议没有引起陈独秀的重视,会议未与讨论;任弼时代表共青团中央在会上宣读了共青团中央作出的一项决议,该决议批评党中央不听共产国际指示,回避土地革命问题等,陈独秀十分恼怒,大发雷霆,将决议"碎之于地"。

瞿秋白在会上"有甚长之书面提议,大约系说明湖南农民问题所促进之阶级分化的革命危机,主张土地革命暂以减租减息、乡村自治、保护佃农等为条件,待有武力再实行没收土地问题,中心问题,仍在贯彻对国民党左派让步政策"。瞿秋白的这一甚长书面提议也许是受鲍罗廷、陈独秀所托而为,因此,"独秀看完秋白书面提议,深以为然,决定请秋白本此提议起草一正式决议案,于七月一日召集一活动分子会,或中央扩大会"①。根据这次会议决定,瞿秋白将其"甚长之书面提议"正式起草成《国共两党关系决议案》,并在决议案中提出国共合作的11条政纲。

第二天(6月30日),可能是为了迁就身体患病的鲍罗廷,中央政治局又回到汉口鲍罗廷的家里开会。蔡和森回忆说:"是日才知道这两日中因解散纠察队和中央秘书厅未迅速发迁移通告问题,同志间精神大形混乱,有几位同志激烈反对中央移于武昌。""独秀也认为必须仍回汉口,才便与汪等接头,于是又决定中央机关仍回汉口,同时正式决定7月1日开中央扩大会议。"②从中央机关这样在汉口与武昌之间搬来搬去,可见当时鲍罗廷与中共中央应付时局,既缺乏可行之方略,又缺乏应有之沉着和定力。

这时,没有莫斯科的允许,中共中央政治局没有人敢提出与国民党决裂的要求;既然还要与国民党合作推进国民革命,那么就要拉住汪精卫和唐生智,既然要拉住汪、唐,那么鲍罗廷与中共中央就只有继续退让一条路了。因此,为了"推迟"武汉国民党的叛变,中共中央扩大会议通过了由陈独秀委托瞿秋白负责起草的关于国共两党关系的决议案。该决议案一共11条,可谓是一个"集机会主义之大成"的对国民党全面退却的纲领,其主要内容如下:

(1)同共产党人建立联盟是孙中山的政策,这一政策为国民党各次代表大会所承认。如果现在由于军事力量的原因有人企图把共产党从国民党中开除出去,那么,这将会大大损害国民党的力量和革命性,这只能暴露它的弱点。我们不希望国民党遭到这种不幸。

(2)共产党人必须留在国民党内,帮助国民党在三项原则的

---

① 中共中央党史研究室第一研究部编:《共产国际、联共(布)与中国革命档案资料丛书》第5辑,北京图书馆出版社1998年版,第544—545页。

② 中共中央党史研究室第一研究部编:《共产国际、联共(布)与中国革命档案资料丛书》第5辑,北京图书馆出版社1998年版,第545页。

基础上重新组织革命,目前主要任务是反对蒋介石的斗争,共产党人将集中一切力量进行这一斗争。

(3)共产党人必须尽一切力量支持国民党。但是,国民党中央必须在它的地区采取措施,制止对共产党的一切迫害。

(4)国民党是一个反帝的小资产阶级、工人和农民的政党。这种反帝斗争必须是国民政府的宗旨。

(5)共产党参加政府(中央和地方)不是以共产党的名义,而是以国民党的名义。两党联席会议只是协商决定共同负责。但是,它不是执行机关。这两件事(参加政府和共同协商)并不含有联合政权、分割政权的意义。为了减少冲突,共产党的部长可以暂时离开政府。

(6)工农群众组织必须受国民党的领导,他们的要求必须符合国民党代表大会的决议和政府的法令。同时,国民党必须根据它的决议保证这些组织自由和工人、农民的利益。

(7)根据国民党的命令,工农纠察队必须置于国民政府的监督之下。武汉现有的纠察队,为了减少冲突的可能性,可以减少或者编入军队。

(8)没有政府和国民党的允许,工会和纠察队不得行使行政权,如逮捕、审判、巡逻。

(9)店员工会必须由国民党和总工会进行改组。他们的经济要求不得超越店主的经济能力。工会不得干涉店员的雇佣和解雇,不得干预店铺的管理。工会不得惩罚店主。

(10)禁止童子团行使警察职权,如逮捕、干涉行人等等。

(11)兵工厂、水电厂以及政府机关的工人的工会不得干预管理事务。如果他们有什么要求或者不满,必须通过总工会向国民政府提出,以便解决问题。①

---

① 中央档案馆编:《中共中央文件选集》第3册,中共中央党校出版社1989年版,第292—293页。

这 11 条政纲,前几条强调维护国共合作的必要性,其余全是妥协退让的具体内容。尽管这是一个对国民党全面退却的纲领,但它既无法拖住汪精卫集团急剧右驶的车轮,又使中共中央成为革命风浪中一艘迷途的航船。

蔡和森说:"这不是秋白同志和独秀同志个人的责任。秋白主持的决议和说明中,不过是两(个)月以来(五次大会后)动摇、犹疑、回避土地革命,向所谓左派让步政策之总结罢了。"①

瞿秋白自己后来评价说:"这十一条政纲是与国民党左派合作的最后尝试,更后的拉彼,一面逃与避,一面拉与拽。""十一条政纲是集机会主义之大成,亦是机会主义之顶点,过此一往,机会主义自身已崩溃而粉碎,中央政治局也是不能不散伙了。"②

1927 年 6 月底共产国际发来训令,其内容是批判机会主义错误,改组中共中央,调回被解除顾问合同的鲍罗廷,并召陈独秀到莫斯科。鲍罗廷虽然尽力扣住训令,希望局势能够峰回路转,但是国际指示的内容还是逐步在党内传布开来,国民党也已公开准备叛变,接替鲍的新国际代表已在来武汉的路上。7 月 12 日,实在无法继续拖下去的鲍罗廷,开始执行国际训令。根据共产国际关于改组中共中央指示的精神,鲍罗廷指定张国焘、张太雷、李维汉、李立三、周恩来五人组成中共临时中央常务委员会;陈独秀、谭平山去莫斯科与共产国际讨论中国问题;瞿秋白、蔡和森去海参崴办党校。

陈独秀提出辞去总书记职务,但拒绝去莫斯科。中共中央改组虽说晚了一些,但仍然是一个重要转折。以张国焘为首的中共中央新五人常委临危受命,开始了从此时到八七会议召开的紧急过渡。1927 年 7 月 13 日,新中央政治局常委根据共产国际的指示,公开发表了充满激情、读来令人荡气回肠的《对政局宣言》。7 月中下旬,五人常委率领中共中央部署紧急疏散、撤离和隐蔽党在武汉的各级组织和党员;确定

---

① 中共中央党史研究室第一研究部编:《共产国际、联共(布)与中国革命档案资料丛书》第 5 辑,北京图书馆出版社 1998 年版,第 546 页。
② 《瞿秋白文集·政治理论编》第 5 卷,人民出版社 1995 年版,第 414、416 页。

实行土地革命和组织民众武装起义的新政策,着手制订湘、鄂、粤、赣四省秋收起义的计划;决定和领导在南昌举行的武装暴动。

1927年7月12日,中共中央改组时,瞿秋白没有被鲍罗廷安排进新中央担任临时常委,其理由是他与蔡和森去海参崴办党校。但其实在第二天晚上,鲍罗廷带着瞿秋白离开汉口上了庐山。他俩住在"仙崖饭馆"。在这里,鲍罗廷就汪精卫集团叛变革命后的各种现状和形势,以及一系列"善后"问题,对瞿秋白进行了分析与交代。

当时,五人临时中央常委决定派李立三、邓中夏、谭平山、恽代英等部分中央负责干部前往九江,准备组织党在张发奎第四军中的一部分力量,重回广东,继续革命。由于"张发奎态度之犹豫与右倾",使党的依张回粤军事行动成功的可能性很小。于是,李立三等在九江召开紧急会议,决定抛弃依张之政策,采取独立的军事行动,在南昌举行暴动。因事关重大,必须取得中央和国际同意。于是,李立三、邓中夏赶往庐山,向鲍罗廷和瞿秋白汇报,并听取意见。1927年7月20日,瞿秋白听取了李立三、邓中夏等人的汇报后,当即表示完全赞同九江会议关于在南昌举行起义的建议。

第二天,瞿秋白陪同鲍罗廷一起返回武汉。不久,新的共产国际代表罗米纳兹抵达汉口。此后,中国革命开始了历史转折,并进入一个全新的革命阶段——土地革命战争时期(苏维埃运动时期)。

第八章

莫斯科支持的中国革命转折时期的掌舵人

由于蒋介石、汪精卫相继"劫持"了国民革命,1927 年 7 月中旬以后的中国革命进入到最巨大的转折时期。中国共产党成为"一切革命敌人集中火力攻击的政党",面临着建党以来最严重的危急关头,连任五届中共中央总书记的陈独秀退出党的政治活动中心,在杀机四伏、白色恐怖笼罩下的武汉三镇,瞿秋白取代陈独秀成为中共党内第二任主持中央工作的总负责人。这一人事更替是在莫斯科(联共中央和共产国际)的直接控制下实现的。作为中国革命新的掌舵人,瞿秋白的"接班"和"主政"得到了莫斯科及其驻华代表的支持。在此期间,他配合共产国际代表罗米纳兹,成功主持召开了八七会议,按照莫斯科的指示,在中国共产党处于极大震荡和分化时期的危急关头,果断结束了党中央在此之前奉行的妥协和退让政策,并批判了此前在党中央占据统治地位的右倾错误路线,确立了土地革命与武装斗争相结合的总方针,把党的斗争历史从国民革命阶段推进到了土地革命战争时期,从而在斗争方式、革命途径和内容等方面全面实现了党的斗争历程的转折。在这个过程中,瞿秋白领导全党挽救党的组织,寻找新的革命道路,并在探索中取得了有助于此后中国革命沿着正确方向发展的积极性成果,当然同时也出现了对中国革命造成消极影响的失误。

一、莫斯科支持的中共新中央领导人

瞿秋白在《多余的话》中说:"当我不得不担负中国共产党的政治领导的时候,正是中国革命进到了最巨大的转变和震荡的时代,这就是武汉时代结束之后。"①

这种"转变和震荡"是伴随着莫斯科驻华代表人事变动的。"俄罗斯解密档案"资料记载，还在"罗易事件"（指将"五月紧急指示"泄露给汪精卫一事）发生不久，联共（布）中央政治局就在 6 月 16 日召开的会议上，决定派遣罗米纳兹到中国，6 月 20 日经过征询政治局委员意见后决定"立即派罗米纳兹同志去武汉"②。

随着汪精卫叛变的脚步日益加快，莫斯科"指望武汉政府成为'有组织的革命中心'的政策遭到了彻底失败"③，国共合作的破裂已无法避免，一直要求中共维持国共合作框架的莫斯科此时也感到无能为力。1927 年 7 月 8 日，联共（布）中央政治局在中央委员会书记莫洛托夫的主持下，召开紧急会议，讨论中国问题，作出如下决定：一是让共产党人示威性地退出武汉国民政府，以宣布与汪精卫集团决裂；二是规定共产党人不得退出国民党，仍保留国共合作的框架；三是为了应付面临的危机，要求中国共产党秘密召开紧急代表会议，以"纠正党的领导所犯的根本性错误"，采取各种措施保存党。同日，共产国际执委会召开会议，"批准"联共（布）中央政治局紧急会议通过的给中共党的上述两条指示。④ 关于示威性地退出国民政府并发表声明的指示，中国共产党在鲍罗廷的领导下已于 7 月 13 日遵照执行；关于召开紧急代表会议的问题，共产国际派遣罗米纳兹作为全权代表到中国，取代鲍罗廷，全面贯彻莫斯科对华新政策。

1927 年 7 月 23 日，罗米纳兹带着助手德共党员纽曼匆匆赶到汉口。他"伪以基督教徒的身份为掩护"，"住在基督青年会"。在有关共

---

① 《瞿秋白文集·政治理论编》第 7 卷，人民出版社 1987 年版，第 708 页。

② 中共中央党史研究室第一研究部译：《共产国际、联共（布）与中国革命档案资料丛书》第 4 辑，北京图书馆出版社 1998 年版，第 349 页。

③ 中共中央党史研究室第一研究部译：《共产国际、联共（布）与中国革命档案资料丛书》第 4 辑，北京图书馆出版社 1998 年版，第 396 页。

④ 中共中央党史研究室第一研究部译：《共产国际、联共（布）与中国革命档案资料丛书》第 4 辑，北京图书馆出版社 1998 年版，第 397—398、400—401 页。

产国际、联共(布)与中国革命的档案文件中被称为"别索"①或"伯纳"②的维萨里昂·罗米纳兹1898年出生于高加索的格鲁吉亚,与斯大林同乡,比瞿秋白年长一岁。大革命失败后,罗米纳兹受莫斯科委派,接替鲍罗廷、罗易和维经斯基等,成为共产国际全权特使来到中国。

罗米纳兹到达汉口的当天晚上,就找瞿秋白、张国焘等中共领导人谈话,了解情况,并带来了斯大林关于中国问题的一系列最新指示,其中包括前述联共(布)中央政治局1927年7月8日召开的紧急会议精神以及其后斯大林作出的相关指示。7月8日会议后,莫洛托夫和布哈林将草拟的准备发给中共的新指示草案,送到正在索契疗养的斯大林处以待批示。7月9日,斯大林给莫洛托夫和布哈林写信说:"目前的中国共产党能否体面地摆脱这个新的时期(地下工作、逮捕、屠杀、枪决、自己队伍中的变节、挑拨离间等等),成为坚强的、经受过锻炼的党,而没有分化瓦解,变成一个或几个小宗派。""我不想苛求中共中央。我知道,不能对中共中央要求过高。但是,有一个简单的要求,那就是执行共产国际执委会的指示。中共中央是否执行了这些指示呢?没有,没有,因为它不理解这些指示,或者是不想执行这些指示并欺骗共产国际执委会,或者是不善于执行这些指示。"③看得出来,言谈之中,斯大林对中共中央极其不满和藐视,他把中国大革命失败的责任一股脑儿地推到了中共中央的头上,甚至连鲍罗廷和罗易这些驻华代表应承担的责任也都被"摘"得干干净净。不仅如此,斯大林7月11日再次致信莫洛托夫说:

> 我将努力证明,我们的政策无论过去还是现在都是惟一正确的政策。我从来没有像现在这样深信我们对中国和对中国土地革

---

① 中共中央党史研究室第一研究部译:《共产国际、联共(布)与中国革命档案资料丛书》第4辑,北京图书馆出版社1998年版,第346页。

② 中共中央党史研究室第一研究部译:《共产国际、联共(布)与中国革命档案资料丛书》第7辑,中央文献出版社2002年版,第20页。

③ 中共中央党史研究室第一研究部译:《共产国际、联共(布)与中国革命档案资料丛书》第4辑,北京图书馆出版社1998年版,第406、407页。

命的政策的正确性。①

　　既然自己正确，那么错的肯定是别人。于是，斯大林对中共中央的完全否定和对莫斯科指导中国政策的完全肯定，为此后共产国际、联共（布）以及中共内部追究大革命失败的责任定下了基调。

　　与此同时，共产国际执委会专门作出《关于中国革命目前形势的决定》（简称为《决定》）。《决定》首先肯定共产国际近一年来对中国问题的分析是正确的，给中国发出的指示也是正确的，接着批评中共中央："中国共产党应当依照共产国际底指示，展开和领导土地革命……但中国共产党中央和中央政治局，没有执行这些指示。中央不是领导土地革命，而是在许多场合之下，作了制止土地革命底因素。"②《决定》号召中国共产党全体党员"与党的领导底种种机会主义倾向作坚决斗争"。

　　正是因为莫斯科作出了这些清算中国共产党中央领导错误的指示，所以罗米纳兹向瞿秋白和张国焘传达指示时的神情就像是"宣读上谕"。他"态度异常严厉"（蔡和森语）地宣称：中共中央犯了严重的右倾机会主义错误，违反了共产国际指示；而他就是奉命来纠正过去共产国际人员和中共中央所犯的种种错误并来指导中共中央工作的。

　　应该说，罗米纳兹给瞿秋白的"第一印象"不算太好，但由于他在庐山期间，已听到鲍罗廷说过新来的国际代表"是少共国际出身，不懂中国情形，素以左倾著称"等情况，并且他还听过鲍罗廷分析中国革命失败的责任问题：为了不助长托洛茨基派攻击斯大林的气焰，让莫斯科能够继续领导世界革命，也为了使中共党员今后还能够继续信任共产国际的领导，因而失败的责任必须由陈独秀领导的中共中央和各个驻华代表来承担。所有这些使瞿秋白心里多少有些思想准备，因而不像

---

① 中共中央党史研究室第一研究部译：《共产国际、联共（布）与中国革命档案资料丛书》第4辑，北京图书馆出版社1998年版，第410页。
② 中央档案馆编：《中共中央文件选集》第3册，中共中央党校出版社1983年版，第211页。

张国焘一听罗米纳兹把大革命失败的责任都推到中共中央和陈独秀头上,就因心生反感而与罗米纳兹起争执,使谈话陷于僵局。

经过瞿秋白的调解,张国焘与罗米纳兹都平静了下来,交谈得以继续。由于正在准备之中的南昌暴动问题需要紧急处理,所以瞿秋白、张国焘向罗米纳兹请示说:已到九江的周恩来,正在按计划动员兵力,组织暴动,要求中央立即指示暴动的方针,如领导暴动机构的名称、政纲、组织和应采取的策略等;苏联是否会给以款项、军火、物资及军事顾问等方面的援助。一接触这些具体问题,罗米纳兹十分茫然,声称要请示莫斯科。据张国焘回忆:"谈话结束后,瞿秋白也颇感失望。他曾向我表示,共产国际为什么派这样一个少不更事的人来当代表,只会反机会主义,提起南昌暴动就没有主意了。"①

其实这种情况也是很自然存在的,刚刚到达中国的罗米纳兹不可能对中国问题明了或熟悉。针对新来的共产国际代表对中国共产党和中国革命所面临的实际问题知之不多的现状,瞿秋白主动地与罗米纳兹进行长谈,尽其所能地向他详细介绍了当时中国的一些具体情况,特别是中共中央内部在一些问题上的意见分歧,如怎样认识大革命失败的责任问题,要不要公开批判陈独秀的问题,确立政治上的新路线与维持组织上中央威信的问题,等等,还有如何尽快召开紧急会议,制定和落实新的路线方针政策,发动南昌起义,以及面临的其他尖锐斗争问题。瞿秋白的介绍和汇报,使罗米纳兹总算慢慢地进入"中国状况"之中。如果说瞿秋白此时是在落实鲍罗廷安排的"善后"工作,不如说他是在完成协调莫斯科驻华新老代表之间的"交替"工作。这是中共党内其他人无法替代其完成的桥梁式的历史任务。

在罗米纳兹的要求下,1927年7月26日下午,中共中央在汉口一所住宅里秘密召开了扩大的常务委员会会议,参加会议的人员有瞿秋白、张国焘、李维汉、张太雷和罗米纳兹、加伦、范克等人。当时"中央五人常委"中的周恩来、李立三在江西指导准备南昌暴动,瞿秋白不是

① 张国焘著:《我的回忆》第2册,东方出版社1980年版,第281页。

五人常委成员,罗米纳兹、加伦、范克是共产国际代表。会议讨论并决定了两件大事:举行南昌暴动和筹备召开中共中央紧急会议。南昌暴动是"五人临时中央"已经决定的计划,瞿秋白与鲍罗廷在庐山时明确表示同意。会上对南昌暴动问题进行了讨论,认为举行南昌暴动是正确的,决定派张国焘前往南昌贯彻中央决定。但是在召开紧急会议问题上意见却不相同。尽管意见不一致,会议还是决定瞿秋白、张太雷、李维汉与罗米纳兹一起为紧急会议的召开做准备。

立即召开中共中央紧急会议是罗米纳兹来华后的首要任务,他要按照莫斯科的联共(布)中央和共产国际要求改组中央,以便清算破坏了共产国际纪律的中共领袖,确立新的方针路线,选举新的中央领导班子。但是,罗米纳兹的意图遭到了"五人临时中央"的首要成员张国焘的抵触。此时,张国焘的意见也代表了其他常委和部分中央委员的想法。他们不同意立即召开紧急会议,认为应该"将中共中央极度秘密地迁回上海",然后再"在适当时机,召开一次中央紧急会议"①。不想按照共产国际的要求去做,主要是担心损害中共中央的威信。而这又牵涉到到底应由谁来承担大革命失败的责任、要不要公开处罚党的主要领导人陈独秀及其追随者等问题。因此,张国焘并不很赞成按照共产国际新训令马上召开紧急会议,而是"主张先解决目前纷然杂乱的紧急问题,特别是南昌暴动问题,至于反机会主义与中央改组的事,可稍迟召集一次中央扩大会议来解决"②。尽管 1927 年 7 月 26 日的会议决定由张国焘到江西传达共产国际关于南昌暴动的指示,他当晚便离开了武汉,但是张的意见在党中央内是有共鸣的。对此,蔡和森分析道:"此时常委是站在一种伦理观点上去护党,而不是站在政治观点上去护党,常委只知道接受国际训令,处罚中央及首领,将于党有危机,而不知不接受国际训令,不宣布新方针,于党及革命的危机更为重大。"③

① 张国焘著:《我的回忆》第 2 册,东方出版社 1980 年版,第 278 页。
② 张国焘著:《我的回忆》第 2 册,东方出版社 1980 年版,第 282 页。
③ 中共中央党史研究室第一研究部编:《共产国际、联共(布)与中国革命档案资料丛书》第 5 辑,北京图书馆出版社 1998 年版,第 549 页。

所以这次中央紧急会议由原定的 7 月 28 日因故推迟到 8 月 7 日召开,这才有了"八七会议"这个历史名称。但是,这个"因故"历来的说法是:形势紧张,交通困难,代表不能按时到达等,其实从后来出席八七会议的代表主要是来自武汉以及湖北周边地区的同志来看,真正造成会议推迟的主要原因不是客观因素而是主观因素。主观因素有两个:一是当时中共中央内部高层对于召开紧急会议的思想认识不一致;二是筹备会议、起草各种会议文件及议决案等需要时间。

由于中共党内意见不一致,罗米纳兹心里非常着急。他向张国焘、张太雷、李维汉声称:"如果你们反对开中央改组会,我直接召集各地代表开会。"据蔡和森记述,他还真的派人到湖南去"宣布中央机会主义错误和立即改组中央"①。此外,罗米纳兹还与其他中央领导人进行沟通,交流想法。

罗米纳兹主张召开紧急会议的态度"非常坚决",这使瞿秋白对他的印象很快发生了改变。瞿秋白虽然不是"五人常委",但在罗米纳兹到中国后即参加了中央常委的领导工作,并被安排担任起草和翻译中央紧急会议的文件、草案等一系列重要工作。如,8 月 3 日主持召开临时中央政治局常委会扩大会议,并发言;同日,主持临时中央政治局常委会会议,通过《中央关于湘鄂粤赣四省农民秋收暴动大纲》,通知各有关省委,执行该《暴动大纲》;4 日,代表中央答复山西省委的信,简要说明准备召开中央紧急会议的背景和有关议程;6 日,彻夜翻译罗米纳兹为紧急会议起草的《告全党党员书》。可见,在筹备召开紧急会议的过程中,瞿秋白事实上已经成为罗米纳兹的重要助手。

既不会汉语又看不懂中文的罗米纳兹,在瞿秋白等人的大力支持和协助下,依据共产国际的决议精神和指示,在很短的时间内,基本上统一了当时党内高层的思想认识,"使中央经过一个散乱的状态"后,思想初步达到了统一,形成了共识。8 月 3 日,中共中央临时常务委员

---

① 中共中央党史研究室第一研究部编:《共产国际、联共(布)与中国革命档案资料丛书》第 5 辑,北京图书馆出版社 1998 年版,第 548 页。

会召开扩大会议,会议由瞿秋白主持,李维汉、张太雷、蔡和森、邓中夏、任弼时、林育南、苏兆征等人参加了会议。与会者对紧急会议的准备情况和时局问题进行了讨论。会上,瞿秋白发言指出:"共产国际决议是中国革命新的转机,我们应该接受并根据决议制定新的革命策略。"经过讨论,与会人员一致认为共产国际执委会的决议应该接受,过去中央的政策是机会主义的,中央政治局应当改组,并加入工人分子。对于陈独秀的问题,会议决定一面劝说他服从共产国际决定去莫斯科,一面等候共产国际对于他请假不去莫斯科的复电。会议还确定了召开中央紧急会议的具体议程。① 由于瞿秋白对罗米纳兹的力挺,加之这次中央临时常务委员会扩大会议达成的共识,八七会议得以及时而顺利召开。

1927 年 8 月 7 日,临时中央政治局紧急会议在汉口三教街 41 号(今鄱阳街 139 号)召开。由于时局紧张,交通阻隔,到会的只有当时在汉口的中央委员、中央候补委员、中央监察委员、团中央委员以及湖南、湖北的代表一共 21 位,加上来自莫斯科的代表三人。他们是:中央委员——瞿秋白、罗迈(李维汉)、张太雷、邓中夏、苏兆征、罗亦农、陈乔年、蔡和森、顾顺章;候补中央委员——李震瀛、陆沉、毛泽东;中央监察委员——杨匏安、王荷波;共青团中央委员——李子芬、杨善南、陆定一;湖南党组织代表——彭公达;湖北党组织代表——郑超麟;中央军委代表——王一飞;中央秘书厅政治秘书——邓小平;共产国际代表——罗米纳兹、纽曼、洛卓莫娃。鉴于环境险恶,会议在李维汉的主持下,从上午开到晚上,一天结束。

这里有一个问题需要澄清。由于八七会议对瞿秋白的政治生涯具有决定性的影响和意义,由于八七会议的筹备工作是由瞿秋白负责的,由于中共中央党史研究室著的《中国共产党历史(1921—1949)》第一卷上册在撰写八七会议这段历史时说:"会议由瞿秋白、李维汉主持。"②所以就造成了一种印象,即瞿秋白是八七会议的主持者。其实

---

① 丁言模、刘小中编著:《瞿秋白年谱详编》,中央文献出版社 2008 年版,第 247 页。
② 中共中央党史研究室著:《中国共产党历史(1921—1949)》第一卷(上册),中共党史出版社 2002 年版,第 300 页。

这是一种误会。

八七会议的主持者应是李维汉。理由之一就是当时的会议记录。开会的会议记录记得很清楚,就是"迈主席"。"迈"就是罗迈,即李维汉。显然是指李维汉担任会议主席,主持会议召开。① 理由之二就是李维汉的回忆录。李维汉亲身参加了八七会议,他说:"会议由我担任主席。我代表常委首先向大家报告会议酝酿和筹备的经过;随后宣布这次会议的三项议程:……选举完毕,我宣布会议圆满结束。"②理由之三就是瞿秋白在八七会议召开的当天任务重,工作量大,是仅次于罗米纳兹的重要角色。他不可能既是会议的主角,又当会议的主持人。这里有一个区别会议主持与主角的问题。会议主持人通常是一个具有荣誉性质的会议职务,当然它要由一定级别的官职或者由具有一定社会地位和社会影响的人来担任。在一个重要的正式会议上,担任主持人的级别和地位通常是由到会的主角的级别和地位来决定的。在八七会议上,共产国际代表罗米纳兹和事实上已经成为罗米纳兹重要助手的瞿秋白是会议的主角,其主持人由分管组织工作的中央常委李维汉担任是合适的。

根据李维汉的回忆,八七会议共有三项议程。

第一项议程是罗米纳兹作报告和公布《告全党党员书》,瞿秋白任翻译。罗米纳兹首先指出召开中央紧急会议的重要性和迫切性,以及这次会议所要解决的问题。他说:"国际要中国共产党召集此会的原因是因中国共产党的指导错得太远了,不召集此会来纠正则 C. P. 将不成其为 C. P. 了。现在中国共产党的错误已经很深了,非召集此会不可。""国际中央决议认为,此次紧急会议不仅是讨论过去错误,还应实行改组指导机关,现在的问题,是否此会有改组指导机关(中央)的权力。""此会虽无权改组中央,但有权可以选举临时中央政治局。此

---

① 根据八七会议会址纪念馆馆长许汉琴同志提供的资料。
② 李维汉著:《回忆与研究》(上),中共党史资料出版社 1986 年版,第 162—163、165 页。

临时中央政治局有权通告全党,指出过去的错误及将来的方针。"①

　　罗米纳兹在报告中主要偏重于批评和指责。接着,他就《告全党党员书》的内容进行了发言,主要讲了阶级斗争、国民革命和民族解放斗争问题,党在工人和农民问题上策略的错误,党对国民党的策略问题以及对共产国际的关系问题等。在谈到"中国共产党中央对国际的关系和错误的责任问题"时,罗米纳兹明确表示:"有些同志说这些错误国际方面应当负责任的。关于这方面,我们要问一问国际有无一指令与现在的方向不同的。无论关于那一方面我都可以坚决的声明:国际无一天不打算将中国共产党的路线引上正轨的。""至于过去错误的责任问题,中央的领袖独秀同志有许多问题虽然决议后,他仍要以个人的意思来改变此决议。但此责任应政治局大家来负。"②罗米纳兹在此再次重复了莫斯科的意思:大革命失败的责任主要在中共中央。

　　在整个报告中,罗米纳兹讲一段,瞿秋白翻译一段。几乎用完了上午的全部时间。下午代表们就罗米纳兹的报告展开讨论。包括瞿秋白在内的到会代表相继发表了意见,一致表示拥护国际新代表的报告及国际决议,揭发和批评了党中央的机会主义错误,同意改组中央领导机构,同时对前任国际代表鲍罗廷、罗易、维经斯基等人的错误进行了批评。

　　瞿秋白在发言中主要是对《告全党党员书》提出修改意见,他说:"草案中应加增几点:1. 国民革命与阶级斗争中对小资产阶级态度说得不详细。应加说明党过去只看见上面的小资产阶级领袖没有看见群众。以后仍要与小资产阶级联合,但不能如前之态度。2. 中央政策与国际政策中加说我们党团太无作用。3. 对国民党中应加我们对国民党的态度,并攻击平山的第三党的主张。4. C. P. 对于政权的性质为造

---

① 中共中央党史研究室第一研究部编:《共产国际、联共(布)与中国革命档案资料丛书》第11辑,中央文献出版社2002年版,第3—4页。

② 中共中央党史研究室第一研究部编:《共产国际、联共(布)与中国革命档案资料丛书》第11辑,中央文献出版社2002年版,第8页。

成工农民权独裁制,以真正的国民党的旗帜为号召。"①

罗米纳兹在各位代表发言后作了总结。随后,瞿秋白在会上宣读《告全党党员书》,代表们原则上一致通过,并决定由瞿秋白、李维汉、苏兆征三人组织委员会负责对其文字进行修改,定稿后发布。

会议第二项议程是瞿秋白代表中央作党的新任务的报告。瞿秋白不是中央五人常委成员却代表中央常委会向八七会议作报告,这个事实本身说明了他是八七会议的重要角色。瞿秋白在报告中指出,7月13日我党的宣言是新政策之开始。这次南昌行动,至少是有意识地走到新的方针。当前摆在我们面前的只有我们包办国民党或国民党消灭我们这两条路。过去,党的领导机关犯了错误,现在党不能再以退让手段而要以革命方法来争得民权。瞿秋白在报告中还指出,土地革命已进到最高点,要以我们的军队来发展土地革命。农民要求暴动,各地还有许多的武装,有这极好的机会,这极多的力量,我们必须要点燃这爆发的火线,造成土地革命,在此种情形之下,我们的策略是独立的工农阶级斗争,老实不客气的我们要包办国民党和国民革命:一是更要注意与资产阶级争领导权;二是要纠正过去的错误,要由下而上地注意争取群众,团结真正的左派;三是要在暴动中组织临时的革命政府。此外,瞿秋白在报告中,还提出如何做国民党的工作以及如何开展兵运工作等问题。②

瞿秋白在报告结束后,接着提出将《最近职工运动议决案》《最近农民斗争议决案》和《党的组织议决案》交会议讨论通过。在讨论这三个议决案时,每一个文件都是先由瞿秋白宣读草案全文,接着大家发表意见,最后由瞿秋白作结论或由罗米纳兹答复问题。会议决定,三个决议案的文字修改权交临时中央政治局,待改定后再召开会议讨论通过,然后发布各地。

会议第三项议程是选举中共中央临时政治局。在罗米纳兹亲自提

① 中共中央党史研究室第一研究部编:《共产国际、联共(布)与中国革命档案资料丛书》第11辑,北京图书馆出版社2002年版,第14页。
② 《瞿秋白文集·政治理论编》第5卷,人民出版社1995年版,第1—4页。

名下,会议最后选举苏兆征、向忠发、瞿秋白、罗亦农等9人为临时中央政治局正式委员,邓中夏、周恩来、毛泽东等7人为政治局候补委员。8月9日,由瞿秋白主持,召开临时中央政治局第一次会议,他与李维汉、苏兆征一起被选为临时中央政治局常委。作为三人常委之一,瞿秋白由于得到罗米纳兹的支持而成为主持中央工作的新的主要领导人。按照罗米纳兹在会议报告中所说的"此临时中央政治局要得到国际的同意后,方能正式成立"①,所以这一新的人事安排很快得到了共产国际认可并生效。

八七会议坚决、果断地结束了党中央在此之前奉行的妥协和退让政策,确立了土地革命同武装斗争相结合的总方针。作为中国革命处于危急关头而召开的紧急会议,八七会议解决了许多紧迫而关键的方向性问题,是由大革命时期进到土地革命战争时期的历史性伟大转折,它是中国革命的拐点。

从"俄罗斯解密档案"资料来看,八七会议产生的中共中央新领导人瞿秋白,在莫斯科并非完全被看好。比如回到莫斯科的罗易就对他没有信心。罗易在共产国际执行委员会东方书记处会议上所作的关于中国形势的报告中说:

> 我只知道,对党的错误负有直接责任的几个同志已经离开党的领导岗位。例如,陈独秀,大概什么职务都没有担任。所以很自然,现在的领导看上去要比以前的领导好一些。其次,我们可以根据(最近的事件)作出判断。这几次武装起义是由我们党发动和组织的,这证明党的领导已经改善。但是在这里我想说,我并不赞同一些人的幻想,似乎由瞿秋白领导党要好一些(座位上有人喊道:谁抱有这种幻想?)。②

① 中共中央党史研究室第一研究部编:《共产国际、联共(布)与中国革命档案资料丛书》第11辑,北京图书馆出版社2002年版,第4页。
② 中共中央党史研究室第一研究部译:《共产国际、联共(布)与中国革命档案资料丛书》第4辑,北京图书馆出版社1998年版,第457—458页。

的确,以瞿秋白为首的中共中央面临着许多挑战和考验。

二、罗米纳兹的政治搭档与"左"倾盲动错误

在风云激荡的历史转折关头,瞿秋白成为罗米纳兹的政治搭档,他们共同承担着中国革命航船掌舵人的责任。生于高加索格鲁吉亚的罗米纳兹,虽然有着帅气的外表,但不到 30 岁的他,脸上却有刀刻般的皱纹,反映了他饱经风霜的阅历。1917 年罗米纳兹参加布尔什维克党。1922 年 11 月至 12 月,作为布尔什维克代表团成员出席共产国际召开的"四大",与旅俄并为出席大会的中国代表团担任翻译的瞿秋白首次"相遇"。不过,那时他们彼此并不相识,更不会想到几年后在中国武汉成为政治搭档。

作为共产国际全权代表,罗米纳兹刚刚到中国时,声称中国共产党犯了严重错误,而这种错误发生的根源在于党的中央被小资产阶级知识分子所盘踞,缺乏阶级意识和革命坚定性,对共产国际的正确指示加以机会主义的曲解。因此,共产国际现在不能依赖这些动摇的知识分子,而要大胆地提拔一些坚定的工人同志,担负中央领导工作。然而仅仅过了十几天,他却提名典型的知识分子瞿秋白担任新一任中央领导人,使其成为自己的政治搭档。

分析起来,这种安排也并非完全出人意料,因为瞿秋白本身具有罗米纳兹需要的多种特质。首先,他懂俄文,曾先后为共产国际代表马林、维经斯基、鲍罗廷等人担任过翻译和助手,其大名早已为莫斯科决策层所熟悉,而离开中国不久的鲍罗廷的"推荐"也很重要,这些因素

使刚刚来华的罗米纳兹顺理成章地接受了瞿秋白这个人。其次,此时的瞿秋白在共产国际及其代表眼里是能够忠实贯彻和执行其指示、保持中共组织及工作连贯性的理想人选。罗米纳兹在来中国的时候带来了共产国际领导《关于对中国共产党采取组织措施的建议》,其中第4条是"建议全会选出能保证无条件执行共产国际方针的新一届政治局"①。那么,统领新一届政治局的人自然更应该是一个对共产国际指示和政策十分忠诚的人。而当时在中国共产党的最高领导层中,像陈独秀、彭述之、谭平山、李维汉等人在共产国际及其代表的眼里是要给予惩罚的人;而张国焘和蔡和森曾不止一次地与共产国际驻华代表发生过尖锐冲突,怀疑甚至反对过共产国际的决定,他俩在共产国际及其代表眼里都是有争议的人物;只有瞿秋白是共产国际上上下下比较了解和信任的人。再次,在短暂的工作接触中,罗米纳兹感到了瞿秋白兼具个人才华和对中国革命及国际共产主义运动的忠诚之心。这时的罗米纳兹迫切需要一个可以直接对话、互相交换意见的中共中央高层同志,或者说他需要一个有较高文化水平和理论修养、可以依赖的高级助手兼翻译,而瞿秋白正好就是这样一个合适的人选。最后,通过八七会议表决,罗米纳兹也发现瞿秋白票数较高,表明他在中共党内有一定威信。

可见,瞿秋白是在得到来自莫斯科及其驻华代表的支持和中共党内多数人拥戴下成为中国共产党最高领导人的。此后,他以中共临时中央政治局总负责人的身份,领导着全党,在白色恐怖的腥风血雨中,顶着千钧重压,走上武装反抗国民党的土地革命战争道路。在这个过程中,他同罗米纳兹一起共同犯下了"左"倾盲动错误。

"左"倾盲动错误的产生主要源于对当时革命形势的判断失误。八七会议后,根据莫斯科对华政策的新倾向和新政策,中共中央领导了一系列武装起义。但是尽管各地爆发的武装起义,如星星之火在大江

---

① 中共中央党史研究室第一研究部译:《共产国际、联共(布)与中国革命档案资料丛书》第4辑,北京图书馆出版社1998年版,第412页。

南北不少地方燃起,却并不表明此时的革命形势像"俄罗斯解密档案"资料中莫斯科驻华代表们的书信、电报和报告中所反映的那样正在高涨。① 从全局来看,革命力量还很弱小,革命形势仍处于低潮。然而,罗米纳兹及其他驻华代表和瞿秋白并没有认识到这一点,他们领导中央临时政治局进行武装反抗国民党反动派的态度是坚决的,但是过分强调武装进攻,却使党在政治上没有很好地控制党内早于八七会议时就已经产生的"左"倾情绪;没有看到大革命失败后中国革命已经转入低潮的事实,没有根据各地革命基础不同的情况组织策略上的必要进攻和退却,而是一味地强调中国革命的"不断高涨"性,不断地通过连续发告民众书和宣言的形式,号召工农贫民士兵"团结在工农暴动的旗帜之下",提出"暴动打倒武汉政府,暴动杀尽土豪劣绅反革命的大地主及一切反动派,暴动为死难民众复仇,暴动没收地主的土地……"②等暴动口号,而发动"红色恐怖""杀尽土豪劣绅"等口号和提法不断地出现在党的文件和党刊中。同时,组织一些毫无胜利希望的起义和城市暴动。由此将八七会议提出的武装反抗国民党反动派的方针发展成为全国总暴动的方针了。

1927 年 9 月下旬,中共中央机关由武汉重新迁回上海。11 月 9 日至 10 日,瞿秋白在上海主持召开了中共临时中央政治局扩大会议。时值南昌起义失败之后、两湖农民暴动受挫之时。因此,会议一面强调要批评右倾机会主义和党内的悲观情绪,同时指出中国革命的形势不断高涨,"现时全中国的状况是直接革命形势",因而党的总策略是继续进攻,是可以综合各地的暴动发展成一个总的暴动。为了保证总暴动政策的实行,对于"不适应客观条件的"党的力量需要加强,要撤换一般知识分子的领导,坚决地提拔工人分子,整顿政治纪律。会议通过了瞿秋白根据罗米纳兹意见起草的《中国现状与共产党的任务决议案》

---

① 中共中央党史研究室第一研究部译:《共产国际、联共(布)与中国革命档案资料丛书》第 7 辑,中央文献出版社 2002 年版,第 7 页。
② 中央档案馆编:《中共中央文件选集》第 3 册,中共中央党校出版社 1983 年版,第 310—311 页。

（又称《1927 年 11 月中共中央临时政治局扩大会议决议》）和由罗米纳兹起草、瞿秋白翻译的《政治纪律决议案》以及组织问题议决案等，并对八七会议后各地失利的武装起义负责人给予了不同程度的政治纪律处分，形成了政治上的盲动主义和组织上的惩办主义并行的局面。

组织上的惩办是为政治上的盲动服务的。"十一月会议"结束后，其会议精神迅速传达到全党，从而使八七会议以来党内的"左"倾情绪发展至盲动错误。以瞿秋白为首的中共中央围绕实现全国总暴动这个总策略于当月就制定了《中央工作计划》，在全国积极推行盲动政策。中央先后在武汉、上海、天津、长沙、广州等大城市布置举行"总罢工""总暴动"的计划，在两湖、江苏、浙江等省布置"工农总暴动"，并提出过左的政策和口号。这些在匆忙之中发动起来的缺乏群众基础的暴动多以失败而告终，一旦失败则"如水洗河"，革命力量进一步遭到损失。如广州暴动虽然占领了广州，成立了广州苏维埃政府，但由于国际代表纽曼在起义之后力主坚守广州，结果敌众我寡，起义失败，革命政权丧失，党的领导人张太雷牺牲。广州起义失败后，瞿秋白等中央领导人有所觉悟，停止了原定的两湖年关总暴动。

当时也有一些共产国际驻华代表并不赞同罗米纳兹的政策，如正在中国的佩佩尔于 1927 年 11 月 30 日在给莫斯科的信中指出："除了以前的机会主义危险外，在中共党内越来越明显地出现了盲动主义危险"，"近来在党内也存在着所谓的盲动主义的危险，它是对党的以往的机会主义错误的反动，部分原因是不理解国内存在的联合倾向。有这样一种观点，认为需要赶紧举行革命暴动，而不考虑力量对比，说什么否则由于经济萧条、企业经常倒闭、无产阶级分散和分化，工人阶级的胜利就会来得太晚。正确的思想是，只有工农革命才是摆脱中国目前混乱状态的唯一出路。这种思想被错误地解释成：只有暴动，只有暴动这一招儿是群众同统治阶级作斗争的武器，而不管力量对比、不管当前的政治形势和地方上的具体状况如何。还有这样一种观点，认为暴动不是群众政治斗争和经济斗争的顶点、顶峰，而是应当取代其他一切政治斗争和经济斗争方式的奇效手段、万应灵药。这种盲动主义的观点十分危险,因为它会导致轻率的暴动,造成对组织上和政治上的准备估计不足,甚至完全忽视这种准备,还会导致流血的惨败、群众的涣散和党的毁灭"①。

接着,1928年1月赤色职工国际代表米特凯维奇在上海给共产国际执委会写信也指出:"企图人为地加速革命成熟的进程"的"左"倾盲动是"目前全党的主要病症"。"在广州暴动后已经有五个省的委员会(广东、江西、湖南、湖北、浙江)向中央提出,现在仍提出立即在它们的省里组织暴动的问题。在绝大多数情况下,这些问题很少与对形势的分析、斗争的可能性以及关于当地情绪的具体材料等联系起来。"她说,在革命斗争中存在盲动主义和恐怖主义错误,"许多党员完全错误地理解恐怖手段,不仅用来与公开的敌人进行斗争,而且用来强迫群众","用恐怖手段来对付不愿参加发动的消极农民"②。

"左"倾盲动错误的出现是有其多种缘由的:

首先,根据"俄罗斯解密档案"资料可知,瞿秋白与罗米纳兹在执行八七会议总方针过程中,之所以将武装反抗国民党反动派的总方针"执行"成了在全国盲动的总暴动,是与当时莫斯科及其驻华代表们对中国政治、经济、社会形势的评估和判断失误有直接关联。当时驻华代表们发往莫斯科的书信、报告和电报,"这些文件反映了国际代表对中国政治经济形势、统治阵营内即国民党内的状况和中共现状的评估以及他们对中共策略的意见和建议",总的来说,它们除涉及个人问题的少数文件外,"在评估政治经济形势、国民党内的状况时,占主导地位的界定词是'崩溃''瓦解''停滞''倒退'"③。这种对中国政治经济社会现状的判断,必然促成中共临时中央政治局总负责人瞿秋白得出这样一种结论,即"中国革命是高涨而不是低落,中国革命的高涨而且是

① 中共中央党史研究室第一研究部译:《共产国际、联共(布)与中国革命档案资料丛书》第7辑,中央文献出版社2002年版,第142、147—148页。

② 中共中央党史研究室第一研究部译:《共产国际、联共(布)与中国革命档案资料丛书》第7辑,中央文献出版社2002年版,第289、290、291页。

③ 中共中央党史研究室第一研究部译:《共产国际、联共(布)与中国革命档案资料丛书》第7辑,中央文献出版社2002年版,第7页。

无间断的性质——各地农民暴动的继续爆发以及城市工人中斗争的日益剧烈,显然有汇合而成总暴动的趋势"①。

其次,在中国革命急剧变化的历史转折关头,要分析新的革命形势,确定新的斗争策略,是一项非常艰巨的政治任务,与历史大局的要求相比,瞿秋白与罗米纳兹的领导素质还存在明显不足。一是他们都很年轻,1927 年的瞿秋白主持中央工作时才 28 岁,罗米纳兹也只有 29 岁。二是他们都缺乏领导实际工农运动的经验。具有浓厚诗人气质的瞿秋白乃一介书生,其理论研究带有学院色彩,缺乏经常直接深入到工农群众运动中的实际工作经验,而罗米纳兹也许在领会和接受斯大林的理论和共产国际的指示精神方面,具有很高的天赋,但面对中国国情和现实问题则显得胸中无数,茫然无序。因此他们在担负特别时期具有特殊国情的中国革命领导工作时显得力不从心。三是与历史转折时期对政治领袖人物的要求相比,他们都缺乏应有的沉着和冷静。瞿秋白在反对右时忽视了防止"左",以至对当时党内普遍存在的急于复仇的狂热、拼命和冒险情绪不仅没有很好地控制,反而深受感染,而受莫斯科"左"倾指导思想影响的罗米纳兹也有一股冒险情绪,他们二人是"左"倾情绪与"左"倾指挥一拍即合,产生盲动错误在所难免。

再次,瞿秋白的"一次革命"论与罗米纳兹的"无间断革命"论形成了理论上的强烈共鸣,导致他们在实践中共同犯下"左"倾盲动错误。从罗米纳兹来华至 11 月中旬返回莫斯科,时间仅有 3 个多月左右。在这期间,曾有独立思考能力和清醒头脑的瞿秋白似乎消失了,出现的是"盲从"罗米纳兹的瞿秋白。这主要是因为他们在理论上有强烈的共鸣。八七会议后,中共全党开始对大革命时期中央所犯的右倾错误进行清算,理论上的清算是由罗米纳兹和瞿秋白共同进行的。

罗米纳兹在来华期间,根据斯大林三阶段论和共产国际指示的精神,结合中国政局,对中国国情和中国革命问题进行了理论探讨,其理

---

① 中央档案馆编:《中共中央文件选集》第 3 册,中共中央党校出版社 1983 年版,第 425 页。

论认识逐步形成了"无间断革命"论。早在八七会议上,他就提出"我们不应该帮助资产阶级来反对帝国主义",而应该懂得,"只有资产阶级打倒后帝国主义才能打倒"。这就把反帝反封建的斗争与反对资产阶级的任务相提并论,混淆了不同革命时期的革命对象和任务。他还认为,"中国现状的特性……能够而且应当直接的生长而成社会主义的革命"。这就抹杀了民主革命与社会主义革命的过渡阶段,成为他后来明确提出"无间断革命"论的前奏。八七会议以后,在罗米纳兹的组织和参与下,党中央通过了《中国共产党的政治任务与策略的议决案》,认为"中国革命在现实这一阶段之中,还是资产阶级的民权革命",可是同时又说"资产阶级民权革命的生长而成社会主义革命","这一转变始终将是一个无间断的过程"。在十一月中央临时政治局扩大会议上,罗米纳兹出席会议并发表讲话,认为中国革命的形势是不断高涨的,革命性质是"无间断的革命"。会议接受了他的观点,在通过的《中国现状与共产党的任务决议案》中指出,中国现在的革命斗争,已经必然要超越民权主义的范围而急剧地进展;中国革命的进程,必然要彻底解决民权主义任务而急转直下地进于社会主义的道路。这样,罗米纳兹的"无间断革命"论经过十一月临时政治局扩大会议而成为全党奉行的理论观点。

十一月扩大会议后不久,罗米纳兹返回莫斯科,参加联共(布)第十五次代表大会(12月2日至19日)。他在联共(布)十五大上作了慷慨激昂的发言,进一步发挥了他关于中国革命性质是"无间断革命"的理论观点。但是,他的观点遭到了米夫的尖锐批评,就连斯大林也提出了质疑。共产国际执委会第九次全会通过的《关于中国问题的议决案》不指名地批评了罗米纳兹,指出目前中国革命所处的阶段是资产阶级民主革命阶段,把革命看作是"不断革命"的这样一种倾向,其错误与托洛茨基在1905年所犯的错误相似。其实,罗米纳兹的"无间断革命"论并不是来自托洛茨基,而是来源于共产国际和斯大林的有关指示和演讲。他们认为蒋介石叛变后,民族资产阶级跑到了反革命阵营;汪精卫叛变后,小资产阶级分子脱离革命,中国无产阶级的同盟者只剩下农民和城市贫民。因此,把民族资产阶级与大资产阶级混同起来,将一切中间势力也都视为危险的敌人和打击对象。这种"左"倾思想正是罗米纳兹"无间断革命"论的理论渊源。

尽管罗米纳兹的"无间断革命"论在莫斯科遭到了抵制,但是这一理论通过十一月扩大会议影响了中共中央,特别是使中央负责人瞿秋白产生了理论上的强烈共鸣,并引申出了他的"一次革命"论。瞿秋白关于革命的理论最初主要是从马列著作和共产国际有关文件中获取的,并根据自己的理解,对其进行可贵的"中国化"宣传工作。1923 年,瞿秋白在提出"两次革命论"(即中国革命必须分为"民权"革命和社会主义革命两个阶段)的同时,又提出了"与世界革命合流直达社会主义"的论点。① 1927 年 2 月,瞿秋白在《中国革命中之争论问题》中,为了批判陈独秀"二次革命"论(即放弃第一次民权革命阶段的领导权,等待第二次无产阶级革命再夺取领导权),提出中国革命"自然应当从国民革命生长而成社会革命——就是'一次革命'直达社会主义,'从民权主义到社会主义'! 可见中国现实的革命,既是资产阶级的,又不是资产阶级的,既不是社会主义的,又的确是社会主义的,这'一次革命'的胜利终究是社会主义的"②。瞿秋白在这里所表述的思想,旨在打破"二次革命论"的机械论,强调"民权革命"阶段已包含社会主义革命因素,从而得出结论——"民权革命"阶段不能放弃领导权。但是由于瞿秋白没有说清"民权革命"与社会主义革命的过渡时期——新民主主义革命的性质、任务等,因而在理解上存在着歧义因素。瞿秋白"一次革命"论的理论渊源主要来自共产国际的有关指示及罗米纳兹的个人观点,以及他本人对中国民族资产阶级认识的失误。瞿秋白在他的一系列有关的理论文章中,对中国资产阶级的总体认识有下列方面:

---

① 《瞿秋白文集·政治理论编》第 2 卷,人民出版社 1988 年版,第 210 页。
② 《瞿秋白文集·政治理论编》第 4 卷,人民出版社 1993 年版,第 484 页。

1. 认为中国资产阶级分为买办资产阶级和民族资产阶级,买办资产阶级是帝国主义、封建主义的附庸和走狗,民族资产阶级与帝国主义、封建主义联系相对少一些,有一些自己的独立性;2. 民族资产阶级可分为左、右两翼,与半封建性的豪绅商业阶级相混合的商业豪绅、地主阶级是其右翼部分,而"店东小资产阶级(小资产阶级上层)以及种种中等阶级",即民族资产阶级的下层是其左翼部分;3. 中国民族资产阶级在革命的不同时期对待革命的态度是有差别的,即最初是有革命要求并参加过革命,辛亥革命失败后则"一脚踏在革命里一脚踏在革命外",妥协性暴露无遗,四·一二政变后更是追随蒋介石背叛革命;4. 根据民族资产阶级初期参加革命、中途妥协、最终叛变的不同阶段,中国共产党对其策略应该是,从督促它革命、制止它妥协到反对它推翻它。

这样瞿秋白在阶级关系分析上就犯了公式化、定型化的失误。他虽然认识到中国买办资产阶级是帝国主义、封建主义的附庸和走狗,但却没有很好地分析民族资产阶级左、右两翼对革命态度的差异,四一二政变后,在共产国际及其代表把蒋介石的公开叛变看成是整个民族资产阶级叛变的思维定势的影响下,瞿秋白把买办资产阶级和民族资产阶级右翼的叛变看成是整个资产阶级的叛变,从而认定民族资产阶级完全没有革命性了。这种对中国民族资产阶级认识的失误,必然要影响到瞿秋白对中国革命进程与前途的认识。其直接的逻辑结论是,既然民族资产阶级不是革命的动力而是革命的对象,那么"中国革命除非不胜利,要胜利便是工人阶级领导农民武装暴动获得政权开辟社会主义道路的革命",也就是"非资本主义前途"的"一次革命"。

尽管瞿秋白提出的"一次革命"论与罗米纳兹的"无间断革命"论在理论表述的层次、对象、目的、侧重点等方面均有不同,但二者所蕴含的思想毕竟有相近之处,所以在罗米纳兹"无间断革命"论的诱因作用下,持"一次革命"论的瞿秋白很容易与他找到"共同话题",以至产生很强的理论共鸣。正因为如此,瞿秋白在十一月扩大会议以后,接连在党中央的机关刊物《布尔塞维克》上发表《中国革命是什么样的革命?》《中国革命中无产阶级的新策略》《武装暴动的问题》《中国的苏维埃政权与社会主义》等理论文章,宣传罗米纳兹的"无间断革命论",提出"中国革命是由民权主义到社会主义的无间断革命",中国革命"不能不同时推翻资产阶级","不能不超越资产阶级的民权主义的范围",中国革命的形势是不断高涨的等错误理论和策略。正因为如此,瞿秋白同罗米纳兹一样,反对把广州起义看作是盲动主义的行为和结果。他说:"并不能说因为'八七'在国际代表罗米那则(罗米纳兹——引者注)的指导下就发生了盲动主义。就算是估量对了,如果中央对暴动观点不清,即令策略好也是不成功的。""说盲动主义是仅仅由于'无间断'论而来的(自然有一部分)这是不对的,我们不是托洛茨基的'无间断'革命论。"①

显然瞿秋白想把八七会议的历史功绩与盲动错误加以区别,同时也不想为罗米纳兹"无间断革命"论与盲动主义之间画上必然的等号。但是,瞿秋白为罗米纳兹的"好心"辩护,一方面阻碍了他对盲动主义理论根源和认识方面等等的深刻反思;另一方面他也无法改变罗米纳兹政治命运迅速趋向黯淡的走向。在 1928 年 7 月召开的共产国际六大上,罗米纳兹尽管作了自我批评,但仍然遭到排斥(1930 年年底由于不赞成斯大林推行过激的集体化政策,罗米纳兹被免除党内一切职务;1934 年 12 月基洛夫事件发生后不久,罗米纳兹自杀身亡)。而瞿秋白自身也因为盲动错误,在 1928 年 6—7 月召开的中共六大上遭到批评和排斥。

"左"倾盲动错误使党的力量进一步受到损失,白白地付出了许多无谓的牺牲。瞿秋白及其领导的中共中央也发现了问题,1928 年 1 月 12 日,中共中央就"论武装暴动政策的意义"发出第二十八号通告,指出"各地党部在指导暴动或规划暴动的时候,有许多错误的观念",如"不信任群众的力量""不顾群众的力量""不以无产阶级为领导力量"

---

① 《瞿秋白文集·政治理论编》第 5 卷,人民出版社 1995 年版,第 611—612、614 页。

等;"不问群众情绪的程度如何,不问党的组织力量如何,不问党与群众的关系如何,一味的主张'暴动',无往不是'暴动',这实在是一种盲动主义的倾向。这不是认真的准备暴动,而是玩弄暴动"①。

1928年2月4日,共产国际执委会给中共中央发来电报,批评党的盲动倾向。2月9日至25日,共产国际执委会召开第九次扩大会议,通过了《关于中国问题的决议案》②,指出必须坚决地反对盲动主义,反对无准备无组织地在城市与乡村中发动暴动,反对玩弄暴动。这个决议虽然对中国革命的形势、理论和策略等方面的认识存在一些问题,但它在纠正"左"倾盲动错误方面起了积极作用。4月下旬该决议案传到中国,临时中央政治局及时召开会议,发出《中央通告第四十四号》③,下令制止全国各地"左"倾盲动错误。

三、瞿罗关系折射出中共中央与莫斯科的关系

从目前见到的"俄罗斯解密档案"资料,能够看到的反映瞿秋白与罗米纳兹关系的文字,主要是在会议记录和公开发表的相关文章方面。但是从当时人的回忆和瞿秋白自己撰写的文章及会议报告等文字材料来看,瞿秋白对罗米纳兹这位年轻的"钦差大臣"上司的感情比较复杂。据张国焘回忆,罗米纳兹刚到武汉时的言行,让瞿秋白感叹:共产

---

① 中央档案馆编:《中共中央文件选集》第4册,中共中央党校出版社1983年版,第2、9页。
② 中央档案馆编:《中共中央文件选集》第4册,中共中央党校出版社1983年版,第42—48页。
③ 中央档案馆编:《中共中央文件选集》第4册,中共中央党校出版社1983年版,第85—87页。

国际为什么派这样一个少不更事的人来当代表。① 而李维汉回忆:瞿秋白对罗米纳兹这个国际代表是尊重和顺从的。② 瞿秋白在自己写的文章中,除因工作关系对罗米纳兹的理论观点进行阐释和解读之外,很少带感情地提及罗米纳兹。但是,在莫斯科召开的中国共产党第六次代表大会上作结论性发言时,瞿秋白有两处提及罗米纳兹,反映了他对罗米纳兹的复杂感情。一处是在谈到"陈独秀的问题"时,他说:在武汉时,共产国际要他来莫斯科,他不来。到十一月临时中央政治局扩大会议时,"我主张他参加扩大会议,后来大毛子仍要他到这里(指莫斯科——引者注)来,因为开会很危险而他又不接受国际的意思"③。瞿秋白在这里将罗米纳兹称为"大毛子",显然有调侃和热讽之意。另一处瞿秋白提到罗米纳兹时又很严肃、认真地为他辩护。他在谈到八七会议时说"不能说因为'八七'在国际代表罗米那则的指导下就发生了盲动主义";在谈到盲动主义问题时,他表示"说盲动主义是仅仅由于'无间断'论而来的(自然有一部分)这是不对的,我们不是托洛茨基的'无间断'革命论"④。

其实,导致瞿秋白对罗米纳兹这种复杂感情的原因,我们是很容易想到和理解的。一方面罗米纳兹作为共产国际派来的莫斯科全权特使,他来华时带来了莫斯科对中共的新要求:必须遵守铁的"政治纪律",这个新的革命术语使瞿秋白及其所领导的中央政治局必须尊重他、服从他;另一方面,罗米纳兹只熟悉斯大林的理论和共产国际的有关文件,对中国国情知之甚少,但他在指导中共中央工作过程中却又盛气凌人,使瞿秋白对他不得不在顺从中藏着反感,遵从中掩着郁闷。瞿秋白与罗米纳兹的这种微妙关系,在一定程度上折射了这一时期瞿秋白与共产国际和中国共产党与共产国际的关系。

首先,瞿罗关系反映了这一时期瞿秋白与共产国际之间的关系。

---

① 张国焘著:《我的回忆》第 2 册,东方出版社 1980 年版,第 281 页。
② 李维汉著:《回忆与研究》(上),中共党史资料出版社 1986 年版,第 235—236 页。
③ 《瞿秋白文集·政治理论编》第 5 卷,人民出版社 1995 年版,第 610 页。
④ 《瞿秋白文集·政治理论编》第 5 卷,人民出版社 1995 年版,第 611、614 页。

瞿秋白对罗米纳兹尊重和服从的感情,实际上是来自于他对共产国际的尊重和服从的态度。就像李维汉在他的《回忆与研究》中所指出的一样,"因为,我们相信和尊重共产国际,同时也相信和尊重它的代表。据我的记忆,我们当时对国际代表,确实是言听计从的"①。由相信和尊重到组织上完全服从是自然而然的事情,而瞿秋白对共产国际及其代表不仅仅是组织上的完全服从,而且是到了言听计从的程度。因此李维汉在回忆录中指出:"临时中央政治局顺从国际代表,他(指瞿秋白——引者注)有一定责任。"瞿秋白对共产国际及其代表的服从、顺从甚至盲从,是因为他没有完全清楚地认识到"左"倾理论不仅不符合中国革命实际而且还会危害中国革命,"他的弱点是在接触实际上有点教条主义"②。瞿秋白教条主义地对待中国革命实际,来自于他教条主义地对待共产国际的指示。可以说,教条主义地对待共产国际的指示是这一时期瞿秋白与共产国际关系间的特点之一。但他毕竟是一名土生土长的中共党员和革命者,他对中国社会和革命状况的分析与把握远远超过了来自莫斯科的代表。各地武装暴动接连失败的现实使他感到震惊、矛盾和困惑,他运用自己的权力对武装暴动中的一些具体策略进行了微调,在"盲从"中发挥了有限的独立思考,体现了他对中国革命道路艰难而可贵的探索,笔者随后将对此展开较详细的论列。

其次,瞿罗关系折射出了这一时期中共与共产国际之间的关系。

从瞿秋白与罗米纳兹合作筹备召开八七会议,到两人共同犯下"左"倾盲动错误的过程来看,瞿秋白对罗米纳兹在绝大多数时候是无条件服从的,无论是正确意见,还是错误决断,他都执行。这是因为瞿秋白在这个时期的理论水平和认识能力均没有达到能够抵制和纠正罗米纳兹"左"倾错误认识的程度。因此,瞿罗关系基本上折射出了此时中国共产党与共产国际之间的关系。

---

① 李维汉著:《回忆与研究》(上),中共党史资料出版社 1986 年版,第 235—236 页。
② 李维汉著:《回忆与研究》(上),中共党史资料出版社 1986 年版,第 235—236 页。

作为共产国际的一个支部,中国共产党在组织上接受国际指导和服从国际领导是很自然的。共产国际帮助中共中央纠正了大革命后期实行的妥协、退让政策,为中国共产党确立了新的革命路线和方针,领导中国共产党完成了由国民革命向土地革命的转折,把中国革命推进到一个新的革命阶段。应该说对中国革命是有贡献的。但是在这个过程中,共产国际也有明显的失误之处。比如八七会议,一方面在决策新的革命路线和斗争方针时存在着右的错误,主要表现在对国民党存有幻想,会议既告诉全党,武汉、南京、北京政府都是反革命政府,今后我们的策略是独立的工农阶级斗争,但又要求我们在革命暴动中组织起来的临时革命政府,仍然以国民党的名义,打着国民党的旗号。在这样一个紧急关头召开的党的高级会议上,在决策全党运用武力反抗已经夺取全国政权的国民党政府,竟然还要用"国民党的名义"唤起民众实行土地革命,这实在是莫斯科人为制造的一个难以给"说法"的失误;另一方面,八七会议在反对右倾错误的同时,却为"左"倾错误开辟了道路,没有认识到当时在政治上应根据各地不同情况,正确组织进攻或必要退却,以保存革命基础和力量,反而容许和助长了冒险主义、命令主义(特别是强迫工农暴动)的倾向。与此相应的是,在组织上推行惩办主义,由此开始了过火的党内斗争,对后来党的发展产生了极为不良的影响。正如李维汉所说:中国共产党"无论政治上的盲动主义,组织上的惩办主义,以及重要的'左'倾政策,其创造者都不是中国同志,而是国际代表,主要是罗明纳兹"①。罗米纳兹是共产国际的代表,"代表"指导中国革命有错有误,那么"代表"所代表的共产国际对这些"错"和"误"理应负有责任。

中国共产党此时之所以对共产国际的指示、决定、决议,无论是正确的还是错误的,均完全照搬,在领导中国革命过程中,以共产国际的革命思路为思路,以共产国际的斗争策略为策略,而没有自己的独立思考和独立自主,是因为共产国际与中国共产党的领导和被领导关系被

---

① 李维汉著:《回忆与研究》(上),中共党史资料出版社1986年版,第235页。

完全神圣化了。中国共产党只能接受莫斯科关于中国革命的一系列理论概念和具体政策。造成这一局面的主要原因是,中国共产党此时的整体理论水平和认识能力都还没有成熟到能够独立思考和独立自主地对待莫斯科的领导的程度。这同当时中共和中国革命实践经验不足有关。到1927年,中国共产党基本上还处在幼年时期,在领导时间不长的新民主主义革命实践中,党对于自己的国情和新民主主义革命的规律还缺乏深刻的认识,因而教条主义地对待马克思主义,对待共产国际的代表,对待莫斯科关于中国革命的一切指示和决议;同时,革命的实践还未能提供足够的经验使中国共产党全面认识中国革命的基本问题和特点,并根据这些特点来制定科学的革命战略和策略,确定符合中国国情的革命模式和道路。

当然,在这一时期以毛泽东为代表的中国共产党人,在湘赣边界秋收起义过程中,根据敌情变化,及时改变占领长沙的战略目标,将起义部队带上井冈山,并在此后的革命实践中,在总结正反两方面经验教训的基础上,把马克思列宁主义与中国革命实际结合起来,独立自主地对待莫斯科的领导,终于寻找到了一条适合中国国情的革命道路,直至把革命引向完全胜利。可以说,瞿秋白在他"主政"时期也为寻找这条正确的革命道路作出了最初的探索。

四、失误中的探索:转折关头保组织、辟新路

大革命时期,通过国共合作的形式,中国共产党获得了扩大党组织的活动范围、发展自身组织规模的广阔历史空间和有利社会环境,党员人数迅速增加,基层组织日益发展。到五大召开前后,党拥有近6万名

党员。但是,从党的整个建设状况来看,这时的中国共产党既不强大也不成熟。毛泽东在他的《〈共产党人〉发刊词》中对此作出了比较科学的分析,他说:"在这一阶段中,党的组织是发展了,但是没有巩固,没有能够使党员、党的干部在思想上、政治上坚定起来。新党员非常之多,但是没有给予必要的马克思列宁主义的教育。工作经验也不少,但是不能够很好地总结起来。党内混入了大批的投机分子,但是没有清洗出去。党处于敌人和同盟者的阴谋诡计的包围中,但是没有警觉性。党内涌出了很多的活动分子,但是没有来得及造成党的中坚骨干。党的手里有了一批革命武装,但是不能掌握住。"①

由于存在上述问题,随着国共合作破裂、大革命失败来临,中共党的组织迅速陷入内外夹击的困境。一方面大批共产党员和党的活动分子及革命群众壮烈牺牲,或被无情监禁;另一方面有成批的信仰不坚定的党员登报宣布脱党,或叛变革命、出卖同志。党在组织上陷入恐慌、混乱和崩溃的形势之中。

应该肯定的是,在中共全党散乱之际,共产国际非常及时地发出了转变党组织管理形式的指示。1927 年 7 月 8 日,共产国际执行委员会指示中共中央:"必须采取各种措施保存党。为此,在武汉地区还需要组织党的秘密机构并使受威胁最大的工作人员转入秘密状态。"②7 月14 日,共产国际执委会在关于中国革命当前形势的决议中再次强调:"鉴于有遭镇压和屠杀的危险,要建立党的秘密战斗机关。"③

按照共产国际的指示,八七会议后,以瞿秋白为首的中共中央,对党组织整体从公开转入地下的问题高度重视,及时将处于公开、半公开状况中的全党组织引入"绝对秘密的新环境"④。八七会议指出:"现时主要之组织问题上的任务,就是造成坚固的能奋斗的秘密机关,自上至

---

① 《毛泽东选集》第 2 卷,人民出版社 1991 年版,第 610—611 页。
② 中共中央党史研究室第一研究部编:《共产国际、联共(布)与中国革命档案资料丛书》第 5 辑,北京图书馆出版社 1998 年版,第 488 页。
③ 中共中央党史研究室第一研究部编:《共产国际、联共(布)与中国革命档案资料丛书》第 5 辑,北京图书馆出版社 1998 年版,第 494 页。
④ 《瞿秋白文集·政治理论编》第 5 卷,人民出版社 1995 年版,第 419 页。

下一切党部都应如此。"①为此会议通过了《党的组织问题议决案》，会后不久又发出《中央通告第二号——党的组织问题》和《中央通告第三号——建立党内交通网》，对党在秘密状态中的组织系统、工作关系、工作方法和工作纪律原则作了严格详细的规定；建立各省通达各县、各县通达各乡的全国地下组织交通网，以承担传达通告指令、探听各种信息、收取各地工作报告、输送宣传品等进行工作联系的职任。通过建立一个严密有序的地下交通网络，使党的整个地下组织就像被一根根红线串联在一起，从而保证了党的地下组织散而不乱。

不仅如此，瞿秋白还带领新中央通过一系列措施，拯救正处于一种崩坏状态中的全党组织。当时，许多党员看不到出路，看不到希望；党员人数也由原来的近 6 万锐减到 1 万人左右，党的组织大部分被破坏了，一些幸存下来的党组织大多数处于瘫痪状态。在这种情形下，仅仅把党组织转入地下是远远不够的，还要拯救党员人心。八七会议后，以瞿秋白为首的中共中央采取一系列措施拯救党组织于崩坏状态之中。一是通过在每一个党部组织审查委员会（各省委就是监察委员会）审查各该党部党员之忠实与否，以对正在退不退党、脱不脱党之间犹豫不决的意志不坚定分子起到遏制作用，从而达到纯洁党组织队伍、保存多量党员的目的。二是要求各省省委或临委，必须指派专人做成"白色恐怖时期中组织变动的经过和教训"及"白色恐怖时期中被难同志（死伤，在狱）的履历和统计"等报告寄到中央，从而用文字形式整合处于散乱、崩溃中的党组织。三是"早在 9 月份，军事委员会（指中共中央军事委员会——引者注）下面就成立了情报局，情报局出色地进行着工作"②，主要用从肉体上消灭叛徒的办法阻止脱党、退党分子叛变革命，破坏党组织；同时依靠党组织和革命群众，深入敌警宪特机关，探取敌人破坏中共党组织的阴谋，向党的秘密组织报警，捍卫党的领导机关

---

① 中共中央党史资料征集委员会、中央档案馆编：《中国共产党历史资料丛书·八七会议》，中共党史资料出版社 1986 年版，第 44 页。

② 中共中央党史研究室第一研究部译：《共产国际、联共（布）与中国革命档案资料丛书》第 7 辑，中央文献出版社 2002 年版，第 321 页。

和党组织的安全。通过这些措施有效地保护了党组织,增强了处于困境中的全体党员的信心。正如瞿秋白所指出的:"八七之后,党是生长到布尔塞维克的道路上去。这个生长自然是非常痛苦的。它淘汰软弱的分子,锻炼坚强的分子。"①

可以说,八七会议及其后的瞿秋白新中央对会议新决策的贯彻执行和采取的一系列保存党组织的措施,不仅使中共在政治上找到了新的出路,而且在组织上将党从大革命失败后的严重崩坏状态中拯救了出来,给党赋予了新的生命。1928 年 4 月,瞿秋白在为中共六大召开而撰写的书面政治报告中指出:没有八七会议,共产党简直是要"亡党"的。"这会议开辟了共产党的新生命。"②

在中共党组织被整体转入地下的过程中,瞿秋白率领中国共产党彻底抛弃了国民党的旗帜,向布尔什维克化迈进。武汉国民政府反动后,莫斯科和中共党人很快就意识到,关于共产党人退出国民政府而"不退出国民党"的策略是错误的,应该立即抛弃国民党的旗帜。因为"对于在整个这段反革命持续猖獗的时期付出了成百上千生命代价的大部分有觉悟的革命工农来说,国民党的旗帜已经是令人憎恨的了"③。因此,1927 年 9 月 19 日,瞿秋白组织临时中央政治局召开会议,通过了《关于"左派国民党"和苏维埃口号问题决议案》,指出:"最近几月的经验(包括南昌军队中的暴动与两湖广东革命的农民暴动的爆发)指示出中央以前复兴左派国民党的估计不能实现。""现在群众看国民党的旗帜是资产阶级地主及反革命的象征,白色恐怖的象征,空前未有的压迫与屠杀的象征",因此决定"八月决议案中关于左派国民党运动与在其旗帜下执行暴动的一条必须取消",明确宣布抛弃国民党的旗帜。④ 从某种意义上说,全党宣布退出国民党,中共才真正从组

① 《瞿秋白文集·政治理论编》第 5 卷,人民出版社 1995 年 5 月版,第 430 页。
② 《瞿秋白文集·政治理论编》第 5 卷,人民出版社 1995 年 5 月版,第 418—419 页。
③ 中共中央党史研究室第一研究部译:《共产国际、联共(布)与中国革命档案资料丛书》第 7 辑,中央文献出版社 2002 年版,第 81 页。
④ 中央档案馆编:《中共中央文件选集》第 3 册,中共中央党校出版社 1983 年版,第 312 页。

织上向布尔什维克化迈进。

当然,在革命转折关头党组织自身建设问题是一个严峻的课题。关于这一点,瞿秋白在给共产国际的报告中有所反映:"我们党的力量实在有很大的弱点。虽然,我们在八七会议之后,竭力求改良党的情形,但是至今没有多大的成绩,尤其是广州暴动失败后,我们最好的党部受着很大的摧残。"他向莫斯科报告说:"现在:(1)白色恐怖到处摧残我们的干部,江苏已经很弱,江西、安徽、湖北、湖南简直丧失大部分的干部,书记被杀,北方的顺直也是如此;(2)城市中组织有削弱的趋势,有流动'过门'的现象,尤其是上海;(3)乡村中没有支部组织,只有个人领袖;(4)群众,尤其是上海,觉得党是他们之外的组织,希望党完全解决失业问题、救济问题。这些现象自然各是不好的现象。"瞿秋白认为,必须努力使党能发展而深入工农群众,提拔新的工农分子到干部中来,在可能的条件之下,实现党的民主主义化。他说:"这种党主观力量的生长,能不能赶得上客观形势的需要,是一切(个)很严重的问题。"①

除拯救党的组织、重视党的自身建设外,转折关头的瞿秋白还以其党内最高领导人的特殊身份,带领全党找寻新的革命道路,在斗争实践和思想理论两方面进行了可贵的前期探索。

在中国民主革命历程中,革命道路问题,是一个关系到革命成败的全局性问题,中国共产党人曾经为此付出了巨大的努力,其中包括瞿秋白。对于瞿秋白来说,路是他脚的梦想。还在 1920 年赴俄途中所写的《饿乡纪程》里,瞿秋白就庄重地写道:"我总想为大家辟一条光明的路。"②这是他的心愿和誓言,为了"辟路",他去了俄国。在那里,他由一个"东方稚儿"变成了马克思主义者。1923 年年初,他怀着梦想,跟随陈独秀回国,开始了艰难困苦的探路、寻路和"辟路"工作。大革命失败后,中国向何处去,革命道路怎么走,是亟待解决的大问题。瞿秋

---

① 中共中央党史研究室第一研究部编:《共产国际、联共(布)与中国革命档案资料丛书》第11辑,中央文献出版社 2002 年版,第51—52 页。
② 《瞿秋白文集·文学编》第1卷,人民文学出版社1985 年版,第5页。

白就是在大震荡大转变的复杂困境中带领全党开辟前进道路的。

八七会议虽然确定了武装斗争和土地革命相结合的前进方向,但是通过何种途径将它们结合起来并不清楚。当时党所遇到的最大困难是,在历史上"无论中外都找不到农村包围城市的经验","共产国际的一切文献,一讲到无产阶级政党的领导,就是同工人运动联系在一起"①。在史无前例的情况下,在前进与倒退、革命与反革命、壮烈献身与可耻背叛、残酷镇压与英勇反击、动摇彷徨与坚韧探索交相并存的历史大背景中,八七会议后的瞿秋白开始了对中国革命道路的探寻。

首先,八七会议是瞿秋白率领全党寻找中国革命新道路的起点。

在八七会议上,瞿秋白不仅非常强调土地革命的重要性,而且明确提出要把土地革命和武装斗争直接联系起来。他说:现在主要的是从土地革命中造出新的力量来,"要以我们的军队来发展土地革命"。他又说:"农民要求暴动,各地还有许多武装。有这极好的机会,这极多的力量,我们必须点燃这爆发的火线,造成土地革命。"②如果说瞿秋白在大革命时期还只是分别地论述过武装斗争和土地革命的重要性,那么在这时,他则明显地提出了将两者结合起来的思想。八七会议通过的文件指出,土地改革是中国民主革命的中心内容,党在现时最主要的任务是利用秋收时节这一农村中阶级斗争的关键时期,有计划地在有深厚的农民运动基础的湘、鄂、赣、粤等省的广大区域内组织农民抗租抗税的斗争,并进而发展为武装暴动。这不仅表明此时的党中央领导农民解决土地问题的决心,而且还指明了土地革命与武装斗争相结合的前进方向。

八七会议的这一突出贡献,固然与共产国际决议和斯大林的指示分不开,但是与瞿秋白个人在这个问题上的理论境界不无关系。由于受旅俄阅历和共产国际及联共中央指示的影响,瞿秋白对于武装斗争和农民在中国革命运动中的重要地位和作用有较早且较明确的认识。

---

① 《周恩来选集》上卷,人民出版社1980年版,第178页。
② 《瞿秋白文集·政治理论编》第5卷,人民出版社1995年版,第3页。

1923 年 1 月,瞿秋白在译介《共产国际党纲》时就引用了恩格斯的思想,"革命是天下最有权威的事,是历史的大事,简言之,就是一部分的平民以刀剑或枪炮强制另一部分的人服从其意志"。在担任鲍罗廷翻译和助手期间,对莫斯科支持孙中山反对军阀的斗争表示积极赞同。1926 年 4 月,他在《中国革命中之武装斗争问题》一文中把革命战争纳入他对中国革命战略的宏观思考。他指出:在中国革命中,"革命战争是主要的方式"。他要求全党必须重视军事问题,努力做武装斗争和革命战争的准备。[①] 另外,瞿秋白是我党较早重视土地革命和农民问题的领导人之一。第一次到莫斯科,他了解到俄国"一九一七年两次都靠了农民才成功的"。俄国农民革命历史经验引起了瞿秋白对中国农民和土地革命问题的高度重视。1923 年 6 月,他在起草党的三大党纲草案中就指出,国民革命"不得农民参加,革命不能成功"(后被陈独秀改为"不得农民参加,也很难成功")。1925 年 10 月在北京召开的中共中央扩大会议上,他坚决赞成"耕地农有"的主张。1926 年 8 月,他在撰写的《国民革命中之农民问题》一文中,提出解决"国民革命的重大问题"——农民问题的四项办法:武装农民、农民参加政权、严厉镇压地主买办阶级的反革命运动和实行"耕地农有"等,基本上勾勒出了"武装斗争、土地革命和农民政权"三者相结合的雏形。1927 年 2 月,瞿秋白根据共产国际执委会第七次扩大会议通过的中国问题决议精神,写了《中国革命中之争论问题》,强调指出,"中国革命中的中枢是农民革命",必须发动农民、组织和武装农民、建立农民政权,彻底解决土地问题,"非此决不能保障中国革命之彻底胜利"。

　　总之,由于自身的旅俄阅历以及马列主义理论的影响,瞿秋白较早地对中国革命过程中的武装斗争和土地革命问题有比较深入的理论思考,并从宏观角度审视两者在中国革命进程中的重要作用和地位。尽管八七会议召开时,瞿秋白还没有从思想理论上解决革命军队应向何处发展、革命政权应先在何处建立的问题,也还没有认识到建立农村革

　　① 《瞿秋白文集·政治理论编》第 4 卷,人民出版社 1993 年版,第 51 页。

命根据地的伟大意义和它的迫切性,更没有形成以农村包围城市的思想,但是,八七会议制定的方针和任务,表明瞿秋白率领全党在找寻中国革命道路问题上大大前进了一步,为后来的探索奠定了良好的基础。

其次,瞿秋白带领全党以武装起义寻找中国革命新途径。

现在每一个稍有政治常识的人都知道,中国民主革命应走以农村包围城市,最后夺取城市的道路。然而在 1927 年,它却是全党为之困惑和需要探索的艰巨问题。因此,在以瞿秋白为首的临时中央政治局领导下,全国各地尤其是湘鄂赣粤四省爆发的大小暴动和武装起义几乎都以“攻城”为目标。可见整个斗争受“城市中心”观念的影响。

大革命时期有以广州为中心的广东革命根据地,有武装斗争,有农民运动,给瞿秋白留下了很深的印象。因此,这时他寻找革命的新途径便表现为欲重走大革命的道路,主要体现在南昌起义后的军事行动方向上。南昌起义的主要目的就是,南下广东,重占广州,建立根据地,再举北伐。因此,起义后,在武汉国民党反动政府派军队进逼南昌的形势下,起义军迅即按预定计划撤出南昌,南下广东。起义军南下途中发布的《兼代第二方面军总指挥贺龙告全体官兵书》中说:我们“要鼓起勇气杀到广东去。到了广东,方可以保存我们真正革命的力量,建立革命的新根据地”,“集中各省同志,准备第三次北伐”。这正是以瞿秋白为首的临时中央政治局在新的革命形势下重走大革命道路的目标。9 月30 日,得知南下部队在潮汕等地失败,临时中央政治局又立即给南方局和广东省委写信,指示:(1)迅速组织东江以至广东南北各地农民暴动,并“以围攻广州为主要目标”;(2)“叶、贺军应与农民军合起,直奔广州”;(3)“广州城内,即须准备暴动”;(4)“如取得广州,应当召集各路暴动的农民工人团体代表(能到多少是多少),开一革命会议,选出中国临时革命政府”。① 可见当时临时中央政治局的意图很明确:南下部队,直趋东江,汇合广大农民军,然后迅速攻占广州,建立广东革命根据地和革命政权,再举北伐,重复大革命的方案。

---

①　中央档案馆编:《广州起义》,中共中央党校出版社 1982 年版,第 6—7 页。

临时中央政治局发动的秋收暴动在总体布局上也是为了配合南昌起义部队南下广东,重走大革命道路的。在中央通过的《湘鄂赣粤四省农民秋收暴动大纲》(以下简称《大纲》)里,不仅力图将军事斗争同农民运动结合起来,而且所选择的省区都是第一次大革命时期有很大影响的地区。不仅如此,《大纲》还在对四省的具体规定中把实施秋暴与叶、贺部队南下斗争的预期目的有机联系起来。由于湖南是广东革命势力进出的要地,为此,瞿秋白派毛泽东作为中央代表回湖南领导秋收起义。根据中央指示,毛泽东将湖南秋收起义的重点放在湘南,因为湘南是南北进出广东与湖南的要道,向北可沿湘赣边界伸展至长沙、武汉,向南可以同进军广东的南昌起义军互为呼应。毛泽东制定的《关于湘南的运动大纲》得到了瞿秋白和临时中央政治局的赞同。只是后来由于形势发生变化,湖南起义的中心区域由湘南变成了湘中。在湖北,中央留在武汉时,瞿秋白经常对身边的湖北省委领导秋暴斗争给予直接指导,他与省委书记罗亦农等一起开会,共同布置湖北的秋收起义。湖北秋暴的重点被定在鄂南区,因为"鄂南区在政治上既可以直接影响武汉,在地理上断绝武长路的交通及邮电,又可以造成湖南军队与政治恐慌而大利于湖南的农民暴动"①。

但是,把大革命时期的方案运用到大革命失败后的革命斗争中,取得胜利的可能性在客观上比较小。到10月,南昌起义军在潮汕等地失败,而两湖暴动也没有成功,大革命的形势不可能再现,旧的革命道路在大范围内受到挫折。不过,各地秋收暴动和武装起义虽然失败了,但或多或少地留下了一部分革命武装力量,从而布下了武装斗争的火种;特别是毛泽东领导的湘赣边界秋收起义向井冈山进军,开创了革命根据地,开始走上正确的革命道路。正如瞿秋白所言,"革命的新阶段正在于彻底的实行土地革命,下层农民群众和士兵的武装暴动",南昌起义和两湖广东的农民暴动,已"开辟出一条新道路","共产党的势力已

① 湖北省档案馆馆藏资料:《湖北省委关于湖北农民暴动经过之报告》,1927年10月。

经深入到偏僻的乡村之中"。①

再次,瞿秋白开始从理论上质疑"城市中心"观念。

各地攻城的武装斗争接连失利,而被赶到乡村、山区和湖区的革命力量需要正确的指导,这种客观的革命形势迫使党的主要领导人瞿秋白必须努力地去寻找正确的革命道路。

从 1927 年 11 月开始,瞿秋白通过论文和临时中央政治局的文件,提出了以暴动发展游击战争、组织工农革命军和不急于攻城的思想,并且根据中国政治斗争发展的不平衡状况,开始从理论上质疑"城市中心"观念。"俄罗斯解密档案"指出:"1927 年底,时任党的主要领导人的瞿秋白阐述了这样的思想:中国的特殊条件,即经济上和政治上的分散、军阀战争、中央和地方政权的软弱,'自然创造出一种特殊的斗争策略,便是游击战争',开始时它可能波及几个县并成为'初期暴动',与发达国家包括俄国在内不同,'革命不能有夺取"首都"一冲而决的形势'发展。在中国共产党的文件和报刊上出现了'割据'这个术语,反映了建立小块游击根据地的计划,这些地区被认为是通向'最初在一两个省内夺取政权的道路'。"②广州起义失败后,以瞿秋白为首的临时中央政治局认识到孤立地在一个大城市举行武装起义是不能取得胜利的,因而提出以农村的分区武装割据向中心城市作包围发展的思想。1928 年 2 月 18 日,中央在给河南省委的信中指出,中心城市是"敌人政权的所在",其周围农村必须"切实造成各区农民割据的局面",对中心城市作"威胁与包围",使城市的暴动"不是在各地暴动之先,不是简单一城市的暴动",而是全省暴动之"汇合"。显然,中央这一武装夺取政权的斗争策略包含着某种农村割据包围中心城市的设想。

这时,瞿秋白虽然没有直接提出武装夺取政权要走农村包围城市的道路,然而他在理论和实践上的探索确实沿着这个方向前进了一大步。当然他的探索是与全国各地党组织一起进行的。大革命失败后,

---

① 《瞿秋白文集·政治理论编》第 5 卷,人民出版社 1995 年版,第 31、32 页。
② 中共中央党史研究室第一研究部译:《共产国际、联共(布)与中国革命档案资料丛书》第 7 辑,中央文献出版社 2002 年版,前言第 13 页。

全国各地党组织都在分别探寻革命出路,并各有自己的实践答案。南昌起义及其南下是一种答案;湖北的攻城暴动失败后,被打散的起义武装或"上山"或"下湖"坚持斗争是一种答案;湖南的毛泽东率领起义受挫后的革命军上井冈山又是一种答案。但是各地探索都离不开中央的指导。以瞿秋白的地位和身份,他的思想和主张对于全党逐步走上开展游击战争,建立农村革命根据地的"探路"工作,对于毛泽东代表全党最终寻找到以农村包围城市,武装夺取政权的革命道路具有重要的指导意义和导向作用,是我党关于创造农村根据地思想史上的重要开篇。

五、民主集中制的首倡者妥善处理"罗亦农事件"

作为中国革命转折时期的掌舵人,瞿秋白不仅对中国革命理论和革命道路进行了艰辛探索并取得了积极成果,而且比较早地关注和重视党内民主建设问题,是中共党内"民主集中制"的首倡者。这是同他担任党的主要负责人之前和之后的亲身经历分不开的。

刚刚诞生不久的中国共产党按照共产国际的指示,从三大开始全力投身尖锐复杂的国共合作斗争之中。当时,如何发展和壮大党员人数、扩大党的规模,是党的主要领导人关注的重点,而党内民主建设问题则基本没有精力去考虑。稍后,陈独秀的家长制作风日益显露出来,使党内民主建设更成为薄弱环节。从1923年下半年开始到1924年年底,瞿秋白作为鲍罗廷的翻译和助手,经常参与党的方针政策的制定以及国共合作策略的选择。在这个过程中,以陈独秀、蔡和森为代表的中共中央与鲍罗廷在一系列问题上经常发生矛盾,产生了意见分歧。瞿秋白夹在他们中间,常常是左右为难,甚至遭到中央的错误批评和指责。八七会议后,瞿秋白作为党中央的总负责人,亲身体会了党内民主建设出现的新问题。首先,共产国际代表罗米纳兹带来了新的政治术语——铁的政治纪律。根据他的意见,"十一月会议"通过了党的《政治纪律决议案》,并处分了一批各地领导武装起义的负责人,包括毛泽东、周恩来。当事人之一李维汉后来指出,这个《政治纪律决议案》"没有对错误进行实事求是的分析,当时的中央领导更没有自己承担应该承担的责任,相反,却简单地指责和处罚下面的有关负责同志。结果,有的不应该处分的处分了,有的斗争过火了"①。《政治纪律决议案》的制定和施行,更加弱化了党内民主,也引起了中共中央领导层的意见分歧。其次,不正常的党内民主生活,引起了众多党员的不满。其中,有一个叫志益的人就"布尔塞维克党之民主集权制"问题给瞿秋白写信,在信中提出了非常尖锐的问题,认为"党内没有真正的民主,则集权的结果,自然仍滞于封建式的集权"。"因为过去党内既不能民主化,再加上机械式纪律,'东大'式的批评②,将党内一般同志,束缚得像小媳妇一样"③。

瞿秋白对党内民主问题的关注,是始于他在党的四大上当选为中央执行委员会委员。党的四大通过了党章的第二次修改(第一次修改是在三大),在党的纪律章节中再次突出了"集中"与"服从"的重要性。1925 年 2 月,瞿秋白撰写了《列宁主义概说——改译施达林著之〈列宁与列宁主义〉里的一部》,专门列出"列宁主义与无产阶级的政党"一节,在党内第一次公开地比较全面地阐述了"列宁主义对于无产阶级政党——共产党的定义",包括共产党的性质、指导思想等,特别是初步提出了党内民主与集中两者之间关系的问题。在阐述党的内部必须有统一的革命意志,不允许有小团体和小组织的时候,瞿秋白强调,党

---

① 李维汉著:《回忆与研究》(上),中共党史资料出版社 1986 年版,第 197 页。
② 指"莫斯科东方劳动者共产主义大学"式的批评。这是当时在"东大"形成的教条主义的批评方式,即动辄给被批评者戴"大帽子",上纲上线。
③ 《瞿秋白文集·政治理论编》第 5 卷,人民出版社 1995 年版,第 136—137 页。

必须要有"铁的纪律","要有统一的意志,全党党员行动绝对的一致"。但是这并不排斥在党内可以有"意见的争执、批评和讨论"。铁的纪律"正要预先有详细谨慎的讨论和批评",在这民主的基础上形成党的决议,"然后大家共同服从多数的决议,这才是自觉的自愿的服从,而不是盲目的机械式的服从。可是,既经议决之后,批评和讨论既经充分辩明之后,意志的统一和行动的一致,便是全党党员的天职"。这就初步地指出了民主集中制的一些内容,即民主与服从"铁的纪律"的辩证统一。同时,瞿秋白认为执行党的"铁的纪律",首先就是要维护党的团结和统一。因为,党的团结和统一直接关系到党的战斗力、凝聚力,他指出:"否则,决不能有统一的党,更无所谓纪律。"①瞿秋白在这里初步阐述了他的关于党内民主与集中的思想。可以说在中共早期党的领袖中,他是首倡者。

当然,瞿秋白这时关于民主与集中的思想,主要是通过"改译"斯大林的《论列宁主义基础》而提出来的。所谓"改译",就是让原意更接近中国读者。也就是说,瞿秋白最初是通过列宁和斯大林的有关理论来阐述自己的关于党内民主与集中的思想,尽管是初步的阐述,但是对早期中共的思想建设和组织建设无疑具有积极的意义,既向陈独秀的家长制大胆地提出了挑战,又以列宁主义的建党理论弥补了中共早期党建的薄弱环节。

1927年年初,瞿秋白撰写了《中国革命中之争论问题》的长文,尖锐地批判了陈独秀、彭述之右倾错误思想,其中对当时党中央的集体领导不健全以及党的重要政治主张、策略缺乏集体讨论的问题进行了严肃批评,并提出集体领导的主张。这篇重要文献在出席党的五大代表中间引起了强烈反响。1927年6月,五大后的中共中央政治局召开会议,通过了第三次修正党章决议案,新党章第一次正式出现了"党部的指导原则为民主集中制"的内容。不仅如此,而且规定按照民主集中

---

① 《瞿秋白文集·政治理论编》第3卷,人民出版社1989年版,第22—46页。

制原则建立党的各级组织等。① 虽然当时的党章对这一"指导原则"没有作出什么具体解释,但无疑说明我们党已经意识到民主集中制是无产阶级政党的根本组织原则和组织制度,并为全党的民主建设提供了行动准则。

八七会议以后,瞿秋白作为党的总负责人,结合当时党内民主建设的现状和自己的领导实践,对党的民主集中制问题有了更深入的思考,12 月 2 日,他借给志益回信的机会,全面集中地论述了这一问题。② 这是中共党的主要领导人第一次对民主集中制问题进行的集中阐述。首先,瞿秋白指出,"党内民主化的主要意义,是要一般的党员、工农分子,都参加政策的决定,了解政策的意义,并且能自己选择自己的指导机关(选举支部书记区委等)"。这种党内民主化的气氛,能够给党的建设带来生机勃勃。其次,瞿秋白强调"无产阶级的民主集权主义",反对封建集权制和小资产阶级的自由倾向。他认为,"党内同志对于决议及党内生活,当然可以发表意见;但他所认为是革命的主张,必须经过多数同志或上级党部的采纳,方能变成党的主张,方能见之于党的行动"。这就是在民主基础上的集中,它根本区别于"封建式的集权……以领袖个人的意见权威来集权";一旦集中——形成决议,党内同志必须服从,而且要勇敢地去执行,"不服从这种党部机关的决议和批评,自然要绳之以纪律"。否则各行其是,"发表与党不同的意见"是绝对不允许的。因为"布尔塞维克的党,没有铁的纪律和集权的行动,是不能成功的"。瞿秋白以上的论述,比起他改译《列宁与列宁主义》时阐述有关民主集中制的内容,更为明确和具体,对于大革命失败后重新恢复、整顿党组织建设具有重要意义。

瞿秋白作为党内"民主集中制"的首倡者,他本人在领导中国革命的过程中,身体力行,将党内民主建设思想推向实践,促进了党内民主作风和民主意识的兴起。在瞿秋白写了"答志益"回信的第二天发生

① 中国革命博物馆编:《中国共产党党章汇编》,人民出版社 1979 年版,第 23 页。
② 《瞿秋白文集·政治理论编》第 5 卷,人民出版社 1995 年版,第 133—135 页。

了一件事。他收到了共青团长江局书记刘昌群和共青团湖北省委书记韩光汉"状告"中央两湖巡视员罗亦农的信。

事情的经过是:9月下旬,临时中央政治局决定将中央机关迁往上海的同时,在武汉设立中共中央长江局,管辖湖北、湖南、河南、江西、四川、安徽、陕西七省。① 10月2日,长江局正式成立。罗亦农改任长江局书记,陈乔年接任湖北省委书记,任旭、林育南、黄五一等为省委常委。1927年10月下旬,长江流域爆发了国民党新军阀李宗仁与唐生智之间的宁汉战争。双方在湖北、安徽边境展开激战。11月初,中央依据对形势的判断,发出《中央通告第十五号——关于全国军阀混战局面和党的暴动政策》,提出党在现时的政策就是号召工农民众武装暴动,推翻一切军阀统治,建立工农兵士贫民代表会议(苏维埃)的政权。② 10月下旬,唐生智部战势不支,纷纷向武汉退缩,呈全线崩溃的迹象。26日,中共湖北省委召开第8次常委会议,通过《目前紧急争斗决议案》,决定利用军阀混战的有利时机,立即发动城乡特别是武汉三镇的武装暴动。28日,罗亦农从长沙返回武汉,根据他巡视两湖的情况,认为"我们主观力量不能马上举行夺取政权的暴动",现在首要的工作是准备暴动而不是立即暴动。罗亦农的意见得到了新从上海到武汉的赤色职工国际代表米特凯维奇(又叫奥莉加)的支持。她对罗亦农说:"你的意见非常之对,我的意见与你一样。"29日,长江局开会并通过《长江局最近政治决议案》,强调"目前绝非继续总的暴动时期"。会后罗亦农将决议案译成俄文给她看,她表示同意,且电告上海国际代表和中央。11月2日,她见到罗亦农时又告诉他:上海国际代表有电复,同意。③ 因此罗亦农制止湖北暴动的决定,不是他一个人的意见,其中也有职工国际代表的意见。长江局会议后,湖北省委常委会30日

---

① 中央档案馆编:《中共中央文件选集》(1927年),第3册,中共中央党校出版社1983年版,第314页。

② 中央档案馆编:《中共中央文件选集》(1927年),第3册,中共中央党校出版社1983年版,第433页。

③ 《罗亦农向湖北省委扩大会的报告》,中央档案馆、湖北省档案馆编:《湖北革命历史文件汇集(1927年—1928年)》(甲4),第91、92、93页。

作出决定,取消立即暴动计划。

但是,11 月 1 日,共青团长江局、湖北省委召开联席会议时,共青团长江局书记刘昌群等人认为,党应有一决心在唐倒时领导群众起来暴动夺取政权,建立苏维埃政权,而且此政权无论存在多久,都是万分必要的。① 当时被邀请参加会议的罗亦农进行了耐心说服,认为暴动不是开玩笑,不能随便决定的。

11 月 4 日,罗亦农和湖北省委代理书记任旭(陈乔年生病卧床)离汉赴沪,参加十一月中央临时政治局扩大会议。就在该会召开之时,宁汉战争形势发生了戏剧性变化。12 日下午,唐部全线溃败,唐生智宣布下野,武汉处于真空状态。因为主观力量准备不足,武汉三镇没有发生大的争斗。

11 月中旬,共青团长江局书记刘昌群和共青团湖北省委书记韩光汉到上海出席共青团中央扩大会议,二人在上海得知中央临时政治局扩大会议的精神,12 月 3 日,他们联名给团中央和党中央写报告,控告长江局、湖北省委在唐生智溃败前后"畏缩不前,临阵脱逃","犯了极严重的机会主义的错误",要求党中央依据 11 月中央扩大会议整饬政治纪律的精神,"彻底查究"②。

收到刘昌群、韩光汉的控告信后,瞿秋白等人经过紧急商量,决定停止罗亦农的职权及湖北省委常委的职权,并组成以苏兆征为首的中央湖北特别委员会,前往武汉查处。后来经过调查和听取罗亦农、陈乔年等人的申诉,中央知道他们不是"畏缩不前,临阵脱逃",而是制止了一场盲目的暴动。在弄清事情的真相以后,以瞿秋白为首的党中央给罗亦农等人实施"平反"。12 月 18 日,瞿秋白等以中共中央的名义发出《致湖北特委信》,批评中央湖北特别委员会的处事方式"大失中央

---

① 《团湖北省委刘昌群、韩光汉给团中央、党中央的报告》,中央档案馆、湖北省档案馆编:《湖北革命历史文件汇集(1927 年—1928 年)》(甲 4),第 5 页。

② 《团湖北省委刘昌群、韩光汉给团中央、党中央的报告》,中央档案馆、湖北省档案馆编:《湖北革命历史文件汇集(1927 年—1928 年)》(甲 4),第 16 页。

近所提倡的讨论政策须民主化的精神"①。12 月 24 日,瞿秋白主持召开政治局会议,讨论湖北党内的争论问题。会议认为,唐生智崩溃时,武汉不能举行夺取政权的总暴动,罗亦农对于湖北的政治指导没有犯机会主义错误。会后,瞿秋白、李维汉、任弼时三人负责与争执双方人员谈话,听取各种意见。为了对湖北党内争执问题作出明确表态,以平息湖北党内纷争,1928 年 1 月 1 日中共中央发出《告湖北同志书》,指出,刘昌群、韩光汉等同志主张武汉暴动"不仅是一个错误且系玩弄暴动",并肯定长江局及罗亦农停止暴动的决定"是对的,是正确的指导"②。两天后,瞿秋白、罗亦农等出席中央临时政治局会议,并通过《关于湖北党内问题的决议》,再次认为湖北省委和团省委"马上暴动"的倾向是错误的,长江局反对马上暴动是对的。但认为长江局估量唐生智的崩溃时间有误,对两湖没有做出进一步的指导,也"不是一种寻常的错误"。

"罗亦农事件"是在盲动错误严重时出现的一次党内纷争,它能够得到妥善解决,是与瞿秋白当时强调党内民主分不开的,是瞿秋白关于党内民主建设思想在革命实践中贯彻运用的结果。

---

① 《罗亦农文集》,人民出版社 1999 年版,第 467 页。
② 《罗亦农文集》,人民出版社 1999 年版,第 468 页。

第九章

在莫斯科召开的中共六大上

　　"俄罗斯解密档案"告诉我们,1928 年 6 月 18 日至 7 月 11 日,在联共(布)中央和共产国际的直接指导下,中国共产党在莫斯科郊外的五一村召开了第六次全国代表大会。大会对国共合作特别是北伐战争以来党在理论和实践上的路线、方针、政策、策略等进行了回顾和总结,对机会主义、盲动主义、惩办主义、枪杆子主义、先锋主义等错误进行了揭露和批判,对共产国际和党中央领导人的错误指导也进行了批评。大会对有关中国革命的一系列存在严重争论的根本问题作出了基本正确的回答,特别是解决了当时困扰全党的两个大问题:一是在中国社会性质和革命性质问题上,指明中国社会性质仍然是半殖民地半封建社会,由于引起中国革命的基本矛盾一个也没有解决,因而现阶段的中国革命依然是资产阶级性质的民主主义革命;二是在革命形势和党的任务问题上,明确指出革命处于低潮,党的中心工作和总任务是做艰苦的群众工作,积蓄革命力量。瞿秋白作为上届党中央的主要负责人为六大的筹备召开、政治报告和各种决议的起草付出了巨大的努力,但终因他犯过盲动错误,在六大上失去了共产国际的支持,其领导职务被工人出身的向忠发接替。

一、奉命赴俄筹备召开中共六大

　　到 1928 年 4 月,由于共产国际及时指正,中国革命运动中的"左"倾盲动政策基本上被停止了。但是,要系统地总结大革命时期的经验教训,批判右倾机会主义和"左"倾盲动错误,特别是革命究竟应该怎样进行下去,如何认定中国革命的性质、前途问题,怎样正确估计中国现阶段革命的形势和任务,以便制定正确的斗争方针和革命策略,这些都需要中共以及领导中共的共产国际进行认真必要的探讨,从而在全党之内、在共产国际和苏共中央之间达成共识。于是,中共六大的召开便提上了议事日程。

其实,早在八七会议上就对党的六大召开问题有过决定。当时通过的《党的组织问题议决案》规定"中央临时政治局应在六个月内准备召集第六次全国代表大会"①。迂回到上海的中共中央临时政治局在十一月扩大会议上又进一步决定:1928年3月间召开六大。

由于白色恐怖严重,瞿秋白在1928年1月18日召开的中央临时政治局会议上,提出拟于三四月间召开党的六大,会议地址暂定于澳门,会上也有人提议在香港或海参崴召开。在这次会议上,瞿秋白还布置了起草六大有关文件的工作:共青团的文件由共青团中央负责起草;党务组织问题由罗亦农负责起草(提交组织局先讨论);工会问题由工委负责起草;土地问题和政策问题由瞿秋白负责起草;党纲草案由瞿秋白、罗亦农负责起草。

就在瞿秋白主持召开关于六大筹备工作会议的同月,驻上海的赤色职工国际代表米特凯维奇给共产国际执行委员会写信谈到了召开六大的问题。她说:

> 目前面临的问题很复杂,必须对所有问题作出明确的回答。为了充分弄清革命的前景和任务问题,解决目前党内的状况和克服党内一切错误倾向,迫切需要召开党的代表大会。
>
> 党的代表大会现在是所有党员都在考虑的问题,应该不晚于四月份召开,在这次党代会上很需要共产国际执委会的切实领导。现在正需要帮助党来弄清所有问题,因此我们和中央一起给你们发去电报,我们认为在苏联境内召开代表大会是合适的。
>
> 在中国召开代表大会非常困难,首先是由于要冒遭受破坏的

---

① 中央档案馆编:《中共中央文件选集》第3册,中共中央党校出版社1983年版,第230页。

危险,其次是因为这里没有共产国际执委会的重要代表,第三是因为环境不安宁会带来焦躁情绪,不可能心平气和地、认真地进行工作。①

接到米特凯维奇的报告后,1928 年 2 月 22 日,联共(布)驻共产国际执委会代表团召开会议,对筹备召开中共六大问题进行了讨论,决定"不反对中国共产党于 4 月底或 5 月中在西伯利亚境内召开代表大会"。同时这次会议还"认为有必要将东方国家重新集中到东方地区书记处,以便为像中国、印度和日本这样的大国设立书记处下属的分部,并由单独的主任来领导"。于是米夫在这次会议上被任命为共产国际东方书记处下属的中国分部主任。② 这就使得米夫能够成为不久后在莫斯科郊区召开的中共六大上的重要人物,同时也开启了他此后直接以及通过王明间接影响中国革命长达七八年的组织途径。

1928 年 3 月底,中共中央接到了共产国际关于在莫斯科召开中共六大的决定。瞿秋白、罗亦农、周恩来、任弼时、黄平被共产国际指定立即去莫斯科进行筹备会议工作,决定还要求陈独秀、彭述之、张国焘、蔡和森也前往参加大会。接到共产国际指示后,中央政治局于 4 月 2 日专门召开常委会讨论并进行有关安排,在任弼时宣读完共产国际决定后,瞿秋白等人立即做出相应决定:由瞿秋白、周恩来、罗亦农等人赴莫斯科筹备大会,由李维汉、任弼时、罗登贤等人留守国内,主持中央工作,邓小平留守国内、协助主持中央工作。

1928 年 4 月 2 日会议后,瞿秋白、周恩来等立即动身前往莫斯科,负责筹备召开六大。但是,正拟动身前往莫斯科的罗亦农,却于 4 月 15 日被叛徒何家兴、贺志华夫妇出卖,不幸被捕。经过多方营救无效,21 日在上海英勇就义,留下"慷慨登车去,相期一节全。残躯何足惜,

---

① 中共中央党史研究室第一研究部译:《共产国际、联共(布)与中国革命档案资料丛书》第 7 辑,中央文献出版社 2002 年版,第 296 页。

② 中共中央党史研究室第一研究部译:《共产国际、联共(布)与中国革命档案资料丛书》第 7 辑,中央文献出版社 2002 年版,第 334 页。

大敌正当前"的狱中绝命诗一首。

当时,在上海的中共领导人处境都非常危险,这一点引起了共产国际代表的关注。1928年5月1日,阿尔布列赫特在给皮亚特尼茨基的信中说:"我是4月20日抵达这里的。已代表我们向政治局和当地朋友们通报了在您那里所谈的一切。参加代表大会(指中共六大——引者注)的人员已开始动身,我希望到5月中,一切都将就绪。"随后,阿尔布列赫特向共产国际领导人谈到了中共中央机关和中共领导人的安全问题。他说:

> 关于中央本身,我的意见如下:中央不可能永远呆在一个地方,应该从一个中心城市迁到另一个中心城市。必须设立一个国外中心,可以在安静的环境下进行工作。这个国外中心可以设在离中国较近的地方(新加坡、马尼拉等地)。那里有许多中国侨民区,而中央的工作可以进行得不露声色。这个中心可以出版一些书籍,制定一些原则性问题,领导所有党组织。这个问题之所以十分迫切,是由于中央的著名工作人员,如瞿[秋白]、[陈]独秀,在中国资产阶级和国民党的广大人士中都很出名,而他们呆在中国,特别是呆在上海,不可避免地会导致一场灾难。关于瞿[秋白],必须特别地提出这个问题,因为他在个人生活上是绝对没有保障的,在个人自卫问题上不能表现出丝毫的主动性。这就是我到这里后一个星期所能提出的组织方面的意见。①

实际上,在阿尔布列赫特写此信,为瞿秋白等中共领导人的安全担心时,1928年4月末瞿秋白和周恩来等已启动赴莫斯科的征程。他们从水路乘船离开上海到达大连,然后从大连转乘南满铁路火车,再经中东铁路到达哈尔滨,在哈尔滨交通站的护送下,从满洲里秘密出境,5

---

① 中共中央党史研究室第一研究部译:《共产国际、联共(布)与中国革命档案资料丛书》第7辑,中央文献出版社2002年版,第422—424页。

月中旬抵达莫斯科。然后根据共产国际的安排,乘车到达莫斯科郊外的纳罗法明斯克地区五一村——中共六大召开的地方。①

中共六大是中国共产党历史上唯一一次在国外召开的党的代表大会。这次大会之所以选在国外、选在苏联莫斯科召开,是有显然易见的原因的。一是因为大革命失败后,中国被白色恐怖所笼罩,党的重要领导骨干和精英分子接二连三地被国民党反动派残酷杀害,党的组织也连连遭到破坏,意志不坚定的叛变分子不是出卖同志,就是出卖组织,国内很难找到一个召开这样大规模会议的场所供代表们安静安全地讨论党的未来发展问题。二是当时党内的状况和党面临的革命形势非常复杂。大革命失败后,中共党内对于失败原因的认识分歧,并没有因为八七会议的召开而完全消除,对于斯大林及共产国际给予中国革命的指导,也存在着不同的看法。八七会议以后,在联共(布)中央、共产国际指导下,中国共产党的斗争策略发生了根本性转变,但十一月扩大会议又犯了盲动错误,这使党内的分歧进一步加剧。而当时党中央及其领导人包括瞿秋白在内都还不可能独立地解决这些问题,统一全党的思想,因此在共产国际看来,会议选在莫斯科召开更有利于化解分歧,解决问题,统一思想。三是联共(布)中央和共产国际也想通过在莫斯科直接指导召开中共六大,彻底改造中共中央领导机关。中国大革命失败的挫折以及八七会议后"左"倾盲动错误的出现,这一切在联共(布)中央和共产国际领导人看来,是中共中央"指导机关里极大多数是知识分子及资产阶级的代表"造成的。因此,如何选拔合适的工人领袖担任中共中央领导,并且大规模地充实工人成分到中共中央来,是

---

① 关于中国共产党第六次代表大会召开的具体地址,可能是因为翻译的不同,或行政区划的原因,有几种不同的说法。陈铁健在其著的《瞿秋白传》中说是"莫斯科郊区兹维尼果罗德镇附近的一座乡间银色别墅";王观泉在其著的《一个人和一个时代——瞿秋白传》中说中共六大"在莫斯科郊区兹维尼果罗德镇的一个叫做列布若耶(银光)别墅的前贵族庄园召开";向青在其著的《共产国际和中国革命关系史稿》中说"代表大会在莫斯科郊外那罗福明斯克城附近的波乌麦斯基村举行"。而中共中央党史研究室第一研究部翻译的《共产国际、联共(布)与中国革命档案资料丛书》第7辑《联共(布)、共产国际与中国苏维埃运动(1927—1931)》中的档案资料显示,中共六大召开的地址是"莫斯科州纳罗法明斯克地区五一村",本书取此说法。

斯大林等人希望通过召开中共六大来解决的重要问题。

在莫斯科郊外的五一村,瞿秋白等人在联共(布)中央与共产国际的指导下,开始筹备召开六大的工作。联共(布)中央与共产国际对召开中共六大十分重视,如共产国际执委会政治书记处召开会议决定,专门成立由布哈林、安贝尔—德罗、库西宁、陶里亚蒂和米夫组成的指导委员会,作为指导代表大会工作的领导机构。[1] 同时,为了准备中共六大的决议草案,共产国际东方书记处在这之前,分了 11 个小组,负责起草有关决议,分别如下:1. 章程——瓦西里耶夫、诺林、沃尔克、贝尔曼、苏兆征、向忠发、米夫同志。2. 土地纲领——沃林、约尔克、弗雷耶尔、马季亚尔、休卡里、苏、向、米夫同志。3. 农民运动——沃林、约尔克、弗雷耶尔、苏、向、米夫同志。4. 军事决议——贝尔津、盖利斯、布留赫尔、马马耶夫、阿片、安德烈、瓦西里耶夫、向、苏、米夫同志。5. 军事工作训令——同上。6. 职工运动——有两个草案:一个——苏兆征,另一个——斯卡洛夫。现在有洛佐夫斯基、格列尔、斯莫良斯基、奥尔加同志参加,在起草新的草案。7. 组织决议——库丘莫夫、瓦西里耶夫、米夫、彼得罗相同志。8. 苏维埃建设——纳索诺夫、瓦西里耶夫、阿片同志。9. 宣传鼓动工作——诺林、沃尔克、库丘莫夫、戈卢别夫(陈绍禹即王明)、基泰戈罗茨基、多格马罗夫同志。10. 妇女运动——国际妇女书记处。11. 中共纲领草案——由瓦尔加起草(看来,这个问题将从大会日程上取消)。这些草案写成后,共产国际东方书记处在送给中共中央政治局讨论的同时,又于 6 月 14 日分别送给斯大林、布哈林、皮亚特尼茨基、伏罗希洛夫和加拉罕审阅并征求意见。[2]

可以说,中共六大是在联共(布)中央政治局和共产国际的直接指导下召开的。这种指导包括对社会性质、革命形势、革命任务的研判等,包括对大会报告和各种文件、决议的定调、修改、认定等,还包括对

---

[1] 中共中央党史研究室第一研究部译:《共产国际、联共(布)与中国革命档案资料丛书》第 7 辑,中央文献出版社 2002 年版,第 494 页。

[2] 中共中央党史研究室第一研究部译:《共产国际、联共(布)与中国革命档案资料丛书》第 7 辑,中央文献出版社 2002 年版,第 496—497 页。

会议召开前后的各种管理和服务等。

1928 年 6 月 9 日，斯大林和米夫把中共领导人瞿秋白、周恩来、苏兆征、李立三、向忠发等召到一起，就有关问题进行会谈。会谈被安排在四周僻静的一幢房子二楼的大会议室里。瞿秋白等人按照要求进入会议室，坐在一张很大的会议桌旁。当身着士兵军服、脚蹬肥大笨重的牛皮靴子的斯大林出现在会议室时，瞿秋白等人禁不住满脸惊讶。在大家惊讶、期待的目光中，斯大林随意谦和地与瞿秋白等人坐在一起。

根据"俄罗斯解密档案"收录的周恩来当场的记录，这次会谈情况大致如后。首先，瞿秋白代表中国共产党人提出两点要谈的问题：一是对当前中国革命形势的认识，二是中国共产党的任务。随后，斯大林按照这两个问题发表自己的看法。他说已经读了瞿秋白为六大写的报告（指《中国革命与中国共产党》）。他认为报告中有许多是对的，但也有不对的。因为现时我们不能说中国革命已高涨了。广州暴动不是革命高涨之开始，而是革命退后之结束。斯大林认为，中国农民游击战争是农民革命行动的宣传，不可能取得一省政权，只不过是革命的准备时期。如一壶水在未开之前，亦有波动，海潮亦有起伏，但不是高潮。虽然高潮有了信号，但只是证明有高潮至，而不是现在已高涨了。那么在两个革命高潮中间，中国共产党人应该做什么呢？主要是积蓄革命力量：一是党要成为坚固的、觉悟的、好的、马列主义的党，这是质量问题，不是数量问题。中国同志多只做实际工作，但不够，要多注意发展和提高党员的觉悟，对他们进行马列主义教育，尤其是对工人及斗争的农民和新奋斗的知识分子进行马列主义教育。二是做好群众工作，利用和发展工人与雇主之间的任何冲突和矛盾，但不是要我们主观上硬造这些冲突和矛盾。三是开展农村斗争，发展农民游击战争，创造革命军队，实行土地革命，注意克服和改造农民意识。四是做好知识分子的工作。五是加紧破坏军阀军队的工作等。①

---

① 中共中央党史研究室第一研究部译：《共产国际、联共（布）与中国革命档案资料丛书》第 7 辑，中央文献出版社 2002 年版，第 477—482 页。

　　在中共六大召开的前前后后,斯大林与中共领导人曾有过多次这样的谈话。这样,斯大林就为中国革命的性质和形势以及中国共产党的任务定下了基调,他的这些讲话决定了中共从低潮的形势中考虑党的走向,对召开好党的第六次全国代表大会具有重要意义。

　　除斯大林的亲自指导外,1928 年 6 月 14 日至 15 日,为了统一出席六大的中共代表们的思想,共产国际负责人布哈林召集部分代表举行"政治谈话会"。参加会谈的大会代表有瞿秋白、周恩来、苏兆征、邓中夏、张国焘、王若飞、蔡和森、李立三、项英、夏曦、黄平、何资深、关向应、向忠发、王灼、甘卓棠、张昆弟、章松寿、徐锡根、唐宏经、王仲一等 21 人。布哈林在会上要求大家主要就以下三个问题发表自己的意见:一是关于过去的经验教训即党的机会主义错误问题;二是关于当前革命形势的估计;三是确认党在今后的任务和方针。这次"政治谈话会"实际上是一次小型预备会,其目的是希望通过这种方式消除代表们对大革命失败的教训、责任和中国革命的形势等重大问题的严重分歧,以使会议能够顺利进行。

　　经过一系列的准备,1928 年 6 月 18 日至 7 月 11 日中国共产党第六次全国代表大会在莫斯科郊外五一村正式召开。五一村原是沙皇时代大贵族穆辛·普希金遗留下的庄园。庄园里有设计精美的综合性建筑、教堂、喷泉和花廊,还有一些农舍,田野上洋溢着初夏气息,景色迷人。六大会场选在五一村帕尔科瓦亚大街 18 号。这是一栋三层楼房,大会秘书处设在一楼,二楼有可容纳七八十人的豪华客厅,便用作主会场,二楼的部分房间和三楼的全部房间便是会议代表的宿舍。按照苏联有关部门采取的严格保护措施,中共六大代表到达莫斯科火车站后,下车直接坐交通车到达会场,并换上统一的列宁装或西服。会议代表及工作人员都被统一编号,大会发言、领取物品时均以号码为准,一律不用真实姓名。会议期间也不安排代表参观游览莫斯科市容市貌,不在任何公共场所露面,以免日后回国被人认出,引起严重后果。

　　出席中共六大的正式代表有 84 人,候补代表有 34 人,代表当时16 个省委、1 个南洋临委、37 个特委、36 个市委、400 个县委、41 个区委、138 个特别支部。由于时间仓促,环境险恶,交通不便,出席大会的代表多数由中央指定。如今看来,当时中央指定出席代表时存在两个不足:一是过分强调工人成分,在出席会议的代表中,工人出身的同志占了 41 人;二是没有让一些从事实际工作、具有丰富革命斗争经验并在党内享有较高威望的人参加,如毛泽东、任弼时、恽代英等都没有出席大会。

大会开幕的 6 月 18 日,瞿秋白代表中共第五届中央委员会致开幕词。有谁料到,七年后的这一天,却是他壮烈殉难的忌日。开幕词结束后,安贝尔·德罗代表共产国际执行委员会,福金代表青年共产国际,埃尔柯里代表意大利共产党,布哈林代表俄共(布),分别到会并向大会致词祝贺。

在中共六大上,布哈林代表共产国际作长篇政治报告和关于政治报告的结论,瞿秋白代表第五届中央委员会作政治报告,周恩来作组织报告和军事报告,李立三作农民问题报告,向忠发作职工运动报告。大会通过了关于政治、军事、组织、苏维埃政权、农民、土地、职工、宣传、民族、妇女、青年团等问题的决议,以及经过修改的《中国共产党党章》。

由于共产国际直接安排和指导,中共六大与以前的历次大会相比有其独特之处。其一,它是一次在国外召开的党代会。其二,它得到了一些兄弟共产党的书面贺词。这要归功于米夫。米夫作为共产国际东方书记处中国部的负责人和莫斯科中山大学的校长,他全力从事中共六大的组织工作。6 月 19 日在六大召开的地方,他向顶头上司东方书记处负责人皮亚特尼茨基写信①,请求他组织兄弟党给大会发书面贺词,特别希望有英国、日本、美国共产党和一些东方党的书面贺词。不仅如此,当他得知"斯大林同志因负担过重不在中共代表大会上作报告"②时,他还要皮亚特尼茨基与斯大林商量,如果他本人不能亲临大

---

① 中共中央党史研究室第一研究部译:《共产国际、联共(布)与中国革命档案资料丛书》第 7 辑,中央文献出版社 2002 年版,第 498—499 页。

② 中共中央党史研究室第一研究部译:《共产国际、联共(布)与中国革命档案资料丛书》第 7 辑,中央文献出版社 2002 年版,第 504 页。

会现场,最好请他给大会发一份书面贺词。① 由于米夫的努力,中共六大在莫斯科郊外开得隆重而有气氛。其三,共产国际领导人对党内矛盾纠纷的调解有利于大会顺利进行。在大会召开的过程中,被看作是机会主义代表的张国焘与被看作是盲动主义代表的瞿秋白多次发生争论。张国焘不放过每一个可以指责瞿秋白的机会。瞿秋白对张国焘的错误也展开了批评。两人时常争论,有时达到了短兵相接的程度,对其他代表的情绪产生了不良影响。米夫出面进行调解,他对张国焘说,共产国际希望他与瞿秋白能消除成见,互相合作。米夫也找过瞿秋白,表示了类似的意思。尽管张国焘在他的回忆录中认为,米夫这样以共产国际领导人的身份强制裁处他和瞿秋白之间的分歧,并不利于二者之间的矛盾经过争论得到顺利解决。但笔者认为,米夫的调解,对于平息大会代表的情绪,以使他们能够冷静下来接受别人的意见,从而深入、具体地探讨有关问题应该是可以起到良性作用的。其四,共产国际最高领导人布哈林亲自在大会上作报告。布哈林用 9 个小时作了题为《中国革命与中共的任务》的长篇报告。② 在报告中,关于中国革命的性质及其前途问题,布哈林主要是将他参与起草的共产国际执委会第9 次全会上关于中国问题的决议案内容具体化;关于中国革命形势的看法,他与斯大林的意见一致,指出现在还没有出现革命高潮,革命的任务不是夺取政权,而是准备革命力量,迎接革命高潮;在总结大革命失败的经验教训时,布哈林的报告听取了中共代表所提的各种意见,其中包括对共产国际和联共(布)的最尖锐批评,没有回避一些重要问题,如大革命时期共产国际帮助武装中国军阀,而没有帮助中共武装中国工农等。布哈林的报告对于中共克服十一月扩大会议以后形成的"左"倾盲动错误,明确中国革命的性质、任务和前途,以便解决具有现实性的重大路线和政策问题,统一全党的思想具有积极意义。

---

① 中共中央党史研究室第一研究部译:《共产国际、联共(布)与中国革命档案资料丛书》第 7 辑,中央文献出版社 2002 年版,第 499 页。

② 中共中央党史研究室第一研究部编:《共产国际、联共(布)与中国革命档案资料丛书》第 11 辑,中央文献出版社 2002 年版,第 133—146 页。

当然也产生了一些负面影响。布哈林的报告在批评张国焘和瞿秋白的时候,突出强调工人成分,而对知识分子在党的领导作用上过于轻视,限制了党内优秀知识分子进入中央工作;米夫在大会上提出的一些较"左"的理论观点,以及散布的一些诸如中国共产党负责人理论上很弱,而陈绍禹、沈泽民等留苏学生理论水平很高的言论,表示了他对中国共产党负责人的轻视和不信任,还有极力吹捧向忠发,在确定党中央领导机构新成员时所起的重要作用,对于中国共产党以后的发展都产生了极为不良的影响。

二、中共六大政治报告和文件的主要起草者

作为八七会议选出的临时中央政治局总负责人,瞿秋白自然成为中共六大的主要组织者,特别是在准备六大的政治报告和有关文件方面,他成为主要的起草者,为六大的成功召开付出了很大的辛劳和智慧,作出了重要贡献。

首先,瞿秋白是党的六大政治报告的主要起草者。1928 年 4 月 2 日临时中央政治局常委召开会议决定,由瞿秋白代表中共第五届中央委员会为六大准备书面政治报告。接到任务后,作为党中央的主要负责人,瞿秋白一边在指导革命实践过程中大力纠正盲动错误,一边夜以继日地为六大赶写政治报告。经过紧张的努力,4 月 12 日瞿秋白完成了近 10 万字的政治报告初稿:《中国革命与共产党——关于 1925 年至 1927 年中国革命的报告》。报告完成后,他在当日写的"小引"中说:"因为时日的迫促,还有预定的题目,没有来得及做。这些题目大概是:(一)职工运动问题;(二)土地问题党纲的历史与农民革命运动的

问题;(三)兵士问题;(四)党的组织问题。"①瞿秋白 10 天写了近 10 万字的报告,没有特别深厚的理论功底和文字天赋,恐怕难以完成这一任务。

瞿秋白写的《中国革命与共产党》的报告分三章,第一章谈中国革命领导权之争,主要讲了中国革命的性质与阶段、国民党问题与革命斗争方法两节;第二章谈中国共产党之过去与前途,主要讲了中国共产党与机会主义、八七会议、十一月中央会议、广州十二月暴动四节;第三章谈中国革命当前的问题,主要讲了谁得着革命的领导权、武汉反动与广州暴动、五大矛盾、共产党的任务四节。另外还有两个"附录":一个是他于 1927 年 11 月 30 日写的、12 月 5 日《布尔塞维克》发表的《中国革命中无产阶级的新策略》一文;另一个是 1928 年 1 月 3 日中共中央临时政治局会议通过的议决案《广州暴动之意义与教训》。瞿秋白在《中国革命与共产党》的报告中详细论述了中国共产党成立以来特别是国共合作以来中国革命运动的变化发展,总结和分析了大革命的经验教训,指出中国革命当前的主要问题以及中国共产党面临的主要任务。他明确指出:"中国革命的性质,并不是简单的民权主义革命,主要的是反帝国主义的资产阶级民权主义革命,而以彻底的土地革命为其社会的内容,有确定的生长而成社会主义革命的趋势。"②他剖析中国社会各阶级的特点,强调坚持无产阶级领导权的重要性。在总结中国革命的经验教训时,他既批判了导致大革命失败的重要原因之一——右倾错误,同时又专门批判了"左"倾盲动主义和命令主义。他还通过分析中国的政治状况,指出"中国社会根本上陷于极大的、极复杂的种种矛盾之中",主要表现为五大矛盾:一是帝国主义之间的矛盾;二是帝国主义与中国的矛盾;三是豪绅、军阀之间的矛盾;四是豪绅、地主与资产阶级之间的矛盾;五是农民与地主、劳动与资本的根本矛盾,"中国这许多矛盾的错综纠葛,并没有得着丝毫妥协改良式的解决,并且更加

---

① 《瞿秋白文集·政治理论编》第 5 卷,人民出版社 1995 年 5 月版,第 341 页。
② 《瞿秋白文集·政治理论编》第 5 卷,人民出版社 1995 年 5 月版,第 344 页。

深入和激厉起来"。因此,他指出党的策略和任务是,要"更加加紧领导,更加认真的准备群众的力量"。他语重心长地指出"要知道工农兵革命的胜利,在中国要求长期的努力和牺牲,不是一击而中,可以如此痛快而容易的"。①

瞿秋白为中共六大写的这份政治报告被他带到莫斯科,然后被送到斯大林和布哈林的手中。如前所述,在6月9日斯大林和米夫召集的"政治谈话会"上,这份报告又被与会人员进行了讨论。斯大林还专门就这篇报告发表了意见。他说:"已读了秋白的报告,关于五大矛盾的结论。五大报告(原文如此——引者注)中有许多对的,但亦有不对的。因为现时我们不能说中国革命已高涨了。诚然,有些地方城市工作已起来,有些地方农民暴动已高涨,而统治阶级不能稳定,人民不满意资产阶级的统治。但这不能说,革命已经高涨了。"②这次谈话会后,瞿秋白根据斯大林等人提出的意见对报告又作了进一步修改。六大召开时,他写的这份书面报告被印成单行本,发给了全体代表。

其次,除书面政治报告外,瞿秋白还起草了中共六大政治决议案。这份政治决议案文长近2万字,阐述了中国与世界革命的关系及中国革命的国际意义、中国革命的性质与动力和任务及前途,总结了过去革命斗争的经验教训,分析了中国革命运动现时所面临的形势,最后提出中国共产党在组织建设、工农运动、军事斗争、苏维埃运动等方面的任务及总的路线。周恩来在《关于党的"六大"的研究》一文中说:"'六大'的决议是瞿秋白同志起草的,米夫、布哈林都修改过,拿回来后秋白同志又改过。"③几经修改后,中共六大的决议案在总结大革命失败的经验教训时,并没有如布哈林在大会报告中所承认的那样提及共产国际在指导上的失误,而是认为"革命失败的主要原因,就是当时无产

---

① 《瞿秋白文集·政治理论编》第5卷,人民出版社1995年5月版,第458—468页。
② 中共中央党史研究室第一研究部译:《共产国际、联共(布)与中国革命档案资料丛书》第7辑,中央文献出版社2002年版,第477页。
③ 中共中央党史研究室第一研究部编:《共产国际、联共(布)与中国革命档案资料丛书》第11辑,中央文献出版社2002年版,第245页。

阶级的先锋——共产党指导机关的机会主义政策"。当然这是在布哈林和米夫那里"修改"掉的呢,还是在瞿秋白这里"修改"掉的,现在一时难以弄清。

再次,瞿秋白还参与了土地问题、农民问题、组织问题等决议案的起草工作。1928 年 1 月 18 日,临时中央政治局召开会议决定,由瞿秋白起草党的政策问题和土地问题的文件。到莫斯科后,在筹备召开中共六大过程中,瞿秋白被安排与米夫同在一个小组,分别代表中共中央和共产国际,共同草拟土地和农民问题决议案。这是他们俩的第一次直接合作。在起草决议案的过程中,瞿秋白与米夫在关于"亚细亚生产方式"的理论表述上、在对待中国富农的立场上存在着一些分歧,但并不激烈。这时的米夫有着敏感的政治嗅觉,随时紧跟斯大林,及时将其思想上的新动向融汇成自己的"新理论"。但是米夫的做法,从未得到过瞿秋白的欣赏和恭维,他只与米夫保持着一般的上下级关系,或者只是理论上商榷的对象,并未发展到像与鲍罗廷等人那样的亲密关系。应该说,这一点多少影响了瞿秋白后来的政治命运。

瞿秋白为党的六大撰写的文件之多,是此时其他党的领导人所无法比拟的。《瞿秋白文集》第 5 卷,一共收录了瞿秋白从 1927 年 8 月到 1928 年 7 月所写的 48 万多字的著作,其中为六大起草的报告、决议、祝词、贺词、讲话、总结、发言等篇幅占了一半的字数。可见,他为六大在文件、报告的起草方面做出了重要贡献。

三、倡导批评与自我批评的大会主角

由于瞿秋白是上届党中央的主要负责人,又是八七会议后盲动错

误的主要责任人,因此在党的六大筹备和召开过程中,他的角色很特殊:既是大会的主要组织者和主角,又是大会的主要被批评对象。由同一个人来承担党代会批评甚至是批判的主要接收者以及唱主角的组织者,这在中共历次代表大会中是唯一的一次(中共五大对陈独秀并没有公开点名批判)。

瞿秋白之所以成为中共六大上倡导批评与自我批评的大会主角,是与他作为党内民主集中制的首倡者有关,是他坚持践行党内民主的思想和理念,并身体力行倡导民主会风的结果。这一点也得到了共产国际东方部负责人米夫的肯定。米夫 1928 年 10 月撰写了一篇长文《中国共产党第六次代表大会》,刊发于《共产国际》杂志第 39、40 期合刊,被"俄罗斯解密档案"丛书收录。米夫在该文中写道,"对中国解放斗争的所有迫切问题做出了回答"的中国共产党第六次代表大会,使"中国革命诸课题得到了热烈而全面的讨论。来自中国各地的为数很多的代表参加了讨论。在这次代表大会上,对于过去革命时期全部经验的批评性的再认识是在最大限度地遵循党内民主原则的情况下进行的"①。显然,这是对中共六大民主会风的一种赞扬和肯定。中共六大展现出的民主会风,与较早就重视党内民主建设的大会主角瞿秋白分不开。

瞿秋白从到莫斯科起就成为中共六大筹备和召开工作的主角。6月 7 日,他与苏兆征、周恩来等人将在俄近 60 名六大代表,召集到一起举行谈话会,讨论关于中共六大政治、组织、职工、农运等决议案的起草问题,并确定 12 日左右成立大会秘书处和各个委员会,以开始大会筹备工作;6 月 14 日至 15 日,他组织和参加布哈林主持召开的"政治谈话会",就中国革命的性质、任务和革命形势问题、党的工作路线问题、工人和农民运动问题等交换意见;他还频频参加斯大林对部分中共赴莫斯科参会代表及党的负责人的召见和会谈,明确中国革命的性质和

① 中共中央党史研究室第一研究部编:《共产国际、联共(布)与中国革命档案资料丛书》第 11 辑,中央文献出版社 2002 年版,第 185—186 页。

形势以及中国共产党的策略和任务等问题;按照斯大林和布哈林等人的意见,对为中共六大准备的政治报告和决议草案等进行修改。大会正式召开的前一天(6月17日)晚上,瞿秋白主持召开了中共六大的正式预备会议,参加者有中央委员、各省代表、特约代表、C. Y. 中央代表共60人,会议讨论和通过了大会议程和主席团、秘书处、代表资格审查委员会的组成及名单。他与周恩来、李立三、蔡和森、邓中夏、苏兆征、向忠发、关向应以及斯大林、布哈林等一起当选大会主席团成员。

在中共六大正式开幕的6月18日下午,瞿秋白不仅向大会提交了《中国革命与共产党》的书面报告,而且还代表第五届中央委员会致开幕词,并在共产国际执委会、青年共产国际、意共和俄共(布)等兄弟党代表讲话之后,又代表中共中央发表讲话,表示感谢和决心。当晚,瞿秋白又主持召开大会主席团第一次会议,讨论决定大会议程、会场规则、议事细则。20日,瞿秋白代表第五届中央委员会作政治报告,对中国革命问题、过去的教训和现阶段盲动主义的危险、革命形势及党的任务五个方面进行了深入阐述,讲了约9个小时。21日至27日,会议代表对布哈林和瞿秋白的政治报告进行了充分讨论,他们尖锐地批评了陈独秀右倾机会主义和瞿秋白"左"倾盲动错误。22日,瞿秋白代表中共中央起草并宣讲了《中国共产党第六次大会致法国共产党大会的祝词》。瞿秋白是大会主席团的成员,也是大会政治、组织、农民土地、苏维埃运动、宣传、南昌暴动等委员会的成员,并任政治委员会的召集人,负责起草大会政治决议案。大会期间,他先后参加了组织、农民与土地问题、职工运动等委员会的讨论,并多次发言或发表讲话。28日,瞿秋白在大会上作了《政治报告讨论后之结论》的报告,对大会代表在讨论中提出的各种问题进行了回答和解释。7月4日晚,瞿秋白参加了第11次大会主席团会议,讨论并决定关于六届中央委员会选举等问题,他与蔡和森、李立三、苏兆征、项英、余茂怀和共产国际代表共7人组成选举委员会,提出六届中央委员人选的初步名单。9日,大会讨论政治决议案,瞿秋白逐段宣读由自己起草的政治决议案草案,与会代表边讨论边修改,最后全体一致通过。《政治决议案》全面总结了中国革命的基本经验,分析了当前的政治形势、革命性质,提出了党的总路线和主要任务。当大会正式通过《政治决议案》时,全场欢声雷动,高呼"中国共产党万岁!"并高唱《国际歌》。接着,瞿秋白还宣读了《对国内工作的指示电稿》《关于党纲的决议草案》《关于民族问题的决议草案》等,均获得大会通过。从上述大会日程安排和工作内容来看,瞿秋白的身影和声音活跃在六大会场,完全是夜以继日、忙碌不已的大会领导者、组织者和主角。

作为中共第六次代表大会的主角,瞿秋白在组织和领导整个大会工作过程中,表现了一个党的领导人所应有的民主作风,他倡导了批评与自我批评的会风。大会召开的第一天,瞿秋白在致大会开幕词时,就要求大会充分发扬民主,"希望大会全体同志都能充分的发表意见,使党得以纠正一切错误,成为一个布尔塞维克主义的党,而消没一切非无产阶级的倾向";"尤切希望负责同志将经过的事实报告出来,由大会指出什么是机会主义,什么是布尔塞维克主义,使全党明白"。① 与国内白色恐怖笼罩的政治环境所不同的是,莫斯科郊外安静的会场,给中共六大代表们提供了一切方便的条件和充足的时间,使他们能够静下心来,回顾过往,认清问题,总结教训,展望未来。而瞿秋白等领导者身上所表现出来的民主作风,又为这种回顾、总结、讨论、批评与自我批评提供了极好的软环境。由于有了能够畅所欲言的大会讨论环境,与会代表都对中央进行了批评,代表之间也互相展开了批评。于是作为中央临时政治局总负责者以及盲动错误的主要责任人,瞿秋白便成为大会的主要批评对象。

比如,在瞿秋白为大会作政治报告时,一些同志随时插话,表示赞成或反对意见。当时张国焘就多次从座位上打断瞿秋白的话,提出不同意见,或批评瞿秋白的说法。应该说,张国焘在中共党内的资历比瞿秋白老。但是瞿秋白在共产国际及其代表的支持下后来居上,特别是八七会议后成了党中央的总负责人。而与此同时张国焘却由临时中央

① 《瞿秋白文集·政治理论编》第 5 卷,人民出版社 1995 年版,第 526、527 页。

政治局常委,经过南昌起义的挫折,被降为政治局候补委员,并逐步成为被瞿秋白中央冷落、排斥的对象。八七会议前,受罗米纳兹和瞿秋白派遣,张国焘极不情愿地赶到南昌,传达共产国际关于南昌起义的指示,结果同具体领导起义的同志发生了冲突。南昌起义在广东潮汕地区失败后,张国焘于 10 月中旬返回上海,但没有被中央安排做什么具体工作,而且根据十一月扩大会议通过的《政治纪律决议案》还遭受了处罚。他在上海度过一段时间的地下生活后,于 1928 年 4 月被中央指派到哈尔滨负责接应过境的六大代表,然后自己到莫斯科参加大会。上海无所事事的地下生活,使张国焘苦闷难耐,心情失落,度日如年。因此,他对瞿秋白早就感到不满,对莫斯科在指导中国革命过程中的一些做法以及八七会议后中央的大政方针也是牢骚满腹。现在六大具有讨论问题的客观条件,而瞿秋白又倡导民主的会风,这就为张国焘提供了一个公开发泄自己内心不满的机会和场合。于是,张国焘没有放过任何一个批评瞿秋白的机会。当瞿秋白在政治报告的结尾处说"关于过去的事,或者说国焘是对的,秋白对的,独秀对的,这些问题讨论起来是有意义的,但不能同我们目前任务作相比"时,张国焘按捺不住心头的火气说:"你一个人讲了九个钟头,七七八八讲了一大批。"①其不满之情溢于言表。

从 6 月 21 日起,大会对瞿秋白和布哈林的报告进行分组讨论。讨论时,代表们畅所欲言,开展批评与自我批评,所得意见也很尖锐。对于这种现象,瞿秋白感到非常高兴,讨论结束后,他在大会上作《政治报告讨论后之结论》的讲话中指出:

> 第一点,此次大会不仅有布哈林同志的报告,及分析错误,指出将来的方针;并且听见群众的声音和各地工农的意见及感想,希望得到很好的结果。……第二点,对于中央,各地代表都加攻击,或是攻击还不够。这是新的现象,在党的生活中以前所没有的。

---

① 《瞿秋白文集·政治理论编》第 5 卷,人民出版社 1995 年版,第 585 页。

以前所谓党即执委会,执委会即常委,常委即书记,可以决定一切!
这次大会就不同,不仅受国际指示,并且受各地群众代表的指导。
党大会代表由各地选出是第一次,第一次从支部中及群众中选出,
得到过去的教训,指出中央的错误,以及好的现象。①

瞿秋白在讲话中,从党内民主建设的高度,肯定了这次大会所形成
的批评与自我批评的良好民主会风。

四、莫斯科推出工人领袖向忠发

如前所述,联共(布)中央和共产国际最终决定将中共六大移到莫
斯科召开,除国内政治环境恶劣等因素的影响外,更主要的是想通过在
莫斯科直接指导召开中共六大,彻底改造中共中央领导机关。即使这
样做要"冒极大风险、花大量金钱"也在所不惜。②

因为,在联共(布)中央、共产国际领导人看来,导致中国大革命失
败的主要原因是,中共中央领导机关犯了机会主义的错误,而党中央产
生机会主义错误的主要根源则是"党的指导机关里极大多数是知识分
子及资产阶级的代表"。1927 年 7 月 14 日,共产国际给中共中央发来
一纸电令称:中共全体党员必须坚决与党的领导的种种机会主义倾向
作斗争,改造中共中央。而这种改造的基本任务,就是"必须使工农组

① 《瞿秋白文集·政治理论编》第 5 卷,人民出版社 1995 年版,第 593—594 页。
② 杨奎松著:《中共与莫斯科的关系:1920—1960》,台北东大图书公司 1997 年版,第
228 页。

织的领袖,即内战时期成长起来的党员,在党中央也有决定性的影响"①。按照共产国际的要求,八七会议虽然选举了苏兆征、向忠发、王荷波三个工人运动的领袖为中央临时政治局委员,但是,会议产生的新中央领导核心的组成人员却令莫斯科并不那么满意。政治局的牵头人瞿秋白是个典型的知识分子,并且是陈独秀任中央主要领导人的中央重要成员;另一位政治局常委李维汉不仅是个知识分子,而且在许克祥部发动马日事变时还阻止过农民对长沙的反攻,自然让共产国际更不满意。新常委中虽然也充实了一位工人领袖苏兆征,但是他在 1927 年六七月间国共关系破裂之际,作为武汉国民政府的劳工部长,却颁发限制工农运动的命令,并曾以请假的方式悄然退出武汉国民政府(其实是根据当时共产国际代表和中央的指示这样做的),其软弱的表现使莫斯科对苏兆征的工人领袖形象产生了质疑。因此,进一步选拔合适的工人领袖担任中共中央领导人,并且大规模地充实工人出身的人员到中共中央,不能不成为这一时期莫斯科所要重点关注并解决的问题。

　　恰在此时向忠发到了莫斯科。工人出身的向忠发生于 1880 年,湖北汉川人。1894 年,向忠发 14 岁时即入汉阳兵工厂当学徒,之后几经波折辗转,约 20 岁时,便到了当时国内规模较大的汉冶萍公司属下的轮船上做事。因其识字、聪明、为人热情、有一定活动能力,而逐步被吸收参加当时的汉冶萍轮驳工会工作,并于 1921 年成为拥有上千名会员的汉冶萍轮驳工会的副委员长。1921 年 8 月,刚刚成立不久的中国共产党在上海成立了第一个公开领导工人运动的机构——中国劳动组合书记部,同年 10 月中国劳动组合书记部武汉分部宣布成立。1922 年,参加武汉分部领导工作的中共党员许白昊介绍向忠发加入中国共产党,之后他主要从事码头工人运动。同年 12 月 10 日,汉阳铁厂工会、安源煤矿工人俱乐部、大冶下陆铁矿工人俱乐部、汉冶萍轮驳工会和大冶钢铁厂工人俱乐部联合组建汉冶萍总工会,会员 3 万余人,刘少奇任

---

　　①　中共中央党史研究室第一研究部编:《共产国际、联共(布)与中国革命档案资料丛书》第 5 辑,北京图书馆出版社 1998 年版,第 494 页。

委员长,向忠发任副委员长。

国共合作后,1925 年向忠发以个人身份加入中国国民党,在 5 月 21 日成立的国民党汉口特别市临时党部里,他与刘伯垂、谭仙芝、李汉俊四人组成临时党部执委会。同年 12 月 27 日至 28 日,国民党汉口特别市第一次代表大会召开,正式宣布成立国民党汉口特别市党部,向忠发与刘伯垂、陈定一、谭仙芝等一起被选举为执行委员,共同组成国民党汉口特别市党部执行委员会,向忠发任工人部长。1926 年 1 月出席国民党二大,同年夏秋任中共湖北区执行委员会委员,主管职工运动。1926 年在北伐军攻占武汉期间,他作为汉口地区共产党组织和工会系统的负责人,与许白昊等人一起全力以赴,废寝忘食,成功地领导了汉口地区此起彼伏的工人罢工斗争,并在此基础上于 10 月成立了湖北省总工会,任省总工会委员长,又通过省总工会迅速把武汉地区的工人运动组织起来,有力地支援了北伐军的军事斗争。武汉三镇的工会组织也从最初的十几个猛然增到了 270 多个,使得有组织的工人人数迅速增加到数十万。1927 年 4 月 27 日至 5 月 9 日,中共第五次代表大会在武汉召开,向忠发当选为中央委员,开始进入中共中央领导层。8 月 7 日,中共中央召开紧急会议,向忠发在未出席会议的情况下,被全票当选为临时中央政治局委员。由此可见,向忠发在党内能够崭露头角,虽然在很大程度上要归功于中国革命中心北移武汉的结果,但是他本人不同寻常的突出表现也是其崛起的重要原因。

1927 年 10 月初,共产国际代表从上海领事馆得到莫斯科的指示,要求中共中央组织一个工农代表团秘密前往苏联参加十月革命 10 周年的大型庆祝活动。这时,南下广东的南昌起义军刚刚在潮州、汕头等地失败,相当一批中共中央领导成员滞留在广东、香港等地,而此时瞿秋白、苏兆征以及李维汉等人主持中央日常工作无法离开,一方面他们要忙于指导各地的革命斗争,另一方面中共中央机关又正处在从武汉迁回上海的过程之中。于是,刚来上海不久的工人领袖、政治局委员向忠发便被安排担任赴苏的工农代表团领导人。10 月中旬,根据共产国际代表的通知要求,向忠发遂与李震瀛一道,从上海出发,率领中国工农代表团到莫斯科参加十月革命庆祝活动。

作为大革命时期在武汉地区脱颖而出的工人运动领袖,向忠发到莫斯科后很快就抓住了联共(布)中央和共产国际领导人的眼球。他在离开中国之前,中央政治局负责组织工作的李维汉表示,向忠发可以以中央委员身份作中共驻共产国际的代表,负责转达双方的有关信息。① 此后,向忠发以中国工人运动领袖和中国共产党代表的名义到处参加各种国际性的会议,如在莫斯科召开的东方民族兄弟大会、国际苏联兄弟大会,在德国和比利时举行的反帝同盟扩大会议和反对中国白色恐怖委员会会议等,并到处作报告、当委员,尽显风流。而向忠发的报告,其中包括他在共产国际和赤色职工国际所作的关于中国革命和中国工人运动状况的报告,确实也给共产国际领导人留下了较好的印象。共产国际东方部很快就让向忠发参加处理一切有关中国的具体事务。在这个过程中,他果断地处理了一些连共产国际东方部都感到棘手的问题,的确表现出了某种程度的工作魄力。所有这一切他都给联共(布)中央政治局和共产国际领导人斯大林、布哈林等人留下了较好的印象。

按照列宁主义的理论,共产党应当是无产阶级的先锋队组织。这里的"无产阶级"是特指在资本主义现代化大工业下从事有组织的体力劳动的工人,而不是泛指那些一贫如洗的穷人。但是,中国共产党诞生的 20 世纪 20 年代初期,中国还是一个落后的农业国,根本谈不上有什么先进的资本主义大工业,因而在斯大林等人的眼里,中国自然也就没有什么够格的无产阶级及其政党。在他们看来,正是因为中共自身的无产阶级基础过于薄弱,小资产阶级知识分子充斥于中央领导机关,党的"领导干部并非工人,甚至于非贫农而是小资产阶级知识分子的代表",才导致大革命失败和八七会议后一系列武装暴动夺权之不成。因此,莫斯科针对中共这"致命的弱点",主张要根本"改造"中共中央

---

① 杨奎松著:《中共与莫斯科的关系:1920—1960》,台北东大图书公司 1997 年版,第222 页。

领导机关。中共中央临时政治局十一月扩大会议决议指出,要"将工农分子的新干部替换非无产阶级的知识分子","使指导干部工人化"①。共产国际和中共中央强调党的"指导干部工人化",直接导致了正在莫斯科的工人出身的向忠发在中共党内的地位急剧上升。

而就在这前后,正在共产国际身边的向忠发,抓住机会,尽情表现。1928年2月,向忠发出席了共产国际执委会第九次扩大全会,在得知中央临时政治局十一月扩大会议的各项决议和罗米纳兹在苏共十五大上受到批评的消息后,他接连写了两封信给共产国际和联共(布)中央领导人。第一封信写于1928年2月11日,是写给共产国际执委会第九次全会主席团的。他在信中说:"据我得到的消息,中共党内的分裂问题对于确定目前党内的政策具有极其重要和极其现实的意义。"他将当时尚未正式组织起来的"第三党"的情况告诉共产国际执委会第九次全会主席。他说:谭平山被开除出中共以后,正在纠集自己周围的工作人员、亲信与国民党左派邓演达等人准备组织新的政党。②"他们有一个共同目标,即反对现时的中共中央,从而也反对共产国际的领导。""这确实是中共党内的机会主义——取消主义倾向。"他说:"鉴于以上这些消息,我认为共产国际执委会目前召开的全会应该认真地提出中共党内分裂问题,对这个问题作出相应的评价,确定对谭集团的必要方针。"③

仅隔4天之后的2月15日,向忠发又向共产国际领导人发出了第二封信,这次是写给共产国际执委会东方书记处拉斯科尔尼科夫的,并要他转给布哈林。信中认为,中共中央临时政治局十一月扩大会议对中共党的领导成员阶级状况的评价是正确的。他说:正如十一月扩大

---

① 中央档案馆编:《中共中央文件选集》第3册,中共中央党校出版社1983年版,第382、383、380页。

② 1927年11月谭平山被开除出中国共产党,1928年夏他与一批脱党分子和邓演达周围的国民党左派共同发起成立中华革命党的声明。以后该党不止一次地更名,试图发挥既不同于共产党也不同于国民党的独立的政治作用,故被称为"第三党"。1947年该党更名为中国农工民主党,新中国建立后成为8个合法的民主党派之一。

③ 中共中央党史研究室第一研究部译:《共产国际、联共(布)与中国革命档案资料丛书》第7辑,中央文献出版社2002年版,第303—305页。

会议决议所指出的那样,我们党的领导成员大都是些小资产阶级知识分子,他们仅仅受着最初一时期革命高潮的冲动,并未经过马克思列宁主义理论的锻炼,并不知道国际无产阶级运动的经验,并且是站在工人贫民的阶级斗争之外的,他们不但没有能改造成彻底的无产阶级革命家,反而将自己政治上不坚定、不彻底、不坚决的态度,不善于组织的习性,以及其他种种非无产阶级的小资产阶级革命者所特有的习性、习气、成见、幻想等等带到中国共产党里来。因此,他认为必须对他们采取相应的措施。信中说:"党的任务是坚定不移地同这些人划清界限,为加强党的布尔什维克领导而进行坚决的斗争。"他还告诉共产国际领导人说:"党内分裂问题、谭平山党的问题,要求我们尽最大努力进行斗争,既要从思想上加以揭露,又要从组织上加强我们的党。中共能否在不久的将来克服摆在它面前的困难将取决于这场斗争的成败。"向忠发谈完上述情况后,又理出几个摆在党的领导人面前的主要问题:(1)调整党内关系问题;(2)加强中共中央的问题;(3)加强省里党的领导问题;(4)对待谭平山党的策略问题。为此,向忠发表示想与拉斯科尔尼科夫见面谈一谈,"以便第一,亲自向您汇报您或许还不解的与中共过去的历史有关的一些情况,第二,听听您对这些问题的意见"①。

向忠发的这两封信立马引起了斯大林和布哈林的重视。1928年2月21日,向忠发又在有斯大林和布哈林参加的讨论中国问题的会议上作报告指出,当前中国共产党内的最大问题在于:一是存在着动摇不定的机会主义领导者;二是带有小资产阶级色彩的党的高级领导人互相之间争夺权力。他强调,解决这种问题的最主要方法,就是"建立工人阶级的领导并巩固它"②。

向忠发在莫斯科的表现,使共产国际对于全面改造中共中央领导

---

① 中共中央党史研究室第一研究部译:《共产国际、联共(布)与中国革命档案资料丛书》第7辑,中央文献出版社2002年版,第313—315页。

② 杨奎松著:《中共与莫斯科的关系:1920—1960》,台北东大图书公司1997年版,第226页。

机关有了相当的信心。因此,在中共六大上,莫斯科便将这个中意的人选不失时机地推举出来。

五、大会主角没有被选为继任

在六大进行的过程中,一直在会上唱主角的瞿秋白是否继续担任党中央的领导人问题,在代表们中间存在着议论。据张国焘回忆,当时出席大会的代表们对此有四种态度:瞿秋白及其支持者们,坚持认为八七会议以后的中央路线是正确的,只是犯了盲动错误;而与陈独秀关系较密切的王若飞、汪泽楷等人,则严厉地批评瞿秋白,认为他的所作所为都是错误的;在这两种极端主张之中,周恩来、李立三、邓中夏等人,主张维持瞿秋白中央的领导,但须纠正错误;而张国焘和蔡和森、项英、罗章龙、王仲一等,主张瞿秋白应彻底改正错误,才能继续留在中央工作。① 但是随着大会进程的进行和展开,不利于瞿秋白继任中央主要负责人的因素越来越明显。

一是八七会议后的盲动错误和十一月扩大会议后的惩办主义组织行为影响了六大代表对瞿秋白继任的支持率。中共六大既清算了大革命时期的机会主义错误,也批判了盲动主义的错误。瞿秋白无论在书面报告还是在口头报告及发言中,对盲动主义错误都进行了认真诚恳的分析和批判,也承担了个人该负的责任。六大政治决议案指出,盲动主义"是少数人要去进攻显然占着绝大优势的敌人,而不断地实行武装斗争,不要群众不顾群众的盲乱的瞎干";命令主义"就是不去教育

---

① 张国焘著:《我的回忆》第 2 册,东方出版社 1980 年版,第 380 页。

群众,不去说服群众,而是命令式指挥群众","强迫群众去起义","强制工人罢工"。决议强调指出:盲动主义和命令主义是当前使党脱离群众的"最主要的危险倾向",因此,必须在反对机会主义斗争的同时,继续清除盲动主义和命令主义。① 由于盲动主义和命令主义的错误,给一些来自基层支部的代表们留下的不良印象太深刻了,就如布哈林所言:"要知道许多同志都说他们受到了无法完成的起义命令的折磨。"因此,在六大上的中央委员会选举和在中共六届一中全会上的政治局委员选举时,这种折磨使"他们不想选举原中央委员会和政治局中的任何人。只是因为我们强力要求他们,他们才选举"②。

二是张国焘在六大上对瞿秋白的批评非常猛烈,他对瞿秋白的不满和"攻击",使瞿秋白的领导威信大受损伤。周恩来在他的《关于党的"六大"的研究》一文中曾这样描述当时的情况:"在'六大'会议上是有'山头'倾向的,不能完全平心静气地讨论问题,特别是与自己有关的问题,把反对机会主义与盲动主义看成人身攻击。那时机会主义的代表是张国焘,盲动主义的代表是瞿秋白同志,两人争论不休。"③张国焘和瞿秋白二人的分歧和争吵,对身为中央主要负责人的瞿秋白的领导形象以及他的继任无疑不利。

三是来自共产国际领导人的批评也很严厉。由于张国焘在六大上不放过一点攻击和批评瞿秋白的机会,而瞿秋白对张国焘的错误也没有表示沉默,对来自张国焘的批评也总是予以回击,因此两人经常争论不休,有时达到了短兵相接的程度。两个中央领导人互相攻击,对其他代表的情绪产生了不良影响。于是瞿秋白又招来了布哈林和米夫对他的严厉批评。"后来布哈林出来讲话,说就是你们这两个大知识分子

---

① 中央档案馆编:《中共中央文件选集》(1928年),第4册,中共中央党校出版社1983年版,第181—182页。

② 中共中央党史研究室第一研究部译:《共产国际、联共(布)与中国革命档案资料丛书》第7辑,中央文献出版社2002年版,第515—516页。

③ 中共中央党史研究室第一研究部编:《共产国际、联共(布)与中国革命档案资料丛书》第11辑,中央文献出版社2002年版,第242页。

在吵架,再吵就把工人干部提拔起来代替你们。"①除了共产国际领导人的严厉批评,还有各地的与会代表对盲动错误的批评也都集中到了瞿秋白的头上。这样就使大会的主角瞿秋白很自然地变成了大会的主要挨批者,因此也影响到共产国际对他的支持。

四是在瞿秋白领导威信大受损伤之时,向忠发本人的不俗表现以及米夫等共产国际领导人对他的青睐,使他在六大代表心目中的地位迅速提升,最终取瞿秋白而代之。如前所述,向忠发到莫斯科后,被斯大林和布哈林发现并有意栽培为中国共产党的领导人。但当时从国内各地到莫斯科出席六大的代表,并不是人人都清楚了解斯大林和布哈林的心思。但是,不久后通过大会的安排,代表们逐渐明白了莫斯科的意图,从而认识他,了解他,并最终接受他作为全党的领导人。首先,由共产国际审定、瞿秋白宣布的会议日程安排表,明确指定向忠发为大会开幕式和闭幕式的主持人。这份会议日程安排表是在大会正式开幕的前一天6月17日发给与会代表的,虽然大会开幕式和闭幕式的主持人仅仅是一个具有荣誉性质的会议职务,但这种安排已把共产国际要重用向忠发的意图表露了出来。当然此时的向忠发并不一定确切地知道或清楚地意识到自己的政治生命将出现重大转折,而瞿秋白也不一定了解共产国际的意图。其次,在整个六大进行期间,向忠发与众不同的表现为自己加了分、添了彩。先是在布哈林召集的政治谈话会上,向忠发的发言既表现了自谦,又显示了自己的独立思考。他说:"第一,我离开中国很久,很多实际情况缺乏了解;第二,我对于党的理论也知之不多,正如斯大林所说,还缺少马克思主义的观察力。"这几句自谦的话在当时大多数人都把矛头指向别人的时候无疑有它的影响力。接着,在几乎所有的与会者都把批评的矛头指向以前的和现在的中共中央及其领导人时,向忠发则声称:第一,中国共产党的机会主义错误的产生,最主要的是它的小资产阶级社会基础;第二,中央的错误要批评,

---

① 中共中央党史研究室第一研究部编:《共产国际、联共(布)与中国革命档案资料丛书》第11辑,中央文献出版社2002年版,第242页。

但不能站在个人的立场上,更不能不顾事实,把所有问题都说成是中央的。向忠发这种与众不同的态度一直坚持到六大结束。按照周恩来后来的评价,向忠发当时的这种做法完全是"左右开弓",既反对会议中以瞿秋白为代表的"左"的倾向,又反对以张国焘为代表的右的倾向。其实向忠发在六大上能够如此坚持己见,表现不俗,完全是因为他在莫斯科生活了大半年,对共产国际的一些观点和想法比较清楚所致。也就是说,向忠发在大会上的发言和看法有不少是来自共产国际的,比如他批评瞿秋白的政治报告受到罗米纳兹理论的影响,显然是因为罗米纳兹的观点早在苏联受到公开批评;他强调党的小资产阶级社会基础,也正是共产国际内部判断中国革命失败原因的基本结论之一。但他不同意把一切问题都归结到中共中央,也确有一些自己的思考,并不纯粹是照搬共产国际的说法。① 总之,随着大会进程的发展,向忠发的影响与日俱增。

7月9日,大会通过选举法,确定正式候选人名单。7月10日,大会结束的前一天,在选举新的中央执行委员会时,米夫经与瞿秋白等中央领导人协商,通过大会主席团提出的选举法,正式确定了一份候选人名单。该名单一共有36人,工人占到了22人,向忠发的名字被排在第1位。至此,已很少有人不了解共产国际的意图。当日大会进行正式选举,列入名单的36位候选人全部当选为中央委员(23人)和候补中央委员(13人)。当选的正式中央委员23人,按得票多少的顺序,向忠发排第三位,前面第一、二名是杨福涛、顾顺章,均是工人。

大会闭幕后的7月19日,新中央执行委员会举行六届一中全会,选举新的政治局委员。出席会议的有中央委员12人,候补中央委员11人,共23人;规定凡出席者均有表决权。会议推选向忠发为主席主持会议,布哈林和米夫亲自参加会议,并提出了一份新中央政治局委员7人候选名单,即向忠发、项英、周恩来、瞿秋白、张国焘、蔡和森、李立

---

① 杨奎松著:《中共与莫斯科的关系:1920—1960》,台北东大图书公司1997年版,第229页。

三。经过选举,名单都通过了。

在选举过程中,瞿秋白虽然当选为中央委员和中央政治局委员,但他的每次得票都不算太高,政治局常委也没有被选上。而向忠发几乎被所有投票人不约而同地推举为中共中央常务委员会主席。至此,中共党史上唯一一任工人出身的中央总书记诞生了,而共产国际通过培植工人领袖来改造中共中央领导机关的意图也初步得到了实现。

这样,在六大上唱主角的原党中央主要负责人瞿秋白没有被大会选为继任。当然,对瞿秋白来说,当不当党的主要领导人并不影响他继续革命的意愿。但是共产国际及其领导人却还是很重视继续发挥瞿秋白的政治领导作用。因此,布哈林在会上对选举工作进行了适时的引导。在六届一中全会上,布哈林强调,要执行大会通过的决议,先决条件是要有团结、巩固和统一的党中央。对于犯过错误的同志,只要拥护大会决定的政治路线,有一定的政治经验,仍可以选入政治局。他说:"会议指出了原中央所犯的左倾'盲动主义'错误。部分同志在会上反对原中央,应该让他们都参加政治局。需要把党的全部精力和力量都集中在政治局周围,并要把党统一起来,只有那时党才能够争取群众,组织群众,准备迎接即将到来的新的革命高潮。"另外,布哈林在会上还特别强调,要"推举两名有经验的同志到中共驻共产国际执行委员会代表处工作",但这两名同志"最好是瞿秋白和张国焘。是否推举他们,由你们自己决定"①。

这样,由于共产国际及其领导人布哈林的安排,瞿秋白便成为第六届中共中央政治局委员和中共驻共产国际代表团首任团长,实际上还是担负着中国共产党的主要领导人,只不过是领导方式发生了改变,瞿秋白在莫斯科代表共产国际行使对中共中央的领导权。

做了总书记的向忠发很快将自己的工作交给了新的驻共产国际代表瞿秋白和张国焘,然后带着蔡和森、李立三绕道欧洲回到了中国。有

① 中共中央党史研究室第一研究部译:《共产国际、联共(布)与中国革命档案资料丛书》第7辑,中央文献出版社2002年版,第511页。

趣的是,经过中共六大,瞿秋白在中国共产党内的领导职务被向忠发取而代之,而向忠发在莫斯科的角色被瞿秋白接替。当然,还是有些区别:瞿秋白是在八七紧急会议上担任临时中央政治局总负责人的,而向忠发是经过党的全国代表大会正式选举任命的;向忠发在莫斯科担任中共驻共产国际代表是中共中央管组织的李维汉临时安排的,而瞿秋白担任中共驻共产国际代表及代表团团长则是经过共产国际和中共中央一致决定后正式任命的。

第十章

莫斯科风雨中的中共代表团团长(上)

中共六大期间,代表们对共产国际及其派驻中国的代表进行了尖锐的批评,这种领导中国革命方式的弊端,引起了联共(布)中央政治局和共产国际领导人的高度重视。莫斯科经过慎重考虑,决定吸取以往的教训,改变对中国革命的指导方式,由派出驻华代表到派来驻莫代表团。因此,中共六大结束后,共产国际不再选派代表到中国,而是改由中共在共产国际设立常驻代表团,通过代表团指导中国革命。"俄罗斯解密档案"资料告诉我们:经布哈林提议,瞿秋白与张国焘作为中共驻共产国际代表而留在了莫斯科。这样,六大以后中共组成了驻共产国际代表团,其成员包括中共驻共产国际代表瞿秋白、张国焘,中华全国总工会驻红色工会国际代表邓中夏、余飞(余茂怀),中国农民协会驻农民国际代表王若飞,共青团中央驻少共国际代表陆定一等人。瞿秋白为代表团团长,张国焘为副团长。

瞿秋白离开上海到莫斯科后不久,他的夫人杨之华受组织派遣带着女儿瞿独伊,随后也来到莫斯科并参加了六大。这是他俩第二次也是最后一次一起参加党代会(第一次是五大)。中共六大结束后,瞿秋白留任莫斯科,杨之华也被安排进中山大学特别班学习。他们在莫斯科的"新家"就是共产国际专供外国工作人员居住的特维尔斯卡亚大街上的柳克斯旅馆二楼12号,里面陈设简单,一张办公桌,一个书柜,几把椅子,一张沙发,一张床,厨房和厕所是公用的。整个房间,前半间办公,后半间是卧室。沙发白天供来访者坐用,晚上则是独伊睡觉的地方。12号房间还有一个阳台,春夏期间总是摆满了花草。这是一个革命者在异国他乡的温馨之家,一家三口在和平的大都市工作、学习和生活,不用像在国内那样处于"地下"状态,不必时刻担心被叛徒出卖,应该说,从这时起直到1930年7月被派回国止,莫斯科的这段生活,算是瞿秋白自投身革命直到壮烈牺牲的整个斗争生涯中最安稳最悠然的一段岁月。然而,真实的生活并没有那么轻松自如,首任中共驻共产国际代表团团长在莫斯科度过的几年却是挟风带雨的岁月。

一、在共产国际六大上质疑"第三时期"理论被批评

1928 年 7 月 17 日至 9 月 1 日共产国际第六次代表大会在莫斯科召开。由于中共六大刚刚闭幕，大会的许多代表还留在莫斯科尚未离开，因此，中国共产党一共选派了 31 名代表组成以苏兆征为团长的代表团参加了这次国际代表大会。瞿秋白与苏兆征一起当选为共产国际六大主席团委员。同时，他还与苏兆征、张国焘一起被选入纲领起草委员会，又被指定为大会"民族殖民地革命运动问题"补充报告人。瞿秋白精通俄文，具有深厚的理论素养，加之他又是中共驻共产国际代表团团长，所以他在共产国际六大上成为引人注目的中共代表中的重要发言人也就不足为怪。

共产国际六大先后召开了 46 次会议。7 月 17 日开幕的第一次会议，主要是宣布大会开始并讨论中国的问题。共产国际领导人布哈林亲自主持会议。他在短短的开幕词中，首先要求与会代表哀悼世界各国无数为国际无产阶级革命事业而抛头颅、洒热血、献生命的战友，接着以与会代表难以忘怀的深沉感情谈到中国的革命人民。他说，有一个巨大、遥远而富于古老文化的国家，现在正浴于工人和农民的血泊之中。"这个国家就是中国。那里的广大群众奋起抵抗帝国主义强盗，几乎是赤手空拳地同帝国主义走狗们搏斗。我们成千上万的中国同志在插竹签、剜眼睛的酷刑折磨之下死亡，在绞刑架下就义。他们高呼着

'共产主义胜利万岁！无产阶级的党胜利万岁！'倒下去。"①

　　布哈林通过这段声情并茂的话语，将中国共产党空前困难的处境展现在与会代表的面前，整个大会被中国革命在亚细亚式的残酷镇压下进行的悲壮气氛所笼罩。因此，会议在布哈林致完开幕词、中国代表李光（即苏兆征）和日本代表片山潜相继念完祝词后，立即通过并宣读了共产国际英国支部、美国支部和日本支部提出的《告中国工人和劳动人民书》。这份《告中国工人和劳动人民书》指出：中国劳动人民的大无畏精神、对革命事业的忠贞以及视死如归的英雄气概震惊了全世界。"大会宣布，它为有中国这支队伍而自豪，为中国共产党空前迅速的发展壮大而自豪，为中国共产党在斗争前列所表现的英雄气概而自豪，为中国共产党揭发和改正自己队伍中的错误所表现的大无畏精神而自豪。"②接着，大会通过了美国共产党领袖福斯特提出的《关于支援中国革命的国际双周运动的议案》③，号召对中国革命进行积极援助。

　　1928 年 7 月 18—19 日，在第二、三次会议上，布哈林作关于共产国际执行委员会工作的报告。报告在谈到"殖民地和半殖民地的革命问题"时，他认为共产国际的路线和策略是正确的，错误是中国共产党在执行过程中犯下的。他说："整个说来，错误并不在于基本的策略方针，而在于政治行动和中国实际执行的具体路线。"④布哈林在报告中说："如果通观共产国际整体，则当前右倾是主要危险。"在分析右倾危险产生的主要原因及表现后，布哈林接着指出："中国在愚蠢之极的右倾时期以后，又出现了'左'倾。目前'左'倾具有盲动情绪、盲动策略

---

① 中国社会科学院近代史研究所翻译室编译：《共产国际有关中国革命的文献资料（1919—1928）》第一辑，中国社会科学出版社 1981 年版，第 355 页。

② 中国社会科学院近代史研究所翻译室编译：《共产国际有关中国革命的文献资料（1919—1928）》第一辑，中国社会科学出版社 1981 年版，第 360 页。

③ 中国社会科学院近代史研究所翻译室编译：《共产国际有关中国革命的文献资料（1919—1928）》第一辑，中国社会科学出版社 1981 年版，第 362—363 页。

④ 中共中央党史研究室第一研究部编：《共产国际、联共（布）与中国革命档案资料丛书》第 11 辑，中央文献出版社 2002 年版，第 252 页。

等形式。但是,一般说来,现在脱离正确路线的倾向是右比'左'更甚。"①

布哈林在这里虽然批评了中共的"左"倾,但更重要的是他毫不含糊地指出中国共产党要反对右倾。他这么一说,就使与会的中共代表尤其是瞿秋白有些不知所措。因为刚刚结束的中共在第六次代表大会上批判了大革命后期的右倾机会主义和八七会议以后发展起来的"左"倾盲动主义,也就是说,要求既反机会主义又反盲动主义,使全党的思想有了初步的统一。现在共产国际六大又认为中共的主要危险不是"左"而是来自右,又提出了反右倾的任务,这就使得中共党内的反倾向斗争变得模糊不清。

布哈林对形势作出这种判断的理论依据,是所谓"第三时期"理论。何谓"第三时期"理论? 就是布哈林在共产国际六大政治报告中对战后共产国际所处时代的世界革命形势的一种认识和论断,即认为从第一次世界大战至共产国际六大召开时为止,根据政治力量和社会环境的发展变化,世界革命的形势呈现出三个不同的时期:第一时期是1918 年至 1923 年,由于资本主义经济发生尖锐危机,无产阶级直接起来发动革命,于是形成一个"严厉的革命恐慌时期";第二时期是1924 年至 1927 年,由于资本主义经济发展相对稳定,于是形成了一般的无产阶级防御争斗特别是防御罢工的时期;1928 年进入第三时期,在这一时期由于各种矛盾特别是帝国主义之间、帝国主义与殖民地人民之间、帝国主义与苏联之间的矛盾日益加剧,导致资本主义稳定进一步瓦解,矛盾总爆发的结果是,整个资本主义世界全线崩溃,世界革命取得最后胜利。② 按照这种理论划分,中共六大和共产国际六大都是在"资本主义世界全线崩溃"的第三时期召开的,那么此后共产国际对中国革命的指导方针和策略的提出,主要就是依据"第三时期"理论对革命

① 中共中央党史研究室第一研究部编:《共产国际、联共(布)与中国革命档案资料丛书》第 11 辑,中央文献出版社 2002 年版,第 255—256 页。

② 中共中央党史研究室第一研究部编:《共产国际、联共(布)与中国革命档案资料丛书》第 11 辑,中央文献出版社 2002 年版,第 434—439 页。

形势的判断而展开的。

其实,"第三时期"理论并不是布哈林个人的观点,而是斯大林及联共(布)中央的思想和理论,只不过是借布哈林之口在共产国际大会上提出来。那么布哈林是怎样接受"第三时期"理论的呢? 这就要探讨联共(布)反倾向斗争对共产国际总路线、总政策产生影响的根源。按照共产国际的组织章程规定,共产国际是一个世界性的政党,从组织关系上来看,各国共产党包括联共(布)都是它的支部。但是由于共产国际是由联共(布)党的领导人一手创立起来的,其总部又设在莫斯科,所有的开销和花费依靠的是苏联的卢布。这一切决定了联共(布)与共产国际的关系不可能像世界其他国家的共产党与共产国际的关系那样,而只能是一种超然于共产国际章程规定之外的特殊关系。实际上,联共(布)是共产国际真正的领导者。共产国际的领导人不仅是联共(布)中央的领导成员,而且他们的任免也是先由联共(布)中央决定,然后再由共产国际执委会作出决议,然后颁发文件进一步明确。同时,共产国际的所有决策和路线都是在联共(布)的支配和影响下作出的。联共(布)中央通过它的驻共产国际执委会代表团,在确定共产国际最高领导人的任免和审定其最高政策的过程中,起着特殊的决定性作用。其代表团的权限很大,可以说是共产国际决策层的决策核心。如撤销共产国际第一任领导人季诺维也夫的职务,任命布哈林为第二任共产国际的最高领导人,这些人事变动都是联共(布)代表团在起决定作用。联共(布)代表团在共产国际的这种特殊地位,布哈林是无法改变的。不仅如此,到筹备召开共产国际六大时,布哈林在联共(布)党内的地位开始发生动摇。列宁逝世以后,布哈林积极参加了以斯大林为首的反对托洛茨基、季诺维也夫以及"联合反对派"的斗争,斯大林则充分地利用了布哈林在理论上的威望和才能,他让布哈林承担了从理论上驳斥和批判反对派的任务。但是在"联合反对派"垮台以后,被斯大林派称为"我党最优秀的理论家"的布哈林开始步"联合反对派"的后尘,成为批斗的对象。原因是布哈林与斯大林派在建立集体农庄、对富农的政策等经济问题上产生了分歧。1928 年 7 月上旬,在联共（布）中央召开的全会上，双方展开了激烈的争论。布哈林在会上指责斯大林在政治上的所作所为，虽然全会最终在协议中接受了布哈林的一些观点，但双方的对立已经明显产生。历经党内多次斗争的布哈林意识到了自己的危险：斯大林要"割断"他的"喉咙"。共产国际六大就是在这个时候召开的。在共产国际六大以前，布哈林起草了《论国际形势与共产国际的任务》的提纲草案，内中并无"第三时期"理论。他认为目前还没有发生新的动摇资本主义稳定的事实，一般说来，资本主义还是稳定的。共产国际六大召开时，布哈林把他的提纲草案发给了包括联共（布）代表团在内的各国共产党代表团，结果遭到了联共（布）代表团的强烈指责。布哈林的提纲草案被说成是未经联共（布）代表团"审核"的不合乎"手续"的东西，并被批评为右倾。然后代表团以各种借口对提纲草案作了 20 处之多的修改。修改的结果是，布哈林的提纲草案被根本否定，新的提纲草案取而代之。为了保住在联共（布）党内日益动摇的地位，布哈林服从了这一修改，并竭力表现出他本人是同意联共（布）代表团立场的。这样，他按照联共（布）驻共产国际代表团审定的《论国际形势与共产国际的任务》的提纲在共产国际六大上作了政治报告，并提出了"第三时期"理论。

共产国际六大讨论并通过了如下文件：《共产国际纲领》《共产国际章程》《关于国际形势与共产国际任务的提纲》《关于殖民地和半殖民地国家革命运动的提纲》。其中，布哈林作的《关于国际形势与共产国际任务的提纲》的政治报告提出了"第三时期"理论。布哈林在该《提纲》中指出："目前，由于资本主义的局部稳定和社会民主党的直接影响，在各国共产党内的主要偏向，是离开正确政治立场的右倾。"①他在作政治报告的结论时说："托洛茨基的反对派失败之后主要的危险毫无疑惑的是右倾的危险。从现在时机内之任务的观点上以及未来的观察上这个危险是很大。"他又说："右倾的危险是一个事实，不只在现

---

① 中共中央党史研究室第一研究部编：《共产国际、联共（布）与中国革命档案资料丛书》第 11 辑，中央文献出版社 2002 年版，第 456 页。

今局势之观点上,即在未来局势之观点上亦是一个危险的事实。我们不应不注意它。"①

布哈林在共产国际六大上明确提出反对右倾危险的指导思想,表明"第三时期"理论是一个地地道道的可能引导各国共产党迅速左转的"左"倾理论。由于有了这样一种对世界革命形势的分析和预测,因此,共产国际六大政治报告指出:"若是我们要分析现今的局势和我们的期望,则我们应在党内的路线上抽出结论来,我们应该在整个的战线上,在整个的路线上向右派进攻。"②也就是说,由于布哈林在政治报告中提出了"第三时期"理论,因而实际上也就有了共产国际对各国共产党的革命策略和指导思想提出转变的要求,即各国党必须加紧革命的进攻,在各党内部开展反右倾的斗争,反对共产国际各支部内的"调和态度",要向"左"转。这一理论,以及由此而产生的对于中国革命的错误指导,是影响中国共产党后来重犯"左"倾错误的重要原因。

对于"第三时期"理论,7 月 27 日在讨论布哈林报告的第 12 次会议上,瞿秋白作为参加大会的中国代表提出了自己的质疑。他的发言既直接又策略。他说:虽然中国共产党内有许多所谓的"知识分子",但是我们的知识十分贫乏,尤其是在国际问题上。我对其中许多问题不甚了然,但是仍想谈谈布哈林同志在提纲中提到的几个问题。第一个问题是总的形势。现在总的形势的特点是资本主义稳定和帝国主义阵营内部矛盾日益增长。我们面临着战争危机、反苏战争的危机以及干涉中国革命的危机。"共产国际的总任务就是防止战争、保卫苏联和保卫中国革命。可能这三项任务就是所谓第三时期的特点。但是,我认为,这里我们还有一个空白,就是在经济分析方面,当谈到工业生产力的增长、技术的改善等等情况时,只是轻描淡写地谈了一下新的经济形势对农业、对亿万农民现状的影响。这方面的分析是浮光掠影或

---

① 中共中央党史研究室第一研究部编:《共产国际、联共(布)与中国革命档案资料丛书》第 11 辑,中央文献出版社 2002 年版,第 439、440 页。
② 中共中央党史研究室第一研究部编:《共产国际、联共(布)与中国革命档案资料丛书》第 11 辑,中央文献出版社 2002 年版,第 442 页。

不够清楚的。"①但是,应该对于农民在将来战争中的重要作用,无产阶级对待农民的策略问题,帝国主义对殖民地半殖民地的争夺和掠夺,以及太平洋远东问题等,都应该有详细的分析,准确地估量,清楚地阐述。因此,瞿秋白认为"既然我们在提纲中得不到有关农业、殖民地和太平洋问题的明确答案,那么所谓第三时期和第二时期似乎就区别甚微了(有人插话:对!)"②。

瞿秋白的发言立即遭到了布哈林的批评。布哈林在《国际形势与共产国际之任务——在共产国际第六次世界大会上对于政治报告的结论(节录)》中专门就有关"第三时期"理论的争执问题进行了说明。他说:"对于这个问题之第二个辩驳者是中国同志斯特拉霍夫(瞿秋白的俄文名字——引者注)。他说,我们不懂得这个问题,因之我们相信,这第三阶段是不成立的。但是我们赞成,在提纲中提到他。"③布哈林认为瞿秋白若否认第三阶段之成立便是错误的。他说:"当司同志说第二与第三阶段之间无有分别的时候,旁听席中有人嚷着说:'很对。'我不知道是谁说的这个插语,总之他欲证明他的特殊的逻辑的能力。若是生产力之发展与技术之发展间有密切的相互的关系存在时,那么很显而易见的在逻辑与发言间不常有一个这样的相互的关系存在着。"接着,布哈林尖锐地指出:"司同志在他的讲演的末尾说,在提纲中应该把第三阶段叙述出来。但是第三与第二阶段若无有区别时,亲爱的司同志,为什么要费这个心力去叙述他呢?难道我们的纸无处用吗?"④

1928 年 8 月 4 日,在第 22 次会议上,瞿秋白(斯特拉霍夫)针对布哈林的发言特别声明:他"根本没有说第二时期和第三时期之间没有

① 中共中央党史研究室第一研究部编:《共产国际、联共(布)与中国革命档案资料丛书》第 11 辑,中央文献出版社 2002 年版,第 262—263 页。
② 中共中央党史研究室第一研究部编:《共产国际、联共(布)与中国革命档案资料丛书》第 11 辑,中央文献出版社 2002 年版,第 264 页。
③ 中共中央党史研究室第一研究部编:《共产国际、联共(布)与中国革命档案资料丛书》第 11 辑,中央文献出版社 2002 年版,第 438 页。
④ 中共中央党史研究室第一研究部编:《共产国际、联共(布)与中国革命档案资料丛书》第 11 辑,中央文献出版社 2002 年版,第 438—439 页。

区别",他的意思是说,在提纲中可以提出第三时期,但是应当对第三时期"加以说明","必须更清楚、更确切地分析:一、资本托拉斯化、国家资本主义倾向、技术发展等等对于农业和农民的影响,对于农民阶级分化的影响,对于农村阶级力量改组的影响;二、这个新的时期,即西方和美国阶级斗争尖锐化和存在着反苏战争危机的时期,对于殖民地和半殖民地,特别是对于东方各国农民的影响;三、无产阶级在未来大规模的斗争中的领导作用问题"①。

可见,瞿秋白并没有反对"第三时期"理论,只不过是表示了自己在理论上的质疑,不意却遭到了布哈林的批评。当然瞿秋白的质疑并不能改变整个共产国际六大的反右基调和"左"倾指导思想,也无法避免此后莫斯科对中共及其领导的中国革命"左"倾指导带来的不良影响。但是,瞿秋白坚持独立思考,决不盲从理论权威的精神和对理论执着认真的态度,无疑体现了中共党人追求真理的勇气和决心。

1928 年 8 月 14 日,在共产国际六大的第 29 次会议上,共产国际领导人库西宁作了《关于殖民地和半殖民地国家的革命运动的报告》。接着,作为大会指定的"民族殖民地革命运动问题"补充报告人之一,瞿秋白 8 月 15 日在第 31 次会议上作了《关于殖民地和半殖民地国家的革命运动的补充报告》②,8 月 21 日,他又在第 39 次会议上作了《关于殖民地和半殖民地国家的革命运动问题的结束语》③的报告。瞿秋白在两个报告中,结合中国革命的经验教训,从理论上分析了殖民地半殖民地革命的性质特点,革命动力、土地问题、资产阶级作用问题等,回顾和总结了大革命时期国共合作的经验教训,阐述了作为殖民地革命的中国革命的作用,以及它在整个世界社会主义革命中的作用,同时对世界革命和国际形势也提出了自己看法。

---

① 中共中央党史研究室第一研究部编:《共产国际、联共(布)与中国革命档案资料丛书》第 11 辑,中央文献出版社 2002 年版,第 297 页。

② 中共中央党史研究室第一研究部编:《共产国际、联共(布)与中国革命档案资料丛书》第 11 辑,中央文献出版社 2002 年版,第 318—350 页。

③ 中共中央党史研究室第一研究部编:《共产国际、联共(布)与中国革命档案资料丛书》第 11 辑,中央文献出版社 2002 年版,第 410—424 页。

瞿秋白根据中国大革命的经验教训,在所作的报告和讨论发言中,一再强调殖民地半殖民地国家的无产阶级必须积极参加国民革命并取得革命领导权,为民族的彻底解放创造条件。他说,无产阶级的领导权,对于中国革命发展具有十分重大的意义。① 正因为如此,当我们必须同民族资产阶级建立联盟时,并不意味着我们自己就要变成民族资产阶级;当我们需要联合小资产阶级时,并不意味着我们自己在政治上要变成小资产阶级;当我们与农民中的大多数建立联盟时,并不是说我们应该变成农民。他强调,无产阶级与资产阶级争夺领导权的斗争很重要;无产阶级必须坚定地发动和依靠广大农民,建立巩固的工农联盟,必须把小资产阶级从资产阶级的影响下争取过来。

同时,结合中国革命的经验,瞿秋白在所作的报告中强调,在殖民地半殖民地国家进行推翻帝国主义的民族民主革命过程中,一定要重视农民的作用,农民应成为无产阶级依靠的重要力量。他说:"列宁教导说,在殖民地和落后的资本主义国家,农民是最基本的群众,正因为如此,我们在那里搞的是资产阶级民主革命。由此必须得出唯一的结论是:同民族资产阶级进行联合时,殖民地的无产阶级应把着重点放在农民身上,以便从共同斗争的第一天起就使民族资产阶级失去活动能力,从而把农民引向前去。"②

瞿秋白不仅强调在中国要重视农民在反帝反封建斗争中的重要作用,而且指出在整个东方国家开展农民武装斗争的极端重要性。他说:"我们亲眼看到,印度和中国的土地问题是个中心课题,是目前时期革命的主要内容。"其原因是"如果战争就是帝国主义之间争夺市场、争夺殖民地的斗争,那么殖民地和许多东方国家,即所谓农业国,恰恰就是原料产地。由于殖民地国家中的土地逐步兼并到地主和高利贷者手中,农民乃丧失土地,东方各国的土地问题就更加尖锐了"。因此,"农

---

① 中共中央党史研究室第一研究部编:《共产国际、联共（布）与中国革命档案资料丛书》第 11 辑,中央文献出版社 2002 年版,第 265—266 页。

② 中共中央党史研究室第一研究部编:《共产国际、联共（布）与中国革命档案资料丛书》第 11 辑,中央文献出版社 2002 年版,第 324—325 页。

民的作用,不论在东方和殖民地国家,还是在欧亚国家,对将来的战争都是举足轻重的"①。

在这里,瞿秋白实际上提出了一个重要命题,即农民武装斗争的发动和发展,是殖民地半殖民地人民争取反帝反封建的民族民主革命胜利的重要途径。同时,他对那些忽视殖民地国家的农民土地革命和农民战争的"号称马克思主义者"进行了批评。他指出,一个真正的马克思主义者对这些农民战争不应该采取"叶公好龙"式的态度。他宣称:"如果认为,就整体说,一切殖民地都是农业国家和农民国家,那我们就应该知道,整个国际就要有一套对待殖民地农民的策略,而且仅仅从这一观点出发,就可以制订出东方革命运动的当前策略。"②

作为中国共产党在八七会议至六大期间的主要负责人,瞿秋白在共产国际六大上的感觉不同于其他人。可以说,从大会主席布哈林到各国代表的发言,凡是涉及中国问题,都与瞿秋白有关,都能勾起他的回忆,令他想起作为中国革命航船舵手的日日夜夜。瞿秋白是中共驻共产国际代表、大会主席团成员,懂俄文又具理论素养,因此在共产国际六大上,他成为众所瞩目的人物,是中共代表中的主要发言人。当时,一共有8位中共代表作了14次发言,而瞿秋白一人就讲了5次。8月23日,在第43次会议上,瞿秋白还代表亚洲和东方各国共产党起草和发表了《关于苏联社会主义建设问题的声明》。③这篇声明的内容主要是针对托洛茨基反对派的,显然是为了适应当时莫斯科政治斗争形势而发表的。在共产国际六大上,由瞿秋白来代表东方各国共产党起草发表这样一份声明,说明他当时在国际无产阶级革命舞台上还算是一个有影响的人。

9月1日,共产国际六大闭幕。瞿秋白当选为共产国际执行委员

---

① 中共中央党史研究室第一研究部编:《共产国际、联共(布)与中国革命档案资料丛书》第11辑,中央文献出版社2002年版,第263页。

② 中共中央党史研究室第一研究部编:《共产国际、联共(布)与中国革命档案资料丛书》第11辑,中央文献出版社2002年版,第421页。

③ 《瞿秋白文集·政治理论编》第6卷,人民出版社1996年版,第102—105页。

会委员,在执委会里又当选为主席团委员。9 月 5 日,主席团会议产生了政治书记处,瞿秋白与布哈林、库西宁、莫洛托夫等一起担任书记处成员。这次国际共产党人的集会,使瞿秋白的个人影响从中国共产党的政治舞台转移到了国际共产主义舞台,成为国际共产主义运动领导人之一。

二、卷入罗米纳兹与佩佩尔的争论

在共产国际六大讨论布哈林报告及殖民地和半殖民地革命运动问题时,曾经驻华的共产国际代表罗米纳兹和共产国际候补书记、美共党员佩佩尔之间,就广州起义问题爆发了一场争论,瞿秋白不可避免地卷入了其中。

在共产国际六大召开的前后,佩佩尔以雷贝尔格的笔名在最近一期的《共产国际》上发表文章,对已经过去了半年多的广州起义进行回顾和评价。佩佩尔认为:"广州起义遭到了而且不可能不遭到失败。其原因就是:起义的社会基础不够广泛,广州和广东省起义的取胜条件不够成熟,革命和反革命军事力量的实际对比不十分有利于起义,起义的时机(12 月 11 日)选择不当。"在他看来,"起义领导者所犯的军事上和组织技术上的错误(诸如计划考虑欠周到,没有夺取军需和枪支弹药仓库,不善于设置街垒,没有使用解除武装的步兵和炮兵兵力等),无疑对广州斗争的结局也有着相当大的影响,但是,这些错误比之于前述的客观原因毕竟仅仅有从属的意义,而非决定性的意义"。

因此,在佩佩尔看来,"组织起义本身就是广州共产党人的绝大错误"①。很显然,佩佩尔的言下之意:广州起义是一次盲动的错误。

这篇文章引起了罗米纳兹的反感,而共产国际六大因"第三时期"理论导致的"左"倾指导思想,无疑鼓励了一向有些偏"左"的罗米纳兹。1928年7月28日,在讨论布哈林报告的第14次会议上,罗米纳兹首先向佩佩尔挑战,他说:"我想就中国问题讲几点意见。提纲中关于广州起义有以下一段:'大会认为,企图把广州起义看作是盲动,这是完全错误的。广州起义是中国革命过去一段时期的中国无产阶级的英勇掩护战,尽管领导上有重大错误,它依然是新的苏维埃革命时期的一面旗帜。'"罗米纳兹认为,这段文字具有重大的原则意义。它不仅是对托洛茨基反对派(他们宣称广州起义是共产国际组织的盲动和冒险)诽谤的应有回答,而且也可以果断地制止共产国际队伍内部的动摇。②

在罗米纳兹看来,佩佩尔的文章对广州起义的评价,与提纲中提出的评价毫无共同之处,恰恰表现了这种动摇。他认为佩佩尔文章真正反映了这样一种思想,即广州起义的主要错误就在于组织了起义。③也就是说,广州起义是"盲动"。他还对佩佩尔来了一下幽默,说佩佩尔同志对于广州起义问题是这样一种意见:在广州起义发生前他反对广州起义,在广州起义过程中他反对广州起义,在广州起义后他还是反对广州起义。④

罗米纳兹说:"我的错误在于,我认为广州起义不是一场掩护战,不是总结整个一个革命时期的最后一幕的斗争,而认为是中国革命新高潮的开端。事实驳倒了这个观点。事实证明,广州起义是许多革命

---

① 中共中央党史研究室第一研究部编:《共产国际、联共(布)与中国革命档案资料丛书》第11辑,中央文献出版社2002年版,第280—281页。

② 中共中央党史研究室第一研究部编:《共产国际、联共(布)与中国革命档案资料丛书》第11辑,中央文献出版社2002年版,第280页。

③ 中共中央党史研究室第一研究部编:《共产国际、联共(布)与中国革命档案资料丛书》第11辑,中央文献出版社2002年版,第281页。

④ 中共中央党史研究室第一研究部编:《共产国际、联共(布)与中国革命档案资料丛书》第11辑,中央文献出版社2002年版,第281—282页。

战斗总链条中的最后一环。""广州起义以后，开始了镇压。我的错误在于，我没有正确估计广州起义后的形势，仍然认为今后必须坚持广州起义以前那种直接进行武装起义的路线。现在完全清楚了，这条路线在广州起义后已没有基础。"①

罗米纳兹还要求，中国同志有充分的权利回答那些责难他们草率从事和不合时宜地发动广州起义的人们。这实际上就是要求中国代表参与争论。

罗米纳兹的批评使佩佩尔感到了压力。当天，他就在讨论会上发表声明说："刚才洛米纳兹同志在会上提出了一个荒谬绝伦的论点，说我认为广州起义是盲动。可他却拿不出我一篇文章、我的一次讲话作证据。"接着，他毫不留情地回击罗米纳兹，说以仲裁者面目出现的罗米纳兹不作自我批评，"他在这里一字不提执委会第九次扩大全会曾批评了他的中国不断革命论。这是托洛茨基的理论，这是有害的观点，这是一种同托洛茨基在一九〇五年所犯的错误相类似的错误"②。而罗米纳兹也发表声明辩驳说："佩佩尔同志没有直截了当地说广州起义是盲动，他缺乏这个勇气。但是，佩佩尔同志设置了一切前提，从这些前提中只能得出一个结论，即广州起义是盲动，此外，不可能有其他结论。"③

1928 年 8 月 18 日，在讨论殖民地和半殖民地国家的革命运动问题的第 36 次会议上，佩佩尔再次对罗米纳兹进行了回击，他说："必须指出，中国共产党的领导在认识资产阶级民主革命的过程中犯了两个历史性的错误。从党的领导方面的错误看，中国共产党的历史可以划分为两个时期：第一个时期我们称之为孙中山主义时期，第二个时期则称之为不断革命时期。第一个时期，党的领导以孙中山主义为旗帜犯

---

① 中共中央党史研究室第一研究部编：《共产国际、联共（布）与中国革命档案资料丛书》第 11 辑，中央文献出版社 2002 年版，第 282、283 页。

② 中共中央党史研究室第一研究部编：《共产国际、联共（布）与中国革命档案资料丛书》第 11 辑，中央文献出版社 2002 年版，第 290、291 页。

③ 中共中央党史研究室第一研究部编：《共产国际、联共（布）与中国革命档案资料丛书》第 11 辑，中央文献出版社 2002 年版，第 292 页。

了错误。第二个时期则以不断革命为旗帜,他们不遵循马克思的教导,而是信奉托洛茨基的谬论,犯了错误。"[1]"这两个错误之间有某种共同之处。孙中山主义时期和托洛茨基式的不断革命时期有以下共同特点:无论在这一或那一时期,中国共产党的领导都错误地估计了该革命阶段。"[2]

佩佩尔在分析了这两个错误的不同表现和根源后,接着就重点批评罗米纳兹的不断革命论。他说:"我认为必须详细谈一下不断革命论,看看这个论点是怎样针对中国革命提出来的。这个理论不仅是1927年中国共产党中央委员会十一月提纲提出来的,而且是洛米纳兹同志在共产国际执委会中国问题委员会上百般坚持过的。""洛米纳兹同志所说的原理有两个论点:1. 中国革命已经不是资产阶级民主革命,而是无产阶级社会主义革命;2. 中国革命是不断革命。这两个论点结合起来,就意味着越过整整一个革命阶段,也就是说,越过资产阶级民主革命阶段。洛米纳兹同志说,中国革命的动力不是资产阶级,而是无产阶级和农民,这完全正确,但是,他又说这个革命的内容已经不是资产阶级民主主义的内容,而是无产阶级社会主义的内容,则又是根本谬误的。"讲完上面这番话后,佩佩尔又重重地刺激了一下罗米纳兹,他说:"洛米纳兹同志对待中国革命的态度,与托洛茨基对待1905年俄国革命的态度相似。托洛茨基的理论也包含这两点:承认不断革命和否认资产阶级民主革命。"[3]

佩佩尔的言论激怒了罗米纳兹,1928年8月20日,在第38次会议上他再度回击佩佩尔说:"最后,我趁结束发言的机会,答复佩佩尔同志几句话。佩佩尔同志在这里花了不少时间谈我的问题。我现在提出佩佩尔同志的问题,并非由于佩佩尔同志的辩驳和对我个人的攻击,使

---

[1] 中共中央党史研究室第一研究部编:《共产国际、联共(布)与中国革命档案资料丛书》第11辑,中央文献出版社2002年版,第365页。

[2] 中共中央党史研究室第一研究部编:《共产国际、联共(布)与中国革命档案资料丛书》第11辑,中央文献出版社2002年版,第366页。

[3] 中共中央党史研究室第一研究部编:《共产国际、联共(布)与中国革命档案资料丛书》第11辑,中央文献出版社2002年版,第367页。

我感到自己受到委屈和污辱。""这种斗争不是个人恩怨或清算个人旧账。我和佩佩尔没有也不可能有旧账可算，这完全是合乎规律的、健康的革命抗议，这是对那种体现着佩佩尔同志人格机会主义、非原则性和卑鄙的政治钻营的抗议。""我不像佩佩尔那样，要看风转舵，看什么人，也许是很有权威的人，对争议问题表示了什么意见，我不善于在一天之内或甚至在一小时之内就改变自己的观点。任何人没有看到过，任何人也绝不会看到佩佩尔和哪一位领导同志有过争论。显然，佩佩尔的原则性和脊梁骨都不太坚强。"①

1928 年 8 月 21 日，佩佩尔愤怒地发表声明说："洛米纳兹同志对我发出了离奇的责难。他声称，我历来没有胆量同共产国际的领导同志辩论。""从何时起同共产国际的领导同志的斗争成为判定一个共产党员的作风正派和有革命精神的标准？""我想在这里不厌其烦地再强调指出，不是我，而是洛米纳兹同志在这次世界代表大会上挑起关于评价广州起义的论战。"②

显然，他们之间的争论充满了火药味。本来，在共产国际的代表大会上，代表们彼此发表不同意见，展开理论探讨，甚至发生争论，也未尝不可。问题是当时莫斯科的政治环境比较微妙，斯大林派反托洛茨基派的反倾向斗争正在走向激化；而共产国际六大上布哈林提出的各国党要重点反击右倾的指导思想，也与这场口水战存在着因果关系。其实，作为共产国际领导人之一，佩佩尔对中国革命问题进行讨论，像罗米纳兹一样，提出自己的观点，发表意见，也是可以理解的。只是他总是将罗米纳兹在中国犯的理论和实践之错误与托洛茨基的相提并论，这就触到了罗米纳兹的"痛处"，而且从某种意义上说，对广州起义的否定也伤害了整个中共代表团的感情。所以中共代表团也卷入了争论之中。

---

① 中共中央党史研究室第一研究部编：《共产国际、联共（布）与中国革命档案资料丛书》第 11 辑，中央文献出版社 2002 年版，第 404、405、406 页。

② 中共中央党史研究室第一研究部编：《共产国际、联共（布）与中国革命档案资料丛书》第 11 辑，中央文献出版社 2002 年版，第 422、423 页。

佩佩尔 1928 年 8 月 18 日的发言,不仅激怒了罗米纳兹,而且也伤害了出席共产国际六大的瞿秋白及中共代表团。于是,瞿秋白不由自主地加入争论之中,他发言支持罗米纳兹而指责佩佩尔。8 月 21 日,他在第 39 次会议上作《关于殖民地和半殖民地国家的革命运动问题的结束语》讲话时说:

> 我受中国代表团委托要作如下声明:佩佩尔硬说中国共产党内过去是孙中山主义,现在是托洛茨基主义,这纯粹是诽谤。如果我们谈论一下托洛茨基主义问题,如果佩佩尔也甚至声称,我们在武汉政变以后,又陷入不断革命论而犯了错误,那么这是什么意思呢?其实托洛茨基认为,广州起义是十足的冒险,是地道的盲动,虽然他又说明,这个盲动,这个冒险,照他的说法又是"行将到来的无产阶级专政"。如果佩佩尔同志认为,我们在广州是按照不断革命论行动的,那么,他自己就是托洛茨基分子了。①

瞿秋白在他的长篇讲话中,为广州起义以及中国的土地革命和武装斗争策略进行了辩护,批驳了佩佩尔关于中国的土地革命、反帝运动、广州起义等观点,尤其是批驳了佩佩尔说广州起义是盲动、冒险,是按照托洛茨基的"不断革命论"行动的论点。他认为广州起义,虽然有许多缺点,但是它彻底打消了对国民党的一切幻想,开辟了中国革命的新时代,即苏维埃革命的新时代。同时,瞿秋白还严厉批评了佩佩尔在中国问题上"把土地革命同反帝运动对立起来",他说斯大林同志多次说过,反对帝国主义统治的斗争和争取土地的斗争是不可分割的。然后,他又批评佩佩尔提出的"中国出现了不断革命"问题。他说:"难道广州起义时,我们提议没收一些工厂企业,这就可以叫做不断革命吗?难道这已经是社会主义了吗?如果佩佩尔是这种看法,那他的观点当

---

① 中共中央党史研究室第一研究部编:《共产国际、联共(布)与中国革命档案资料丛书》第 11 辑,中央文献出版社 2002 年版,第 413—414 页。

然就和托洛茨基观点一致了。托洛茨基恰恰就在责备我们,说我们宣布国民党各派不受法律保护之后又搞了盲动。托洛茨基写道,如果宣布整个国民党和国民党各派不受法律保护,那么,这已经就是无产阶级专政了。如果可以这样理解佩佩尔,那他自己就应该承认,他是托洛茨基分子。"①当然,瞿秋白的发言也遭到了佩佩尔的反驳。

在托洛茨基已成为反革命和敌对分子代名词的时候,谁愿意成为托洛茨基分子?谁敢成为托洛茨基分子?所以,瞿秋白和中共代表团加入关于广州起义的争论之中,并且支持罗米纳兹反击佩佩尔,是完全可以理解的。

三、关注世界革命和殖民地民族革命运动

在莫斯科,瞿秋白身兼数职,是多个领域的负责人。中共六大结束后,他被任命为中共驻共产国际代表团团长;共产国际六大结束后,他当选为共产国际执行委员会委员和执委会主席团委员,在共产国际执委会内又被安排担任近东部部长。② 可见,作为中国共产党驻共产国际代表团团长,瞿秋白在莫斯科工作期间,不仅是中国共产党的领导人,需要处理代表团的日常事务,而且积极参加共产国际的各种活动,如参加共产国际大会、执委会和主席团会议,讨论殖民地民族革命问题、中国共产党和中国革命问题;参与起草有关殖民地民族革命问题的

---

① 中共中央党史研究室第一研究部编:《共产国际、联共(布)与中国革命档案资料丛书》第11辑,中央文献出版社2002年版,第415页。
② 中共中央党史研究室第一研究部译:《共产国际、联共(布)与中国革命档案资料丛书》第8辑,中央文献出版社2002年版,第34页。

决议文件,对殖民地半殖民地的革命运动给予特别关怀和支持;参与共产国际关于中国共产党和革命问题的决策,对国内的革命斗争提出指导性意见。同时还为共产国际和苏联报刊撰写文章,将中国革命的意义向世界各国人民广为宣传。总之,他以广泛而卓越的活动关注世界革命和殖民地民族革命运动,显身国际共产主义运动舞台,并成为其杰出的战士和活动家。

瞿秋白曾多次就殖民地半殖民地民族民主革命和世界无产阶级革命运动的问题,在共产国际会议上作长篇报告或讲话发言,并参与起草有关文件,对殖民地半殖民地的民族民主革命、世界无产阶级革命及中国革命的现实问题表现了极大的关注。如在 1928 年 7 月至 9 月召开的共产国际六大上作了《关于殖民地和半殖民地国家的革命运动的补充报告》和讨论后的"结束语"发言、参与有关纲领草案的起草工作;1929 年在共产国际执委会第十次全会上作了《共产国际在目前殖民地革命中的策略》的讲演,发表有关论文,等等。在这些报告、发言、演讲、论文、包括起草的纲领草案中,瞿秋白结合中国革命的历史经验教训,从理论上分析了殖民地半殖民地革命的性质特点、革命动力、土地问题、民族民主革命运动中农民的地位和资产阶级的作用问题等,阐述了他对世界革命、国际形势的看法。这些都凝聚着他对中国革命及殖民地半殖民地革命和世界革命问题的思想智慧、理论探索精神,体现了他对殖民地半殖民地国家的民族民主革命运动和世界革命运动的关注,以及强烈地参与意识。

瞿秋白分析了殖民地半殖民地国家的社会性质和革命任务。他指出殖民地半殖民地都是受帝国主义侵略压迫的国家,帝国主义对它们,或者直接占领和统治,或者通过扶持"走狗政府"和代理人进行间接统治,在政治、经济、军事和文化等各方面对殖民地半殖民地人民进行侵略、奴役和掠夺。因此,殖民地半殖民地国家的人民革命,首先是推翻帝国主义压迫、争取民族独立和解放的民族革命运动。同时,帝国主义总是与当地的封建势力相结合,保持其封建土地制度,以维持其殖民统治。封建的半封建的土地制度正是帝国主义和军阀官僚统治的基础。

所以必须打倒封建主义,铲除一切封建势力。于是推翻帝国主义和封建主义的统治,就成为殖民地半殖民地国民革命的主要内容。瞿秋白说:这种国民革命"是世界社会革命不可分隔的一部分";但"就各殖民地半殖民地本国而论,这种国民革命的职任,并非直接的实行社会主义的经济改造。他的性质始终带着资产阶级革命的色彩,他的切近的目的是在推翻种种变相的封建制度宗法社会,打倒外国的资产阶级而解放资产阶级的本国"①。所以殖民地半殖民地国家的革命,就是民族民主革命。

瞿秋白结合中国革命的经验,认为在殖民地半殖民地国家进行推翻帝国主义的民族民主革命过程中,一定要重视农民的作用。他说:仅仅依靠抵制、游行、集会和罢工等反帝斗争方式,"我们就不能推翻帝国主义在中国的统治。只有当无产阶级在土地革命的口号下把亿万农民群众发动起来的时候,我们才能真正推翻帝国主义。不能把土地革命同反帝革命对立起来"②。同时作为革命动力,农民也是一种不能忽视的巨大力量。瞿秋白指出,殖民地半殖民地国家和被压迫民族的革命,无产阶级、小资产阶级和民族资产阶级都是参加的,而最大的力量是农民,最彻底革命的阶级是无产阶级。因此,农民应成为无产阶级依靠的重要力量。

瞿秋白进一步指出,生活本身已经表明,在殖民地半殖民地国家的民族民主革命过程中,民族资产阶级和革命力量的接近是不可避免的,虽然这种接近是暂时的。因此,无产阶级"需要同民族资产阶级建立统一战线",共同进行反帝反封建的斗争。问题是与民族资产阶级搞联合,以进行反帝斗争,是有条件的。"这些条件是:(1)共产党人应该有独立性;(2)共产党人应该有组织工农群众的可能性;(3)资产阶级应该真正进行反帝斗争。"他还着重指出:"在民族革命中,民族资产阶级并不是无产阶级唯一的、很可靠的同盟者,无产阶级主要注意力应在

① 丁守和著:《瞿秋白思想研究》,四川人民出版社 1985 年版,第 357 页。
② 中共中央党史研究室第一研究部编:《共产国际、联共(布)与中国革命档案资料丛书》第 11 辑,中央文献出版社 2002 年版,第 414 页。

同盟者农民身上。关于这一点,列宁曾说过,以为对农民没有明确的态度,无产阶级政党就能在殖民地真正贯彻共产党政策和策略,那是地地道道的乌托邦。列宁教导说,在殖民地和落后的资本主义国家,农民是最基本的群众,正因为如此,我们在那里搞的是资产阶级民主革命。"①瞿秋白不仅强调在中国要重视农民在反帝反封建斗争中的重要作用,而且指出在整个东方国家开展农民武装斗争的极端重要性。由于帝国主义之间争夺市场、争夺原料产地、争夺殖民地的斗争日益激烈,"现在,殖民地农民广泛赤贫化,许多东方国家,尤其是中国,农民起义频仍"②。因此,农民斗争的爆发,农民的暴动是不可避免的。在中国,共产党领导的农民游击战争正在发展,在别的国家农民暴动也不断发生。"被压迫民族的人民必将拿起武器,打碎帝国主义的枷锁,并消灭那些革命的叛徒"③,争得民族的解放。在这里,瞿秋白实际上提出了农民武装斗争的发动和发展,是殖民地半殖民地人民争取反帝反封建的民族民主革命胜利的重要途径,这样一个理论的命题。他在发言中称那些忽视殖民地国家的农民土地革命和农民战争是"号称马克思主义者",并对其进行了批评,认为他们并不真正懂得现时东方发生的农民战争,正是马克思所说的"德国农民战争的再版"。他强调作为一个真正的马克思主义者,对这些农民战争不应该采取"叶公好龙"式的态度。④

根据中国大革命的经验教训,瞿秋白一再强调,殖民地半殖民地国家的无产阶级必须积极参加国民革命并取得革命领导权,为民族的彻底解放创造条件。他说,我们知道,无产阶级的领导权,对于中国革命发展具有十分重大的意义。因此,他强调无产阶级一定要与资产阶级争夺领导权,这个斗争很重要;无产阶级必须坚定地发动和依靠广大农

---

① 中共中央党史研究室第一研究部编:《共产国际、联共(布)与中国革命档案资料丛书》第11辑,中央文献出版社2002年版,第324页。

② 中共中央党史研究室第一研究部编:《共产国际、联共(布)与中国革命档案资料丛书》第11辑,中央文献出版社2002年版,第263页。

③ 中共中央党史研究室第一研究部编:《共产国际、联共(布)与中国革命档案资料丛书》第11辑,中央文献出版社2002年版,第299页。

④ 中共中央党史研究室第一研究部编:《共产国际、联共(布)与中国革命档案资料丛书》第11辑,中央文献出版社2002年版,第422页。

民,建立巩固的工农联盟,必须把小资产阶级从资产阶级的影响下争取过来,他说,"我们应该毫无条件地在这个运动中领导小资产阶级群众"。

针对托洛茨基派在殖民地半殖民地民族民主革命问题上的一些观点,瞿秋白发表《反对托洛茨基对列宁主义的进攻》《战争暴动革命之时代》《托洛茨基与国民党》等文章进行批评和驳斥。托洛茨基派认为有些殖民地半殖民地国家如中国、印度"任何封建残余都不存在了",资产阶级已经握得政权,因此它们所进行的革命不是资产阶级民主革命,而是无产阶级社会主义革命。瞿秋白除撰文反驳外,还在共产国际第十次全会上发表演讲指出,这实际上是否定和反对这些国家的农民土地革命,这种观点最终要使反帝民族革命遭到失败。他说:"土地革命是殖民地反帝国主义民族革命之中轴,尤其在中国和印度。""据我看来,我们应该认定一切殖民地中正有一个土地革命摆在我们面前。"这些国家的革命,目前正活动于各种矛盾基础之上,主要是:广大劳动群众对帝国主义间的矛盾,农民和地主封建势力间的矛盾。"这种矛盾是中国、印度及其他殖民地国家革命之出发站。"①他指出:我们应该把中国革命以及包括中国、印度等国在内的一般殖民地革命,看作是资产阶级民主革命,也就是说,推翻帝国主义和封建主义的任务,主要是推翻半封建土地关系的任务,迄今尚未完成。这个革命,只有在无产阶级领导之下,通过无产阶级和农民的联盟和工农民主政权,才能进行到底,才能打倒帝国主义和封建主义。但是"托洛茨基的左倾口头禅,便是宣称农民一般都是反革命的,他甚至说中国农民也是反革命的"。这只能是"根本破坏工农的联盟",使革命遭到失败。瞿秋白还专门写文章,驳斥托洛茨基的"不断革命论"。明确指出,托氏的所谓"不断革命论",就是混淆民主革命与社会主义革命的阶段,将反对资产阶级看成是民主革命的唯一任务,不谈反对封建势力;混淆工农民主专政与无

---

① 中共中央党史研究室第一研究部编:《共产国际、联共(布)与中国革命档案资料丛书》第12辑,中央文献出版社2002年版,第54、55—56页。

产阶级专政,否认工农民主政权存在的基础,破坏工农联盟,否认革命发展的一切过渡阶段。

在莫斯科期间,瞿秋白忠实地履行其职责,不仅积极参加共产国际的各种会议和活动,讨论殖民地民族革命问题、中国共产党和中国革命问题;参与起草有关殖民地民族革命问题的决议文件,对殖民地半殖民地的革命运动给予特别关怀和支持;参与共产国际关于中国共产党和革命问题的决策,对国内的革命斗争提出指导性意见,而且他还通过莫斯科有影响的刊物,如共产国际机关刊物《共产国际》、苏联的《真理报》《亚洲赤色海员》等报刊,撰文向全世界劳动人民介绍中国共产党领导中国革命的历史和正在展开的波澜壮阔的农村革命武装斗争,宣传中国革命的伟大意义。

四、心系国内的革命和同志

瞿秋白身在莫斯科,一方面,以极大的注意力关心国内的斗争情况,非常重视在中国共产党中贯彻落实两次大会(中共六大和国际六大)的精神和一些具体的斗争策略;另一方面他要履行中共驻共产国际代表团团长职责。

1928年8月6日,瞿秋白刚刚履职不久,还在共产国际六大开会期间,他就以中共代表团团长的身份,给联共(布)出席共产国际六大的代表团起草了一份函件,请求:"派贵代表团一名负责同志同中国代表团核心小组在本周内讨论以下问题:(1)允许旅苏中国同志加入联共(布)问题(包括在苏联同志问题);(2)中国共产党和联共(布)为中国同志开办的共产主义学校的相互关系;(3)将旅居苏联的中国同志召回中国的程序；（4）旅苏中国同志反对派集团和中国共产党之间的关系问题；（5）出版（特别是供中国利用的）关于苏联建设和俄国革命的宣传材料问题；（6）苏联对远东和对华的外交政策与中国共产党的关系（中东铁路等）；（7）中东铁路上的职工运动；（8）联共（布）驻哈尔滨省委和中国共产党的关系；（9）外蒙古问题。"①

联共（布）代表团接到函件后，1928 年 8 月 11 日，其代表团核心小组成员布哈林、莫洛托夫、曼努伊尔斯基、洛佐夫斯夫、斯克雷普尼、皮亚特尼茨基等人召开会议，决定派代表团成员波波夫、雅罗斯拉夫斯基和皮亚特尼茨基同中国代表团核心小组，就瞿秋白提出的上述重要而具体的工作进行会谈，并相应解决。②

共产国际六大结束后，根据国际的安排，瞿秋白拖着疲惫不堪的身体，随各国代表一起到苏联南部地区参观，主要是通过参观活动亲自感受苏联社会主义建设的巨大成就。身在旅途之中的瞿秋白以极大的注意力惦记着国内的斗争情况，非常重视在中国共产党中贯彻落实两次大会（指中共六大和国际六大）的精神和一些具体的斗争策略。

9 月 14 日，正在巴库参观考察的瞿秋白，估计在周恩来回国之前，他赶不回莫斯科，于是在巴库给即将回国的中央政治局常委周恩来写信③，着重谈了五个问题，即党的总路线是争取群众，特别是建立工会；争取群众的意义是聚集力量，尤其是争取城市的意义；深入开展反对帝国主义运动；党在组织上的任务，主要是建立、巩固工厂支部，"肃清一切命令主义和尾巴主义的余毒"；强调理论的重要和教育干部的重要。他说："两次大会所给我们的确是不少。技术上的原因，使我们不能迅速的广泛的传播此次所得教训于广大群众——这实在很可恨。"通过参加在莫斯科召开的两个六大，瞿秋白感觉自己在政治上和理论上有

---

① 中共中央党史研究室第一研究部译：《共产国际、联共（布）与中国革命档案资料丛书》第 7 辑，中央文献出版社 2002 年版，第 527 页。
② 中共中央党史研究室第一研究部译：《共产国际、联共（布）与中国革命档案资料丛书》第 7 辑，中央文献出版社 2002 年版，第 526 页。
③ 《瞿秋白文集·政治理论编》第 6 卷，人民出版社 1996 年版，第 107—110 页。

了很大的进步,因此他在信中告诉周恩来:"政治上的认识,我自觉'自信力'增长很多。党在政治上之生长是异常的明显,两次大会之中,至少使一般参加的同志得到了更深的了解。我在动身时曾经匆匆忙忙的和你谈过,现在仍想再写一遍。"在谈到争取群众、聚集革命力量的问题时,他对周恩来说:"苏维埃区域中必须实行土地革命,创造红军,领导一般农民的琐小斗争到推翻豪绅政权的斗争——游击战争。但是,政治中心——城市的革命高潮未到相当程度时(指上海、武汉、广州等),农民的地方暴动,还只是收集革命力量、取得群众的斗争,还不是争取一省或几省政权的斗争。所以一面要注意扩大苏维埃区域,同时别一方面也要注意到需要避大击小的红军的游击策略。红军的游击可以散布土地革命及工农独裁的宣传于广大的区域,而积累革命的军力。现时特别要注意盲动主义情绪的余波与再生,特别要注意忽视农民革命作用。"

在9月14日这封信中,瞿秋白特别强调理论的重要与教育干部的重要,认为这是"显然而又显然的"重要之事。他告诉周恩来,准备在较短的时间内,就马列选集、国际经验、国际时事、苏联时事、中国革命问题等方面,编译一些资料,寄回国内供教育干部之用。同时,他建议安排一些同志在国内对党的决议从速进行通俗化的宣传。他表示自己也要作这方面的努力,并计划在三个星期之内拿出一本宣传六大精神的小册子。他说:"我在俄做国际工作(政治)及理论的工作,本是党的需要。国内的工作自然是你们多负责了。"最后他在信中感叹:要做的事太多了!

不久,在莫斯科的瞿秋白,真的将一本6万字的通俗读物写了出来,书名就是《中国革命和中国共产党》。

在共产国际工作期间,瞿秋白经常参加共产国际执委会和东方部关于中国问题的讨论,代共产国际起草给中共中央的指示信。同时,根据中共中央给共产国际的报告和送给代表团的材料,进行研究,再给中共中央政治局或党的主要领导人写信,提出对中国革命的指导性意见。在这个过程中,有时他根据自己的理解和研究,对国际指示的精神进行解读,提出个人的想法,从而矫正了国际决议或指示中的一些不正确的提法;当然有的时候,明知国际有些提法是错误的,是不利于中国革命的,但迫于多种原因,他屈从了这些错误。在这个过程中,他与分管东方部中国处的负责人米夫在一些理论问题上产生了分歧。不过这并没有影响他对国内革命斗争关注的热情和责任感。为了更好地加强对中国革命的指导,他在莫斯科创办了《共产国际》汉文版杂志。

为了及时了解中共中央的各项工作和国内的时局动态,11 月 4 日深夜,瞿秋白给中共中央政治局诸同志写信,鉴于中共驻共产国际代表团很难收到中央政治局的文件、与中央政治局联系不紧等问题,特别向中央政治局提出:

> 必须:(一)每星期规定星期一必发一电;(二)每星期一必发一简信,简要的叙明最近工作,并附以政局常委之记录;(三)每月月底必须有一报告(政治、工、农、党、妇、青年)发出。宁可每次不完全,必须按日按时发出,必须注明年月日。千万千万。

另外,他在信中还要求给驻莫斯科代表团订购国内的主要报章杂志,其中按时夹寄《布尔塞维克》(1927 年 10 月瞿秋白亲自领导创刊的中央机关刊物)杂志,每日投邮,直接寄给莫斯科柳克思旅馆斯特拉霍夫先生。①

瞿秋白这样要求中央政治局,实际上是为了保证与国内的革命和同志保持经常性联系。但是,由于当时多种条件限制,他与国内的来往信件及信息沟通经常遇到困难和阻隔。这让他十分心焦。一次他在给中央政治局的信中说:

> 据最近所得材料,以及偶然捡得的出版品,这里意见,可以得到党的成绩和进步确是很大的感想。可惜,关于这些你们除八月

---

① 《瞿秋白文集·政治理论编》第 6 卷,人民出版社 1996 年版,第 176 页。

二十一从西欧转给代表团的信以外,没有再有信告诉国际以工运、农运、宣传、组织的其他具体材料。我们知道:中央有布报(即《布尔塞维克》杂志——引者注)、红旗(即《红旗》周报——引者注)、海上日报(可能是中共江苏省委主办的上海工人报纸《上海报》——引者注),不过所得知的很零碎——罢工农暴消息,所谓东交事件(指中东路事件——引者注)消息等都不能得到有系统的头绪。……这些出版物,何以你们一份也不寄给代表团呢?我提议,立刻将我的住址,中夏的住址发交发行处,令每有一种印刷品(书籍、杂志、报等)出来,立刻清出十份:五份由德国转寄,五份直接寄莫——用邮政的寄法,夹在《字西林报》或无聊的中国杂志之中寄来。至要要要要!!!①

　　瞿秋白将"我提议"直到"寄来"这段话的每个字下面都打上黑圆点,以示重要。同时,在"至要"之后又加写三个"要",并且打上三个感叹号。这些都反映了他心系国内革命大业、急于看到国内有关文件和资料的急迫心情。

　　1929年2月,瞿秋白因肺病加重,到莫斯科南面库尔斯克州利哥夫县玛丽诺休养所疗养。这时,回国不久的苏兆征病逝。杨之华闻讯后,立即写信告诉正在疗养的瞿秋白。接信后,瞿秋白震惊、痛苦得无法形容。八七会议后,他与苏兆征同为中央临时政治局常委,是一起同过风雨共过进退的人。1929年1月,政治局委员、中央工委书记苏兆征完成了在莫斯科的工作后,准备回国时突然得了阑尾炎,瞿秋白劝他动手术,休息一段时间后再走,但是他执意要回国,去贯彻中共六大和共产国际六大会议精神,部署和开展新的工作。谁料他回国才一个多月,因病情恶化,救治无效,在上海去世。得知噩耗后,瞿秋白沉痛地写信告诉杨之华:他被"兆征死的消息震骇得不堪","心中的悲恸似乎不能和周围的笑声相容",在疗养院的他面容呆滞,孤独地在冷清清的廊

---

① 《瞿秋白文集·政治理论编》第6卷,人民出版社1996年版,第741—742页。

道上走着。"整天的要避开一切人"，因为"大家的欢笑,对于我都是很可厌的"。他在信中追忆苏兆征的革命经历,认为"他是党里工人领袖中最直爽最勇敢的,如何我党又有如此之大的损失呢?"他感叹:"我党的老同志凋谢得如此之早啊。仿佛觉得我还没有来得及做着丝毫呢!!"①

1929年8月,国内再次传来了不幸的消息。24日,中共江苏省委下属的军委机关被敌人破获,中央政治局委员彭湃、中央政治局候补委员杨殷,还有颜昌颐、邢士贞四人因叛徒出卖而遭被捕。得知消息后,9月6日,在莫斯科的瞿秋白心情焦急地立即给中央政治局写信说:

> 得"彭""杨"被捕之电,究竟情形怎样? 此事宜亟设法,究竟用武力劫狱或贿买狱卒或其他方法救济,你们应能就地决定。如需特费,望速来电声明,同时,即向毛子(当时称俄国人为毛子,此处指驻中国的共产国际代表——引者注)支用。②

信中短短数语,将瞿秋白焦虑的心情以及要采取的紧急救人措施和要支出的费用都考虑周全,体现了他对国内革命战友高度关注的特殊感情。9月15日,他在给中央政治局的信中又催问:"杨彭如何,急死人了!!"③

其实,彭湃、杨殷等四人已于8月30日被反动派杀害。9月下旬,瞿秋白得知凶讯后,在悲痛不已中整理出版了《纪念彭湃》一书,将彭湃的遗文《海丰农民运动》收入其中;同时在《真理报》上发表《纪念彭湃同志》一文,详细介绍彭湃反叛自己的地主豪绅家族投身革命事业的斗争经历,高度赞扬他在农民问题上的正确立场和贡献。他说:彭湃等四人的牺牲"是使我们非常之痛心的消息啊! 这样一件痛心的事情,不早不迟的发生在兆征同志死了不久之后啊!""彭湃同志是中国

---

① 《瞿秋白文集·政治理论编》第6卷,人民出版社1996年版,第290—291页。
② 《瞿秋白文集·政治理论编》第6卷,人民出版社1996年版,第560页。
③ 《瞿秋白文集·政治理论编》第6卷,人民出版社1996年版,第598页。

农民运动第一个战士。当他已经开始在广东做农民运动的时候,那时候做领导工作的同志,还在否认中国革命问题中农民问题的存在呢!""他是做群众运动工作的模范,他是真正能深入群众里面去的同志。……他是中国劳苦的农民群众顶爱的、顶尊重的领袖,在海陆丰农民的眼中,看得像父母兄弟一样的亲热。恐怕除湖南农民的毛泽东同志以外,再没有别的同志能够和他相比了。"①

不幸的消息一个接一个地传到莫斯科,瞿秋白悲痛不已。对敌人的无比仇恨,对同志的悲痛悼念,使他以疾病之躯,更加拼命地工作,想以此弥补因战友离去而留下的损失。结果,他的身体总是处于发病——治疗——工作——再发病的恶性循环之中。此外,莫斯科联共(布)党内反倾向的政治斗争也愈演愈烈,这一切使瞿秋白在中共驻共产国际代表团团长的岗位上,日子越来越不好过。

五、"武装保卫苏联"与赞成开除陈独秀党籍

1929 年 7 月,中苏之间由于中东铁路的路权归属问题,爆发了"中东路事件"。起因是南京政府想收回中东铁路,7 月 10 日,下令解除中东铁路苏方局长和副局长职务,以武力占据中东铁路。随后,苏联政府指责中方行为是非法行为,并宣布与中国绝交,派出大批军队进入中国,引起了武装冲突。苏军与张学良的东北军发生武装冲突后,南京国民政府对苏宣战。

中东路战争爆发后,中国共产党基于马克思列宁主义理论和"苏

---

① 《瞿秋白文集·政治理论编》第 6 卷,人民出版社 1996 年版,第 608、612 页。

联是社会主义的国家,是世界反帝国主义的大本营"的理论认定,于7月17日发表了《中央通告第四十一号:中东路事件与帝国主义国民党进攻苏联》,指出:"中东路事件,就是进攻苏联战争的开始,这是一个极端严重的问题,全世界的工人阶级都必然要坚决的起来抗议这一进攻苏联的严重的事件,所以我们更应坚决号召广大群众起来,作反抗帝国主义进攻苏联,反抗国民党做帝国主义的工具,拥护世界反帝国主义大本营社会主义国家的苏联的示威斗争。"①

中东路事件发生后,斯大林下令,将苏联远东境内的华工组成一支武装队伍,驻苏中边境伯里附近的红河,称"红河赤卫队"。根据斯大林的指示,瞿秋白等人商量后,决定派正在苏联伏龙芝军事学院学习的刘伯承去担任赤卫队队长,黄平去任党代表。9月15日,瞿秋白给中共中央政治局写信,谈及处理中东路事件时说:"决定派黄平去组织一满洲局。你们立刻恢复满洲省委,使之与远东苏联党的边疆委员会及黄平发生关系。此间有特派员到上海,务必与之接洽。"②11月4日,瞿秋白在给黄平的信中说:"准备的队长是刘伯承,此人已经动身。"③

中苏满洲冲突发生后,共产国际执委会政治书记处召开会议,"责成中共中央在北满采取措施,加强在工人、农民、铁路员工中,特别是在军队中的工作"④。10月7日,斯大林给莫洛托夫写信,指示在满洲组织起义,发动革命运动,组建由中国人组成并由中国人当旅长的"两个团建制的旅",其任务是:发动满洲军队起义,扩编成师,占领哈尔滨,建立革命政权,等等。⑤ 莫斯科的这些决策直接增加了1929年共产国际给中共中央第四封指示信(即"十月指示信")的"左"倾程度。这封信是瞿秋白代共产国际起草的,他在给中共中央的"十月指示信"中明

---

① 中央档案馆编:《中共中央文件选集》第5册,中共中央党校出版社1983年版,第328页。

② 《瞿秋白文集·政治理论编》第6卷,人民出版社1996年版,第597页。

③ 《瞿秋白文集·政治理论编》第6卷,人民出版社1996年版,第723页。

④ 中共中央党史研究室第一研究部译:《共产国际、联共(布)与中国革命档案资料丛书》第8辑,中央文献出版社2002年版,第164页。

⑤ 中共中央党史研究室第一研究部译:《共产国际、联共(布)与中国革命档案资料丛书》第8辑,中央文献出版社2002年版,第187页。

确指出:"由于满洲的冲突,必须在保卫苏联的公开口号下组织一个运动,揭露国民党包括'改组派'在内的各派系的帝国主义代理人的面目。"以此"来启发群众的革命激情,组织政治示威和罢工,力求工人阶级广大阶层都参加,并吸收城市小资产阶级群众参加运动,使他们摆脱资产阶级民族改良主义的影响"①。

中东路事件和共产国际的指示信,使向忠发和李立三主持的中共中央,遂提出"抗议帝国主义及中国豪绅资产阶级对苏联的进攻""拥护社会主义的苏联""反对帝国主义向苏联进攻""武装保卫苏联"等口号。当时在有的革命根据地红军发行的钞票上,正面是马克思的肖像,背面则是"武装保卫苏联"等口号。可见,"武装保卫苏联"口号的宣传是非常深入的。

中共中央在中苏武装冲突中提出"武装保卫苏联"的口号,使自大革命失败后一直在政治上保持沉默的陈独秀,终于"在沉默中爆发"了。在陈独秀看来,中共中央提出的"拥护苏联""武装保卫苏联"等口号完全是不顾及中国民族利益和民族感情的。于是出现了所谓的"陈独秀问题"。

其实,对于瞿秋白来说,"陈独秀问题"自从1927年7月12日中共中央改组后就存在了。大革命失败后,"陈独秀问题"一直是共产国际和中共中央密切关注但悬而未决的问题。八七紧急会议召开时,陈独秀就在武汉。当时关于要不要他参加这次紧急会议,在中央领导人之间有过议论。但最终由于形势紧张、白色恐怖严重、会期短暂,以及担心他到会会引起争论以至不能完成会议的预期任务,所以没有通知他参加会议。会后,瞿秋白和李维汉专门到陈独秀的藏身之处,向他通报了八七会议的情况和有关精神,并劝他按照共产国际的要求,到莫斯科去讨论有关中国问题,但被陈独秀拒绝。六大召开时,瞿秋白在他所作的政治报告以及起草的政治决议中,都比较客观地评价了陈独秀,也没有把大革命失败的责任完全推到他一人身上。

① 《瞿秋白文集·政治理论编》第6卷,人民出版社1996年版,第666页。

而陈独秀在政治上也一直保持沉默。但是，1929 年春陈独秀看到了托洛茨基关于中国革命的一些论著后，认为托氏关于中国共产党的革命理论和策略，以及对中国大革命失败的分析完全正确，于是思想上与托氏产生了强烈共鸣，并开始在中共党内组织"左派反对派"。中东路事件后，陈独秀对联共和中共中央采取的对策和做法不满，从 8 月至 10 月，接连给中央写信，全面批评中共的方针政策，在中国社会性质、革命任务和道路等一系列根本问题上提出与中国共产党相互对立的主张。这就使在莫斯科的瞿秋白又增加了一个摆不脱的任务，就是从政治上理论上批判陈独秀。

对于陈独秀的言行，共产国际远东局代表和中共中央领导人也曾约其谈话，对他进行劝说，希望他放弃其反共思想和行动，但是没有效果。1929 年 9 月 7 日，米夫和库丘莫夫给远东局写信指出："建议（以中央决定的形式）陈独秀立即就党的策略问题作出表态。继续不明确态度的做法是不能允许的。必须要么争取使他在彻底承认错误和接受党的路线的基础上实际参加党的工作，要么决定他的党籍问题。"①

显然，莫斯科想逼迫陈独秀作出选择。但是，陈独秀固守己见。1929 年 9 月 30 日，远东局负责人雷利斯基在上海写信给共产国际说："陈独秀同托派结成了联盟，他们一起建立了自己的中心并将自己的活动纳入到这个组织里。"②

陈独秀问题、改组派问题、托洛茨基问题、中东路问题等，使共产国际对中共中央指导的"左"倾调子越来越高。1929 年 10 月 26 日，《共产国际执行委员会给中国共产党中央委员会的信》③（1929 年第四封给中共中央的指示信，即"十月指示信"，瞿秋白起草）指出：中国共产党应当同陈独秀的取消主义纲领进行无情的斗争；必须继续加紧揭露托洛茨基主义的反革命本质;应当把自己队伍中那些隐藏的托洛茨基分子和取消主义分子清洗掉。

1929 年 10 月 30 日,瞿秋白给中共中央政治局写信说:"最近的来信提起陈独秀问题,我已报告国际。现在国际对于汪陈派及最近国内混乱,已有一决议,其中提到中国共产党内反右倾的任务,认定反对陈独秀的取消派外,还要知道主要的党内危险是暗藏的机会主义。"①

1929 年 11 月上旬,为了表明中共驻共产国际代表团和共产国际执委会的立场,瞿秋白撰写了长篇论文《中国的取消主义和机会主义》。在文章中,他公开点名批判陈独秀,指出"陈独秀的反党斗争,现在已经是公开的树起取消主义的旗帜"②。

1929 年 11 月 14 日,他给中共中央写信指出:"至于独秀,则必须采取'组织上的决定',提出开除的问题。因为他是完全的取消主义,已不成其为党内派别。"③11 月 15 日,中共中央政治局召开会议,通过了《关于开除陈独秀党籍并批准江苏省委开除彭述之、汪泽楷、马玉夫、蔡振德四人党籍的决议案》④。由于陈独秀在党内的特殊地位,中共中央关于开除陈独秀党籍的决定,还需要申报共产国际审核批准。一个月后,中央政治局给共产国际寄去了关于陈独秀等的材料:一是审批;二是要求中共代表团明确表态;三是要求中共代表团向即将回国的党员留学生宣传,并在留学生党支部中公开讨论,以求一致拥护中央的决定。于是,中国劳动者共产主义大学、列宁学院等学校里开展了关于开除陈独秀党籍的宣传教育活动。

1929 年 12 月 30 日,共产国际执行委员会政治书记处政治委员会召开会议,瞿秋白在会上作了"关于开除陈独秀党籍问题"的专题报告,会议决定:"中共中央关于开除陈独秀的决定是正确的。把这个决

---

① 《瞿秋白文集·政治理论编》第 6 卷,人民出版社 1996 年版,第 671 页。
② 《瞿秋白文集·政治理论编》第 6 卷,人民出版社 1996 年版,第 686 页。
③ 《瞿秋白文集·政治理论编》第 6 卷,人民出版社 1996 年版,第 721 页。
④ 中央档案馆编:《中共中央文件选集》第 5 册,中共中央党校出版社 1983 年版,第 465页。

定通知中共中央，并给予陈独秀在两个月期限内向国际监委提出申诉的权利，让他自己来说清楚问题。把关于陈独秀的材料分送给主席团各位委员。"①但是，众所周知，陈独秀既没有向共产国际监察委员会提出申诉，又拒绝到莫斯科作说明。与此同时，他公开发表了《告全党同志书》和参与发表《我们的政治意见书》，公开表达了自己的政治主张。至此，中国共产党的重要创始人之一、连任五届中共中央总书记的陈独秀，彻底与中共断绝了关系。

就在瞿秋白处理中东路事件、陈独秀问题的过程中，他又面临着国内远东局与中共中央的矛盾。1929 年八九月间，在对待中国革命形势等问题上，驻上海的共产国际执委会远东局与中共中央政治局向忠发、李立三等领导人产生了诸多意见分歧，希望瞿秋白能够回国工作。9月 30 日，共产国际执委会远东局负责人雷利斯基给共产国际执行委员会东方书记处写信说："李立三说，中央没有威信，共产国际执行委员会关于农民问题的来信贬低了中央的威信。……有瞿秋白从你们那里回来的问题，因为需要人从事理论工作。整个这项工作现在落在了李立三的肩上，而他有很大的缺点，虽然他是一个很有活力和能力的同志。"②11 月 21 日，共产国际执行委员会远东局代表在上海给莫斯科写信，再次提出："我们认为，有必要让瞿秋白回来。"但是，远东局的这个建议没有得到支持。12 月 30 日，共产国际执行委员会政治书记处政治委员会召开会议，在听取"鉴于最近中共一些政治局委员被捕，远东局提出让屈维它同志（即瞿秋白——引者注）回国的建议"时，决定"认为目前不能让屈维它同志回国"，因为"要在东方书记处的工作中使用屈维它同志，让他参加共产国际执行委员会机关的工作，以便使他在回国之前能够取得国际经验"③。

---

① 中共中央党史研究室第一研究部译：《共产国际、联共（布）与中国革命档案资料丛书》第 8 辑，中央文献出版社 2002 年版，第 319 页。

② 中共中央党史研究室第一研究部译：《共产国际、联共（布）与中国革命档案资料丛书》第 8 辑，中央文献出版社 2002 年版，第 171 页。

③ 中共中央党史研究室第一研究部译：《共产国际、联共（布）与中国革命档案资料丛书》第 8 辑，中央文献出版社 2002 年版，第 320 页。

于是,瞿秋白继续留在莫斯科。但是,冷酷的政治倾轧以及无法排遣的政治忧伤,让身在莫斯科政治斗争风雨中的首任中共驻共产国际代表团团长身心俱疲。

第十一章

莫斯科风雨中的中共代表团团长(下)

　　梳理"俄罗斯解密档案"就会发现,瞿秋白在担任中共驻共产国际代表团团长期间,不仅因为中国革命的理论和实践问题,与共产国际东方部分管中国工作的顶头上司米夫的关系十分纠结,而且还因为面临着留俄学生派别矛盾发展的"后遗症",以及为矫正留俄学生教育问题,得罪了中山大学校长米夫和他的爱将王明等人,因此惹来了不小的麻烦。与此同时,20年代末30年代初,斯大林发动的反布哈林运动和"大清党"运动,使苏联经历了一场重大的政治动荡。在这场巨大的政治暴风雨中,身在莫斯科的瞿秋白也无法幸免地卷了进去。随着联共(布)党内政治斗争和中山大学内部斗争的激化,瞿秋白及中共代表团与米夫之间的隔阂愈来愈深。

一、起草指示信带来与米夫关于"富农问题"的争论

　　在领导中共代表团期间,由于中国共产党对于共产国际的绝对服从关系以及当时整个国际共产主义运动中的教条主义盛行,瞿秋白不可能完全背离共产国际决议来深刻阐明中国革命的根本问题。随着共产国际六大"第三时期"理论的提出,共产国际每周例会关于中国革命问题的讨论变得复杂起来,甚至争论激烈。于是共产国际东方部长库西宁提议由斯大林、米夫和斯大林身边的另一位中国问题的秘书组成一个中国问题三人委员会。瞿秋白经常参加三人委员会的讨论,与米夫在一起探讨中国革命问题的机会比较多。但是,他们二人在理论上的分歧却越来越明显。在关于党内"左"倾和右倾哪个是主要危险问题、关于如何对待富农问题、关于自由资产阶级和改组派问题、关于红军和革命根据地等一系列问题上,瞿秋白同米夫、王明的"左"倾论调

进行了争论,提出了自己的基本正确的思想。博古后来在党的七大发言中,也不得不承认在上述问题上,与教条主义者的对立和分歧,代表正确的一方是中共代表团。本书限于篇幅,仅以瞿秋白与米夫在"富农问题"上的分歧为例,说明他们之间在对待共产国际决议和中国革命实际问题上的不同态度。

1928 年 6 月 12 日,共产国际执委会小委员会召开会议,讨论中国问题,其中第 6 条就"关于中国驻共产国际执行委员会代表团的工作"问题作出决定,"为中国代表团提供一名由共产国际执行委员会开支的常务秘书。东方部应设懂中文的技术性工作人员。远东部应设立准备和研究中国问题的常设中国委员会"①。根据这一决定,11 月 12 日,共产国际执委会东方书记处决定成立"中国委员会",并召开第一次会议。在会上,中国委员会主席米夫通报了成立常设"中国委员会"的决定,并对这一机构的任务作了说明:一是制定中国共产党纲领草案,研究关于民族问题的材料;二是起草一系列与中国现在的具体形势和我们所掌握的那些材料、中央通告和信函有关的政治指示;三是讨论中国共产党本身提出来的许多口号,为这些口号从可行性、正确性和持久性方面把关;四是在组织工作方面,准备制定一系列关于基层支部、地方委员会、党的秘密工作等等的训令、指示和规定。②

根据"俄罗斯解密档案"记载,米夫在会上宣布了该委员会的成员名单,但是文件里却没有具体点名是哪些人。不过从上述中国委员会任务的规定来看,瞿秋白理应是该委员会的委员之一。因为他既是中共驻共产国际代表团团长,又是共产国际执委会主席团委员和政治书记处成员,参加共产国际执委会决策层和东方书记处中国委员会召开的会议是他的职责,特别是讨论有关中国问题的会议,他需要直接听取共产国际其他领导人的发言,参加讨论和商量有关重大问题,并要为共

---

① 中共中央党史研究室第一研究部译:《共产国际、联共（布）与中国革命档案资料丛书》第 7 辑,中央文献出版社 2002 年版,第 489 页。
② 中共中央党史研究室第一研究部译:《共产国际、联共（布）与中国革命档案资料丛书》第 8 辑,中央文献出版社 2002 年版,第 38—40 页。

产国际起草给中共中央的指示、文件和决议等。

共产国际执行委员会 1929 年分别于 2 月、6 月、8 月、10 月四个月,先后给中共中央发出了四封指示信,瞿秋白大都参与了起草、讨论和定稿工作。关于这四封指示信的总体情况,1929 年 11 月 14 日,从中国返回莫斯科的国际代表马西,在共产国际执行委员会东方书记处会议上作汇报时进行了概括:

> 今年共产国际通过了四个与中国有关的基本文件。这就是:二月政治来信,这封信对中国形势作出了很详细的分析,是筹备和举行中国共产党全会(指中共六届二中全会——引者注)的基础。第二和第三个材料专门论述了农民问题和工会问题。实际上是对二月政治来信的补充,比政治来信更详细地论述了相应的问题。第四个文件是 10 月通过的政治来信,这封信分析了中国目前的形势。这是给中国共产党的指示,指出了党在中国政治舞台上的这种日益尖锐的危机中,其方针和任务应该是什么。[①]

1929 年共产国际给中共中央发出的第一封信是"二月指示信"。该信是为指导召开中共六届二中全会而拟定的。2 月 8 日,共产国际执委会政治书记处召开会议,讨论该信草稿。会上由库西宁报告信的草稿内容并就讨论结果作出总结,与会的张国焘、古谢夫、瓦西里耶夫、乌布利希、米夫、格列尔、洛佐夫斯基和皮亚特尼茨基都先后发表了意见。瞿秋白因病没有参加这次讨论。会议决定成立由库西宁、斯大林、米夫和格列尔组成特别的小委员会进行审查。[②] 经审查、修改和定稿通过后,以共产国际执委会名义发给中共中央,这就是 2 月 8 日的《共

---

① 中共中央党史研究室第一研究部译:《共产国际、联共(布)与中国革命档案资料丛书》第 8 辑,中央文献出版社 2002 年版,第 223 页。

② 中共中央党史研究室第一研究部译:《共产国际、联共(布)与中国革命档案资料丛书》第 8 辑,中央文献出版社 2002 年版,第 65—75、76 页。

产国际执行委员会与中国共产党书》①。3 月，瞿秋白在给中央政治局
的信中说："国际已有一中国问题决议，我亦是积极参加的（虽因病未
能自己起草），所以关于中国阶级统治的分析等问题，已有大致的方
针。"②"国际已有一中国问题决议"指的就是这封指示信，此信收入
《瞿秋白文集》第 6 卷，标题改为《共产国际执行委员会给中国共产党
中央委员会的信》。

　　"二月指示信"从"现在政治局势中的基本矛盾、策略问题和党的
最近基本任务、工会工作、关于党之组织及思想的巩固"四个方面阐述
了共产国际的指导思想，强调"中国现在是准备群众走向革命新高潮
的时期"，因而对新的中共中央和全党在执行共产国际六大和中共六
大等有关决议和精神方面的"执行程度仍然非常薄弱"表示不满意。
1929 年 4 月，收到共产国际的这一指示后，中共中央专门召开政治局
会议进行讨论，并于 5 月 15 日通过了《中央通告第三十七号——中央
对国际二月八日训令的决议》③，接受共产国际的指导方针。决议认
为：发动群众斗争，巩固党，加强党的组织与威信及其在群众中的领导
影响，实在是目前党的最迫切的任务。为了实现这些任务，党在策略上
所特别遇到的困难便是党内右倾思想的发展。党必须站在正确的路线
上坚决地斗争，以克服目前党内正在发展的右倾的特别危险。

　　可以说，共产国际的"二月指示"开始促使中共向"左"转。

　　共产国际 1929 年给中共中央发出的第二封指示信主要是关于农
民问题的，称"六月指示信"。该信稿是瞿秋白起草的，6 月 7 日，共产
国际执委会政治书记处开会讨论了信稿的内容，他与米茨凯维奇参加。
米夫在会上报告信稿的内容，会议决定"批准信的草稿。责成库恩、斯

---

① 中共中央党史研究室第一研究部编：《共产国际、联共（布）与中国革命档案资料丛
　书》第 11 辑，中央文献出版社 2002 年版，第 482—503 页。
② 《瞿秋白文集·政治理论编》第 6 卷，人民出版社 1996 年版，第 293—294 页。
③ 中共中央党史研究室第一研究部编：《共产国际、联共（布）与中国革命档案资料丛
　书》第 11 辑，中央文献出版社 2002 年版，第 504—517 页。

特拉霍夫和米夫（负责）同志对信的文本作最后审定"①。这个最终审定是由米夫负责的。这封信收入"俄罗斯解密档案"丛书中，就是 6 月 7 日的《共产国际执行委员会与中国共产党书》②。该信也收入到《瞿秋白文集》第 6 卷，标题改为《共产国际执行委员会就农民问题给中国共产党中央委员会的信》。

这封信实际上体现了共产国际执行委员会对华政策的向"左"转。指示信要求中国共产党修改中共六大决议中关于不加剧反富农的论点，体现了既反对"半地主的富农"又反对"从事农业生产的富农"的指导方针。为了了解中国共产党人对该信的态度，米夫于同一天写信给上海的共产国际执委会远东局，要求他们务必写信告诉莫斯科"中国同志是如何对待这封信的，他们提出了哪些意见，领导在了解信的内容后作出了什么决定"③。在设于上海的共产国际执委会远东局的督促下，1929 年 8 月，中共中央政治局召开专门会议，"经过详细的讨论，认为国际指示之总的路线，完全是正确的"，于是通过了《中央关于接受共产国际对于农民问题之指示的决议》④。

共产国际执委会给中共中央发出第二封指示信（六月指示信）后的 1929 年 7 月 3 日至 19 日，在莫斯科召开了共产国际执行委员会第十次全会。中共代表团瞿秋白、邓中夏、余飞和陆定一出席了大会。瞿秋白与斯大林、莫洛托夫、库西宁等联共（布）和共产国际领导人一起被选为大会主席团成员。会议开幕的当天，库西宁代表共产国际执委会在会上作了《关于国际形势和共产国际的任务的报告》。在谈到中国局势时，库西宁极其自信地指出："中国工农革命运动新高涨先决条件，在农业危机尖锐化的基础上趋于成熟。任何关于中国的发展前景

---

① 中共中央党史研究室第一研究部译：《共产国际、联共（布）与中国革命档案资料丛书》第 8 辑，中央文献出版社 2002 年版，第 118 页。

② 中共中央党史研究室第一研究部编：《共产国际、联共（布）与中国革命档案资料丛书》第 11 辑，中央文献出版社 2002 年版，第 518—528 页。

③ 中共中央党史研究室第一研究部译：《共产国际、联共（布）与中国革命档案资料丛书》第 8 辑，中央文献出版社 2002 年版，第 119 页。

④ 中共中央党史研究室第一研究部编：《共产国际、联共（布）与中国革命档案资料丛书》第 11 辑，中央文献出版社 2002 年版，第 529—539 页。

是'平静的''基马尔式'的说法,都是无稽之谈。在中国,现有的基本矛盾不是克服了,而是尖锐化了,这就必然导致新的革命总危机,而这个危机将具有比 1926—1927 年更加广泛、更加深刻的性质。"①显然库西宁的这段话是对共产国际六大提出的"第三时期"理论的呼应和印证。7 月 10 日上午,在讨论库西宁的报告时,米夫发言指出:"为了更加认真地开展群众工作,中共必须克服目前在其队伍中出现的那种右倾性质的动摇。""中国共产党在解决消除险恶的右倾这个任务时,也应当注意自己的农村策略,注意明确规定自己对中国农村各社会阶层的态度。党应当制止一切认为党在农村的总路线需要联合富农的理论。"②瞿秋白与台尔曼、曼努伊尔斯基等人也分别作了报告。与会者围绕许多问题进行讨论,并展开了争论,其焦点仍然是"第三时期"理论。这次大会解除了布哈林在共产国际执委会担任的领导职务,大会通过了《关于国际形势与共产国际的目前任务》等有关决议。通过这些决议,共产国际把"第三时期"理论变成了一项基本决策,从而将该理论推到了一个新的发展阶段。

瞿秋白也不可避免地要受到这种形势的影响,卷入"左"倾旋涡。1929 年 7 月 6 日,他在大会上作题为《共产国际在目前殖民地革命中的策略》的演讲,指出:"我以为共产国际中右倾的危险不仅从关于西欧的一般政治问题中表现出来,不仅从宗主国中表现出来,而且也从殖民地问题中表现出来。他方面,机会主义者的殖民地弟弟,比其宗主国的哥哥,还走得更远。"③

经过共产国际执委会第十次全会,依据"第三时期"理论而产生的共产国际"左"倾指导思想逐步确立。此后,随着反右倾思潮愈演愈烈,共产国际又继续两次向中共中央发出指示信,而瞿秋白作为共产国

---

① 中共中央党史研究室第一研究部编:《共产国际、联共(布)与中国革命档案资料丛书》第 12 辑,中央文献出版社 2002 年版,第 4 页。

② 中共中央党史研究室第一研究部编:《共产国际、联共(布)与中国革命档案资料丛书》第 12 辑,中央文献出版社 2002 年版,第 18、19 页。

③ 中共中央党史研究室第一研究部编:《共产国际、联共(布)与中国革命档案资料丛书》第 12 辑,中央文献出版社 2002 年版,第 47 页。

际执委会委员和中共驻共产国际代表团团长,只有别无选择地照着执行,因此他在给中共中央的指示信中,调子越来越"左"。

1929 年 8 月,根据共产国际执委会第十次全会决议精神,瞿秋白代表共产国际又起草了给中共中央的第三封指示信。这份文件主要是关于职工运动问题的,又称"八月决议案",8 月 30 日由共产国际执委会政治秘书处审议通过。这封指示信收入"俄罗斯解密档案"丛书中,就是《共产国际执委政治秘书处关于中国职工运动的决议案》①。该决议案共有 10 个方面的内容,其中第一点就开宗明义地指出:"分析最近一年来的职工运动,可以有完全的根据,说中国工人运动的新高潮是在成熟起来。"该决议案也收进《瞿秋白文集》第 6 卷,即为《中国职工运动的议决案》和《共产国际执行委员会致中国共产党中央委员会的信》。

1929 年 9 月 7 日,莫斯科在给中国"寄去政治书记处关于职工问题的决议"同时,米夫和库丘莫夫给共产国际执委会远东局写信,认为"八月决议案"的重点,是领导日益兴起的工人阶级罢工斗争,建设红色工会,并将公开和秘密工会工作结合起来;要借助蒋冯阎大战的机会,设法争取半合法的工作形式,在混乱中造成工人的罢工运动,"必须派出很强的同志去领导罢工运动,组织和扩大这种运动,并把它引上反对国民党所有派别的政治斗争轨道"②。中共中央接到八月指示信后,"经过详细讨论,完全接受国际指示",并于 12 月 14 日发出《中央通告第六十二号——接受国际对于中国职工运动的决议案》③。该决议案认为,党的六届二中全会(1929 年 6 月 25 日至 30 日在上海召开)以后,工人斗争在全国各地继续向前发展,且日渐扩大和深入,罢工运动更普遍于全国各地,这的确证明了中国工人斗争浪潮正在成熟起来;

① 中共中央党史研究室第一研究部编:《共产国际、联共(布)与中国革命档案资料丛书》第 11 辑,中央文献出版社 2002 年版,第 567—571 页。

② 中共中央党史研究室第一研究部译:《共产国际、联共(布)与中国革命档案资料丛书》第 8 辑,中央文献出版社 2002 年版,第 158—160 页。

③ 中共中央党史研究室第一研究部编:《共产国际、联共(布)与中国革命档案资料丛书》第 11 辑,中央文献出版社 2002 年版,第 592—603 页。

在工人斗争浪潮成熟中,党在目前最主要的任务和责任,是要以自己的正确策略,在工作中克服群众工作的弱点,领导斗争更快地走向高潮。这实际上就是要把中共逐步推向不顾白色恐怖严重、进行冒险蛮干的"左"倾路途上。

1929 年 10 月,共产国际执行委员会又给中共中央发出了第四封信,内容主要是关于国民党改组派和中共的任务,又称"十月指示信"。这封指示信是瞿秋白代表共产国际起草的,10 月 26 日由共产国际执委会政治秘书处审议通过,这份文件收入"俄罗斯解密档案"丛书中,就是《共产国际执委致中共中央委员会的信——论国民党改组派和中国共产党的任务》①。该指示信认为"中国已进入深刻的全民族危机的时期",因此,"我们固然不能够预言全国危机转变到直接革命形势的速度,然而,现在已经可以并且应当准备群众,去实行革命的推翻地主资产阶级联盟的政权,而且是建立苏维埃形式的工农独裁,积极的开展着并且日益扩大着阶级斗争的革命方式(群众的政治罢工,革命的示威运动,游击战争等等)"。这封指示信也收入《瞿秋白文集》第 6 卷,标题改为《共产国际执行委员会给中国共产党中央委员会的信》。

1929 年瞿秋白参与起草的共产国际给中共中央的四封指示信,总的来说,其指导思想的倾向是越来越"左"。尤其是"十月指示信",与前三封相比有了明显的变化,即对中国革命形势和任务的评估定下了完全"左"的基调。从某种意义上说,这些指示信直接导致了 1930 年李立三的"左"倾冒险主义错误。当然这些指示信的指导思想倾向愈来愈"左",并不能将责任全部算到瞿秋白头上。其实,在理论上瞿秋白还是有清醒之处的,无奈他"人在江湖,身不由己"。比如在起草第二封指示信时,他就与米夫产生了关于"富农问题"的分歧,便是明证。

在以武装斗争和土地革命相结合的方式建立起来的农村革命根据地里,贫雇农是自然要依靠的力量,地主、土豪劣绅是必须打击的敌人,

---

① 中共中央党史研究室第一研究部编:《共产国际、联共(布)与中国革命档案资料丛书》第 11 辑,中央文献出版社 2002 年版,第 578—586 页。

而农村的富农相当于城市的中、小资产阶级者,他们也是一股社会力量。怎样正确对待这个社会阶层,是事关革命兴盛的不能小视的问题。富农问题是中国土地革命中的一个重要问题,对富农的策略是土地革命路线的一个重要组成部分。

在如何对待中国富农问题上,最初瞿秋白与米夫的观点是一致的。在筹备中共六大时,瞿秋白与米夫刚好同在草拟土地和农民问题决议草案的小组里,他俩分别代表共产国际和中共中央,这是他俩第一次直接合作。米夫认为,"对于我们来说,重要的是封建主义和亚细亚生产方式属于同一经济形态"。"在现代中国复杂的社会现实中,'亚细亚生产方式'只剩下一个特点,这确实是最重要的特点,即封建剥削"①。在谈到"农民运动中的富农问题"时,米夫强调了一点,认为中国富农情况与俄国不同,"因此,必须修改列宁的提法,使之适应中国条件",即"在富农尚未丧失革命的可能性的时候,中国共产党应尽力吸收富农参加农民反对军阀、地主、豪绅的共同斗争。当富农立场动摇时,中国共产党应当提出中立富裕阶层的任务,而不加紧反对富农的斗争"②。其实,这正是瞿秋白一直坚持的观点。瞿秋白认为,在中国土地革命中,不但不能反对富农,甚至有时还要推行联络富农的政策。如果强调反富农,将使中国苏维埃运动的基础缩小,可能招致失败的危机。两人观点一致,所以六大制定的富农政策是适合中国国情的。中共六大认为,富农是一个具有两重性的阶级,对革命的态度"有 3 种不同,第一同情革命,第二完全与地主阶级联合起来反革命,第三摇摆于革命反革命之间"③。因此,六大决议规定对富农不能采取"一刀切"的政策,而是针对不同类型的富农必须采取不同的斗争策略。

但是到了 1929 年 4 月 13 日,斯大林在联共(布)中央委员会和监

---

① 中国社会科学院近代史研究所现代史研究所现代史研究室译:《米夫关于中国革命言论》,人民出版社 1986 年版,第 98 页。
② 中国社会科学院近代史研究所现代史研究所现代史研究室译:《米夫关于中国革命言论》,人民出版社 1986 年版,第 105 页。
③ 中央档案馆编:《中共中央文件选集》第 5 卷,中共中央党校出版社 1989 年版,第 18 页。

察委员会联席会议上作《论联共（布）党内的右倾》的演说，第一次在中央会议上系统批判了布哈林等人的思想和政策，其中有布哈林在富农问题上的"错误"。当斯大林上纲上线驳斥布哈林的富农政策，并纳入苏共党内反右倾斗争轨道时，共产国际也开始对中国的富农路线进行清理。这时，政治嗅觉敏感的米夫，似乎完全忘记了自己在中国富农问题上的理论主张，马上改变自己的观点。6月初，在共产国际东方部召开会议讨论中国富农问题时，米夫与以瞿秋白为首的中共代表团就中国富农问题展开了争论。米夫抓住瞿秋白起草的中共六大决议中关于"故意加紧反对富农的斗争是不对的"观点，对瞿秋白提出的中立甚至联络富农的政策和思想进行了批判，并要求修改中共六大决议。米夫认为中共六大通过的"大会的政治决议案中有关不要激化同富农的斗争的规定，并未反映农民问题决议的真实意义"，而"中国共产党六大决议中的不够明确和不透彻的叙述是造成错误地阐述党在农村问题上的策略的一定原因，这是不容争辩的"①。因此，米夫对中共六大制定的富农政策进行了严厉的谴责，并提出："党应当制止一切认为党在农村的总路线需要联合富农的理论。"②

于是，以瞿秋白为首的中共代表团与米夫在中国富农问题上产生了分歧和争论。为了维护党代会决议的权威性，坚持自己起草并经中共六大通过的有关决议，瞿秋白反对米夫提出的修改意见，双方"反复辨难，相持不下"。米夫语气强硬，认为这是很严重的问题，必须纠正。最后，瞿秋白不得不作出"让步"。让步后的瞿秋白根据米夫的理论主张，起草了共产国际关于中国农民问题的"六月指示信"。

"六月指示信"片面强调了中国富农在经济、政治上的封建性和反动性，认为"中国富农在大多数情形之下，都是些小地主"，他们"利用其资本与私有的土地，以施行野蛮的佃租与高利贷的掠夺"，并"时常

---

① 中国社会科学院近代史研究所现代史研究室译：《米夫关于中国革命言论》，人民出版社 1986 年版，第 203—204 页。

② 中国社会科学院近代史研究所翻译室编译：《共产国际有关中国革命的文献资料（1929—1936）》第二辑，中国社会科学出版社 1982 年版，第 52 页。

公开的站在反动势力方面而(向)反对农民群众的革命斗争"①。因而指示信认为中共六大提出的"要使富农中立""对于还没有消失革命可能性的富农,要吸收他到反军阀反帝国主义的战(斗)争中去"的观点,容易"使人以机会主义的精神去了解六次大会决议以为必要联合富农",从而"使一切关于农民问题的争论都走到不正确的道路上"去了。② 所以指示信要求中共必须认识到,"无论在什么条件之下,联合富农是不对的",规定对富农要不加区别地实行一概打击的政策。③ 这封信稿完成后,经共产国际执委会政治书记处批准,于 1929 年 6 月 7 日寄给中共中央。

瞿秋白在起草的"六月指示信"中,交代了该信形成的背景和原因。他说:"在上一次谈政治问题的信(指"二月指示信"──引者注)上,我们并没有说到农民问题,曾说关于农民问题需要写一封专门的信。"另一个原因,"就是到现在还有某几个负指导责任的同志,在解决农民问题时候,还犯有严重的错误"④。这"某几个负指导责任的同志"其中自然也包括瞿秋白自己,他在起草和审定此信时的心情可想而知。"六月指示信"实际上体现了共产国际执委会对华政策的"向左转"。指示信要求中国共产党修改六大决议中关于不加紧反富农的论点,规定了既反对"半地主的富农"又反对"从事农业生产的富农"的指导方针。不久,中共中央政治局召开专门会议,通过了《中央关于接受共产国际对于农民问题之指示的决议》⑤。此后,党的富农政策开始"左"转,并在实际工作中被贯彻落实。

---

① 中共中央党史研究室第一研究部编:《共产国际、联共(布)与中国革命档案资料丛书》第 11 辑,中央文献出版社 2002 年版,第 522 页。

② 中共中央党史研究室第一研究部编:《共产国际、联共(布)与中国革命档案资料丛书》第 11 辑,中央文献出版社 2002 年版,第 523、524 页。

③ 中共中央党史研究室第一研究部编:《共产国际、联共(布)与中国革命档案资料丛书》第 11 辑,中央文献出版社 2002 年版,第 521、525 页。

④ 中共中央党史研究室第一研究部编:《共产国际、联共(布)与中国革命档案资料丛书》第 11 辑,中央文献出版社 2002 年版,第 518 页。

⑤ 中共中央党史研究室第一研究部编:《共产国际、联共(布)与中国革命档案资料丛书》第 11 辑,中央文献出版社 2002 年版,第 529—539 页。

　　1929 年 6 月 15 日，心情沉重和无奈的瞿秋白又给中共中央政治局写信，就 6 月 7 日的指示信作进一步的解释。他说："原来米夫要在东方部提议以东方部名义写信，并且草案中列宁之'联合全体农民'（民权革命阶段）之口号不适用于中国。我反对这个办法和意思，所以改成现在的样子。这信的主要点：（一）既以共产国际政治秘书处的名义写，则当然要直接指出中国共产党第六次大会'不加紧反对富农'之不精确不彻底的定义；（二）说明联合富农口号之机会主义的错误；（三）说明富农的名词是包含小地主式（半地主）与自己经营农业雇佣工人之两种富农……。这信很重要，请中央特别注意。关于富农的名词，中国用惯的意义，和这信里所用的不大相同，也要注意。"①这封信表明，瞿秋白虽然有自己的想法和观点，但还是既尊重米夫也就是共产国际的意见，同时又以积极的态度去理解和执行米夫等人的指示，主要是提醒国内的同志，对富农这个名词，中国人有自己惯常的理解，也就是要注意中国的国情和实际情况。

　　除此之外，在这期间瞿秋白还写了《关于农民问题的意见》一文。该文类似于一份备忘录，文中透露了他与米夫之间的争论，并说明"六月指示信"实际上是照着米夫的意思写的。他在该文中交代："关于重新审查中国共产党六次大会农民问题决议的问题（即重新审查'故意加紧反对富农的斗争是不对的'这个定义），是因为在中国共产党中央的许多文件上发现了'联合富农'的口号，所以引起来的。"他在文章中记述："米夫同志曾经与我谈过，在农民问题的信里，或者直接指出大会的定义是不对的；或者指出中央对于大会的定义，解释得不对。他并且说'最好是不损害大会威信'。因此，我也就照着这个意思写的这篇文章。""虽然中国共产党六次大会关于农民问题的决议，有一般的正确的思想，但是因为'不加紧反对富农的斗争'的定义已经引起对于列宁的'同着全体农民'的口号的误解（在许多中共中央和地方组织的文件和材料里有'联合富农'的口号），所以为着纠正第六次大会的农民

---

　　① 《瞿秋白文集·政治理论编》第 6 卷，人民出版社 1996 年版，第 377—378 页。

问题决议,使它更正确起见,必须把'不加紧反对富农的斗争'的定义取消。"①

瞿秋白在"富农问题"上始终坚持己见,使米夫耿耿于怀。

二、面临留俄学生派别矛盾发展的"后遗症"

在瞿秋白任中共驻共产国际代表团团长期间,恐怕最令他难忘、对他后来生活影响最大的人和事,莫过于由中山大学开始的后来波及整个留俄学生的派别矛盾演化和"江浙同乡会事件",以及由此带来的与米夫、王明的关系问题。它不仅构成了瞿秋白第二次旅俄期间的重要生活内容,而且对瞿秋白此后的政治命运也产生了深刻影响,是瞿秋白与"俄罗斯解密档案"关系中一个非常值得研究的问题。

首先,我们回顾一下留俄学生派别矛盾的缘起及发展。

留俄学生的派别矛盾最初起源于莫斯科东方劳动者共产主义大学和莫斯科中山大学支部派与教务派之间的冲突。共产国际成立后,特别是共产国际二大召开后,莫斯科为了实施"东方战略",开始积极地向中国输出革命,不仅派出自己的代表到中国寻找革命力量并就地指导革命,而且挑选中国进步青年到俄国接受其革命教育。这样从 20 世纪 20 年代初到 30 年代初,经过中共前前后后的派遣,留俄学生达到了1000 多人。最早的人数有限的留苏学员,是 1920 年中共早期组织从国内派送的,他们集中在莫斯科东方劳动者共产主义大学中国班学习。当时,瞿秋白还给他们担任过教学翻译。1923 年 4 月,中国共产党根

① 《瞿秋白文集·政治理论编》第 6 卷,人民出版社 1996 年版,第 349、350 页。

据革命形势的需要,又将一批分别在法、德、比利时等国旅欧的学生派送到东大学习。为了便于管理,在莫斯科的 20 多个中共党员自行成立了旅莫支部委员会。该支部独立于联共(布)党组织之外,直接听令于中共中央的指示。但是东大俄共支部委员会,认为中共旅莫支部不合法,决定将其解散。于是旅莫支部给国内写信,请求党中央通过共产国际东方部协调,允许其存在。陈独秀得知情况后,立即写信表示支持。他说:由于有为学生开设特别的课程,要研究许多中国的特殊问题,还有新到的学生不懂俄语等实际原因和需要,"我们认为,中国学生需要有特殊的、本民族的组织,这个组织应该在俄共大学党支部的监督和领导之下,在中国学生中进行工作"①。陈独秀的信使旅莫支部暂时得以保存,但也因此产生了中国留俄学生与俄国人之间的矛盾,而这种矛盾随着留俄学生的日益增多又引发了留俄学生内部之间的尖锐矛盾。

1925 年后留俄的中国学生急剧增加。其原因:一是随着国共合作深入发展,革命需要大批干部,于是从国内来东方大学学习的党员干部日渐增多;二是孙中山逝世后,苏联政府为纪念与他的伟大友谊,决定在莫斯科创办中山大学,招收中国学生。这年 11 月,莫斯科中山大学在大雪纷飞中迎来第一批学生,此后不断地有抵莫留苏学生。大批来自国内的留俄学生中,有一些是党龄较长资历较深的中共干部,如中共中央指定带队来莫的俞秀松、董亦湘等人。这时,东大和中大的旅莫支部不仅没有考虑吸收来自国内的资深干部进入支部领导层,而且其负责人也由清一色的旅欧转莫人员担任。不仅如此,他们认为来自国内的留俄学生成分复杂、思想混乱、组织纪律涣散、个人主义倾向严重,为了贯彻中共中央关于必须努力把留俄学生培养成革命战士的有关指示,东大和中大的旅莫支部制订了严格的"训练计划",突出地在学生中贯彻思想改造原则,对留俄学生进行极其严格的思想组织"训练",甚至鼓励相互之间揭发批判和打"小报告"。这种做法引起了相当一

---

① 《陈独秀致共产国际东方部的信》,1924 年 10 月 18 日。转引自杨奎松著:《中共与莫斯科的关系(1920—1960)》,台北东大图书公司 1997 年版,第 143 页。

部分学生的反感,如俞秀松、周达文、董亦湘等人公开与中大旅莫支部负责人任卓宣发生了冲撞。于是,一些学生接二连三地给中共中央和共产国际写信表示对旅莫支部不满。俄国人便以此为由,迅速解散了独异于它领导之外的中共旅莫支部,而按照苏共组织原则成立一个隶属于苏共区委的新东大、中大校总支部委员会。但问题是这个新的东大、中大校总支部委员会除书记外的其他负责人仍旧主要由旅欧转莫人员担任,来自国内的留俄学生干部仍然遭到排斥。因此,中共旅莫支部的解散并没有从根本上解决两个大学的学生意见分歧。而且,此后由于俄国人的介入,这些矛盾和冲突更是日益演化成了激烈的两派。

按照规定,无论是东大还是中大新成立的总支部委员会书记均由俄国人担任。在中大,新任总支部委员会书记为斯哥尼柯夫。他到任不久,即与中大教务处主任阿古尔发生了矛盾。他们之间的矛盾使中国学生间原本存在但界线并不明朗的派别逐步形成了"支部派"与"教务派"之争。由于被解散的旅莫支部的思想方法和工作方法,依旧被新组成的支部委员会坚持着,而从国内来莫的越来越多的中共高级干部对总支部委员会掌握在一些毫无革命实践经验的前旅欧支部成员手中表示不满,这就使学生反对"支部派"的斗争更具有号召力。

1927年,一方面中山大学校长拉狄克因托派问题被免职,教务处长阿古尔代理校长。在涉及学校管理工作的许多问题上,阿古尔与校总支部委员会书记斯哥尼柯夫的分歧更加严重,导致分别支持他们两人的两派学生之间的矛盾愈加尖锐;另一方面,蒋介石发动"四一二"政变,给莫斯科的中国学生预期心理带来了极大打击,并由此造成了他们空前的思想混乱。这种情况与学生中长期存在的意见分歧和派别倾向搅在一起,迅速引发了一场严重的派别斗争。支部系统学生干部傅钟、李俊哲、张闻天、沈泽民等人与教务处系统学生干部俞秀松、董亦湘、周达文等人,围绕着许多问题如中大改选校国民党执行委员会和监察委员会、选派学生回国和进入苏联军事学校学习等问题,双方在各种大小会议上展开了针锋相对的斗争。结果在斗争中形成了一个能够极大地左右着多数同学情绪的举足轻重的所谓"第三派"。这年夏天,在暑假前夕召开的党的积极分子会议上，所谓"第三派"先是支持支部派关于应当撤换教务处领导人及部分俄国教员的意见，于是阿古尔及另三名俄国教员受到苏共区委的批评，并被调离中山大学。教务派受到沉重打击。接着"第三派"又与教务派学生联手，在一周后召开的有苏共区委参加的改选总支部委员会的大会上，将斗争矛头直指支部派，结果总支部委员会书记斯哥尼柯夫和另两名从事党务工作的俄国人被撤换，群众反映强烈的支部派骨干张闻天、沈泽民等人被口头批评。几天前还得意扬扬的支部派，一下子被压得抬不起头来。

这样的斗争结果与米夫和陈绍禹（即王明）的参与分不开。巴维尔·亚历山大罗维奇·米夫，1903 年出生于乌克兰一个犹太人家庭。1917 年米夫在家乡加入俄国社会民主工党（布），1918 年参加红军。1920 年年末进入斯维尔德洛夫共产主义大学深造。毕业后米夫留在该校搞科研工作，同时还兼任东方大学的研究员，专门研究远东革命运动问题。1925 年，中山大学创立后，老资格的拉狄克出任校长。米夫进入中大工作，不久升任副校长，时年 24 岁。当时中山大学设有中国研究室，主要研究有关中国的学术问题，特别是涉及中国革命的现实问题，并设有《中国问题资料》编辑部，1925—1928 年，米夫担任该刊的主编。米夫脸上始终写着"严肃"二字，这可能会吓着其他的学生，但王明却对他五体投地般尊重和爱戴。王明 1904 年出生于安徽省金寨县一个贫民家庭。1920 年，他考入安徽省立第三甲种农业学校学习。1924 年秋毕业后，考入武昌商业大学预科学习。在校期间，积极参加学生运动，1925 年还参加了"五卅"运动。莫斯科中山大学开办以后，他成为入读的第一期学生。当时中大教员用俄文授课，缺少翻译人员。学校为了尽快培养翻译人员，就把一批粗通俄语的学生组成翻译班，直接用俄语讲课，以提高其俄语水平。王明参加了这个翻译班，并成为他此后平步青云的起点。积极学习俄语和理论的王明，很快得到了校长米夫的赏识。

1927 年 1 月，米夫以联共宣传家代表团成员身份到中国调查兼考察，王明作为米夫的翻译陪同回国。因此前面提到的中大支部派与教务派斗争激烈的时候，王明并不在场，他正陪同米夫在中国。他们先后到了广州、上海和武汉等地，4月至5月在武汉列席了中共五大。五大召开期间，瞿秋白发表的《中国革命中之争论问题》的著名长文，以及中共党内、共产国际代表之间的激烈争论等，给米夫留下了深刻印象。应该说，与米夫首次相遇的瞿秋白，在其心目中的"第一印象"算是好的。米夫后来在1928年撰写的《紧急时期中的中国共产党》和1936年的回忆中几次提及瞿秋白，认为他是中共党内的左派代表，坚决执行共产国际的指示，并与陈独秀为首的右倾分子展开毫不妥协的斗争。不过瞿秋白对米夫的"第一印象"如何却不得而知，因为他对此没有留下任何只言片语。也许在武汉时期，瞿秋白只是把他当作普通的苏俄工作人员而未加过多留意。但是没过多久，瞿秋白就领略到了米夫的厉害，他与罗米纳兹所犯的"左"倾盲动错误遭到了米夫的严厉批评。

当米夫、王明于1927年8月初回到莫斯科时，中大教务派与支部派的斗争形势是，教务派刚刚被压了下去，支部派正在势头上。王明以其在中大的特殊影响和地位，既得到了"第三派"的支持，又得到了教务派的信任，他立即参加了正在秘密酝酿中的反对支部派的行动。在两派的拥戴下，王明当上了中大总支部委员会改选大会主席团的主席。刚开始他认真履行其职责，与反对支部派的人密切配合，将支部派整得无招架之力，最后被联共（布）区委以决议的形式宣布犯了错误。但是在如何处罚张闻天、沈泽民等支部派人的问题上，王明与反对派意见不同，结果在选举新的总支部委员会时，作为大会主席团主席的王明却未能入选。不过，随着阿古尔代理校长职务被撤和调离中大，米夫正式升任中大校长，不久又担任了共产国际东方部副部长，作为米夫的翻译，王明跟随米夫一起参与处理中山大学和共产国际东方部的事务，使他在中大的地位举足轻重，自然也能控制中大党总支委员会。有米夫做靠山，王明在留俄学生中的势力迅速壮大。

与此同时，在东方大学的中国学生中，也产生了与中大如出一辙的矛盾和斗争。这时东大的支部委员会副书记虽然是1925年从国内旅莫的武胡景，但支部委员会中的其他三人全都是前青年团旅欧支部的负责人。1926—1927 年,从国内来了相当一部分担任过重要职务的干部到东大学习。他们中的许多人对东大支部委员会的组织构成和工作方法看不惯,对学校的教学内容脱离中国革命实际、学生几乎看不到党的任何决议、教学内容和教学方法无法适应、翻译态度和水平无法接受等现状表示强烈不满。而支部领导人及其属下的翻译们则一味袒护校方的做法。于是,支部委员会与部分学员之间不断发生矛盾和冲突。而学校当局执迷不悟,不正视存在的问题,反认为是少数人故意捣乱。学生们忍无可忍,纷纷上书联共(布)中央和共产国际。

1927 年 11 月底,在一年一度的支部工作总结大会上,许多学生尖锐批评学校在党务和教务方面的工作脱离实际,支部负责人缺乏实际斗争经验,拿着高薪养尊处优,并明确提出"反对旅莫支部残余"的口号。支部委员会反过来批评部分学生中存在严重的失败主义情绪和自由主义倾向。总结大会并没有很好地解决双方的矛盾和分歧。当国内广州起义失败的消息传到莫斯科时,12 月 16 日,情绪激动的东方大学军政班学员 100 多人,到共产国际执委会驻地附近举行示威游行,要求改进教学工作。

事件发生后,1928 年 1 月 20 日联共(布)中央书记处决定成立"东大冲突调解委员会"。恰逢向忠发到莫斯科,于是他受共产国际委托,参与调解。经过调查了解,向忠发很快弄清了事情的原委。1 月 23 日,他写信给共产国际执委会政治书记处,客观地指出:"问题在于东大的中国同志早就对改进教学工作(关于中文教材、关于翻译人员、关于分组等)和党的工作提出了意见。"向忠发说:但是"几个月来,学员们提出的所有具体意见都没有被采纳",这才"导致他们只能集体前往共产国际执委会把自己的意见报告给党的最高机关"。他明确地指出:"这里无疑表现出学员们的幼稚和对组织路线的不理解,但这也是学校党支部和校长领导方面[缺乏]明确的、有力的日常党的教育工作的结果。"为此,向忠发在这封信中还建议:改善整个学校的领导;改善学校党的领导;改组军政训练班;不同意东大校长舒米亚茨基关于开除14 名学员的提议;着手将中国学员合并到一个学校,"或者是取消中山大学,把它合并到东方大学来;或者是把东方大学的中国部合并到中山大学来"①。

随着事态的发展,1928 年 2 月 2 日向忠发致信联共(布)中央书记处和共产国际东方部,表示要对东大党支部负责人安德列耶夫(武胡景)、普列斯涅夫(黄士嘉)、奥布霍夫(竺廷璋)和伊格纳季耶夫(宗锡钧)4 人等严加处罚,建议将其开除出东大,遣送回国,因为他们不顾禁令,"仍继续进行原先的分裂活动和闹事。他们利用墙报——党支部局的机关刊物,在文章中为自己的错误辩解并攻击批评他们的同志,指责他们搞'派别活动'和'反党活动'。这一情况又使我们(委员会委员们)所调查和禁止的问题变得尖锐起来,并导致学生中原先的不健康情绪重新复萌"。在信中,向忠发还请求联共(布)中央追究东大校长舒米亚茨基的责任。他说:"我们看到,在他的领导下情况越来越糟,不满情绪、不健康情绪在增长,中国部在分崩离析。我请求中央追究他的责任。要知道,中国共产党派自己的同志到这里来,不是为了学习如何闹事,学习如何从事分裂活动,学习如何捣乱布尔什维克队伍,而是为了使他们受到革命觉悟和革命经验的锻炼。"②与此同时,向忠发还向联共(布)中央和共产国际东方部递交了《关于东方大学中国部同中国劳动者大学合并问题》的书面建议。③

1928 年 2 月 27 日,联共(布)中央组织局召开会议,听取东方大学冲突调解委员会的报告,并对有关问题作出相应的决定,即认为东大冲突不仅是由于学员构成的原因引起的,而且是由于东大领导人在对中国同志进行党的工作和教学工作中存在的严重缺点引起的;军训班学员不满情绪的表达方式是严重捣乱和绝对不能容忍的行为;解除校党委书记韦尔特纳的工作,开除党支部负责人武胡景等 4 人出校;责令带

---

① 中共中央党史研究室第一研究部译:《共产国际、联共(布)与中国革命档案资料丛书》第 7 辑,中央文献出版社 2002 年版,第 214—217 页。

② 中共中央党史研究室第一研究部译:《共产国际、联共(布)与中国革命档案资料丛书》第 7 辑,中央文献出版社 2002 年版,第 341—342 页。

③ 中共中央党史研究室第一研究部译:《共产国际、联共(布)与中国革命档案资料丛书》第 7 辑,中央文献出版社 2002 年版,第 343—345 页。

头"闹事"的鲁易、李侠公、朱代杰、贺声洋等群众领袖离校；对舒米亚茨基提出批评；责成中央宣传鼓动部委员会提出改进东大工作的具体措施等。①

中大和东大的学生派别斗争，虽然经过这些组织处理，但并没有就此"销声匿迹"。相反，由于向忠发此后一手促成"江浙同乡会"事件，特别是随着联共（布）党内斗争的激化，事情变得更加微妙和复杂。当瞿秋白以首任中共代表团团长留驻莫斯科时，他不得不面对留俄学生派别斗争留下的严重"后遗症"。

向忠发在十月革命十周年庆祝活动结束后，留在莫斯科工作期间，前往中大、东大及莫斯科各军校了解中国学生的思想情况和学习情况。在与各校负责人座谈的过程中，向忠发首次得知在留俄中国学生中间存在着严重的派别问题。不仅如此，随着考察的逐步深入，向忠发还从"一位中国同志"那里了解到：在留俄学生中有一个"江浙同乡会"，又叫"储金互助会"，有40多个参加者。最初是公开的秘密，后来又由半公开形成一个秘密的组织。这位中国同志告诉向忠发："现在他们的组织及行动是绝对的秘密，比共产党还神密（秘）。同时他们的分子不只是江浙人，有军阀的子弟，有与第三党有关系（者），有一部分是联共所谓反对派，有一部分是怕死怕回国的分子。"②可想而知，正在调查留俄学生派别问题的向忠发，得知有这么一个秘密组织存在，自然高度警觉和重视。这位中国同志名叫郑家康，是苏联格别乌（苏联国家政治保卫局）人员，专门负责华人方面的情报侦察工作，其妻是中大学生。向忠发得知这一情报后，一面叮嘱郑家康秘密进行侦查，搜集证据，一面向联共和共产国际领导人汇报。

听到向忠发的汇报，作为共产国际东方部的负责人及中山大学校长，米夫一想到留俄中国学生中存在秘密的反党小组织，就不能不紧

---

① 中共中央党史研究室第一研究部译：《共产国际、联共（布）与中国革命档案资料丛书》第7辑，中央文献出版社2002年版，第338—341页。
② 杨奎松著：《中共与莫斯科的关系（1920—1960）》，台北东大图书公司1997年版，第160页。

张,于是他应向忠发的要求,决定调查"江浙同乡会"。2 月 26 日,米夫在中大总支部委员会召开的党的活动分子会议上,公开宣布,在中国留学生中间有一个秘密组织,就是"江浙同乡会",并宣布成立五人调查委员会,动员学生起来互相检举揭发。米夫此举无异于在矛盾重重的中大学生中投下了一颗重磅炸弹,整个中大像一锅煮开了的粥,人人不得安宁。

1928 年 2 月 27 日,向忠发参加完联共(布)中央组织局召开的处理东大冲突会议后,又与李震瀛一起就中国留苏学生问题同共产国际工作人员索洛维约夫进行例行谈话,他们向索洛维约夫反映了一些中国留俄学生情况,这其中就包括不久后引起轩然大波的"江浙同乡会"问题。当天,索洛维约夫就给布哈林写信说:"在莫斯科和列宁格勒(托尔马乔夫学院)高等院校中国学生当中,好像成立了什么带有暂时不十分清楚的互助目的的同乡会或其他这类联合组织。这个同乡会的成员经常会面和相互通信。据向说,参加同乡会的有:(托尔马乔夫学院)蒋介石的儿子、(国际列宁学校)纳利曼诺夫和丘贡诺夫。"他还在信中告诉布哈林:"向同志(指向忠发——引者注)很想同您和斯大林同志谈谈这个问题和一些其他党内问题。"①"俄罗斯解密档案"丛书收录的这封信所提到的"蒋介石的儿子"即蒋经国,"纳利曼诺夫"即俞秀松,"丘贡诺夫"即周达文。

那么这个引起向忠发高度关注的"江浙同乡会"到底是不是一个党内秘密的反党组织呢?也许,当时被打成"江浙同乡会"骨干分子的经济学家孙冶方 1980 年给中共中央纪律检查委员会及中组部的报告能够回答这个问题。他说:

> 在我们同期毕业的同学中,除了回国工作的以外,大部分升到别的学校学习,极少数的人留校工作,我和云泽(乌兰夫)同志以

---

① 中共中央党史研究室第一研究部译:《共产国际、联共(布)与中国革命档案资料丛书》第 7 辑,中央文献出版社 2002 年版,第 346—347 页。

及一个后来成为托派分子的綦树功被派到东方大学当翻译。继续学习的学生只发给津贴，有些到军校学习的，按红军士兵待遇，津贴特别少。我们做翻译工作的拿工资，有近百卢布，生活较好。因此在暑假开学前，有几个去初级军校的同学提出，在星期天敲我的竹杠，叫我买肉买菜做中国饭吃。这天，除约好的几位军校的同学外，董亦湘也来了，军事学院的陈启礼、左权同志也来了，挤了一屋子的人，把同房间的乌兰夫同志都挤了出去。正当我们热热闹闹地做饭时，中大学生公社主任王长熙从窗外经过，听到里面说话的都是江浙人。因此回校后同别人讲起，某些人聚集在某人房间呱啦呱啦讲得很热闹，象开"江浙同乡会"似的（其实其中陈启礼、左权两同志是湖南人）。这话传到中大支部局中国同志那里，便添油加醋，说成董亦湘等在我房间里成立了"江浙同乡会"①。

可见，是同乡之间的感情联络，或是同学间经济方面的友情互助，而使"江浙同乡会"之说产生，又由于董亦湘是"教务派"，所以这件事情便与留俄学生中的"支部派"与"教务派"之争纠缠在一起。而当时以斯大林为首的苏共中央同党内托洛茨基反对派的斗争日益尖锐化，人们对党内小组织格外警惕，因此向忠发毫不犹豫地向米夫提出要对"江浙同乡会"进行政治追查。

但是，令向忠发感到不满的是，莫斯科对这一问题的处理速度很慢。1928 年 5 月，向忠发又以中共代表团的名义给共产国际东方部写信，提议解决苏联境内中国共产党党员和团员中的反党小组织问题。这封信对"江浙同乡会"性质的估计进一步升温。认为它的反党特性表现在：其成分是反对派、拥护中共机会主义者的人、有各种形式的取消和先锋主义倾向的人，并且与党外的反共产党成分有关系；其目的是从内部和外部破坏和消灭共产党；其工作内容是在苏联各共产大学及

---

① 曹仲彬、戴茂林著：《莫斯科中山大学与王明》，黑龙江人民出版社 1988 年版，第 113 页。

军事学校分裂共产党员队伍,对共产国际、联共中央及中共作种种造谣与诽谤,帮助和庆祝东大军事班向共产国际的示威行动等。因此,他提出用下列方法解决这个反党组织问题:一是用党内和党外的办法对付首领和积极分子;二是对一般成员用党内组织和教育的办法。①

　　大约在此前后,中共另一个工人领袖苏兆征到莫斯科参加赤色职工国际代表大会,并与向忠发一起被任命为中共驻共产国际代表。1928 年 6 月 5 日,向忠发与苏兆征联合给共产国际执行委员会写信表示,他们到莫斯科来已经几个月了,早就向共产国际提出了一些中共今后工作和中国革命的问题,尽管共产国际就这些问题也作出了一些具体决定,但是他们认为"作出的决定依然是决定,问题依然是问题"。而在他们看来,"许多问题正是要求及时进行解决,否则就会复杂化,还会对其他问题产生影响"。接着,他们在信中列举了 10 个应该解决却没有及时解决的问题,其中被列为第一个问题的就是"江浙同乡会"。他们在信中说:这个反党组织还是在今年 1 月发现的。根据米夫同志的建议,中国劳动者大学支部局成立了调查此案的专门委员会。但是,委员会成员之一恰恰是成立该委员会所要调查的组织的拥护者。因此,这个组织的活动暂时停止了,并且变得更加秘密了。这时米夫同志在中国劳动者大学党员大会上作了报告,试图通过教育工作使"同乡会"成员自觉地同该组织断绝关系,但没有收到预期效果。后来决定对"同乡会"采取组织措施并立即实行。过了两天,米夫同志公开宣布了这个决定。5 月初,又决定过几天后再实行这些措施,以期再收集一些材料,先在军校解决问题,然后在中国劳动者大学,再在东方劳动者共产主义大学解决问题。这一拖竟一直拖到今天。问题因此变得复杂化了。他们认为,"同乡会"问题已经不是同反对派的理论斗争,没有必要放慢处理速度。相反,处理得越快越坚决越好。要立即消灭这

---

① 杨奎松著:《中共与莫斯科的关系(1920—1960)》,台北东大图书公司 1997 年版,第181 页。

个组织。①

1928 年 6 月 12 日，收到向忠发和苏兆征的联名信后，共产国际执行委员会小委员会召开会议，就"江浙同乡会问题"作出了一系列决定，其中包括：责成皮亚特尼茨基同志收集有关同乡会的材料，并告之中共驻共产国际代表；中共驻共产国际代表团在了解这些材料之后，通过共产国际执行委员会东方部和联共（布）中央宣传鼓动部向有中国学生的东大、中大、国际列宁学校和军事学校等高等院校的所有支部和党员发公开信，说明同乡会的性质和活动问题；中共代表团应同那些可能与同乡会首领有联系的学生谈话，以及对被军校开除的同乡会首领提出进一步采取措施的建议；责成东方部同联共（布）中央宣传鼓动部协商后，向中国学生发学生成分调查表。②

但是"江浙同乡会"毕竟不是一个秘密反党小组织，所以格别乌（苏联国家政治保卫总局）怎么侦查也查不出它的章程，以及它的组织结构系统。相反，在追查期间，留俄学生之间互相揭发、攻击和猜忌，人人受到冲击。于是，学生们因"江浙同乡会"问题纷纷上书、上访来莫斯科参加六大的中共代表们，造成局势不稳。这种情况让米夫深感压力，使他于 6 月 26 日在中山大学党务报告会上，突然宣布"江浙同乡会"组织已经解散，清查工作结束，并要求中国学生迅速停止互相攻击，着手改善同志关系。

1928 年 7 月 11 日，中共六大结束，在六届一中全会上，向忠发当选为党的总书记。他新官上任后的第一把火就是烧向"江浙同乡会"。7 月 14 日，他召集代表团开会，当众宣布"江浙同乡会"的存在，和中央查处这一反党秘密组织的决心。向忠发作完报告后，王明接着作了对"江浙同乡会"盖棺论定的系统发言。其发言共分为五个部分：(1)江浙同乡会的来源；(2)江浙同乡会的实质；(3)江浙同乡会的行动；(4)

---

① 中共中央党史研究室第一研究部译：《共产国际、联共（布）与中国革命档案资料丛书》第 7 辑，中央文献出版社 2002 年版，第 462—463 页。

② 中共中央党史研究室第一研究部译：《共产国际、联共（布）与中国革命档案资料丛书》第 7 辑，中央文献出版社 2002 年版，第 487 页。

江浙同乡会的前途;(5)我们对江浙同乡会应采取的办法。王明认为,江浙同乡会的来源是中山大学此前的派别(教务派和支部派)斗争,其基础是教务派,即周达文、俞秀松、董亦湘等人。在王明发言的基础上,会后形成了一个《对于江浙同乡会的意见》。这个中共中央关于"江浙同乡会"问题的正式文件,是由向忠发亲自主持制定的,因此它不可避免地成为新中央解决所谓"江浙同乡会"问题的基本依据。①

向忠发回国后,解决"江浙同乡会"问题便历史地摆到了以瞿秋白为首的中共驻共产国际代表团面前。一边是学生不断地到代表团反映情况,上诉上访,一边是新中央作出的要求严厉处罚的决定,于是瞿秋白、周恩来、张国焘等决定前往苏联国家政治保卫总局要求查阅有关材料。结果他们晚了一步,有关此事的所有资料都被联共(布)中央监委调走。原来是左权、陈启科、胡世杰等因"江浙同乡会"问题而被开除的军校学生,6 月底写信给联共(布)中央监察委员会申诉。7 月下旬,他们又直接前往克里姆林宫求见斯大林和莫洛托夫。结果联共(布)中央监察委员会主席雅罗斯列夫斯基接见了他们,并决定接受中国学生的申诉。

1928 年 7 月 27 日,联共(布)中央监委组织有关各方如共产国际、苏联军委和格别乌负责人召开联席会议,宣布由上述三方加上中共驻共产国际代表团共同成立"江浙同乡会"事件委员会,负责调查解决这一问题,雅罗斯列夫斯基自任主席。参加事件调查委员会的中共代表是瞿秋白、周恩来、苏兆征。经过近半个月的阅读材料、听取证词、与各方负责人谈话等,雅罗斯列夫斯基于 8 月 10 日正式向委员会联席会议提出了《关于所谓"江浙同乡会"或"互助会"事件的报告大纲》。报告大纲对格别乌和中共代表团所提出的关于"江浙同乡会"的章程、组织、反革命行动、帮助反动派等等所谓"证据",逐一进行了剖析,并逐项否定了格别乌和中共代表团的指认。报告明确提出,这个问题仅仅

---

① 杨奎松著:《中共与莫斯科的关系(1920—1960)》,台北东大图书公司 1997 年版,第 190—193 页。

是一个组织纪律问题，是一个思想认识的问题，因此解决这件事的正确办法应当是，对于企图组织互助性质的小组织而未向党报告的党团员，进行必要的党的教育。①

根据该大纲的意见，联共（布）中央监委起草了《关于江浙同乡会储金互助会问题的决议》。决议认为"江浙同乡会"并不存在，"指控被怀疑参加这个互助会的同志反党、反革命、与国民党右翼军阀分子有联系、支持（谭平山等人的）第三党、试图夺取中共领导权和实现这类政治目的，这些都是没有根据的"；并认为"江浙同乡会"一案"已被撤销"。决议责成由皮亚特尼茨基、索尔茨（共产国际监委代表）、雅罗斯列夫斯基、米夫和中共代表团代表组成委员会，起草告苏联境内全体中国学生书，"在各学校的中国学生大会上宣读这个号召书，并举行座谈会，彻底消除互不信任气氛和互相中伤等行为"；其次，"重新考虑"涉案被处理学生的"调离问题"；再次，"向米夫同志指出，他在中国劳动者大学学生大会上，根据未经核实的材料，说存在地下组织，并且未在任何相应的党的机关提出这个问题，他的这种做法是错误的"②。应该说，这个结论是实事求是的。

瞿秋白当时因病没有参加这次联席会议，是周恩来和苏兆征代表中共出席共产国际六大代表团会议的。通过调查和这次会议上雅罗斯列夫斯基的报告，周恩来等人意识到，此前向忠发、米夫等人和格别乌用来为所谓"江浙同乡会"及其嫌疑者定案的种种证据，确实很难完全成立。但是，他和苏兆征又不能轻易接受雅罗斯列夫斯基的报告结论和联共（布）中央监委的决议，因为他们必须坚持向忠发的意见。为此，中共代表团作出两项重要妥协：一是将"江浙同乡会"分子锁定在蒋经国、俞秀松、卢贻松、孙冶方等12人身上，而放弃对众多学生的指控；二是依据新中央通过的决定，坚持对"江浙同乡会"的存在及其反

---

① 杨奎松著：《中共与莫斯科的关系（1920—1960）》，台北东大图书公司1997年版，第197—200页。

② 中共中央党史研究室第一研究部译：《共产国际、联共（布）与中国革命档案资料丛书》第8辑，中央文献出版社2002年版，第23—25页。

党性质的怀疑,但把它当作内部问题来定性和处置。①

在此基础上,1928 年 8 月 17 日,周恩来代表中共参加共产国际六大代表团致信联共中央政治局和联共中央监委,表明对"江浙同乡会"问题的态度。8 月下旬,苏共中央政治局受理了中共代表团的来信。在苏共中央政治局的安排下,苏共中央监委、克格勃和中共代表团再次举行联席会议,企图达成三方一致的意见,但这种协调和努力没有取得实质性的进展。虽然中共代表团在对"江浙同乡会"性质认定问题上已作了重要妥协,但与联共(布)中央监委仍然存在着分歧,如坚持认为:"江浙同乡会"事实上存在过;它的性质至少是党内以同乡或亲友为基础的秘密派别组织,其发展前途有成为政治性质的可能;对其成员必要时仍须诉诸组织办法加以制裁;等等。中共代表团之所以要这样坚持"江浙同乡会"的定性,是因为在这个问题上他们已经让无可让了,再让下去,总书记向忠发过去的一切说法和中共中央就此得出的结论,必将全部被推翻。那样的话,新中央的威信将要受到损伤,因此事而在中国留学生中间形成的严重对立,将使早已存在的留俄学生派别问题更加复杂化。

面对复杂微妙的局势,联共(布)中央政治局不得不放弃以各方联席会议方式解决"江浙同乡会"问题的打算。1928 年 9 月 6 日,联共(布)中央政治局召开会议决定"同意中央监察委员会关于江浙同乡会的决定并通过告苏联境内中国学生书草案"②。

这件事从表面上看,到此为止了。但此后关于"江浙同乡会"到底有还是没有的问题,一直困扰着中国留学生,有的认为有,有的认为没有,双方剑拔弩张,互不相让,对立情绪非常严重。

前述中共驻共产国际代表团在整个处理"江浙同乡会"事件上的立场和态度,以及后来不得不接受的妥协,看起来与瞿秋白没有什么关

① 杨奎松著:《中共与莫斯科的关系(1920—1960)》,台北东大图书公司 1997 年版,第202—203 页。
② 中共中央党史研究室第一研究部译:《共产国际、联共(布)与中国革命档案资料丛书》第 8 辑,中央文献出版社 2002 年版,第 23—30 页。

系,因为他一直在苏联南方巴库地区疗养,只靠信件(可能还有电话)与周恩来保持联系,自始至终没有参加联席会议。但是,由于他是中共代表团的团长,又是事件调查委员会的委员,周恩来的意见肯定得到了瞿秋白的支持。因此可以断定,瞿秋白对"江浙同乡会"性质的认识,并不是像有些回忆文章、传记及一些著作所认为的那样,一开始就意识到它是非政治性的,是一个冤案。他同周恩来一样,肯定要受到向忠发对此事态度的影响,特别是向忠发当了总书记以后。当然,联共(布)中央政治局关于停止公开处理这一事件的决定,瞿秋白、周恩来也不得不听。

从本书前述内容看,瞿秋白与"江浙同乡会"实际上没有什么直接的关联。但事实上他还在巴库疗养期间就已陷入这场说不清、道不明的纠纷之中。还在雅罗斯列夫斯基调查"江浙同乡会"问题期间,就有人反映说:中共中央委员瞿秋白与"江浙同乡会"有嫌疑,说瞿秋白是一个政治投机者,想组织自己的一派,而那些"江浙同乡会"的人为使同乡会得到发展,必然与瞿秋白等人发生关系。① 这种说法用意很明显,就是要将中共驻共产国际代表团团长瞿秋白指为"江浙同乡会"的后台。这种用意表明因"江浙同乡会"问题引起的猜忌、倾轧有多么严重和可怕。到1929年,在苏联的政治大清洗中,"江浙同乡会"更成为王明和米夫等人排斥异己、打击瞿秋白的一把利剑。

---

① 杨奎松著:《中共与莫斯科的关系(1920—1960)》,台北东大图书公司1997年版,第199页。

三、矫正留俄学生教育问题惹来麻烦

　　集聚较多中国留俄学生的中山大学,自 1925 年成立以来,在管理体制方面一直存在着不顺的问题。从教育体制的角度看,它属于苏联政府教育部所管辖;但是从党的直属系统来看,中山大学党员支部局又属俄共莫斯科市党委下属的一个区委所管辖;而就学校性质而言,它先是国共合作创办的培养革命人才的学校,但是 1927 年随着蒋介石和汪精卫的相继叛变,它便成为中国共产党所办的干部学校,因此又要受共产国际执行委员会东方书记处指导;同时,由于多数学生是中共党员,因而中共驻共产国际代表团也有权过问其事务。

　　正是因为存在这些体制和管理方面的问题,1928 年 7 月 21 日,中山大学校长米夫致信联共(布)中央宣传鼓动部,为了贯彻联共(布)中央组织局作出的关于中山大学共产主义化的决定,要配合学校"在学生构成、教学大纲和教育计划方面已完全转到共产主义高等院校轨道上"以及"中国共产党正进行反对国民党和孙逸仙思想的斗争",特提出中山大学更名问题。9 月 17 日,根据米夫的提议,联共(布)中央组织局就"孙逸仙中国劳动者大学更名问题"召开会议,决定:将东方劳动者共产主义大学中国部同孙逸仙大学合并,合并后的学校名为"中国劳动者共产主义大学"①,简称"劳大"或"中大"。

　　但是,更名后的中大(中国劳动者共产主义大学的简称),情况复

---

　　① 中共中央党史研究室第一研究部译:《共产国际、联共(布)与中国革命档案资料丛书》第 8 辑,中央文献出版社 2002 年版,第 31—32 页。

杂一如既往,一方面因"江浙同乡会"问题而引起的矛盾依然存在,另一方面又出现了所谓"工人反对派"与王明等人的对立,使中大学生派别纠纷又有了新的发展。

大革命失败后,中国共产党为了在国民党的血腥镇压下保存革命力量,将一批大革命时期的工人骨干有计划地分期分批送到莫斯科学习。这批工人入读中国劳动者共产主义大学以后,使中大的派别斗争出现了新的变化。因为他们来自国内革命斗争的最前线,具有丰富的革命实践经验,所以对王明等人依靠米夫控制中大党支部局、脱离革命实际却又自以为是、喜欢夸夸其谈的言行甚为反感。他们"经常到大会上发言,公开批判支部局的错误行为。而且他们因为是工人出身,成分好,米夫一派不敢过分打击他们,所以胆子特别大,拥护他们的人很多"①。他们中的主要代表人物是李剑如、余笃三、吴福海。这批工人学生对以米夫为校长的校方管理十分不满,认为学校存在教学脱离中国革命实际、翻译少、设备不完善等问题,而所提意见又不能得到及时解决,因而提出反对官僚主义。如何对待这批工人出身的学生,王明等人也感到十分棘手。因为"他们披着天衣无缝的中国工人阶级的外衣,就足以使党支部局和学校当局陷于极大的窘境"②。于是,拥护米夫的王明及支持王明的少数派与广大学生形成的多数派不时发生对立和冲突。中共代表团负责人瞿秋白、张国焘为此到中大发表讲话,表示支持多数派的意见,要求大家听中共代表团的话,反对无原则的斗争。以瞿秋白为首的中共代表团支持了中大以工人出身为主的多数派学生,引起了王明等人的忌恨。但王明等人有米夫做靠山,根本不把中共驻共产国际代表团放在眼里。当王明等人把"工人反对派"的帽子送给李剑如等人时,同时也就把打击的矛头对准了瞿秋白及中共代表团。

---

① 曹仲彬、戴茂林著:《莫斯科中山大学与王明》,黑龙江人民出版社 1988 年版,第 131 页。

② [美]盛岳著:《莫斯科中山大学和中国革命》,现代史料编刊社 1980 年出版,第 235 页。

鉴于留俄学生的复杂情况,瞿秋白曾于1928年9月向共产国际东方地区书记处书记库西宁建议,由鲍罗廷代替米夫担任中大校长。张国焘也向库西宁提出,共产国际东方部部长和中大校长由米夫一人兼任,并不合适。因为,共产国际东方部负有指导中共的任务,而中大校长则免不了要参与中共内部的事务,这样在指导整个中国革命过程中难免出现失误。

与此同时,米夫也于1928年9月14日口头提出、15日书面提出解除他在共产国际执行委员会或中大的工作问题。他说:"昨天我(通过克里茨基和塔利同志)向联共(布)中央宣传鼓动部正式提出了解除我在共产国际执行委员会的工作问题。继续兼任学校的工作和共产国际执行委员会的工作是绝对不行的。试图物色副校长和相应的减轻我在学校里的工作并不会有什么好结果。为了事业,必须解除我在共产国际执行委员会的工作或学校里的工作。"①

对于米夫的请求,1928年9月18日联共(布)驻共产国际执行委员会代表团核心小组召开会议,决定"把米夫同志在共产国际执行委员会或在孙逸仙大学的工作问题作为悬案"②,也就是搁置不议,不作任何决定。但会议同时将共产国际执行委员会机关工作人员的工作和职责进行了分配,其中东方书记处及其所辖的东方部、中东部和近东部的人事安排透露了米夫的工作去向。会议决定:任命库西宁为东方书记处书记,阿尔诺特为库西宁的副手;任命米夫为东方部部长,其工作范围为中国、日本、朝鲜、蒙古等国;任命舒宾为中东部部长,负责印度、印度支那、印度尼西亚等国的工作;任命瞿秋白为近东部部长,威廉姆斯为副部长,负责土耳其、巴勒斯坦、叙利亚、波斯以及其他法属殖民地国家的工作。③ 从这种人事安排可以看出,米夫将不再"兼任"中国劳

---

① 中共中央党史研究室第一研究部译:《共产国际、联共(布)与中国革命档案资料丛书》第8辑,中央文献出版社2002年版,第34页。

② 中共中央党史研究室第一研究部译:《共产国际、联共(布)与中国革命档案资料丛书》第8辑,中央文献出版社2002年版,第33页。

③ 中共中央党史研究室第一研究部译:《共产国际、联共(布)与中国革命档案资料丛书》第8辑,中央文献出版社2002年版,第34页。

动者共产主义大学校长。

对于中大越来越复杂的学生派别问题，联共（布）中央也想进行整治和解决。1928 年 9 月 21 日，联共（布）中央书记处成立了以季曼施泰因为首的中国劳动者共产主义大学情况调查委员会，对中大的派别纠纷问题进行调查。经过调查，该委员会提出了解决问题的调研报告。12 月 21 日，联共（布）中央书记处决定在交换意见的基础上修改委员会提出的决议草案。1929 年 1 月 7 日，联共（布）中央组织局召开会议，批准了《根据中国劳动者共产主义大学情况调查委员会的报告提出的决议案》。该决议案认为，情况调查委员会"查明，在总的政治路线正确并且中国劳动者共产主义大学管委会和支部的工作取得了很大成绩的情况下，学校还是未能克服它所面临的巨大困难，还是未能完全保证顺利完成为中共培养干部的任务，这既是因为在领导工作中存在着很大的缺点，又是因为学生的社会成分不能令人满意"。因此，"为了顺利完成中国劳动者共产主义大学所面临的任务，认为必须实行以下措施"，其中之一是决定："彻底根除学生中的集团纠纷和斗争因素，在学生中建立同志式的思想上的共产主义团结。责成学校领导人（校长和支部局）采取一切必要措施来贯彻执行这个指示。"还有就是："责成中央宣传鼓动出版部和组织调配部在一个月期限内取消兼任中国劳动者共产主义大学校长职务的做法。"根据这一决定，联共（布）中央组织局于 3 月 15 日解除了米夫的中国劳动者共产主义大学校长职务，并任命威格尔出任该职。[①] 这就是联共（布）中央关于解决中大问题的"一月决议"。

1929 年 2 月，中共中央政治局给瞿秋白和中共代表团写信，信中对被派回国的中大学生状况表示很不满意，说他们只是表面上熟悉理论，实际上对党的组织问题、工会运动问题等什么也不了解，能工作的人很少。信中指出"最近几年，中国劳动者共产主义大学至少花费了

[①] 中共中央党史研究室第一研究部译：《共产国际、联共（布）与中国革命档案资料丛书》第 8 辑，中央文献出版社 2002 年版，第 56—58 页。

约500万苏联卢布,而取得的成绩仅表现为,在回来的250名学生中,只有为数不多的人可以用来工作。他们的学习如此不符合实际,他们的理论水平如此低下。这个事实表明,中国劳动者共产主义大学在为中共培养干部的基本任务方面,未能取得最起码的成绩,未能在这方面为我们提供保障"。于是,瞿秋白率中共代表团对中大的工作状况展开调查,并就调查的情况给共产国际执委会写了一封长信,以矫正留俄学生教育问题。①

中共代表团经过调查认为,中国劳动者共产主义大学已经积累了一些中国问题的马克思主义研究者,培养了翻译干部,出版了一些中文书籍,在培养干部和中国问题研究方面已经奠定了基础。但是,存在的不健康现象也比较突出,主要是学校行政管理工作混乱:一方面学校不给学生提供掌握联共(布)实践经验和参加苏联实际生活的机会,结果造成学生生活的闭塞;另一方面学校不把普通课程同中国问题联系起来,教员质量的不合要求、教科书和教员的不够中国化,有造成学生的学习同中共的实际需要相脱节的危险。此外,不能令人满意的学校经济生活影响了学生的学习效果;学校党支部在广泛合作、自我批评、自我检查、建立和巩固积极分子队伍等问题上的工作态度和它在消除学生中不健康现象方面的工作方式比较机械,令普通学生感到不满。总之,中大目前的状况还不能令中共代表团满意,学校里的长期混乱状态和不能令人满意的学生之间的关系,这些早就存在的不足之处,不仅至今还未能根除,而且有时还有所发展;中国劳动者共产主义大学还没有走上联共(布)中央指出的工作轨道。

中共代表团在信中指出:联共(布)中央任命的新校长威格尔同志已经开始履行自己的职责。这是根据联共(布)中央关于中国劳动者共产主义大学工作的一月决议对该校进行改革的开始。中共代表团认为,中大的基本目标是为中国共产党培养懂政治和能够做实际工作的

---

① 中共中央党史研究室第一研究部译:《共产国际、联共(布)与中国革命档案资料丛书》第8辑,中央文献出版社2002年版,第103—108页。

干部。因此,中大和中国共产党之间需要建立密切的联系。要从中国的需要出发,进行有步骤的工作,克服一切客观上和主观上的困难,只有这样才能实现这个伟大的目标。为此,中共驻共产国际执行委员会代表团,在信中对中国劳动者共产主义大学提出一系列改革建议。在组织领导方面:一是联共(布)中央应在实践中为中大的经常性工作吸收很多的优秀教员和工作人员,充实学校领导和支部工作,加强领导班子建设,搞好领导班子的团结;二是中大既然是由联共(布)建立的中共党校,那么在组织上既要受联共(布)中央领导,但同时也应同中共中央建立密切的联系。在教学管理方面:一是改组翻译局;二是立即成立工人教科书编写委员会;三是要尽量吸收中国同志担任较低文化水平小组特别是工人小组的教员;四是责成教学部和中国问题科学研究所一起制订教员和教科书中国化的具体计划;五是基础班定为两年,预备班定为一年;六是加强军事学习;七是有步骤地增加关于中国问题的课程,并要把这些课程同实践联系起来;八是实行按组、按科目学习制,即学习党在秘密条件下的组织和宣传方法、开展职工运动、农民运动、妇女工作、共青团工作等方法;九是改进图书馆的工作,增加新的必要的中文图书数量。

但是,瞿秋白等人对中大的调查,被中国劳动者共产主义大学支部局说成是"秘密调查"①。他们为矫正中国留俄学生教育问题提出的改革建议,自然也被视为是与中大宗派小集团过不去的行为,因而遭到嫉恨。于是,这些人利用中大每学年结束之前召开的工作总结会进行发难。据当年在校学生盛岳回忆,1929年夏天,中大暑期前夕的工作总结大会,被他们精心地策划成了一次打击中共代表团和"工人反对派"的机会。大会一连开了十天,被称为"十天大会"。盛岳说:"那是狂风暴雨、一片混乱和蓄意拆台的十天。"②会议召开之前,瞿秋白对会议组织者的阴谋意图有所察觉,因此,他召集中共代表团会议,要求代表团

---

① 丁言模、刘小中编著:《瞿秋白年谱详编》,中央文献出版社2008年版,第295页。

② [美]盛岳著:《莫斯科中山大学和中国革命》,现代史料编刊社1980年出版,第242页。

成员对中大问题采取一致的态度和立场。他派张国焘出席会议,并代表中共代表团在大会上发言,表明代表团的立场和态度。在大会上,张国焘发表讲话,对中大支部局提出批评,表示支持多数同学的意见,反对无原则的争论,同时批驳了支部局对中共代表团的指责和非难。但是张国焘的发言对中大宗派小集团没有产生任何威慑作用,相反,他却从这一番经历中认识到,中大的问题仿佛是一个泥潭,中共代表团卷入其中难以自拔。张国焘感到这样下去不会有好结果,于是,为了尽早脱离旋涡,避免惹火烧身,他借口需要深造,会后便到列宁学院当旁听生去了,把中共代表团的工作全部丢给了瞿秋白和其他同志。

尽管中大的问题令瞿秋白身心俱疲,但他不能像张国焘那样一溜了之,他是代表团团长,他得坚守岗位。1929 年 6 月 15 日,也就是"十天大会"前后,瞿秋白给中共中央写了一封信。他说:"中大的情形,仍旧和去年这时候一样。改善很少。我们以代表团名义提出一意见书,兹将底稿一份寄上。请你们必须发表意见,正式写信到东方部和联共中央。我们当遵照和中大继续交涉。我的意见是:1)此校旧习太深,爱斗纠纷;2)此校要求多派工人来,然无工人适用之教材与教授方法。必须给他一个时间,好好改组,然后送来的工人方能受着益处。"自然在信中,他也流露出了畏难情绪和摆脱当前处境的愿望。他说:"我的时间是天文上的问题,无论如何不能兼顾中大方面的事务,中大方面对邓(中夏)、余(飞)又常表不满的态度。请决定特派一人参加管理学校事。否则将我从国际撤退,不管其他一切事,专管中大事。可是我绝对无组织上的才力,我至多只能在中大做笔译的翻译头,我也愿意的。撤退我的代表资格,我来干翻译。请快快给回音。"①可见,瞿秋白对中大一直存在的脱离中国革命实际的教学方法和教材问题、积怨甚深的派别问题等忧心忡忡,同时也反映了他当时那种无可奈何的心情以及心中萌生的退意。

但是,即使在这种情形下,瞿秋白也没有放弃对改革中大教育问题

① 《瞿秋白文集·政治理论编》第 6 卷,人民出版社 1996 年版,第 379 页。

的关注和关心。1929 年 11 月，他专门就中大问题给联共（布）中央写信，指出：中大的情形，真不堪言。真的，它是不能保证完成为中共准备多数派的干部的任务。无论怎么样，中大是应根本改造，并且要很快的改造。中大的根本改造是在加强领导，进行国际教育，和无情的清洗现在的学生成分。"在详细地知道学校情形以后，我们又有关于改善中大具体的提议，并且这一次是书面的。一般的说来，我们关于这些事件是有许多次已和学校领导人谈过，并且在东方部秘书处亦提出过。我们的提议'接受过了''正要接受'或者'将要接受'，但是没有实行。同时也没有谁认真地与我们讨论这些提议。"①12 月 15 日，瞿秋白在给中共中央政治局的信中又谈到中大问题，他说："调查委员会的主席纪尔桑诺华（又译为"基萨诺娃"——引者注）同志已经对我及国际宣传部委员会正式报告：孙大（应为中大——引者注）支部党的工作（托、白尔达）的确有浓厚的机会主义及官僚主义的成分。""以前回国学生的评语，完全没有给。这是因为中大以前的指导机关，完全无此能力——其党部、教务处机关之零乱混蛋，已至不可言喻的地步。"②

　　从这些信件可以看出，瞿秋白对中大以前的工作不满到了有些愤怒的程度。而他那一心要矫正中国留俄学生教育工作的执着劲头，不可避免地使他与中大前校长米夫以及在中大早已形成的王明宗派小集团之间的关系日益紧张。

---

① 《瞿秋白文集·政治理论编》第 6 卷，人民出版社 1996 年版，第 726—731 页。
② 《瞿秋白文集·政治理论编》第 6 卷，人民出版社 1996 年版，第 744—745 页。

四、遭遇中大"清党"运动的猛烈冲击

1929 年秋,联共(布)在全国掀起了"清党"运动。其原因是联共(布)党内斯大林与布哈林的分歧变成了公开冲突,为了清除布哈林派的势力,联共(布)中央下令开展全面"清党"斗争。中国劳动者共产主义大学的全体中共党员具有双重党籍,作为联共(布)党员,他们也在"清党"之列。按照中大"清党"委员会的部署,中大的"清党"运动分为三个阶段,必须人人过关,结果严重扩大化。

"人人过关"的方法非常简单,就是先由各个基层党小组召开会议,对本组的每个党员进行审查和揭发,被认为是有问题的人就提交给"清党"委员会,负责进行更加严厉的审查。"清党"委员会往往既不核对事实,也不认真进行调研,便根据所揭发的问题作出结论,认为是不符合党员条件的人,就宣布开除党籍或给予警告处分。这种人人过关、简单粗暴的"清党"方法,为学校当局和教条宗派小集团清除异己创造了方便条件。一大批同志尤其是知识分子出身的党团员,遭到严厉的审查和迫害。有些人或是被开除党籍,或是被逮捕流放,或是被秘密枪决。

在这场大清洗中,瞿秋白及其领导的中共驻共产国际代表团受到了来势汹汹的冲击,他们成为主要的被打击和诬陷迫害的目标。虽然"清党"运动开始时,王明已经回到中国,但是尚在莫斯科的王明宗派小集团的人感到,这是拔除中共代表团这颗钉子的好时机。他们在暗中积极收集和捏造瞿秋白以及中共代表团的"幕后活动的材料",其方法是对代表团成员从中共六大以来的各种讲话和文字材料,逐字逐句

地审查，以便找出可以攻击之处，作为瞿秋白和中共代表团的罪状。据盛岳在《莫斯科中山大学与中国革命》中回忆，还在中大召开第一次"清党"大会上，他就在早已准备好的发言中，对瞿秋白等人进行了攻击和诽谤。他说："我公开谴责瞿秋白及其同伙犯了机会主义的罪行。瞿秋白犯了左倾机会主义，而张国焘则是右倾机会主义。我谴责他们都在中山大学培植'反党第二条路线联盟'。为了论证我的指责，我引证了大量他们的讲话和文章，和提供了关于他们进行幕后活动的充分证据。"①可谓别有用心。

随着"清党"运动的深入，中大的托派组织被破获。于是，瞿秋白又被中大宗派小集团的人指控为与中大学生中的托派组织有关。与此同时，在中大学习的代表团成员的家属也遭到了打击和迫害。当时在中大特别班学习的瞿秋白妻子杨之华也受到严厉处分。陆定一的爱人唐义贞，因"反对支部局"被开除了团籍。中大学生瞿景白（瞿秋白的三弟）由于对"清党"运动的做法表示不满，年轻气盛的他在一次大会上，当场将自己的联共党员证退给学校党组织，以示抗议。结果，当天他就神秘地"失踪"了。具有深厚政治阅历的瞿秋白心知肚明，三弟一定是被苏联保安机关枪毙了。此事对他刺激很大。

中大"清党"问题陷入越理越乱的恶性循环，被处分的中共党员和团员纷纷向联共（布）中央和共产国际提出申诉。1929 年 11 月 6 日，联共（布）中央书记处成立了以基萨诺娃为首的中国劳动者共产主义大学情况调查委员会。经过 20 多天的调查，该委员会形成了一份致联共（布）中央书记处的《中国劳动者共产主义大学情况调查委员会报告》。报告分为四大部分：对联共（布）中央组织局"一月决议"的执行情况；学校的政治状况；学校教学工作的总的评价；共青团组织的成分和政治状况。调查报告认为，"中国劳动者共产主义大学的现状是极其不能令人满意的，根本不能保证学校完成为中共培养布尔什维克式

---

① ［美］盛岳著：《莫斯科中山大学和中国革命》，现代史料编刊社 1980 年出版，第 245 页。

干部的任务"。联共(布)中央"组织局根据该委员会(季曼施泰因委员会)的报告作出的关于在中国劳动者共产主义大学学生当中彻底消灭派别纠纷和斗争的决定和关于在学生当中建立同志式的、思想上的共产主义亲密关系的决定,都没有得到执行,由于没有对学生的质量构成作出果断的改变和没有对学校进行根本的改组,也不可能得到执行"。而"中国劳动者共产主义大学极其严重的政治状况,在不小的程度上是由于缺少共产国际执行委员会东方书记处的正确而有力的领导造成的"。为此,调查委员会成员在报告中提出了取消或者改造中大的两种不同意见,并分析了理由。① 12 月 16 日,联共(布)中央书记处召开会议,听取基萨诺娃调查委员会的报告结果。会议决定"赞同委员会的结论","认为必须立即根据委员会的结论和建议着手改组中国劳动者共产主义大学"。②

瞿秋白非常赞同以基萨诺娃为首的中大情况调查委员会提供的报告。1929 年 12 月 30 日,他给共产国际东方部书记处书记库西宁写了一封长信③,其内容与 11 月写给联共(布)中央的信基本相同。但在这封信中,他特别提道:"如果要拯救像在中央一个委员会的报告中和在基萨诺娃同志在政治书记处会议上的报告中所谈到的那'很大一部分同原领导决裂的优秀分子',如果要拯救他们,如果要消灭中国劳动者共产主义大学的托派集团,那就极有必要让原领导公开承认基萨诺娃同志在报告中所指出的那些错误和工作中的不足。"另外,信中还有两处补写文字。一处写道,"库西宁同志:我最后一次发表自己对中国劳动者共产主义大学的看法,因中国劳动者共产主义大学的'事件'迫使我这样做。那里有反对'代表团'的运动。斯特拉霍夫(瞿秋白)"。另一处写道,"又及:我们支持基萨诺娃同志作为中国劳动者共产主义大

---

① 中共中央党史研究室第一研究部译:《共产国际、联共(布)与中国革命档案资料丛书》第 8 辑,中央文献出版社 2002 年版,第 275—293 页。

② 中共中央党史研究室第一研究部译:《共产国际、联共(布)与中国革命档案资料丛书》第 8 辑,中央文献出版社 2002 年版,第 274 页。

③ 中共中央党史研究室第一研究部译:《共产国际、联共(布)与中国革命档案资料丛书》第 8 辑,中央文献出版社 2002 年版,第 321—326 页。

学新校长人选"。

由本书前述可知，中大"清党"时的校长是威格尔，信中所提的"原领导"则是米夫。瞿秋白对米夫及其以前主持的中大工作这样毫不留情地指责和要求责任追究，自然使米夫很不舒服，而米夫也是要寻机反击的。

政治倾轧，工作繁忙，痛失胞弟，被米夫、王明一派人诬陷迫害，而副手"国焘只管自己读书"。在多重打击叠加的情况下，瞿秋白终于被击倒，1930 年 1 月底，他住进医院，直到 3 月中旬才出院。4 月 2 日，他给中共中央政治局写信说：料理许多事件后，方才偷着空，能够再写信，"留俄学生问题——首先是军事学校方面，已经决定尽快送回一批"。"中大清党便大大难于解决。代表团已将此事提交国际监察委员会。你们方面必须赶快写信或打电（报）直接给联共中央，主张对这班造谣的人，予以极端严重的处分。至于代表团是否右派，中央是一定有现成的答案的。详细的情形，不日有专函寄上。"①

中大管理体制不顺，学生派别纠纷不断，问题积重难返。到 1930 年 4 月，联共（布）中央政治局最终还是决定撤销这所大学。为此专门成立了由基萨诺娃等人组成的撤校工作委员会。② 4 月 25 日，共产国际执委会东方书记处召开处务委员会会议，讨论中大撤销后的有关善后工作，其中包括中大原有的中国问题研究所、图书馆、出版社等清理、移交和归属问题，瞿秋白被会议指定为处理中大撤销后的图书移交工作人员之一。③

但是，从某种意义上来说，中大虽然撤销了，然而中大带给瞿秋白的麻烦、痛苦和打击并没有就此结束。

---

① 《瞿秋白文集·政治理论编》第 6 卷，人民出版社 1996 年版，第 828—830 页。

② 中共中央党史研究室第一研究部译：《共产国际、联共（布）与中国革命档案资料丛书》第 9 辑，中央文献出版社 2002 年版，第 91 页。

③ 中共中央党史研究室第一研究部译：《共产国际、联共（布）与中国革命档案资料丛书》第 9 辑，中央文献出版社 2002 年版，第 132—134 页。

五、关键时刻张国焘反戈一击

　　1929 年 12 月 24 日，中共中央政治局举行特别会议。向忠发、李立三、周恩来、关向应、项英、罗登贤、徐锡根等人与会，会上对中央政治局与远东局的意见分歧、开除陈独秀党籍、中大风潮、中共代表团等问题进行了讨论。会议决定派周恩来到莫斯科解决所有有关问题。

　　张国焘在中大召开的"十天大会"后甩手而去，说明中共驻共产国际代表团在处理中大问题上的内部意见并非完全一致。其实，在收到中共代表团写给国内中共中央的信件中，向忠发等人发现只有瞿秋白、邓中夏和某某（应是陆定一——引者注）三个成员的签字，而张国焘和余飞没有签署。① 因此，在中共中央政治局特别会议讨论中共代表团问题时，关向应认为，"在解决学生问题上，瞿（秋白）和（张）特（立）（即张国焘——引者注）各有自己独特的见解。结果暴露出在我们代表团内部存在两条不同的路线，影响了所有学生并造成不好的印象"②。项英说，"为防备代表团达不成一致意见"，必须赋予派去莫斯科的人具有解决问题和履行改组中共代表团职责的全权。③ 最后，会议主席向忠发在总结发言时说："我同意大家提出的方法，在过去的一年里，中央是完全一致的，而代表团无疑有两条工作路线，这是非常危

---

① 中共中央党史研究室第一研究部译：《共产国际、联共（布）与中国革命档案资料丛书》第 8 辑，中央文献出版社 2002 年版，第 314 页。
② 中共中央党史研究室第一研究部译：《共产国际、联共（布）与中国革命档案资料丛书》第 8 辑，中央文献出版社 2002 年版，第 314 页。
③ 中共中央党史研究室第一研究部译：《共产国际、联共（布）与中国革命档案资料丛书》第 8 辑，中央文献出版社 2002 年版，第 313 页。

险的。要采取一种方法,使我们派去的代表作出报告并要求代表团作出答复。凡有调和主义倾向的人都应剥夺其全权,而有机会主义路线及从事反对派和取消派活动的人,应给以严厉谴责。因此代表团要进行改组。……邓中夏、黄平和满（不知何人——引者注）要回来,瞿秋白留在那里,派去的代表（指周恩来——引者注）一定要回来。"①

当瞿秋白身体稍好,从医院返回工作岗位后,中大"清党"运动引起的对他不利的局面已经形成。如前所述,在中国劳动者共产主义大学支部局领导的"清党"过程中,许多同志对瞿秋白和中共代表团提出了十分严厉的指责。1930年3月18日,当瞿秋白和中共代表团在中大召开的"清党"会议上发表讲话时,反对中共代表团的学生纷纷插话,继续提出这些指责。这些指责"被准确表述如下:1.代表团成员（斯特拉霍夫、邓中夏、余飞、陆定一、张彪——所有人的名字都被提到了）有自己的行动纲领,即不同于共产国际的路线和反对这一路线的路线;2.代表团成员在学生当中成立右派组织（阿拉金、韦利霍夫、瓦日诺夫等）;3.这个组织同托派组织举行过会议,同后者进行了谈判,这一右派组织过去和现在都在进行反对共产国际和联共（布）的斗争"②。阿拉金即李剑如,韦利霍夫即余笃三,瓦日诺夫即郭妙根。不仅如此,这些指责还被中大支部局在墙报上登出。这使瞿秋白感到非常痛苦和愤怒。为此,3月19日,他写信给共产国际执委会东方书记处,请求对米夫等人加给他和中共代表团的指控进行调查。他写道:"谨请你们查明这些指责。"③

显然,中大"清党委员会"支持米夫、王明一派的人,把矛头指向瞿秋白和中共代表团,既指责瞿秋白是中大托派反党小组织的后台,又要他承担对李剑如、余笃三的所谓"派别活动"的责任。

---

① 中共中央党史研究室第一研究部译:《共产国际、联共（布）与中国革命档案资料丛书》第8辑,中央文献出版社2002年版,第315—316页。
② 中共中央党史研究室第一研究部译:《共产国际、联共（布）与中国革命档案资料丛书》第9辑,中央文献出版社2002年版,第75页。
③ 中共中央党史研究室第一研究部译:《共产国际、联共（布）与中国革命档案资料丛书》第9辑,中央文献出版社2002年版,第76页。

尽管遭受诬陷,身处非难和指责之中,但瞿秋白并没有因此而忽视工作,即使涉及中大的事务,也并不回避或听之任之。这从解密档案记载的 1930 年 4 月 2 日,他与陆定一、刘明佛写信给希塔罗夫和共产国际执委会政治书记处政治委员会一事可以看出。瞿秋白等人在信中这样写道:

> 获悉共产国际政治委员会已作出决定,在派往国际共青团学校学习的 8 名中国学生当中,只有两名同志来自中国,另 6 人将从中国大学(指中国劳动者共产主义大学——引者注)学生中挑选,我们认为,如有可能,这一决定应予重新审议。

为了保证派往国际共青团学校学习的中国学生的质量,他们建议:

> 所有派往国际共青团学校学习的学生都从中国挑选(出于经费及其他考虑,学生人数可以减少或更改),理由如下:1. 大学里的情况表明,只有很少数的共青团是优秀的。在中国共青团干部问题很尖锐的时候,必须尽快派这很少数人回国。大学里表现不好,有派性的人不应派往国际共青团学校。2. 当大学学生长时期呆在莫斯科学习时,中国有为数众多的新干部需要学习;这些新干部都是工人,长期在白色恐怖猖獗的条件下进行斗争,作为中国共青团未来的干部更适合和更需要接受理论上的培训。3.考虑到共青团有年龄限制,大学的共青团在这里呆了至少已有一年,很快就要成为党员并退出共青团。要是他们再在国际共青团学校呆一年,情况更是如此。因此,我们挑选新的还能在共青团中工作很久的年轻人来这里学习不是更好吗?从共青团干部流动的角度看,这样做是很有好处的。①

----

① 中共中央党史研究室第一研究部译:《共产国际、联共(布)与中国革命档案资料丛书》第 9 辑,中央文献出版社 2002 年版,第 87—88 页。

当瞿秋白、邓中夏、陆定一等人在强大的政治压力下坚持原则、坚持工作，并继续与米夫等人的不正派活动进行斗争时，张国焘却看风使舵，另作打算。他不仅不是如自己所言对中大斗争"不再过问"，而在关键时刻反戈一击，倒向了米夫、王明一派。这为他在六届四中全会后的王明"左"倾教条主义统治下，能够成为鄂豫皖革命根据地的"一把手"赚取了政治资本。

根据"俄罗斯解密档案"记载，1930 年 4 月 17 日，张国焘就中大"清党"问题写信给共产国际执委会主席团和国际监察委员会。在这封信中张国焘表示，瞿秋白以中共代表团的名义发表《关于中国劳动者共产主义大学问题的声明》时没有在其中说明他张国焘的观点，因此，他对于中共代表团关于中大问题的声明"总的来说是赞成的"，但是又认为该声明的缺点是只谈中大内部问题，"而没有提及与此有关的外部问题"。对于瞿秋白、邓中夏在中大"清党"会议上的讲话，张国焘提出了尖锐批评，认为讲话没有考虑到他的立场，而他与中共代表团的多数人是有分歧的。因此，他要向共产国际提出自己的声明：

> 第一，他认为"与富农结盟"的问题，共产国际已在 1929 年 5 月给中国共产党的信中就已解决，而瞿秋白、邓中夏在中大讲话中仍然坚持错误的观念和错误的立场，这种错误导致了中国学生对富农作用的认识模糊不清；第二，他认为瞿秋白、邓中夏在讲话中没有指出鲍罗廷于 1929 年 4 月在中国问题研究所作的《关于中国革命的前途》的报告中"与富农结盟"的主张和 1930 年 1 月他在中国研究所讨论陈独秀主义时所表现出来的机会主义错误以及拉拢一批中国同志的企图，没有提醒中国学生今后不要追随鲍罗廷同志的错误领导；第三，他认为瞿秋白、邓中夏在讲话中没有充分揭露阿拉金、韦利霍夫小集团是反对支部局的，没有明确号召阿拉金小集团的同志们认识和改正他们的错误；第四，他认为瞿秋白、邓中夏在讲话中没有指出 1929 年 7 月中大学生"十天大会"作出的决议是正确的，在会后也没有十分积极地支持支部局贯彻执行

大会的决议，而认为支部局的路线是"实践中的机会主义"路线，这使他们的错误变得更为严重，表现为搞派别活动并在客观上为托派所利用。①

张国焘如此调转枪口，反戈一击，使瞿秋白感到既烦恼和无聊，又措手不及。张国焘在写给共产国际执委会主席团和国际监察委员会的信中所提出的那些居心不善的批评，致使"腹背受敌"的瞿秋白在莫斯科面临的处境更加复杂。

---

① 中共中央党史研究室第一研究部译：《共产国际、联共（布）与中国革命档案资料丛书》第9辑，中央文献出版社2002年版，第121—125页。

第十二章

顶着"处分"奉命回国纠"左"

　　"俄罗斯解密档案"表明,1930 年的瞿秋白度过了极不平凡的一年。先是在莫斯科为中大学生派别纠纷问题,错误地受到共产国际执行委员会的处分,并且被撤销了中共驻共产国际代表团团长的职务;继而因共产国际执委会远东局与中共中央之间的矛盾激化,国内党的最高领导层出现了李立三的"左"倾冒险错误,他又奉共产国际指令,与这年赴莫斯科汇报工作并解决中大学生与中共代表团矛盾的周恩来一起回国,共同处理党中央的"左"倾错误问题。回国后,他与周恩来一起,依据共产国际七月决议,共同主持召开了中共六届三中全会,纠正了李立三在革命策略上的"左"倾冒险错误,使一度出现混乱的中共中央领导工作回归正常状态。但是,由于共产国际本身对李立三"左"倾错误的定性不断升级,使处在中共中央临时负责人这一特殊位置上的瞿秋白,难以迅速适应共产国际对中共中央政治结论的不断变化,于是他本人及其主持召开的六届三中全会本来是纠"左"有功的,却反而被共产国际指控犯了调和主义错误。

一、在远东局与中共中央矛盾激化时回国

　　这里所讲的远东局不是前述大革命时期的远东局,尽管名称一样,但是它的人员构成、领导功能以及指导中国革命的方式都发生了很大的改变。

　　大革命时期,共产国际执委会在上海设立远东局,瞿秋白曾与陈独秀一起参与远东局的领导。但是大革命时期的远东局在中国的工作并没有取得预期的成效,其负责人维经斯基与鲍罗廷之间以及远东局俄国代表团内部间的矛盾和分歧在 1926 年 10 月至 11 月间达到白热化

程度,使联共(布)和共产国际领导人深感不满。1927 年年初,远东局的工作被中止。此后主要是鲍罗廷、维经斯基和罗易"三巨头"负责中国的政治问题,直到六七月间,鲍罗廷在其中拥有决定权。

但是,鲍罗廷、维经斯基和罗易三位一体的最高代表形式,并没有取代远东局这个组织机构。1927 年 3 月 10 日,联共(布)中央书记处召开会议,调整和批准了新的共产国际执委会远东局组成人员,即由鲍罗廷、罗易和中共、朝共及日共各一名代表构成,并拟由当时并未在中国的列普赛任远东局书记。6 月,为协调政治代表和军事顾问在中国的工作,联共(布)中央政治局加强了远东局的人员组成,主要是增补了化名为"加伦"的布留赫尔。罗易和鲍罗廷被相继召回莫斯科后,牛曼和罗米纳兹成为他们的继任者到达中国。在中国革命转折时期,远东局机构并不健全,人员也开始了频繁的变动:秋天,布留赫尔返回苏联;11 月罗米纳兹返回到莫斯科,牛曼则继续在中国南方广州工作。到 1928 年春,红色工会国际的正式代表米特凯维奇(亚历山德罗维奇)在中国履行共产国际代表的职责;共产国际执委会国际联络部驻中国代表阿布莫维奇(化名阿尔诺、阿尔布列赫特)和驻中共中央军事顾问谢苗诺夫(化名安德烈)参加远东局。1928 年 4 月米特凯维奇返回莫斯科后,由阿尔布列赫特履行共产国际执委会代表的职责。这期间的远东局与莫斯科缺乏定期联系,也没有什么形式的保护和掩护。根据共产国际领导层的决定在哈尔滨建立的国际联络部补充站以及建立每六周一次的信使联络制度,都没能解决这些问题。阿尔布列赫特不止一次地请求上级机关通过柏林派出通晓欧洲语言的"常驻和认真的"共产国际执委会代表。但是问题一直未能解决,直到 1929 年年初。[①]

1929 年春天,经联共(布)和共产国际领导人批准,上海又重新正式设立了共产国际执委会远东局。这是因为对于莫斯科来说,这个机

---

① [俄]N. H. 索特尼科娃著,李颖译:《1920—1931 年间负责中国问题的共产国际组织机构的回顾》,《湖北行政学院学报》2004 年第 6 期。

构很有设立的必要。本来由于此前共产国际派驻中国的代表被事实证明已经犯过许多右的或"左"的严重错误,似乎不能起到代表共产国际执委会的作用;加之广州暴动失败后,中苏关系破裂,俄国人在中国的活动变得十分困难。因此莫斯科一度考虑不再派代表到中国。但是不在中国设立正式的共产国际执委会派出机构——远东局,不向远东局派出驻华代表,莫斯科与中共中央之间在政治沟通、组织联络、财政援助、军事指导等方面确实存在着严重的困难。

因此,1928 年 9 月,共产国际执委会东方书记处远东部负责人库丘莫夫在致莫洛托夫、布哈林和皮亚特尼茨基的信①中说:"即使在让瞿秋白和张国焘同志作为中共代表留在莫斯科的情况下,共产国际显然也无法保证对党的领导。"所以他认为,"再次提出挑选和紧急向中国派遣共产国际执行委员会代表的问题是适时的"。

在这封信中,库丘莫夫忧心忡忡地分析道:从革命时期成长起来的工人当中挑选出来的中共中央核心人物向忠发、苏兆征、项英等人,由于处在派别斗争接连不断的条件下,由于他们本身在政治上和理论上都不够坚强,因而使中国共产党明显地缺乏有威信的集体和个人领导,如果没有共产国际的不断帮助,恐怕他们未必能完成党的任务。

而此后不久中央领导层发生的一起人事变动,更加让库丘莫夫觉得自己的担心并非多余。按照共产国际的规定,中共中央人事变动是要经过莫斯科同意的,而这起人事变动却是向忠发的中央政治局自行其是的结果。据"俄罗斯解密档案"记载,1928 年 11 月 28 日中共中央给共产国际写了一份报告,内中谈道:中共六大后跟向忠发一起回国不久的蔡和森,因曾在八七会议后担任北方区委领导时,没有纠正顺直党委的错误,而被向忠发领导的中央政治局解除了政治局委员和常委的职务。② 这在库丘莫夫看来,是中共中央无原则的派系斗争的结果。

---

① 中共中央党史研究室第一研究部译:《共产国际、联共(布)与中国革命档案资料丛书》第8辑,中央文献出版社 2002 年版,第 21 页。

② 中共中央党史研究室第一研究部编:《共产国际、联共(布)与中国革命档案资料丛书》第11辑,中央文献出版社 2002 年版,第 480 页。

12月10日,他给联共(布)中央和共产国际领导人写信说:"在刚刚收到的中共中央材料(指11月28日中共中央给共产国际的报告——引者注)里,有**关于把党的最积极的工作人员之一,即蔡和森同志清除出中央政治局和中央书记处**(黑体字系文件原来就有的——引者注)的消息。"①由于蔡和森大革命时期曾在共产国际领导机关工作过,库丘莫夫对他比较熟悉。他认为,在大革命时期,与包括瞿秋白在内的其他中央委员相比,蔡和森采取了更"左"的立场,但是在中共六大召开前后的莫斯科,他"已经意识到党组织盲动主义路线的危险性,并彻底站到了共产国际执行委员会第九次全会和后来的中共第六次代表大会的政治立场上"。库丘莫夫说,实际上蔡和森"所持的态度有些独特,比所有其余人更附和迅速成长起来的党的最健康的工人领导核心(向忠发、苏兆征等)"。他认为,由于蔡和森撰写的《党的机会主义史》不仅突出反对了陈独秀,也反对了瞿秋白,因此1927年11月全会后的中央临时政治局的领导核心人员瞿秋白、周恩来和李立三"对他都是抱有敌视态度"的。按照库丘莫夫的分析,中共六大已经将1927年11月全会产生的中央领导班子完全否定,现在六大后的中共中央领导核心**"清除蔡和森同志,无疑在客观上是政治局和书记处组成人员**(黑字系文件原来就有的——引者注)朝着加强党在代表大会之前的领导班子方向的**一种变动**"。因此,库丘莫夫强调"绝对有必要尽快派一名共产国际执行委员会有威信的代表,长期同中国共产党中央委员会一起工作。不采取这个措施就无法实现从政治上和组织上使中央委员会和党团结一致"。为此库丘莫夫在信中代表远东部"建议成立共产国际执行委员会远东局,以便指导中国、日本、朝鲜、菲律宾和印度支那共产党的工作并同它们进行联系"②。

经过一系列的讨论、磋商之后,1929年年初莫斯科终于同意共产

---

① 中共中央党史研究室第一研究部译:《共产国际、联共(布)与中国革命档案资料丛书》第8辑,中央文献出版社2002年版,第48页。

② 中共中央党史研究室第一研究部译:《共产国际、联共(布)与中国革命档案资料丛书》第8辑,中央文献出版社2002年版,第49—50页。

国际继续向中国派驻自己的代表,并在上海建立起了常设的秘密机构——远东局(有时又被称为"共产国际执委会驻中国代表团"),以具体帮助中共中央,同时负责与远东各国共产党组织保持联络。其组成人员有化名为奥斯藤、保尔或帕维尔的雷利斯基,化名为罗伯特斯的埃斯勒(在领导人不在的时候暂行领导人的职责)及红色工会国际代表乔治·哈迪(1930年6月返回莫斯科,此后由斯托雅尔替代),青年共产国际代表别斯帕洛夫(化名维利),这些成员被授予相应的比较全面的指导权。1930年7月,共产国际执委会对远东局组成人员进行了调整,主要有负责人米夫(1930年10月至1931年4月在中国)及成员埃斯勒(1931年1月返回莫斯科)、雷利斯基(1930年8月返回中国,在上海工作到1931年8月)、斯托雅尔(在中国工作到1931年6月)和别斯帕洛夫(在上海工作到1931年春)。盖利斯1930年7月被批准为远东局成员,同时兼任驻中共中央苏联军事顾问团团长。① 由于中国白色恐怖严重,作为共产国际执委会的代表机构,远东局的工作在1931年9月后基本上陷于瘫痪。

1929年年初设立的共产国际远东局与大革命时期的远东局在工作环境、领导体制、工作范围、所起作用等方面都不相同。大革命时期的远东局处在国共合作状态下几乎是半公开的工作环境中,其领导体制是以维经斯基为首的俄国代表团负责制,虽然内部有分工,但主席维经斯基起主要领导作用,最后几乎成了个人负责制;对中共中央的工作管得多管得细,几乎成了"第二个中共中央"。而1929年年初成立的远东局则是依据斯大林的提议,采行集体工作和集体负责的形式、主要是帮助的工作性质、起上传下达的联络作用而组建起来的。其代表主要是来自欧美国家的共产党人,由于对中国、中共的情况既不了解又缺乏研究,同时为安全起见不出席中央政治局和常委会议,不参与集体决策,只凭看通报、党刊、会议记录等作决议,通过向中共中央政治局写信

---

① [俄]N. H. 索特尼科娃著,李颖译:《1920—1931年间负责中国问题的共产国际组织机构的回顾》,《湖北行政学院学报》2004年第6期。

或与主要领导人面谈作指示。

1929 年春成立的远东局在成员到位后,一开始并没有太深地卷入中共的工作。但是当远东局负责人雷利斯基 6 月 4 日在上海给共产国际执委会东方书记处写第 2 号信时,双方分歧的端倪开始出现。远东局认为,中国共产党的领导人不善于组织日常工人运动,李立三混淆"左右两种倾向",在蔡和森离开政治局的问题上,向忠发也拒绝了远东局让蔡返回政治局的提议。① 此后随着党的六届二中全会召开,远东局开始对中共中央决议的一些提法、表述有了不同意见。这些意见经过双方的会谈、沟通,部分得以化解。

但是,1929 年 7 月上中旬召开的共产国际执委会第十次全会决议传到中国后,远东局与中共中央的矛盾突然变得尖锐起来。双方最大分歧的最初来源是远东局 1929 年 10 月作出的《关于共产国际执委会第十次全会决议的决议》②。该决议认为共产国际执行委员会第十次全会的决议是正确的,远东局不仅保证接受这些决议,而且要在它的工作的各个方面,特别是在反对中共中央机会主义危险和倾向的斗争中执行这些决议。接着,决议一方面承认"中共在非常复杂的政治形势条件下领导着劳苦群众的革命斗争",另一方面又认为中共"在同各种民族改良派打交道"时,"经常偏离布尔什维克路线"。比如,中共"党的领导长时期认定,在中国资产阶级的农业阶层和资本主义阶层之间存在着根本性的意见分歧",在对待富农的态度上存在"把富裕农民分成封建主义分子和资本主义分子的倾向",这是错误的;在对待广西军阀俞作柏以及建立红色工会等问题上存在右的倾向;决议认为,在"陈独秀同志表达了最右倾机会主义的,而且常常也是反革命的观点"之后,仍然还将他留在党内,这种处理方法是不对的。

中共中央政治局看到远东局作出的这份决议后十分不满。1929

---

① 中共中央党史研究室第一研究部译:《共产国际、联共(布)与中国革命档案资料丛书》第 8 辑,中央文献出版社 2002 年版,第 115—116 页。

② 中共中央党史研究室第一研究部译:《共产国际、联共(布)与中国革命档案资料丛书》第 8 辑,中央文献出版社 2002 年版,第 192—196 页。

年12月6日,向忠发、李立三、周恩来、项英、李维汉、温裕成、罗登贤7位政治局委员,聚集在一起,召开政治局会议,讨论这份决议。会上大家你一言我一语,李立三批评远东局决议关于中共对一些理论概念、认识的认定是错误的;周恩来说远东局决议"表露出了对中国问题的调和主义思想","在远东局的决议中,没有一句话讲中央坚决反对右倾,而相反,决议抽出一些问题,加以夸大,并利用这种完全没有根据的材料来指出中央右的错误,同时抹杀最严重的右的倾向——中共内的取消主义",这种态度是十分错误的;李维汉说远东局工作方法有问题,"只干预次要的问题","而不强调政治指导,因此没有起到主要的作用"。最后会议一致要求远东局应修改《关于共产国际执委会第十次全会决议的决议》。从"俄罗斯解密档案"收录的这次会议记录看,双方的矛盾和分歧开始变得难以调和。①

为了解决争论,1929 年 12 月 10 日、13 日、17 日,远东局的奥斯藤、乔治、罗伯特斯(艾斯勒)、维利(别斯帕洛夫)与中共中央政治局的李立三、周恩来、向忠发接连举行三次联席会议,讨论分歧问题。② 但是双方在会上争执不休,互相指责,各自坚持己见,其结果经过三次会议最终也没有达成共识。

由于中共中央和远东局之间的分歧不仅没有解决,反而越来越尖锐,因此中共中央政治局于 1929 年 12 月下旬召开特别会议,决定"立即派一位同志去共产国际报告这次讨论情况,以及一年来中央的工作情况和现在的策略方针,同时解决中共代表团问题和学生问题"③。刚

---

① 中共中央党史研究室第一研究部译:《共产国际、联共(布)与中国革命档案资料丛书》第8辑,中央文献出版社 2002 年版,第 242—248 页。

② 参见中共中央党史研究室第一研究部译的《共产国际、联共(布)与中国革命档案资料丛书》第 8 辑收录的《共产国际执行委员会远东局和中共中央政治局联席会议记录》(1929 年 12 月 10 日于上海)、《共产国际执行委员会远东局和中共中央政治局第二次联席会议记录》(1929 年 12 月 13 日于上海)、《共产国际执行委员会远东局和中共中央政治局第三次联席会议记录》(1929 年 12 月 17 日于上海),中央文献出版社 2002 年版,第 249—258 页、第 259—267 页、第 294—305 页。

③ 中共中央党史研究室第一研究部译:《共产国际、联共(布)与中国革命档案资料丛书》第 8 辑,中央文献出版社 2002 年版,第 344 页。

好,共产国际也要求中共中央派代表到莫斯科,于是周恩来受中央委托,离开上海到莫斯科,向共产国际作全面汇报。

从远东局这边来说,他们与中共中央的矛盾自然会报告到莫斯科。1930 年 1 月 13 日,共产国际执行委员会政治处政治委员会召开会议,听取皮亚特尼茨基的"远东局关于共产国际执委会第十次全会决议和中共政治局的电报"的报告,会议基本通过了皮亚特尼茨基就有关问题提出的草案,同时"责成由皮亚特尼茨基、库西宁和斯特拉霍夫(即瞿秋白——引者注)同志组成的委员会,提出对库西宁同志的修改意见的表述法"①。显然,远东局在给莫斯科的报告中,已经将李立三在向忠发负主要责任的中央政治局中所起的特殊作用进行了汇报,因此,1 月 23 日,共产国际执行委员会政治书记处政治委员会召开会议,在讨论中共中央和李立三等问题时,"库西宁和斯特拉霍夫同志建议邀请李立三同志于 3 月中旬来莫斯科"②。

但是李立三没有接受这一建议。1930 年 1 月 30 日,共产国际远东局给共产国际执行委员会东方书记处写信,就远东局与中共中央的矛盾问题进行前因后果的说明和解释,并附上所有有关争论的会议记录。这封信很长,方方面面的问题谈了不少。其中谈到中央领导层内部状况时说:"政治局主要的政治领导人是李立三。我们已经几次写信跟你们谈了他的情况,他是一位很活跃、很热情、有首创精神的同志,但他同时有许多书呆子习气,多少有点搞烦琐哲学,没有搞群众工作和我们策略的实践。另一个与他处在同一水平上的是周恩来,但他完全埋头于实际工作,往返于各级党委的会议之间。看来,他没有时间研究理论问题,起草政治决议,等等。其他的政治局委员,除少先队员(指关向应——引者注)外,给人的印象是缺乏独立性,介于李立三和周恩来之间。而李立三和周恩来之间进行着悄悄斗争。这一斗争还没有完

① 中共中央党史研究室第一研究部译:《共产国际、联共(布)与中国革命档案资料丛书》第 9 辑,中央文献出版社 2002 年版,第 30 页。
② 中共中央党史研究室第一研究部译:《共产国际、联共(布)与中国革命档案资料丛书》第 9 辑,中央文献出版社 2002 年版,第 33 页。

全成形,还不明朗,他们也不把这一斗争从政治局带到我们和全党面前。"①

这封信发出两天后的 1930 年 2 月 1 日,共产国际远东局的负责人雷利斯基赶紧给米夫写信,嘱咐他说,1 月 30 日远东局写给共产国际执委会东方书记处的信,"不能让斯特拉霍夫同志(即瞿秋白——引者注)知道,因为据我们所知,所有事情他都会告诉这里的同志们。最主要的一点是我们作出了关于李立三与乔恩(即周恩来——引者注)之间有分歧的推测。"②从这封信里可以看出,远东局的人不信任瞿秋白。其实,瞿秋白是中共驻共产国际代表团团长,他的角色就是联结、沟通共产国际与中共中央的节点,是传达共产国际对于中共中央指导意见的桥梁和途径,共产国际远东局关于中共中央内部的情况似乎不应该向他隐瞒。

远东局与中共中央的矛盾不仅表现在远东局《关于共产国际执委会第十次全会决议的决议》表述中,而且也反映在中共六届二中全会决议的表述上。中共中央关于六届二中全会决议的表述引起了远东局的反对,双方的意见分歧也很大。米夫接到远东局的有关报告后,1930年 2 月 9 日给瞿秋白写信说:"敬爱的斯特拉霍夫同志:请原谅我打扰您的休息,去信又让您思考工作上的问题。……二中全会决议的一些提法含混不清,甚至有错误。这两种情况都需要我们作出解释和提出同志式的批评。二中全会的所有决议反映出来的路线基本上不能认为是正确的,因此尤其需要这样做。但是在不了解您的意见的时候,我不想采取什么具体措施。"③米夫在这封信中,话说得很客气,但实际上是要求瞿秋白按照他的意思给国内中央政治局写信,修改有关六届二中全会决议的条文。

---

① 中共中央党史研究室第一研究部译:《共产国际、联共(布)与中国革命档案资料丛书》第9辑,中央文献出版社 2002 年版,第 46—47 页。
② 中共中央党史研究室第一研究部译:《共产国际、联共(布)与中国革命档案资料丛书》第9辑,中央文献出版社 2002 年版,第 53 页。
③ 中共中央党史研究室第一研究部译:《共产国际、联共(布)与中国革命档案资料丛书》第9辑,中央文献出版社 2002 年版,第 55 页。

到 1930 年,远东局与中共中央之间旧的分歧没有解决,新的冲突又接踵而至。由于受共产国际"第三时期"理论的影响,进入 1930 年后,中共中央逐步形成了"左"倾冒险主义的"立三路线"。1930 年 2 月 26 日,中共中央发出第七十号通告,在过高估计当时全国工农运动发展的规模、水平和党领导的军事武装力量的同时,否定了共产国际关于中国革命运动发展不平衡的论点,指出:党不是要继续执行在革命低潮时期积蓄力量的策略,而是要执行集中力量积极进攻的策略,各地要组织工人政治罢工、地方暴动和兵变,并集中红军进攻大城市。① 由此,中共中央开始背离党的六大制定的路线。4、5 月间,李立三不仅在《布尔塞维克》《红旗》等党刊上发表文章宣传他的思想、主张和观点,而且还在这期间先后召开的湖北省党组织会议、苏区代表会议、红军主要部队代表会议上加以阐述。于是李立三的"左"倾观点和主张逐步通过这些会议和党的文件贯彻到了党的实际工作中。特别是,6 月 11 日,中央政治局召开会议,通过了由李立三起草的《目前政治任务的决议》(即《新的革命高潮与一省或几省的首先胜利》),将李立三的一系列"左"倾思想变成了中央指导中国革命的纲领计划。

从 1930 年 4 月开始,远东局对中共中央在一些重大政治问题上的判断、提法和认识提出了不同意见。对此,李立三十分心烦和反感,4 月 17 日他给在莫斯科的周恩来和瞿秋白写信说:"远东局的同志,在评价当前革命形势时认为运动的发展是不平衡的:工人斗争的发展落后于农村中农民的斗争。甚至怀疑革命高潮会很快到来。我们认为,这是严重的右倾观点。……远东局的错误具有非常严重非常危险的右倾性质,[它]在政治上已完全不能进行领导,因此,请你们坚决向共产国际提出改组远东局的问题。"②

李立三还随信将一些会议决议和在《红旗》杂志上发表的几篇文

---

① 中央档案馆编:《中共中央文件选集》第 6 册,中共中央党校出版社 1983 年版,第 15—22 页。
② 中共中央党史研究室第一研究部译:《共产国际、联共(布)与中国革命档案资料丛书》第 9 辑,中央文献出版社 2002 年版,第 126、128—129 页。

章,寄给瞿秋白,要他翻译成俄文交给共产国际,并在《国际新闻通讯》上发表。现有资料表明,此前由于中共中央政治局并没有把行动计划和对地方组织的相应指示快捷地报告给远东局和共产国际执委会,因此,莫斯科对中国共产党的一系列具有"左"倾冒险错误的决议、通告、纲领、计划和给地方组织的指示并不十分清楚。因此,到 6 月中旬,李立三寄的这些信和文字材料到达莫斯科后,联共(布)和共产国际领导人算是真正接触到了有关李立三的思想主张和观点,以及他指导中国革命的路线、方针和策略等。

就在中国上海的远东局与中共中央关于中国革命走向发生矛盾的时候,在莫斯科的共产国际执行委员会东方书记处于 4 月 15 日召开处务委员会,听取马马耶夫作关于中国军阀战争和游击运动的报告。会议决定成立由马马耶夫、斯特拉霍夫(瞿秋白)、萨发罗夫、沃罗夫斯基(黄平)、克雷莫夫(郭绍棠)等同志组成的委员会,以马马耶夫为负责人,制定中国共产党对游击运动、红军工作和苏区工作的指示。① 5 月 6 日,马马耶夫等人最后修定了关于《中国的游击运动》的报告。在这篇报告中,马马耶夫明确指出了建立革命根据地的问题。报告说:"我们无疑面临一个建立根据地的问题,因为没有地域,没有根据地,没有我们牢牢插上红旗的地方,我们就会到处流窜,即使今天攻城夺地,明天又会遭到失败。需要建立这个根据地。"为了建立根据地,报告指出中国共产党面临和需要完成的任务是:"在游击运动地区最大限度地扩大党和无产阶级的力量;巩固苏维埃政权,明确现阶段土地革命的纲领;应该解决军队中政治机关的结构、政治委员制度、士兵委员会的问题;我们还面临大规模武装农民的问题;解除政府军武装的问题;农民运动和工人运动结合的问题。"②

由马马耶夫起草、瞿秋白等人共同修订的这份报告,对毛泽东等中

---

① 中共中央党史研究室第一研究部译:《共产国际、联共(布)与中国革命档案资料丛书》第 9 辑,中央文献出版社 2002 年版,第 98 页。
② 中共中央党史研究室第一研究部译:《共产国际、联共(布)与中国革命档案资料丛书》第 9 辑,中央文献出版社 2002 年版,第 120 页。

共党人早在 1927 年秋天就开始建立农村革命根据地的斗争给予了充分肯定,而报告中提出的关于在中国首先要建立苏维埃根据地的思想,与向忠发、李立三中央提出的在全国武装夺取政权的斗争策略大相径庭。这等于说,中国革命形势并没有发展到全国即将胜利的可能,革命的发展仍然呈现出着严重不平衡状态。更令向忠发、李立三不解和恼火的是,刚到莫斯科汇报工作的周恩来也接受了这一思想。

与此同时,远东局对中共中央的批评一直没有停止。1930 年 6 月 11 日中共中央政治局通过"六一一决议"后,远东局于 6 月 20 日致信中共中央,要求"决议在进一步澄清之前不在党内发表",并且建议"如果你们不同意我们目前不发表决议的建议,那么请你们就此问题请求共产国际来解决"①。6 月 21 日,向忠发受中共中央政治局委托,给远东局回信抗议说:"这一决议也不是为共产国际执委会讨论而写的。对这一点我们已多次作过解释,你们自己也非常清楚。为什么你们非要**想方设法**把这一决议和共产国际的讨论联系起来呢?结果成了中国共产党起草这一决议是为了反对共产国际。这意味着破坏共产国际对中国共产党的信任。因此我们提出严肃的抗议。"②

结果中共中央不顾远东局的反对,还是发表了"六一一决议"。此外,远东局与中共中央在其他一些问题上也存在着尖锐的矛盾。到 1930 年 6 月下旬,双方激烈的意见冲突摆到了联共(布)和共产国际领导人的面前。其结果是,瞿秋白被共产国际派回国内,与周恩来一起共同处理李立三的问题,以便矫正中共中央被李立三指歪了的革命路线。

---

① 中共中央党史研究室第一研究部译:《共产国际、联共(布)与中国革命档案资料丛书》第 9 辑,中央文献出版社 2002 年版,第 177—182 页。
② 中共中央党史研究室第一研究部译:《共产国际、联共(布)与中国革命档案资料丛书》第 9 辑,中央文献出版社 2002 年版,第 183—184 页。

二、被共产国际"处分"又"重用"

1930 年,按照中共中央政治局的决定,周恩来取道欧洲,途经德国等地,于 4 月到达莫斯科。他主要是代表中共中央向共产国际报告有关中国革命的各种情况,参加有关中国革命问题的讨论,汇报中共中央与远东局的矛盾,处理中共代表团因解决中大派别斗争而与共产国际发生的分歧等问题。

1930 年 5 月 15 日,瞿秋白与周恩来给共产国际执行委员会政治书记处政治委员会写信说:"鉴于中国学生和其他一些同志向国际监察委员会提出声明,我们建议在政治委员会 5 月 18 日会议上提出关于成立专门委员会的问题以便研究中国代表团的问题。"当日,米夫一见到这封信函,马上在该文件上批注:"赞成必须成立委员会以尽快解决中国代表团的问题。建议委员会由皮亚特尼茨基、曼努伊尔斯基、库西宁、格克尔特、安加雷蒂斯同志组成。"①

经过共产国际执行委员会政治书记处政治委员会 1930 年 5 月 18 日会议成立的专门委员会的调查研究,6 月 6 日,共产国际执委会政治书记处政治委员会召开会议,瞿秋白与张国焘、莫斯克文(周恩来——引者注)、曼努伊尔斯基、米夫、基萨诺娃、库西宁、格克尔特一起参加了会议,主要听取"安加雷蒂斯同志关于在中国劳动者共产主义大学、[国际]列宁学院和东方劳动者共产主义大学清党过程中提出的对中

---

① 中共中央党史研究室第一研究部译:《共产国际、联共(布)与中国革命档案资料丛书》第 9 辑,中央文献出版社 2002 年版,第 146 页。

共代表团及其个别成员指控的通报"。这次会议决定："坚决谴责中共代表团成员对待中国劳动者共产主义大学派别斗争的行为方式,并建议中共中央更新其代表团必要数量的成员,新的任命应与共产国际执委会政治书记处商定。"同时会议决定"成立由米夫、莫斯克文、格克尔特、安加雷蒂斯和基萨诺娃同志组成的委员会提出论证上述决定的理由"①。

对于会议的这个决定,任何人都不可能有瞿秋白一样的感受。打击他和中共代表团,还要堂而皇之地找理由进行论证,以便使他和其他被打击的人口服心服,也真算是做到"仁至义尽"了。

经过 20 多天的调查和论证,米夫等人终于拿出了关于中共代表团问题的论证和建议。1930 年 6 月 28 日,共产国际执委会政治书记处政治委员会再次召开会议,决定"原则上通过关于中国代表团在处理中国劳动者共产主义大学小集团斗争时活动问题的决议草案"。经库西宁定稿后,便形成了共产国际执委会政治书记处政治委员会《关于中国代表团在处理中国劳动者共产主义大学派别斗争时的活动问题的决议》。决议的主要内容如下:

1. 中共驻共产国际执委会代表团对中国劳动者共产主义大学的直接责任,是在解决为中共培养干部这一困难而又复杂的问题时向共产国际执委会和联共(布)中央提供最大的帮助。例如,这要求与学校领导共同进行反对学生中瓦解学校工作并破坏完成中大直接任务的种种倾向、派别活动和破坏分子的斗争。

但是代表团不理解这一责任,而力图采取完全错误的方法把中大学生聚集在自己周围。因此中国代表团不去帮助彻底肃清派别活动,反而实际上支持中大中国学生中的派别活动。

2. 例如,中国代表团应对阿拉金－韦利霍夫小集团的活动负

① 中共中央党史研究室第一研究部译:《共产国际、联共(布)与中国革命档案资料丛书》第 9 辑,中央文献出版社 2002 年版,第 162 页。

责,该集团在中大搞无原则斗争,实际上堕落到与托派和右派结盟的地步。中国代表团中多数人(斯特拉霍夫、邓中夏、余飞)领导了阿拉金－韦利霍夫小集团的活动。少数人(张彪)并非一开始,而只是在后来才与代表团其他成员在对待中大的派别活动上有所区别,但即使那时也没有在共产国际各机构面前采取相应的措施来反对代表团多数人的破坏活动。

3. 至于中国代表团个别成员同情托派的嫌疑,政治委员会则认为,这类嫌疑只依据托派本身的供词,并未得到证实,但无可辩驳的事实是,中国代表团没有与托洛茨基主义进行充分的思想斗争,而是采取自己的方式与托派争夺在中国学生中的优势地位,调和主义地对待阿拉金－韦利霍夫小集团在争夺对中大影响时利用托派的企图。

4. 政治委员会完全不否认学校领导和支部局对中大工作被破坏到现在这种地步负有很大的责任,同时指出中国代表团对此事也有相应的责任。代表团对派别活动的实际支持、接近代表团多数人的阿拉金－韦利霍夫小集团的无原则斗争、代表团成员的某些政治错误(如在富农问题上),甚至在共产国际执委会作出决定后在一系列问题上立场不够明确——这些都助长了托派扩大其在学生群众中的影响和瓦解学校的活动。

中国代表团的上述错误破坏了它在广大中国学生中的威望,给共产国际执委会和联共(布)中央有效地同中大内的托派和无原则小集团作斗争增加了困难。

有鉴于此,共产国际执委会政治委员会坚决谴责中共代表团成员在处理中大内派别斗争时的行为,并建议中共中央对其代表团成员作必要的更新,新的代表团组成应与共产国际执委会政治书记处商定。①

---

① 中共中央党史研究室第一研究部译:《共产国际、联共(布)与中国革命档案资料丛书》第9辑,中央文献出版社2002年版,第213—214页。

对于瞿秋白来说，共产国际的这份决议不仅"终止"了他作为中共驻共产国际代表团团长的职务和身份，而且也使他与米夫之间的矛盾冲突有了即使是不公正但也不能不面对的胜负结果。瞿秋白后来在临牺牲前回忆这一段不愉快的经历时，写道："莫斯科中国劳动大学（前称孙中山大学）的学生中间发生非常剧烈的斗争。我向来没有知人之明，只想弥缝缓和这些斗争，觉得互相攻讦批评的许多同志都是好的，听他们所说的事情却往往有些非常出奇，似乎都是故意夸大事实，作为'打倒'对方的理由。因此，我就站在调和的立场。这使得那里的党部认为我恰好是机会主义和异己分子的庇护者。结果，撤消了我的中国共产党驻莫代表的职务。"①

其实，并不是因为瞿秋白是站在调和的立场上才落得如此结局，而是因为他面对的是米夫的权威和米夫要控制中共的欲望。正像盛岳在他的《莫斯科中山大学和中国革命》一书中所说的那样：

> 米夫是一个青云直上的年轻共产党人，不把中共代表团放在眼里。虽然为了做样子，他也和瞿秋白等人商讨中共的事情，但不难看出，他对这种会谈是半心半意的。他时常坚持同瞿秋白截然不同的立场。米夫一般只倾听他认为的中国问题专家，类似沃林和他的亲信助手陈绍禹等意见，而不听瞿秋白的意见。米夫对瞿秋白的这一态度，是随着瞿秋白在中共第六次代表大会上被贬职，由中共总书记降为只是驻国际代表而来的，这加深了瞿的屈辱感。米夫与瞿秋白之间的不和越来越恶化。②

也许正因为如此，共产国际东方地区书记处书记库西宁对瞿秋白的遭遇颇有同情之心。他"曾在瞿秋白离莫斯科之前，特别加以抚慰；他表示他深信瞿秋白是始终拥护共产国际的，回国以后，必然与共产国

---

① 《瞿秋白文集·政治理论编》第7卷，人民出版社1997年版，第710页。
② ［美］盛岳著：《莫斯科中山大学和中国革命》，现代史料编刊社1980年出版，第244页。

际驻中国的代表密切合作。瞿秋白那时似乎只想迅速的离开莫斯科这个苦海,再也无意表示什么意见"①。

在瞿秋白及其领导的中共驻共产国际代表团于莫斯科遭受审查并获"处分"的过程中,国内的李立三的"左"倾冒险错误继续在发展。他根据中共中央的"六一一决议",制订了以武汉为中心的全国中心城市起义和集中全国红军攻打中心城市的冒险计划,提出"暴动、暴动、再暴动"的口号,命令上海、南京、武汉、广州、大连、青岛、天津、哈尔滨等城市举行罢工、起义;他不顾红军力量的弱小,提出"进攻、进攻、勇敢地向中心城市进攻"的口号,命令红军远离根据地去攻打武汉、长沙、南昌、九江等地,要求"打下长沙,夺取南昌,会师武汉,饮马长江",迅速夺取全国革命的胜利。1930 年 7 月,李立三重点部署在南京起义、上海罢工、武昌暴动的准备工作,并给共产国际执委会发电报,请求批准这一计划。7 月 23 日共产国际执委会回电说:我们坚决反对在目前条件下在南京、武昌举行暴动以及在上海举行总罢工。②

但是,共产国际的这封回电到达中国不久,即 1930 年 7 月 27 日,恰巧彭德怀率领的红三军团攻下长沙。于是李立三、向忠发欣喜若狂,更加不把远东局的阻止放在眼里,也没有按莫斯科的电报要求停止其冒险计划。8 月 1 日和 8 月 3 日,在接连召开的中央政治局会议上,有些得意忘形的李立三说,"共产国际执委会不理解中国的形势","共产国际不仅不理解中国目前的形势,而且不理解中国革命总的倾向","要么我们忠于共产国际的电报,对中国革命犯罪,要么我们忠于中国革命"③。这就把中共中央与共产国际执委会置于直接对抗的关系之中。

不仅如此,李立三还声称:"等我们拿下武汉,我们就可以同共产

---

① 张国焘著:《我的回忆》第 2 册,东方出版社 1980 年版,第 412 页。
② 中共中央党史研究室第一研究部译:《共产国际、联共(布)与中国革命档案资料丛书》第 9 辑,中央文献出版社 2002 年版,第 225 页。
③ 中共中央党史研究室第一研究部译:《共产国际、联共(布)与中国革命档案资料丛书》第 9 辑,中央文献出版社 2002 年版,第 258、261 页。

国际和兄弟的俄国党谈谈,对他们说,现在是发动世界大战的时候了,苏联红军应积极进行干预。"①显然,李立三这匹被远东局形容为"狂奔的马",开始藐视联共(布)和共产国际,挑战莫斯科的权威。

与此同时,上海的远东局与中共中央政治局的斗争还在激烈地持续着。他们坚决反对中共中央在武汉组织暴动,但是"李立三巧妙地以年老的向[忠发]作掩护,向[忠发]本来就疾病缠身,他大喊大叫,激动得失去了心理平衡。而与此同时政治局一个又一个地作出了决议"②。如8月1日,中共中央政治局召开会议,决定各级党、团、工会机构尽快合并为行动委员会;决定成立中央总行动委员会。8月6日,中共"中央总行动委员会"在上海正式成立,由中共中央、共青团中央和中华全国总工会领导机构合并组成,委员14人。8月7日,项英、关向应等从上海抵达武汉,并在汉口召开中共中央长江局会议,决定将中央长江局与湖北省委合并,成立武汉总行动委员会。各级行动委员会是领导武装暴动的最高指挥机关。李立三的"左"倾冒险错误发展到顶点。远东局向莫斯科报告说:

> 不清楚怎么会出现这种结果:他的冒险主义的词语竟然被所有的领导人接受了,青年团中央和工会毫无抵制地自行取消了,政治局公开反对共产国际。③
>
> 在8月的日子里政治局给我们留下了同志们完全发疯了的印象。④

就这样,本是由于受共产国际"左"倾指导思想影响而产生的李立

① 中共中央党史研究室第一研究部译:《共产国际、联共(布)与中国革命档案资料丛书》第9辑,中央文献出版社2002年版,第276页。
② 中共中央党史研究室第一研究部译:《共产国际、联共(布)与中国革命档案资料丛书》第9辑,中央文献出版社2002年版,第276页。
③ 中共中央党史研究室第一研究部译:《共产国际、联共(布)与中国革命档案资料丛书》第9辑,中央文献出版社2002年版,第390页。
④ 中共中央党史研究室第一研究部译:《共产国际、联共(布)与中国革命档案资料丛书》第9辑,中央文献出版社2002年版,第391页。

三"左"倾冒险主义,其结果到 1930 年 8 月,中共中央在"左"的歧途上走得比共产国际更远。李立三的冒险、狂妄行为以及对莫斯科权威的挑战和藐视,终于使莫斯科决定采取组织措施了。瞿秋白被共产国际"处分"的同时,却又被委以重任:派他与周恩来一同回国,主持中央工作,纠正李立三的错误。

瞿秋白和周恩来被共产国际指派回国处理李立三的问题,中共六届三中全会由此召开。召开这次全会的指导性文件是共产国际"七月决议"。但是"七月决议"并不是专门为了解决李立三"左"倾冒险错误尤其是高潮时期的"左"倾冒险错误而制定的。共产国际"七月决议"的初稿是由米夫起草的。1930 年 5 月 25 日,联共(布)驻共产国际执委会代表团召开会议对初稿进行讨论。经讨论后,会议"决定在根据提出的意见对初稿进行修改后向联共(布)中央政治局提交新的草案"①。到 6、7 月间,由于要筹备和举行联共(布)第十六次代表大会(6 月 16 日至 7 月 13 日召开),联共(布)中央政治局推迟了对决议的审议。7 月 18 日,共产国际执委会收到中共中央决定在南京和武昌组织暴动并在上海发动总罢工的电报。此时联共(布)十六大已经结束,而中共中央请求批准其暴动的电报必须尽快回复,所以 7 月 18 日,联共(布)驻共产国际执委会代表团核心领导小组召开会议,斯大林和莫洛托夫亲自参加,米夫列席会议。会议审议了米夫修改的关于中国问题的决议草案,并"责成米夫同志于三日内根据交换的意见,以共产国际执委会给中共中央的简短的政治指示为基础修改关于中国问题的总政治决议草案"②。7 月 21 日,斯大林将瞿秋白和周恩来找去谈话,着重强调了加强红军并以红军兵力夺取苏维埃根据地的任务。7 月 23 日,共产国际执委会政治书记处政治委员会的几名成员经过飞行表决,通过了米夫起草的这个决议。第二天,即 7 月 24 日,共产国际执委会收

① 中共中央党史研究室第一研究部译:《共产国际、联共(布)与中国革命档案资料丛书》第 9 辑,中央文献出版社 2002 年版,第 10 页。
② 中共中央党史研究室第一研究部译:《共产国际、联共(布)与中国革命档案资料丛书》第 9 辑,中央文献出版社 2002 年版,第 218 页。

到了中共中央6月11日决议的英文文本。① 考虑到对6月11日这个篇幅很大的决议进行分析并对它提出意见需要较长的时间，所以共产国际执委会没有在刚刚通过的决议中增加有关这方面的内容。显然它认为，以共产国际执委会的名义通过的关于中国问题的总政治决议案，应该算是对中共6月11日决议的回答，可以结束与中共中央对这一问题的争论。

共产国际七月决议案，分三大部分内容：一、中国革命运动的高涨，二、党的最主要的任务，三、中国革命的前途和任务。决议认为"中国革命运动的新的高涨，已经成为无可争辩的事实"，但是"分析现在时期的斗争，应当要注意到：暂时我们还没有全中国的客观革命形势"。从决议涉及问题的范围之广来看，"七月决议"是共产国际作为对华政策的总指导性的政治文件来起草的，其目的是要更加明确共产国际执委会以前的决议和中共六大的决议，对中国革命运动的现状做出新的估计，确定中国革命运动的任务和前途。因此，通篇没有对向忠发和李立三点名批评，相反仍然承认中共中央"有着一般的正确路线"。

由此可见，这份共产国际"七月决议"虽然是因为中共出现了李立三的问题而制定的，但它又不是专门为解决李立三"左"倾冒险错误特别是高潮时期的"左"倾冒险错误而制定的。1930年8月，瞿秋白和周恩来正是带着这样一份共产国际的决议，从莫斯科回到上海，并以此为依据着手处理李立三问题的。

---

① 中共中央党史研究室第一研究部译：《共产国际、联共（布）与中国革命档案资料丛书》第9辑，中央文献出版社2002年版，第12—13页。

三、与远东局沟通、协商处理立三问题

李立三当时在中央政治局深得总书记向忠发的支持,事实上起着中共中央主要负责人的作用。因此,要纠正、处理李立三的错误,在党内高层自然面临着阻力,内部的斗争也是在所难免的,特别是其中还牵涉与远东局的关系。因此,虽然瞿秋白和周恩来从莫斯科回来,怀揣着共产国际七月决议这个尚方宝剑,但是行事还需要谨慎。他们一回到上海,首先要与远东局进行沟通和磋商,以便在处理立三问题上取得一致意见。

李立三对瞿秋白和周恩来回国纠正自己错误的反应是,不承认自己有错。据解密的远东局报告说:"在莫斯克文(即周恩来——引者注)和斯特拉霍夫回来后,李立三企图通过外交手腕来阻止对错误的纠正。主要是在向忠发的支持下,他企图把一切都说成是误会,指责我们粗暴歪曲事实并作出不怀好意的结论。"①

被向忠发和李立三的反抗、叛逆弄得有些无可奈何的远东局,这时对刚从莫斯科回来的瞿秋白和周恩来充满了期待和信赖。但是他们很快感觉到:"莫斯克文和斯特拉霍夫在回来后行动很谨慎。毫无疑问他们想纠正错误,认真地着手执行莫斯科通过的决议,但是他们又不想给李立三和向忠发带来痛苦,他们想尽可能避免任何斗争。"②对此,远

---

① 中共中央党史研究室第一研究部译:《共产国际、联共(布)与中国革命档案资料丛书》第9辑,中央文献出版社2002年版,第393页。

② 中共中央党史研究室第一研究部译:《共产国际、联共(布)与中国革命档案资料丛书》第9辑,中央文献出版社2002年版,第393页。

东局当然不能认同。事后他们向共产国际报告说："我们十分坦诚地同政治局谈过并且特别详细地同莫斯克文及斯特拉霍夫谈过。"从这段文字里可以看出，当时在怎样召开六届三中全会、如何处理李立三"左"倾冒险错误的问题上，瞿秋白、周恩来与远东局以及中央政治局的向忠发诸同志作过多次详细的交谈。

> 经过长时间的辩论，政治局开始明白，任务不在于挽救人，而在于必须采取认真的步骤来纠正错误。人们开始承认和分析错误了。最重要的一点是，不是从纪律方面来考虑，而是因为开始真正认识和理解错误了。①

在大家统一了认识以后，瞿秋白、周恩来与远东局又开始在务实和有效的基础上讨论六届三中全会的决议草案。1930 年 9 月 15 日，瞿秋白、周恩来亲自到远东局，就召开六届三中全会、纠正李立三的错误有关事宜进行磋商。第二天，远东局将具体指导意见以写信的方式告诉瞿秋白和周恩来。信中说："昨天你们走后，我们局立即就着手讨论与你们即将召开的中央全会的有关问题。出于政治上的考虑，我们认为还有必要对我们个人提出的那些总的政治意见再作如下补充。"②这些补充意见主要包括：

其一，"最近 6 个月来作为你们领导机构政治首脑的李立三同志，对中国政治形势作出了错误的评价，他不仅十分坚定地、有步骤地使领导机构离开了正确的立场，而且甚至在没有遭到其他同志抵制的情况下将自己置于反对共产国际的立场上（8 月 1 日和 3 日在政治局的讲话，给共产国际执委会的电报）"（引文中黑体系档案文件原有——引者注）；其二，"你们，即将召开的全会，除对形势作出评价和提出党目

---

① 中共中央党史研究室第一研究部译：《共产国际、联共（布）与中国革命档案资料丛书》第 9 辑，中央文献出版社 2002 年版，第 393 页。

② 中共中央党史研究室第一研究部译：《共产国际、联共（布）与中国革命档案资料丛书》第 9 辑，中央文献出版社 2002 年版，第 348 页。

前的任务外,还应该研究这些错误,评估李立三同志所犯的这些错误对你们的工作产生了什么影响,这些错误在多大程度上妨碍了党的发展、党的活动和党的力量的增强,在多大程度上妨碍了党发挥其领导作用"。其三,"这次全会是在代表大会之后的最高级会议,在这次会议上应该对党的一切缺点进行最严厉的布尔什维克式的批评。对李立三同志的错误,在全会的工作中应给予特别的位置。应该把李立三的错误同党的缺点分开。党不应该对李[立三]的错误承担责任"。其四,"为了使全会的工作很好地进行,为了使全党和李立三同志本人明白李[立三]同志错误的全部实质,为了制止右倾机会主义分子利用李立三同志的错误进行投机的倾向,全会应该保证:不掩饰李立三同志所犯的错误,全面说明他的错误,并让全党都知道他的错误"。其五,认为"指定李立三同志在这次全会上作关于党的策略和任务的报告是不对的。作关于这些问题的报告的人应该是对李立三同志的错误不采取容忍态度的不久前刚从共产国际回来的同志"①。

"刚从共产国际回来的同志"指瞿秋白和周恩来。

能否开好六届三中全会,李立三的去留也是一个需要妥善解决的问题。为了支持瞿秋白、周恩来共同主持召开好六届三中全会,远东局负责人雷利斯基于1930年9月12日给共产国际执委会发电报坚决要求把李立三召到莫斯科,理由是李立三虽然在事实的压力下开始承认错误,但是却把全党错误的责任都推到远东局及其负责人的身上,他认为,如果李立三"继续留在政治局和中国","会给纠正所犯的错误和执行决议造成极大困难"②。14日共产国际收到这封电报,瓦西里耶夫当天就将它转给莫洛托夫,并附言道:兹送上今天收到的远东局的一份电报。另告:昨天根据曼努伊尔斯基同志与您的谈话,我已给远东局发去

---

① 中共中央党史研究室第一研究部译:《共产国际、联共(布)与中国革命档案资料丛书》第9辑,中央文献出版社2002年版,第349页。
② 中共中央党史研究室第一研究部译:《共产国际、联共(布)与中国革命档案资料丛书》第9辑,中央文献出版社2002年版,第347页。

电报,建议李立三立即动身。①

　　1930 年 9 月 16 日,远东局在给周恩来、瞿秋白的信中提出李立三动身的最后期限定在 10 月 15 日。信中说:"虽然远东局没有正式决定,从 10 月 1 日起解脱李[立三]同志的工作,但我们认为还是有必要向你们提出这个建议。李立三同志应该有 15 天自由支配的时间,用来准备护照,进行个人化妆,安排个人和家里的事情。"②

　　按照共产国际的决定,中共六届三中全会后,李立三离开中共中央领导岗位,前往莫斯科。

四、主持召开中共六届三中全会纠"左"有功

　　根据共产国际七月决议,瞿秋白、周恩来在与远东局多次沟通和协商,并在诸多问题达成共识的基础上,共同主持召开了扩大的中共六届三中全会,时间是 1930 年 9 月 24 日至 28 日。会议在上海麦赫斯脱路(今泰兴路)一所临时租用的洋房里举行。出席会议的代表有中央委员 14 人,中央审查委员 2 人,北方局、南方局、长江局、满洲省委、江南省委、团中央、全总党团等代表 20 人,一共 36 人。按照远东局的要求,周恩来传达了共产国际七月决议并作《组织工作的报告》,向忠发在会上作了《中央政治局的工作报告》,瞿秋白则作了《三中扩大全会政治讨论的结论》的报告。远东局负责人雷利斯基和罗伯特出席会议并一

---

① 中共中央党史研究室第一研究部译:《共产国际、联共(布)与中国革命档案资料丛书》第 9 辑,中央文献出版社 2002 年版,第 347 页。

② 中共中央党史研究室第一研究部译:《共产国际、联共(布)与中国革命档案资料丛书》第 9 辑,中央文献出版社 2002 年版,第 350 页。

直参与讨论。

在瞿秋白、周恩来的耐心帮助下,李立三在中共六届三中全会上发言作了自我批评,并对中央的错误勇敢地承担了责任。他说:六个月以来,中央许多政治与策略上的决定,我个人的错误比较多,因为在政治局,我写的文件与提议比较多,因此,这些错误,我是应负更多的责任。

瞿秋白所作的《三中扩大全会政治讨论的结论》的报告分为 5 个部分:一是中国革命高涨的估量;二是策略问题和革命高涨的新时期;三是新的革命高涨和党的任务;四是组织问题;五是党内反倾向的斗争。瞿秋白在报告中,一面批评李立三等中央政治局所犯的"左"倾错误,一面又强调指出:"中共中央最近有一点错误,决不是总的政治路线不正确","中央一向是站在国际路线之下的,就是完全同意中国革命高潮一定到来的总路线上的,在这立场上来布置工作是对的"。在对于形势评估和方针政策、策略等方面,瞿秋白坚决执行共产国际七月决议、远东局指示和中共六大决议精神。

全会通过了《中共中央三中全会对于中央政治局报告的决议》和《中共三中全会关于政治状况和党的总任务议决案——1930 年 9 月,接受共产国际执行委员会政治秘书处 1930 年 7 月的中国问题议决案的决议》,充分肯定并表示接受共产国际的指示,承认中央政治局的路线正确,但犯了策略上的某些"左"倾错误。《关于政治状况和党的总任务议决案》指出:共产国际执委会"最近对于中央政治局的一些纠正和指示,都是完全正确的",扩大的三中全会"完全同意共产国际执委会的这种指示";《对于中央政治局报告的决议》认为,中央政治局在执行共产国际正确指示中的动摇怀疑态度是不正确的,这些错误使政治局走上了冒险的道路;全会认为,中央政治局 6 月 11 日政治决议案,"犯了些冒险主义的与左倾的关门主义的错误(仅仅是策略上的错误)",其原因就是"对于时局有过分的估量,对于不平衡发展的观察不清楚,忽略苏维埃根据地的重要,忽略工业区域日常斗争和政治问题的联系";全会承认中央政治局的路线"是正确的,是和共产国际的路线是一致的",因此,全会及其决议认为李立三"左"倾冒险错误只是策略上的错误。

中共六届三中全会在党的历史上是有功绩的一次会议。1945 年 4 月 20 日中共六届七中全会通过的《关于若干历史问题的决议》指出："一九三〇年九月党的第六届中央委员会第三次全体会议（六届三中全会）及其后的中央,对于立三路线的停止执行是起了积极作用的。"毛泽东在中共六届七中全会上对瞿秋白及其主持召开的六届三中全会的评价,是中共中央在瞿秋白壮烈牺牲而一直未能盖棺论定的 10 年后第一次所作出的公开公正的肯定。

中共六届三中全会的"积极作用"主要表现在:纠正了李立三对中国革命形势的极左估计的错误;下令停止了李立三、向忠发中央在全国组织的总暴动和集中红军攻打大城市的冒险计划;撤销了李立三时期成立的中央总行委及各级行动委员会,恢复了党、团及工会在全国的独立组织和正常工作;全会基本上结束了李立三"左"倾冒险主义在中共指导机关里的支配地位和作用;全会还正式决定成立"苏区中央局",增选毛泽东为中央政治局候补委员,这对中国工农红军和革命根据地的发展具有重要的深远意义。

但是中共六届三中全会也有缺点,主要表现在:没有从思想上、理论上分析和认清李立三"左"倾错误的实质,因而妨碍了在全党彻底清算其消极影响;全会错误地强调了全党反右倾的任务,无疑会影响到纠"左"的效果;全会不仅没有为曾经因反对立三时期"左"倾错误而受处分的何孟雄、李求实、林育南等正直干部平反,反而将他们仍然当作三中全会打击的对象。这就让人觉得三中全会以后的中央与三中全会以前的中央没有什么两样。

对于瞿秋白来说,中共六届三中全会还有一个功不可没的地方,那就是增选毛泽东为中央政治局候补委员。这一重大举措,只有到了遵义会议时,在与王明"左"倾教条主义错误路线决一胜负的紧要关头,人们才能深刻领会中共六届三中全会决定毛泽东进入最高决策层的深远意义。在中国共产党的历史上,毛泽东和瞿秋白,一个是很成功的领袖,一个是不成熟的早期领袖。但是认真探索一下他们两人的活动轨迹,就会发现他们在中国革命的许多问题上都曾达成共识。正是这种共识,使得先于毛泽东处于中共中央领导岗位的瞿秋白此时对毛泽东的扶持是真诚的,就像毛泽东后来在长征前反对王明路线执行者博古等人不怀好意将瞿秋白留在苏区、瞿秋白牺牲10年后又给予他公正评价是一样的真诚。

但是,历史仿佛注定要让瞿秋白和中共六届三中全会一起成为一晃而过的痕迹。

五、"十月指示信"与所谓"调和主义"错误

中共六届三中全会,纠正了李立三的"左"倾冒险错误,改选了中央执行委员会和中央政治局,瞿秋白当选为中央政治局委员,负责中央宣传部、中央农民运动委员会、中央党报委员会的工作。向忠发虽仍为党的总书记,但实际主持中央政治局工作的是瞿秋白和周恩来。

中共六届三中全会结束后,主持中央政治局日常工作的瞿秋白、周恩来,在政治局势稍有改善、各项工作初步转入正轨时,1930年10月5日,他们及时给共产国际执行委员会主席团发电报,汇报中共六届三中全会的情况,说:

中共三中全会已开幕(此处应该是"闭幕"或者是"开完"二字——引者注)。全会一致接受共产国际执委会的一切指示,并根据这些指示以真正布尔什维克的勇气对党在所报告的时期内的全部工作进行了自我批评。李立三同志也同样对自己进行了无情的批判。三中全会仔细地讨论了共产国际执委会关于党的新任

务,特别是在苏区工作的新任务的指示,并完全同意这些指示。全会号召全党开展既反对右倾又反对"左"倾的两条路线的斗争。全会承认了党过去的错误并吸取了教训。

全会增补了 15 名中央委员和候补中央委员;这样,现在中央由 23 名委员(其中工人 14 名)和 17 名候补委员(其中工人 9 名)组成。在新的政治局中有 8 名工人;政治局已开始工作。①

对于中共六届三中全会的召开以及所通过的决议,共产国际执委会远东局是持肯定态度的。1930 年 10 月 20 日,远东局给莫斯科写信,报告中共六届三中全会情况时说:"奥斯藤同志(即雷利斯基——引者注)作为远东局代表在中央全会上发表了讲话,听取了李立三的发言,并向我们报告说,李立三的发言完全符合已达成的协议,给大家留下了很好的印象。"同时,"莫斯克文也就莫斯科通过的决议作了很出色的发言并毫不留情地批评了李立三所犯的错误。所有决议都一致通过"②。

与此同时,远东局写给共产国际远东部负责人皮亚特尼茨基的信也表明了他们对瞿秋白、周恩来回国主持工作的满意。他们说:

莫斯克文和斯特拉霍夫同志回来后,政治局本身的工作有改进。两个月来召开了中央全会、军事会议、工会全会,正在召开共青团中央全会。前三个全体会议开得很好。这说明,虽然李立三同志的政策引起了混乱,但是党内的保密工作和纪律并没有削弱。③

---

① 中共中央党史研究室第一研究部译:《共产国际、联共(布)与中国革命档案资料丛书》第 9 辑,中央文献出版社 2002 年版,第 358 页。
② 中共中央党史研究室第一研究部译:《共产国际、联共(布)与中国革命档案资料丛书》第 9 辑,中央文献出版社 2002 年版,第 394 页。
③ 中共中央党史研究室第一研究部译:《共产国际、联共(布)与中国革命档案资料丛书》第 9 辑,中央文献出版社 2002 年版,第 405 页。

可见,中共六届三中全会召开前后,远东局是信赖和倚重瞿秋白与周恩来的。远东局与中共六届三中全会改选的、实际由瞿、周主导工作的中央政治局之间的关系也是和谐的,当然,远东局与新的中央政治局也有不协调的时候,那就是中共领导人因经费短缺而不断地"请给经费"的要求与远东局在这方面的无能为力之间的矛盾。因此,雷利斯基给皮亚特尼茨基写信说:"政治局与远东局之间的关系很好。这种关系能持续多久,取决于许多因素,首先是您对经费问题的解决。"①

但是最终打破这种和谐关系的因素并不是经费问题,而是共产国际执委会对李立三错误性质认定的改变。

1930 年 9 月以后,随着李立三在 7、8 月间的一些"左"倾冒险主义的思想、观点、行为,特别是他藐视莫斯科权威的语言、想法等言行信息陆续传到莫斯科,联共(布)中央和共产国际领导人十分震动和恼火。真正让莫斯科与斯大林震惊和恼怒的不是李立三坚持自己主张的决心和态度,而是他竟敢藐视莫斯科的权威。"李[立三]认为自己是中国的列宁,更有甚者,他号召共产国际改变路线——转入进攻和尽快宣布世界革命。""李[立三]动员全党反对共产国际。他把政治局多数委员派往各地,根据情况全权组织暴动。他无视共产国际的电报,无视我们远东局的激烈斗争和抗议。"②李立三认为,不仅共产国际应当批准中共立即开始发动夺取武汉的总暴动,而且苏联和共产国际也要准备采取进攻路线,配合中国革命。不是让中国的革命捍卫苏联和共产国际,而是让苏联和共产国际配合中国的革命。李立三这是要苏联和共产国际采取进攻路线,配合他领导的中国武装暴动夺权的斗争。正像共产国际执委会东方书记处关于中共内部状况给共产国际执委会政治书记处的通报中所写的那样,"问题在于政治局(指中共中央政治局——引

---

① 中共中央党史研究室第一研究部译:《共产国际、联共(布)与中国革命档案资料丛书》第 9 辑,中央文献出版社 2002 年版,第 405 页。
② 中共中央党史研究室第一研究部译:《共产国际、联共(布)与中国革命档案资料丛书》第 9 辑,中央文献出版社 2002 年版,第 260 页。

者注）企图决定世界革命的命运"①。

李立三的逆向思维无疑是犯了莫斯科的"大忌"。于是他的错误由"策略错误"变成了"路线错误"，其错误的性质被迅速升级。1930年10月，共产国际执委会给中共中央发来了一封"关于立三路线问题的信"。这封信关于李立三错误的说法完全不同于"七月决议"，信中以极其强硬的言词指出李立三犯的是路线错误，认为李立三的言行不是什么"估量时机和了解策略任务上的次要的不同意见"，而是"在中国革命最重要的时机，有了两条原则上不同的政治路线互相对立"，就是"立三同志，用自己的路线去和国际执委的政治路线互相对立"。该信直接指明李立三的错误路线是反共产国际的路线："立三同志竟用了共产主义的'左'右叛徒所用过而已经被打碎的理论，就是说共产国际不知道当地情形，说中国的例外情形，说共产国际不了解中国革命的发展趋势的理论。他竟敢于把对于共产国际的忠实和对于中国革命的忠实互相对立起来，他在八月三日政治局会议上说，忠实于共产国际、遵守共产国际的纪律是一件事，忠实于中国革命又是一件事，说占领武汉之后，再去和共产国际说话就不同了等等。反马克思主义反列宁主义的方针，不能不引导到这种敌视布尔塞维克主义敌视共产国际的言论。"决议认为这是李立三"敌视布尔什维克主义、敌视共产国际的行为"②。

共产国际这封关于立三路线问题的"十月指示信"，中共中央政治局于1930年11月16日才收到。这封信完全改变了共产国际以前有关指示的基本精神，也全然没有顾及瞿秋白、周恩来等人为执行共产国际"七月决议"所做的一切努力。看完信后，瞿秋白、周恩来、向忠发等人明白，如果要贯彻落实这封指示信的精神，就意味着要推翻刚刚召开过的中共六届三中全会通过的重要决议。

---

① 中共中央党史研究室第一研究部译：《共产国际、联共（布）与中国革命档案资料丛书》第9辑，中央文献出版社2002年版，第366页。

② 中共中央党史研究室第一研究部编：《共产国际、联共（布）与中国革命档案资料丛书》第12辑，中央文献出版社2002年版，第351—352、360页。

接到共产国际"十月指示信"后,中央政治局于 1930 年 11 月 18 日开会讨论如何执行这封国际来信。瞿秋白发言说:"我们应该十分重视共产国际的这封信,因为现在一方面三中全会的材料正在下发,但是还没有完全发到支部,而另一方面,已经出现错误解释这些文件的情况。在这种情况下,共产国际的来信自然具有更加重要的意义。"瞿秋白认为:

这封信谈了三个问题:1. 这封信中最重要的就是指出了李立三的错误,并且没有说中央的整个路线是错误的。2. 信中根据一些材料和 8 月 1 日和 3 日[中共中央政治局]会议所通过的工作决议指出了李立三的错误。6 月 11 日的政治局决议和 8 月 15 日的宣言没有偏离正确的路线,然而,"左"倾和右倾的错误解释与中央和党的正确路线不一致。我们只是在三中全会前和会议期间没有明确规定而深刻地予以揭露,但也没有表现出调和主义倾向。3. 来信的某些部分与事实不符,必须予以纠正。但是这涉及的是一些很次要的和不重要的问题。

瞿秋白预见到这封指示信将引起党内的分歧和争论,因此他在会上特别指出:"对共产国际的来信我们应该有一个统一的和正确的理解,以便接受共产国际的指示,同时让全党都能理解这些指示,此外,我们应该发电报答复共产国际。"①他还建议,中央政治局和远东局应尽快召开联席会议讨论这封信。

从瞿秋白上述对待共产国际"十月指示信"的讲话及处理这件事的立场来看,他是想将李立三的错误与六届三中全会的决议(也就是中共中央刚刚确立的新的政治路线)区别开来。因为六届三中全会刚刚召开不久,又要马上去推翻它,这无疑会影响党中央领导机关的威

① 中共中央党史研究室第一研究部译:《共产国际、联共(布)与中国革命档案资料丛书》第 9 辑,中央文献出版社 2002 年版,第 455、456 页。

信,将在党内造成一定程度的思想混乱。但是瞿秋白对于共产国际"十月指示信"的这些讲话和主张,不久后却成为莫斯科批判他否定他打击他的重要依据。

1930 年 11 月 18 日中央政治局会议还决定:由瞿秋白收集材料,起草报告提纲。此后,召开了一系列的会议,包括青年团的会议、与远东局的联席会议、党中央与青年团联席会议等。在这一系列会议的基础上,11 月 25 日形成了《中央政治局关于最近国际来信的决议》。该决议作为六届三中全会的"补充决议"下发全党。决议认为:

> 三中全会没有把和国际路线互相矛盾的立三同志的半托洛茨基路线彻底的揭发出来,亦还没有对于立三同志路线的影响占着优势的时期里面政治局的工作,给以正确的估量。——立三同志的路线,是用"左倾"的空谈,掩盖实际工作上的机会主义,掩盖对于真正革命的组织群众领导群众斗争的任务的机会主义消极态度,而在实行上领导党走上盲动冒险主义的道路。
>
> 这种对于立三同志路线显然不充分的揭发,包含着对于"左倾"错误的调和态度,在过去,这种调和态度帮助了立三同志路线的形成和发展,因此三中全会没有揭发立三同志的路线,这就使执行国际路线的主要任务,没有能彻底解决。
>
> 这种情形,就使三中全会对于立三同志的各个反对列宁主义的论调,没有受到必须的充分的批评。[①]

本来中共六届三中全会是纠"左"有功的,但现在共产国际的"十月指示信",却使六届三中全会以及主持召开六届三中全会的瞿秋白"犯"下了无法改正的所谓的"调和主义的错误"。此后,瞿秋白经历了一段极其艰难的政治人生历程和心路历程。他在坚持中共六届三中全

---

① 中共中央党史研究室第一研究部编:《共产国际、联共(布)与中国革命档案资料丛书》第 12 辑,中央文献出版社 2002 年版,第 362 页。

会的路线和跟上共产国际的思路之间,痛苦地不断否定自己和重新选择。与此相伴的是,他在中共党内的影响和地位急剧下滑。

第十三章

在执着坚守中成"众矢之的"

由于"十月指示信"对李立三错误性质的认定发生了改变,因而瞿秋白、周恩来根据共产国际七月决议召开的六届三中全会所取得的成绩就被完全否定。不仅如此,全党已经开始的纠"左"势头,也无法继续下去,党内出现了严重混乱。"领导人正经受着最深刻和最严重的危机,因此在全公司(这是暗语,指全党——引者注)也出现了危机。开始出现消极情绪,走头(原文应为投——引者注)无路,绝望,各种各样的人逃离公司(王明给共产国际领导人的信)。"①对于瞿秋白、周恩来和新的中央政治局来说,一方面要应对党内的宗派活动和思想混乱局面,另一方面又要面对共产国际和远东局的打压及批评,因而处境非常艰难。于是,瞿秋白、周恩来和新中央政治局在执着坚守中成为"众矢之的"。

一、面临王明"左"倾宗派小集团的"逼宫"

共产国际"十月指示信"到达中国后,在中共党内引起了很大的震动。这封国际来信启发和刺激了王明及其宗派小集团,他们充分利用这封来自莫斯科的指示信,率先举起了反对六届三中全会的大旗,使瞿秋白、周恩来和六届三中全会后的党中央面临着"逼宫"的压力。

---

① 中共中央党史研究室第一研究部译:《共产国际、联共(布)与中国革命档案资料丛书》第9辑,中央文献出版社2002年版,第540页。

王明是 1929 年 3 月底 4 月初被共产国际派回国的。① 当时,国内很需要理论干部。对于王明这个在苏联学过理论如今回到国内参加实际斗争的青年人才,党中央寄予了很大的希望。开始中央准备安排他去苏区,以使所学的理论与中国革命的实际相结合,但是在护送他去苏区的交通员已经安排好的时候,王明表示想留在上海,在党的机关里工作。中央又改派他到沪西区委做宣传工作。此后不久,党组织调他到沪东区委任宣传干事,兼做《红旗》报通讯员。10 月,他被调任到《红旗》报任编辑。此后,王明写了不少文章,内容有正确的,也有错误的。但不论正确的还是错误的,都来源于共产国际。

1929 年 11 月,王明因出席工联会召开的布置年关斗争的会议,在上海沪西吴淞江畔的曹家渡被捕。在巡捕讯问时,他虽然报了假姓名,但却供出了自己居住的真地址,并且严重违反党的秘密工作原则,托巡捕给党的秘密机关送信,请求营救。1930 年 2 月,王明被保释出狱后,中央对他被捕的前后经过进行审查,认为他有泄密之嫌,便给予他"党内警告处分"。此后王明消沉了一段时间。

在 1930 年 4 月至 5 月间,原来在莫斯科与王明走得比较近的王稼祥、秦邦宪、何子述等人被派回国。这时李立三的"左"倾冒险错误正在逐步向前发展,这使王明等人有了攻击中央领导人向忠发和李立三的机会。于是,王明经常与王稼祥、秦邦宪、何子述他们一起交换意见,并不断地找政治局负责同志向忠发、李立三、项英等人"作诚恳谈话"(王明之语),甚至在中共中央召开的中央机关工作人员政治讨论会上,对李立三的《报告》和"六一一决议"的某些提法提出批评,指责李

---

① 关于王明回国的日期,有几种说法,一说 3 月,一说 4 月,一说 5 月。本书取 3 月底 4 月初,依据是 1929 年 3 月 26 日,米夫给中共中央写信说:"至于你们请求派一些同志到中国工作的问题,现通知如下:……我们在近日将派遣戈卢别夫(陈绍禹)同志和 10 到 15 人的一批有专业知识的学生和翻译,以及具有丰富的党的工作经验的同志。"既然是 3 月 26 日之后的"近日",那么应该是 3 月底 4 月初的事。但是,1929 年 5 月 6 日中共中央给共产国际执委会东方书记处写信时,提及"陈绍禹(戈卢别夫)还没有到上海,请电询海参崴"。说明王明回到上海是 5 月 6 日以后的事。见《共产国际、联共(布)与中国革命档案资料丛书》第 8 辑,中央文献出版社 2002 年版,第 92、112 页。

立三是躲在"左"倾词句之下的右倾机会主义。同时,他们分别多次给莫斯科的米夫写信,反映情况。他们的行为令向忠发和李立三十分恼火。

　　1930 年 6 月至 7 月间,原中共驻共产国际代表邓中夏(与瞿秋白一起被共产国际《关于中共代表团在处理中国劳动者共产主义大学派别斗争时的活动问题的决议》所处分并被撤销代表职务)从莫斯科回国,向中央报告了王明等人在莫斯科留学时搞派别活动的情况。这使李立三、向忠发更加觉得有必要敲打敲打王明等人,挫一挫他们的锐气。于是中央 8 月 5 日①召开会议,由邓中夏主持,向忠发在会上发表讲话,批评王明等人在莫斯科的宗派活动,宣布王明等人政治上是"右派"、组织上是"宗派"分子,并给予王明"开除[出党]6 个月,给马克松(指何子述——引者注)、博格涅尔(指秦邦宪——引者注)、康穆松(指王稼祥——引者注)最严重警告"的处罚。② 当然,这些处罚只是向忠发在会上讲话时宣布了一下而已,并没有真正形成文件下发。对此,"俄罗斯解密档案"资料中王明 1930 年 8 月 31 日给米夫的信说得很清楚。③

　　但即使这样,王明也感到很委屈。会后他一把鼻涕一把眼泪地给米夫以及其他共产国际领导人写信"诉苦",并报告他们与李立三、向忠发之间的斗争。因此给了共产国际领导人一个反立三路线英雄的印象。库秋莫夫在一次共产国际执委会会议上说:"他(指王明——引者注)为着国际路线而斗争,却被称为取消派,反革命的奸细,因此留党察看三个月到六个月。……这里同志起来说话防止党去做错误,却对

---

　　① 据"俄罗斯解密档案"资料,王明于 1930 年 8 月 6 日给米夫写信说:"昨天下午 4 时到 8 时老头子和邓"召开会议。由此可以推测,这次会议是 8 月 5 日下午 4—8 时召开的。见中共中央党史研究室第一研究部译的《共产国际、联共(布)与中国革命档案资料丛书》第 9 辑,中央文献出版社 2002 年版,第 269 页。
　　② 中共中央党史研究室第一研究部译:《共产国际、联共(布)与中国革命档案资料丛书》第 9 辑,中央文献出版社 2002 年版,第 270 页。
　　③ 中共中央党史研究室第一研究部译:《共产国际、联共(布)与中国革命档案资料丛书》第 9 辑,中央文献出版社 2002 年版,第 342 页。

他实行摧残——这是不能容许的事情。"①在这次会上,皮亚特尼茨基也说,共产国际"费了很多力量和钱才能够把他们派回中国去",然而中央不要他们做党的工作,他认为"这是无论如何也不能够允许的"②。

王明被处分后,中央将他下放到江苏省委宣传部工作。在这里他沉寂了一段时间。对瞿秋白、周恩来主持召开的六届三中全会,王明最先是表示拥护的。这是因为他一贯以共产国际的意见为意见,六届三中全会是按照共产国际七月决议召开的,并且主要是解决李立三的问题,所以他对三中全会不得不表示"拥护"。但是他内心非常矛盾,因为六届三中全会是瞿秋白主持召开的,而瞿秋白在莫斯科时就不支持他,不欣赏他,对他在留俄学生中搞个人圈圈的小宗派行为十分反感。六届三中全会由瞿秋白主持召开,并且会后他与周恩来一起共同主持中央日常工作,这一事实让王明心里感到别扭。不仅如此,本来六届三中全会是专门为纠正李立三的错误而召开的,结果因反对李立三、向忠发而受处分的王明等人,会后不但没有被褒奖和重用,而且连对他的处分也没有撤销。这使六届三中全会后的王明心中藏满了对瞿秋白和周恩来的不满。1930 年 10 月 17 日,王明给米夫写信说:"老板们(不只是一个老板)患的病过于严重。这种病具有很深的社会历史根基和来源。对这种病的治疗只局限于寄来决议和撤消有关领导人的职务(所有这一切当然是十分必要的)是远远不够的,还应该采取坚决的进一步的措施。应该根除对公司中某个人,特别是对莫斯克文(周恩来)等人的任何幻想(这样的幻想以前我和其他人或多或少都有,现在被事实完全打破了),对他们之所以有幻想,是因为他或他们能够理解和做得更好些。历史会抛弃他们。"③

"老板"指中央领导人,"公司"指中共中央。

---

① 中共中央党史研究室第一研究部编:《共产国际、联共(布)与中国革命档案资料丛书》第12辑,中央文献出版社 2002 年版,第 399 页。
② 中共中央党史研究室第一研究部编:《共产国际、联共(布)与中国革命档案资料丛书》第12辑,中央文献出版社 2002 年版,第 430 页。
③ 中共中央党史研究室第一研究部译:《共产国际、联共(布)与中国革命档案资料丛书》第9辑,中央文献出版社 2002 年版,第 379 页。

共产国际"十月指示信"给了王明摆脱在党内不利处境的极好机会。对于共产国际"十月指示信"的精神,王明比中共中央和瞿秋白先知道。为什么呢?因为共产国际执委会主席团讨论中国问题时,王明在苏联留学时结成的宗派小集团成员沈泽民、夏曦、陈昌浩、何克全、李竹声等8人尚在莫斯科,他们从共产国际和米夫那里了解到"十月指示信"的精神和背景。1930年10月下旬,他们相继回到上海后,没有把"十月指示信"的精神报告中央,而是首先告诉了王明,王明如获至宝。

1930年11月13日,在中央政治局诸位同志尚未看到这封信之前(因为这封国际来信由沈泽民于11月13日带到上海,在先给王明等人看后,16日才送交到瞿秋白手里),王明根据共产国际"十月来信"的精神,便与秦邦宪(即博古)联名给中央政治局写信,开始以激烈的言词反对立三路线和三中全会,指责三中全会"对于与国际路线完全相反的立三同志的路线没有充分的揭露其机会主义的实质;没有使全党同志了解过去领导的差误而实行迅速的转变。三中全会后,中央政治局没有采取必要的方法(各种会议、党报上的解释等)迅速地传达国际路线到下级干部中去"。在他们看来,三中全会的这些错误不是偶然的,而是立三路线在某种程度某种意义上的继续。

四天后,即1930年11月17日,他们又给中央政治局写了第二封信。这封信主要是大谈他们反"立三路线"反得早,反得持续不断,反得原则性强,反得顾全大局,反得充满信心。在信的最后,王明等人向中央提出三条要求:一是正式公开宣布立三路线的错误实质,教育全党;二是正式公开在各种会议上及党报上宣布他们与立三同志争论的真相,撤销对他们的处罚;三是禁止任何同志在任何会议上继续对他们的污蔑和造谣。

与此同时,王明等人加紧宗派小组织活动。1930年11月27日,王明、陈道原、秦邦宪三人组成"临时小组""在讨论了共产国际关于中国问题的决议、[中共]三中全会决议、11月16日共产国际来信和25日中央政治局决议之后,一致通过以下决议":

1. 共产国际的正确路线是唯一布尔什维克的路线。小组完全同意这一路线。

2. 过去在李立三领导下的中央政治局的路线,是反共产国际的、反马克思主义的和反列宁主义的路线。三中全会没有对立三路线进行布尔什维克式的无情打击。相反,三中全会怯懦地采取了机会主义的、"市侩式的"和妥协的方针,而且还支持这种路线。把共产国际路线和李立三路线混为一谈,并认为李立三路线是协同一致的——这就明显证明,三中全会是在口头上有条件地接受共产国际路线,同时它在继续坚持李立三路线。

3. 政治局11月25日决议只是耍外交手腕承认了自己的错误。还在试图使人们的注意力离开关于路线的原则性分歧。这表明,他们仍不愿意放弃李立三路线,不愿意坚决按照共产国际的路线进行工作。

4. 因此,我们认为,党中央领导已经垮台,他们不能保证执行共产国际的路线。为了贯彻执行共产国际的路线,我们应该做好以下工作:(1)我们应该把那些坚决支持李立三路线的不肯悔改的机会主义分子驱逐出(中央、各局、省委)领导机关。(2)我们应该在党的报刊上向中央过去的路线开火。在秘密工作环境允许的范围内,我们应该站在共产国际路线上开展广泛的自我批评和加强两条路线的斗争。(3)我们应该把那些在与李立三路线和其他错误倾向的斗争中表现坚定的同志推举和吸收到领导机关中来。(4)我们认为,中央不重视同志们的政治性意见,不答复我们的声明,这是不能容忍的。本小组对这种态度表示抗议。(5)至于一般政治性意见和其他问题,我们将向中央和共产国际递交另一个声明。①

---

① 中共中央党史研究室第一研究部译:《共产国际、联共(布)与中国革命档案资料丛书》第9辑,中央文献出版社2002年版,第468—469页。

　　显然,他们这是打着"拥护国际路线""反对立三路线""反对调和主义"的旗号,进行宗派活动,反对六届三中全会及其后的中央,以便彻底改造六届三中全会后的中央领导机构,并达到取而代之的目的。

　　面对王明等人宗派小组织的"逼宫"行为,瞿秋白、周恩来等中央领导人对他们进行了严厉批评。1930 年 11 月 22 日,中共中央政治局召开扩大会议,继续讨论共产国际"十月来信",进一步清算和纠正李立三"左"倾冒险主义的错误。在会上,瞿秋白和周恩来都作了重要讲话,既进行了严厉的自我批评,同时对王明等人的宗派小组织活动也展开了不留情面的斗争。其中瞿秋白指出:"陈绍禹(即王明——引者注)等有一提议,要求讨论立三路线,并且要求将与立三争论经过公布于党,这一观点是算旧账的方式,而且他们在此前并没有指出过那时有立三路线,尤其他们的整个精神是站在成见方面出发,他们提出的问题亦是在很小的问题来批评,对三中全会的文件,仅在某一语句上、文字上来吹求,以为还是立三路线。这与国际信中的意思没有相同之处。"紧接着,瞿秋白指责王明、沈泽民等人搞突然袭击,"不公开说已知国际有来信,请求政局(指中央政治局——引者注)应如何办,反而突然的在工作会议中来提出,这可使一般同志很奇异与发生其他倾向"。他还具体地指出王明等人的错误,如"将'左倾'掩盖右倾的一点模糊起来";"实行方面,放松右倾";"组织方法,完全是不正确的"。①

　　但是,对于王明等人来说,瞿秋白等中央领导同志的批评并不能产生任何约束力。此时另一件事情让他们兴奋不已,这就是米夫以共产国际远东局负责人的身份来到中国。关于米夫第二次来华时间,不少有关论文和书籍都认为他是 12 月到中国的。本书根据一些档案资料和信件,推断他来华时间应为 11 月。首先在 1930 年 10 月 20 日远东局原领导人奥斯藤(即雷利斯基)在上海给共产国际领导人皮亚特尼茨基写信,说是在他动身前要与皮谈几个问题。他要"动身",说明已接到米夫要来他将走的通知;11 月 23 日,远东局就共产国际执委会关

————————

① 《瞿秋白文集·政治理论编》第 7 卷,人民出版社 1991 年版,第 105、107—108 页。

于立三路线的指示信作出决议,从文件内容来看,奥斯藤(雷利斯基)和罗伯特(埃斯勒)已不是会议主持人,显然主持制定这份决议的人是米夫;12月2日,米夫在上海给共产国际执委会写了一封1万多字的汇报信。信的内容相当复杂,显然是经过了一段时间的调查、了解之后写成的。由此可以推断,米夫至少是11月中旬到达中国的。

米夫到中国,王明如虎添翼。六届三中全会后的中央和瞿秋白面临着更加严峻的考验。

二、遭遇何孟雄派和罗章龙派的"夹击"

六届三中全会后的瞿秋白、周恩来及其领导的中央政治局不仅如前所述,被王明宗派小集团利用"十月来信"之机施加"逼宫"的压力,而且还面临着何孟雄、李求实、林育南等部分党员和干部的反对,以及罗章龙、徐锡根、王克全等人形成的右派势力的攻击。

共产国际"十月指示信"传到中国后,在王明等人打着反立三路线、反三中全会、反调和主义的旗号,要求召开紧急会议、改造党的领导机关的同时,党内还有另一股政治力量在反对六届三中全会后的中央政治局,它就是以全国总工会党团书记罗章龙为首、徐锡根和王克全等人为代表的宗派小组织,他们在六届三中全会前对李立三的错误就展开过斗争,也因此遭到了李立三时期中央的处罚。但是六届三中全会对他们言行没有给予"说法",也没有从组织上解决他们的问题。所以,"十月指示信"传到中国后,他们也打着"拥护国际路线""肃清调和主义"的旗号,对三中全会及其选举的新中央和中央政治局的领导表示完全否定的意向,要求立即召开紧急会议,根本改造中央领导机关。

479

同时,还有一些像何孟雄、李求实、林育南等人一样的党员干部,他们为人正直,较早地起来反对李立三的错误,并且受到过立三路线的错误批判和打击。而六届三中全会及其后的中共中央也没有撤销对他们的错误处理。所以,在共产国际"十月来信"传到中国后,他们也要求召开一个类似八七会议那样的紧急会议,以便解决三中全会的所谓"调和路线"问题。

从"俄罗斯解密档案"中可以看出,当时的情况是,"到处呈现出不满情绪。组织和个人递送的声明、决定和决议一天天多起来。斗争不仅在上海,而且在其他地区,如北方和苏区,也已经开始。执委(指共产国际执行委员会——引者注)的决议和来信在各处引起了巨大的反响"①。这段文字虽然是王明在给共产国际领导人萨发罗夫的信中所写的,但是它反映了当时党内混乱的情形。

既然那么多人都认为1930年11月25日中央补发的《中央政治局关于最近国际来信的决议》,即六届三中全会的补充决议不能解决问题,都要求党中央召开紧急会议,以解决"立三路线"和三中全会的"调和主义"问题,于是瞿秋白和周恩来所领导的中央政治局决定接受这个意见。1930年12月9日中央政治局作出《关于召集中央紧急会议的决议》②,该决议认为"六月十一日决议案是立三路线。六月十一日决议案前后,三中全会之前的最后一期,立三路线领导了政治局工作。所以对于这一时期政治局工作的正确估量应当是:当时政治局的路线是和共产国际路线不一致的,是不正确的",但是"三中全会却承认这一时期中央的路线仍是和国际一致的,承认六月十一日决议案是一般正确的。因此三中全会虽然一般的接受共产国际的路线——但是这是在调和主义的立场上去接受的——就是对于立三同志的整个路线取了调和态度,并且替这一路线辩护——这就把互相矛盾互相对立而不能

---

① 中共中央党史研究室第一研究部译:《共产国际、联共(布)与中国革命档案资料丛书》第9辑,中央文献出版社2002年版,第540页。

② 中共中央党史研究室第一研究部编:《共产国际、联共(布)与中国革命档案资料丛书》第12辑,中央文献出版社2002年版,第449—450页。

并存的国际路线与立三路线混淆起来(恰如国际来信所说),这就不能彻底解决执行国际路线的任务,因此三中全会的路线也就不正确了"。为此,中央政治局决定召开紧急会议,以便通过新的政治决议案,"纠正三中全会的严重错误"。

但是中央政治局这个关于召开紧急会议的决议,在远东局米夫那里遭到了否决。原因是,此时的米夫是知道莫斯科意图的。李立三到莫斯科后,共产国际执委会主席团和共产国际东方部组织召开了一系列讨论立三路线问题的会议,这些会议有一个共同的特点就是,在批判立三路线的错误时,把瞿秋白和六届三中全会也批得一无是处;同时几乎所有参会者都赞扬王明等教条主义宗派小集团的人,说他们懂得马列主义理论和实践,是为国际路线而奋斗的忠诚战士,并为他们没有获得中共中央的重用而感到惋惜和不平。这些会议精神的实质米夫是很清楚的,那就是瞿秋白将被"赶出"中央领导机关,王明等人将成为新中央的领导者。因此,米夫在看到中央政治局1930年12月9日作出的《关于召集中央紧急会议的决议》后,担心一个紧急会议恐难达到莫斯科期望的目的,即王明上台、瞿秋白下台。

于是,米夫将莫斯科欣赏的王明宗派小集团的人召到一起,认真听取他们的汇报,详细征询他们对解决中共党内问题的意见,并面授机宜。米夫还有选择性地听取了党内其他反对中央政治局一派人的意见,比如他召见了罗章龙、徐锡根、王克全等人,但是他却拒绝会见何孟雄。经过一番调查了解,米夫感到召开中央政治局紧急会议,不一定能解决莫斯科所希望解决的问题。在他看来,通过一个紧急会议,并不一定能将莫斯科信任的中共党内年轻人(王明等人)推到党的中央领导岗位上去。因此,米夫向中共中央提出将紧急会议改为召开六届四中全会的建议。1930年12月14日,中央政治局开会讨论并决定接受米夫的建议。中央政治局作出的这种不得已的改变,后来被罗章龙、何孟雄等人指责为瞿秋白、周恩来耍两面派,欺骗党员群众。

米夫尽管本人没有召见何孟雄,但还是派了远东局其他成员于1930年12月29日找何孟雄谈话,了解党内情况。何孟雄便将12月

28 日中共上海市各区委召开会议的情况向远东局人员作了介绍,他说:"昨天召开了五个区的积极分子会议。在沪中区莫斯克文同志(指周恩来——引者注)代表政治局讲了话。会议决定,必须撤销莫斯克文同志的政治局委员和中央委员职务。还提出了把他开除出党的要求。主要理由是:莫斯克文同志在共产国际时,赞成一切决议,而回到中国后背叛了共产国际。""斯特朗同志(指瞿秋白——引者注)出席了闸北区的会议。会议也决定撤销他的政治局委员和中央委员职务,并把他开除出党。理由是:他在莫斯科呆了两年,而回到中国后背叛了共产国际。向忠发同志出席了沪东区会议。会议决定撤销他的总书记职务。少先队员(指关向应——引者注)同志出席了法租界的会议,同样也决定撤销他少先队员的政治局委员和中央委员职务。徐锡根同志出席了沪西区会议并发表了反对政治局的讲话。全体与会人员都赞成他的意见,并且欢迎他站出来反对政治局中的李立三分子。"由此,何孟雄认为:"现在不仅在政治局里存在着危机,而且在全党也存在着危机。政治局无法使党摆脱危机的局面。"因为"中央没有任何威信"①。可见,当时中共党内的何孟雄派对六届三中全会后的中央政治局及其领导人极为不满。

罗章龙派对六届三中全会后的中央政治局也是攻击有加。1930年 12 月 30 日,罗章龙派的重要成员徐锡根(中央政治局委员和中华全国总工会领导人)在与远东局的成员埃斯勒谈话时,对他说:"目前在党内,特别是在上海,形成了非常危急的形势。基层党组织反对中央并要求坚决进行改组。我的意见以及工人同志的意见是:应该解决政治局和中央改组的问题。一切错误都是中央犯的。"徐锡根说:"我们的情绪是一种,认为这个中央是没有希望的。基层党组织不信任这个中央。"当埃斯勒问徐锡根"关于中央委员会和政治局的组成你有什么建议"时,他说:"从政治局的组成人员中应该撤销的有:李立三、项[英]、

---

① 中共中央党史研究室第一研究部译:《共产国际、联共(布)与中国革命档案资料丛书》第 9 辑,中央文献出版社 2002 年版,第 565—567 页。

少先队员(指关向应——引者注)、罗[登贤]、罗明(即罗迈李维汉——引者注)、温[裕成]、斯特朗、莫斯克文(也应该撤销他们的中央委员职务)。"当埃斯勒问徐锡根"关于是否让周[恩来]离开政治局和中央委员会的问题"时,徐锡根没有表示"明确的意见",但他认为"如果让周[恩来]和斯特拉霍夫(即瞿秋白——引者注)从事实际工作,他们还能在许多方面帮助党"①。

何孟雄和徐锡根分别代表当时党内的两派,他们对瞿秋白和周恩来的态度表明,六届三中全会后主持中央工作的瞿秋白和周恩来在被莫斯科和远东局否定以后,不仅遭到王明宗派小集团的"逼宫",而且也遇到了来自何孟雄派和罗章龙派的围攻。

三、成为共产国际批斗会上的"缺席被告"

虽然 1930 年 11 月 25 日中共中央迅速作出了六届三中全会的"补充决议"——《中央政治局关于最近国际来信的决议》,但此举并没有平息共产国际的恼怒。据"俄罗斯解密档案"记载,12 月 9 日,共产国际东方部专门就中共六届三中全会和李立三的错误问题给共产国际执委会主席团写了一个报告(即《关于中国共产党三中全会与李立三同志的错误的报告》——引者注),对瞿秋白和六届三中全会进行了否定性的批评和谴责。该报告的第四点说:"研究了三中全会的材料以及中央给各地的信,党报上的社论,还有最近在东方部的讨论(立三同志

---

① 中共中央党史研究室第一研究部译:《共产国际、联共(布)与中国革命档案资料丛书》第 9 辑,中央文献出版社 2002 年版,第 569、571 页。

是参加的),所有这些,很明显的证明:秋白同志所领导的三中全会没有尽他的责任,没有揭发和纠正以前的一部分政治局领导的半托洛茨基主义盲动主义的路线,没有规定出具体的任务,没有估量到革命斗争的经验,尤其是苏维埃区域红军战争的经验。"①该报告还特别指出瞿秋白在六届三中全会中没有起好的作用。报告的第五点说:"必须特别指出秋白同志的在三中全会的作用。关于国际的方针秋白同志比任何人都知道得清楚些,秋白同志在动身到中国去之前(已经在反对立三主义的时期里面了)曾经声明完全同意国际的路线而责备中央的一部分尤其是立三的错误。可是秋白同志到了中国之后,实际上是三中全会的领导者,不但不去执行国际指示,反而对于立三托洛茨基盲动主义的路线采取调和态度(政治决议案是他起草的),这是对于国际的指示,运用两面派的手段,因为他已经对于国际指示是表示同意的。他在三中全会的演说,不去揭发立三同志敌视布尔塞维克的路线,而只批评立三有个别的错误,就是不承认立三路线是和国际路线对立的。很明显的秋白同志的出发点,不是国际原则上路线的利益,而是小团体的利益。"②

共产国际东方书记处领导人库秋莫夫说:"瞿秋白和周恩来同志在中共三中全会上对李立三同志的半托洛茨基主义路线采取了调和主义立场,至少是不忠实于共产国际(对共产国际耍两面派手腕)的立场,因为他们都了解共产国际的决议,而且在莫斯科时,声明完全同意共产国际的决议。"③应该说,这种指责对瞿秋白和周恩来是不公正的。如前所述,指导召开六届三中全会的是共产国际七月决议,而该决议实际上是共产国际作为对华政策的总指导性的政治文件来起草的,其目的是要更加明确共产国际执委会以前的决议和中共六大的决议,对中

---

① 中共中央党史研究室第一研究部编:《共产国际、联共(布)与中国革命档案资料丛书》第12辑,中央文献出版社2002年版,第438页。

② 中共中央党史研究室第一研究部编:《共产国际、联共(布)与中国革命档案资料丛书》第12辑,中央文献出版社2002年版,第441页。

③ 中共中央党史研究室第一研究部译:《共产国际、联共(布)与中国革命档案资料丛书》第9辑,中央文献出版社2002年版,第550页。

国革命运动现状做出新的估计,并据此确定中国革命的任务和前途。因此,七月决议不是专门为了解决李立三"左"倾冒险错误尤其是高潮时期的"左"倾冒险错误而制定的;这就带来了共产国际领导人在认识上的两个错位,即共产国际七月决议和以它为指导召开的六届三中全会在指向上的错位,以及六届三中全会所解决的问题与共产国际事后希望它应该解决的问题之间的错位。

但是莫斯科却不这么看问题,他们认为是瞿秋白和周恩来对共产国际当面一套背后一套的耍花招,本来是瞿秋白同周恩来一起被共产国际派回国,一起负责领导召开六届三中全会的,但这时在共产国际领导人的眼里,瞿秋白似乎比周恩来更是罪魁祸首。如库秋莫夫就是这么认为的,他说:"我们有瞿秋白同志在中共三中全会上发言的速记记录。如果我们不知道三中全会有名的政治决议还是他本人起草的,那么仅是对他在三中全会上的发言的分析,就足以确定他对全会所犯的错误负有多大责任了。"①

随后,库秋莫夫又逐段逐句地一一指出瞿秋白起草的三中全会政治决议在提法、措词等方面的"错误",最后他总结性地说道:"所有上述引文明显说明了瞿秋白同志对三中全会对李立三半托洛茨基主义所采取的调和主义立场应负的责任,以及对未揭示在组织方面所采取的右倾机会主义做法应负的责任。这些文件也说明了瞿秋白同志在不忠实于共产国际指示(对共产国际指示耍两面派手法)问题上的个人责任,而瞿秋白同志是比任何其他人都更了解共产国际指示的。"②

据解密档案中的马季亚尔在莫斯科给上海的共产国际执委会远东局的信,"李立三抵达后,我们在[东方]书记处进行了广泛辩论。李承认犯了许多错误"。这次辩论发生在1930年11月25日至12月1日,以共产国际执委会东方书记处召开扩大会议的形式进行的,会上专门

---

① 中共中央党史研究室第一研究部译:《共产国际、联共(布)与中国革命档案资料丛书》第9辑,中央文献出版社2002年版,第551页。
② 中共中央党史研究室第一研究部译:《共产国际、联共(布)与中国革命档案资料丛书》第9辑,中央文献出版社2002年版,第554页。

对李立三的路线问题展开辩论。马季亚尔在信中说:"在辩论时斯特拉霍夫(即瞿秋白——引者注)的古怪表演受到严厉批评。他在这里也跟着莫斯克文、邓[中夏]和余[飞]一样投票赞成各项决议,但后来又同李[立三]结盟。莫斯克文(即周恩来——引者注)的立场也令人失望。"①所谓瞿秋白的"古怪表演",就是他在离开莫斯科时表示,将按照共产国际的指示解决李立三的问题,但这时"共产国际的指示"主要是"七月决议"而不是"十月指示信"。瞿秋白的确是按照七月决议召开六届三中全会的,并不"古怪";主要是莫斯科对李立三错误性质的认定发生了改变,因而对六届三中全会应该解决的问题的要求提高了,瞿秋白和六届三中全会没有达到此时共产国际希望达到的要求。应该说,是"十月指示信"使瞿秋白的言行在共产国际领导人眼里变成了"古怪表演"。

在东方书记处广泛辩论的基础上,1930 年 12 月 12 日至 15 日,共产国际执委会主席团召开扩大会议,主要讨论关于立三路线问题。会议的级别虽然提高了,但内容仍然是围绕立三路线问题,进一步否定六届三中全会,批判瞿秋白和周恩来,特别是批判瞿秋白。根据"俄罗斯解密档案",这次共产国际执委会主席团扩大会议及其讨论很是"精彩"。参加的人数不少,有共产国际各级领导人皮亚特尼茨基、库秋莫夫、萨发洛夫、库西宁、马季亚尔、马努伊斯基、白腊昆等,还有中共驻共产国际代表团的张国焘、蔡和森、黄平等人,加上刚刚从中国到莫斯科的李立三。除此之外,会议还有一个隐形的主角就是瞿秋白,实际上他成为这次会议的"缺席被告"。

在这场讨论中,李立三自然是需要努力认清自己错误和承认自己错误的"被告",但是陪着李立三一同挨批的却是远在中国的瞿秋白。这位"缺席被告"此时正在国内努力地应对着因共产国际"十月指示信"而引起的党内危机。身为缺席的被告,瞿秋白被所有到会的中外

---

① 中共中央党史研究室第一研究部译:《共产国际、联共(布)与中国革命档案资料丛书》第 10 辑,中央文献出版社 2002 年版,第 26 页。

会议代表批判得"体无完肤"。

为了更清楚地说明问题,这里摘录一些参加讨论者的发言。

李立三说:"秋白在莫斯科组织自己的小团体,而进行了无原则的国民党式的反党的斗争。这种斗争在共产党内是不可容许的。我应当确定地声明,立三主义在理论上是和秋白主义相同的。无疑的,我是在秋白影响之下。然而我申明:我和秋白的小团体是没有组织上的联系的。因此,大家不应当怀疑我。……现在我知道:我实际工作上的错误,在最近二年在中国做的,是在秋白同志影响之下的。别方面,秋白同志的错误是在罗明纳兹影响之下。我现在了解了:秋白同志的确用了两面派的手段。——他在三中全会上的行动,就可以表现出来。党的利益放到了第二位,而私人小团体的利益放到了第一位。我直到到了莫斯科,方知道这里有过秋白的小团体。在中国我是不知道的。自然,我既然知道之后,我就要坚决反对秋白同志的两面派的行动。自然,我不但反对这个,并且要坚决反对我在实际工作中做出来的错误。前天我知道了:国内开除了批评三中全会不正确路线的同志。这显然是小团体工作的性质。当时把陈绍禹留党察看三个月,是我做的错误。然而我开除他三个月,却并非站在小团体的观点上的,而是因为站在不正确的政治路线上。"①

李立三的这些发言,可以说其用意是很深的。他把自己错误的根源一股脑儿地推到了瞿秋白的身上:按照他的说法,他的立三路线的错误源自瞿秋白;他对王明的处罚不是站在小团体观点上,而是因为站在不正确的政治路线上才做的"错误",那么,他的"不正确的政治路线"的源头在哪里呢?在瞿秋白那里。当瞿秋白在国内为了他李立三的错误正在经受前后左右上下四面八方"夹击"的时候,李立三却这样说话,真有些让人无语。

紧接着,库秋莫夫发言说:"现在秋白立三等和共产国际之间的关

---

① 中共中央党史研究室第一研究部编:《共产国际、联共(布)与中国革命档案资料丛书》第12辑,中央文献出版社2002年版,第394—395页。

系,是无论在那一布尔塞维克的党部之中,都不能容忍的。……有些同志,在莫斯科,受着共产国际的布尔什维克的压迫,承认自己的错误,同意国际的路线,等到回到中国之后,个人的关系要厉害些,原则问题是最后的了,又去照旧执行自己的路线。中国共产党与国际关系的历史之中这种例子很多,最近一个例子就是秋白同志。"①

之后,马季亚尔发言说:"中国共产党六次大会上有了一句错误的话。立三就从这句话发展成整个的理论。说要联合富农来做土地革命。秋白同志在这里赞助这个理论。共产国际全体来反对这个倾向。史大林以下一切负责同志来解释过:这是不对的,这不是列宁主义,不应当这样了解。中国同志签了名,写了一封信到中国去。后来呢?而现在我们得到许多苏区的兵士委员会的信,说那些地方以前没有做反富农的斗争,富农甚至在党内得势得很。这样,可见签个名的议决案隐藏起来了,又做了不少错误。"马季亚尔接着又批评中国共产党对待共产国际决议的态度有问题,以瞿秋白为例,他说:"三中全会上秋白同志说:工人的政治斗争应当和经济要求联系起来。不是说经济斗争要和政治的联系起来,而是相反的——这是秋白同志的说法。我可以数出好几十个议决案,对于中国革命都是对的,都是中国同志所签名的,后来却是不实行。这种情形必须取消,然后国际的决议案和指示再不会变成一纸空文。不能够签了名之后,又去照着自己的思想解释,弄成相反的路线。"②

张国焘在马季亚尔之后发言说:"三中全会是秋白同志领导的,有了两面派的对待共产国际的态度,而对立三的错误调和,拥护他的错误,而自己没有清楚的路线。"③

萨发洛夫接着张国焘之后发言说:"有些同志在莫斯科的时候,很

① 中共中央党史研究室第一研究部编:《共产国际、联共(布)与中国革命档案资料丛书》第12辑,中央文献出版社2002年版,第397页。
② 中共中央党史研究室第一研究部编:《共产国际、联共(布)与中国革命档案资料丛书》第12辑,中央文献出版社2002年版,第404—405页。
③ 中共中央党史研究室第一研究部编:《共产国际、联共(布)与中国革命档案资料丛书》第12辑,中央文献出版社2002年版,第407页。

客气地,到了中国又是另一种话了。例如秋白同志,他在这里代表中国共产党好几年,他参加我们一切决议的讨论,他参加对六月十一决议的讨论,他自己说的,立三是发了痴了。他到了中国之后,一个转变转了一百八十度。"①

蔡和森接着发言说:"现在我们党有危机。立三来莫之后,中国共产党的领导机关之中,仍旧反抗国际路线,运用种种手段,来继续自己的路线。下层群众已经起来反对领导,开始赞助国际路线。我们的指导机关在做什么呢?他企图说下层的代表是小团体,是右倾,来抑制下层的代表。……谁是真正的小团体?真正小团体的代表是秋白同志。"在发言快要结束时,蔡和森强调说:"现在我们党内两面派的手段是特别危险。对左对右的调和亦是。对调和主义要打击。"②

马努伊斯基接着说:"现在说两面派的问题。两面派是现在最大的仇敌。如果有了这种情形,那么,议决案只管通过,到了中国仍旧执行自己的路线。如果这种情形是国际与共产党的互相关系的基础,那么,我们可以使国际灭亡。"接着,他特别指明是立三同志和秋白同志在"帮助破坏共产国际的信仰"③。

白腊昆发言说:"现在对于中国共产党最危险的一部分领导同志和国际之间的关系,这种关系的确是所谓两面派的手段。这还不仅仅是国际纪律的问题。这里所说的话,可以总合起来——这种两面派手段的基础是一部分中国同志有了和国际领导和国际全体不相同的方针——关于中国革命的一切根本问题的方针。……然而我们要提起谭平山以前和秋白立三现在所说的是一样的。我们知道平山是极右的右派,后来成了叛徒。我并不是要说秋白立三将来和平山一定是一样走到那条路上去。然而立三秋白对于中国特点的态度,和平山的态度是

① 中共中央党史研究室第一研究部编:《共产国际、联共(布)与中国革命档案资料丛书》第12辑,中央文献出版社2002年版,第411—412页。
② 中共中央党史研究室第一研究部编:《共产国际、联共(布)与中国革命档案资料丛书》第12辑,中央文献出版社2002年版,第412、413页。
③ 中共中央党史研究室第一研究部编:《共产国际、联共(布)与中国革命档案资料丛书》第12辑,中央文献出版社2002年版,第416页。

有些相同的。"①

库西宁发言说："我稍微说一说秋白同志的东方式的外交,我们在今年(指 1930 年——引者注)夏天曾经在政治委员会上面省察过秋白同志参加中大纠纷的问题。那时决定秋白同志最好不要再参加中国的代表团了。为什么呢?因为他和其他的同志领导了中大小团体纠纷。就是李剑如的小团体,这个小团体是实际上和托洛茨基派合作的。我们决定了秋白退出代表团,当然我想政治委员会的委员都没有以为秋白退出代表团就要加入政治局,仿佛是为着是在中大小团体工作反而得着了在中国的奖赏。现在在中国是什么情形,我们已经知道。这里作了一个错误,秋白在工作里面固然是一个很有能力的同志,亦许还是在党的中央,我不是说以后不能够再用他。然而组织党的领导不能够是这样组织的,因为这里一点都没有保障——他是很会作东方式的外交的,不能够保障这种情形不再继续下去。"②

黄平在大家都发表了意见后,发言表示:"东方部的书面报告对于立三路线和三中全会的估量我们是完全同意的,这个报告的结论说,现在中国共产党内的问题是小团体的问题,我亦是同意的。秋白同志在莫斯科的时候,中国代表团在中大的斗争里面反对东方部的领导,亦就是反对联共在中大的领导,以及反对国际的领导,这都不是偶然的,这都是最没有原则的纠纷斗争。"同时,他在接下来的发言中认为:"秋白和立三还没有脱离左倾托洛茨基的和右倾富农路线的错误,而且继续小团体的斗争,我同意报告上所说的领导机关有两面派的手段,所以我同意因此而应当有组织上的结论。"③

在上述各位对"缺席被告"瞿秋白的声讨中,我们对瞿秋白形成了一个什么印象呢?就是被异化成了一个对共产国际耍两面派,在党内

① 中共中央党史研究室第一研究部编:《共产国际、联共(布)与中国革命档案资料丛书》第 12 辑,中央文献出版社 2002 年版,第 417—418 页。
② 中共中央党史研究室第一研究部编:《共产国际、联共(布)与中国革命档案资料丛书》第 12 辑,中央文献出版社 2002 年版,第 422—423 页。
③ 中共中央党史研究室第一研究部编:《共产国际、联共(布)与中国革命档案资料丛书》第 12 辑,中央文献出版社 2002 年版,第 424、425 页。

搞小团体,对错误搞调和主义,不讲原则,很会东方式外交的人。1930年12月3日,共产国际执委会政治书记处政治委员会召开会议,在听取"关于中共三中全会的通报"后,决定"用电报通知远东局,政治委员会对中共三中全会的工作是不满意的,因为在这次全会上对李立三同志的路线揭露得不够","责成东方地区书记处起草关于中共三中全会的信,信中不要只批评政治局,还要对个别一些同志的发言,包括对斯特拉霍夫同志的发言进行批评"①。

可见,来自莫斯科对六届三中全会后主持中央工作的瞿秋白的否定浪潮是异常猛烈的。随着莫斯科对六届三中全会及其改选的中央政治局态度的改变,在上海的远东局也开始对中共中央政治局及其领导人不满了。

四、被远东局指控为"不老实的人"

按照1930年11月18日中共中央政治局会议的决定,瞿秋白、周恩来、向忠发等立即与远东局进行面谈。这是米夫到上海后第一次与中共中央领导人见面,其议题就是讨论共产国际十月来信问题。

从1930年7月起担任远东局领导人的米夫,于11月中旬到达上海。米夫抵达上海以后,远东局对中央政治局的指导开始从严加要求到直接干预。他到上海后,首先审查此前远东局的工作。11月23日,米夫主持的远东局就李立三路线问题作出了一个决议。决议认为,雷

---

① 中共中央党史研究室第一研究部译:《共产国际、联共(布)与中国革命档案资料丛书》第9辑,中央文献出版社2002年版,第511页。

利斯基负责时的远东局:"虽然在它给中共三中全会的建议中对李立三同志路线的表述没有像共产国际执委会来信那样在政治上如此尖锐(如说它是与共产国际执委会路线相对立的半托洛茨基主义路线),但是远东局在自己的全部活动中恰恰是从这种立场出发的。"决议指出"远东局认为有必要采取一切措施,在党内彻底消除对在中共三中全会决议中体现的'左'的错误所采取的调和主义态度"。为此,决议"责成奥斯藤(即雷利斯基——引者注)、罗伯特(即埃斯勒——引者注)和维利同志在最短的时间内审查与三中全会有关的所有文件,并向局报告自己的意见"①。

应该说,这个决议对雷利斯基负责时的远东局明褒实贬的评价是没有道理的,因为六届三中全会召开时并没有"李立三是路线错误"的说法。经过一个多星期的"审查",原远东局负责人雷利斯基于12月1日给共产国际执行委员会写了一封信,在信中他对米夫在他主政远东局时期的工作进行指责表示不服;认为远东局始终都是在遵循共产国际执委会的指示并根据中国的政治形势和党内状况同李立三主义进行思想斗争的。雷利斯基说:"远东局明确地提出问题,并说,李立三背离了共产国际的路线,因此也背离了中国革命的路线。当时的政治局领导(指向忠发——引者注)试图把李立三同志的讲话说成是不谨慎,或者推托说由于中文翻译不好而曲解了原意,这时远东局提出了自己的看法,认为这是对李立三同志半托洛茨基式的讲话采取调和主义的证明。"雷利斯基承认:"在莫斯克文同志和斯特拉霍夫同志到来之前,远东局和政治局之间没有达到互相谅解,因为李立三同志对抗共产国际,不能与远东局协调一致。只是在上述两位同志(指周恩来和瞿秋白——引者注)到来之后和收到共产国际执委会八月来电之后,政治局才开始转变。但转变是缓慢的。李立三同志企图把自己的讲话说成是偶然的局部的错误,或者是由于中文翻译不好而造成的误会。所有

---

① 中共中央党史研究室第一研究部译:《共产国际、联共(布)与中国革命档案资料丛书》第9辑,中央文献出版社2002年版,第466—467页。

中国同志都感到同李立三作斗争很困难，所以有不使问题尖锐化的倾向。远东局坚决反对这种倾向，要求整个政治局，首先是莫斯克文和斯特朗同志（即瞿秋白——引者注）明确地谴责这种路线。"①

雷利斯基在1930年12月1日给共产国际执委会的这封信中继续说："当莫斯克文和斯特朗同志在政治局未能谴责李立三路线是反共产国际路线的时候，我们要求召开政治局与远东局的联席会议。"按照雷利斯基（即奥斯藤）的说法，双方在协商过程中，远东局认为：李立三的错误不是局部的偶然性错误，"实际上是这里有两条相对立的路线，即远东局执行的共产国际执委会的路线和中国政治局部分人支持的李立三同志的路线"。但是，瞿秋白、周恩来认为，"把李立三同志的路线说成是反共产国际的和半托洛茨基主义的路线，会带来必然的后果是，政治局中曾经支持过李立三的那部分同志要离开党的领导岗位，而这是不合适的，因为李立三同志及其支持者已经承认了自己的错误"。最后，双方一致商定的提法是："从中共二中全会（1929年6月）到1930年7月，中央的路线总的说来是正确的。但是从1930年7月到8月，李立三同志领导的政治局背离了这条正确的路线，并开始走上半托洛茨基主义的、反共产国际的路线。李立三同志和支持他的同志们已经承认自己的错误，这一事实已证明，政治局是能够执行共产国际执委会的路线和领导中国革命的。"②

但是，雷利斯基认为，是"中国同志对共产国际执委会代表机构采取了不老实的态度，他们利用远东局中谁都不能审阅中文表述这一情况，歪曲了与他们商定的建议，对此中国同志们要承担全部责任。中国同志在全会上没有提出他们与远东局商定的那种表述，关于这一情况他们甚至都没有预先告诉远东局——这是事实，斯特朗同志（即瞿秋白——引者注）本人在与约瑟夫同志（即米夫——引者注）谈话时证实

---

① 中共中央党史研究室第一研究部译：《共产国际、联共（布）与中国革命档案资料丛书》第9辑，中央文献出版社2002年版，第494—495页。
② 中共中央党史研究室第一研究部译：《共产国际、联共（布）与中国革命档案资料丛书》第9辑，中央文献出版社2002年版，第495—496页。

了这一点"①。

　　显然,远东局前负责人雷利斯基(即奥斯藤)在指控瞿秋白与周恩来对远东局采取了不老实的态度。接着,1930 年 12 月 2 日,米夫也去信莫斯科说:

　　　　莫斯克文和斯特拉霍夫到来之后,遇到了组织严密的李立三集团,他们开始有些动摇,因而采取了调和主义态度(莫斯克文更甚些)。在三中全会上,他们(指瞿秋白、周恩来——引者注)事先不与远东局打招呼,就决定不把与远东局商定的表述写入政治决议(老的中国花招),从而把那个决议变成了一个模棱两可的文件。②

　　事实的真相是什么呢? 由于共产国际"七月决议"并没有直接指出李立三犯了路线错误,而六届三中全会却又回避不了对远东局与向忠发、李立三时期中央之间的分歧以及李立三所犯错误的评估。在这个问题上远东局与瞿秋白、周恩来有过面谈和协商,政治局与远东局也召开过联席会议。按照雷利斯基 1930 年 12 月 1 日信的说法,远东局与政治局在双方召开的联席会议上对于六届三中全会政治决议案的表述有过一致意见。但是,从六届三中全会的报告和通过的各项决议来看,有关对李立三错误的评价和分析方面的内容,的确没有上述双方商定的提法。

　　如向忠发作的《中央政治局工作报告》,第二部分"从二中全会到三中全会的中央工作",讲到"中央领导全党的策略路线"时说:"国际与中央的路线,完全是一致的,一年多的中央工作,虽犯了不少策略上

---

①　中共中央党史研究室第一研究部译:《共产国际、联共(布)与中国革命档案资料丛书》第 9 辑,中央文献出版社 2002 年版,第 496—497 页。
②　中共中央党史研究室第一研究部译:《共产国际、联共(布)与中国革命档案资料丛书》第 9 辑,中央文献出版社 2002 年版,第 503 页。

的严重错误,但全党在中央的领导之下,的确有很大的进步。"①而六届三中全会通过的《对于中央政治局报告的决议》有关内容也没有奥斯藤所说的那种提法,只是说:"三中全会认为政治局在六月十一号的政治决议案之中,犯了些冒险主义的与左倾的关门主义的错误(仅仅是策略上的错误),这是因为没有研究客观形势,所以未能有正确的分析。全会接受国际的指示,认为国际的指示是完全正确的,政治局在执行这些指示上的动摇怀疑态度是不正确的。这些错误使政治局走上冒险的道路。但政治局感觉自己的错误以后,便很坚决的进行自我批评,并很敏捷的纠正自己的错误,这是真正布尔什维克精神的表现。"②

另外,瞿秋白起草的《关于政治状况和党的总任务议决案》,在第九部分"中央委员会和共产国际一致的总的政治路线"中认为:扩大的三中全会承认中央政治局的路线是正确的,是和共产国际的路线是一致的;在第十部分"中央全体会议对于过去错误估量的纠正"中说:"中央全体会议认为,中央政治局最近期间对于目前形势的估量,在许多重要问题之中,有模糊而不正确的地方——对于时局有过分的估量,对于不平衡发展的观察不清楚,忽略苏维埃根据地的重要,忽略工业区域日常斗争和政治问题的联系;总起来说——就是中央政治局没有充分的估计到:现在的事实是工人运动和农民运动的力量,还没有平衡,还没有汇合,农民战争之中缺乏充分的无产阶级领导和组织作用;政治局亦没有充分的估计到:目前统治阶级还没有完全削弱完全破产;于是对于帝国主义反革命统治崩溃的形势和可能,对于革命势力的现状和革命形势发展的速度,都有过分的估量。……为着更加坚决彻底执行国际和中国共产党一致的路线起见,必须遵照国际执委的指示,立刻完全纠正这些错误,而在一般策略和工作上,实行必要的转变。"③

---

① 中央档案馆编:《中共中央文件选集》第 6 册,中共中央党校出版社 1983 年版,第 278—279 页、第 281 页。

② 中央档案馆编:《中共中央文件选集》第 6 册,中共中央党校出版社 1983 年版,第 278—279 页、第 282 页。

③ 中央档案馆编:《中共中央文件选集》第 6 册,中共中央党校出版社 1983 年版,第 278—279 页、第 290—291 页。

可见,六届三中全会的报告和通过的各项决议在对李立三错误的评价和分析方面,主要是批评其对革命形势的估量过分与不正确,忽视了革命发展的不平衡特点。这种分析和评价,若按照指导召开六届三中全会的共产国际"七月决议"的精神来看,它是没有什么问题和错误的,因为"七月决议"通篇没有提"立三路线问题",更没有提立三路线与国际路线对立的问题,自然也就没有远东局与立三错误的斗争是国际路线与立三路线之间的两条路线斗争的说法;但若是按照共产国际关于立三路线问题的"十月指示信"精神来判断,那么三中全会的确"有问题",因为全会的决议和报告通篇都没有说李立三是路线错误,更没有提李立三犯了反共产国际路线的错误。问题是,六届三中全会召开时,共产国际关于立三路线问题的指示信还没有出现。因此,共产国际执行委员会及其远东局关于瞿秋白、周恩来犯调和主义错误、对共产国际不忠实的指控是没有道理的。

更重要的是,瞿秋白手中有远东局关于六届三中全会的最后修改稿,在这份与远东局商定的最后修改稿中,并没有奥斯藤在1930年12月1日给共产国际执委会信中所提的那种表述。这是因为在商定三中全会决议时,远东局提出的那种表述,由于瞿秋白、周恩来不同意,远东局最后在修改稿中已经不用这个提法。1931年1月4日,瞿秋白给米夫写了一封信,并随信寄去了这份他与远东局协商过的三中全会关于政治局报告的决议的最后稿。他说:

> 这个稿子证明当时我们在什么问题上(即在对政治局在一定时期的错误的评价问题上)同远东局达成了一致意见。这个稿子,即用俄文给远东局的抄送稿,已经没有"反共产国际斗争"的说法。我记得在远东局对政治决议提出的修改意见中(我们当即同意了这些意见),也没有政治局的"反共产国际斗争"的说法。[1]

---

[1] 中共中央党史研究室第一研究部译:《共产国际、联共(布)与中国革命档案资料丛书》第9辑,中央文献出版社2002年版,第589页。

　　瞿秋白交给米夫的这个稿子后来发表在莫斯科的《中国科研所通报》1931 年第 5—6 期上,它证明了瞿秋白、周恩来在对李立三时期中央政治局的错误评价问题上同远东局已经达成一致意见,他们并没有对远东局采取不老实的态度。

　　当然在给米夫的这封信中,瞿秋白并没有忘记开展自我批评。他说:我现在重申:"(1)对调和主义的做法,远东局没有责任,我们要负责,特别是斯特朗(指瞿秋白自己——引者注)要负责,因为我们当时不止一次地反对把反共产国际斗争'加到'李立三同志和当时的政治局头上,而远东局坚持要揭露这个事实;(2)由于我们不同意,当时的远东局最后(在修改稿中)已经不提这个提法。所说的这些只是为了确认事实的存在,没有任何减轻我们的责任,特别是我的责任的意思。一句话,对共产国际执行委员会代表机构及其意见,确曾有过不能允许的不忠实的态度,我当时对待李立三路线的腐朽的、机会主义的调和主义态度,更加说明了这一点。"①

　　在给米夫的这封信里,瞿秋白既想澄清事实,推翻远东局强加在自己头上的不实之词,又还要表明自己愿意承担所有责任的心迹。这封信反映了处于四面围攻中的瞿秋白的艰难处境。

五、"众矢之的"中坚守革命本分

　　总之,随着共产国际"十月指示信"的内容在党内公开,以瞿秋白、

---

　　①　中共中央党史研究室第一研究部译:《共产国际、联共(布)与中国革命档案资料丛书》第 9 辑,中央文献出版社 2002 年版,第 589—590 页。

周恩来负实际责任的中共中央迅速陷于四股压力的包围之中：一是以陈绍禹为首的教条主义宗派小集团的压力；二是以罗章龙、徐锡根、王克全等人为代表的工会派和何孟雄、李求实、林育南等受过"立三路线"错误批判和打击而在六届三中全会后又未获平反的党员干部的压力；三是来自莫斯科的共产国际执行委员会政治委员会和东方部的压力；四是共产国际执行委员会远东局的压迫。可以说，随着批判李立三错误、否定六届三中全会的党内斗争的不断升级，这四股力量对六届三中全会后的中央领导机构及其领导人形成了反对的合力。

正像"俄罗斯解密档案"所说的那样，"在这种情况下结果是，**旧的领导完全怅然若失**，放弃了领导权，丧失了任何威信。很能说明问题的是，无一例外地在所有会议上，大家都不想听旧领导代表的意见，党员群众一致要求开除他们，如果说不是任何地方都开除出党，那么至少也得开除出中央。甚至中央机关工作人员的会议也是这样进行的。这里没有任何令人惊奇的东西，因为旧领导被逼得万般无奈，走投无路，无论如何它在同立三主义的斗争中和清算这个主义方面没有起到主动作用。旧领导人被惶惶不安的情绪所左右。在这方面很说明问题的是，他们认为自己离开领导岗位是毋庸置疑的事，大家无一例外地都提出一个问题，坚持要把他们逐出中央"①。

尽管成为"众矢之的"，尽管遭到四面围攻，但身为六届三中全会后主持中央实际工作的主要领导人瞿秋白，却并没有因个人遭受委屈而懈怠革命工作，没有忘记尽领导中国革命的本分。

1930 年 10 月 13 日，共产国际执行委员会政治书记处政治委员会召开会议，讨论"东方地区书记处就关于苏维埃中国的土地和农民问题的决议草案以及东方地区书记处关于中国苏维埃政权的经济政策提纲"。会议决定："现有的文件经过由库西宁、瓦西里耶夫、马季亚尔和萨发罗夫组成的委员会再次审阅后作为东方地区书记处的草案送给远

---

① 中共中央党史研究室第一研究部译：《共产国际、联共（布）与中国革命档案资料丛书》第 10 辑，中央文献出版社 2002 年版，第 117 页。

东局和中共中央。要求远东局和中共中央将他们对这些问题的意见上报共产国际执委会。"①

上述会议决定所指"现有的文件"是指共产国际执委会东方书记处起草的《关于中国苏维埃区域土地农民问题议决草案》和《关于中国苏维埃政权的经济政策》提纲。这两份文件经过会议审阅修改后寄到中国。六届三中全会后的中共中央政治局收到这两份文件后,根据其文件精神,于1930年10月24日起草通过了《中央政治局关于苏维埃区域目前工作计划》。与此同时,瞿秋白在混乱的党内政治环境中,不顾个人所遭受的委屈和打击,按照10月13日共产国际执行委员会政治书记处政治委员会会议的要求,以及共产国际通过的有关文件精神,于11月29日代表中共中央给共产国际执行委员会东方书记处写信,向共产国际报告《我们关于中国苏区农民土地问题和经济政策的补充意见》②。

在补充意见中,瞿秋白从土地分配的方针、原则、范围等方面,向共产国际执委会东方书记处汇报了党在苏区的农民土地问题。针对共产国际关于中国问题决议中"必须没收全部地主土地,没收属于大型不动产类的所有教会、氏族等的土地,要根据平均分配原则把这些土地分给贫农和中农"的指示,他说:"在地主土地已经被没收的苏区,如果重新分配土地,我们就一定要支持贫农、苦力和雇农关于彻底平均分配所有土地的观点。(在共产国际不久前的来信中说:'只有被没收的地主土地,才实行平均分配——这是不对的。'我们在这里作出的解释对不对呢?)共产国际执委会东方部(应为东方书记处——引者注)在其决议草案中提出的关于这一办法的建议是完全正确的。如果不把全部土地实行平均分配,那么独立富农(指拥有自己土地的富农——引者注)将会占便宜,而有地的贫农不会得到任何好处。这对于佃中农则更不

---

① 中共中央党史研究室第一研究部译:《共产国际、联共(布)与中国革命档案资料丛书》第9辑,中央文献出版社2002年版,第374页。

② 中共中央党史研究室第一研究部译:《共产国际、联共(布)与中国革命档案资料丛书》第9辑,中央文献出版社2002年版,第482—486页。

利。如果佃农仍要重新分配已被没收的地主土地(大部分是佃农耕种的土地),那么佃中农必然会遭受很大损失。"①

在土地分配原则方面,瞿秋白汇报了苏区分配土地工作存在的问题。他在信中写道:"在分配土地原则方面,我们同意东方部草案中提出的原则,我们认为,根据劳力和人口数量分配土地的混合原则是比较合适的。目前在许多苏区是按人口数量分配土地,富农最占便宜,因为他们都是大家庭。……只按劳力分配土地的原则,从江西省的经验看也有缺点。老人、残疾人、孤儿和寡妇就分不到土地。有很多人口的中农家庭也是一样,从中占不到便宜。在机械地实行这一原则的一些地方,有人提出:应该把红军家属的土地收回来,因为这些家庭没有劳力耕种土地。""在分了土地的苏区,甚至手工业者和苏维埃所有职员也分到了土地。实行的是每个人都分得一小块土地的办法。结果是许多土地荒芜,无人耕种。苏维埃徒劳地采用了类似于集体农庄和国营农场的种种名称,而实际上甚至都没有把红军战士家庭的土地合在一起并帮助他们雇人耕种。结果红军战士家庭由于妇女体力弱自己不能耕种,分得土地后连一个雇工也雇不起,因此不能从土地革命中得到什么好处。"②

在补充意见中,瞿秋白还向共产国际执委会东方书记处汇报了党在苏区的经济政策。他说:"在某种程度上可以说,目前中国苏维埃地区还没有经济政策。所有经济措施都不是以阶级观点作为自己的出发点,因此红军占领城市后,一方面,张贴关于'保护中小商人'的布告,甚至彭德怀在长沙给商会写信说,'贵组织同情革命',希望它能集资支持红军。另一方面,红军采取了强迫降价的办法,试图降低苏区最低生活标准。确实,借助于这种强制性的办法,在赣东北苏区,大米价格降到一担40分钱,不到南昌米价的20%。但是经济开始停滞不前。

① 中共中央党史研究室第一研究部译:《共产国际、联共(布)与中国革命档案资料丛书》第9辑,中央文献出版社2002年版,第483页。

② 中共中央党史研究室第一研究部译:《共产国际、联共(布)与中国革命档案资料丛书》第9辑,中央文献出版社2002年版,第484页。

在苏区内(由于苏维埃政府实行限制)无法弄清大米的储存数量。大众消费品不能进入苏区。这种情况在江西省西部和福建省可以看到。"①

瞿秋白还告诉共产国际:"苏区的财政政策很混乱。一些苏区发行纸币,但这些纸币是用很糟糕的纸张印制的,很快就不能用了。这些纸币是采用油彩石印术印制的。此外,发行量也没有限制。最近鄂西工农银行开始发行用石板印刷术印制的纸币,而且限制印制数量。财务部门的开支都不列入预算。一些苏区有比较集中的财政政策,另一些苏区则自行其是:红军、政府、党组织自己征收钱款,根本不实行建立在阶级立场之上的税收政策。这在某种情况下必然会损害贫农的利益。"②

此外,瞿秋白在信中还谈到对苏区钱庄的政策和实行城乡合作社制度的问题。这些对党领导的各地苏维埃政权的巩固和扩大无疑具有重要指导意义。

六届三中全会后的1930年10月30日,瞿秋白在中共中央机关报《红旗日报》的副刊《实话》上发表《中国共产党三中全会的意义》。文章指出,在革命形势日益高涨的情况下,中国共产党要有正确的策略,解决那些领导和发展苏维埃运动的任务。这种领导和发展苏维埃运动的任务,现在有两方面应当注意的:"第一,建立苏维埃根据地的问题——就是要使苏维埃区域的发展,有阵地的向外扩大,有后方的向前进攻,这样去组织已经各部开始的革命战争。……第二,积极准备武装的问题——就是现在在反动统治区域里面,一切运动都要和为着苏维埃政权的斗争联系。"③

1930年11月2日,瞿秋白又在党中央机关刊物《布尔塞维克》上

---

① 中共中央党史研究室第一研究部译:《共产国际、联共(布)与中国革命档案资料丛书》第9辑,中央文献出版社2002年版,第485页。
② 中共中央党史研究室第一研究部译:《共产国际、联共(布)与中国革命档案资料丛书》第9辑,中央文献出版社2002年版,第486页。
③ 《瞿秋白文集·政治理论编》第7卷,人民出版社1991年版,第71、72页。

发表《中国革命战争的组织和领导问题——长沙战争的教训和苏维埃根据地建立的任务》长文。文章提出要建立苏维埃中央政权问题:"苏维埃区域的逐渐汇合,要从零星散乱的各地方革命政权的树立,进到建立苏维埃的临时中央政权,来指挥组织革命战争,集中革命势力,——用统一的革命的苏维埃政权去和反革命的国民党政权对抗,去领导全国的革命运动,为着苏维埃政权在全国的胜利而斗争。"①

应当说,瞿秋白的上述思想和观点、对策是极具战略眼光的。在遭遇上下左右夹击的政治境遇里,他还能够思考当前革命斗争中的重大问题,并提出明确的斗争思路和对策,表明他具有无产阶级革命家的领袖风范。

① 《瞿秋白文集·政治理论编》第 7 卷,人民出版社 1991 年版,第 76—77 页。

第十四章

被莫斯科要求离开领导岗位

1931 年 1 月 3 日,共产国际执委会政治书记处政治委员会开会提出"建议远东局承担对中国共产党活动的实际领导工作,与中国共产党领导机关建立密切联系并按照不同方向分配远东局一些成员的工作"①。这就意味着,远东局对中共的领导不再是指导性的,而是指令性的。这一决定无疑确立了远东局负责人米夫在中共党内的决定性发言地位。共产国际执委会远东局从 1929 年春在上海成立到 1931 年 9 月主要成员撤离上海为止,其间对中共中央的政治指导经历了逐步由旁入内、由指导到指令的递进过程;而这一从旁指导监督到共同参与协商、到最后强制指令安排的过程,恰恰伴随着中共党内"左"倾错误路线日益占据统治地位、中共中央工作完全被远东局控制的过程。在米夫领导的远东局控制下,中共刚刚开过六届三中全会后又被迫召开六届四中全会。通过六届四中全会,米夫完成了莫斯科的心愿:将斯特拉霍夫(即瞿秋白)"赶出"中央政治局,同时将莫斯科信任的王明提升到中央领导层。

一、莫斯科命令米夫:"应把他赶出政治局"

1930 年 12 月 10 日,米夫代表远东局给中共中央政治局委员们写了一封信。② 信中批评瞿秋白等人对共产国际执委会代表机构表现出了不能容忍的不老实态度,说他和周恩来没有将与远东局事先商定的

---

① 中共中央党史研究室第一研究部译:《共产国际、联共(布)与中国革命档案资料丛书》第 9 辑,中央文献出版社 2002 年版,第 583 页。

② 中共中央党史研究室第一研究部译:《共产国际、联共(布)与中国革命档案资料丛书》第 9 辑,中央文献出版社 2002 年版,第 525—529 页。

表述写进政治协议,而且也没有将这一切向远东局报告,使远东局不能及时地对政治局中存在的对立三路线的调和主义倾向作出反应。为此,远东局根据"在党的队伍内彻底清除李立三同志的路线的特别重要性""三中全会没有在党内造成必要的转机,在党组织的工作实践中也看不到这种转变的迹象""11 月 25 日的补充决议也不能实现这种转变"等原因,遂决定召集"在上海的中央委员、各省代表和共青团中央局成员,紧急召开为期一天的党代表会议(应遵守一切必要的保密规划)"。

远东局在该信中特别提出,这次代表会议要解决下列问题:一是根据共产国际执行委员会来信的精神对立三路线、政治局在 1930 年 6 至 8 月间的活动以及 6 月 11 日决议作出评价;二是指出共产国际执委会在纠正中共中央错误中所发挥的作用和李立三及其支持者抵制共产国际执委会的指示和警告所造成的严重后果;三是提出在理论和实践上彻底克服立三路线和调和主义错误以及在党的全部工作中实现坚决转变等任务;四是指出中共领导对共产国际执委会代表机构所采取的不老实态度。在此基础上形成一个会议决议,政治局要根据这个决议为党组织起草指示和确定实际任务。

从 1930 年 12 月 10 日远东局给中共中央政治局这封信的内容来看,这时的米夫并不知道莫斯科有重新改组中共中央领导机构的意图,所以他只要求中共中央召开一个紧急会议,通过一个符合远东局要求的决议,同时把李立三开除出政治局。12 月 14 日,中央政治局开会决定接受米夫代表远东局在信中所提出的要求。

但是远东局很快就改变了决定。因为 1930 年 12 月 18 日共产国际执委会政治书记处政治委员会给远东局发来电报,要求立即召开中共中央全会,并且在这封电报中提出要把瞿秋白赶出中共中央政治局。根据莫斯科电报的指示,即将召开的中共中央全会的任务是:"(1)无条件地执行共产国际执委会在电报和信函中提出的路线;(2)修改和批判三中全会的决议,制止斯特拉霍夫(指瞿秋白——引者注)的两面派行为和消除宗派主义;(3)团结全党去执行共产国际执委会的路线。

必须对李立三半托洛茨基主义的路线和三中全会的错误,其中包括斯特拉霍夫的错误,进行最广泛的和最全面的说明,在党的组织中不搞可能会削弱党组织的辩论。"电报还特别指出:"鉴于斯特拉霍夫的调和主义和两面派行为,应把他赶出政治局,用新的力量补充中央委员会,达到新老干部的团结并坚决消除他们之间发生冲突的可能性。"①

电报中提出的所谓"新的力量"是些什么人呢? 就是被共产国际领导人称赞的"忠实的年轻的共产国际派",即陈绍禹、王稼祥、沈泽民、秦邦宪、任弼时、张闻天、夏曦等人。

接到共产国际执委会政治书记处政治委员会的电报后,米夫自然不敢怠慢,他不遗余力地执行莫斯科的指示。为了让他一直欣赏的王明能够通过四中全会顺利上台,米夫强行采取了两项重要组织措施,以便为王明进入中央领导层铺平道路。

首先,米夫向瞿秋白等人施加压力,要求中共中央撤销对王明等人的处分。本书前有所述,在1930年11月22日的中共中央政治局扩大会议上,瞿秋白、周恩来对王明等人在共产国际十月指示信到达中国后在党内进行的一系列宗派活动如成立"临时小组"、制定小组决议和行动计划等进行了严厉批评,并且给予了处罚。但是,现在米夫却要中共中央尽快给王明等人平反。前后不到一个月,刚刚批评处罚,现在又要平反。即使瞿秋白、周恩来有再大的不愿意,也没有退路可走。在米夫的催促和压力下,12月16日中央政治局作出《中央决议关于取消陈韶玉秦邦宪王稼蔷②何子述四同志的处分问题的决议》。决议说:"中央政治局当时因为赞助与执行立三路线的缘故,竟因韶玉(即王明——引者注)等四同志批评中央的路线而妄加他们以小组织的罪名,给韶玉同志留党察观六个月的处分,给其他三同志以最后严重警告,这显然是更不正确的。……中央政治局现在站在拥护与执行国际路线与反对立三路线之不调和的立场上,认为过去对陈韶玉等四同志的斗争与处

---

① 中共中央党史研究室第一研究部译:《共产国际、联共(布)与中国革命档案资料丛书》第9辑,中央文献出版社2002年版,第543—544页。

② 王稼蔷,即王稼祥。

分是错误的。现在除正式取消对他们的处分外,并将此错误揭发出来,以加重韶玉等四同志对立三路线之不调和的斗争的责任。"①

与此同时,中共中央也作出了《关于何孟雄同志问题的决议》,肯定了何孟雄的意见一般是正确的,取消了对他的错误处分。12 月 22 日,中央政治局又发出《中央紧急通告》第 96 号②,进一步承认六届三中全会有"调和主义"的错误,承认六届三中全会后"调和主义的中央所领导的全党工作仍然在重复与继续立三路线的错误",因此"三中全会的路线仍然成为立三路线的继续,并对立三路线加了一层保障"。《通告》表示,要"采取非常紧急的办法","产生新的政治决议来代替三中全会的一切决议",并"为要保障国际路线与反立三路线之绝不调和的彻底的执行,党内应实行改造"。

其次,米夫提议由王明担任中共江苏省委书记。江苏省委是当时中共在白区中最重要的一个地方领导机构,领导着江苏、浙江、安徽的党组织和党中央所在地——上海的党组织。江苏省委书记是当时中共党内一个很重要的职务,以王明在党内的资历是根本无法担任的。中央担心王明的资历、能力不能胜任这一职务,因此尽管米夫有此提议,中央政治局并没有完全接受此议,而是于 1930 年 12 月 23 日决定此时尚在苏联的刘少奇担任省委书记,归国前由王明代理。同时,还决定将秦邦宪补选为团中央委员,参加团的中央局工作。但是米夫仍然不满意,进一步对中央施压。米夫之所以如此,是有他的用意的。因为王明担任这一职务,就可以通过这样一个重要的台阶而进入中央,否则他在党内一步难以登天。

当然,米夫要王明担任江苏省委书记一职,可能还有另外一个原因,就是王明曾于 1930 年 10 月 17 日给米夫写过一封信,信中说:"在江苏省,为首的是这样一个人(指李维汉——引者注),他在政治理论

---

① 中共中央党史研究室第一研究部编:《共产国际、联共(布)与中国革命档案资料丛书》第 12 辑,中央文献出版社 2002 年版,第 364—365 页。
② 中共中央党史研究室第一研究部编:《共产国际、联共(布)与中国革命档案资料丛书》第 12 辑,中央文献出版社 2002 年版,第 442—445 页。

方面是第二个李立三,在实际组织工作方面是第二个'老头子'(指向忠发——引者注)和陈独秀。直到现在他仍然是李立三的忠实弟子。他是两条路线斗争的最有害的阻挠者。他是上海和江苏组织遭破坏和工作不力的第一个控诉人和罪人。如果他仍留在领导岗位上,那就永远别想改进江苏的工作,而首先是上海的工作。"①王明如此一说,米夫自然觉得王明才是江苏省委书记的合适人选。由于米夫的坚持,中共中央无奈之下,于12月25日发文任命王明为中共江南省委(即江苏省委)书记。

在米夫完成了上述一系列组织准备工作后,12月29日,中共中央领导人向忠发、周恩来以及王明与远东局代表就召开六届四中全会问题举行了联席会议。会上,远东局明确提议,瞿秋白、李立三、李维汉三人退出政治局,米夫的学生王明等人加入。

为了使王明能够在六届四中全会上顺利进入中央政治局,米夫及远东局的其他同志于12月29日、30日找何孟雄、温裕成、徐锡根等人谈话,意图得到他们的支持,结果发现王明等人在党内的威望不高。何孟雄对与他谈话的远东局工作人员说:"所谓的青年派——戈卢别夫(指王明——引者注)等人——只会写点东西,而且常常写一些连他们自己也不明白的东西。"②而同时被远东局工作人员埃斯勒(即罗伯特斯)找来谈话的徐锡根(中央政治局委员、中华全国总工会领导人)则说:"基层党组织不信任这个中央。对回来的大学生也一点不信任,在基层党组织中对他们存在着强烈的反感情绪。当然,他们会写,但是他们没有任何实践经验。戈卢别夫曾经在上海工作过,但是他进行过无原则的斗争。"③

在这种情况下,米夫对召开好六届四中全会颇费了一番心思。他

---

① 中共中央党史研究室第一研究部译:《共产国际、联共(布)与中国革命档案资料丛书》第9辑,中央文献出版社2002年版,第379页。

② 中共中央党史研究室第一研究部译:《共产国际、联共(布)与中国革命档案资料丛书》第9辑,中央文献出版社2002年版,第567—568页。

③ 中共中央党史研究室第一研究部译:《共产国际、联共(布)与中国革命档案资料丛书》第9辑,中央文献出版社2002年版,第569—570页。

自己亲自起草中共六届四中全会决议,拟定参会人员,规定扩大的四中全会除中央委员、候补中央委员及各地方、各部门的代表以外,还决定让莫斯科回来的学生代表参加,凡参加会议的人都有表决权。至此,米夫完成了帮助王明上台所需要完成的一切步骤和任务,只等中共六届四中全会召开,而王明作为中国共产党的新任中央负责人已是呼之欲出了。

二、中共六届四中全会上挨批与下台

为了完成莫斯科规定的六届四中全会的任务:让王明上台,把瞿秋白"赶出中央政治局",米夫自始至终紧紧操纵着六届四中全会的全过程。

1931 年 1 月 7 日,扩大的中共六届四中全会在上海秘密召开,会场设在武定路修德坊 6 号(今武定路 930 弄 14 号),全会只开了一天。出席会议的正式代表和列席代表一共 37 人。其中正式代表有中央委员向忠发、瞿秋白、周恩来、顾顺章、徐锡根、张金保(女)、关向应、罗登贤、任弼时、余飞、徐兰芝、温裕成、李维汉、贺昌、陈郁和候补中央委员罗章龙、陈云、王凤飞、史文彬、周秀珠(女)、王克全、袁炳辉共 22 人。列席会议代表有 15 人,他们来自江南省委、河北省委以及全总、海总、铁总党团和团中央、"苏准会"(全国苏维埃代表大会中央准备委员会)、白区党的基层组织、莫斯科回来的学生等,具体代表是陈绍禹、何孟雄、夏曦、徐畏三、沈先定、陈道原、韩连会、袁乃祥、王稼祥、沈泽民、顾作霖、秦邦宪、萧道德、邱泮林、徐朋人。会议推选向忠发、徐锡根、罗登贤、任弼时、陈郁 5 人组成主席团。

为了保证中共六届四中全会顺利召开并圆满完成莫斯科交给的任务，远东局负责人米夫亲自与会，并严严实实地控制着整个会议的进程。当会议主持人向忠发宣布中共六届四中全会开始时，罗章龙等人起而反对，要求改期召开紧急会议。于是全会一开始就发生了关于会议性质的争论。但是米夫以共产国际代表的身份压下了争论，他"坚决要求四中全会立即开始"。

中共六届四中全会的议程主要有四项：一是向忠发代表中央政治局作报告；二是讨论向忠发的报告；三是米夫代表共产国际远东局作结论发言；四是补选中央委员和改选中央政治局。

按照会议议程，首先由党的总书记向忠发代表中央政治局作主报告，接着是代表们对向的报告进行讨论。向忠发所作的《中央政治局报告》，一共讲了十个问题，主要内容与米夫负责起草的全会决议几乎完全相同。向忠发除在报告的最后作了简单的检讨外，他把主要责任都推到了瞿秋白的头上。他说三中全会及其后的"错误"，瞿秋白要负最主要的责任。他在报告中把瞿秋白从中共六大之前直到1930年12月下旬起草"九十六号通告"期间所有能够找出的"错误"都狠狠地批判了一通。显然，向忠发的报告是米夫、王明等人的作品。在讨论向忠发的报告时，发言的代表都对瞿秋白展开了有针对性的批判，他沉默地倾听，不作辩解，只在被点名要求发言时，便进行严厉地自我批评。他说："我所应当说的是很多，可是会议所容许的发言时间是很少的，因此，我只能概括的说。"他说："忠发同志指出我特别负责以及我的错误，——指出这些原则性质的错误和路线上的问题，指出三中全会调和主义的立场和对国际代表意见的不尊重，我负有特别主要的责任。我郑重地向四中全会承认这种错误和责任。恩来同志的发言之中又指出我在莫斯科时候对于派别斗争的错误立场，以及这个和我最近错误的联系，我是完全承认的。"①

瞿秋白在发言中检讨说："我从六次大会以前直到三中全会前后，

---

① 《瞿秋白文集·政治理论编》第7卷，人民出版社1991年版，第121页。

都有好些和立三同志大致相同的观点。因此,三中全会的时候——虽然我是参加国际七月决议案的讨论的,虽然自以为是了解国际路线的,可是,看见了考察了立三的意见和当时政治局的路线,居然会以为不过是个别错误,而不是路线上和国际不同。事实上,这证明我以前连六次大会所批评的盲动主义错误也是没有了解的。立三同志的许多观点,只是我在六次大会之前的错误观点的'发扬光大'。……所以立三路线,亦可以叫他做秋白路线——以党的历史上的思想来源说,更正确更公平些,应当说是秋白路线。"①其实,瞿秋白在这里自我批评有些过头了。他自称"立三路线"可以叫作"秋白路线",此时连王明也没有把他的"错误"升级到"路线",而他自己却追溯立三路线的"历史上的思想来源",并把它揽到了自己的头上。此中大有深意。因为,"立三路线"的"左"倾错误来源,如果真正追根究底,就会一直追到共产国际的"第三阶段"理论,但共产国际岂能有错?

王明在讨论报告时作了较长时间的发言,他批判李立三的错误;指责中共六届三中全会搞调和;点名批判瞿秋白,认为他对三中全会和李立三的错误负有不可推卸的责任;宣称必须从思想上、政治上、组织上全面彻底地改造党;强调要加紧反对右倾机会主义;竭力吹捧共产国际指示的至高无上和绝对正确。

在不正常的政治气氛中,瞿秋白、周恩来事实上成为六届四中全会的主要被批判对象,因而受到许多带有宗派情绪的不合理的批判。当晚10点左右,会议停止讨论,米夫代表共产国际远东局作结论。在批评瞿秋白时,米夫语带嘲讽地说道:"三中全会党的领导很聪明的,他一方面向共产国际行鞠躬礼,另一方面向立三主义行鞠躬礼,这样行鞠躬礼的时候,将国际路线推到立三路线后面去了。""特别是秋白的文章,不仅没有揭破立三路线的根源,而且他一句不讲,比三中全会的决议还退后。在组织上三中全会是执行了斗争的,但不是反对立三同志

---

① 《瞿秋白文集·政治理论编》第7卷,人民出版社1991年版,第124—125页。

的,而是反对那些反对立三同志的同志。"①

会议通过了由米夫起草的《中共四中全会决议案》。最后,会议经过激烈争论,基本通过了由米夫"钦定"的名单,对中央委员会进行补选,对政治局进行改选。结果不是中央委员的陈绍禹(王明)成为中央政治局正式委员;而瞿秋白、李立三、李维汉、贺昌4人离开中央领导机关;另外,反对立三路线、三中全会和王明宗派的何孟雄、林育南、李求实等一批重要干部完全遭到排斥。按照罗章龙派的说法,就是"四中全会对于三中全会的调和主义及组织路线实际上是赞助的,在决议案中虽然表示过要取消三中全会的补选,但结果三中全会的补选除贺昌罗迈(即李维汉)之外其余多数立三路线调和主义的分子更加了一重保证","周恩来向忠发项英任弼时等仍旧继续中央政治局的领导,李立三瞿秋白仍使其隐藏中央委员会之内②,对于毫无工作经验同样犯有立三路线错误的陈绍虞(应为'禹')等,使其加入政治局负领导重责"。③

尽管会上不断出现激烈争论,米夫每次都以国际代表的身份加以制止,他有力地控制着全会按照预定目标发展。结果如他在给共产国际执委会的信中所说的那样,四中全会"(3)为旧的领导中的优秀分子保留领导工作机会;(4)把坚定地为共产国际路线而斗争的所谓'青年人'推上负责工作岗位;(5)使工人同志离开罗章龙,使他们脱离派别分子的影响,争取使他们同'青年人'和旧领导中的优秀部分联合在一起"④。显然,如果没有共产国际执委会远东局负责人米夫坐镇上海的直接控制,陈绍禹(王明)不可能在激烈的反对声中当选为中央政治局委员。

① 中共中央党史研究室第一研究部编:《共产国际、联共(布)与中国革命档案资料丛书》第12辑,中央文献出版社2002年版,第456、457页。
② 六届四中全会只是将瞿秋白的"政治局委员"选掉了,他仍然是中央委员。
③ 中共中央党史研究室第一研究部编:《共产国际、联共(布)与中国革命档案资料丛书》第12辑,中央文献出版社2002年版,第467—468、468页。
④ 中共中央党史研究室第一研究部译:《共产国际、联共(布)与中国革命档案资料丛书》第10辑,中央文献出版社2002年版,第118—119页。

中共六届四中全会在党的历史上是一次非常不正常的会议。简单地说，就是一个国际代表，几个极左分子，加上"一个完全错误的反右倾的'左'倾机会主义的总纲领"，即《为中共更加布尔什维克化而斗争》（王明所写）的小册子，其结果就开成了这么一个接受了新的"左"倾路线的"没有任何积极作用"的六届四中全会。它是使中国革命遭受极大损失的王明路线统治中国共产党的开始。尽管它是一次非常不正常的会议，但是其结果正符合共产国际执委会及远东局的意图。

当然，米夫也很清楚陈绍禹等新人没有威望撑起整个中央政治局，因此面对罗章龙等人对旧的中央领导全盘否定、要求大换班时，他努力进行说服工作。在四中全会作结论性发言时，米夫说："陈韶玉（绍禹）、沈泽民，这些同志是立三同志反对的，三中全会政治局仍是继续立三这一意见来反对。他们是坚决的与站在国际路线上面来反对立三路线的"；"锡根，于飞，章龙，反对立三路线是对的，但不能掩饰自己的错误"；"谁没有错误，如果有错误的应当出去，党里全没有人了。在改造中我们要看谁能为党一致而斗争，如忠发，锡根，向荣［应］、温玉（应为'裕'——引者注）成，他们是工人同志，他们虽有错误，我们现在决不让他们滚蛋（应为旦——作者注），要在工作中教育他们，看他们是否在工作中纠正自己的错误。如恩来同志自然应该打他的屁股，但也不是要他滚旦，而是在工作中纠正他"①。这样一来，远东局根据共产国际指示的精神，虽然对周恩来等人进行了尖锐批评，但仍然从实际出发，保留了周恩来、项英、罗登贤、关向应、毛泽东等原政治局成员继续当选，为旧领导中的优秀分子保留了领导工作机会。

米夫后来在给共产国际的信中谈及中共六届四中全会时，他表示全会很好地完成了"粉碎和根除党内为任何反共产国际倾向造成适宜环境的宗派集团"的任务。他说："四中全会基本上决定性地完成了摆在它面前的任务。我们局无论在四中全会前还是在全会期间也都较好

---

① 中共中央党史研究室第一研究部编：《共产国际、联共（布）与中国革命档案资料丛书》第12辑，中央文献出版社2002年版，第457、459页。

地起到了自己的作用。我们遭到了党在十分困难的时刻所处的非常紧张、非常危急的局面,但我们好歹已经控制了局面。"①当时中共党内特别是中共领导层内斗争激烈、思想混乱、派别分歧严重,中央领导权威面临严重挑战,而这一切又是谁造成的呢? 说到底还是与共产国际及其代表机构远东局的错误指导分不开。

中共六届四中全会及中央领导机构的改选都是共产国际及其代表机构远东局强行安排的结果。作为分管中国革命工作的共产国际东方部和远东局负责人米夫,对陈绍禹派甚为器重,把他们看成是"可靠的、忠实的"青年国际派予以特别信任,对他们的密信和言论偏听偏信,对他们的教条宗派活动偏袒和支持。与此相应的是,对原中共中央领导人由怀疑到不信任,由不信任到不使用,并且运用组织和非组织手段支持陈绍禹派反对中共六届三中全会及其后的中央,最后强行主导安排召开六届四中全会,让陈绍禹派进入中央掌权。可以说,是共产国际执委会及其代表机构远东局一手将整个中国革命置于比李立三"左"倾冒险错误更严重的王明"左"倾教条主义错误的控制之下。它使中国革命事业此后遭受到了严重挫折,中国共产党为此付出了高额的政治成本:党在白区的力量损失了百分之百,党在根据地的力量损失了百分之九十。

三、发表几次"拥护"声明才过关

中共六届四中全会后,中国共产党内又发生了罗章龙派分裂党的

---

① 中共中央党史研究室第一研究部译:《共产国际、联共(布)与中国革命档案资料丛书》第 10 辑,中央文献出版社 2002 年版,第 119、120 页。

事件。米夫向莫斯科报告说："罗章龙早在全会以前就有意识地、精心地和深思熟虑地拼凑了反党集团，采取了分裂党的方针。"①罗章龙派以全国总工会党团组织为基础，反对中共六届三中全会及其中央，并于1931 年 1 月 1 日通过《全总党团决议案》，指责"现在中央的领导完全破产，威信完全扫地"，提出应"立即停止中共中央政治局的职权，由国际代表领导组织临时中央机关，速即召集紧急会议"。他们指名要求撤换并以纪律制裁一大批中央主要领导人，要求引进他们那样的"工人同志"和"能干的干部"到中央领导机关。他们反对召开六届四中全会，而要求改期召集紧急会议，被米夫否定，在中共六届四中全会选举中央政治局委员时，他们提出自己一派的候选人名单，但又被否决。会后他们立即开始以反对四中全会为名而从事分裂党的活动，擅自成立第二中央（即"中共中央非常委员会"）和"第二工会党团"等组织。但是，他们的分裂活动被米夫和新中央采取的分化、打击等灵活手段制止。正如远东局向莫斯科所报告的那样："我们已经基本上制服了反对派，消除了分裂的危险。"②

新的党中央在平息罗章龙派的反党分裂活动后，对于被挽救过来的部分罗章龙派人以及被共产国际"赶出"中央领导机关的人，远东局和新的中央政治局一再要求他们发表承认自己错误、反对立三路线、拥护四中全会的声明，瞿秋白首当其冲被要求这么做。

1931 年 1 月 17 日，瞿秋白迫于压力给共产国际执委会和中共中央写了一封信③。在信中，他进行了自我批评，承认被指控的全部错误，如不尊重国际代表的意见，犯了调和主义错误，坚持非布尔什维克的立场等等，并分析了产生这些错误的原因。

他在信中说："四中全会的议决案指出：中国共产党中央委员会的

---

① 中共中央党史研究室第一研究部译：《共产国际、联共（布）与中国革命档案资料丛书》第 10 辑，中央文献出版社 2002 年版，第 121—122 页。

② 中共中央党史研究室第一研究部译：《共产国际、联共（布）与中国革命档案资料丛书》第 10 辑，中央文献出版社 2002 年版，第 123 页。

③ 以下信中引文，见《瞿秋白文集·政治理论编》第 7 卷，人民出版社 1991 年版，第128—133 页。

第三次全体会议对于反共产国际的立三路线采取调和主义的立场。恰好是模糊混淆两条原则上不同的互相对立不能并存的路线：共产国际的路线和立三同志的路线。""这种调和主义错误（三中全会及其后），以及对国际代表的不尊重态度的最主要的责任，是我应当负的。我对于这种指斥完完全全的接受；我对于议决案的全部，也是完完全全的拥护。""我在四中全会的发言里面，曾经公开的对于全党承认我的错误。"

瞿秋白在信中自我分析说："我的调和主义的错误不是偶然的，个别的，而是有系统的。因为我对于革命的好些根本问题，例如'第三时期'的问题，中国革命与世界革命的关系的问题，中国统治阶级内部各派矛盾和战争的观察问题，中国政治经济的特殊性——革命发展的不平衡问题，中国的富农问题，中国的改良主义的作用和下层统一战线的问题，武装暴动和征（应为争——引者注）取群众的问题——从六次大会之前直到三中全会前后，都有过好些和立三同志大同小异的观点。……立三同志的许多观点，只是我在六次大会前后的错误观点的'发扬光大'。我当初看见立三的意见就自然只觉得他在个别问题，在估量时局上等等是过分了，除去这些部分的地方，仿佛或正确了！在这种基础之上发生我在三中全会前后对于反共产国际的立三路线的调和主义和对于国际代表意见的不尊重态度。"

他接着说："我以前的这种非布尔塞维克的立场，既然使我事实上离开共产国际的路线，所以我对于党内派别问题的观点也是绝对错误的。我在莫当中国共产党代表团的领导者的时候，对于在俄中国同志之中的派别斗争问题，不但没有能够有正确的立场帮助联共党的领导去取消这种派别斗争，反而客观上卷入派别斗争的漩涡。关于这一点，共产国际执委会的政治委员会已经有过决议。可是，我对于国内党里面存在着同样性质的派别观念，仍旧是没有能够实行坚决的正确的斗争。党内这些种种形式的小资产阶级的派别观念，都是布尔塞维克化的很大的障碍；这些派别观念之中，有些是以工人和智识分子对立，以'实行家'和'理论家'对立，以'老'的干部和新的干部对立，以国内工作者和国际留学者对立;这里包含着极坏的倾向,甚至于武断的煽动,说国际执委的某某工作人员故意到中国共产党内制造派别等等——这样企图把原则的斗争变成个人纠纷,把为着国际路线的斗争解释成为派别的斗争,攻击和破坏拥护国际路线的同志的信仰。对于这种派别观念,我以前是没有正确的和他斗争的。这种错误是非常严重的错误,是和我过去的整个的非布尔塞维克的立场联系着的。"

瞿秋白1931年1月17日这封信的主要观点被《党的建设》杂志进行摘录,作为《秋白同志声明书(一)》刊发了出来。① 看得出来,瞿秋白这封信是迫于远东局和六届四中全会后的中央政治局施加的压力而写的。但是,他的这篇"悔过书"并没有能够"过关"。

罗章龙派在六届四中全会后进行的分裂党的活动被处理后,1931年1月27日,中央政治局召开会议,通过了《关于开除罗章龙中央委员及党籍的决议案》《关于开除王克全中央政治局委员和王凤飞中央委员等问题决议案》《关于开除王克全党籍决议案》《关于贺昌等同志问题的决议案》等一系列决议案。② 与此同时,中央政治局在《关于贺昌等同志问题的决议案》中特别点名要瞿秋白"须写声明书表明积极反右派与立三路线的政治态度"③。于是,按照中央的要求,1月28日,已向中央请了长期病假的瞿秋白被迫又写了《秋白同志声明书(二)》。④ 在该声明书中,瞿秋白表示:"我完全抛弃自己的一切错误和离开国际路线的政治立场——三中至四中间之调和主义的立场,而站在共产国际路线的立场之上,拥护四中全会,在中央政治局的领导之下来为党为革命而斗争。"他接着说:"反对立三路线及其调和主义的斗争,反对罗章龙等右派小组织及其调和主义的斗争,揭破并打碎立三主义者和右

① 中共中央党史研究室第一研究部编:《共产国际、联共(布)与中国革命档案资料丛书》第12辑,中央文献出版社2002年版,第483—485页。
② 中共中央党史研究室第一研究部编:《共产国际、联共(布)与中国革命档案资料丛书》第12辑,中央文献出版社2002年版,第491—494、496—498、499、495页。
③ 中共中央党史研究室第一研究部编:《共产国际、联共(布)与中国革命档案资料丛书》第12辑,中央文献出版社2002年版,第495页。
④ 中共中央党史研究室第一研究部编:《共产国际、联共(布)与中国革命档案资料丛书》第12辑,中央文献出版社2002年版,第486—487页。

倾小组织的联合企图,是现在为着党的布尔塞维克化及真正执行国际路线所万分必须的。中央最近开除章龙(他发布小册子是反革命的行动),开除王克全中央政治局委员及中央委员,开除王凤飞中央委员,警告贺昌,对于锡根余飞陈郁同志的要求,以及对于江苏省委问题的一切处置,我都是完完全全拥护,而且在以后党反对立三路线,反对右倾小组织,调和主义以及一切'左'右倾机会主义倾向,反对取消派及其暗探的斗争之中,我必定尽我的能力参加。"他在声明书中再一次表明"我的调和主义的错误,是和在莫斯科代表团对于'学生问题'的错误相联系的"。

最后,瞿秋白在这篇声明书中说:"中央政治局一月二十七日的决议,要我写声明书——我在病重中不能多写,所以只写这一些。"

连续被逼发表拥护四中全会、拥护王明新中央领导的声明,瞿秋白的心太累了。他不愿意作任何辩解,不愿意去思考变化无常的党内斗争问题。后来,他在《多余的话》中回忆第二次从莫斯科回国"纠左"到被挨批和解除职务,在这历时不到半年的时间里,他感觉"几乎比五十年还长! 人的精力已经像完全用尽了似的"①。这期间,瞿秋白以超乎寻常的意志和毅力承受了来自四面八方的巨大压力。他周旋于莫斯科、远东局、中共中央、党的基层组织以及党内反对派之间,希望维护好中共中央的权威和革命的大局。然而,他的付出、奉献和忠诚却被莫斯科及其培植的"左"倾宗派教条主义势力无情践踏。

由于瞿秋白认错态度好,此后远东局与中央政治局再没有要他继续写声明书。但是,他在莫斯科对米夫和王明所作斗争的"老账"还是要拿出来算一算的。同时,1930 年 6 月至 7 月间,与瞿秋白一起的原中共驻共产国际代表邓中夏遭处分并被撤销职务回国后,因向中央报告王明等人在莫斯科留学时搞派别活动情况,而致使李立三、向忠发于8 月 5 日召开会议,给王明等人"开除出党 6 个月"和"最严重警告"的处罚。这口恶气,王明等人也是要出一出的。1931 年 2 月 20 日,六届

---

① 《瞿秋白文集·政治理论编》第 7 卷,人民出版社 1991 年版,第 711 页。

四中全会后的中共中央政治局专门就瞿秋白担任中共驻共产国际代表团团长期间的所谓"错误"问题作出《中央政治局关于1929—1930年中共中央驻国际代表行动问题的决议案》。① 该决议案指出："国际政治委员会去年因中大派别斗争关于代表团行动问题的决议案,完全是正确的。""本年来党内斗争的发展,中央政治局认为:一,中大李剑如余笃三派反支部局正确路线的派别斗争是影响到中国共产党内的。当着中共代表团还在国际的时候,秋白同志即以中大学生中反支部的派别行动来影响过去的中央政治局,所以当时中央政治局在立三路线之下,对于陈绍禹等四同志所施的压迫制度,完全是站在代表团多数的派别观念上做成的错误。后来中夏余飞两同志回国,不但没有依照国际决定向中共报告,来认识他们所受到国际坚决谴责的严重,反而以自己的派别立场加深当时中央的派别观念。这都是不可容许的错误。二,中共代表团多数(少数的国焘同志不是在最初而只是在后来与其他代表表示了不同意见)因为在国际对于中大李剑如余笃三派采取了以右倾政治意见(如富农问题)来领导他们走向反国际情绪的行动,对于李余派利用托洛茨基派一事采取了调和态度,所以当他们回国以后,秋白同志便领导了三中全会不仅对于反共产国际的立三路线采取了调和态度,对国际路线的接受采取了两面派的态度,而且对于国际代表也表示极不尊重的态度。"

两天后,即1931年2月22日,中共中央给共产国际执行委员会发了一封很长的电报,向莫斯科报告六届四中全会召开的经过。其中电报中的第5条和第6条又着重特别地提及瞿秋白的错误。第5条说"去年九月的三中全会是不是执行了坚决的转变呢? 我们回答是没有的"。接着,电报"严重指斥由国际回国的中央政治局代表秋白伍豪(指周恩来——引者注)两人所犯的调和主义的严重错误",并认为从三中全会的政治决议案以及与三中全会有关的文件来看,瞿秋白的

---

① 中共中央党史研究室第一研究部编:《共产国际、联共(布)与中国革命档案资料丛书》第12辑,中央文献出版社2002年版,第512—513页。

"错误程度更大"。"例如:一、三中全会告同志书对于过去错误的批评比政治决议案还要温和;二、秋白同志在党报上发表的三中全会的意义那篇文章,丝毫没有提起立三同志的错误,和他的冒险主义的路线;三、中央在三中全会后的通告里,也还是照三中全会政治决议案的解释,说那时期的中央路线是和国际路线一致等等。"第 6 条说:"中央政治局对于共产国际代表的不尊重的态度,更是不可容许的。"电报特别批评了瞿秋白,认为:"三中全会前,已经违犯着国际纪律,秋白同志在莫斯科时,已有信给中央政治局,暗示中共中央对于国际代表的不信任,同时他在莫斯科解决学生问题时,也同样有不尊重国际指导机关的态度。三中全会时,国际代表与几个政治局同志预先商量好了的,对于三中全会决议案的修改词句,后来也没有完全加进去,其中有关于立三错误是原则上的,与中央政治局 6 月到 8 月期间工作上的估量。并且,又没预先通知国际代表,以致国际代表不能及时的纠正中央政治局的调和主义错误。因此,三中全会的调和主义的立场,与对国际代表的不尊重,最主要的责任是要瞿秋白同志负的。"①

  同日,作为中共中央总书记,向忠发给共产国际写了一份报告,其内容与上面提及的中央政治局给共产国际发出的那封长电报差不多,其中对瞿秋白的批评与上面引录的内容几乎一致。② 这显然是王明与米夫要求向忠发这么做的,以此表明中共中央对瞿秋白的处理和打击是坚决的,对共产国际路线是坚决完全遵循的。

  在这种不正常的党内政治生活中,瞿秋白的精神生活开始被迫作消极的负向运动。于是他对政治在一定程度上产生了厌倦感,有一种强烈的"角色意识"和"误会心理"。一方面,他在现实生活中明哲保身,随遇而安,依违于无可无不可之间,被动地从事政治活动。《多余的话》描述了他当时的心情和思想状态:"老实说,在四中全会之后,我

---

① 中共中央党史研究室第一研究部编:《共产国际、联共(布)与中国革命档案资料丛书》第 12 辑,中央文献出版社 2002 年版,第 519—520 页。

② 中共中央党史研究室第一研究部编:《共产国际、联共(布)与中国革命档案资料丛书》第 12 辑,中央文献出版社 2002 年版,第 535—537 页。

早已成为十足的市侩——对于政治问题我竭力避免发表意见,中央怎样说,我就依着怎样说,认为我说错了,我就立刻承认错误,也没有什么心思去辨白,说我是机会主义就是机会主义好了;一切工作只要交代得过去就算了。"①他又说:"一九三一年初就开始我政治上以及政治思想上的消极时期,直到现在。从那时候起,我没有自己的政治思想。我以中央的思想为思想。这并不是说我是一个很好的模范党员,对于中央的理论政策都完全而深刻的了解。相反,我正是一个最坏的党员,早就值得开除的,因为我对中央的理论政策不加思索了。偶然我也有对中央政策怀疑的时候,但是,立刻就停止怀疑了,因为怀疑也是一种思索;我既然不思索了,自然也就不怀疑。"②瞿秋白是有思想的人,善于动脑筋将理论与实践结合起来进行分析,他说自己停止思索、不怀疑,实际上表明他对当时党的路线方针政策有很大的怀疑,也有必然的思索,只不过出于无奈,不能随便说,否则便要被批判,所以说他在实际工作中是存在敷衍心理的,并以此自我安慰。

　　另一方面在精神生活中,瞿秋白力求保持人格的独立、个性的自由,在党内斗争中顺人而不失己。他对王明路线一直是外服内不服,他说:"我自己不愿意有什么和中央不同的政见,我总是立刻'放弃'这些错误的见解。"(引自《多余的话》)从放弃二字加上引号来看,瞿秋白至死也没有从心里真正地服从王明。这种外曲内直的生活,使对自己过分认真的瞿秋白活得格外辛苦。

---

① 《瞿秋白文集·政治理论编》第 7 卷,人民出版社 1991 年版,第 703 页。
② 《瞿秋白文集·政治理论编》第 7 卷,人民出版社 1991 年版,第 707 页。

四、妻子杨之华陪同受"处罚"

中共六届四中全会的"结果就是接受了新的'左'倾路线,使它在中央领导机关内取得胜利,而开始了土地革命战争时期'左'倾路线对党的第三次统治"。"六届四中全会及其后的中央,一方面提拔了那些'左'的教条主义和宗派主义的同志到中央的领导地位,另一方面过分地打击了犯立三路线错误的同志,错误地打击了以瞿秋白同志为首的所谓犯'调和路线错误'的同志。"①这是 1945 年 4 月 20 日在延安召开的中共六届七中全会通过的《关于若干历史问题的决议》作出的结论。对于瞿秋白来说,这是他壮烈牺牲却未盖棺论定的 10 年后得到的公正评价。

但是,1931 年 3—4 月召开的共产国际执行委员会第十一次全会对远东局主导召开的六届四中全会十分满意。3 月 31 日晚,全会召开第九次会议,主要讨论曼努伊尔斯基的报告,出席会议的刘少奇发言说:"在各种'左的'漂亮词句的掩盖下,李立三路线实质上是一条右的机会主义路线,这条路线曾企图取消赤色工会、共青团和其他群众性组织。李立三路线的错误严重地危害了我们的党和我们的运动。""中国共产党三中全会,在斯特拉霍夫同志的领导下,对这些错误采取了调和主义的方针,同时对实际存在的右倾机会主义也没有进行斗争。但是,我们党在共产国际领导下,及时纠正了这些错误,对中国共产党内许多

---

① 《毛泽东选集》第 3 卷,人民出版社 1991 年版,第 963、964 页。

犯有这种错误的领导人进行了打击。"①把以"左"倾冒险主义错误为内涵和特征的"立三路线"说成是"右的机会主义路线",那么六届四中全会后的中共中央政策只能是"左"上加"左",中国革命必然要在"左"的泥团中越陷越深。

受瞿秋白个人遭遇的牵连,杨之华作为他的妻子也被撤职。杨之华是 1930 年秋与瞿秋白一起回到上海的,当时他们夫妇将唯一的 9 岁女儿瞿独伊留在了莫斯科国际儿童院,托付给他们的朋友鲍罗廷夫妇照看。回国后,中央安排杨之华担任中央妇女委员会秘书、中华全国总工会妇女部部长。据"俄罗斯解密档案"记载,六届三中全会后,由于瞿秋白遭受批判和打击,继而于六届四中全会被"赶出"中央政治局,杨之华的工作也因此受到牵连和影响,其职务被撤销。

1931 年 2 月 19 日,时任共产国际执委会远东局秘书的奥斯藤(雷利斯基)与中央政治领导人向忠发、周恩来进行了约谈。② 由于向忠发存在语言上的障碍,所以说话较少,主要是周恩来与奥斯藤在对话。交谈时,奥斯藤谈到中华全国总工会的妇女工作问题,他指出:"无论如何不能把党的机关同中华全国劳工联合会(此处翻译有误,应为'中华全国总工会'——引者注)的机关合并,要保证通过党团贯彻党的路线。中华全国劳工联合会妇女部书记应当是中央妇女部的成员。"说到这儿,奥斯藤突然对向忠发和周恩来说:"莫斯科对撤掉斯特朗(即瞿秋白——引者注)妻子职务一无所知,她曾请求解除她的职务,但我们拒绝了她的这一要求。"③

从他们的这段谈话记录来看,杨之华在瞿秋白遭到来自莫斯科和党内的批判与否定后,她曾向远东局和中央提出"解除她的职务"的请求,但远东局没有同意。可是六届四中全会后的中央政治局却真的撤

① 中共中央党史研究室第一研究部编:《共产国际、联共(布)与中国革命档案资料丛书》第 12 辑,中央文献出版社 2002 年版,第 606 页。
② 中共中央党史研究室第一研究部译:《共产国际、联共(布)与中国革命档案资料丛书》第 10 辑,中央文献出版社 2002 年版,第 83—90 页。
③ 中共中央党史研究室第一研究部译:《共产国际、联共(布)与中国革命档案资料丛书》第 10 辑,中央文献出版社 2002 年版,第 89 页。

销了她的职务,让她与瞿秋白一同接受"处罚"。

在对瞿秋白实施政治打击、组织处理的同时,王明中央还减发了瞿秋白的生活费,每月只象征性地发给他十六七元钱,以维持他和杨之华夫妇的生活。当时,上海工人每月最高工资是 50 到 90 元,中等工人二三十元,最低工资 8 到 15 元。① 像瞿秋白这样长期从事革命领导工作的职业革命家,不可能再找得到其他的公开的谋生途径。如果连最低的生活保障也没有,其生存就会很困难。瞿秋白夫妇不仅要靠这点生活费解决温饱,还要靠它求医治病,其生活之艰难可想而知。

让瞿秋白感到痛苦和不安的还不仅仅是他个人的生活、生存问题,更重要的是党的前途和命运让他感到万分担忧。中共六届四中全会后,有人问瞿秋白:"为什么你对那些无中生有的诬蔑不置一词,不为自己辩解呢?"瞿秋白回答说:"我个人的问题算不得什么,这些都是枝节问题,我倒是担心革命的前途啊!"

当时党的状况的确令人担忧。中共六届四中全会后的第 10 天,1931 年 1 月 17 日和 18 日,英租界闸北捕房、国民党上海党部和公安局采取联合行动,在汉口路浙江路东方旅社、天津路中山旅社以及华德路小学、武昌路 650 号、昆山路等党的地下工作会场、机关和住所,共捕走了何孟雄、林育南、李求实、柔石、冯铿、胡也频、殷夫、欧阳立安等 32 名共产党人。这是党的历史上第一次被敌人一次捕走至少有 10 位党的省市委书记以上重要干部,也是唯一的一次。2 月 7 日,被关在上海龙华监狱的这 32 位青年革命者,在一阵乱枪声中壮烈牺牲。这些被捕牺牲的"共党要犯"都是反对中共六届四中全会王明推行极左路线的中坚分子。敌人一次捕走 30 多个共产党员,肯定是当时党的上层领导中出现了令人难以置信的叛卖行为。因为"党的秘密工作原则严格规定,系统与系统之间,支部与支部之间绝不能有横的联系……林育南、何孟雄等三十几个同志,分属几个不同组织系统,他们同时被捕只能说

① 陈铁健著:《瞿秋白传》,人民出版社 1986 年版,第 367 页。

明在上层领导中出了问题"①。与个人的委屈和失意相比,几十位战友的被捕和枪杀,让瞿秋白忧愁痛苦得寝食难安;刚刚掌权的王明就让党遭受如此严重的损失,更使他对党和革命的前途感到忧心如焚。

五、被米夫和王明防止"东山再起"

尽管瞿秋白在六届四中全会上被共产国际及其代表机构远东局"赶出"了中央政治局,但是莫斯科却并没有完全彻底"放弃"他。对此,"俄罗斯解密档案"也有记载和反映。

中共六届四中全会后,瞿秋白虽然离开了中央政治局,但仍然是中央委员,就资历而言,他还是中共党内一个重量级的领导人物。六届四中全会后,共产国际曾有意让他担任中共苏区中央局委员,但被他"谢绝"。瞿秋白自1930年8月回到国内后,一刻没停地在工作,从主持中央日常工作到被批判、被撤职,一路走来,心情郁闷,多年的沉疴肺疾也严重起来,直至吐血、面目浮肿。于是中共中央请示莫斯科,拟将瞿秋白送到苏联去治病。1931年5月7日,共产国际执委会政治书记处政治委员会开会讨论中国问题,会议作出了四项决定,其中之一就是"允许中共中央送斯特拉霍夫同志去莫斯科治病"②。

大约在莫斯科决定将瞿秋白送去苏联治病的时候,中共中央向莫斯科提出了把中共驻共产国际代表黄平派回国内工作的请求,因此,1931年5月17日,共产国际执委会政治书记处政治委员会开会,决定

---

① 李海文、余海宁著:《东方旅社事件》,载《社会科学战线》1980年第3期。
② 中共中央党史研究室第一研究部译:《共产国际、联共(布)与中国革命档案资料丛书》第10辑,中央文献出版社2002年版,第257页。

"不反对派沃罗夫斯基同志(即黄平——引者注)去上海中央组织部和海员工会工作"。同时,这次共产国际执委会政治书记处政治委员会会议又作出了一个与瞿秋白有关的决定,即"应立即通知中共中央,政治委员会认为必须有中国共产党的领导同志留在莫斯科,因此,要求把斯特拉霍夫同志作为中共中央驻共产国际执委会的代表派往莫斯科"①。

共产国际执委会政治书记处政治委员会在 10 天之内作出的这两项决定,即要瞿秋白去莫斯科治病并担任中共驻共产国际代表,表明瞿秋白长期以来在莫斯科积累起来的政治影响是深刻存在的。但是,莫斯科对瞿秋白的这一安排和决定,却并没有在实际中得到贯彻实行。为什么瞿秋白最终没有能去莫斯科治病和担任中共驻共产国际代表?到目前为止,我们也没有看到任何文字材料对此说明具体原因。但是,以瞿秋白与米夫和王明之间的历史渊源关系作为分析背景,恐怕这样的结果与米夫和王明的阻止不无关系。因为,共产国际执委会对瞿秋白的态度和重视,使米夫和王明既不敢忽视他的存在,更担心他到莫斯科"东山再起",并由此带来对他们个人前程的不可预测的种种后果。当莫斯科作出让瞿秋白到苏联治病和担任中共驻共产国际代表的决定时,米夫出于安全原因已离开中国返回苏联,王明已经是主持中央日常工作的中央政治局常委。如果他们联手阻挠执行来自莫斯科的这一"要求和决定",也不是很困难的事。当然这只是分析和推理。不管怎样,瞿秋白最终不仅没有成为中共驻共产国际的代表,而且也失去了到莫斯科治病的机会,这是事实。一切都在悄无声息中发生了改变。这就是政治斗争。因而,从某种意义上来说,共产国际执委会政治书记处政治委员会以会议形式作出的关于瞿秋白的这一决定,最终"断送"了他的政治命运。

支持米夫与王明联手阻止瞿秋白"东山再起"的说法,还有一个更

---

① 中共中央党史研究室第一研究部译:《共产国际、联共(布)与中国革命档案资料丛书》第 10 辑,中央文献出版社 2002 年版,第 312—313 页。

重要的事实,那就是王明在这年的 10 月把中央政治局委托给他的"圈内人",自己离开了危险之地上海,到莫斯科担任中共驻共产国际代表一职。中共六届四中全会后,中共地下党组织不断地遭到破坏。1931年 4 月,中央特科负责人顾顺章在武汉被捕,随即叛变。由于叛徒出卖,6 月下旬,中共中央总书记向忠发在上海被捕叛变,两天后被处决。7 月下旬,中央农民部副部长杨匏安因叛徒出卖而被捕牺牲。在敌人疯狂的追捕下,中央实际负责人王明如同惊弓之鸟,躲进上海郊区的一家疗养院。这年 10 月,整天心惊肉跳的王明,干脆取瞿秋白而代之,离开上海到莫斯科担任中共驻共产国际代表这一重要职务,从而远离了国内白色恐怖猖獗的斗争环境,直到抗日战争开始后才回国。而瞿秋白却一直坚守在上海,投身左翼文艺战线,用笔杆子同国民党反动派作斗争。

第十五章

淡出"俄罗斯解密档案"：渐离莫斯科视野

从某种意义上来说,瞿秋白与莫斯科十余年的关系和缘分,以中共六届四中全会为拐点,基本上走到了尽头。自此,他的名字、他的身影逐渐淡出了"俄罗斯解密档案"。当然,他并没有淡出中国革命,相反,他为中国革命的壮丽事业牺牲了自己年轻的宝贵的生命。

一、"谢绝"莫斯科的新职安排

从"俄罗斯解密档案"的相关资料来看,瞿秋白虽然在六届四中全会上被米夫和王明等人"赶出"了中共中央政治局,但是,莫斯科及其远东局并没有就此完全"放弃"瞿秋白。过去中共党史学界通常以为,六届四中全会后,瞿秋白在上海期间一直未担任党内任何职务。现根据解密的俄罗斯档案资料可知,事实并非如此。中共六届四中全会以后,共产国际及其远东局曾给瞿秋白安排了新的领导工作岗位,但是这一新的职务安排被瞿秋白"谢绝"。

共产国际给瞿秋白的新职安排是让他担任中央苏区中央局委员。中共中央早在六届三中全会上就决定成立"苏区中央局",这一组织决定后来因政治形势急转直下而没有得到落实。当时瞿秋白等人的主要心力用于应对共产国际十月指示信的贯彻执行,根本没有精力从组织上去落实六届三中全会的一些正确决策。1931 年 1 月,共产国际执委会东方书记处认为建立苏区中央局必须提上议事日程,所以 17 日,该处在给共产国际执行委员会政治书记处政治委员会的书面报告中说:"红军的处境以及农民土地运动的开展之所以非常困难,是因为中共中央迄今为止没有为执行共产国际执委会政治书记处的指示采取重大的措施",这些"重大措施"包括:(1)没有为领导当地苏维埃运动建立真正的中共中央局①;(2)没有建立地区根据地;(3)没有成立临时苏维埃政府;(4)没有着手组建坚强的军队核心;(5)没有在中共中央的所在地上海与苏区之间建立正常的联系等。因此,该报告提出:"为了保证切实和尽快执行共产国际执委会关于建立地区苏维埃根据地和组建正规红军核心的指示,责成远东局和中共中央在预定作为苏维埃政权和扩充军队根据地的地区真正组建中共中央局。"②

按照共产国际执委会政治书记处政治委员会的决定,远东局积极从组织上落实了苏区中央局的人选。根据共产国际远东局成员、中共中央军事顾问组组长盖利斯1931年2月10日写给莫斯科的信,我们可知中央局的组成人员一共有9人,其名单中排在第三位的便是瞿秋白。盖利斯在信中说:"委任的中央局由9人组成,他们是:项英、布林斯基(指任弼时——引者注)、斯特拉霍夫(他在[中共]四中全会后承认了自己的错误,但他身患疾病——肺结核)、科穆纳罗夫(指王稼祥应为科穆纳尔——引者注)、蔡和森(从麦加来)、毛泽东、朱德、一名青年(指顾作霖——引者注)和被毛[泽东]逮捕的江西省委书记(指李文林,他不是中央委员——引者注)。书记处由项英(政治书记)、布林斯基(组织书记)、毛[泽东]等三人组成。"盖利斯接着在信中告诉收信人说,苏区中央局书记处"没有大人物"。因此,他"建议让莫斯克文或向[忠发]老头子或张国焘作为书记进入中央局",但是他的"这一建议未被接受"③。

不久,共产国际执委会远东局便收到了东方书记处的回电,这是获得共产国际执行委员会政治书记处政治委员会批准的关于成立苏区中央局的电报。电报指出:"我们认为再拖延苏区中央局和苏维埃民政

---

① 其实1931年1月15日中央政治局委员项英在江西宁都红一方面军总部,发出"苏区中央局通告第一号",宣布正式成立中共苏维埃区域中央局,但1月17日的共产国际执委会东方书记处还不知道这一信息。

② 中共中央党史研究室第一研究部译:《共产国际、联共(布)与中国革命档案资料丛书》第10辑,中央文献出版社2002年版,第34、35页。

③ 中共中央党史研究室第一研究部译:《共产国际、联共(布)与中国革命档案资料丛书》第10辑,中央文献出版社2002年版,第64页。

当局的建立是极端危险的,有碍于建立根据地和纪律严明的红军。请采取果断措施,立即在赣南建立有威望的中央局,责成它:(1)召开苏维埃代表大会;(2)在代表大会上选举中央苏维埃人民委员会;(3)在苏维埃人民委员会下成立革命军事委员会,该委员会在中央局监督下工作;(4)在苏维埃人民委员会下面成立工农检察院机构和在党委会(直至区党委)下面成立由工人、雇农和贫农组成的检察委员会,同混入的异己分子、怠工现象、官僚主义和分化党与苏维埃工作人员的行为作斗争。"①

从上述档案资料来看,瞿秋白在六届四中全会后被任命为中央苏区中央局委员,是经过共产国际执委会政治书记处政治委员会批准的。共产国际执委会政治书记处政治委员会是共产国际的最高核心机构。共产国际执委会及东方书记处的领导人在给上海的远东局或中共中央发指示作决议之前,一定要将其内容送交政治书记处政治委员会给斯大林、莫洛托夫审批,或征得他们的口头同意。因此,瞿秋白被任命为中央苏区中央局9名委员之一,这件事情说明一个问题,即对于莫斯科来说,瞿秋白仍然是中国共产党的重要政治领导干部。

但是,瞿秋白已经无意担任任何政治领导工作。关于这一点,"俄罗斯解密档案"资料有很清楚的记载。根据米夫向莫斯科的报告,六届四中全会后,他曾找瞿秋白谈过瞿的工作安排问题。他说:"关于斯特拉霍夫。四中全会后我就同他谈过话。谈了他后来写的声明(现寄给你们)。我提出让他搞政治工作的问题。他摇摆着手脚表示拒绝。他更乐意从事翻译,讲讲课,研究苏维埃运动的经验。现在他病了,将完全脱离工作两个月。我认为,以后可以利用他做些非独立的,但却是政治性的工作。"②

显然米夫此处提出的让瞿秋白"搞政治工作的问题",与此前瞿秋

---

① 中共中央党史研究室第一研究部译:《共产国际、联共(布)与中国革命档案资料丛书》第10辑,中央文献出版社2002年版,第112—113页。

② 中共中央党史研究室第一研究部译:《共产国际、联共(布)与中国革命档案资料丛书》第10辑,中央文献出版社2002年版,第137页。

白被共产国际和远东局拟定担任的苏区中央局9名委员之一有关。

由于瞿秋白"谢绝"了共产国际执行委员会和远东局的这一安排，所以，1931年2月下旬当远东局收到共产国际执委会东方书记处发来的批准成立中央苏区中央局回电后，远东局为中央苏区设立的中央局委员中已经没有了瞿秋白。我们从1931年2月下旬米夫给共产国际写的长篇报告中可以看出这一点。报告说：远东局"为中央苏区设立了中央局。其组成人员是：项[英]、布林斯基（任弼时——引者注）、毛[泽东]、科穆纳尔（王稼祥——引者注）、朱德、罗[登贤]（工会工作人员）、顾[作霖]（共青团员）和两名当地人"①。这份名单里已经没有了瞿秋白，可见，由于瞿秋白的"谢绝"，他最后并没有正式担任中央苏区中央局委员这一职务。

其实，从瞿秋白牺牲前留下的《多余的话》来看，此时的瞿秋白心态（不是信仰）已经有了很大的改变。经过在莫斯科经历的中山大学的派别斗争、莫斯科的"清党"运动冲击以及回国"纠左"过程中的一系列政治风波，他对党内连续不断的无情斗争已经产生了厌倦感。他早就感叹"田园将芜胡不归"，有心致力于革命文学事业，因此，他在心中对自己退出中央领导岗位后的工作去向早已有了选择。

虽然瞿秋白"谢绝"了中央苏区中央局委员的职务，但是，在共产国际及其代表机构远东局的安排下，他又担任了中华苏维埃共和国临时中央人民政府"教育部长"。1931年11月7日至20日，中华苏维埃第一次全国代表大会在江西瑞金召开，出席大会的有中央苏区以及湘鄂赣、湘鄂西、湘赣、赣东北、鄂东北、琼崖等苏区和红军各军团、军、独立师以及中华全国总工会等组织的代表600余人。毛泽东代表中央苏区中央局作报告。大会经过充分讨论，制定了《中华苏维埃共和国宪法大纲》，通过了《中华苏维埃共和国土地法》《中华苏维埃共和国劳动法》《中华苏维埃共和国关于经济政策的决定》以及红军、财政、文化教

---

① 中共中央党史研究室第一研究部译：《共产国际、联共（布）与中国革命档案资料丛书》第10辑，中央文献出版社2002年版，第131页。

育、少数民族、工农检查等法令与决议。大会选出了由 63 人组成的中央执行委员会,宣告中华苏维埃共和国正式成立,瞿秋白被选为中央执行委员会委员。随后在同月 27 日召开的中华苏维埃共和国中央执行委员会第一次会议上,宣布组织人民委员会,作为中华苏维埃共和国的中央行政机关,决定在人民委员会内设立外交、军事、劳动、土地、财政、教育、内务、司法、工农检察等九个人民委员部和国家政治保卫局等,宣告临时中央政府正式组成并开始工作。瞿秋白在会上被任命为教育人民委员,也就是今天人们所称呼的"教育部长",在他到职之前,由副部长徐特立代理他的部长职责。把瞿秋白安排到苏区中央政府担任这个领导职务,对于米夫和王明来说也算是一个很有策略的处理:既可以阻止他到莫斯科再次担任中共驻共产国际代表,以及由此导致的可能的"东山再起",又体现了他们对瞿秋白的大度和重视。不管怎样,瞿秋白却因此仍然算是党内的"重要领导"。

二、为中央起草最早的《文件处置办法》

1931 年六届四中全会后,由于白色恐怖日益严重,中共党的地下组织不断遭到破坏,中共中央所在地上海的地下斗争环境日益恶劣、危险,中央面临着如何整理和保管日益增多的秘密档案文件问题,这是直接关涉中共中央和整个地下党组织安全的大事。时任中央政治局委员、组织部长和中央特科负责人的周恩来,鉴于现存的中央文件十分杂滥,不便于秘密管理,便委托瞿秋白替中央秘书处提出一个整理和保管文件的有效办法。瞿秋白接到任务后,不顾肺疾复发、心头委屈,迅速起草了党内第一份关于档案文件管理的办法,即《文件处置办法》。周恩来看完后,批示道:"试办下,看可否便当。"①

瞿秋白在他的《文件处置办法》中提出如下基本整理和保管原则与方法。一是提出中央文件应当分为四大类,"即最高机关决议及指示(包括国际对中国问题议案、致中央或全党信;中国共产党的全国大会、中央全会之议案以及记录和到会人数、代表之区域、代表分类之表格等材料),对外宣言和告民众书等,中央政治局记录及常委重要问题讨论记录等,中央议决案及通告、宣传大纲(包括党员个人致中央的重要信件等)"。二是提出上述四类条目整理的方法和基本原则,即"所有上述四类条目每一类都要编一总号数,同时在每一件上另行注明小类的号数",同时还要求"除总号数抄下的目录外,还要依据分类号数,再编抄一本分类目录"。三是提出收集各省区的材料归类和编目方法,即"各省区材料,中央所接到的,亦照此办法。先分省、分区,各编总号数,时日以中央收到的时日为准,按次排编"。四是提出中央及地方、团体的机关报保存的原则和方法。五是提出事务性质和小信处置办法。

瞿秋白起草的这份《文件处置办法》是中共中央最早的关于档案文件管理的规定。它切合当时党中央所处的特殊斗争环境,具有规范、安全、经济等特点,特别是具有长远的历史意义。一是它的规范性、全面性要求。他在提出将中央文件分四大类整理编目时,特别要求"均按时日编号,切记注明年、月、日,愈详愈好"。同时,提出"所有上述四类条目每一类都要编一总号数,同时在每一件上另行注明小类的号数,小类可分为政治、苏维埃、组织、宣传、妇女、军事、农民(土地)、职工、青年、党内问题"。瞿秋白要求"努力收集"对外宣言、告民众书等,如果只印在报上的必须剪贴归入,一次都不要遗失。二是它的安全性要求。为了重要档案文件和人员的安全,瞿秋白要求随时毁去不太重要的材料,以免因小失大。他在《文件处置办法》中多处指出:凡是事务性质的来往函件,只将内容简要记入一本流水账,可随时毁去,勿使积

---

① 《瞿秋白文集·政治理论编》第7卷,人民出版社1987年版,第237—239页。

存;绝无内容的报告等都可以销毁;常委所决议的事务问题的记录可全毁,秘书处的来往字条大概都可毁去。另外,瞿秋白按照地下工作的规定,要求保存所有文件的必须是"一适当的地方",也就是"只有至多两人知道的地方"。因为知道的人多,就会不安全;而只有一人知道,一旦这人牺牲,文件就会不知下落。这些周到的考虑,在瞿秋白的《文件处置办法》中都有反映。三是它的经济性要求。保存中央文件是需要成本的。正因为如此,为了节约成本,瞿秋白在要求所有文件必须找一适当地方"尽力保存一全份"的同时,又提出当然保存文件的地方"要是不甚费钱的地方"。四是瞿秋白特别强调了保存中共党的档案文件的长远意义。他在《文件处置办法》的最后写道:"总注:如可能,当然最理想的是每种两份,一份存阅(备调阅,即归还),一份入库,备交将来(我们天下)之党史委员会。"在那种时候,瞿秋白就预见到革命成功后,在我们的各级党委机构中将有一个"党史委员会",他充分认识到保存党的文件的长远意义。

《文件处置办法》表明,瞿秋白是一个信仰坚定、行为纯洁的马克思主义者。在他起草这份宝贵文件时,他的个人政治命运正处于低谷,革命力量也正处于被敌人围追堵截的艰难时刻,但是他却信仰坚定,对革命充满着必胜的信心,这充分体现了瞿秋白作为一个马克思主义者、中共早期领袖的伟大之处。

三、投身革命的左翼文艺战线

被迫离开中共中央领导机关,从严酷、复杂的政治斗争中解脱出来后,瞿秋白主动走进革命的文学领域,并全身心地参与和领导左翼文艺革命工作。从1931年1月到1934年1月，在夜气如磐的上海，他整整三年同冯雪峰、鲁迅、茅盾、丁玲、夏衍等共同战斗在革命的左翼文艺战线。尽管此时他在党内迭遭打击，受尽委屈，但是与他一起战斗于左翼文艺战线的同志，觉得"他是那样的乐观，那样的'潇洒'，那样的幽默"，他们"在秋白同志身上，是一点也找不到牢骚、委屈之类的个人主义情绪的痕迹的。他从来不谈个人的事，不谈过去的事，在任何困难危险的情况之下，他永远是那样的爽朗、愉快，丝毫没有感情上的阴影"①。

　　其实，自1930年8月瞿秋白从莫斯科一回到上海，他就开始关注丁玲、茅盾等文坛故旧发表的文学作品，并与他们写信联系，以了解文坛动向。1930年冬天，六届四中全会前夕，已在党内成为"众矢之的"的瞿秋白在一次会议上遇见了丁玲的丈夫胡也频，他带信给丁玲。这封署名为"韦护"的信，对丁玲表示了深深的关切和问候。因为他看到了丁玲发表的长篇小说《韦护》。《韦护》描写了青年革命者韦护与小资产阶级女性丽嘉之间革命与恋爱的冲突，最后革命战胜了恋爱。瞿秋白知道那是丁玲以他和王剑虹为原型而创作的小说。12月底的一个夜晚，瞿秋白在弟弟瞿云白的陪同下造访了胡也频和丁玲家。突然相见，大家很是兴奋。虽然瞿秋白表情略有抑郁，但并不影响彼此的愉快交谈。此后不久的1931年1月，他和丁玲的人生都有了改变：他在六届四中全会上被"赶出"了中央政治局，无官一身轻地返回文学领域，而丁玲的丈夫胡也频不幸被捕牺牲，成为"左联"五烈士之一。这时他与丁玲之间的关系，已经从青春岁月时的纯真友情成熟地发展到一个更高更新的精神境界，并不仅仅像丁玲在回忆瞿秋白时所说的那样，是"一个冷静的编辑同一个多才的作家"的关系。丁玲是"左联"的主要骨干作家，而瞿秋白已参与中央"文委"对左翼文化运动的领导。1932年3月，瞿秋白代表中共中央宣传部出席了丁玲的入党仪式。

---

①　夏衍著：《追念瞿秋白同志》，载《忆秋白》，人民文学出版社1981年版，第313—314页。

　　瞿秋白与茅盾的革命情谊从 1923 年就开始了,他们在相互鼓励、支持又相互切磋、磨砺的岁月中发展成为政治上、文学上的至交与诤友。1930 年 8 月从莫斯科回到上海后,尽管瞿秋白政治活动繁忙,但是听说茅盾已从日本回到上海,他便用暗号写信,托开明书店转交,约茅盾面叙。接到瞿秋白的信后,茅盾夫妇如约前来拜访。此时茅盾远离政治生活已有两年,而作为中央领导人的瞿秋白仍然把他当作自己人,这让茅盾十分感动。六届四中全会后,瞿秋白夫妇依靠中共中央每月发给的少量生活费,过着困窘的地下生活。1931 年 4 月下旬的一天午后,茅盾夫妇来到瞿秋白新搬的住处。略叙家常后,瞿秋白问茅盾在写什么? 茅盾告诉他:已经写完了小说《路》,正在构思一部长篇小说。茅盾把前几章的情节告诉他,瞿秋白很感兴趣,又问全书章节,并相约两天后再谈。这就是后来茅盾的长篇小说《子夜》。两天后茅盾夫妇再次来到瞿秋白家。茅盾将已经写好的几章《子夜》草稿和各章大纲,交给瞿秋白翻看并提意见。他们整整谈了一下午,傍晚正吃饭时,杨之华收到了地下交通员送来的一封报警信。信上说:"你们的母亲病得很厉害,快回去看看吧!"原来是中共中央特科负责人顾顺章被捕叛变了。紧急之中,瞿秋白夫妇便转移到了茅盾家。在茅盾家里避难的这段日子,瞿秋白与茅盾除了谈《子夜》,还谈形势,谈文界状态,谈中国左翼作家联盟的工作、计划等。通过茅盾,瞿秋白与"左联"党团书记冯雪峰建立了联系。然后,通过冯雪峰,瞿秋白很快介入了"左联"的领导工作。

　　瞿秋白在茅盾的家里见到了冯雪峰。冯雪峰早年与应修人、汪静之等人共同组织湖畔诗社,1927 年大革命失败后加入中国共产党。两年后,冯雪峰奉党组织命令,与鲁迅商谈成立"左联"问题。"左联"成立后,1931 年 2 月冯雪峰调任"左联"党团书记。1931 年 5 月初,冯雪峰突然造访茅盾家,给他送"左联"机关刊物《前哨》。于是经茅盾介绍,瞿秋白与冯雪峰第一次相识。茅盾向冯雪峰反映瞿秋白住在他家,实际上很不安全。不久,由于冯雪峰的帮助,瞿秋白化名以"林祺祥"乡下教书先生身份住进了比较安全的紫霞路 68 号谢澹如家。20 多岁的谢澹如,不仅是冯雪峰早就认识的"湖畔诗人",而且还是一位思想进步的青年儒商。他身材修长,面目清秀,开设书店,专门经销各种左翼书刊,是秘密印刷《前哨》的幕后英雄。尽管知道接受瞿秋白夫妇来家居住是要冒杀头风险的,但他毫不犹豫地答应了冯雪峰的请求。瞿秋白住下后,谢澹如谢绝外客,也不让家人知道瞿秋白夫妇的真实姓名和来历。在紫霞路68号将近两年的时间里,瞿秋白和杨之华过着严格的地下党的秘密生活,避开了敌人的追捕。在难得的比较稳定的生活中,瞿秋白日夜坐在谢家为他提供的一张特制的大书桌旁,看书、写作。冯雪峰是他与外界的特殊联络员。冯雪峰每隔几天或一周就去一次谢家,向瞿秋白反映"左联"的工作和革命文学运动情况,同时取走瞿秋白为左联机关刊物写的稿件。瞿秋白不仅为"左联"刊物写稿,而且通过冯雪峰间接领导左翼文化运动。他建议继续办好《前哨》并将其作为理论指导刊物,另外再办一个文学刊物,专登创作。按照瞿秋白的建议,1931年9月,"左联"创办了大型文学刊物《北斗》,由丁玲做主编。瞿秋白对"左联"工作的指导,还表现在他使"左联"逐步摆脱"左"倾思想的影响而进入成熟期。瞿秋白通过从冯雪峰、茅盾那里了解到的情况,认为"左联"1930年8月通过的《无产阶级文学运动新的情势及我们的任务》的决议"有些论点不妥",他建议起草一个新的决议来取代。于是,由冯雪峰起草、瞿秋白修改定稿的新决议——《中国无产阶级革命文学的新任务》,在1931年11月召开的"左联"执行委员会会议上通过。茅盾回忆说:"这个决议在'左联'历史上有十分重要的作用,它标志着一个旧阶段的结束和一个新阶段的开始。可以说,从'左联'成立到一九三一年十一月是'左联'的前期,也是它从"左"倾错误路线影响下逐渐摆脱出来的阶段;从一九三一年十一月起是'左联'的成熟期,它已基本上摆脱了'左'的桎梏,开始了蓬勃发展、四面出击的阶段。促成这个转变的,应该给瞿秋白记头功。"[1]在推动"左联"通过新决议、走向成熟期的同时,瞿秋白还参与中共中央宣传部所辖的中央

---

[1] 茅盾著:《我走过的道路》,人民文学出版社1984年版,第86—87页。

文化委员会的工作。他为"文委"起草了指导性文件——《苏维埃的文化革命》,文件附有社联、左联、教联、记者联和剧联等五大联盟的工作计划纲要,以此推动左翼文化运动蓬勃向前发展。九一八事变和一·二八淞沪抗战爆发后,政治形势急剧变化,民族矛盾日益上升,瞿秋白及时要求"左联"等各联盟改变斗争策略,灵活出击,利用各种机会和合法手段,有计划地开辟左翼文化运动的新阵地。1932 年 2 月,冯雪峰担任了"文委"书记。瞿秋白与他成为肝胆相照、情深谊笃的革命战友,他们共同领导和推动着以"左联"为龙头的整个左翼文化运动的发展。

瞿秋白介入"左联"领导工作后,通过冯雪峰与鲁迅不仅相识相知,而且彼此结成了"人生得一知己足矣"的深厚忘年之交。瞿秋白与鲁迅在真正见面之前通过冯雪峰早已神交已久。在一年多的时间里,瞿秋白阅读过鲁迅发表的文章、翻译的文学作品,他写信给鲁迅,就俄文作品翻译问题提出自己的看法,深得鲁迅赞同;作为"左联"的发起人和领导人之一,鲁迅则经常编辑和刊发瞿秋白提供给"左联"刊物的稿件。他们共同探讨苏联文学作品的翻译问题,共同关注着中国左翼文化运动的发展。1932 年夏天,瞿秋白第一次主动拜访了住在北四川路 194 号拉摩斯公寓的鲁迅。第一次相见,瞿秋白与鲁迅有说不完的话,谈资涉及日常生活、淞沪战争、彼此的遭遇、早年的生活和文学界的现状等等,一个话题连着一个话题,真是相见恨晚。此后他们两家又有几次互动。鲁迅知道瞿秋白夫妇生活比较困难,就想方设法地帮助他们。1932 年 11 月下旬,瞿秋白夫妇又收到了中共中央特科工作人员发来的警报信息:一个叛徒在跟踪杨之华,必须马上转移。瞿秋白夫妇这一次选择到鲁迅家避难。在鲁迅家住了近一个月,瞿秋白与鲁迅经常推心置腹地促膝长谈。12 月 23 日,在下着雨的深夜,时任全国总工会党团书记的陈云奉命来接瞿秋白夫妇回紫霞路 68 号。(1936 年 10 月,当瞿秋白和鲁迅二人均已离世后,陈云在《救国时报》上发表署名史平的文章《一个深夜》,通过追述这件事情表达了对他们二人的深切怀念。)离开鲁迅家后,瞿秋白非常思念鲁迅,经常给他写信,对此鲁迅在自己的日记中都作了记载。此后,瞿秋白夫妇又有几次在鲁迅家避难的经历。在警车长啸、白色恐怖日益严重的生存环境中,鲁迅帮瞿秋白和杨之华躲过了几次叛徒特务的追踪和捕捉;而瞿秋白夫妇也只得经常变换住址。尽管生活在动荡不安之中,瞿秋白却对鲁迅的作品和思想展开了研究。为了让左翼作家和文化界进步人士了解鲁迅,正确地认识鲁迅,以促进当时进步文化队伍的团结和左翼文化运动的发展,瞿秋白做了一件非常重要也非常有意义的事。这就是将鲁迅的杂文编辑成册——《鲁迅杂感选集》,并在研究阅读的基础上为选集写了一篇长达 17000 字的序言——《〈鲁迅杂感选集〉序言》。在序言中,瞿秋白深刻地揭示了鲁迅思想的发展历程。他说:"鲁迅从进化论进到阶级论,从绅士阶级的逆子贰臣进到无产阶级和劳动群众的真正的友人,以至于战士,他是经历了辛亥革命以前直到现在的四分之一世纪的战斗,从痛苦的经验和深刻的观察之中,带着宝贵的革命传统到新的阵营里来的。他终于宣言:'原先是憎恶这熟识的本阶级,毫不可惜它的毁灭,后来又由于事实的教训,以为惟新兴的无产者才有将来。'"①在这篇序言中,瞿秋白将鲁迅杂文的思想价值总结为四点:一是最清醒的现实主义;二是"韧"的战斗;三是反自由主义、反妥协主义的宣言;四是反虚伪的精神。他在序言的最后向左翼作家们指出:"为着文艺战线上的新的任务,特别指出杂感的价值和鲁迅在思想斗争史上的重要地位,我们应当向他学习,我们应当同着他前进。"②鲁迅是当时左翼文化革命战线的主将,朋友误解他,敌人攻击他。作为左翼文化运动领导者之一的瞿秋白通过这篇序言对鲁迅作出正确的评价,无疑有利于引导当时左翼的和进步的文化人士的价值取向,进而增强左翼阵营内部的凝聚力。瞿秋白这篇《〈鲁迅杂感选集〉序言》的意义还不止于此,可以毫不夸张地说,它也是中国现代文学史、中国现代思想史以及鲁迅研究史上的丰碑。在鲁迅看来,小自己 18 岁的瞿秋白完全是知己知音,

---

① 《瞿秋白文集·文学编》第 3 卷,人民文学出版社 1989 年版,第 95 页。
② 《瞿秋白文集·文学编》第 3 卷,人民文学出版社 1989 年版,第 117—120 页。

1933 年鲁迅亲手书写"人生得一知己足矣,斯世当以同怀视之"的条幅送给瞿秋白。两人的知己真情是中国现代文学史上的佳话。

瞿秋白回到文学领域这个他时时眷念的所在,一直保持着平静安详的心态和风度,为当时正在迅猛发展的左翼文化运动和整个中国新文化的发展作出了重大贡献。

四、继续遭受王明派的无情打击

瞿秋白离开中央政治局后,在投身文学领域、领导左翼文化运动的同时,还积极关注当时的政治斗争。1932 年 1 月 21 日,中共临时中央政治局在上海创办了党内刊物《斗争》,由政治局常委兼中央宣传部部长、中央党报委员会主任张闻天担任主编。"闲"了下来的瞿秋白用"狄康"的笔名,积极为新创办的《斗争》撰稿,当然他也继续化名为党中央机关刊物《布尔塞维克》《红旗周报》撰写时政论文及杂文。1933 年,他在《斗争》的第 48 期上发表了《国民党棉麦大借款的目的》《临死的呼号》,在第 49 期上发表了《又是一笔卖国账》《庐山会议的大阴谋》,以及在第 52 期上发表了《宁可送热河,不可失南昌》《狗抢骨头吃》《国际反帝大会——反对国民党外债政策》等文。这些文章,紧密联系时事新闻,运用杂文手法,冷嘲热讽,针砭时弊,以小见大,对国民党政府内外政策的变化及其图谋进行了尖锐地揭露。但是,令瞿秋白没有想到的是,他的这些文章却招来了在全党范围内的再次被"无情斗争"。

执行批斗瞿秋白任务的是王明宗派小集团的重要成员之一李竹声。李竹声生于 1903 年,又名李孟达,化名余其全。安徽省寿县人。

1925 年,担任共青团安徽安庆特支书记,1926 年到苏联进莫斯科中山大学学习。1931 年 1 月回国,9 月当选为中共"临时中央政治局"委员,1932 年 12 月底由博古指定为中共"上海中央局"书记。1934 年 6 月逮捕,随即被策反叛变,之后成为国民党中统特务。1951 年 3 月在上海被逮捕,关押在北京秦城监狱,直到 1973 年 1 月死于狱中。李竹声能够成为中共"临时中央政治局"委员是当时党内外复杂的斗争形势造成的。

自 1931 年年初起,国民党反动当局在第一次大规模"围剿"工农红军失败后,便对白区中共地下组织进行疯狂的破坏。这年 1 月中旬,国民党在上海一次捕走了何孟雄、林育南、李求实、胡也频等 32 名中共党人和党的干部;4 月,中央特科负责人顾顺章被捕叛变,又一批中共党的领导人遭殃;6 月下旬,中共中央总书记向忠发遭叛徒出卖,被捕后随即叛变又遭处决,党的地下斗争形势更加严酷;7—8 月,中央政治局候补委员关向应被捕入狱,中央宣传部和党报秘密机关被破坏,杨匏安、罗绮园等 23 人被捕,中共地下组织遭到严重破坏。9 月 1 日,国民党中央组织部长陈立夫给国民党中央执行委员会打报告,称"查有瞿秋白、周恩来、陈绍禹、沈泽民、张闻天、罗登贤、秦邦宪等七人,系共产党中央委员,指挥国内各地赤匪扰乱治安,图谋危害民国,逆迹显著,兹拟一律悬赏通缉……计瞿秋白、周恩来二人各二万元,其陈绍禹、沈泽民、张闻天、罗登贤、秦邦宪等五人各一万元,当否? 即请转陈核定,并函咨国民政府办理"。9 月下旬,南京国民政府行政院将该报告呈蒋介石签批,并随即签发第 4395 号公函,要求"查照办理",令"转各省市政府饬属查缉并布告,又令军政府转饬各军一体协缉"①。在所发出的通缉令名单中,瞿秋白被列为第一。在这种情况下,周恩来根据中央之前的安排离开上海去中央苏区担任苏区中央局书记;王明先是被迫躲藏了起来,接着于 10 月离开上海到莫斯科担任中共驻共产国际代表。

于是,中共六届四中全会选出来的中央政治局委员 16 人(正式的

---

① 王铁仙、刘福勤编:《瞿秋白传》,人民出版社 2011 年版,第 380 页。

9 人,候补的 7 人)中,向忠发被处决了,周恩来去了苏区,王明去了莫斯科,项英、任弼时在中央苏区,张国焘在鄂豫皖,徐锡根在湘鄂西,陈郁在苏联,只有卢福坦在上海;候补委员毛泽东在中央苏区,温裕成在湘鄂西,关向应被捕,罗登贤在东北,王克全被开除,顾顺章叛变,只有刚从莫斯科回国的刘少奇在上海。上海的中共中央领导集体已无法健全,严重地影响了领导工作。为此根据共产国际远东局的提议,共产国际从莫斯科给中国共产党发电报,批准成立"中共临时中央政治局"。1931 年 9 月 22 日,中共"临时中央政治局"召开第一次会议,会上秦邦宪(博古)宣布成立"临时中央政治局",其委员有卢福坦、秦邦宪、张闻天、康生、李竹声、陈云、黄平、刘少奇、王云程 9 人。会上推选卢福坦、秦邦宪、张闻天(洛甫)、康生组成"中央常务委员会"。根据王明提议,秦邦宪在中央负总责。1932 年 12 月底根据共产国际的指示,"临时中央政治局"全部迁入中央苏区。1933 年 1 月,按照共产国际的指示,迁入中央苏区的临时中央与苏区中央局合并,博古(秦邦宪)被推选为总负责人。临时中央局迁移到苏区后,秦邦宪指定李竹声为上海中央局书记。为了配合博古等人到中央苏区后开展的所谓反"罗明路线"(罗明即福建省委代理书记)和批"邓毛谢古"(即邓小平、毛泽覃、谢唯俊、古柏)的斗争,李竹声在上海揪出了瞿秋白作为斗争的靶子。

斗争刚开始时,瞿秋白对这次全党范围内的严厉批判并不服气,他给《斗争》编辑部写信,定名为《我的错误》。在信中,瞿秋白虽然承认自己的文章有些错误,但他对此进行了一些辩解。在一次党小组会上,瞿秋白心平气和地申述自己的不同意见。没想到这个不久后即成为党的叛徒的李竹声气愤地说道:"像你这样的人,我只有把你一棍子敲出党外去!"接着,他从八七会议一直讲到 1933 年,历数瞿秋白所犯的种种"错误"。

为了迫使瞿秋白认错,临时中央政治局于 1933 年 9 月 22 日,作出《中央关于狄康(瞿秋白)同志的错误的决定》,主要有四个方面的意见。其一,"根据狄康同志最近在《斗争》上所发表的几篇文章(见《斗争》四九、五〇及五一几期,特别是关于庐山会议的文章),中央认为狄康同志确实犯了非常严重的有系统的机会主义错误",他的错误"主要的是由于他对于目前的革命形势估计不足,看不到苏维埃与红军的伟大力量,因此在新的任务面前表现惊慌失措,又偷运和继续他过去的腐朽的机会主义,同时在客观上他是成了阶级敌人在党内的应声虫"。其二,"在党严重地指出他的错误以后","他还不愿意承认自己的错误",只认为是"偶然'流露'与'过分估量了革命的形势',根本否认是有系统的右倾机会主义的错误,甚至多方掩饰,拒绝在党的会议上承认自己的错误"。文件指出"中央认为这种机会主义的抵抗,是绝对不允许的",要求瞿秋白"立刻解除自己的机会主义的武装,在全党面前公开的诚恳的揭露自己的机会主义的实质"。其三,文件还严厉批评了《斗争》的编者,"中央认为这样严重的机会主义的错误,居然能在《斗争》上好几篇文章中发现,这证明编者的腐朽的自由主义与缺乏布尔塞维克的警惕性",因此文件也责令编者要"自我批评,严格地检查《斗争》上的一切文章与其他刊物的质量"。其四,文件要求"各级党部对于狄康同志的机会主义错误,应在组织中开展最无情的斗争,来教育同志,并检查自己队伍中的机会主义的动摇,坚决地打击一切对于机会主义的调和倾向,以保证彻底执行中央关于反对五次'围剿'的决议"①。

文件发出后的第五天,即1933年9月27日,瞿秋白服从组织决定,写了一份长达3000余字的书面检查——《我对于错误的认识》②,刊登在10月15日上海出版的第56期《斗争》上。按照中央定下的调子,瞿秋白说:"最近两三个月,我在《斗争》上发表了一些短评。这些短评里——自然不只是在这些短评里——暴露了我的机会主义的错误。经过中央的指示,经过《关于帝国主义国民党五次'围剿'与我们党的任务的决议》的两次讨论,经过同志们的纠正,我才认识了我的错误。在我最初写给《斗争》的那封信(《我的错误》)里,我不但没有承认错误,其实反而加深了错误。为着反机会主义的斗争,为着党的路线

---

① 中共中央书记处编:《六大以来》(下),人民出版社1981年版,第56页。
② 《瞿秋白文集·政治理论编》第7卷,人民出版社1987年版,第647—653页。

而斗争,我是应当把我现在对于自己错误的认识写出来。""我的那些短评,以及其他的文章,虽然没有有系统的叙述我个人对于革命形势的总观点,但是这些意见,不会没有整个的观点做基础。换句话说,就是这些意见有一个有系统的整个的立场。这立场是不是和中央的布尔什维克的立场相同呢?不,不相同的。这是个机会主义的立场。"他在检讨中还说:"当我还没有了解自己的错误立场的时候,我还是用'不知道许多材料、事实和消息'来辩解自己的错误,等待别人的解释。这其实是机会主义在抵抗布尔什维克的揭发和批评。"

其实,我们翻阅瞿秋白所发表的这些文章,就可以知道根本没有临时中央局关于他错误决议中所指控的那些所谓的"机会主义错误"。欲加之罪,何患无辞?王明宗派小集团这次发起的对他的政治批判,要么是无中生有,捏造罪名;要么是断章取义,借机打压他。此时瞿秋白真正是过着动辄得咎的生活!

五、"沦殁"于中央革命根据地

1934年1月初,动辄得咎的瞿秋白奉中央命令,离开上海前往中央苏区履行苏区中央执行委员会委员和教育人民委员部委员之职。临行前,他与鲁迅、茅盾等文学界的知心朋友一一话别。接着是与跟他患难与共的妻子杨之华告别。这是一件令他心酸的事情。自从与杨之华结婚后,瞿秋白在党内斗争中沉浮不定。在革命队伍里,丈夫受批判时,妻子也往往跟着倒霉。有的女同志在巨大压力面前,不得不退缩,甚至同丈夫分居、离婚。但是,艰苦的生活,坎坷的经历,从来没有影响过他们的感情,相反,这对革命伴侣的爱情日益深厚缠绵。临走的前一夜,瞿秋白的心境被离愁别绪所缠绕,他不断地吸着烟,空气仿佛凝滞了。还是杨之华打破沉默,她告诉瞿秋白,已经替他买好了喝水的杯子和他需要用的 10 本黑漆布面的笔记本。瞿秋白无声地接过杯子和本子,把杯子放进行李箱,把 10 本黑漆布面的日记本分成两半,一半自己带着,另一半交给杨之华,嘱咐她:分别以后不能通信,就把要说的话写在本子里,相见时再交换着看。瞿秋白又指着桌上的一叠书说:"这是你要读的书,我给你整理好了。"他们絮絮话别,谈着当前的工作,也说到离别后的生活。杨之华见瞿秋白担心她今后的生活和安全,就故作轻松地说:"不要紧的,过去我们离开过六次,不是都重逢了吗? 这次当然也会一样的。"但这次他们能像过去一样吗? 没有谁能够回答他们。

　　分别的时刻终于来临。1934 年 1 月 11 日深夜,瞿秋白手提行李箱,穿着单薄的寒衣,负着病弱的身体,离开租住的上海寓所,在乌云掩月的寒夜快步赶往轮船码头。杨之华一路送到弄堂口,站在昏黄暗淡的路灯下,她听到瞿秋白说"之华,我走了……",然后看着他的身影消失在大街的尽头。杨之华哪里知道,这次的分别竟是她与瞿秋白的永诀!

　　经过近一月从上海到中央苏区秘密交通路线的行程,瞿秋白于1934 年 2 月 5 日抵达千年古城瑞金。瑞金地处闽赣边境,是 1931 年11 月成立的中华苏维埃共和国临时中央政府所在地。从白色恐怖下的上海来到革命"红都"瑞金,瞿秋白感到周围的一切都是新鲜的,工作、学习和生活环境与白区大不一样,这让他非常愉快。办完有关手续后,他被带到中华苏维埃共和国教育人民委员部驻地———栋低矮的黄土墙房子。在简陋的办公处,瞿秋白见到了他的新同事们,他们是副部长徐特立、聂昭良,秘书长邓湘君,还有钱壮飞、胡底、庄东晓以及杨尚昆的妻子李伯钊等人。

　　瞿秋白的办公室和宿舍都在这栋黄土墙房子里。里间是宿舍兼办公处,一张木板床,一个破旧的桌子和一条长凳,便是全部生活工作用的家具。破桌上有一叠苏区制作的粗黑纸张,一个墨盒,还有几支毛笔。瞿秋白依靠这些简陋的文具,起草了许多关于振兴苏区文化教育工作的重要文件。外间是会议室,有一张旧长条桌,几张长板凳。每次开会时,瞿秋白总是与大家热情地打招呼,给大家倒开水,会场气氛热烈。教育人民委员部下设教育局、教材编审委员会、中央图书馆等部门,还管辖以徐特立为校长的"列宁师范学校"和以李伯钊任校长的"高尔基戏剧学校"。实际上,中华苏维埃教育人民委员部的工作包括教育和文化两个部分,所以瞿秋白既要领导苏区各级教育部门,组织和编审、出版教材,办好苏区各级学校,又要负责苏区的文化建设和宣传工作。不久后,他还担任了国立沈泽民苏维埃大学校长、中央政府机关报《红色中华》的主编,因此工作十分繁忙。

从 1934 年 2 月初踏上瑞金,到这年 10 月红军主力离开中央苏区,瞿秋白在短短的半年时间里,忠实认真地履行了他作为中央苏维埃政府教育人民委员的职责,为苏区文化教育工作作出了重要贡献。一到中央苏区,瞿秋白即投入本职工作,他与副手、长期代理部长职务的徐特立合作,在不到三个月的时间里,为苏区教育工作抓紧制定了 24 个法规条例,并将其编辑成《苏维埃教育法规》一书,用毛边纸油印而成。这本《苏维埃教育法规》的小册子被保存至今,它是包括苏区小学、中学、大学、师范和社会教育在内的教育法规大全。在瑞金,瞿秋白不顾"左"倾思想的指导,对于苏区教育路线方针和政策,提出了自己的独立见解,不同意过"左"的政策和做法,当然为此他没少挨批评。为了搞好苏区的文化教育工作,他撰写了《阶级战争中的教育》一文,从理论上研究和探讨了在炮火连天的战争环境里,如何领导和开展苏区文化教育工作这个艰难的课题。当然,除上述工作以外,瞿秋白有时还发表文章或亲自到苏维埃大学讲课。

中央苏区为应对敌人的严密封锁,作出"收集粮食、保障红军给养的突击运动的决定"。教育人民委员部也组成粮食突击队,深入基层。1934 年 3 月 29 日,瞿秋白在《红色中华》报发表了第一篇文章,题目是《节约每一粒谷子来帮助战争》,他在文章中指出:"为要粉碎敌人的围困与封锁,节省一切给予战争,特别是节省粮食的任务,已经尖锐地提到我们前面了。"为此,他撰文号召"革命的工人和农民们,坚决执行中国共产党与苏维埃政府提出的每一任务,节省每一粒谷子来帮助红军,来争取战争的胜利,从胜利中来争取自己阶级的彻底解放"①。瞿秋白自己带头节省,他经常饿着肚子去中央图书馆看书,在那里他时常碰到遭排挤、被撤销中央人民委员会主席一职的毛泽东等熟人。

由于"左"倾路线的错误指导,中央革命根据地在第五次反"围剿"战争(1933年9月至1934年6月)中失利。因此,瞿秋白到中央苏区时,实际上中央苏区正处于第五次反"围剿"战争中期。随着第五次反"围剿"的失利,中央苏区的形势急剧恶化。到10月,"左"倾路线的领导者不得不决定放弃中央苏区,实行战略大转移。在红军主力转移时,中央决定将瞿秋白留在被敌人重重包围的中央苏区,随着其他留下的同志一道打游击。对于中央的这一决定,在瞿秋白被捕牺牲后,有很多当事人或相关的历史人物(如李德、张闻天、陈毅、伍修权、吴黎平等)都留下了回忆,对中央这么决定的理由也都作了不同的诠释,但是大家有一个共同点,那就是对此表示遗憾和惋惜。瞿秋白身患重病,手无缚鸡之力,又戴着度数极高的近视眼镜,离开大部队,留在失去革命武装部队保护的农村根据地,是根本无法掩饰其身份的。可以这么说,把他留下,就决定了他必死无疑的结局。

按照中央决定,中共中央与红军主力转移后,留下的项英、陈毅、陈潭秋、瞿秋白、贺昌、邓子恢、张鼎丞、谭震林、梁柏台、毛泽覃等人成立留守的最高领导机构——苏区中央分局,由项英担任书记,陈潭秋任组织部长,瞿秋白任宣传部长,陈毅担任中央政府后方办事处主任。红军主力撤离中央苏区后,江西瑞金、于都、会昌以及福建长汀等中心区域很快就被国民党军队占领,留下的部队和人员行动日益艰难。1935年2月初,正在长征途中的中央政治局和中央革命军事委员会给项英发电报,指示精减机关、改变组织形式和斗争方式,撤销苏区中央分局,改为成立革命军事委员会中央苏区分会,由项英、陈毅、贺昌等人组成,项

---

① 《瞿秋白文集·政治理论编》第7卷,人民出版社1987年版,第657、659页。

英为主席。于是,患病的瞿秋白、年老体弱的何叔衡、有孕在身的项英妻子张亮及梁柏台的妻子周月林等人,则被安排由邓子恢负责护送转道香港去上海。决定作出后,瞿秋白等人先行突围。

1935年2月23日,瞿秋白一行转移到福建长汀县水口镇小迳村时,碰上一股敌人并发生了激战,结果何叔衡牺牲,邓子恢冲出重围,瞿秋白不幸被俘,一同被俘的还有项英的妻子张亮、梁柏台的妻子周月林。开始,面对敌人的审讯,瞿秋白编造了一个假身份和一套假履历,他自称是"林琪祥",是被红军俘虏的国民党军医,以迷惑敌人。张亮、周月林也同样编造了假身份和假经历。他们初步蒙混过关,被押送到上杭县监狱。到上杭县监狱不久,张亮、周月林被保释。瞿秋白为了脱身,便以"林琪祥"的名义给在上海的鲁迅、杨之华写信,述说被捕后的情况,还告诉他们,如果有殷实铺保或有力的团体作保,他可以获释。但是,就在鲁迅、杨之华等人焦急万分、设法营救还没有眉目的时候,4月10日,福建省委书记万永诚率领的部队被敌人重兵包围,万永诚等人坚持两天后,在战斗中不幸牺牲,万永诚妻子徐某被俘。据国民党《中央日报》4月14日的报道称,万永诚妻子徐某供出瞿秋白、周月林、张亮在水口镇一带被俘的消息。敌人根据徐某提供的情况,让被俘的、曾在中央苏区人民教育委员会机关工作过的郑大鹏指证,确认"林琪祥"就是瞿秋白。当得知"被俘的军医"竟是共产党的首领瞿秋白时,敌人非常兴奋,他们判断与瞿秋白同时被俘的张亮、周月林也非一般人,于是把已经被保释的张亮、周月林重新收押严审。被徐某和郑大鹏出卖、身份暴露的瞿秋白,于4月下旬被押解至国民党军三十六师师部所在地长汀。在长汀的囚室中,面对敌人的审讯,瞿秋白坦然一笑,对敌人说:"既经指认,我就不用'冒混'了。我就是瞿秋白。我在上杭笔述的供录,算是作了一篇小说。"

当时三十六师师长是宋希濂。他很小时就读过瞿秋白介绍苏俄的文章,对瞿秋白的学问、文才十分仰慕。他想劝降瞿秋白,而蒋介石也支持他这么做。于是宋希濂将瞿秋白单独囚禁在师部,并规定:全师上下一律称瞿秋白为先生;按师部工作人员伙食标准供食;囚室内放置书桌,供给纸笔砚墨、古诗词文案;禁用镣铐和刑罚;每天可在庭院内散步两次;配一名副官和军医负责照料生活和治病。宋希濂给予瞿秋白"优裕生活"待遇的目的,就是想软化这个"特殊囚徒"的革命意志,以收劝降之功效。但是,无论是宋希濂的劝降,还是南京派来的几路专使的劝降,都没有在瞿秋白身上产生如他们期待的那样的效果。因为就像瞿秋白在《多余的话》中所说的那样:"我的思路已经在青年时期走上了马克思主义的初步,无从改变。"①

劝降瞿秋白的目的落空后,蒋介石从南京电令宋希濂:就地处决。1935 年 6 月 18 日,瞿秋白唱着《国际歌》,沉静、安详、毫无惧色地走向刑场,在长汀罗汉岭的一块草地上,他面向敌人的枪口盘腿而坐,从容饮弹就义,为自己短暂而辉煌、激荡却坎坷的一生画上了一个壮烈的句号。

还在 1924 年列宁逝世后不久的 3 月 25 日,瞿秋白曾在《东方杂志》上发表了一篇纪念文章,题目是《李宁与社会主义》。后来这篇文章被收入《瞿秋白文集·政治理论编》第 2 卷时,编者将题目改为《列宁与社会主义》。在这篇文章的开头,瞿秋白写道:"最难论的是历史的事实和历史的人物!中国人说:'盖棺论定'。其实历史的'棺'是永久不盖的。法国革命已经过去了一百多年,到如今提起耶各宾党(通常翻译为'雅各宾党'——引者注),还是有人笑骂,有人赞颂……何况列宁——他身后留下了偌大的新兴阶级的国家,纪律严整、组织巩固的革命的俄共产党,努力斗争、猛烈攻击世界资本帝国主义的共产国际,——这都是列宁的主义和精神的实现。……列宁虽死,列宁的革命事业还正在进行,所以列宁还并不能算是过去的人物。恨他的仍是恨他,爱他的仍是爱他,——如何能有持平之论呢?"②也许瞿秋白写此文时并没有料到 10 年后,他关于历史人物"盖棺难以论定"的观点被自己的亲身经历再次验证了其正确性。

---

① 《瞿秋白文集·政治理论编》第 7 卷,人民出版社 1987 年版,第 708 页。
② 《瞿秋白文集·政治理论编》第 2 卷,人民出版社 1988 年版,第 501 页。

瞿秋白 1935 年 6 月 18 日被国民党枪杀,直到 1945 年 4 月 20 日中共六届七中全会通过的《关于若干历史问题的决议》,才对瞿秋白本人和他主持召开的六届三中全会的历史作用进行了正面积极的评价。决议中对六届三中全会的肯定文字,本书前面已有引录,故不在此重述。决议关于对瞿秋白的评价是这样作出的:"瞿秋白同志,是当时党内有威信的领导者之一,他在被打击以后仍继续做了许多有益的工作(主要是在文化方面),在一九三五年六月也英勇地牺牲在敌人的屠刀之下。"这是他为之献身的党在他殉难后第一次以中央文件的形式对他作出的正式肯定。但是,这个"论定"是在他壮烈牺牲 10 年后才得到的。中华人民共和国建立后,瞿秋白作为烈士,其遗骨于 1955 年由福建长汀迁入北京八宝山公墓安葬。"文化大革命"爆发后,瞿秋白又被打成"叛徒",其坟墓被毁,本人被暴骨扬灰。改革开放后,1985 年党中央正式给瞿秋白平反昭雪,恢复其无产阶级革命家、理论家、伟大的马克思主义者、中国共产党早期领袖、革命烈士的身份,重新召开追悼会,并在八宝山竖碑立墓。瞿秋白牺牲后这番"盖棺难以论定"的曲折遭遇,固然与他生前在党内斗争中迭遭不公正打击有关,但是更主要的是因为他在牺牲前留下了一篇《多余的话》。

在国民党三十六师师部的囚室中,深知自己所剩时间不多的瞿秋白,除写了一篇宣扬苏区成就的"供词"以及一些诗文外,他最重要的是留下了一篇至今都难有定论的著名文稿,即他于 1935 年 5 月 17 日至 22 日写成的自传性遗书《多余的话》。到目前为止,人们看到的《多余的话》都是抄件。当时,瞿秋白在囚室中接受了唯一的一次采访,记者是《福建民报》的李克长。据他说,原件是用蓝黑墨水的钢笔写在黑布面练习本上的。这"黑布面练习本"是否就是分别时杨之华给他买的黑漆布面笔记本? 不得而知。又据说,瞿秋白在监狱时就托人将原件寄到汉口一个亲戚家。瞿秋白是不是真的托人把原件寄走了? 作为"收件人"的亲戚是谁? 文稿到底寄到了没有? 这些都成了历史之谜。当然就《多余的话》的内容来看,伪造是不可能的,它只能是瞿秋白所作。但也不能否认,为了宣传效果,有敌人对其进行删改的可能。

《多余的话》全文长约 18000 字，以《诗经》中的两句话开头："知我者，谓我心忧；不知我者，谓我何求。"接下来全文分为七个部分：何必说(代序)、"历史的误会"、脆弱的二元人物、我和马克思主义、盲动主义和立三路线、"文人"、告别。关于《多余的话》的写作动机、思想内容、性质等问题的争论，可以说自瞿秋白写完，特别是通过国民党新闻媒体公开后就开始了。从 20 世纪 30 年代到 21 世纪的今天，国共两党、专家学者、亲朋好友、社会群众等，长期以来对《多余的话》的看法、评价、分析、研究，可谓仁者见仁、智者见智，全面否定说、全面肯定说、一分为二说、理解说、不理解说、"思想自传"说、"自我忏悔"说、"向党检讨"说等等，莫衷一是，难有定论。笔者赞同理解说。瞿秋白在这篇遗书中，毫不掩饰、毫无顾忌地将自己心中的压抑与矛盾和盘托出，暴露出真实的、没有丝毫虚假的自我。与有些革命烈士临终前留下的慷慨激昂的言词相比，《多余的话》的确显得低沉、伤感和消极。这使因立三路线、六届三中全会以及六届四中全会而连续陷入失意之中的瞿秋白，又遭党内许多同志的新误解和曲解，甚至有人将其视作"叛变投降的自白书"，从而为他的生前死后抹上了一道浓浓的阴影。

本书认为，瞿秋白的《多余的话》是他在不正常的党内斗争的政治环境中精神生活作负向运动的结果。长期不正常的党内政治生活，使他饱受"内斗"之苦，对政治在一定程度上产生了厌倦感，如他在《多余的话》中所反映的那样：有一种强烈的"角色意识"和"误会心理"。但是同时他在精神生活中，又力求保持个性的自由、人格的独立，在党内斗争中顺人而不失己。这种外曲内直的生活，使瞿秋白把自己的所作所为看成是"扮演一定的角色"；而角色意识又使他把自己的一生看作是"历史的误会"。于是，短暂一生的了不得的政治和文学功绩，引不起优秀的瞿秋白的积极情绪，误会心理使他在《多余的话》里不能实事求是地评价自己。如果说瞿秋白曾经心不由己，内心一直活得很冲突很紧张的话，那么一旦被关进敌人的监狱，他反而觉得"轻松自由"了。这是一种内心矛盾的解脱。因此，就如他在《多余的话》中所说的一样，"心上有不能自已的冲动和需要"①，于是他摆脱一切思想束缚，心里怎么想，手上就怎么写，直面自我，直面人生，进行灵魂上的自我剖析，写下了反映他各种内心冲突的《多余的话》。其实，《多余的话》是瞿秋白写给自己看的，并不是写给别人看的，他是为自己的心灵而写的。他不需要"原谅"，他需要理解。活人理解活人固然重要，活人理解死人，尤其是那些成为历史人物的死人同样重要。更重要的是，瞿秋白从容赴死，壮烈牺牲在敌人的枪口之下，用行动证明了《多余的话》不是他"叛变投降的自白书"。

本书认为，对《多余的话》，无论是消遣性的阅读，还是追根探源的研究，有两把钥匙必须掌握。一把"钥匙"是瞿秋白在《多余的话》的正文前引用的《诗经》中的两句话：知我者，谓我心忧；不知我者，谓我何求。另一把"钥匙"就是与瞿秋白革命生涯紧密相连的"俄罗斯解密档案"和其他党的文献资料以及瞿秋白本人留下的大量文稿等。用好这两把"钥匙"，就是为了达到知他、懂他的目的。不知他、不懂他，仅仅只看《多余的话》，是不能得出正确认识的。

而要知他、懂他，就一定要了解他的革命经历，了解中国共产党的革命历史，了解中国革命的历史。"俄罗斯解密档案"资料和瞿秋白本人的原著，为我们做到这"三个了解"提供了极好的基础性文献空间。这也是本书所研究的主旨之一。

---

① 《瞿秋白文集·政治理论编》第 7 卷，人民出版社 1987 年版，第 694 页。

后　记

大学三年级时,有一天,我突然看到了瞿秋白写的《多余的话》。那时改革开放还没有多久,我的思想、思维还深深带着"文化大革命"的特征和痕迹。听惯了慷慨激昂的言辞,看惯了满纸革命的文字和语录,突然看到一个党的早期领袖人物在壮烈牺牲之前,写了这么一篇带着伤感、低沉情绪的文字(现在想来,那实际上是瞿秋白的"心语"),感到十分震惊,也非常不理解。于是,一系列问题在我脑海里翻腾:他为什么要写这篇文字?这篇文字对他的人生产生了怎样的影响?他的人生是否真的像他在《多余的话》中所说的那样?带着这些问题,我开始翻阅有关瞿秋白的一切资料,包括他自己写的,别人回忆的,专家学者研究的。在这个过程中,陈铁健先生写的《重评〈多余的话〉》等于给了我认识瞿秋白人生的一把钥匙。我对瞿秋白这个历史人物的兴趣就这么产生了,并且一直保持至今。

从那时算起,已有30余年了。在这么多年里,我的主要精力和时间并不都是用在瞿秋白研究上。可以说,瞿秋白研究是我的"副业"。我的主要工作是做党刊编辑。我一边做着党刊的编辑工作,一边做着瞿秋白研究,于是总处在两种不同的思维状态下工作,常常有一种被"撕裂"的感觉。我的职业工作要求我必须关注当今党的路线、方针、政策及其在实践中的运用,关注马克思主义理论、中国特色社会主义理论在当下的社会主义改革和建设过程中的新发展,以及由此产生的新问题、新视野、新探讨,但是我的研究兴趣要求我必须把心沉到20世纪的二三十年代,钻进故纸堆里去,然后进入一种科研需要的感觉状态,从而静心地去感受和分析那个年代的人和事,并与那些才华横溢的早期革命领袖进行默默沟通和对话。当下的,过去的;现实的,历史的,这样两种不同时空的工作和研究生活,有时真让我感到力不从心,非常心累。这个时候,兴趣和热爱便成为促使我将研究进行下去的力量源泉。从心理学的角度看,兴趣可以使人们认为对自己有意义的事物、对象产生积极的态度和情感。由于对瞿秋白这个历史人物有浓厚的探究兴趣,由于对他所参与的那段革命历史进程所怀有的热爱,由于想要回答自己对瞿秋白在那段历史中到底起了什么作用作了哪些贡献、为什么他要写《多余的话》、他的人生到底有多大的委屈,特别是他在写完低沉伤感的自传性遗书——《多余的话》后又为什么能视死如归慷慨激昂地走向刑场壮烈牺牲等一系列问题的追问,因此,不管自己心里有多累,不管在别人眼里这种研究有没有用,不管在市场经济条件下这种研究有没有实惠,我都能心无旁骛地把对瞿秋白这个著名历史人物的研究坚持下来。从发表论文到出版专著,再到主持国家课题,随着研究层次的不断深入,我感到需要探讨的问题越来越多。

当然,研究瞿秋白是一项系统复杂的工程,它需要众多的人从各个不同的方面和角度去耕耘,以完成还原历史的任务。作为一个史学工作者,我们早就从史学理论中探知,要完全准确地还原历史的真实景象是不可能的,而要用今人所能理解的情感和思想去重新体验历史,并赋予历史以生命和灵魂则是数千年来治史者所渴求的幽深境界。因此,作为瞿秋白的研究人员,我们只有不断地增进史德(净化良心)、提升史才(强化研究历史的能力)、丰富史识(拓展研究历史的视野),才能尽可能地全面准确地再现瞿秋白个人的历史,才能尽可能地系统生动地反映瞿秋白与他所处的那个时代的各个节点之间以及节点相互之间的真实历史,从而使我们这些从事瞿秋白研究的史学工作者在一定程度上达到我们所希望达到的研究境界,即赋予瞿秋白生于其中、参与其中的那段历史以鲜活的生命和灵魂,以最大限度地展现我们研究工作者生命的价值和意义。

我觉得对瞿秋白的研究应加强对他政治生平的研究。瞿秋白一生虽然只有 36 岁,但是很精彩丰富,值得我们每一个人景仰和崇拜。他对中国革命和文化转型创新作出了不朽的历史贡献,是在 20 世纪二三十年代的中国政治舞台和文学领域都有影响的历史人物。在 20 世纪初期中国的文化创新和转型与中国社会的改造和革命不能截然分开的时代背景中,瞿秋白作为五四时期的先进知识分子,其追求和践行的人生理想自然离不开政治和文化两大领域。因此,他的历史地位一方面来源于他很早就投身于政治运动和政治斗争之中、投身于中国革命并领导中国革命的政治生涯及成就,来源于他曾经是中国共产党的最高领导者,来源于他对马克思主义中国化的理论贡献等等;另一方面来源于他传播先进文化和思想理念、倡导无产阶级革命文学的理论与实践业绩。瞿秋白才华横溢,留下几百万字的译作和著作,为中国革命作出了多方面的杰出贡献,他除了是中国共产党的早期革命领袖和无产阶级革命家以外,还是党内公认的早期理论家、宣传家和翻译家,在马克思主义东渐史上占有重要地位。他还是中国文字改革的先驱者,大众文艺的积极提倡者和实践者,成为胡适白话文学与毛泽东工农兵文学的重要"中介环节",在中国现代文学发展史上占有重要一席。但是,瞿秋白所有的文化和文学活动都是围绕着政治活动而展开的。政治生平的业绩和贡献成为瞿秋白短暂而丰富精彩人生的重要支撑。因此,真正令人对瞿秋白高山仰止、真正决定其历史地位的是他的政治活动和政治生平,是他曾经担任过中国共产党的第二任最高领导人这一历史史实。是这些决定了瞿秋白与他深深参与其中的那一段中共党史、中国革命史、共产国际与中国革命关系史的丰富历史内涵以及研究价值。

当然,作为一门现代学术体系之内的学术研究活动,对瞿秋白的研究和叙事方法也需要改进。自然,对瞿秋白的政治生平研究,不可避免地也要以规制严整的学术表述方式表达出来,但这并不意味着在研究方法和写作技巧上就一定要排斥富有文采的生动活泼的语言阐述。是的,反映政治历史的论文和著作都有一些共同的特点,就是它们一般都是理论性、逻辑性和探索性极强。对于党史专业来说,学术论著同样充满了严肃性、政治性和理论性,因而阅读起来常常令人感到单调、枯燥和呆板。这不仅会影响党史研究的广泛作用,而且也使专业人士感到生硬或空洞。因此,我们在研究瞿秋白的政治活动和政治生平过程中,要以人性化和个性化的手法来研究和阐述他的历史。瞿秋白不仅是一个政治家、理论家、翻译家,而且还是一个有血有肉充满个性的青年知识分子。在激烈的意见分歧之中,在缺乏党内民主的政治环境里,在错误的批判和打击之下,瞿秋白身上既具有不怕皇帝斩首、勇于批判、勇于独立思考的斗争精神,又有人云亦云、摇摆不定、依违于无可无不可之间的妥协性一面。他并非如张国焘在其回忆录中所说的那样总是争强好胜，或老谋深算。作为书生领袖和书生政治家，瞿秋白完全是一个性情中人。例如在处理与共产国际及其代表的关系上，他既不会为了自己喜欢的马林、鲍罗廷、维经斯基等人而违反党的组织纪律或中央的决定，也不会为了自己的前程和在党内的地位而向恶意整治自己的某些共产国际顶头上司献媚。总之，他是一个可亲、可敬、可信、可同情的党的早期年轻革命领袖。

在 2012 年立项、2015 年结项的国家社科基金项目——《瞿秋白与俄罗斯解密档案研究》的成果即将出版之际，我有一大排学术前辈、领导和同行需要感谢。30 多年来，他们一直在指点我、帮助我、推动我不断将瞿秋白研究工作走向深入。他们有陈铁健、张静如、石仲泉、郭德宏、唐宝林等老先生，有李良明、田子渝、曾成贵、蒋伯英等学术前辈，有姚金果、丁言模、张树军、苏杭、熊著愚、任大立、罗重一、许汉琴、宋健、蔡丽、赵晓琳、彭婕、王丽等兄弟姐妹般的同行，有以于仲良、刘福勤、王光亚、赵庚林、候涤、时立群、唐茹玉、黄明彦等为代表的瞿秋白研究会成员和瞿秋白纪念馆的管理人员以及瞿秋白的亲属瞿独伊、王铁仙、李晓云等，有出版界的任贵祥、杨秀清、吴继平、周善乔、李自强、郭若平等资深人士，有湖北省委党校、湖北省和武汉市党史办、八七会议会址纪念馆、中共五大会址纪念馆的领导和工作人员。

在此，我特别要感谢中共湖南省委党校、湖南行政学院副校（院）长吴传毅教授，他在推进我的瞿秋白研究活动走向深入的过程中曾给予我终生难忘的指点和帮助！

张秋实

2018 年 8 月 19 日于汉口万松园